MONDE PRIMITIF,

ANALYSÉ ET COMPARÉ

AVEC LE MONDE MODERNE,

CONSIDÉRÉ

DANS L'HISTOIRE

DU CALENDRIER.

» Qu'ils fervent (le Soleil & la Lune) de Signes, pour les Fêtes,
» pour les Jours, & pour les Années. «

Hift. de la Création.

HERCULE ET SES TRAVAUX

Frontispice de l'Hist. du Calend.

MONDE PRIMITIF,

ANALYSÉ ET COMPARÉ
AVEC LE MONDE MODERNE,
CONSIDÉRÉ
DANS L'HISTOIRE
CIVILE, RELIGIEUSE ET ALLÉGORIQUE
DU CALENDRIER
OU ALMANACH.

AVEC DES FIGURES EN TAILLE-DOUCE.

PAR M. COURT DE GEBELIN,

De la Société Économique de Berne, & des Académies Royales de la Rochelle & de Dijon.

A PARIS,

Chez
{
L'Auteur, rue Poupée, maison de M. Boucher, Secrétaire du Roi.
BOUDET, Imprimeur-Libraire, rue Saint Jacques.
VALLEYRE l'aîné, Imprimeur-Libraire, rue de la vieille Boucleric.
Veuve DUCHESNE, Libraire, rue Saint Jacques.
SAUGRAIN, Libraire, quai des Augustins.
RUAULT, Libraire, rue de la Harpe.
}

M. DCC. LXXVI.
AVEC APPROBATION ET PRIVILÉGE DU ROI.

DISCOURS
PRÉLIMINAIRE.

L'Histoire de l'*Almanach* ou du *Calendrier*, que nous donnons ici au Public, paroîtra sans doute d'un intérêt général. Personne qui n'ait un Almanach, & qui ne le consulte chaque jour : personne, par conséquent, qui ne doive être flatté de savoir dans quel tems les Hommes commencerent d'avoir un Calendrier, comment on parvint à régler les semaines, les mois, les saisons, les années; par quels degrés on arriva à l'état de perfection qu'offre à cet égard le Monde Moderne ; comment on fit entrer dans les Calendriers l'annonce des Fêtes, des Foires, des Eclipses ; en quoi consisterent les Fêtes de l'Antiquité qui font une partie essentielle de cette Histoire ; & l'idée qu'on doit se former des Symboles allégoriques sous lesquels on présente les objets relatifs à l'année, ainsi que les Dieux protecteurs de ses productions & de ses travaux.

Ces objets d'ailleurs ne sont pas de simple curiosité, ils tiennent à toutes les connoissances : ils sont un tableau raccourci des Sciences, des Arts, des usages, de la sagesse même des Peuples auxquels étoient destinés les Almanachs qui les contiennent : toujours ils furent relatifs à l'état de chaque Peuple. Aussi ne les trouve-t-on que chez les Peuples civilisés, c'est-à-dire, chez les Nations agricoles? Qu'en feroient celles qui n'ont point l'art de faire rapporter à la terre les productions nécessaires à leur subsistance?

Une suite complette de pareils ouvrages pour tous les Peuples, seroit aussi un tableau exact de l'état des connoissances dans tous les siécles, de leurs progrès, de leur décadence; un miroir des établissemens sages ou insensés de chaque Peuple; un précis de chaque Religion.

Ce seroit un vaste champ dans lequel auroient également à puiser l'Antiquaire, le Philosophe, le Moraliste, l'Astronome, le Théologien, &c. L'un y trouveroit les usages anciens, l'autre les mœurs des Peuples; celui-ci leurs connoissances civiles, celui-là leurs connoissances religieuses.

Le Calendrier du Déluge nous apprend, par exemple, que l'année primitive solaire n'étoit que de 360 jours; & de ce fait naissent une foule de conséquences précieuses. Celui des Orientaux modernes qui suivent la doctrine de Mahomet, nous apprend à quel point ils sont superstitieusement enchaînés à leurs anciens usages, puisqu'ils conservent toujours l'année lunaire, la plus imparfaite de toutes. Nos Calendriers du dernier siècle montreront à jamais combien il a fallu de peines pour détruire parmi nous l'Astrologie judiciaire. La distinction qui a regné si long-tems en Europe entre les Calendriers du vieux & du nouveau style, fait voir combien il faut de tems pour ramener les Peuples de leurs préjugés.

Une Histoire complette de l'Almanach seroit donc un précieux canevas pour l'Histoire du genre humain; malheureusement il s'est perdu beaucoup de matériaux nécessaires à cet objet; peut-être même en existe-t il quelque part d'inconnus ou écrits en caracteres dont on a perdu les traces; mais plus il s'en est perdu, plus il en existe d'inconnus & de négligés, & plus il étoit tems de ras-

PRÉLIMINAIRE.

fembler en un corps ce qui s'en étoit confervé; on préviendra du moins leur ruine entiere; & ce fera un motif puiffant pour engager les Voyageurs & les Savans à recueillir tout ce qui pourra enrichir, éclairer, completter cette partie des connoiffances.

Nous fommes donc bien éloignés de regarder comme parfaite l'Hiftoire que nous préfentons ici à nos Lecteurs, quelqu'étendue qu'elle foit : mais comme on n'avoit encore rien dans ce genre & que ce volume offrira une foule d'idées neuves & parfaitement analogues à celles que nous avons développées dans nos volumes précédens, fur-tout dans nos Allégories Orientales, nous ofons nous flatter que le Public aura pour celui-ci la même indulgence & le même empreffement qu'il a eu pour ceux qui l'ont précédé.

Analyse de ce Volume.

Ce Volume eft divifé en trois Livres. Le Ier. contient l'Hiftoire Civile du Calendrier : le IIe. en eft l'Hiftoire Religieufe; & le IIIe. l'Hiftoire Allégorique.

Dans le Premier Livre, après quelques notions préliminaires fur cet objet, nous donnons l'Almanach ancien en quatre colonnes. La premiere offre l'Almanach des Hébreux; la feconde, celui des Egyptiens; la troifiéme, celui des Grecs; la quatriéme, celui des Romains.

Les deux premieres font très-fimples & fans beaucoup de détails, parce que nous n'avons rien pu decouvrir de plus précis fur le Calendrier des Hébreux & fur celui des Egyptiens. Le Calendrier des Grecs eft déja plus étendu; mais celui des Romains nous dédommage de cette féchereffe, ayant lui feul plus d'étendue que les trois autres enfemble.

Nous expofons enfuite ce qui regarde les Aftres dont le cours régle le Calendrier; le Soleil, la Lune, les Planettes, les douze

Signes du Zodiaque, quelques Constellations. L'invention des Semaines, des Mois, des Années, des Heures, des Cycles: les premiers pas qu'on fit à cet égard, & comment, au moyen des Intercalations, on corrigea insensiblement ce qu'ils avoient de défectueux; les diverses sortes d'années qui en résulterent, année du Deluge, années Egyptiennes, Syriennes, Chaldéennes, Grecques, Romaines depuis Romulus & Numa jusques à Jules César; les Divinités Protectrices des jours, des mois & des saisons : la distinction des tems heureux & malheureux; & comment le Calendrier se chargea des prédictions astrologiques, & de l'annonce des Eclipses, des jeux publics & des Foires : enfin comment on parvint à mesurer le tems lui-même & tous les instans du jour, & de quels instrumens on se servit pour cet effet.

Tous ces objets sont accompagnés de l'explication étymologique des mots par lesquels on les désigne ; on y voit l'origine des noms du Soleil & de la Lune, des douze Signes, des Planettes, des jours de la semaine, des Mois chez la plûpart des Peuples anciens & modernes ; Noms qui étoient regardés comme l'effet du caprice & du hazard, tandis que par ces recherches on voit constamment qu'ils étoient autant de peintures exactes auxquelles on ne pouvoit se méprendre ; & toujours relatives aux saisons & aux travaux de l'année.

On y trouve aussi la discussion d'une multitude de questions épineuses à l'égard desquelles les Critiques & les Chronologistes n'avoient fait qu'augmenter les ténébres dont elles étoient enveloppées, & qu'on a pu éclaircir par l'ensemble dont elles font partie.

Le SECOND LIVRE, ou l'Histoire Religieuse du Calendrier, roule sur une matiere qui n'étoit encore devenue celle d'aucun ouvrage, du moins complet, dans notre langue, & qui est cependant

PRÉLIMINAIRE.

très-curieuse. C'est l'Histoire des Fêtes anciennes, sur-tout des Fêtes des Grecs & des Romains. Un Traité complet sur cet objet seroit très-précieux ; mais obligés de nous resserrer, nous nous sommes bornés aux Fêtes fixées à quelque jour de l'année, en faisant voir leurs rapports avec les saisons, les travaux de ces saisons & les richesses qui en résultoient ; & en montrant qu'elles eurent toujours pour but de lier la Terre avec le Ciel, en obtenant de celui-ci sa bénédiction sur les travaux de celle-là, ou en témoignant aux Dieux la reconnoissance dont on étoit pénétré pour leurs bienfaits ; méthode infiniment satisfaisante sans doute pour ceux qui l'admettoient, puisqu'elle leur montroit la Divinité toujours attentive à leur conduite, & perpétuant de siècle en siècle l'ordre merveilleux qu'elle avoit établi dès le commencement dans tout l'Univers.

Cette méthode étoit encore de la plus grande utilité pour la Société Civile, puisque ces Fêtes étoient autant de liens qui servoient à unir les hommes, à les éclairer, à les policer, à adoucir leurs travaux. Ces Fêtes devenoient d'ailleurs un puissant aiguillon pour la Jeunesse, obligée d'acquérir les qualités nécessaires pour se distinguer dans ces assemblées & pour y briller. C'est cette émulation acquise dès l'enfance qui fait des Etats une pépinière de grands Hommes dans tous les genres & de vrais Citoyens.

Ce second Livre est divisé en CINQ SECTIONS. La *première* traite des Fêtes en général, de l'origine de leur nom, des ouvrages composés à leur égard, du motif des Fêtes, de la maniere dont on les annonçoit ; des Processions, Sacrifices, Hymnes, Foires &c. dont elles étoient accompagnées.

La *seconde* embrasse les Fêtes relatives à de grandes Epoques & communes à la plûpart des Peuples.

Les Fêtes relatives à la Victoire remportée sur les Géans &

qui furent toujours les Fêtes des révolutions physiques de l'Univers, & célébrées ordinairement à la fin de l'année, tems où l'Agriculteur a triomphé par ses recoltes des ennemis physiques qu'il avoit à combattre. On montre ici à cet égard que les anciens Géans si renommés par leur audace, étoient des Êtres allégoriques, & que nombre de faits qu'on avoit regardés comme historiques, sont autant de faits physiques embellis par le langage symbolique.

Les Fêtes relatives au nouvel An, l'usage d'y donner des Œufs, l'Histoire allégorique des Héros nés d'un œuf, qu'on prenoit également pour des personnages historiques & qui ne sont de même que des Êtres physiques. L'explication de divers Héros & Héroïnes, tels que CASTOR & POLLUX, REMUS & ROMULUS, du moins pour ce qui regarde leur naissance & leur mort, ANNA PERENNA, &c.

Les Néoménies ou Fêtes de la Nouvelle Lune & celles de la Pleine Lune.

Les Fêtes du Solstice d'Hiver ou du 25 Décembre, telles que les Fêtes du Nord appellées JULES, celles de Mithras dans l'Orient, les Saturnales dans le Midi; enfin les Jeux Séculaires ou Jubilés de cent ans.

La *troisiéme Section* a pour objet les Fêtes de Cérès. Relatives à l'Agriculture, elles méritoient un article séparé. On y traite sur-tout des Mystères d'Eleusis si célèbres dans l'Antiquité, des cérémonies qu'on y observoit, de leur division en grands & petits, des Ministres qui les dirigoient, du motif de ces Mystères, &c. A cette occasion, on analyse le sixiéme Chant de l'Enéide, où le Poëte, en paroissant raconter la descente d'Enée aux Enfers, décrit l'initiation aux Mystères d'Eleusis, appellée allégoriquement *descente aux Enfers*,

PRÉLIMINAIRE.

La *quatriéme Section* traite des Fêtes Egyptiennes, Perfanes & Romaines. Celles des Grecs font la *cinquiéme Section*. Les Fêtes Grecques & Romaines font diftribuées fuivant les mois & les jours auxquels elles arrivoient; & d'après nos principes, on les devine d'avance.

Nous avons foin fur chaque Fête de rapporter les hymnes, les priéres, les chanfons qui y étoient relatives, autant que nous avons pu les découvrir; de même que l'origine & le développement d'un grand nombre d'ufages, dont quelques-uns fubfiftent encore de nos jours, & qui tiennent tous une place confidérable dans l'Hiftoire du Genre Humain.

Le TROISIEME LIVRE traite des Symboles & des Perfonnages allégoriques qui repréfentoient les diverfes parties de l'année, les jours, les mois, les femaines, les faifons, &c. & les Aftres qui y préfident, fur-tout la Lune & le Soleil. A l'occafion de ce dernier, on fait voir que chez les anciens Peuples, on le mettoit à la tête des Liftes des Rois, comme s'il avoit été un perfonnage hiftorique; c'eft ce qu'on prouve à l'égard d'*Ac-mon*, de *Mannus*, de *Ménès*, de *Minos*, de *Bélus l'Affirien*, de *Bélus le Tyrien*, de *Cadmus*, de *Janus*, de *Cécrops*, de *Romulus*, d'*Enée*, de *Pharnace* & d'*Apis*, tous premiers Rois, de Phrygie, de Germanie, d'Egypte, de Créte, d'Affyrie, de Tyr, d'Italie, d'Athènes, de Rome, d'Albe, de Cappadoce, d'Argos; auxquels nous ajoutons ici ORUS ou le Soleil, premier Roi de Trœzene, dit Paufanias (Liv. 2.), & qui étoit *Indigene*, puifqu'il n'étoit pas né ailleurs. Cette affertion ne paroîtra point furprenante, lorfqu'on obfervera que tous ces noms furent autant de noms du Soleil chez chacun de ces Peuples: & que chez toutes les Nations anciennes, les Rois s'appellerent toujours les enfans du Soleil, foit les enfans de Ménès en Egypte, les enfans de Belus ou les Belides à Argos, &c. D'où il arriva, lorſqu'on eut perdu de vue cet uſage, que les Hiſtoriens regarderent toujours ces noms du Soleil, *Menès*, *Belus*, &c. comme les premiers Rois de chaque contrée, puiſque ceux qui y avoient regné s'appelloient les *Fils* de ces Princes.

On fait voir enſuite qu'Oſiris & Iſis chez les Egyptiens, ainſi que Bacchus & Cérès chez les Grecs, ne font également que des Etres allégoriques. Oſiris & Bacchus, allégories de l'invention de l'agriculture & du vin, & ſymboles de la Nature active ; Iſis & Cérès, allégories de l'invention du blé & ſymboles de la Nature paſſive.

L'Ouvrage eſt terminé par l'explication de divers Monumens anciens, relatifs à cette partie du Monde Primitif ; la Table Héliaque ou du Soleil ; les Médailles des Jeux Séculaires ſous Domitien ; un Almanach de bois trouvé en Bretagne ; les trois Saiſons Grecques ; les quatre Saiſons Romaines ; l'enlevement de Proſerpine ; les ordres de Cérès à Triptolème pour enſeigner l'Agriculture à tous les Peuples ; un fragment de Calendrier Grec & Egyptien en figures ſymboliques, monument unique.

Tels ſont les objets qui compoſent ce Volume & dont nous avions donné une très-légere annonce dans notre *Plan général*. On reconnoîtra par ſa lecture la vérité de ce que nous avançâmes alors, que les Fêtes anciennes avoient toujours été puiſées dans la Nature, qu'elles s'accordoient avec les révolutions des Aſtres & avec les travaux de l'Agriculture ; on s'aſſurera qu'en connoiſſant les travaux & les productions relatives à chaque mois, on devinera d'avance les Fêtes qu'on y célébroit. Nous croyons pouvoir dire avec vérité que cet antique ſujet paroîtra abſolument neuf, & auſſi intéreſſant qu'il étoit peu connu : de quelle utilité d'ailleurs pouvoient être des événemens qu'on ne regardoit que

comme

comme locaux, concentrés dans chaque ville, particuliers à chaque Peuple, amenés par des circonstances isolées ; tels que les Fêtes de chaque Nation paroissoient n'avoir rien de commun avec celles des autres Nations.

Quel spectacle n'offriront pas au contraire ces mêmes Fêtes, dès qu'on verra qu'elles furent toujours l'effet nécessaire des Sociétés agricoles ; qu'elles furent par conséquent communes à toutes ces Sociétés, à tous les anciens Empires ; que leur nom seul étoit changé ; & qu'elles furent toujours relatives à ces saisons & à ces travaux dont on admire encore la régularité & dont on éprouve chaque jour les heureux effets.

En voyant outre cela dans ce Volume que les noms des Jours, des Semaines, des Mois, des Astres, de tous les objets les plus communs, furent toujours significatifs dans toutes les Langues & chez tous les Peuples ; on s'assurera toujours de plus en plus que chaque mot eut sa raison, & que la véritable maniere d'apprendre les Langues consiste à remonter jusques à la raison de chaque mot, parce qu'il devient alors un tableau exact de la chose qu'il représente, qu'il en est une juste définition.

Enfin la vaste étendue qu'occupe dans l'Antiquité, l'Histoire de quelques Personnages allégoriques & dont nous donnons l'explication dans ce Volume, l'étroite liaison de ces Personnages avec l'Antiquité entiere, l'influence qu'ils ont sur le Culte, sur les Fêtes, sur la Poësie &c. des Anciens, sera également une preuve frappante & sans réplique que l'Antiquité ne s'exprima que par allégories ; & que ces allégories eurent toujours pour objet l'utilité publique, l'instruction des sociétés, le bien le plus général.

Encouragemens divers.

Nous ne cessons d'éprouver avec une vive reconnoissance les

précieux effets de l'indulgence du Public & des bontés de diverses Personnes distinguées par leur rang & par leurs connoissances.

Un Ministre du Roi, auquel nous avons déja rendu dans notre précédent Volume nos justes hommages, continue de nous encourager par des moyens généreux qui excitent toute notre sensibilité; il a fait également venir des Pays étrangers divers ouvrages rares & utiles à nos recherches: il nous a déja ouvert des correspondances qui pourront devenir très-avantageuses.

Louis XVI a souscrit au Monde Primitif pour cent exemplaires; & nous devons cette faveur à un ancien Ministre dont on a fait des éloges au-dessus de ce que nous en pourrions dire, & aux sollicitations de quelques Savans du premier rang qui prennent à notre Ouvrage & à notre situation un intérêt qui excite toute notre reconnoissance.

L'Académie Royale de DIJON nous a admis au nom bre de ses Membres d'une maniere des plus flatteuses.

C'est la seconde du Royaume qui, sans nous connoître que par nos Ouvrages, veut bien nous encourager à persévérer dans cette entreprise en nous honorant de son choix & de son suffrage.

Un Magistrat distingué, nous a permis de faire usage dans ce Volume de ses recherches sur les Années Romaines.

M. de NIEPPE, fils de M. le Subdélégué de Dunkerque, nous a envoyé un Mémoire très-curieux sur les Fêtes de la Flandres, dont nous avons également fait usage.

M. ISELIN, Secrétaire de la République de Bâle, & connu par son érudition & ses vertus, nous a fait présent d'une Bible en Langue de Virginie, qui nous vaudra la Grammaire & le Dictionnaire de cette Langue inconnue dans nos Contrées & qui offre des rapports surprenans & nombreux avec la plûpart des autres Langues; ensorte qu'on verra même celles de l'Amérique,

PRÉLIMINAIRE. xj

naître d'une Langue primitive ; & qu'on le verra mieux & plutôt qu'on ne pouvoit l'espérer.

M. SENEBIÉ, Bibliothécaire de la République de Genève, nous a envoyé des Extraits sur les Jours Egyptiens, dont nous avons fait usage dans ce Volume.

Un Savant de Vienne en Autriche nous a communiqué des Livres rares & curieux sur la Langue Allemande.

M. de SERVIERES, jeune Officier distingué par ses connoissances & son mérite, nous envoie souvent des comparaisons de Langues très-bien faites & des Ouvrages rares sur les idiomes des Provinces Méridionales.

M. l'Abbé DES AUNAIS qui a succédé à M. Capperonnier à la Bibliothéque du Roi, & le R. P. PINGRÉ qui a remplacé M. l'Abbé Mercier dans sa qualité de Bibliothécaire de S.te Geneviéve, les ont également remplacés dans la complaisance avec laquelle ils nous faisoient part des richesses qu'ils avoient à leur garde & qui pouvoient nous être utiles.

M. SCHERER, de plusieurs Académies & attaché aux Affaires Etrangeres à Versailles, versé dans les Langues du Nord d'Europe & d'Asie, & dans l'Histoire Civile & Naturelle de ces mêmes Contrées, nous a donné les premiers Volumes de deux Ouvrages qu'il commence de publier en Allemand & qui ont pour objets les *Antiquités du Nord* & la *Description du Kamtschatka*. Il nous promet la communication des richesses qu'il a acquises sur ces Langues : c'est une mine féconde qu'il ouvre au Public.

OBSERVATION.

M. l'Abbé de LEPÉE qui a donné au Public un Ouvrage aussi neuf que consolant pour apprendre les Langues aux Sourds & aux Muets, nous a fait observer que si au lieu de dire dans l'Origine du Langage & de l'Ecriture, en parlant de sa Méthode, pag. 106.

qu'elle » est exactement l'art d'écrire, mais sans plume & sans » crayon »; nous eussions dit « qu'elle enseigne à peindre les idées » sans couleur, & sans crayon, sans le secours de l'écriture & de » la parole, » nous aurions été plus exacts. Cet excellent Citoyen mérite si fort de tous les hommes, que nous nous redressons sans peine sur un objet aussi utile à l'humanité.

Ouvrages dans lesquels il est parlé du MONDE PRIMITIF.

Nous avons également eu l'avantage de voir nos efforts applaudis & encouragés dans des Séances publiques & dans des Ouvrages célébres, d'une maniere bien propre à nous faire redoubler d'efforts pour répondre à ce qu'on attend de nous: à la rentrée des Ecoles de Chirurgie de Tours en 1775. par M. DESORMEAUX, Professeur Royal: à celle de l'Académie Royale des Sciences, à la S. Martin même année : dans une Thèse d'un savant Professeur de Genève, M. CLAPAREDE, soutenue cette année sur la Confusion des Langues: dans le troisiéme Volume *in-4°.* de la Mythologie expliquée en Anglois par M. BRYANT, &c. Avant eux, M. l'Abbé LE MONNIER à la tête de ses Fables; M. GRIVEL dans son Ouvrage sur l'Education ; M. le Marquis de SAINT-SIMON dans sa Traduction des Poësies Erses ou du Poëme de TEMORA , &c. en avoient tous parlé d'une maniere très-flatteuse.

Entre ces Ouvrages, il en est un qui par ses rapports avec notre Volume actuel, mérite que nous nous y arrêtions un instant. *L'Histoire de l'Astronomie ancienne depuis son origine jusques à l'établissement de l'Ecole d'Alexandrie,* in-4°. par M. BAILLY, Garde des Tableaux du Roi, de l'Académie Royale des Sciences & de l'Institut de Bologne.

Cette Histoire, remplie de recherches aussi étendues que neuves, confirme nos principes sur le Monde Primitif, en faisant voir l'accord des anciens Peuples sur le Calendrier & sur l'Astronomie, dans des tems où ils n'avoient nulle communication entr'eux ; & où ils n'étoient pas assez habiles pour avoir fait les découvertes dont on trouve chez eux la connoissance : ensorte qu'ils les durent à un Peuple qui les avoit précédé, qui avoit fait des observations astronomiques pendant plus de 1500 ans & dont tous ces Peuples ne furent que les Eléves.

Nous avons trouvé avec plaisir dans cette Histoire Astronomique nombre de choses conformes à celles que nous avançons dans ce Volume : que l'année de 360 jours ne put se maintenir longtems : que le Cycle de XIX ans, établi par MÉTON dans la Gréce, remonte à la plus haute antiquité, étant commun à une infinité de Peuples : que Mercure, Thot, & Butta l'Indien ne sont qu'un même personnage : que les Obélisques servoient aux Observations Astronomiques : que l'Histoire des Géans ne peut se prendre dans un sens historique : que la division des tems par semaines & les noms des jours empruntés des Planettes, remontent à la plus haute antiquité : que le Cycle Caniculaire commença près de trois mille ans avant notre Ere : que l'année Bissextile étoit connue dans la Chine & en Egypte dans des tems très-reculés.

On y voit qu'il faut distinguer deux BEROSES, l'un Astronome, & de beaucoup antérieur à Hérodote; l'autre Historien, & postérieur à ce même Hérodote.

Au sujet des Astronomes Grecs qui ont calculé les Eclipses, nous avons cité de plus, ANAXAGORE d'après Thucydide : nous avons encore cité un Peuple de plus que M. Bailly, à l'article de ceux qui faisoient leurs mois extrêmement inégaux.

Ce Savant observe que les Bramines aiment à être appellés

PARAMANES, par respect pour la mémoire de leurs Ancêtres qui portoient ce nom ; ce qui nous rappelle que dans Paufanias, *Voyage d'Elide*, Mercure, le même que Butta, un des fondateurs de la doctrine des Paramanes, est appellé PARAMMON.

M. Bailly nous confirme dans l'idée où nous étions que la boussole est très-ancienne ; il est vrai qu'il l'affirme pour les Chinois, & que nous le croyons pour les Phéniciens. Ce sont peut-être des Phéniciens qui (*pag.* 122) ayant été en Ambassade dans la Chine il y a trois mille ans, n'employerent, à la faveur de la bouffole, qu'un an pour leur retour.

Nous y voyons adopter (*pag.* 14) une étymologie de l'Abbé PLUCHE. Celui-ci avoit avancé que les Orientaux donnent à la Terre le nom de TEBEL, d'où nous est venu, ajoutoit-il, le nom de *Table*, parce qu'en effet c'étoit un préjugé universel que la terre étoit une surface plane terminée par un abîme d'eau : (*Spect. de la Nat. T. IV. Part.* 2. *Entr.* 3.) sur quoi M. Bailly observe que cette Etymologie est vraisemblable & curieuse ; mais que M. Pluche n'a point dit dans quelles Langues existe ce mot.

C'est en Hébreu que Tebel est le nom de la Terre ; il s'écrit תבל. Mais ce mot désigne une surface ronde, une roue, un cercle, *Orbis*. Si le mot *Table* en est venu, c'est donc comme ayant la forme d'un disque plutôt que celle d'une surface plane. On chercheroit en vain ce mot dans les autres Langues Orientales. C'est un mot de la façon des Hébreux, formé par la réunion de l'article *The*, le *The* des Anglois, avec le primitif בל, BAL ou BEL qui signifie 1°. *Oeil*; 2°. *rondeur*; 3°. *Elevation*; 4°. le *Soleil*, l'œil rond & élevé de l'Univers ; 5°. *Seigneur, Maitre*. De-là sont venus une multitude de mots en toute Langue ; & dans le sens de rondeur, nos mots BALE, BOULE, BALON, &c.

A tous ces Ouvrages dans lesquels on a fait une mention ho-

PRÉLIMINAIRE.

norable du Monde Primitif, ajoutons-en un qui paroît depuis peu & dans lequel on s'est étayé pour quelques objets, de nos vues sur l'allégorie.

L'Auteur de cet ouvrage intitulé *l'Accord de la Philosophie avec la Religion* (Tom. I. 1776. chez Moutard), après avoir examiné les connoissances que durent avoir les *Sages* qui donnerent des loix aux anciens Empires, & après en avoir conclu qu'on doit se former les plus grandes idées de ces Législateurs, & que l'Antiquité nous en doit paroître respectable, ajoute (*p.* 36): « C'est sous » ce point de vue que M. Court de Gebelin nous la montre dans » son *Monde primitif analysé & comparé avec le Monde moderne* : » d'une main hardie, il a déchiré le voile qui la couvroit. Rebuté » par ce qu'il y a de faux, de froid & d'insipide dans l'explication » historique des Fables anciennes, il a eu recours à l'explication al- » légorique, qui dans ses mains est devenue animée, ingénieuse, » amusante & portant avec elle les traits de la vérité dans presque » tous ses tableaux. Un grand avantage que lui a présenté le gé- » nie allégorique, c'est que tandis que les Mythologues Historiens » se retranchent sans cesse sur la corruption & l'altération de l'His- » toire & des Langues, ou sur la folie des cerveaux de ceux qui » ont tant de respect pour ces Contes absurdes, l'allégorie ne laisse » point de vuide, rend raison de tout, & que, grace à elle, les hom- » mes paroissent aussi raisonnables qu'ils le sont peu lorsqu'on » s'arrête aux explications historiques. »

Passant aux avantages qui résulterent de la Mythologie, il dit: » La Mythologie remontant à la naissance des sociétés, n'a pu se » charger de faits historiques qui n'existoient point encore. Les » instructions & les connoissances ont du les précéder. Mais pour » entrer facilement dans l'esprit des hommes nés dans l'enfance » des sociétés, elles ont du se teindre de fables & d'allégories.

» C'étoient-là les seuls instrumens avec lesquels les Législateurs
» pouvoient les affecter vivement, embrâser leur imagination,
» leur communiquer l'enthousiasme du travail & de la vertu. Ils
» s'en servirent heureusement pour les policer, pour leur donner
» de la Nature les idées les plus sublimes, pour les instruire dans
» les arts nécessaires & agréables, pour prêter un corps aux véri-
» tés de la Morale & de la Religion. Imitant la Nature qui, par
» les merveilles qu'elle nous présente, nous éleve aux idées les plus
» spirituelles, & nous fait connoître des Etres qu'elle n'offre point
» à nos yeux, la Législation eut recours, pour instruire les hom-
» mes, à des Symboles physiques & à des allégories ingénieuses. »

 Il se demande ensuite à lui-même comment ; après les bienfaits procurés au genre humain par le génie allégorique de l'Antiquité, le fil de la tradition mythologique a pu se rompre, « de
» maniere qu'il n'a pas été soupçonné, même par les Savans mo-
» dernes qui ont répandu tant de lumieres sur l'Antiquité. »

 Il en trouve un grand nombre de causes, toutes conformes à
nos Principes, & qui sont les mêmes d'où naquit l'idolâtrie. Telles furent l'oubli de la Langue hiéroglyphique, & ses traductions
erronées en Langue vulgaire : l'idée que ces personnages allégoriques étoient des personnages réels ; l'amour du merveilleux, &c.

 » C'est ainsi, conclut notre Auteur, que la Mythologie prise
» à la lettre & dénuée de son sens allégorique, a transformé en
» vices, en passions, en crimes, les pures & simples opérations de
» la Nature, & que les hommes ont été surpris de se trouver les
» adorateurs de Dieux vicieux, criminels & débauchés. »

 On adopte également dans cet ouvrage notre Principe qu'en
ramenant l'allégorie dans la Mythologie, on retranche de l'Histoire du Monde une grande partie des anciennes Histoires, telles
que celles d'Osiris, d'Osymandias, de Ninus, de Sémiramis, &c.

Et

Et cet autre principe, que l'Antiquité est inexplicable, si on n'admet qu'elle fit l'usage le plus fréquent de l'allégorie. « S'il n'y a rien d'allégorique, dit-on, dans l'Antiquité, on ne comprend rien à sa religion, à ses usages, à ses monumens; elle est une énigme indéchiffrable, elle ne mérite aucun respect de notre part. Son génie allégorique en est-il l'ame? on commence à entrevoir quelques lueurs qui présagent une lumiere plus abondante, à ceux qui s'avanceront d'un pas ferme vers la découverte pleine & entiere de ce génie. »

Observations & Remaques.

Un de nos Souscripteurs, Gouverneur d'une Ville de Province, nous a fait quelques objections sur un de nos principes de Grammaire ; il croit que les Verbes ont un régime qui leur est propre, qui ne dépend que d'eux, qui n'est point le résultat de l'ensemble de la phrase, & dont on ne peut rendre raison par aucun principe général: tels que les Verbes Latins comme *docere*, qui sont suivis de deux accusatifs; les Verbes impersonnels qui ont pour accusatif le mot qui leur sert de nominatif en François; le Verbe *petere*, demander, suivi de l'ablatif relativement à la personne à qui l'on demande, tandis qu'en François cette personne répond au datif des Latins : les verbes *memini* & *memor sum* qui se font suivre, relativement à la chose dont on se rappelle, le premier, d'un accusatif, & le second du génitif.

Cette objection est une des plus fortes qu'on puisse faire contre nos Procédés Grammaticaux, pour ramener toutes les régles à un petit nombre de principes. On auroit pu même y ajouter un beaucoup plus grand nombre d'exemples, tels que les Verbes *studere*, étudier ; *favere*, favoriser, &c. qui se font suivre du datif, tandis qu'en François la chose qu'on étudie, la personne qu'on favorise, s'employent comme s'ils étoient en Latin à l'accusatif.

Cependant aucun de ces exemples qui ne rentre dans les principes généraux communs à toutes les langues, dès qu'on les considere sous leur véritable point de vue. Les Verbes qui ont deux accusatifs ne paroissent en avoir deux, que parce qu'on a supprimé par ellipse la préposition *ad* qui gouverne celui qui sert de terminatif: *docere philosophiam Platonem*, est pour *docere philosophiam ad Platonem*, précisément comme nous disons *enseigner la philosophie* A *Platon*.

Les Verbes impersonnels se construisent comme si nous disions en François *il me fâche de ma faute*, vraie ellipse, au lieu de *l'idée de ma faute me fâche*, & comme on dit dans quelques Provinces *il m'ennuie*, au lieu de dire *je m'ennuie*, expression très-énergique qui peint ce sentiment comme nous venant d'ailleurs, comme si nous étions absolument passifs à son égard; idées que n'offre point l'expression *je m'ennuie*.

Le Verbe *petere* dans son sens propre ne signifie pas *demander*, mais *aller vers*; & dans son sens figuré, *chercher, rechercher, requérir*: dès-lors, il doit s'employer en Latin avec la préposition *a* & avec l'ablatif, tout comme nous disons, requérir *de*; je requiers ce service *de* vous, j'éxige ce sacrifice *de* vous.

Demander signifie au contraire dans son sens propre *adresser* de la main une invitation, une *priere*; il doit donc se construire nécessairement en François avec la préposition *à*.

Studere, *favere*, signifient au sens propre, le premier, *s'attacher à*; le second, *être doux & agréable à*: ils se mettent donc nécessairement avec un datif. Nous les avons dénaturés en les changeant en Verbes actifs.

Observons que ces mots étoient très-bien choisis pour exprimer ces idées. *Favere* tient à FAVUS, rayon de miel; c'est être à quelqu'un comme un rayon de miel. *Studere*, vient de ST qui servit à designer *tout état fixe & permanent*. *Petere*, anciennement *Beto*, fut composé du Verbe *ba*, aller, & du Verbe *ito*, qui désigne le soin, l'empressement avec lequel on agit; *Be-ito* étoit donc *aller & venir avec empressement, avec sollicitude*; mais n'est-ce pas *chercher, demander, solliciter ?*

Les Impératifs *tange*, *punge*, *esto*, &c. ne paroissent pas à cette personne être les primitifs de leurs Verbes, dont la syllabe radicale est au prétérit, *tig*, *pig*, &c. Mais de ce que quelques Impératifs se sont insensiblement altérés, on n'en peut rien conclure contre le principe général. *Es-to* s'est formé de l'Impératif *es* joint à la seconde personne *tu* ou *to*. *Tange*, *punge*, se prononcerent d'abord *tage*, *puge*; insensiblement, ils se nazalerent en *tange*, *punge*, comme il est arrivé à une multitude de mots. Il est même apparent qu'ils s'écrivirent d'abord par deux *gg*, *tagge*, *pugge*; & qu'ensuite le premier *g* devint un *n*, à la maniere des Grecs & de quelques autres Peuples: c'est ainsi que le mot Ange, s'écrit en grec *aggelos*, tandis qu'il se prononce *angelos*.

La même Personne demande comment les Verbes Déponens peuvent être passifs, puisqu'ils sont souvent suivis de l'accusatif qui désigne toujours un Verbe actif; mais nulle contradiction en cela, puisque ces Verbes qui dans l'origine étoient passifs, ayant été pris insensiblement dans un sens actif, furent dès-lors nécessairement suivis d'un régime actif. En disant que les Déponens sont des passifs, nous parlons de leur essence propre & primitive; & non de l'emploi particulier & détourné qu'on en a fait dans la suite des tems.

Un profond Métaphysicien nous a objecté que si l'homme parloit aussi naturellement qu'il marche, il s'ensuivroit que tous les hommes parleroient un langage quelconque, tandis que les Sourds n'ont aucun langage & que les enfans qu'on a trouvé dans les forêts, où ils n'avoient eu que des animaux pour compagnie, n'avoient aucun langage; d'où il réfulte néceffairement que l'homme ne parle que par un effet de l'inftruction.

Je crois que c'eft l'objection la plus forte qu'on puiffe faire contre ce que nous avons dit fur l'Origine du Langage. Cependant elle ne fauroit le détruire, puifqu'elle n'eft pas en contradiction avec ce que nous avons avancé. Lors même que nous accorderions que le prémier homme qui ait parlé, ne parla que par un effet de l'inftruction, inftruction qui ne put donc être que divine, puifque fi c'étoit d'un homme qu'elle fût provenue, cet homme auroit parlé fans le fecours de l'inftruction, on ne pourroit rien conclure contre nous de cet aveu.

L'inftruction fuppofe dans celui à qui on la donne tous les moyens propres à en profiter: l'homme avoit donc en lui les organes de la parole, le befoin de la parole; il ne lui en manquoit que l'ufage; mais cet ufage, ne pouvoit-il pas le trouver par un effet du befoin, tout comme par cet effet il trouve le moyen de développer fes autres organes? Certainement, l'un n'eft pas plus difficile que l'autre.

Mais, dit-on, l'enfant élevé feul dans les bois auroit un langage à lui; les Sourds & Muets en auroient également un qui leur feroit propre: mais ces derniers n'en peuvent avoir, puifque leurs organes ne font pas dans l'état naturel: il en eft ici comme de l'homme impotent, qui ne peut marcher quoique le marcher foit naturel à l'homme.

L'enfant qui a paffé fa vie feul dans les bois, ne peut parler non plus, puifqu'il n'a jamais pu s'appercevoir qu'il avoit en lui la faculté d'exprimer fes idées; n'ayant jamais vu d'êtres qui lui exprimaffent les leurs, ni auxquels il pût à fon tour effayer de faire entendre les fiennes.

La parole ou la communication des idées fuppofe l'exiftence de deux êtres femblables; tout être feul ne la foupçonnera jamais. Ici, l'inftruction mutuelle ou les efforts mutuels ont dû conduire fort loin à l'égard de la parole, l'homme *fait, réfléchiffant & vivant en fociété* : telles font cependant les données d'après lefquelles feules, on peut calculer fes effets.

Ajoutons quelques obfervations fournies par une faine Phyfique, qui font voir à combien d'acceffoires tient le libre ufage de la parole : elles font d'un ancien Ami, M. BOSC D'ANTIC, de l'Acad. de Dijon & Correfpondant de l'Acad. des Sciences.

« La SALIVE, dit-il, contribue beaucoup au jeu conve-
» nable de l'Inftrument vocal; non-feulement, en humectant
» ou lubréfiant les différentes parties dont il eft compofé, & en
» leur donnant par ce moyen plus de foupleffe & plus de volubili-
» té; mais auffi en tapiffant & comblant les interftices des parois
» de la bouche, en les rendant plus unis, plus propres à réfléchir
» régulierement les rayons vocaux. Avec une falive trop épaiffe,
» qui fe diftribue imparfaitement dans la bouche, on articule mal,
» on a peine à parler : c'eft par cette raifon que les Orateurs & les
» Chanteurs mettent de tems en tems des paftilles falines dans la
» bouche, pour exciter la falive. Les perfonnes attaquées d'une
» fiévre putride, dont la langue eft chargée, ont peine à parler.
» Les femmes ont, en général, plus de volubilité, parce que leur fa-
» live eft plus abondante & a une plus grande fluidité. Un jeu
» long-tems continué des cordes vocales & de la luette, y caufe-
» roit l'inflammation, fi ces parties n'étoient continuellement hu-
» mectées par la falive.

» Dans les contrées où l'air est brûlant, &c. les humeurs sont
» généralement âcres, ont plus de tendance à l'alcalescence ; les
» fibres sont plus séches, ont plus de rigidité. Celles de l'instru-
» ment vocal se dilatent donc beaucoup moins : leur ressort est
» plus court & plus élastique, le jeu en est plus prompt & plus
» souvent répeté. Aussi les Peuples du Midi ont plus de volubilité
» & sont plus chantans que ceux du Nord.

» Les Muets de naissance ont, comme les autres hommes, tous
» les organes de la parole ; s'ils ne parlent pas, c'est sans doute que
» les fibres de l'instrument vocal n'ont pas la souplesse, le ressort &
» le rapport d'élasticité nécessaires pour parler. Ces fibres sont
» pourtant susceptibles de ces qualités, puisqu'à force d'exercice
» on parvient jusqu'à un certain point à faire articuler les Muets.

» De ce que le Muets de naissance sont constamment sourds,
» on a conclu que l'une de ces privations étoit la cause de l'au-
» tre : conséquence précipitée. Le mutage & la surdité de nais-
» sance ont une seule & même cause ; le défaut d'élasticité néces-
» saire aux organes de la parole & de l'ouie. Si nous avions la
» même facilité à exercer ceux de l'ouie, que nous avons à exer-
» cer ceux de la parole, nous en corrigerions également jusqu'à
» un certain point les tristes effets. »

Corrections du Volume sur l'Origine du Langage & de l'Écriture.

M. CHEFDHOSTEL, de l'Académie des Sciences & Beaux Arts de Rouen, nous a communiqué quelques corrections à faire à ce Volume ; en voici les principales :

Pages 13, ligne 3, pour, *lis.* peut.
       164, 8, colonne 1, oftr, *lis.* oftrea.
      206, *après le dernier mot* Angl. *ajoutez* pandore & pandure.
      211, *col.* 1, *vis-à-vis de* Lodra, *lis.* Lutra, loutre.
      288, *lig.* 6, qu'ils, *lis.* qu'elles.
      332, 10, *en remontant,* qui, *lis.* que.
      338, 5, *en remontant,* dentale, *lis.* labiale.
      468, 16, II. *lis.* I.

HISTOIRE NATURELLE DE LA PAROLE, *extraite du Monde Primitif, in-8°.*

A la sollicitation de diverses Personnes dont nous respectons les lumières, nous avons fait paroître depuis peu un Précis de nos Principes sur la Grammaire & sur l'Origine du Langage & de l'Ecriture à l'usage des Jeunes Gens. C'est un exposé simple & rapide de ce qui compose ces deux Volumes, en les débarrassant de toute discussion. Quelquefois nous avons substitué de nouvelles définitions aux anciennes, afin de les rendre plus nettes & plus exactes. L'accueil favorable qu'on commence de faire à cet Abrégé, nous est d'un heureux augure pour l'empressement que la Jeunesse aura à le rechercher, d'autant plus qu'afin d'en faciliter l'acquisition, nous l'avons mis au plus bas prix qu'il nous a été possible.

ADDITION pour la page 186.

Le dernier jour de Février, & fur-tout le jour du biſſexte, fut regardé ſi conſtamment comme un jour malheureux, qu'il devint le nom même des événemens malheureux ; on diſoit en France, dans le dernier ſiécle, BISSÈTRE pour déſigner un malheur, un accident. C'eſt dans ce ſens que MOLIERE fait dire à un de ſes Interlocuteurs :

> Hé bien, voilà-t-il pas ton enragé de Maître;
> Il va nous faire encor quelque nouveau Biſſètre.

Les Bourguignons diſent *vo me ſenongé* BISSÈTRE, pour dire *vous me préſagez malheur*.

ADDITION pour la page 519.

Au ſujet d'un vin délicieux, qui portoit vingt fois autant d'eau, & qui malgré ce mélange répandoit une odeur céleſte, Homère fait dire à Ulyſſe (*Odyſſ. Liv. IX*) qu'il en étoit redevable à MARON, fils d'*Evanthe*, & Grand-Prêtre d'Apollon à ISMARE. Ces noms Allégoriques confirment ce que nous avons dit de *Maron*, de *Mar* & de *Méros*. Maron fils d'Evanthe, déſigne le Poſſeſſeur d'un excellent vignoble: *Evanthe* ſignifie la *fleur* ou la grappe *parfaite*. IS-MARE eſt mot-à-mot le *Côteau du Soleil*: il n'eſt pas étonnant qu'on l'ait conſacré à Apollon : ſans lui, point de raiſin.

TABLE

Des Objets contenus dans l'HISTOIRE DU CALENDRIER.

INTRODUCTION, pag. 1

LIVRE PREMIER.

HISTOIRE CIVILE DU CALENDRIER, OU SON ORIGINE, &c.

CHAP. I. *Du Calendrier en général, & de son Etymologie.*	5
§. 2. *Etymologie du mot Almanach, &c.*	7
II. *Antiquité des Almanachs & Calendriers,*	9
III. *Fastes ou Calendrier Romain,*	12
IV. *Calendriers de quatre Peuples de l'Antiquité,*	14
V. *Objets à considérer dans l'explication du Calendrier,*	41

SECTION PREMIERE.

Des ASTRES qui dirigent le Calendrier.

CHAP. I. *Du Soleil, Roi physique de l'Univers, & de ses divers noms,*	42
II. *De la Lune, Reine physique de l'Univers, & de ses noms,*	45
III. *Des Planettes & de leurs noms,*	50
IV. *Des douze Signes du Zodiaque,*	59
V. *Des Constellations les plus célèbres dans l'Antiquité,*	72

SECTION II.

DIVISIONS DU TEMS.

CHAP. I. *Du jour & de la nuit,*	75
II. *Division du jour,*	77
III. *Des semaines, de leur antiquité & de leurs noms,*	80

CHAP. IV. *Des Mois*, 88
 ARTICLE I. *Noms des Mois chez les Peuples du Midi & leur explication*, 89
 ART. II. *Noms des Mois chez les Peuples du Nord de l'Europe & leur explication*, 108

SECTION III.

DE L'ANNÉE ET DES CYCLES.

ARTICLE I.

ANNÉES ET CYCLES DES ORIENTAUX.

CHAP. I. *De l'Année en général*, 115
II. *Diverse longueur de l'année*, 117
III. *Année primitive au tems du Déluge*, 119
IV. *Année après le Déluge, & avant l'établissement des Colonies primitives; & ses causes*, 124
V. *Année Egyptienne; augmentée de cinq jours, appellés Epagomènes*, 6
VI. *Si les Egyptiens ont connu l'année Julienne ou Bissextile de 366 jours*, 129
VII. *Année Chaldéenne, & Ere de Nabonassar*, 133
VIII. *Année Persanne*, 137
IX. *Année de la Cappadoce*, 139
X. *Année Arménienne*, 140
XI. *Année Chinoise*, 141

ARTICLE II.

ANNÉES EUROPÉENNES.

CHAP. I. *Année Grecque*, 143
II. *Année Romaine : & 1°. de l'année de Romulus*, 148
III. *Année de Numa*, 153
IV. *Année des Décemvirs & de la République Romaine*, 157
V. *Année Julienne, ou réformation du Calendrier par Jules-César*, 162
VI. *Année ou Cycle Lunaire des anciens Saxons*, 168

TABLE DES OBJETS, &c.

ARTICLE III.

De quelques Cycles particuliers.

Chap. I.	Des Olympiades,	170
II.	Cycle Chaldéen de douze ans,	171
III.	Cycle appellé Cycle de Méton, ou Cycle de dix-neuf ans,	ibid.
VI.	Correction du Cycle de Méton, ou Cycle de soixante-seize ans,	173
V.	Cycle Gaulois de trente ans,	ibid.
VI.	Cycle en usage avant le Déluge,	174

SECTION IV.

Objets détachés, relatifs au Calendrier.

Chap. I.	Des Divinités protectrices des mois,	175
II.	Divinités Égyptiennes qui présidoient aux mois,	179
III.	Des trente-six Decans,	183
IV.	Des Eons,	185
V.	De la distinction des jours en heureux & malheureux,	186
VI.	Des Jours Egyptiens,	190
VII.	De la Divination,	194
VIII.	Des Eclipses,	197
IX.	Des Foires,	201
X.	Instrumens relatifs à la mesure du tems,	202

LIVRE SECOND.

Histoire Religieuse du Calendrier, ou Fêtes Anciennes.

SECTION I.

Des Fêtes en général,   205

SECTION II.

Fêtes relatives a de grandes Epoques.

Chap. I.	De la victoire remportée sur les Géans, ou Fêtes relatives aux révolutions physiques de l'Univers,	227
II.	Fêtes relatives au jour de l'An, chez les Orientaux,	240

CHAP. III. *De l'usage de donner des œufs dans les Fêtes du nouvel an & de Pâques; & son origine,* 251

IV. *Histoire des Dioscures Grecs, ou de Castor & de Pollux; nés d'un œuf,* 257

V. *Histoire des Gémeaux Romains, Rémus & Romulus; & 1°. Fête de Rémus ou les Lemurales,* 263

VI. *2°. Apothéose de Romulus, ou les Caprotines,* 267

VII. *Fêtes relatives au nouvel An chez les Romains; & 1°. Fête de Janus,* 270

VIII. *Fête d'Anna Perenna,* 274

IX. *De quelques Fêtes relatives à celle d'Anna Perenna,* 278

X. *Des Néoménies, ou Fête du renouvellement de la Lune,* 281

XI. *Des Pleines Lunes,* 284

XII. *Fête du 25 Décembre, ou du Solstice,* 285

XIII. *Des Saturnales,* 289

XIV. *Des Jeux Séculaires,* 295

SECTION III.
FÊTES DE CÉRÈS.

CHAP. I. *Mystères de Cérès à Eleusis,* 306

II. *Des petits Mystères,* 317

III. *Des Ministres qui présidoient aux initiations,* 324

IV. *Des grands Mystères,* 326

V. *De l'initiation d'ENÉE aux Mystères,* 334

VI. ANTRE D'ELEUSIS, 339

VII. *L'Ane d'or d'Apulée, ou efficace des Mystères,* 341

VIII. *Du Culte & des Fêtes de Cérès & de Proserpine,* 344

SECTION IV.
FÊTES NATIONALES.

CHAP. I. FÊTES *Egyptiennes,* 354

II. *Des anciens Perses,* 366

III. *Romaines, suivant les mois où elles se célébroient, & 1°.* FÊTES DU MOIS *de Mars,* 372

IV. *d'Avril,* 378

TABLE DES OBJETS, &c. xxix

Chap. V. Fêtes du Mois de Mai,		386
VI.	de Juin,	390
VII.	de Juillet,	396
VIII.	d'Août,	398
IX.	de Septembre,	402
X.	d'Octobre,	404
XI.	de Novembre,	407
XII.	de Décembre,	408
XIII.	de Janvier,	410
XIV.	de Février,	415
XV.	Des Féries Latines,	427

SECTION V.
Fêtes des Grecs.

Chap. I. Fêtes du Mois Elaphébolion, ou Mars,		429
II.	Munikhion, ou Avril,	434
III.	Thargelion, ou Mai,	346
IV.	Skirophorion, ou Juin,	440
V.	Hecatombéon, ou Juillet,	442
VI.	Metagitnion, ou Août,	447
VII.	Boëdromion, ou Septembre,	448
VIII.	Maimakterion, ou Octobre,	450
IX.	Pyanepsion, ou Novembre,	452
X.	Posidéon, ou Décembre,	453
XI.	Gamélion, ou Janvier,	454
XII.	Anthesterion, ou Février,	455

LIVRE TROISIEME.
Histoire Allégorique du Calendrier.

SECTION PREMIERE.

Allégories relatives à la lumiere & aux diverses parties du tems ou du Calendrier.

Chap. I. Toutes les portions du Calendrier personifiées,	459
II. Emblêmes de la nuit & du jour,	461

TABLE DES OBJETS, &c.

III. Lumière & ténèbres,	464
IV. Le tems & l'année,	465
V. Les Saisons,	467
VI. Les Mois,	471
VII. Les Semaines,	472
VIII. Les jours de l'année & de la semaine,	474
IX. Le dernier jour de l'année,	475
X. Du Loup, symbole de la lumière & du Soleil,	476

SECTION II.

Personnages allégoriques relatifs au Soleil & à la Lune dont les révolutions règlent le Calendrier.

Chap. I. Personnages allégoriques relatifs au Soleil,	479
II. Personnages allégoriques relatifs à la Lune,	486

SECTION III.

Personnages allégoriques relatifs aux productions de l'année.

Chap. I. Histoire d'OSIRIS,	
Art. I. Récits des Anciens touchant Osiris,	505
Art. II. L'Histoire d'Osiris ne peut être envisagée que comme une allégorie,	512
Art. III. Allégorie agricole ou économique, renfermée dans l'Histoire d'Osiris & d'Isis,	514
Art. IV. Explication des malheurs d'Osiris,	524
Art. V. Horus Fils & vengeur d'Osiris,	532
Art. VI. Guerre d'Osiris & de Typhon, considérés comme le bon & le mauvais Principe,	534
Art. VII. Famille & Généalogie d'Osiris,	537
Chap. II. Histoire de BACCHUS,	541
Art. I. Bacchus fut d'abord un symbole du Soleil,	542
Art. II. Bacchus regardé comme un Héros & le même qu'Osiris,	548
Art. III. Bacchus regardé uniquement comme le Dieu des vendanges,	550
Chap. III. Histoire de CÉRÈS & de ses courses,	571
Explication des PLANCHES,	582

Fin de la Table des Objets.

AVIS AUX RELIEURS.

Ils mettront pour premier titre à chaque Volume, MONDE PRIMITIF. Mais le second titre sera différent pour chaque Volume, & comme ceci :

Au Volume de 1773, Plan & Allégories.
Au Volume de 1774, Grammaire Universelle & Compar.
Au Volume de 1775, Origine du Langage & Ecriture.
Au Volume actuel, Histoire du Calendrier.

Le Volume intitulé PLAN ET ALLÉGORIES se compose, 1°. du Plan général ; 2°. des Allégories Orientales ; 3°. du Génie Allégorique.

A la tête on met le Frontispice du Sphynx ou Œdipe ; à la fin, la Liste des Souscripteurs : il a 3 Planches & 4 Vignettes.

La Grammaire Universelle a 2 Planches numérotées suivant les pages où elles doivent être ; un Frontispice & une Vignette.

L'Origine du Langage & de l'Ecriture a un Frontispice, deux Vignettes dont l'une est une Inscription Grecque, XXII Planches qui se mettent à la fin, & à la suite de la Lettre à une Critique anonyme du Journal des Savans, qu'on relie avec ce Volume.

L'Histoire du Calendrier a un Frontispice, trois Vignettes & huit Planches ; celles-ci se mettent également à la fin.

Les Listes des Souscripteurs doivent être toujours à la fin de chaque Volume & avant les Planches.

APPROBATION.

J'ai lu, par ordre de Monseigneur le Garde des Sceaux, un Ouvrage qui a pour titre, *Le Monde Primitif considéré dans l'Histoire Civile, Religieuse & Allégorique du Calendrier* : je n'y ai rien trouvé qui puisse en empêcher l'Impression. A Paris, le 12 Septembre 1776.

RIBALLIER.

HISTOIRE
CIVILE, RELIGIEUSE ET MYTHOLOGIQUE
DU CALENDRIER,
OU
ORIGINES DE L'ALMANACH.

INTRODUCTION.

L'ALMANACH fut un des plus illustres & des plus utiles efforts du génie des premiers hommes. Il est aisé de s'en convaincre par cette multitude prodigieuse d'Almanachs de toute espèce, dont l'Europe est inondée régulierement chaque année. Plus une Société est éclairée, moins elle peut se passer du Calendrier.

C'est un Tableau admirable, où les moins habiles trouvent sans peine tout ce qui a rapport au Tems, considéré en lui-même & relativement aux divers objets de la Société.

Dans ce Tableau, on voit chaque portion de Tems, les révolutions de la Lune, du Soleil & des Planettes, destinées à marquer les Tems ; le lever & le coucher de ces Astres ; leur situation successive par rapport aux XII. signes du Zodiaque, ou de la ceinture céleste, dont résulte l'année: les longueurs si variées des jours & des nuits : les semaines, les mois & les saisons : les jours de travail, base de toute société, & les jours de repos dans lesquels on se réjouit des heureux succès de ceux-là, & dans lesquels on témoigne à la Divinité sa reconnoissance pour les biens qui en sont la suite.

On y voit enfin les événemens les plus remarquables par leur influence sur la masse des Peuples.

A ce fond commun à tous les Almanachs anciens & modernes, se joignirent dans l'Antiquité d'autres objets qui entrent par-là même dans l'Histoire du Calendrier.

Les variétés du froid & du chaud, les retours constans & dans une même saison, des vents, des pluies, ou des frimats : le vol des Oiseaux qu'on voyoit paroître & disparoître chaque année suivant les saisons, & les inférences qu'on en déduisoit pour la félicité ou pour l'infortune des Peuples.

Les Divinités qui présidoient à toutes ces choses, à l'Année entiere ou à ses parties ; & les cérémonies & les Fêtes relatives à chacune de ces Divinités.

Enfin, les Allégories, les Symboles, les Emblêmes sous lesquels on présentoit ces objets dès le tems le plus ancien ; & qui étant devenus peu à peu inintelligibles, ont donné lieu à regarder comme des faits historiques, des récits qui n'étoient qu'un embellissement de faits puisés dans la nature.

On peut donc assurer que sans Almanach, les opérations de l'Agriculture seroient incertaines : que les travaux des Champs ne se rencontreroient que par hazard dans les tems convenables : qu'il n'y auroit ni Fêtes ni assemblées publiques, & que la mémoire des tems anciens ne seroit qu'un cahos.

Aussi, dès qu'il y eut un Laboureur, un Almanach exista ; & cet Almanach se perfectionna avec l'Agriculture & avec les sociétés.

Ne soyons donc pas étonnés si les Anciens en faisoient le plus grand cas ; s'ils disoient qu'un Dieu seul pouvoit l'avoir inventé : s'ils le consacrerent sous le nom de Mercure : s'ils regarderent ce fils de Maia comme le Secrétaire de Saturne, comme son Conseiller fidéle : & s'ils employerent tous les moyens qui étoient en leur pouvoir, pour en faciliter la communication ; car dans ces commencemens, rien n'étoit si difficile.

Tantôt, à chaque nouvelle Lune, on proclamoit l'époque dans laquelle on se rencontroit, & les Fêtes qui auroient lieu pendant la durée de cette Lune. Tantôt, on peignoit le Calendrier sur les murs des Temples, ou on le gravoit sur des Marbres exposés aux yeux du Public. Souvent encore, on le mettoit en vers, & chacun l'apprenoit par cœur, ou l'on en faisoit la base de quelque allégorie amusante, qui, sous des Histoires feintes, représentoit les diverses révolutions de l'année.

Mais à mesure qu'on inventoit une méthode plus aisée, on perdoit le souvenir des anciennes. De-là, l'obscurité répandue sur les Calendriers anciens, augmentée par la perte des monumens & par l'oubli des allégories auxquelles donnoit lieu le Tems & toutes ses Parties.

Pour réparer ces pertes, autant qu'il est possible, & pour rétablir la connoissance de l'Antiquité sur ces objets, nous allons tracer l'Histoire du Calendrier. Cette Histoire, qui fait une partie essentielle du Monde Primitif, sera divisée en trois Parties.

I. HISTOIRE CIVILE du Calendrier: elle en offrira l'origine, le développement de ses diverses parties, leur usage, l'étymologie des noms qu'on leur donna : les Calendriers des principaux Peuples de l'Antiquité ; & ce qui a rapport aux diverses manieres de compter le Tems chez les Anciens.

II. L'HISTOIRE RELIGIEUSE du Calendrier, ou l'origine & la nature des FÊTES qui se célébroient dans l'Antiquité & qui sont indiquées dans les anciens Calendriers.

III. L'HISTOIRE MYTHOLOGIQUE & allégorique du Calendrier, ou l'explication de l'Histoire des Dieux relatifs au Calendrier: 1°. de ceux qui présidoient à quelqu'une de ses parties: 2°. de ceux qui présidoient à quelqu'une des productions de l'année, ou à ses Travaux, &c. De même que l'explication des Fables allégoriques relatives au Calendrier.

Ces objets seront accompagnés en même tems des monumens de l'Antiquité les plus remarquables, relatifs également au Calendrier, & propres à répandre du jour sur ses allégories & ses symboles presqu'inconnus jusques ici.

Appuyés, comme nous le serons, sur des bases inébranlables, les faits, la Nature & les Langues; les Emblêmes qui peignirent l'Agriculture, fille aînée de la Sagesse humaine, ne pourront nous échapper; & l'obscurité qui couvre le Calendrier ancien, qui s'étend sur ses fastes, sur ses symboles, sur ses Dieux, sur son langage, sur ses Fêtes, se dissipera de plus en plus.

On aura la satisfaction de voir que le Calendrier a toujours été ce qu'il est, parce qu'il est fondé sur la Nature qui fut toujours la même : qu'il nous est venu des Romains & des Grecs qui en furent redevables aux Orientaux, tandis que ceux-ci le tenoient de ceux qui l'avoient puisé dans la Nature.

On n'ignorera plus la valeur & l'origine des noms qui forment la langue du Calendrier, qu'on a sans cesse à la bouche & sous les yeux.

On sera assuré que si jusques à présent on n'avoit vû dans ces objets, que l'effet du désordre, du bouleversement, du hazard ou d'une idolâtrie portée à l'excès, c'est parce qu'on n'étoit pas remonté à cet égard, comme à tant d'autres, jusqu'au premier chaînon.

Varron, Cornificius, Ovide, Ciceron, &c. les Romains les plus illustres, s'agiterent pour découvrir ces mêmes vérités : ils en sentoient d'autant plus l'importance, qu'ils étoient environnés de ténébres plus épaisses ; & que l'indécision, l'ignorance, l'incertitude sont un tourment pour l'homme, tel que pour en sortir, il adoptera plûtôt l'erreur elle-même. L'illusion qu'il se fait à cet égard le tranquillise ; illusion funeste néanmoins, puisque lorsqu'on croit avoir atteint la vérité, on se met hors d'état d'y parvenir.

Mais si notre Calendrier paroît sans cesse calqué sur le Calendrier ancien, & n'en être qu'une répétition dont le nom seul est changé, il regne cependant entr'eux la même différence qu'entre le physique & le moral. Le Calendrier n'offroit aux Nations anciennes que des révolutions physiques ; il ne leur présentoit que des biens terrestres ; que la naissance & la mort du Soleil physique, salut de l'Agriculture, & de l'homme attaché à la Terre. Le Calendrier des Chrétiens, au contraire, s'éléve avec leur doctrine au-dessus de cette vie. Les révolutions physiques du tems n'y sont que l'emblême de révolutions spirituelles : on y voit l'annonce, la naissance, la mort & le retour à la vie d'un Soleil de justice : ainsi tandis que l'Astre brillant du jour, flambeau de la nature, Soleil physique de l'Univers, revient en quelque sorte des régions souterraines & reparoît avec toute sa gloire, qu'il renouvelle toute la Nature, qu'il la fait passer de la mort à la vie, couvrant la Terre de fleurs & de biens, & remplissant l'air de parfums, le Chrétien célébre la naissance d'un Sauveur qui lui procure des biens qu'il met infiniment au-dessus de ceux-là & qui sont l'objet de ses Fêtes & de ses Cérémonies sacrées.

LIVRE PREMIER.
HISTOIRE CIVILE DU CALENDRIER,
OU
SON ORIGINE ET SES DIVERSES PARTIES.

CHAPITRE PREMIER.
DU CALENDRIER EN GÉNÉRAL.

§. I.

Étymologie de ce mot.

LE mot CALENDRIER vient du Latin CALENDARIUM, qui désignoit la même chose. Ce dernier mot vient lui-même de *Calendæ* ou *Calendes*, nom qu'on donnoit chez les Romains à la Néoménie, au jour de la nouvelle Lune, au premier jour du mois.

Ce mot de CALENDES qui nous paroît l'enfant du hazard, s'est conservé dans quelques Provinces. Le premier jour de l'année Solaire, celui du solstice d'hyver, les Calendes par excellence, s'appelle encore aujourd'hui *Tchalendes* dans une contrée où les Romains eurent des Colonies célébres, & où regne un idiome peu connu & méprisé des personnes qui font cependant profession d'être juges en fait de langues : cet idiome est le VALDOIS ; nous en avons déja cité plusieurs mots. Le premier jour de l'an s'appelle aussi *Calene* en Provençal, tandis que les Bas-Bretons appellent *Calanna*, les Etrennes du jour de l'an : mais si l'on demandoit aux Valdois, aux Provençaux, aux Bas-Bretons l'origine des mots *Tchalendes*, *Calene*, *Calanna*, dont l'étymologie est démontrée, ils seroient aussi embarrassés qu'on peut l'être pour quelque mot que ce soit.

Calendrier signifie donc mot à mot *Tableau des Calendes* ou *des Lunes de l'année*. Mais d'où vint le mot de *Calendes* lui-même, & pourquoi ce nom fut-il donné au premier jour de chaque mois ? car jusques alors l'étymologie du mot *Calendrier* sera incomplette & moins satisfaisante.

KAL ou CAL est un mot primitif qui signifie *crier, appeller, convoquer*. Il existe dans les langues d'Orient & d'Occident.

Dans les premières, קהל, *Qhal*, signifie *crier, assembler, convoquer*. C'est le Grec *Kalo*, καλω, le vieux Latin *Calo* (1), le Goth *Kalla*, le Suédois *Kalla*, l'Anglois *To Call*, l'Irlandois *Gale*, le Gallois *Galw*, le Bas-Breton *Galv*, qui tous présentent les mêmes idées de *crier*, d'*appeller*, d'*appeller* en criant fort, d'*invoquer*, de *nommer*, de *convoquer*.

Kal n'étoit pas seulement un verbe, c'étoit aussi un nom qui offroit les mêmes idées : ainsi *Call* en Anglois signifie *appel, invitation* ; *Calloir* en Irlandois, *cri*, clameur ; *Kall* en Suédois, vocation : *Kalésia, ekkalesia* & puis *Ekklesia* en Grec, *convocation*, dont nous avons fait *Eglise*, la convocation ou l'assemblée par excellence, mot qu'on ne soupçonneroit pas avoir aucun rapport au mot *Calendrier*.

De *Calo*, appeller, les Latins firent *Calaburriones* Crieurs publics. *Comitia Calata*, les assemblées du Peuple. *Çalenda*, les assemblées ou convocations du premier jour, ou de la Néoménie, les Calendes. *Calendatim*, à chaque premier jour du mois. *Calabra Curia*, ou le Palais Calabre, Edifice où Romulus tenoit les assemblées générales, & où le Roi des sacrifices convoquoit le Sénat & le Peuple pour leur annoncer les jours de Fêtes & de Sacrifices.

Le mot de *Calendes* signifioit donc *le jour de la proclamation, & de la convocation* : jour de la proclamation, parce que ce jour-là, à Rome tout comme à Jérusalem & dans tout l'Orient, des personnes préposées pour cette fonction, annonçoient au peuple l'apparition de la nouvelle Lune, le nombre des jours qu'elle auroit, quelle en seroit la distribution en jours de fêtes & en jours de travail. Le mot de Calendes signifioit aussi *jour de la convocation*, parce que le premier jour du mois étoit consacré à l'assemblée du peuple & aux sacrifices.

De-là vint une autre signification du mot *Cal*, qui désigna naturellement

---

(1) VARRON, de Ling. Lat.

les *révolutions* des jours, *le Tems.* C'eſt le ſens même du mot Chaldéen קלד *Kald* ou *Caled.*

Comme cette publication & les convocations du peuple ſe faiſoient au ſon du Cor, qui tenoit lieu des Cloches qu'on ne connoiſſoit pas, le verbe *Cal* ſignifia auſſi chez les Chaldéens *ſonner du Cor.* D'où vint l'expreſſion ſi commune dans les Propheres, *ſonner du cor en Sion*, pour dire, *convoquer le Peuple, le haranguer.*

§. II.

Etymologie du mot ALMANACH.

Mais puiſque le Calendrier s'appelle auſſi *Almanach*, voyons également l'origine de ce mot. Celui-ci nous vient des Arabes dont la Langue eſt la même que celle des anciens Orientaux, des Hébreux, des Egyptiens, des Chaldéens, &c. avec les différences que peuvent apporter au langage une longue ſuite de ſiécles dans des climats où preſque rien n'a changé.

Al eſt l'article qui ſignifie *le*; *Manach* ſignifie *ſupputation, calcul.* En effet l'*Al-manach* eſt le calcul des jours de l'année, ou des révolutions des Aſtres qui réglent les jours.

Ce nom tient lui-même au mot primitif *Man, Mèn, Mon*, qui a déſigné le Soleil & la Lune, comme nous verrons plus bas : il tient également au verbe *Mana*, compter. Et comme on compte avec les doigts, premiere ſource de tout calcul, *Man* a déſigné auſſi la *main.* De-là vint encore *Mon-eta*, monnoie, parce qu'elle ſert pour les comptes.

Ce mot *Almanach* étoit connu des anciens Grecs. On le voit dans Eusebe qui l'écrit Αλμενιχιακα, Almenikhiaka. Porphyre, qu'il cite, l'écrit *Salmeskiniaca.* Saumaise prétendit (1) que c'étoit la vraie maniere de l'écrire; il y voyoit un mot Perſan qu'il décompoſoit ainſi; *Sal*, Période; *Mah*, Lune; *Shinan*, interprétation; *l'Expoſition des Périodes de la Lune* : il ajoutoit que les Arabes avoient altéré ce mot & en avoient fait ainſi le mot *Almanach.* C'étoit employer beaucoup trop d'érudition pour s'égarer.

On a cru auſſi que ce mot s'étoit altéré en *S. Almach*, nom qu'on voit à la tête de quelques anciens Calendriers & dont Baronius dans ſa ſavante Hiſtoire eſt embarraſſé à fixer le tems de la mort : des mauvais plaiſans ont dit que ce mot, étant écrit à la ſuite du mot *Calendarium*, étoit l'abréviation

---

(1) Année climact. p. 605.

de ceux-ci *Almanach*, & que tous ensemble signifioient *Calendrier* ou *Almanach* (1) : on a pris la peine de les réfuter sérieusement dans quelques Ouvrages (2).

Ces mots CALENDRIER & ALMANACH sont communs à presque toutes les Nations de l'Europe : il n'en étoit pas de même dans l'origine. On voit, par exemple, que chez les Cimbres le Calendrier s'appelloit RYM (3). Ce nom étoit également une suite de l'idée qu'exprime le mot Calendrier. Il signifie *énumération*, *calcul*, & vient de *rth* & *rif* qui signifie en Hébreu & dans le nord *nombre*, & dont les Grecs qui prononçoient ce mot *rith*, en changeant à leur ordinaire *f* en *th*, firent *a-rith-mos*, nombre, d'où vint *arithmétique* ou la science des *rifs*, des nombres.

Les Grecs donnoient au Calendrier le nom d'EPHÉMÉRIDES, c'est-à-dire, *compte des jours* : ce mot venant de la préposition *epi*, sur, & du mot *hémera* qui signifie *jour*. A leur exemple, quelques Journaux ont adopté le nom d'*Ephémérides*, que portent aussi des Calendriers modernes.

§. III.

De la différence qu'il y a entre les mots ALMANACH *&* CALENDRIER.

On sera peut-être étonné que nous ayons ainsi deux mots pour exprimer la même chose ; & ceux qui prétendent avec raison qu'il n'y a point de synonimes dans les Langues, en seront peut-être surpris eux-mêmes.

Ces deux mots nous sont venus de deux sources très-différentes, l'une sacrée, l'autre profane ; le mot de *Calendrier* est dû au langage de l'Eglise qui le tint du Latin : celui d'*Almanach* est dû aux Arabes, ou au langage astronomique & vulgaire. Ce n'est pas le seul exemple dans lequel different la langue de l'Eglise & celle du Peuple, comme autrefois la langue des Dieux & celle des hommes.

On peut dire aussi dans un autre sens que le Calendrier a plus de rapport aux calculs Astronomiques ; & l'Almanach aux observations populaires, qu'il répond aux *Calendriers rustiques* des Anciens.

---

(1) Bibl. Univ. T. XI. p. 140.
(2) *Castel.* Voyez aussi *Dict.* de Trev. Art. *Almague.*
(3) HICKES, Trés. des Lang. du Nord, T. I. p. 109. Il cite aussi le Dict. Island. de Gudmond ANDREAS, & les Fastes Dan. de WORMIUS.

CHAPITRE II.

Antiquité des Almanachs & Calendriers.

LES Almanachs remontent à la plus haute antiquité ; nous l'avons déja vû, en disant que l'Agriculture ne put jamais s'en passer : à cette preuve de droit, on en peut ajouter un grand nombre de fait qu'il n'est pas inutile de rassembler, puisqu'elles servent à l'Histoire des Arts & des Connoissances.

„ Les Prêtres Egyptiens, nous dit Diodore de Sicile (1), étoient habiles,
„ non-seulement dans la Géométrie, mais aussi dans l'Astronomie & dans
„ l'Astrologie. Ils avoient *de tems immémorial, des Tables Astronomiques,* qui
„ marquoient au juste les révolutions des Planettes & leurs mouvemens diur-
„ nes, stationnaires ou rétrogrades. On y voyoit aussi leurs influences sur les
„ êtres sublunaires.

Ces *Tables Astronomiques* étoient de vrais Almanachs : ainsi on en a eu de tems immémorial chez les Egyptiens. Tel étoit ce Cercle d'or d'Osymandias, Roi d'Egypte, qui avoit une coudée de large & 365 coudées de tour : chacune de ces coudées répondoit à un jour de l'année & on y avoit marqué les principales étoiles qui se levoient ou se couchoient chaque jour. C'étoit un Almanach ou Calendrier vraiment Royal, & qui remonte au tems des Patriarches antérieurs à Moyse, au tems de ces anciens Rois de Thébes auxquels on doit des monumens admirés, même des Européens.

Le même Diodore nous parlant des anciens Philosophes Indiens, dit (2) aussi : „ Lorsque les Philosophes Indiens se trouvent au commencement de
„ chaque année dans l'assemblée générale des Etats, ils prédisent les pluies, les
„ sécheresses, les vents & les maladies qui regneront pendant l'année.

Mais tout ceci tient à l'*Almanach* ; & nous voyons encore par-là que chez les Indiens tout comme à Jérusalem & à Rome, on assembloit le peuple le premier jour de l'année & du mois, pour le mettre au fait de tout ce que l'Almanach nous apprend.

---

(1) Liv. I, p. 134. T. I. de la Trad. Franç.
(2) Liv. II. p. 230.

Hist. du Cal.

Le Palet d'Iphitus qu'on voyoit dans le Temple de Junon à Olympie (1) & dont nous parle Paufanias, étoit un Almanach particulier, propre aux Jeux Olympiques. Les Eléens s'en fervoient pour indiquer le tems de ces Jeux avec les tems de *trêve*, de *franchifes* & de *foire*, dont ils étoient toujours accompagnés. Les Loix en étoient écrites tout à l'entour & en rond.

Les connoiffances des Grecs font fort poftérieures à celles de ces Peuples : cependant ils durent avoir des Almanachs, lorfque les Phéniciens & d'autres Orientaux vinrent s'établir chez eux. Chiron, que Freret a démontré avoir vécu dans le quatorziéme fiécle avant J. C. & peu après Moyfe, paffe pour leur avoir donné une Sphère célefte.

Quatre ou cinq cens ans après, vécut Hésiode, dont on peut regarder les préceptes d'Agriculture aftronomique, comme des lambeaux de l'Almanach qui exiftoit de fon tems.

C'eft ce dernier Almanach qui fut porté fans doute par les Grecs en Italie, & qu'adopterent les Romains. Dans cet Almanach, l'entrée du Soleil dans les fignes étoit marquée, de même qu'au tems d'Héfiode, huit jours devant les points cardinaux, comme nous le verrons plus bas.

Columelle (2) parle des Calendriers ruftiques de Meton & d'Eudoxe, poftérieurs de plufieurs fiécles au tems d'Héfiode, & par-là même beaucoup plus connus. (†)

Le célebre Thalés avoit publié auffi, comme nous l'apprend Diogène Laerce (3), un Calendrier ruftique dans lequel les levers & les couchers des Etoiles étoient marqués fuivant fes propres obfervations. On en trouve des lambeaux dans les Anciens.

---

(1) Pausan. Voy. de l'Elide.

(2) De Re Rufticâ, Lib. IX. c. 13.

(†) Eudoxe vécut dans le quatriéme fiécle avant l'Ere Chrétienne. Il étoit de Gnide, & fut Difciple de Socrate. Il accompagna Platon en Egypte, & y étudia l'Aftronomie : à fon retour en Gréce, il publia un Calendrier, ou des Ephémérides, où l'année étoit diftribuée en fes parties, fuivant le cours du Soleil & des Planettes. Il mérita par-là le nom de Pere & d'Inventeur des Faftes, que lui donnent Ciceron, Strabon & Aulugelle.

Quant à Meton, célebre par fon Cycle de dix-neuf ans, nous aurons occafion d'en parler dans la fuite.

(3) Diog. Vie de Thalès.

DU CALENDRIER.

Ammien Marcellin (1) semble joindre Archiméde à ces illustres faiseurs d'Almanachs : & peut-on présumer que la savante & somptueuse Sicile fut privée d'Almanach, tandis que toute la Gréce en avoit depuis si long-tems ?

On voit par Geminus, qui vivoit du tems de Sylla & par l'Interprête d'Aratus, que dans ces Calendriers on indiquoit non-seulement les saisons, mais aussi les vents qui devoient souffler pendant leur durée.

Il existe trois anciens Calendriers Astronomiques. Dans l'un (2) on cite les Auteurs des anciens Calendriers en rapportant leurs opinions. Ces Auteurs sont Euctemon, Eudoxe, Démocrite, Calippe, Dosithée, qui tous avoient écrit pour le climat de la Gréce.

Les deux autres Calendriers sont de Ptolemée; l'un en Grec, l'autre en Latin seulement : l'original Grec de celui-ci n'existe plus. On trouve dans ce dernier plusieurs observations de levers d'étoiles qui ne peuvent être regardés que comme des fragmens de très-anciens Calendriers du tems de Chiron, ou même plus anciens & apportés d'Orient (3).

N'omettons pas que Méton avoit composé un Calendrier civil à l'usage de la Gréce, qui fut gravé en lettres d'or & exposé à Athènes & à Olympie.

Les Peuples du Nord doivent aussi avoir eu des Calendriers d'une très-haute Antiquité. On apperçoit encore à présent dans leurs Calendriers des rapports surprenans avec le Calendrier Egyptien, comme nous aurons lieu de nous en convaincre dans la suite : ce qui suppose une origine commune, antérieure aux tems des premiers Chaldéens, de ces Chaldéens dont on avoit des Observations Astronomiques depuis plus de 1900 ans avant Alexandre le Grand, & à peu près du siécle où vécut Iao, premier Empereur Chinois.

---

(1) Liv. XXXVI.
(2) Il est imprimé dans l'Uranologium du P. Petau & à la suite de Geminus.
(3) Frer. Def. de la Chron. p. 485.

CHAPITRE III.

Fastes ou Calendrier Romain.

LE Calendrier le plus célèbre est celui des Romains. Il est connu sous le nom de FASTES : mot passé dans notre langue, mais dans un sens relatif à celui d'*Annales* ou d'*Histoire*, & par-là même dans un sens beaucoup plus étendu que celui qu'il présenta d'abord.

Ce nom fut donné au Calendrier Romain, parce qu'on y indiquoit, comme dans les nôtres les jours où il étoit permis de travailler & ceux où cela étoit défendu, le *fas* & *ne-fas* ; le *faire* & le *non faire*, comme nous l'avons déja observé dans le *Génie Allégorique* (pag. 18). Il étoit ainsi composé de deux sortes de jours, *dies fasti* & *dies ne-fasti*, jours de travaux & jours de *non-travaux*, ou de repos.

TITE-LIVE, peu versé dans les Origines Romaines, attribuoit l'institution des Fastes à Numa Pompilius : c'est que Numa étoit pour les Romains le *non plus ultra*. Ils ne voyoient rien avant lui en fait de loix : car Romulus n'étoit qu'un Roi guerrier.

Dans ces Fastes étoient inscrits les mois de l'année avec la qualité assignée à chaque jour : & comme ce qui avoit rapport à l'Astronomie & à la Religion étoit du ressort des Prêtres, les Pontifes Romains, tous pris dans le Corps des Nobles, furent les dépositaires des Fastes & les maîtres absolus de les régler chaque année. ,, Ce privilége exclusif leur donna une autorité infinie, parce ,, que, sous prétexte des jours permis ou non permis qui dépendoient d'eux, ,, ils pouvoient avancer ou reculer le jugement des affaires les plus impor- ,, tantes & traverser les desseins les mieux concertés des Magistrats & des ,, Particuliers ; " comme l'a déja dit M. l'Abbé COUTURE avec d'autres Savans (1).

Dans la suite, on ajouta à ces Fastes les événemens les plus remarquables : les batailles gagnées ou perdues, les triomphes, les dédicaces des Temples, les naissances & les morts des Généraux les plus distingués ; celles des Empe-

_____

(1) Diss. hist. sur les Fastes. Mém. des Insc. T. I.

reurs ; les prodiges, &c. En forte que ces Faftes, femblables dès-lors à des Journaux & à des Annales, devinrent les Mémoires les plus fideles fur lefquels on compofa l'Hiftoire des Romains.

Dans la fuite des tems, les jours de ce Calendrier furent divifés en diverfes Claffes. Jours deftinés au culte des Dieux, ou *Fefti* ; Jours confacrés au travail manuel, ou *Pro-fefti* ; Jours partagés entre le culte & les affaires, ou *Intercifi* ; Jours deftinés aux affemblées du Senat, ou *Senatorii* ; Jours confacrés aux affemblées du Peuple, ou *Comitiales* ; Jours propres à la guerre, ou *Prœliares* ; Jours heureux, ou *Faufti* ; Jours malheureux & marqués par des calamités publiques, ou *Atri*.

Nous a tranfmis les noms de plufieurs Romains qui s'étoient occupés de l'explication des Faftes ; HÉMINA, *Cl.* QUADRIGARIUS, AFRANIUS, ENNIUS, PISON, FANNIUS, LIBERIUS ; mais leurs Commentaires étoient fecs & fans graces : auffi difparurent-ils tous devant les Faftes d'OVIDE, Poëme où font répandus à pleines mains les charmes de la verfification, les richeffes d'une féconde imagination & les opinions des Romains fur l'origine de mille chofes qui les intéreffoient, mais par rapport auxquelles leur ignorance fur leurs vraies origines ne leur permettoit que des conjectures auffi frivoles que leurs Etymologies.

On y voit les caufes de toutes les Fêtes, le lever & le coucher des Etoiles pour chaque mois, les traditions religieufes des Anciens & nombre d'autres objets intéreffans. Malheureufement il n'en exifte que les fix premiers Livres ; & l'on doit vivement regretter qu'Ovide n'ait pas achevé cet Ouvrage qui ne renferme que les fix premiers mois. Car quoique fes explications portent prefque toujours à faux, fon Poëme eft très-précieux par les faits & les traditions qui ne fe font confervées que là, & qu'on négligeoit d'autant plus qu'on ne pouvoit en avoir la clé. Auffi ferons-nous un très-grand ufage de ces Faftes poétiques.

CHAPITRE IV.

Calendriers de quatre Peuples de l'Antiquité.

Afin que nos Lecteurs se forment une idée précise des Calendriers des anciens Peuples & des Fêtes dont ils étoient composés, nous en allons mettre quatre sous leurs yeux, empruntés d'autant de Peuples différens, des Hébreux, des Egyptiens, des Grecs & des Romains.

Nous devons les deux premiers à celui qui a commenté le Syncelle  mais comme il n'a fait nulle mention des Fêtes relatives à ces deux Calendriers, nous les avons puisées ailleurs. Les Fêtes des Hébreux, dans Dom CALMET (1), mais en ne parlant que des principales. On les trouve aussi avec quelque différence dans le Traité de M. LE COQMAGDELAINE sur le Calendrier (2).

PLUTARQUE nous a fourni (3) ce que nous avons rassemblé sur les Fêtes des Egyptiens, & qui paroît ainsi pour la premiere fois sous la forme de Calendrier.

Nous devons le Calendrier GREC au savant *Edouard* CORSINI (4).

Le Calendrier Romain est la réunion de deux ou trois Calendriers.

Les Lettres Nundinales & les Lettres qui indiquent les jours de travail & d'assemblées publiques, sont tirées d'un Calendrier Romain en marbre qui existe à Rome, & qui est gravé dans le VIII. Vol. des Antiq. Romaines (p. 14).

Ce qui regarde les Fêtes & les levers & couchers des Etoiles, est tiré des Calendriers Romains de DEMPSTER & de GASSENDI, qui sont dans le même Volume.

---

(1) Dict. de la Bible, T. II. in-fol.
(2) Imprimé à Paris en 1717. in-12.
(3) Traité d'Isis & Osiris.
(4) Fast. Attiq. T. II. in-4°. Diss. XIII.

CALENDRIERS
DES
HÉBREUX, ÉGYPTIENS,
GRECS ET ROMAINS.

CAL. HÉB.	ÉGYPT.	GREC.
X. THEBET.	V. TYBI.	VII. GAMELION.
10 Jeûne pour le siége	6	1 Fête des Gamélies ; dont le jour est inconnu.
11 de Jerusalem par	7	
12 Nabuchodonosor.	8 Arrivée d'Isis, & gâteaux à son honneur.	2
		3
13	9	4
14	10	5
15	11	6
16	12	7
17	13	8 Les huit du mois consacrés à Neptune.
18	14	
19	15	9
20	16	10
21	17	11
22	18	12
23	19	13
24	20	14
25	21	15
26	22	16
27	23	17
28 Fête pour l'exclusion des Saducéens hors du Sanhedrin.	24	18
		19
29	25	20
30	26	21
XI. SABBAT.		
1 Néoménie.	27	22
2	28	23
3	29	24
4	30	25
	VI. MAKHIR.	
5	1	26
6	2	27
7	3	28
8	4	29
9	5	30
10	6	CALEND.

CALENDRIER ROMAIN.

JANVIER, consacré à JUNON.

Nund.	Fastes.	Jours.		
A	F	KALENDES.	1	*Calendes.* Fête de Janus & de Junon. Les Gamélies à l'honneur de Junon ; Sacrifice à Iou & à Esculape dans l'Isle du Tybre.
B	F	IV des Non.	2	*Jour malheureux.*
C	C	III.	3	Tous les troisiémes des mois consacrés à Minerve. PAUSANIAS. *Le Cancer se couche.*
D	C	Pridie.	4	
E	F	NONES.	5	*Nones. La Lyre se léve ; & l'Aigle sur le soir.*
F	F	VIII	6	Arrivée d'Isis.
G	C	VII	7	
H	C	VI	8	Sacrifice à Janus.
A		V	9	Les Agonales. *Le Dauphin se léve.*
B	EN	IV	10	*Milieu de l'Hyver.*
C	NP	III	11	Les Carmentales. Temple de Juturne, dédié dans le Champ de Mars.
D	C	Pridie.	12	Les Compitales.
E	NP	IDES	13	Ides, dédiées à Iou. Les Joueurs de flûte, en habits de femmes, se promenent autour de la Ville.
F	EN	XIX des Kal.	14	
G		XVIII	15	Les Carmentales en faveur de Porrime & de Postverte.
H	C	XVII	16	Temple de la Concorde, par Camille. *Soleil au Signe du Verseau.*
A	C	XVI	17	
B	C	XV	18	
C	C	XIV	19	
D	C	XIII	20	
E	C	XII	21	
F	C	XI	22	
G	C	X	23	*La Lyre se couche.*
H	C	IX	24	Féries Sementines indittes, pour les Bleds ensemencés. OVID. VAR. FEST.
A	C	VIII	25	
B	C	VII	26	
C	C	VI	27	Temple à Castor & à Pollux, vers l'Etang de Juturne.
D	C	V	28	
E	F	IV	29	Les Equiries dans le Champ de Mars.
F	N	III	30	Temple de la Paix, ou les Pacalies.
G	C	Pridie.	31	Sacrifice aux Dieux Penates, Protecteurs de la Ville.

Hist. du Cal.

CAL. HÉB.	ÉGYPT.	GREC.
XI. SABBAT.	VI. MAKHIR.	VIII. ANTHESTERION
11	7	1 Hydrophories.
12	8	2
13	9	3
14	10	4
15 Premier Jour de l'année des Arbres.	11	5
	12	6
16	13	7
17	14	8
18	15	9
19		10
20	16	11 Pithoegia,) ou Fête
21	17	12 Choes, } des
22	18	13 Chytri, } Anthef-
23	19	14 Lanaea,) téries.
24	20	15
25	21	16
26	22	17
27		18
28	23	19
29 Mort d'Antiochus Epiphanes.	24	20
	25	21
30	26	22
XII. ADAR.		
1 Néoménie.	27	23
2	28	24
3	29	25
4	30	26
	VII. PHAMENOTH.	
5	1	27 Petits Myftères d'E-
6		leufis. Les Diafies à
7 Jeûne pour la mort de Moyfe.	2	28 l'honneur d'Iou, en
	3	29 des jours inconnus.
8 Fête des Trompettes pour les pluies.	4	30

CALENDRIER ROMAIN.

FÉVRIER, consacré à NEPTUNE.

Nund.	Fastes.	Jours.		
H	N	KALENDES.	1	Calendes. Les Lucaries, ou Fêtes du Bois de l'Asyle. Sacrifice d'un Agneau à Iou.
A	N	IV	2	Le Dauphin se couche, & la Lyre & la moitié du Lion.
B	N	III	3	
C	N	Pridie.	4	
D		NONES.	5	Nones, le Verseau se lève. Zéphir commence à souffler.
E	N	VIII	6	
F	N	VII	7	
G	N	VI	8	
H	N	V	9	Commencement du Printems.
A	N	IV	10	
B	N	III	11	Jeux Geniliaques. Bootes se léve.
C	N	Pridie.	12	
D	NP	IDES.	13	Ides. Fête de Faune & d'Iou. Corbeau, Loup & Serpent se lévent.
E	N	XVI	14	
F	NP	XV	15	Les Lupercales. Soleil au signe des Poissons. Vents soufflent six jours avec plus de force.
G	EN	XIV	16	
H	NP	XIII	17	
A	C	XII	18	Les Quirinales, ou Fête des Foux. Fête de la Déesse Fournaise. Sacrifices pour les Morts. Fête de la Déesse Muette, ou Larunda.
B	C	XI	19	Les Charisties, ou Rejouissances entre les amis.
C	C	X	20	
D	F	IX	21	Fête du Dieu Terme. Bannissement des Rois.
E	C	VIII	22	
F	NP	VII	23	Bannissement des Rois, selon Ovide.
G	N	VI	24	
H	C	V	25	Arrivée des Hirondelles.
A	EN	IV	26	
B	NP	III	27	Les Equiries ou Manége des Chevaux au Champ de Mars.
C	C	Pridie.	28	Les Tarquins surmontés.

CAL. HÉB.	ÉGYPT.	GREC.
XII. Adar.	VII. Phamenoth.	IX. Elaphebolion.
9	5	1
10	6	2
11	7	3
12	8	4
13 Jeûne d'Esther.	9	5
14 Premier Purim, ou petite fête des sorts.	10	6
15 Second Purim, ou grande fête des sorts.	11	7
16	12	7
17	13	8 Asclepia
18	14	9
19	15	10
20	16	11 Phellos.
21	17	12 Dionysies, ou Fête de Bacchus dans la Ville.
22	18	13
23 Dédicace du Temple de Zorobabel.	19	13
24	20	14 Pandia.
25	21	15
26	22	16
27	23	17
28 Révocation de l'Edit d'Antiochus.	24	18
29	25	
	26 Pamylies, ou bonne nouvelle & triple Phallus.	19
29		20
30		21
31	27 Entrée d'Osiris en la Lune.	22
32	28 Couches d'Isis.	23
I. Nisan.	29	24
1 Néoménie.	30	25
2 Mort des Enfans d'Aron.	VIII. Pharmuthi.	
3	1	26
4	2	27
5	3	28
6	4	29
7	5 Moisson.	30

CALENDRIER ROMAIN.

Nund.	Fastes.	Jours.	MARS, consacré à MINERVE.
D	NP	KALENDES.	1 *Calendes.* Les Matronales, ou Fêtes des Dames, consacrées à Junon & à Lucine. Fête de Mars & des Boucliers *Ancyles*, pendant l'exposition desquels il n'est pas bon de se marier. Sacrifices à Munychie.
E	F	VI	2
F	C	V	3 *Un des Poissons se couche.*
G	C	IV	4
H	C	III	5 *Bootès se couche. Le Vendangeur se léve.*
A	N	Pridie.	6 Sacrifices de Vesta.
B	F	NONES.	7 *Pégase se léve.* Temple de Vejove auprès des deux Bois de l'Asyle.
C	F	VIII	8 *La Couronne se léve.*
D	C	VII	9
E	C	VI	10
F	C	V	11
G	C	IV	12
H	EN	III	13 Les Mers se découvrent. (Gassendi dans son Calendrier Romain.)
A	NP	Pridie.	14 Secondes Equiries auprès du Tybre, ou sur le Mont Célius si les eaux sont hautes.
B	NP	IDES.	15 *Ides.* Fête d'Anna Pérenna.
C	F	XVII	16 *Scorpion se couche à moitié.*
D	NP	XVI	17 Fête de Bacchus ou de Liber. Les Enfans *liberi*, de condition libre, prennent la robe virile. Les Agonales. *Le Milan se léve.*
E	C	XV	18 Soleil dans le Bélier.
F	N	XIV	19 Les Quinquatres, Fêtes de Minerve qui durent cinq jours. Le premier jour est celui de sa naissance : on donne aux Maîtres le Minerval.
G	C	XIII	20
H	C	XII	21
A	N	XI	22
B	NP	X	23 5me. jour des Quinquatres. Fête des Trompettes.
C	F	IX	24
D	C	VIII	25 *Equinoxe.* Les Hilaria, Fêtes de réjouissance pour la Mere des Dieux.
E	C	VII	26 Fête de la Mere des Dieux, ou *Ammia*.
F	NP	VI	27 Jeux Mégalésiens.
G	C	V	28
H	C	IV	29
A	C	III	30 Fête de Janus, de la Concorde, du Salut & de la Paix. OVID.
B	C	Pridie.	31 Fête de la Lune ou Diane sur le mont Aventin. Ov.

CAL. HEB.	EGYPT.	GREC.
I. NISAN.	VIII. PHARMUTHI.	X. MUNYKHION.
8	6	1
9	7	2
10 Jeûne pour la mort de Marie sœur de Moyse.	8	3
11	9	4
12	10	5
13	11	6 Delphinia.
14 On immole l'Agneau Paschal.	12	7
	13	8
15 PASQUES.	14	9
16 La moisson commence.	15	10
17	16	11
18	17	12
19	18	13
20		14
21 Octave de Pâques.	19	15
22	20	16 Munychia & Vict. Salaminia in Cypro.
23	21	17
24	22	18
25	23	
26 Jeûne pour la Mort de Josué.	24	19 Diasia Equestria.
27 Prieres pour la pluie.	25	20
28	26	21
29	27	22
30	28	23
II. JAR.		
1 Néoménie.	29	24
2	30	25
	IX. PACHON.	
3	1	26
4	2	27
5	3	28
6	4	29
7 Dédicace de Jérusalem après Antiochus Epiphanes.	5	30 Fête d'Adonis en des jours inconnus. Cybernésies.

CALENDRIER ROMAIN.

Nund.	Faft.	Jours.		AVRIL, consacré à VÉNUS.
C	N	KALENDES.	1	*Calendes. Scorpion se couche.* Sacrifice à Vénus avec du myrthe & des fleurs. Sacrifices à la Fortune virile. Les Thargélies.
D	C	IV	2	*Pleyades se couchent.*
E	C	III	3	
F	C	Pridie.	4	
G		NONES	5	*Nones.* Jeux Mégaléfiens à l'honneur de la Mere des Dieux: durent huit jours.
H	NP	VIII	6	La Fortune publique nommée *Primigénie*. Naiſſance de Diane.
A	N	VII	7	Naiſſance d'Apollon.
B	N	VI	8	*Jour pluvieux. La Balance & Orion se couchent.*
C	N	V	9	Fête de Cérès: Jeux du Cirque.
D	N	IV	10	
E	N	III	11	
F	N	Pridie.	12	Octave de la Grande Mere des Dieux amenée à Rome: Jeux de Cérès qui durent huit jours.
G	NP	IDES.	13	*Ides.* A Iou victorieux & à la Liberté.
H	N	XVIII	14	
A	NP	XVII	15	Les Fordicidies; ſacrifices de la Vache pleine.
B	N	XVI	16	*Hyades se couchent.*
C	N	XV	17	
D	N	XIV	18	Equiries au grand Cirque: courſe des Renards avec de la paille allumée.
E	N	XIII	19	*Soleil dans le Taureau.* Octave des Fêtes de Cérès.
F	N	XII	20	Les Palilies. Fondation de Rome. Secondes Agonales.
G	NP	XI	21	
H	N	X	22	Premieres Vinales à l'honneur d'Iou & de Vénus.
A	NP	IX	23	Ruine de Troye.
B	C	VIII	24	
C	NP	VII	25	*Milieu du Printems. Bélier se couche; préſage de tempête.*
D	F	VI	26	*La Canicule se lève.* Les Robigales.
E	C	V	27	Féries Latines ſur le Mont Sacré.
F	NP	IV	28	Les Florales pendant ſix jours.
G	C	III	29	
H	C	Pridie.	30	Fête de Vesta du Mont Palatin. Dans ce mois les Larentales.

CAL. HÉB.	ÉGYPT.	GREC.
II. IAR.	IX. PACHON.	XI. THARGELION.
8	6	1
9	7	2
10 Jeûne pour la mort d'Heli & la prise de l'Arche.	8	3
11	9	4
12	10	5
13	11	6 Thargélies & Chloïa.
14	12	7 Thargélies.
15 Seconde Pâques en faveur de ceux qui n'ont pu célébrer la première.	13	8
16	14	9
17	15	10
18	16	11
19	17	12
20	18	13
21	19	14
22	20	15
23	21	16
24	22	17
25	23	18 Callyenteries.
26	24	19 Bendidies.
27 Fête pour l'expulsion des Couronnés: jeûne pour la mort de Samuel.	25	20
28	26	21
29	27	22
30	28	
III. SIVAN.		
1 Néoménie.	29	23
2 La PENTECOTE, ou Fête des Semaines.	30	24
	X. PAYNI	
3	1	25 Plynteries.
4	2	26
5	3	27
6	4	28
7	5	29
8	6	30 Delies annuelles, en un jour inconnu.

CALEND.

CALENDRIER ROMAIN.

MAI, consacré à APOLLON.

Nund.	Fest.	Jours.		
A	N	KALENDES.	1	Calendes. Capella se lève. Autel à l'honneur des Lares Protecteurs. Sacrifice à la Bonne Déesse.
B	F	VI	2	Vent Argeste souffle. Hyades se lèvent.
C	C	V	3	Fin des Florales. Centaure se lève.
D	EN	IV	4	
E	C	III	5	Lyre se lève.
F	C	Pridie.	6	La moitié du Scorpion se couche.
G	N	NONES.	7	Nones. Les Vergilies se lèvent.
H	F	VIII	8	
A	N	VII	9	Les Lemures ou Remures se célèbrent pendant trois nuits. Il ne faisoit pas bon se marier pendant ce tems-là. Les Luminaires.
B	C	VI	10	
C	N	V	11	Orion se couche.
D	N	IV	12	Fête de Mars vengeur.
E	N	III	13	Pleyades se lèvent. Commencement de l'Eté.
F	C	Pridie.	14	Taureau se lève.
G	NP	IDES.	15	Ides. Les simulacres des Argéens faits de jonc sont jettés dans le Tybre. Naissance de Mercure. Fête des Marchands.
H	F	XVII	16	
A	C	XVI	17	
B	C	XV	18	
C	C	XIV	19	Soleil dans les Gemeaux.
D	C	XIII	20	
E	NP	XII	21	Agonales de Janus. Canicule se lève.
F	N	XI	22	Féries de Vulcain. Le Prêtre de Vulcain sacrifie à Maia. Purification des Trompettes.
G	NP	X	23	
H	F	IX	24	Retraite du Roi (Régifuge).
A	C	VIII	25	Temple dédié à la Fortune. L'Aigle se lève.
B	C	VII	26	Bootès se couche.
C	C	VI	27	Hyades se lèvent.
D	C	V	28	
E	C	IV	29	
F	C	III	30	
G	C	Pridie.	31	

Hist. du Cal.

CAL. HEB.	EGYPT.	GREC.
III. SIVAN.	X. PAYNI.	XII. SKIROPHORION.
6	7	1
10	8	2
11	9	3
12	10	4
13	11	5
14	12	6
15	13	7
16	14	8
17	15	9
18	16	10
19	17	11
20	18	12 Les Skirophories & la Victoire de Mantinée.
21	19	13
22	20	
23 Jeûne pour le schisme de Jéroboam.	21	14 Les Bouphonies ou Diipolies.
24	22	15
25	23	
26	24 Dans ce mois, Sacrifices & Gâteaux avec la figure d'un Ane enchaîné.	16
27	25	17
28	26	18
29	27	19
30	28	20 Petites Panathenées.
31	29	21
IV. THAMUZ		22
1 Néoménie.	30	23
		24
	XI. EPIFHI.	25
2	1	26
3	2	27
4	3	28 Fête d'Hercule.
5	4	29
6	5	30 Les Arréphories en un jour inconnu.
7	6	

CALENDRIER ROMAIN.

JUIN, consacré à MERCURE.

Num.	Fastes.	Jour.		
H	N	KALENDES,	1	Calendes. Dédicace du Temple de Junon Moneta. A la Déesse Carne, sur le Mont Celien. Calendes Fabaires. Sacrifice à Mars hors la Porte Capene. Aigle se léve.
A	F	IV	2	Féries à l'honneur de Mars & de Carne. Anc. Cal.
B	C	III	3	Fête de Bellone.
C	C	Pridie.	4	Temple d'Hercule dans le Cirque.
D	N	NONES	5	Nones. Temple de la Foi : Temple d'Iou qui fait les mariages. Sacrifice à Fidius Sanctus Semi-Pater (1).
E	N	VIII	6	Temple de Vesta.
F	N	VII	7	Jeux de la Pêche au Champ de Mars.
G	N	VI	8	Vesta. Les Anes sont couronnés. Autel d'Iou Pistor ou Boulanger.
H	N	V	9	
A	N	IV	10	Dauphin se léve. Les Matrales. Mere Matuta. Fortune fortuite. Temple de la Concorde.
B	N	III	11	
C	N	Pridie.	12	
D	NP	IDES.	13	Ides. Fête d'Iou invincible. Les petits Quinquatres.
E	N	XVIII	14	
F	F	XVII	15	Temple de Vesta nettoyé. Hyades se lévent.
G	C	XVI	16	Orion se léve. Zéphire souffle.
H	C	XV	17	Le Dauphin paroît en entier.
A	C	XIV	18	
B	C	XIII	19	Soleil dans le Cancer. Minerve sur le Mont Aventin. Ovid.
C	C	XII	20	Ophiuchus se léve. Sacrifice de Summanus auprès du grand Cirque. Ovid.
D	C	XI	21	
E	C	X	22	
F	C	IX	23	
G	C	VIII	24	Fortune Fortuite. Ovid.
H	C	VII	25	Navires couronnés où se font des Festins sur le Tybre.
A	C	VI	26	Solstice. Ceinture d'Orion se léve.
B	C	V	27	Jou Stator & les Lares.
C	C	IV	28	Temple de Quirinus sur le Quirinal.
D	C	III	29	
E	C	Pridie.	30	Hercule & les Muses. Retraite du Peuple en Juin.

(1). Ces trois noms sont ceux d'une seule Divinité, & non de trois, comme l'ont cru quelques Traducteurs.

D ij

CAL. HEB.	EGYPT.	GREC.
IV. THAMUZ.	XI. EPIPHI.	I. HECATOMBÆON.
8	7	1 Les Hécatéfies & Hécatombées.
9	8	2
10	9	3
11	10	4
12	11	5 Victoire de Leuctres.
13	12	6 Fête & Naiſſance de Diane.
14	13	
15	14	7 Fête & Naiſſance d'Apollon, & les Conidées.
16	15	
17 Tables de la Loi briſées par Moyſe. Priſe de Jeruſalem par Tite.	16	8 La Fête de Théſée.
18	17	9
19	18	
20	19	10
21	20	11
22	21	12
23	22	13
24	23	14
25	24	15
26	25	16 Les Métœcies.
27	26	17
28	27	18
29	28	19
30	29 Fête des Yeux d'Orus.	20
V. AB.		21
1 Néoménie. Jeûne pour la mort d'Aaron.	30	22
	XII. MESORI.	23
		24
2	1	25 Sacrifice à la Canicule ou *Kynophontis*.
3	2	
4	3	26
5	4	27
6	5	28 Grandes Panathénées.
7	6	29 Haloées & Androgéonies, *en des jours inconnus*.
8	7	30

CALENDRIER ROMAIN.

JUILLET, consacré à Jou.

Nund.	Faftes.	Jours.		
F	N	KALENDES.	1	Calendes. Jour où l'on change de logis.
G	N	VI	2	
H	N	V	3	
A	NP	IV	4	Couronne se couche le matin.
B	N	III	5	
C	N	Pridie.	6	Jeux Apollinaires qui durent huit jours.
D	N	NONES.	7	Nones. Romulus ne paroît pas (*non apparuit.*) Les Caprotines à l'honneur de Junon. Fête des Servantes.
E	N	VIII	8	Vitulatio.
F	N	VII	9	*Céphée se couche le soir.* } Tiré de Marolles.
G	C	VI	10	*Vents Etésiens.*
H	C	V	11	
A	NP	IV	12	Fortune Féminine.
B	C	III	13	
C	C	Pridie.	14	Les Mercuriales, ou marché pendant six jours.
D		IDES.	15	Ides. Castor & Pollux. Procession des Chevaliers Romains à cheval, depuis le Temple de l'Honneur jusques au Capitole.
E	F	XVII	16	Procyon se lève.
F	C	XVI	17	Journée d'Allia funeste.
G	C	XV	18	
H	NP	XIV	19	Les Lucaries.
A	C	XIII	20	Soleil dans le Lion.
B	C	XII	21	Naissance du Monde, selon les Egyptiens.
C	C	XI	22	Les Lucaries.
D		X	23	
E	N	IX	24	Les Neptunales.
F	NP	VIII	25	Chiens roux sacrifiés à la Canicule.
G	C	VII	26	Jeux du Cirque pendant six jours.
H	C	VI	27	
A	C	V	28	
B	C	IV	29	
C	C	III	30	L'Aigle se couche.
D	C	Pridie.	31	

CAL. HEB.	EGYPT.	GREC.
V. AB.	XII. MESORI.	II. METAGITNION.
9 Temple brûlé par les Chaldéens & par Tite.	8 Fête d'Harpocrate, célébrée avec des légumes.	1 Métagitnies.
10	9	2
11	10	3
12	11	4
13	12	5
14	13	6
15	14	7
16	15	8
17	16	9
18 Jeûne parce que la lampe du soir s'éteignit du tems d'Achaz.	17	10
19	18	11
20	19	12
21 Fête dans laquelle on portoit au Temple le bois nécessaire.	20	13 Les Carnées, pendant neuf jours.
22	21	14
23	22	15
24	23	16 Saturnales ou Cronies à Rhodes.
25	24	
26	25	17
27	26	18
28	27	19
29	28	20
30	29	21
VI. ELUL.	30	22
1 Néoménie.	EPAGOMENES.	23
2	1	24
3	2	25 Les Cynophontes à Argos.
4	3	
5	4	26
6	5	27
7 Dédicace des murs de Jerusalem par Néhémie.	I. THOTH.	28
8	1 THOTH.	29
9	2	30
	3	

CALENDRIER ROMAIN.

Nund.	Fastes.	Jours.	AOUST, consacré à CÉRÉS.	
E	N	KALENDES.	1	*Calendes.* L'Espérance dans le Marché des Jardiniers. Consécration du Temple de Mars.
F	N	IV	2	
G	C	III	3	
H	C	Pridie.	4	*La moitié du Lion se lève.*
A	F	NONES.	5	*Nones.* Temple du Salut sur le Mont Quirinal.
B	F	VIII	6	
C	C	VII	7	
D	C	VI	8	Le Soleil Indigete sur le Mont Quirinal.
E	NP	V	9	
F	C	IV	10	Les Autels d'Opis & de Cérès dans la rue Jugaire.
G	C	III	11	Au grand Hercule Gardien, dans le Cirque de Flaminius.
H	C	Pridie.	12	Lignapesia (1).
A	NP	IDES.	13	*Ides.* Sacrifices de Diane au Bois d'Aricie. Fête des Domestiques & de Vertumne.
B	F	XIX	14	
C	C	XVIII	15	*Dauphin se lève au matin.*
D	C	XVII	16	
E	NP	XVI	17	Les Portunales auprès du Pont Emilien, & Fête de Janus auprès du Théâtre de Marcellus.
F	C	XV	18	Fête de Consus. Enlévement des Sabines.
G	FP	XIV	19	
H	C	XIII	20	Secondes Vinales.
A	NP	XII	21	Vinales Rustiques.
B	EN	XI	22	
C	NP	X	23	Fête de Vulcain dans le Cirque de Flaminius.
D	C	IX	24	
E	NP	VIII	25	Les Opiconsives dans le Capitole, ou Octave de Consus.
F	C	VII	26	
G	NP	VI	27	Les Vulturnales.
H	NP	V	28	Fête d'Harpocrate. Temple de la Victoire. *La Flèche se couche.*
A	F	IV	29	Les Volcanales.
B	F	III	30	Parure de Cérès.
C	C	Pridie.	31	*Andromède se lève.*

(1) Sur un Fragment de Calendrier rapporté p. 30. T. 8. Ant. Rom. & qui ne contient qu'Août & Septembre, on voit au lieu de *Lignapesia* au 12 Août, la Fête indiquée ici au jour précédent. Il en est de même dans le Calendrier de Demster.

CAL. HÉB.	ÉGYPT.	GREC.
VI. Elul.	I. Thoth.	III. Boedromion.
10	4	1
11	5	2
12	6	3 Victoire de Platée, & les Eleuthéries.
13	7	
14	8	4
15	9	5
16	10	6 Victoire de Marathon.
17 Fête pour l'expulsion des Grecs qui empêchoient les Hébreux de se marier.	11	7
18	12	8
19	13	9
20	14	10
21	15	11
22	16	12 Les Charistéries, ou Retour de Phylé.
23	17	13
24	18	14
25	19 Fête de Thoth, où on mange du miel & des figues.	15 Agyrmus.
26	20	16 Les Mystes à la mer.
27	21	17 Sacrifices.
28	22	18 Procession du Calathus.
29	23	19 Procession aux flambeaux.
30	24	20 Bacchus, & victoire de Salamine.
31	25	21 Combats d'Eleusis.
VII. Thisri.		22 Procession à l'honneur d'Esculape.
1 Néoménie.	26	23 Plemochoé.
2 Fête des Trompettes.	27	24
3 Jeûne pour la mort de Godolias & abolition des contrats par écrit.	28	25 Victoire d'Arbelles.
4	29	26 Fête d'Aglaure.
5	30	27 — des Boedromies.
6	II. Paophi.	28 — de Pan, &
7 Jeûne pour le Veau d'or.	1	29 Combat des Coqs, en des jours inconnus.
8	2	30
	3	

Fêtes d'Eleusis, ou les Mystères.

CALEND.

CALENDRIER ROMAIN.

SEPTEMBRE, consacré à VULCAIN.

Nund.	Fastes.	Jours.		
D	N	KALENDES.	1	Calendes.
E	N	IV	2	
F	NP	III.	3	Les Dyonisies, ou Vendanges.
G	C	Pridie.	4	
H	F	NONES.	5	Nones.
A	F	VIII	6	Sacrifice à l'Erebe, d'un Bélier & d'une Brebis noire. GASSENDI.
B	C	VII	7	
C	C	VI	8	
D	C	V	9	La Chèvre se léve,
E	C	IV	10	& la Tête de Méduse,
F	C	III	11	& la moitié de la Vierge; } GASSENDI.
G	N	Pridie.	12	& la moitié d'Arcturus.
H	NP	IDES	13	Ides. Le Grand Prêteur attache le Clou. Dédicace du Capitole à l'honneur d'Iou. Hirondelles s'en vont.
A	F	XVIII	14	Epreuve des Chevaux.
B	N	XVII	15	Grands Jeux Romains pendant 4 jours.
C	C	XVI	16	
D	C	XV	17	
E	C	XIV	18	Epi de la Vierge se léve le matin.
F	C	XIII	19	Le Thoth. Sacrifice des Egyptiens à Mercure. Le Soleil dans la Balance. Coupe paroît le matin.
G	C	XII	20	Naissance de Romulus. Marché pendant 4 jours.
H	C	XI	21	
A	C	X	22	Vaisseau des Argonautes & Poissons se couchent.
B	NP	IX	23	
C	C	VIII	24	Equinoxe,
D	C	VII	25	A Vénus, à Saturne, à Manie.
E	C	VI	26	
F	C	V	27	A la Fortune qui ramene.
G	C	IV	28	Capella se léve au matin.
H	F	III	29	
A	C	Pridie.	30	Festin de Minerve.

Meditrinales ou Fête de la Déesse Metrina, le jour qu'on commençoit à boire du vin nouveau.

Hist. du Cal.   E

CAL. HÉB.	EGYPT.	GREC.
VII. TISRI.	II. PAOPHI.	IV. MAIMACTERION.
9	4	1 Fête appellée les Maimacteries, on ne sait en quel jour.
10 Jeûne des Expiations.	5	2
11	6 Isis enceinte s'attache au cou la *voix véritable*.	3
12		4
13	7	5
14	8	6
15 Fête des Tabernacles.	9	7
16	10	8
17	11	9
18	12	10
19	13	11
20	14	12
21 Hosanna & Rameaux.	15	13
22 Octave de la Fête des Tabernacles.	16	14
23 Réjouissance de la Loi. Dédic. du Temple.	17	15
24	18	16 Les Eleutheries, à Platée
25	19	17
26	20	18
27	21	19
28	22	20
29	23	21
30	24	22
	25	23
	26	24
VIII. MAKSHEVAN.	27	25
1 Néoménie.	28 Fête du Bâton du Soleil.	26
2	29	27
3	30	28
4	III. ATHYR.	29
5		30
6 Jeûne pour la 1re ruine de Jérusalem.	1	
7	2	
8	3	
9	4	

CALENDRIER ROMAIN.

OCTOBRE, consacré à MARS.

Nund.	Fast.	Jours.		
B	N	KALENDES.	1	CALENDES.
C	F	VI des Non.	2	
D	C	V	3	*Le Cocher se lève le matin.*
E	C	IV	4	Les premieres beautés de Cérès se découvrent.
F	C	III	5	
G	C	II	6	Aux Dieux Infernaux.
H	F	NONES.	7	NONES.
A	F	VIII des Ides	8	
B	C	VII	9	Eresione est châtiée.
C	C	VI	10	Oscophories ou Ramalies.
D	C	V	11	Meditrinales. *Commencement de l'Hyver.*
E	NP	IV	12	
F	NP	III	13	Les Fontinales à Jou Libérateur. Jeux pendant 8 jours.
G	NP	II	14	
H	NP	IDES.	15	IDES. Marchands sacrifient à Mercure. Cheval immolé, sous le nom d'*October*, à Mars.
A	F	XVII des Kal.	16	Jeux Plébéiens. *Arcturus se couche.*
B	C	XVI	17	
C	C	XV	18	Octave des Jeux à Jou Libérateur.
D	NP	XIV	19	Purification des Armes.
E	C	XIII	20	
F	C	XII	21	Jeux pendant 4 jours. *Soleil dans le Scorpion.*
G	C	XI	22	Les Chalcées à l'honneur de Minerve & de Vulcain.
H	C	X	23	Au Pere Liber ou Bacchus. *Taureau se couche.*
A	C	IX	24	
B	C	VIII	25	
C	C	VII	26	*Cancer se lève.*
D	C	VI	27	Jeux de la Victoire.
E	C	V	28	Les petits Mystères.
F	C	IV	29	Sacrifice à Bacchus. Féries de Vertumne.
G	C	III	30	Jeux votifs.
H	C	II ou Pridie.	31	*Arcturus se couche.*

CAL. HÉB.	ÉGYPT.	GREC.
VIII. MARSHEVAN.	III. ATHYR.	V. PYANEPSION.
10	5	2
11	6	
12	7	3
13	8	4
14	9	5
15	10	6
16	11	7 Les Pyanepsies & les
17	12	Oscophories.
18	13	8
19	14	9
20	15	10
21	16	11 Montée à Eleusis
22	17 Entrée d'Osiris dans	pour les Thesmo-
23	l'Arche, jour mal-	12 phories.
24	heureux.	13
25	18	14 1ᵉʳ jour ⎫
26	19	15 2ᵐᵉ jour ⎪ des
27	20	16 3ᵐᵉ jour ⎬ Thesmo-
28	21	17 4ᵐᵉ jour ⎪ phories.
29	22	18 5ᵐᵉ jour ⎭
30	23 Semailles.	19
	24	20
IX. KHASLEU.	25	21 Les Apaturies *pendant*
1 Néoménie.	26	*trois jours appellés*
2 Prieres pour la pluie.	27	Dorpia,
3	28	22 Anarrhysis,
4	29	23 Cureotis.
5	30	24
		25 Les Proerosies ; *en*
6 Jeûne au sujet du	IV. KHOIAC.	26 *des jours inconnus.*
Livre de Jérémie	1	27
déchiré & brûlé.		28
7 Mort d'Hérode.	2	29
8	3	30 Les Chalcées *ou* Pan-
9	4	demon.

CALENDRIER ROMAIN.

NOVEMBRE, consacré à DIANE.

Nund.	Fastes.	Jours.	
A	N.	KALENDES.	1 Calendes. En ce mois le Repas d'Iou.
B	F	IV	2 Arcturus se couche.
C	F	III	3 Petite Lyre se léve.
D		Pridie.	4
E		NONES.	5 Nones. Neptunales.
F	F	VIII	6
G	C	VII	7 Le Monde se manifesta.
H	C	VI	8 La brillante du Scorpion se léve.
A	C	V	9 Commencement de l'Hyver.
B	C	IV	10 Hymne à Bacchus, Limna Baccho (Dempster).
C	C	III	11 Mers se ferment.
D	C	Pridie.	12
E	NP	IDES.	13 Ides. Les Lectisternes.
F	F	XVIII	14
G	C	XVII	15 Jeux Plébeiens dans le Cirque pendant 3 jours.
H	C	XVI	16 Fin des semailles.
A	C	XV	17
B	C	XIV	18 Marché pendant 3 jours. *Soleil dans le Sagittaire.*
C	C	XIII	19 Souper des Pontifes à l'honneur de Cybèle.
D	C	XII	20
E	C	XI	21 Liberalia, ou Fête de Bacchus. *Le Liévre se couche le matin.*
F	C	X	22 A Pluton & à Proserpine.
G	C	IX	23
H	C	VIII	24 L'Hyver & les Brumales durant 3 jours.
A	C	VII	25 La Canicule se couche.
B	C	VI	26
C	C	V	27
D	C	IV	28
E	C	III	29
F	C	Pridie.	30

CAL. HEB.	EGYPT.	GREC.
IX. KHASLEV,	IV. KHOIAC.	POSIDEON.
10	5	1
11	6	2 Les Afcholies.
12	7	3 Les Dionyfies.
13	8	4 Les Théoenies & les Lénées.
14	9	
15	10	5 Les Aloées.
16	11	6 Les Neptunales, en des jours inconnus.
17	12	
18	13	7
19	14	8
20	15	9
21 Fête du Mont Garizim.	16	10
22	17	11
23	18	12
24	19	13
25 Fête des LUMIERES, ou Purification du Temple fous Antiochus.	20	14
26	21	15
27	22	16
28	23	17
29 Semailles.	24	18
30	25	19
31	26	20
X. THEBETH,		
1 Néoménie.	27	21
2	28	22
3	29	23
4	30	24
	V. TYBI.	25
5	1 Fête de la Recherche d'OSIRIS. Proceffion de la Vache, où l'on fait fept tours autour des temples.	26
6	2	27
7	3	28
8 Jeûne pour la Verfion des LXX.	4	29
9 Jeûne dont on ignore le motif, dit D. Calmet: mais, felon d'autres, Fête pour la délivrance d'Egypte.	5	30

CALENDRIER ROMAIN.

DÉCEMBRE, consacré à VESTA.

Nund.	Fastes.	Jours.		
G	N	KALENDES.	1	Fête de la Fortune Féminine, parce qu'en ce jour la guerre fut terminée.
H		IV	2	
A		III	3	A Minerve & à Neptune.
B		Pridie.	4	
C		NONES.	5	Nones. Fêtes de Faune.
D		VIII	6	*Moitié du Sagittaire se couche.*
E	C	VII	7	*Aigle se léve le matin.*
F	C	VI	8	Les Possidonies ou Fête de Neptune pendant huit jours.
G	C	V	9	A Junon Jugale.
H	C	IV	10	
A	NP	III	11	Jours Alcyoniens pendant 14 jours.
B	EN	Pridie.	12	Les Agonales.
C	NP	IDES.	13	Ides. Les Equiries.
D	F	XIX	14	Les Brumales.
E	NP	XVIII	15	Octave des Possidonies ou Consualia.
F	C	XVII	16	
G		XVI	17	Saturnales pendant 8 jours.
H	C	XV	18	*Soleil dans le Capricorne. Cygne se léve.*
A	NP	XIV	19	Les Opales.
B	C	XIII	20	Les Sigillaires pendant 7 jours.
C	NP	XII	21	Les Angeronales.
D	C	XI	22	Les Féries consacrées aux Lares, & Jeux à leur honneur, ou Compitales.
E	NP	X	23	Féries d'Iou. Les Laurentinales.
F	C	IX	24	Jeux pour la Jeunesse, & Octave des Saturnales.
G	C	VIII	25	*Solstice d'Hyver. Fin des Brumales.*
H	C	VII	26	
A	C	VI	27	Sacrifices à Phœbus pendant 3 jours. *Dauphin se léve le matin.*
B	C	V	28	
C	F	IV	29	*Aigle se couche.*
D	F	III	30	*Canicule se couche.*
E	C	Pridie.	31	

HISTOIRE CIVILE

CALENDRIER Romain populaire.

Il existe un autre Calendrier populaire gravé par les Romains sur des Marbres quarrés, tantôt sur les quatre faces, tantôt sur trois seulement.

On y voit au-dessous du nom du mois, le nombre des jours qu'il contient, leur longueur & celle des nuits, le signe du Zodiaque qui y correspond, le nom de la Divinité qui en étoit protectrice, les Travaux de la Campagne pour ce mois & sa principale fête. Il en existoit un modèle dans le Palais de *Bernardin* DE LA VALLE, qui a été gravé dans les Antiq. Rom. T. VIII.

Tel est le premier mois, afin qu'on en ait une idée.

MENSIS	Mois
JANUARIUS,	de JANVIER.
DIES XXXI,	XXXI Jours.
NON. QUINT.	Cinq jours de Nones.
DIES HOR. VIIIIS,	Jour, neuf heures & demie.
NOX HOR. XIIIIS,	Nuit, XIV heures & demie.
SOL	Le Soleil
CAPRICORNO,	Au CAPRICORNE.
TUTELA JUNONIS,	Sous la protection de JUNON.
PALUS AQUITUR,	Les Pieus sont affilés;
SALIX, HARUNDO CÆDITUR,	Les Saules & les Roseaux coupés.
SACRIFICAT. DIS PENATIBUS,	On sacrifie aux Dieux PENATES.

C'étoit un Almanach pour le Peuple. Il est dans le même goût qu'un Monument Egyptien en XII. Colonnes de la nature de celles-ci, que le P. de MONTFAUCON a fait graver dans son Antiquité expliquée, & qui est certainement un Almanach Egyptien.

CHAPITRE

CHAPITRE V.

Objets à considérer pour l'explication du Calendrier.

ON peut rapporter à quatre Chefs tous les objets relatifs au Calendrier & dont la discussion est nécessaire pour son intelligence, & pour développer son origine & ses causes.

I. Les ASTRES qui servent à régler le Calendrier; le Soleil & la Lune, les cinq autres Planettes, les douze signes du Zodiaque, quelques Constellations remarquables & par leur forme, & parce que leur Lever & leur Coucher s'accordent avec les divers travaux de la campagne; telles, Orion, les Pleyades, la Canicule ou le Grand-Chien, &c.

II. Les diverses Parties du Tems qui sont l'effet des révolutions de ces Astres & qui composent l'Année : telles que, le Jour, la Nuit, les Heures, les Semaines, les Mois, les Saisons.

III. La durée de l'Année & les principales Combinaisons qu'on a faites des années, pour en former des Cycles propres à concilier les mouvemens divers du Soleil & de la Lune.

IV. Les Jours de l'Année qui servent à la diviser en Mois & en Saisons; tels, le Jour de l'an; le premier de chaque mois ou les Néoménies, les nouvelles Lunes; les Solstices & les Equinoxes qui reglent les quatre Saisons ou les quatre Tems. La distribution de ces jours en heureux & malheureux ; les Assemblées, Marchés, Foires, &c. qui ont lieu pendant la durée du Calendrier.

Le développement de ces Objets composera le premier Livre de ce volume : tandis que le second, comme nous l'avons déjà dit, roulera sur les Fêtes de l'Antiquité avec le tems de ces Fêtes, leurs causes, leurs circonstances ; & leurs rapports avec le tems de l'année dans lequel on les célébroit.

Et que le troisiéme aura pour objet l'Histoire des Dieux qui présidoient au Calendrier, à ses diverses Parties & aux Travaux de l'année.

HISTOIRE CIVILE

SECTION PREMIERE.
DES ASTRES QUI DIRIGENT LE CALENDRIER.

CHAPITRE PREMIER.
Du Soleil Roi physique de l'Univers, & de ses divers Noms.

LE Soleil est l'Ame du Calendrier, de même qu'il est l'Ame de l'Univers sur lequel il préside, qu'il échauffe, qu'il réjouit, qu'il anime, où il porte la lumiere & la vie. A sa vue, les Etres tressaillent de joie : disparoît-il ? ils sont plongés dans la tristesse ; & s'il se fait trop attendre, tout languit, tout dépérit. Il est le Roi du Monde visible ; c'est le symbole le plus parfait de la Divinité, qui est feu & lumiere, sans ombre & sans tache.

Les noms de cet Astre ont varié suivant les Peuples : mais ils furent toujours empruntés de mots propres à peindre les idées qu'on s'en formoit.

1°. Les Egyptiens, du mot primitif *Rhe*, en Hébreu ראה, *Rhae*, qui signifie *voir*, *pourvoir* ; & en d'autres dialectes, *conduire*, *gouverner*, firent le nom du Soleil ; ils l'appellerent RH, *Rhé*, & avec l'article Egyptien, *Pi*, PI-RHÉ, comme nous dirions, *l'Œil*, le *Conducteur*, le *Chef*. C'est de la même racine que sont venus le Latin *Rex* & le François *Roi*. Les Egyptiens en prononçant *Ph* au lieu de *Pi*, changerent *Pi-Rhé* en *Pha-rhao*, qui fut le nom générique de leurs *Rois*, & qui signifioit ainsi le *Roi*, le *voyant*, *l'œil conducteur* : aussi le peignoient-ils en caractères hiéroglyphiques, sous la figure d'un œil placé au-dessus d'un sceptre.

Ce mot *Rhé*, désignant le Soleil, est un des mots étrangers connus des Grecs que LYCOPHRON a fait entrer dans son Poëme intitulé *Cassandre*, & presqu'aussi obscur que les oracles attribués à cette Princesse Troyenne.

Il subsiste encore comme nom du Soleil dans l'Isle de Ceylan. Les Ceylandois appellent le Soleil *IRA* (1).

---
(1) Reland, Vocabul. Orient.

DU CALENDRIER. 43

C'est de ce mot que les Peuples du Nord firent avec l'article F, le nom de leur Dieu *FREY*, par lequel ils désignerent le Soleil.

Nous verrons bientôt que ce nom fut également celui de la Lune.

Les Egyptiens appellerent aussi le Soleil *Chon*, ou le Vaillant ; mais c'étoit le Soleil d'Eté, *Hercule* dans toute sa force.

II. De la racine primitive ḠE (†) qui signifie briller, & dont les Hébreux ont fait *i-ḡe*, יגה ; il brillera ; נגה, *n-ḡe*, briller ; הגיה, *hiḡie*, faire briller, גה, *ḡe*, brillant, les Chinois ont fait ḠE, le Soleil.

III. *Shamsh, Shemsh*, est le nom du Soleil en Hébreu ; il tient au mot *Sham*, le Ciel, l'élevé ; & peut-être au mot *esh*, feu : le Soleil est en effet le feu, le flambeau céleste. Communément on le dérive du verbe *Shamsha*, servir, parce que le Soleil sert aux hommes : mais cette étymologie me paroît moins analogue à la marche des idées.

De l'Oriental HEL, *briller*, les Grecs firent HELIOS, nom par lequel ils désignent le Soleil : & HELÉNE, nom de la Lune, qu'ils changerent ensuite en *Selene*, nom vulgaire de la Lune, tandis que cet Astre continue de s'appeler *Héléne* dans les fables allégoriques.

IV. *Bal, Bel, Bhol*, בעל, qui désigne toute idée d'élévation & de hauteur, *haut, élevé, tête, chef, Roi, Seigneur, Maitre*, fut le nom du Soleil chez tous les anciens Orientaux, & sur-tout chez les Cananéens, les Philistins, les Phéniciens & les Carthaginois. Ce sont les *Bahalims* si célébres dans les histoires des Hébreux ; on le voit comme nom du Soleil sur les Médailles Phéniciennes de Cadix & de plusieurs autres Villes d'Espagne. C'est encore le nom du premier Roi des Babyloniens, ou *BEL-us*, qui n'est autre chose que le Soleil lui-même ; car le premier Roi de tous les Peuples a toujours été le Soleil, pris ensuite pour un homme, lorsque le langage primitif eût été oublié, dégradé, & que les hommes ne connurent plus leurs origines.

Ce mot signifia également *œil, vue*, le Soleil étant l'œil de la Nature & la source de la vue. De-là une Famille immense de mots qui désignent la vue & l'œil.

(†) Nous avons déja dit dans un Volume précédent, que toutes les fois qu'il faudroit donner au G devant les voyelles *e* & *i* le son ferme qu'il a devant *a* & *o*, afin de conserver la valeur qu'il a dans les Langues étrangères, nous le caractériserions par le trait dont il est surmonté ici. Il faut donc le prononcer ici comme s'il étoit écrit *gue* en François & *ghe* en Italien.

On trouve dans HÉSYCHIUS le mot BELA rendu par *Soleil* & *splendeur*. Et le mot BALLÉN, comme signifiant *Roi* dans la langue des Phrygiens. ESCHYLE, dans la Tragédie des Perses, employe le mot *Balén*, comme un mot qui signifie Roi dans la langue Persanne.

Quelques Peuples, les Palmyréniens en particulier, prononcerent *Bol* au lieu de *Bal* : de-là les noms de *Malac-bolus* & de *Jari-bolus*, Divinités Palmyréniennes : le premier de ces noms signifie *le Seigneur Roi*, & le second *le Seigneur Lunus*, ou la *Reine Lune*.

V. Le Soleil porta encore dans l'Orient un nom célebre, parce qu'il devint celui de la plus ancienne Religion que les hommes aient formée dans ces Contrées, le *Sabéisme*. SAB, en Hébreu באז, ZAB, désigne le Soleil ; nous en avons déjà parlé dans nos Allégories Orientales (1). Les Ethiopiens en firent le mot As-SAB-*inus*, qui fut le nom de leur Divinité Suprême, & qui signifioit *le Très Haut*.

VI. Nous verrons dans le Chapitre suivant que le Soleil fut aussi appellé MÉN par les Orientaux, de même que JANUS par les anciens Peuples d'Italie, & qu'il partagea ces deux noms avec la Lune.

VII. Les Latins appellerent le Soleil *Sole* à l'ablatif, *Sol* au nominatif. C'est de *Sole* que nous avons fait *Soleil*. Mais ce mot vint-il comme *Sélène* du mot *hel*, lumineux, ou du Latin *solus*, seul, comme on l'a prétendu, parce que cet astre est seul ? C'est ce qu'il n'est pas aisé de décider. Ne pourroit-on pas dire que *sol* vint d'*hel*, & que comme cet astre est unique, son nom servit ensuite à former le mot *Solus* ? L'idée du *Soleil* est physique, l'idée de *seul* est métaphysique ; elle doit donc avoir été subordonnée à la premiere.

Ce qui me persuade que *Sol* vient d'*hel*, & non de *Solus*, c'est que le mot *Sol* désignant le Soleil, n'est pas particulier aux Latins ; & que, de leur aveu, il n'est pas de leur invention. VARRON convient [2] qu'ils tenoient ce nom des Sabins. Ajoutons que ce mot existe dans des Dialectes Celtiques qui ne le durent pas aux Latins, mais qui le puiserent dans la même source que les Sabins.

Les Bas-Bretons l'appellent *Saul*, les Suédois *Sol* ; les Mœso-Gothiques *Sauil*, comme M. IHRE l'a fort bien prouvé dans ses Fragmens sur Ulphilas & dans son Glossaire Sveo-Gothique.

---

(1) Page 48.
(2) Lang. Lat. Liv. IV.

DU CALENDRIER.

Les Gallois l'appellent aujourd'hui *Haul* ; il exifte ainsi chez eux sous sa forme primitive, ou aspirée, comme chez les Grecs.

Il est encore commun aux Germains, aux Flamands, aux Anglois, tous descendans des anciens Theutons & Saxons, qui changerent ici *l* en *n*. De-là:

Sunna en Anglo-Saxon.	*Sonne* en Allemand.
Sun en Alamannique.	*Sune* chez les descendans des Goths
Sun en Anglois.	dans la Crimée.
Son, *Sonne* en Flamand.	

Les Suédois eux-mêmes disent *Son-dag* pour le *jour du Soleil*, le Dimanche.

CHAPITRE II.

De la LUNE, *Reine physique de l'Univers, & de ses Noms.*

LA LUNE préside à la Nuit, de la même maniere que le Soleil préside au Jour : ils gouvernent chacun ainsi une moitié des Tems : mais la lumiere de la Lune est douce & modérée pour rafraîchir l'air, pour tempérer les ardeurs brûlantes du jour, pour ne pas troubler le calme de la nuit. Sans elle, les Ténébres seroient trop profondes ; le passage du jour à la nuit trop rapide ; il y auroit trop d'interruption dans les œuvres de la Création.

Quelle harmonie, quelle diversité, quel contraste agréable ne résultent pas de l'existence de la Lune ? Que sa sensation est délicieuse ! Lorsqu'après avoir été brûlé pendant le jour par les ardeurs d'un Soleil qui plonge sur la tête, & auquel on a été obligé de se dérober, on arrive enfin à ce moment où la Reine de la nuit domine à son tour sur la Nature entiere ; la douceur de sa lumiere, le reflet des eaux, la longueur des ombres, le parfum de mille plantes odoriférantes que la fraîcheur empêche de se dissiper, tout charme, tout tranquillise, tout rétablit les forces abattues & les rétablit avec des impressions impossibles à décrire. Si ces Tableaux où des Peintres tels que VERNET, cherchent à imiter ces effets, produisent un si grand plaisir, sont si doux, reposent la vue avec tant de charmes, combien ne sont pas au-dessus de ces sentimens ceux qu'inspire la Nature elle-même dans ces clairs de Lune aussi ravissans qu'utiles pour les Travaux de l'Eté !

Tel est le contraste que la Nature met dans toutes ses œuvres & qui les fait valoir infiniment plus : c'est ainsi qu'elle tempera la force de l'homme par la douceur de la femme : que de maux ne feroit pas la force si elle n'étoit corrigée par la douceur. N'est-ce pas à ce juste mélange que la Nation Françoise doit l'avantage d'être entre les Peuples un des plus sociables, & de réunir le terrible de Mars avec les graces légères & changeantes de Vénus?

La Lune regardée comme la sœur du Soleil, porta souvent le même nom avec une terminaison féminine. Du nom *Rhé* que portoit le Soleil chez les Egyptiens, vint son nom en Hébreu ירה qui peut se prononcer *Irhé*, *Irha*, *Eirha*, & qui signifie la Lune & le Mois. Ce nom existe également chez les Irlandois : ils disent *RE* pour désigner la Lune & le Tems.

Il est très-apparent que de ce mot vint également le mot grec HÉRA ; qui désigne à la vérité *Junon*; mais on sait que Junon n'est autre que la Lune, & que c'est par cette raison que les nouvelles Lunes étoient toujours consacrées à cette Déesse, regardée aussi comme la Reine des Cieux. MACROBE a fort bien apperçu ces rapports (1).

II. La Lune étant le plus grand des Astres, elle en fut appelée dans la langue primitive MA, mot primitif qui signifie *grand*. Appliqué à la Lune, c'étoit *la Grande*; titre qu'on donna également à Junon. De-là MA, nom de la Lune en Turc, & MAH en Persan. Ce nom est commun à un très-grand nombre de Peuples, qui tous le nazalèrent en *Man*, *Men* & *Mon*. De-là toutes ces prononciations du même nom:

Grecs Eoliens,	Mana.	*Allemands*,	Mond.
Grec Attique,	Mênê.	*Anglo-Saxons*,	Mona.
Goths,	Mana.	*Anglois*,	Moon, *prononcé* Moun.
Irlandois,	Mana.	*Arabes* avant *Mahomet*,	Menat, *ou* Manah.
Criméens,	Mine.		
Danois,	Maane.	*Virginiens*,	Manith.
Flamands,	Maen.	*Esaie* LXVI. 11.	Meni (2).
Allamanniques,	Mano,		

Ce nom fut commun aux anciens Romains avec les autres Peuples, puis-

---

(1) Saturnal. L. II. ch. XV.
(2) Voyez en particul. MILLIUS, Diss. V. in-4°. p. 229.-263. SELDEN, &c.

DU CALENDRIER.

qu'ils en firent le nom de la Déesse *Mania* ou *Mena* (1) dont les fonctions étoient relatives aux Mois.

Ce nom fut aussi commun autrefois aux Indiens, puisqu'encore aujourd'hui Mena signifie *Mois* chez les Malabares (2), Nation Indienne.

Il devint également le nom du Soleil, appellé Man & Mon chez les Phrygiens. De-là Menes, qu'on a pris pour le premier Roi des Cretois. De-là encore le nom du fameux Mino-Taure à tête de bœuf, qui signifie mot à mot *le Bœuf du Soleil*, & qui ne fut jamais un personnage humain.

Aussi *Mana* est un des 116 noms donnés par les Perses à la Divinité (3). Celui-ci la désigne comme la lumiere du Monde.

De ce nom dériverent une foule de mots très-intéressans.

1°. L'Oriental *Mana*, compter, nombrer.

Mina, mot Oriental, Grec, Latin, & en François *Mine* & *Minot*, & *Hemine*, qui désignent une mesure en liquides & en grains, & un poids en argent.

Man, dans les langues du Septentrion & *Maint* en vieux François, qui désigne la quantité, le nombre, beaucoup.

2°. Le Grec *Manuô*, & le Latin *Moneo*, avertir, diriger, parce que c'est le propre de la lumiere.

Moneta ou l'Avertisseuse, surnom de la Lune ou de Junon en Latin : & ce mot dont nous avons fait *monnoie*, signifia aussi l'argent numéraire, parce qu'il est un signe de la valeur des denrées.

Nous allons voir dans l'article suivant le nom de *Men* donné à la Lune par plusieurs autres Peuples.

III. Strabon nous a transmis un nom de la Lune (4) très-remarquable, & dont jusques à présent on n'avoit pu découvrir l'origine. Ce nom est Pharnace, prononcé *Phar-nak*, & qui devint celui de plusieurs Rois Orientaux, entr'autres celui du premier Roi de Cappadoce.

Pharnace, dit ce savant Géographe, étoit un Dieu adoré dans l'Ibérie & dans le Pont ; & ce Dieu étoit le même que le Dieu *Lunus*, ou que l'Intelligence qui présidoit au cours de la Lune. Il avoit à Cabire un Temple superbe

---

(1) S. August. Cité de Dieu, Liv. IV. ch. XI.
(2) M. Anquetil, Disc. prélim. du Zendavesta.
(3) Hyde, pag. 175.
(4) Geogr. Liv. XII.

& célebre dans tout l'Orient, sous le titre de *Mén-Pharnakos* ; & les sermens qui s'y faisoient, en joignant le nom de cette Divinité à celui du Roi régnant, passoient pour inviolables. Cet Auteur ajoute que le Dieu *Mén* avoit aussi des Temples en Phrygie & en Pisidie.

Voilà donc le nom de Mén donné à la Lune dans un grand nombre d'autres Pays, dans le Pont, la Cappadoce, l'Ibérie, la Phrygie, la Pisidie. Ce qui suppose une langue commune à tous ces Peuples.

Le mot *Phar-nace* n'est qu'une Epithète, mais très-bien choisie relativement à la Lune. Il est composé de deux mots primitifs, dont nous avons parlé dans le volume sur l'Origine du Langage & de l'Ecriture : du mot PHAR (1) qui signifie *brillant*, *flambeau*, & du mot NAC (2) & *noc* qui signifie la *nuit*. La Lune est en effet le flambeau de la nuit.

On a appellé du même mot PHARE, les Tours où l'on plaçoit des fanaux pour diriger les Vaisseaux pendant la nuit.

Aussi représentoit-on le Dieu Pharnace sous la figure d'un homme surmonté d'un Croissant aîlé. Mithridate, ce redoutable ennemi des Romains, avoit sa statue en argent : cette statue a mis la Logique de FRERET en défaut, lorsqu'il n'y reconnoît pas le Dieu Pharnace (3).

Ne soyons pas étonnés que la Lune ait été adorée comme un Dieu : quelques Peuples faisoient son nom du genre masculin, tandis qu'ils faisoient féminin le nom du Soleil ; tels sont encore les Allemands. Pour ces Peuples, la Lune étoit un Dieu, & le Soleil une Déesse.

IV. Chez les Babyloniens la Lune s'appelloit, selon BRUCKER (4), NABO, ou *Nebo*. Ce mot étoit très-bien choisi, venant du primitif *Nab* ou *Nav* qui signifie *haut*, *élevé*, &c. & qui a formé un grand nombre de mots. Aussi *Nabo* est associé par ESAIE (5) avec *Bel*, comme deux Divinités dont les Statues seroient brisées & le culte anéanti.

V. Chez les Phéniciens & les Syriens A S T A R T é étoit le nom de la Lune. On peut voir dans nos Allégories Orientales (6) les preuves que

---

(1.) page 153.
(2) pag 177.
(3) Mém. des Inscr. T. XXX. in-12. pag. 157.
(4) Hist. crit. de la Philos. T. I, L. I. ch. II, de la Phil. des Chaldéens.
(5) Chap. LXIV.
(6) Pag 50.

nous en avons données, & qu'il seroit inutile de répeter ici.

VI. Les Egyptiens appellerent la Lune Ioh; nom qu'elle porta également chez les Grecs, qui en firent auſſi le nom *Ino*.

VII. Ce ſera d'*Ioh* que les Latins auront fait *Iuno*, en y ajoutant le mot *noh* qui ſignifie la nuit, & qu'ils changerent en *noc*.

VIII. Les Hébreux appellerent la Lune Lebanah, c'eſt-à-dire *la Blanche*: ils donnerent le même nom au Mont-*Liban*, à cauſe des neiges qui le couvrent. On trouve auſſi une Divinité chez les Romains appellée *Lebana*, & qui paroît avoir la même origine.

IX. Jana fut auſſi un nom ſacré de la Lune chez les Romains, tandis qu'ils appelloient le Soleil Janus, comme nous le prouverons dans la ſuite de ce volume: nous dirions *Jean* & *Jeanne*. Ce nom n'eſt pas le même que celui de *Diane*, comme on l'a cru mal-à-propos.

X. Diane, nom de la Lune comme Déeſſe chez les Romains, venoit, non de *Jana*, mais du primitif Di qui ſignifia *lumiere*, *jour*.

XI. Ce Peuple lui donna, comme flambeau de la nuit, le nom de Luna, d'où nous eſt venu le nom de Lune que nous donnons à cet aſtre. La racine en eſt le primitif lu qui déſigna la *lumiere*, & dont les Latins firent *lux*, *luc-eo*, &c. & dont nous avons fait *luire*, *lucide*, *lumiere*, &c.

Les Perſans appellerent également la Lune Luc-àn (1), & par la même raiſon, leur langue ayant nombre de mots qui lui ſont communs avec celle des Latins.

XII. De même que les Grecs appellerent le Soleil *Hélios*, ils appellerent la Lune d'abord Héléne, & enſuite Séléne: ce nom venoit ainſi du primitif hel, briller, dont les Grecs firent également *Sélas*, éclat. Lorſqu'Héléne eût dégénéré en Séléne, on crut que ces noms déſignoient des objets différens; & dès-lors *Héléne* fut priſe pour un perſonnage réel auquel on attribua des aventures relatives aux courſes de la Lune & aux allégories inventées à ſon ſujet, & qui ne forment qu'un roman lorſqu'on les ſépare de leur véritable objet.

---

(1) Hyde, ch. XX.

Hiſt. du Cal.

CHAPITRE III.

Des Planettes & de leurs Noms.

Outre le Soleil & la Lune, on apperçoit dans les Cieux cinq Aftres affujettis comme ces deux à des révolutions plus ou moins longues, renfermés dans le même efpace du Ciel, & diftincts des autres Etoiles qui font fixes.

Ces aftres font appellés *Planettes*, du mot Grec Plana-ein, *errer*, *voyager*. Joints au Soleil & à la Lune, ils font le nombre de fept dans cet ordre:

Saturne, Jupiter, Mars, le Soleil, Mercure, Vénus, la Lune.

On les divifa en deux Claffes, à caufe de la différence extrême qu'on apperçoit entr'eux pour la grandeur.

Le Soleil fut appellé le *Roi des Cieux*, ou *l'œil droit*; la Lune fut appellée la *Reine* des Cieux, *Malchat He-Shamim* (1) ou *l'œil gauche*. Les cinq autres étoient leurs gardes, leurs fatellites. Cette diftinction naquit en Egypte. C'étoit-là l'harmönie des Cieux, l'Octave célefte femblable à l'harmonie terreftre.

Lorfqu'on eût remarqué la nature de ces Aftres & l'utilité dont ils étoient pour régler les tems, on leur donna des noms relatifs à leur couleur, à leurs effets, ou aux Divinités fous la dépendance defquelles on les mit, fur-tout lorfqu'on fuppofa qu'ils étoient mus par des Intelligences Divines.

Comme la plûpart de ces noms exiftent encore & qu'on a tranfporté dans la Langue Françoife ceux que leur donnoient les Latins, nous croyons obliger nos Lecteurs en rappellant ici ces noms, & en y ajoutant leur explication. Ce feront autant d'exemples que les noms ne furent jamais impofés au hazard.

§. I.

Noms des Planettes chez les Egyptiens.

Achilles Tatius (2) nous apprend que les Egyptiens & les Grecs donnoient le nom de brillant ou de *Phhinon* à Saturne : que les Grecs regar-

---

(1) Jerem. XLIV. 17.
(2) Ifagoge in Arati Phænomena.

doient cette Planette comme étant d'un bon augure, & que chez les Egyptiens elle étoit appellée l'Etoile de *Nemesis*,

Que la Planette d'Iou étoit appellée *Phaeton* par les Grecs, & que les Egyptiens la nommoient l'Etoile d'*Osiris*. Que la troisiéme ou celle de Mars, appellée par les Grecs *Pyroeis*, l'étincellante, étoit chez les Egyptiens l'étoile d'*Hercule*. Que celle de Mercure, appellée *Stilbon* en Grec, étoit en Egypte l'étoile d'*Apollon* : & que celle de Vénus est *Lucifer* ou *Heosphore* chez les Grecs.

Ce passage très-embrouillé & incomplet, répand peu de lumiere sur cet objet; car à l'exception du nom d'*Osiris* donné à la Planette de Jupiter, on n'y trouve aucun nom Egyptien.

Le savant JABLONSKY chercha à suppléer le nom Egyptien de Vénus qui manque ici : il crut d'abord que c'étoit A-THOR, qui est le nom Egyptien de cette Déesse : il pensa ensuite que c'étoit Isis (1), fondé sur un passage de Pline (2). Il se décida enfin pour le Dieu *Pan*, parce que le Phallus qu'il voyoit dans ce Thau sacré qui fait le symbole astronomique de Vénus, étoit consacré à Pan.

Les Coptes, descendans des anciens Egyptiens, & les Indiens, appellent la Planette de Vénus d'un nom qui approche si fort d'Athor, qu'il est très-apparent que c'étoit son ancien nom, & qu'ils viennent tous deux d'une même source. Athor, dépouillé d'*A*, & prononcé *zor, sor*, sera la même chose que *Sourot*, nom Copte de Vénus, *Soucra* en Indien, *Zohra* & *Al-Zuhra* en Arabe dont Strabon fit *Azara* & qui signifie *la Déesse Blanche*, épithète de Minerve & de Diane chez les Grecs. Et ce nom vient de *zoar*, lumiere, éclat.

Dans un Dictionnaire Copte & Arabe, cité par *Pococke* (3) & par MICHAELIS (4), on trouve ces noms donnés aux Planettes par les Coptes.

Ηλια ou Πιρη,	*Helia* ou *Pi-Rhé*,	le Soleil.
Σουληνη,	*Souléné*,	la Lune.
Ρεφαν,	*Rephan*,	Saturne.
Πι-ζεους,	*Pi-Zeous*,	Iou.
Μολοχ,	*Molokh*,	Mars.
Πι-ερμης,	*Pi-ermés*,	Mercure
Σουροτ,	*Souroth*,	Vénus.

---

(1) Panth. Ægypt. T. II. p. 130. &c.
(2) Liv. II. ch. VIII.
(3) Notes sur Abulpharage.
(4) Notes sur les Curiosités de Gaffarel, Hambourg 1676. in-12.

Le premier de ces noms *Helia* est Grec, & le second *Rhé* est Egyptien.
Soulène est l'altération de *Seléné* en Grec.
Zeous & *Hermès* sont également des noms Grecs.
Il ne reste ici de mots Orientaux que *Rephan* & *Molokh*.

Ces deux noms se trouvent dans Amos V. où ce Prophète reproche aux Juifs d'avoir porté le Tabernacle de *Moloch*, & d'avoir adoré l'astre de *Kium* ou *Rephan*. Il est étonnant que Jablonski ait cru que ces trois noms désignoient le Soleil. *Kiun* ou *Kevan* est très-certainement Saturne. C'est le nom de cette Planette chez les Arabes & chez les Perses : & l'on voit ici que *Rephan* est également chez les Coptes le nom de Saturne.

Mars s'appelloit Artès ou Er-tôsi en Egyptien, comme on l'apprend de Cedrene & de Vettius Valens (1). Ce nom, selon Cedrene, signifioit *la vertu qui vivifie tout*: mais selon Jablonski, ce sont deux mots, *Er-tési* qui signifient en Copte, *qui cause du dommage*.

Macrobe d'ailleurs ne dit pas, comme Achilles Tatius, que les Egyptiens donnassent à Mars le nom d'Hercule; il dit que c'étoient les Chaldéens. (2)

Tels furent donc chez les anciens Egyptiens les noms des cinq Planettes. *Rephan*, Saturne. *Osiris*, Jupiter. *Ertosi*, Mars. *Thot*, Mercure. *Athor* ou *Sourot*, Vénus.

Il est digne de remarque que les noms des Planettes chez les Coptes soient empruntés de tant de Nations différentes; des anciens Egyptiens, des Grecs, des Ammonites, des Arabes : & qu'à l'exception de deux ou trois noms primitifs qu'ils ont conservés, ils ayent laissé perdre tous les autres.

§. I I.

Noms des Planettes en Arabe.

Pococke dans ses notes sur *Abulfeda*, & d'après un ancien Poëte appellé Ahmed *fils de Joseph*, &c. antérieur de plusieurs siecles à Mahomet, rapporte les noms des Planettes en Arabe; on les trouve également dans Golius sur *Alfragan*, mais défigurés. La plûpart sont très-remarquables.

Awal, le Soleil; c'est le *bal* des Orientaux que nous avons vu ci-dessus.
Ahwan, la Lune; nom qui tient à *Evan*, & à Eve.

---

(1) Dans son *Florilegium*, ouvrage en Grec & manuscrit cité par Jablonsky.
(2) Saturn, Liv. III. ch. XII.

DU CALENDRIER.

Dobbar ou *Debar*, Mercure, nom qui signifie *Parole*, & qui tient à l'Hébreu *Debar*, parole.

Munes, Jupiter; nom qui tient à *Mon* & *Menes*, un des noms du Soleil chez les Orientaux.

Arubah, ou plutôt *Urbah*, Vénus, & qui tient à *Europe*. Ce nom étoit connu des Juifs; on le trouve dans le *Bereshit Rabba*, comme nom du *Vendredi*, & sur-tout du Vendredi veille de Pâques. C'est le seul jour, chez eux, avec celui du *Sabath*, qui eut un nom propre.

Les noms des deux autres Planettes, Saturne & Mars, sont *Shijar* ou *Xijar* & *Jobbar* ou *Gebar*, le Vaillant.

Les Habitans de la Mecque qui avoient consacré un Temple à Saturne, appelloient cette Planette *Zohal*.

Ceux de Jôdam adoroient Jupiter sous le nom d'*Al-Moshteri*.

Ceux d'Arad adoroient Mercure sous le nom d'*Otared*.

Ceux de Sanaa, Capitale de l'Yemen ou de l'Arabie Heureuse, avoient un Temple bâti par Dahac à l'honneur d'*Al-zoharah*, que nous avons vu plus haut comme nom de Vénus. Ce Temple appellé *Beit Ghomdam*, fut détruit par le Caliphe Oshman; & parce que ce Caliphe fut assassiné peu de tems après, on vit dans cette mort l'accomplissement de cette prophétie gravée sur le frontispice du Temple :

» Ghomdam, celui qui te détruira sera tué. «

Dans le même Dictionnaire Copte & Arabe dont nous avons parlé, outre les noms de *Zohal*, de *Moshteri*, d'*Otared* & de *Zohara*, on trouve ceux des trois autres Planettes, *Shemsh* pour le Soleil, qui est son nom hébreu; *Gamar* pour la Lune, mot hébreu qui signifie la nocturne ; & *Martek* pour Mars, nom qui approche fort de l'Egyptien *Artes*, & du nom même de Mars.

D'autres Arabes appelloient le Soleil *Hawaz*; la Lune *Hottai*, ou la Reine des tems; Mars, *Colman*, ou le Guerrier; Mercure, *Saafas*; Jupiter *Korasht*, ou le brillant; & Vénus, *Aruba* (1) ou l'Occidentale : noms, à l'exception du dernier, absolument différens de ceux qui précédent.

---

1) Pocock sur Abulfeda, pag. 317. 318.

HISTOIRE CIVILE

§. III.

Noms des Planettes en Persan. (1)

Saturne s'appelle chez les Persan *Kevan*, comme en Hébreu כיון ; Jupiter, *Ormusd* ; Mars, *Behram* ; le Soleil, *Shid* ou *Shed* ; Mercure, *Tir* ; Vénus, *Nahid*, ou l'*Anaitis* des Grecs, & *Neith* des Egyptiens ; la Lune, *Mah*, ou la grande.

§. IV.

Noms des Planettes chez les Indiens.

	En Samskreton.	En Marate.	En Canarin.	En Siamois.
Le Soleil,	Souri.	Adito.	Aïter.	Athit.
La Lune,	Somo & Jendra.	Somo.	Somo.	Tchan.
Mars,	Angaraca.	Magoll.	Mangale.	Angkaan.
Mercure,	Butta.	Bodh.	Boudou.	Pout.
Jupiter,	Braspati.	Gourou.	Braspati.	Prahaat.
Vénus,	Soukra.	Soukrou.	Soukra.	Souc.
Saturne,	Sen.	Seni.	Sen.	Saou.

Dans le BAGAVADAM, un des Livres Religieux des Indiens, dont nous avons déja parlé, (2) Mercure est nommé *Boudan*, Vénus *Soucran*, & Saturne *Sany*.

Adito, nom du Soleil, paroit être l'*Adad* des Egyptiens.

Souri, autre nom du Soleil, a beaucoup de rapport au Persan *Chour* ou *Chur*, qui signifie aussi *Soleil*, & qui est le nom de la blancheur en Oriental.

§. V.

Noms des Planettes chez les Peuples du Nord.

Nous avons déja vu que les Peuples du Nord appellent le Soleil *Sun*, & la

---

(1) Zendav. de M. Anquet. T. III. p. 356.
(2) Plan général & raisonné, pag. 70.

DU CALENDRIER.

Lune *Man* & *Mon*, enforte que *Sunday* en Anglois, *Sontag* en Suédois, c'eft le Dimanche; & *Mon-day*, *Mondag* le Lundi.

Le Jeudi s'appelle *Thurs-day*, & *Tors-dag*, ou le Jour de Jupiter.

Le Samedi, *Satur-day* en Anglois, & *Loger-dag* en Suédois. Ce dernier mot *loger* vient, felon M. IHRE, du verbe *lauga* en Irlandois, & *loga* en Suédois, fignifiant *laver*, parce qu'on fe baignoit ce jour-là afin de pouvoir fe préfenter le lendemain dans les Temples.

Le Mardi eft appellé *Tues-day* en Anglois, *Tis-dag* en Suédois.

Le Mercredi, *Wednesday* en Anglois, *Odensdag* & par fyncope *Onsdag* en Suédois.

Le Vendredi, *Friday* en Anglois, *Fre-dag* en Suédois.

Il s'agit de déterminer quelles font les Divinités qu'on doit entendre par TIS ou *Tues*, ODEN, & FRE ou *Fricco*, qui préfident au Mardi, au Mercredi & au Vendredi.

A fuivre l'analogie générale, *Oden* feroit Mercure, *Fre* Vénus, & *Tues* Mars. Il paroît cependant qu'*Odin* eft Mars, ce Mars appellé *Hercule* chez les Chaldéens; que *Tis* ou *Tir* des Irlandois eft *Tir* des Perfans, qui eft effectivement Mercure; & que *Fre* a été quelquefois repréfenté comme un homme. Ainfi par un échange dont on voit quelques exemples ailleurs, Mercure ou *Tir* auroit donné dans le Nord fon nom au jour qui fuit le Lundi, & Mars ou Hercule auroit donné fon nom au jour qui fuit le Mardi.

Ceci, qui me paroît fondé fur tout ce que le Nord nous raconte de ces Dieux, eft d'ailleurs la feule maniere de concilier le Calendrier du Nord avec tous les autres, & fur-tout de mettre à leur aife les Etymologiftes, qui n'ont jamais pu concilier *Odin* avec Mercure, & *Tir* avec Mars, & dont les recherches leur montroient toujours, malgré eux, Mars dans *Odin* & Mercure dans *Tir*.

ADAM de Brême dans fon Hiftoire Eccléfiaftique du Nord, dit que dans la Capitale des Sueons apellée *Ubfolol*, & voifine de la Ville de Sietonie, étoit un Temple revêtu d'or, dans lequel les Statues de trois Dieux étoient expofées aux adorations des Peuples. Celle de *Thor*, placée fur un Trône, & qui occupoit le milieu, comme le plus puiffant; à fes côtés étoient *Woden* & *Fricco*. THOR, difoient-ils, commandoit à l'air, au tonnerre, à la foudre, aux vents, aux orages, & aux fruits de la Terre. WODEN dont le nom fignifie la fureur, commande à la guerre, & infpire aux hommes le courage néceffaire pour repouffer leurs ennemis. FRICCO étoit au contraire le Dieu de la paix & des plaifirs. Leurs Statues les repréfentoient avec des fymboles relatifs à ces qualités. *Fricco* étoit possesseur d'un énorme Phallus ; *Woden* avoit tous les symboles de Mars ; & *Thor*, le sceptre en main, étoit semblable à Jupiter.

Le nom de *Woden* tient donc, comme le dit fort bien M. IHRE, ou à l'Anglo-Saxon WOD, fureur, démence, d'où l'Anglois *Wood*, furieux ; ou à l'Esclavon WODA, *Guerre*.

Nous retrouvons donc ici les idées de l'Orient, un Mars ou Hercule dans *Odin* ; & un Dieu armé du Phalus dans *Fricco*, ou une Déesse armée du *Thau*, symbole du Phallus dans *Fré*, la même alors que Vénus. L'étymologie de *Fré* est d'ailleurs la même que celle d'*A-*PHRO*-dite*, nom de Vénus en Grec, dont nous avons eu occasion de parler dans les Allégories.

Quant à *Tir*, Mercure, il faut chercher son étymologie dans l'Orient, puisque c'est le même nom que lui donnent les Persans. Ce qui ramène aux Langues Orientales, sans le secours desquelles un Savant qui se privoit volontairement de cette ressource, étoit réduit à dire que *Tir* ou *Tis*, qu'il prenoit pour Mars si mal-à-propos, venoit de *Mar-tis* ; étymologie qui prouve bien à quelle extrémité ses principes le réduisoient nécessairement, malgré son excellente Logique.

Le Savant FRERET s'y trompa aussi : il ne vit dans *Tir* que Mars.

Je vois que RUDBECK (1) ne s'y est pas trompé : il met *Odens-dag* pour le Mardi, & *Tis-dag* pour le Mercredi.

§. VI.

Noms des Planettes chez les Grecs.

Les noms des Planettes chez les Grecs correspondoient entierement à ceux des Latins & aux nôtres. Ils appelloient le Soleil *Helios* ; la Lune, *Selene* ; Mars, *Harès* ; Mercure, *Hermès* ; Iou, *Zeus* ; Vénus, *Aphro-dite*, la Déesse des fruits ; & Saturne, *Chronus* ou le Tems.

Des Commentateurs ont eu à l'égard de ce Peuple une idée des plus singulieres : ils s'étoient imaginé qu'avant *Eudoxe*, les Grecs ne connoissoient qu'une seule Planette, celle de Vénus, dont ils faisoient deux Astres différens, prenant la Vénus du soir pour *Hesperus*, & la Vénus du matin pour *Eosphore*, c'est-à-dire, *qui amène le jour*. Et cela uniquement parce qu'Homère & Hésiode ne parlent que de Vénus : comme si ces deux Poëtes ont parlé de

---

(1) Tom. II. p. 219.

tout ; comme si tout ce dont ils ne parlent pas, étoit inconnu de leur tems ;
comme si les Chaldéens, & les Egyptiens ne connoissoient pas les Planettes
long-tems avant Homère & Hésiode : comme si les Grecs, malgré leurs voyages dans l'Orient & leur Commerce avec les Phéniciens, étoient restés plongés dans cette barbarie jusqu'à l'an 380. avant Jesus-Christ ; c'est-à-dire,
dans leurs plus beaux jours.

On est toujours étonné quand on voit de Savans Auteurs s'égarer à ce
point : il est vrai que les Grecs eux-mêmes sont de mauvais guides sur l'origine de leurs connoissances : tantôt ils ont tout inventé, tantôt ils doivent tout
à des Etrangers : mais l'Histoire est une mer où il faut avoir toujours la sonde
à la main, & chercher moins ce qu'on a dit que ce qui a dû être.

Ajoutons que Vénus est appellée par Homère *Kallistos* ou *la Belle* (1) : c'est
ce que signifie son nom même en Latin, & dans la plûpart des Langues.

§. VII.

Noms des Planettes chez les Romains.

Les noms que les Romains donnerent aux Planettes sont d'autant plus intéressans pour nous, que nous les avons tous adoptés.

SATURNE vient de *Sator*, Pere, qui vint lui-même de *Sat*, semer.

JUPITER est composé du mot *Pater*, Pere, & du nom *Iou*, qui signifie
Moi qui suis, & qui fut le nom primitif de la Divinité.

MARS vient du mot primitif *Ar*, *War* qui signifie Guerre, Combat ; & qui
forma aussi le mot *Ferr-um*, Fer.

MERCURE est, comme nous l'avons vu dans les Allégories Orientales, un
composé de deux mots Celtiques, *Merc* & *ur*, ou *uir*, qui signifient *l'Homme
aux marques*, ou *aux signes*.

VÉNUS enfin, a pris son nom du primitif *Wen*, qui signifie *Beau*, *Brillant*, & qui fit le Latin *Venustas*, Beauté ; *Venustus*, Beau, &c.

§. VIII.

Caractères symboliques des Planettes.

On ne se contenta pas d'imposer des noms aux Planettes ; on inventa aussi

---

(1) Iliad. Liv. XXII. v. 318.

HISTOIRE CIVILE

des Caractères hiéroglyphiques, sous lesquels on pût les repréfenter dans les Calendriers d'une maniere abrégée, & fans répéter leurs noms. Ces figures fe font tranfmifes jufqu'à nous, & font employées dans nos Calendriers & dans nos Almanachs.

♄ Eft la repréfentation de la Faulx de Saturne, & tient lieu du nom même de *Saturne*.

♃ Eft l'abrégé de la figure d'*Iou* armé de fon Foudre.

♂ Eft la Lance & le bouclier de *Mars*.

☀ Eft la peinture du Difque du *Soleil*.

☿ Eft l'abrégé du Caducée de *Mercure*.

♀ Eft la Peinture du Miroir de *Vénus*.

☽ Eft le Croiffant de la *Lune*.

Ces figures hiéroglyphiques remontent à une très-haute Antiquité, & doivent avoir été inventées par les Egyptiens eux-mêmes.

Ajoutons que ces figures font également l'emblême des métaux auxquels on donna les mêmes noms qu'aux Planettes.

Saturne, qui fe meut lentement, défigna le *Plomb*.

Jupiter, dont la lumiere eft très-pure, défigna l'*Etain*.

Mars, Dieu de la Guerre, défigna le *Fer*.

Le *Soleil*, blond comme l'or, defigna l'*Or*.

Vénus, qui eft brillante, défigna le *Cuivre* étincelant : elle en porta même le nom en Grec, où *Kupris* eft le même mot que *Cuivre* : & fi elle fut Déeffe de *Chypre*, Ifle qui porta fon nom, c'eft parce que cette Ifle étoit abondante en Cuivre.

Mercure, défigna le *Mercure*, auffi actif que lui.

La *Lune*, défigna l'*Argent*, dont elle a la couleur.

Ainfi une même formule défignoit un grand nombre de féries différentes.

Nous verrons également naître d'ici & les noms des fept Jours : & les couleurs du Blafon, divifées en deux *émaux* & en cinq *métaux*.

CHAPITRE IV.

Des douze Signes du Zodiaque.

§. I.
Noms des Signes Célestes.

La Lune, après avoir éclairé la Terre pendant trois semaines, disparoissoit pour reparoître une semaine après : alors on comptoit une Lune, une *Ménie*, ou un mois : c'étoit une révolution complette de la Lune autour de la Terre : cette révolution renfermoit ainsi quatre Semaines ou quatre Quartiers, appellés *Nouvelle Lune*, *premier Quartier*, *Lune décroissante*, & le *dernier Quartier* ou la *Ténébreuse*.

Pendant ce tems-là, le Soleil n'avoit fait qu'un douziéme de sa révolution : on appella cette douziéme portion du Ciel, un Signe ; & ce Signe renferma toutes les Étoiles comprises dans cette douziéme portion en longueur, ou d'Orient à l'Occident ; & à égale distance des Poles, ou du Nord & du Midi.

Les Étoiles qui environnent la Terre d'Orient en Occident & qui forment un Cercle autour d'elle, furent donc divisées en XII. Signes, & ces XII. Signes correspondirent aux XII Lunes, ou Mois de l'année.

Tels furent leurs noms :

Le Bélier.	Le Lion.	Le Sagittaire.
Le Taureau.	La Vierge.	Le Capricorne.
Les Gemeaux.	La Balance.	Le Verseau.
Le Cancer.	Le Scorpion.	Les Poissons.

C'est ce Cercle qu'on appelle *Zône* ou Ceinture, la Ceinture Céleste, & Zodiaque ou la roue vivante, parce que ses noms & les figures qui composent ce Cercle, sont empruntés du regne animal ; & parce qu'elle est la source de la vie, par le renouvellement continuel des années & de la Nature.

§. II.
Ils remontent à une haute Antiquité.

Cette division en XII. Signes dut être très-ancienne ; les Chaldéens passent pour l'avoir inventée : elle fut en usage chez les Egyptiens : elle le fut chez les Grecs & chez les Romains : elle l'est chez les Indiens & chez tous les Peuples de l'Europe.

Les Noms que portent les Signes du Zodiaque ne furent certainement pas inventés par hazard : mais en quel tems le furent-ils & quel en fut le motif ? Questions sur lesquelles on n'a rien dit jusques ici de certain.

On ne sauroit nier qu'il n'y ait le plus grand rapport entre ces Noms & les phénomènes qu'offre le cours de l'année ; & ils doivent remonter par conséquent à une Antiquité très-reculée.

Le célébre *Daniel* BERNOULLI étoit persuadé que le Zodiaque ou sa division en XII Signes avec leurs noms empruntés d'autant d'animaux, ou de Personnages humains, furent antérieurs à l'idolâtrie Egyptienne. Ils remonteroient donc, selon ce Savant, à une très-haute antiquité ; aveu très-remarquable de la part d'un aussi grand Astronome (1).

§. III.

Causes des Noms qu'on leur donne, & 1°. sentiment de Macrobe.

MACROBE étoit persuadé que les Egyptiens avoient inventé les Signes du Zodiaque, & qu'ils les avoient adapté aux effets du Soleil dans chaque Mois.

« Les Egyptiens, dit-il (2), ont consacré au *Lion* cette partie du Zodiaque, » d'où le Soleil fait ressentir les plus grandes chaleurs : & ils appellent le Signe » du Lion, *la demeure* du Soleil, parce que cet animal paroît tenir de la Na- » ture une substance semblable à celle du Soleil, & qu'il surpasse autant en » vivacité & en chaleur les autres animaux, que le Soleil surpasse les autres » Astres.... Les Egyptiens ont aussi adapté avec beaucoup de sagesse les au- » tres Signes à la nature du Soleil. C'est ainsi que le *Bélier* est, de même que » le Soleil, du côté gauche pendant les six mois d'hyver, & du côté droit pen- » dant les six mois qui succédent à l'Equinoxe du Printems.... Le *Taureau* » a les plus grands rapports avec le culte du Soleil ; car les Habitans d'Héliopo- » lis adorent le Taureau *Néton*, qui est consacré à cet Astre ; & les Habitans » de Memphis font la même chose pour le Bœuf *Apis*, tandis que ceux » d'Hermunthis adorent dans leur magnifique Temple d'Apollon, le Taureau » *Pacin* qui est également consacré au Soleil.... Les *Gemeaux* qu'on croit

---

(1) Voyez Diss. de M. Schmidt sur le Zodiaque.
(2) Saturn. Liv. I. ch. XXI.

» vivre & mourir tour à tour, ne font autre chose que le Soleil qui est
» alternativement fur l'horizon & deffous. Le *Cancer* dans fa marche obli-
» que, peint au mieux la marche oblique & rétrograde du Soleil. La *Vierge*
» qui porte un épi dans fa main, est la puissance du Soleil, fa vertu qui meurit
» les fruits, & on l'appelle *Justice*, parce qu'elle feule fait que les hommes
» jouissent de leurs récoltes, doux fruits de leurs travaux. Le *Scorpion* repré-
» fente le Soleil engourdi en hyver & dont les effets ne fe font fentir qu'en
» Été. Le *Sagittaire*, la plus baffe des Maifons du Soleil, eft Homme par en
» haut, Cheval par en bas, parce qu'il eft dans la portion la moins élevée du
» Zodiaque : cependant il tire une Flèche, parce que le Soleil renaiffant donne
» la vie à tout. Le *Capricorne* qui ramene l'Aftre du jour au haut de l'horizon,
» reffemble à la Chèvre dont il porte le nom & qui fe plaît à grimper fur les
» lieux les plus élevés. Le *Verfeau* prouve la force du Soleil qui occasionne
» les pluies en pompant les eaux & les vapeurs. Enfin les *Poiffons* entrent auffi
» dans les Signes du Zodiaque pour montrer que rien ne peut fe dérober à
» l'efficace de cet Aftre. »

    Macrobe avoit dit plus haut (1) : » Voici les motifs qui ont fait donner aux
» deux Signes que nous apellons les *Portes* ou les barrieres de la course du
» Soleil, les noms de *Cancer* ou d'*Ecreviffe*, & de *Capricorne* (ou de Chèvre
» fauvage.) L'Ecreviffe eft un animal qui marche à reculons & obliquement ;
» de même le Soleil parvenu dans ce Signe commence à rétrograder & à des-
» cendre obliquement. Quant à la Chèvre, fa méthode de paître eft de mon-
» ter toujours & de gagner les hauteurs tout en broutant. De même le Soleil
» arrivé au Capricorne, commence à quitter le point le plus bas de fa courfe,
» pour revenir au plus élevé. »

§. IV.

Sentiment de l'Abbé Pluche.

    L'Auteur de l'Histoire du Ciel s'appuyant fur ce dernier paffage de Macrobe,
fit voir que les noms donnés aux XII. Signes du Zodiaque caractérifoient
de mois en mois ce qui arrive fur la Terre dans les divers déplacemens du
Soleil pendant le cours de l'année (2).

---

(1) Ch. XVII. traduction de l'Abbé Pluche.
(2) Hift. du Ciel, T. I. Liv. I. ch. 1. art. III.

Les Signes du Bélier, du Taureau & des Gemeaux, ou des Chevreaux, répondent, selon lui, au tems où naissent ces trois espèces d'animaux.

La furie du Lion étoit fort propre à marquer celle du Soleil lorsqu'il abandonne le Cancer.

La Fille qui le suit portant une poignée d'épis, exprime fort naturellement la coupe des moissons qu'on achéve alors de mettre bas. On l'appelle, ajoute-t'il, *Erigone*, d'un mot Hébreu ארגונא, (1) qui signifie *blond*; pouvoit-on mieux désigner l'épi doré & rougissant ?

On ne pouvoit mieux désigner non plus que par la Balance, l'égalité des jours & des nuits qu'améne le Soleil parvenu à l'Equinoxe.

Les maladies d'Automne, lors de la retraite du Soleil, ont été caractérisées par le Scorpion, qui traîne après lui son dard & son venin.

La chasse que les Anciens donnoient aux bêtes féroces à la chûte des feuilles, ne pouvoit être mieux marquée que par un homme armé d'une fléche ou d'une massue : tel on représenta Orus perçant un Hippopotame ; & telle Diane.

Le Verseau a un rapport sensible aux pluies d'hyver.

Et les Poissons liés ou pris au filet, marquoient la pêche qui est excellente aux approches du Printems.

§. V.

Conséquences qu'en tiroit l'Abbé Pluche.

M. l'Abbé Pluche, persuadé que ces XII. Signes avec les mêmes noms avoient été en usage en Egypte, sachant d'ailleurs très-bien que cet arrangement ne s'accordoit point avec l'état de l'année en Egypte, où l'on a moissonné long-tems avant la Vierge, & où il ne tombe point de pluies au signe du Verseau, &c. en tira cette double conséquence ; que les Egyptiens n'étoient pas les Inventeurs du Zodiaque, mais qu'ils l'avoient emprunté de l'Orient, & que son invention remontoit à la plus haute antiquité ; à des tems antérieurs à la dispersion des Peuples.

---

(1) Dan. ch. V. vers. 7.

DU CALENDRIER.

§. VI.

Discussions qui en furent la suite.

Ces Conclusions furent vivement attaquées par plusieurs Savans. Le P. Le Mire, Professeur de Mathématiques à Douay, avança (1) qu'*Empiricus*, dont l'Abbé Pluche s'étoit appuyé, ne suppose pas au Zodiaque une antiquité aussi reculée : que les Noms du Zodiaque tels que nous les avons, ne furent inventés que dans la Gréce ; & qu'ils ne purent l'être qu'environ 360. ans avant Jesus-Christ. : la premiere étoile du Bélier s'étant avancée dès-lors d'un Signe entier, ou de 30 dégrés, c'est-à-dire, d'un dégré tous les 70. ans.

Dans le même Journal (2) parut une justification de l'Abbé Pluche, par le Sieur Boyer d'Aix en Provence. Il s'attacha à faire voir que le déplacement des Signes ne prouvoit rien, puisqu'il étoit incontestable que le Zodiaque éxistoit tel qu'il est, long-tems avant l'époque fixée par le P. Le Mire.

Ce dernier fit paroître une Réplique dès le mois de Juillet, dans laquelle il s'attache à ôter à ses Adversaires le témoignage d'Empiricus ; & à prouver que le Sieur Boyer n'est pas d'accord avec l'Abbé Pluche : qu'il a mal saisi le système dont il se déclare le défenseur.

Ce qui fut suivi d'une Réponse du sieur Boyer (en Novembre 1742) destinée uniquement à se justifier de cette imputation.

Tandis que cette querelle dégénéroit en personnalités inutiles, un plus redoutable Adversaire présentoit avec plus d'adresse la plus forte objection qu'on puisse faire contre l'époque reculée des Signes du Zodiaque tels qu'ils existent.

« C'est une idée, dit celui-ci (3), tout-à-fait insoutenable, parce que dans
» ces tems reculés, qui remontent au moins à quatre mille ans d'antiquité,
» la Constellation de l'Ecrevisse étoit dans les signes du Printems, celle de la
» Balance dans les signes d'Été, celle du Capricorne dans les signes d'Au-
» tomne, & celle du Bélier dans les signes d'Hyver. C'est ce qui est démontré
» par le calcul du mouvement propre des Etoiles fixes, qui, de l'aveu de tous

---

(1) Journ. de Trév. ann. 1740. Juin.

(2) Janv. 1741.

(3) M. de la Nauze, Mém. des Inscr. T. XXI. in-12. p. 635, & suiv.

» les Astronomes modernes, doit être réglé sur le pied d'environ un dégré
» de signe en soixante & douze ans. Par exemple, prenons la Constellation
» du Bélier, dont la derniere Etoile, celle de l'extrémité de la queue, est plus
» orientale de 50 dégrés que le point équinoxial en la présente année 1740.
» Les cinquante dégrés de mouvemens de l'Etoile, à 72 ans par dégré,
» font 3600 ans qui se sont écoulés depuis que l'Equinoxe a commencé
» d'entamer la Constellation appellée aujourd'hui le Bélier : il ne l'avoit donc
» pas entamée encore il y a quatre mille ans ; & par conséquent elle étoit
» alors dans les signes d'Hyver. Pendant le cours de ces quatre mille ans, les
» Etoiles ont avancé de 55 dégrés par rapport aux Equinoxes ; d'où il suit
» que les Pleyades, qui font partie de la Constellation du Taureau, & qui sont
» présentement à cinquante-cinq dégrés de l'Equinoxe, y répondoient exac-
» tement il y a quatre mille ans. Dans ce tems-là donc, le Taureau ouvroit
» le Printems. Ainsi qu'on ne dise point que le Bélier a été dès lors, comme
» il fut depuis, le premier signe printanier. Car enfin, il n'est pas possible
» d'imaginer que les Auteurs du Zodiaque ayent jamais prétendu placer les
» Constellations hors de leurs propres signes. Il est vrai qu'aujourd'hui elles
» se trouvent à-peu-près dans les signes précédens ; le Bélier dans le Taureau,
» le Taureau dans les Gémeaux, &c. Il est encore vrai dans un sens qu'elles
» se sont autrefois trouvées dans les signes subséquens, c'est-à-dire, par exem-
» ple, la Constellation qui porte le nom du Bélier, a été anciennement dans
» le signe d'Hyver appellé *Poissons*. Mais elles ne furent jamais dans les signes
» subséquens reconnus pour tels, ou, ce qui est le même, jamais on ne donna
» le nom de Bélier au premier signe du Printems, pendant que la Constella-
» tion du Bélier étoit encore dans les signes d'Hyver, il y a quatre mille ans.
» Il est évident au contraire, qu'entre cet ancien tems & celui d'à présent, il
» y a eu un tems intermédiaire où les Constellations ont répondu à leurs
» signes avec le plus grand rapport possible ; & que c'est dans ce tems inter-
» médiaire qu'a été institué le Zodiaque des Grecs, qui ensuite a passé des Latins
» jusqu'à nous. Il demeure donc prouvé que notre Zodiaque n'a point été en
» usage à beaucoup près, avant que l'Egypte fût habitée, & qu'on n'a point
» dû établir sur un fondement pareil, les Antiquités de l'Egypte en général, &
» l'origine des années Egyptiennes en particulier.
» La différence du Zodiaque Egyptien & du Zodiaque Grec n'est-elle pas
» d'ailleurs bien certaine ? Achilles Tatius a déja observé que les Grecs trans-
» porterent à leurs Héros & à leur Histoire, le nom des Constellations Egyp-
» tiennes, & le fait est assez visible par lui-même ».

M. de

DU CALENDRIER.

M. de la Nauze fixe ensuite l'invention du Zodiaque en Egypte dans le XVe siécle, ou 1400 avant J. C. & dans la Gréce, au tems de Chiron, au Xe siécle, ou 939 ans avant J. C. selon le calcul de Newton. Pour achever de démontrer que les Egyptiens n'ont pû inventer le Zodiaque plutôt, il ajoute que la division du Zodiaque en 360 dégrés, répond à une année de 360 jours, & que les Egyptiens n'ont connu cette année de 360 jours que XV siécles avant J. C. faisant usage auparavant de l'année lunaire de 354 jours.

Est-il donc impossible d'avancer des vérités sans y mêler des erreurs ou de faux raisonnemens ? L'Abbé Pluche prouve très-bien le rapport des noms des XII Signes du Zodiaque Grec avec les phénomènes qu'offrent les XII mois de l'année : mais lorsqu'il en conclut que ces XII Signes sont venus avec ces mêmes noms, ce même arrangement, ces mêmes rapports, des tems antérieurs à la dispersion des Peuples, il tire une conséquence qui ne résulte point de ses principes, & qui est contraire au fait.

M. de la Nauze prouve très-bien qu'à ce dernier égard M. l'Abbé Pluche s'est trompé du tout au tout : mais, lorsqu'il ne voit l'établissement du Zodiaque qu'en Egypte, & qu'il soutient que l'année de 360 jours n'a été connue & en usage qu'au tems de cet établissement, il avance autant de faits insoutenables. Il se trouve en contradiction avec tous les Auteurs suivans.

Avec Diodore, qui attribue positivement aux Chaldéens la division du Zodiaque en XII signes.

Avec Macrobe, qui établit très-positivement l'accord exact du Zodiaque Egyptien avec le Zodiaque Grec dans ce chap. XXI que nous avons cité, & qu'aucun de ces Tenans ne semble avoir connu, puisqu'aucun d'eux n'en fait mention.

Avec Freret, qui dans sa Défense de la Chronologie contre Newton (1) a démontré, 1°. que dès l'année 2782 avant J. C. c'est-à-dire, 12 siécles au moins avant l'époque fixée par M. de la Nauze, les Egyptiens avoient non-seulement une année de 360 jours, mais que leur année étoit déja de 365 jours.

2°. Que Chiron, qui, selon M. de la Nauze, ne vivoit que dans le Xe siécle, vécut dans le XVe siécle avant J. C. (2).

3°. Que les XII signes du Zodiaque sont plus anciens que Chiron ; que les Grecs les tinrent d'Egypte : que dans ce dernier Pays les animaux, dont ces

---

(1) Pag. 400. & suiv.
(2) Page 477.

Hist. du Cal.   I signes portent le nom, étoient les Symboles des XII grands Dieux Egyptiens, protecteurs des XII mois (1).

4°. Enfin, que cette division dut être plus ancienne que Chiron; qu'elle fut faite dans le tems auquel les levers sensibles des signes du Zodiaque précédoient de 15 jours les points cardinaux, ensorte que la premiere Etoile du Bélier précédoit de 15 jours l'Equinoxe du Printems, qui arrivoit au 16e dégré du Bélier.

On peut donc dire que cette dispute ne porte sur rien de solide; & il ne seroit peut-être pas difficile de concilier tous les avis. L'invention des XII signes est d'une nature à être d'une haute antiquité & du tems même où l'on commença à étudier l'Astronomie : ainsi elle a pu avoir été connue ou inventée par les anciens Chaldéens & par les anciens Egyptiens, comme on le rapporte.

Les noms qu'on leur donna, auront été relatifs aux phénomènes qu'ils offroient, comme l'ont dit les Anciens, & comme on ne peut le nier pour la plûpart.

Lorsque ces noms passerent aux Grecs, il dut arriver une de ces deux choses, 1°. qu'ils adapterent ces noms aux phénomènes de leur climat : plaçant les signes pluvieux dans leur saison des pluies, & les signes de récolte dans leur saison des récoltes.

2°. Ou qu'ils rapprocherent les signes des points équinoxiaux & des Solstices : ainsi ils durent remettre le Bélier au mois de Mars, le Cancer au Solstice d'Eté, le Capricorne au Solstice d'Hyver; puisque sans cela, ils auroient eu un Zodiaque qui n'auroit pas été le leur.

Quoiqu'il en soit, trois mille ans & plus d'antiquité, accordés au Zodiaque Grec, sont d'autant plus remarquables & intéressans, qu'ils remontent aux tems fabuleux & mythologiques des Grecs ; & que cet accord d'époque suffit pour donner aux explications allégoriques des Fables relatives aux XII Signes, toute la solidité qu'on peut désirer sur des objets de cette nature.

§. VII.

Les Douze Signes du Zodiaque représentés dans une Pagode ou Temple des Indes.

Mais comment est-il arrivé que nos XII signes du Zodiaque soient peints

---

(1) Pag. 500,

aux Indes dans la Pagode de Verdapetha, au Cap Comorin, dans la Contrée de Maaurah, & de la même maniere que nous les repréfentons? Je ne croirai pas, avec celui qui a fait cette découverte (1), que c'eft une preuve que nos XII fignes viennent des Indes; ni avec M. Bayer, que les Indiens tiennent des Grecs toutes leurs connoiffances, fans en excepter leur Langue & leur Aftronomie. Mais ce fait eft toujours digne d'attention, & mériteroit d'être fuivi.

Ces fignes font peints au plafond de la Pagode, dans un quarré, au centre duquel eft une Divinité fur fon trône. Le Bélier, le Taureau & les Gemeaux font à l'Orient : le Cancer, le Lion & la Vierge au midi : la Balance, le Scorpion & le Sagittaire à l'Occident; le Capricorne, le Verfeau & les Poiffons au Nord. L'Auteur ajoute qu'il a fouvent vu aux Indes les fignes repréfentés féparément, mais qu'il ne les a vu réunis qu'en ce lieu-là.

§. VIII.

Si les douze Signes font venus des douze Fils de Jacob.

Ce fut une idée bien finguliere que celle de cet Anonyme dont la Differtation fut inférée dans les Mémoires de l'Académie des Infcriptions (2) & qui regardoit les XII fignes comme une imitation des XII Fils de Jacob, & furtout de la Prophétie que leur Pere prononça à leur égard peu avant fa mort; Prophétie où Jacob compare leur caractère, du moins de la plûpart, à divers animaux.

Cet Anonyme auroit eu raifon dans l'idée de ces Savans qui croyoient que toute connoiffance a été empruntée des Hébreux; & que le Temple de Salomon fut même le modéle d'après lequel les Payens eurent des Temples, prétendant que jufqu'alors aucun Peuple n'en avoit eu.

Mais cette maniere de raifonner étoit expofée à un terrible inconvénient; c'étoit d'être retorquée, & de donner lieu à rechercher fi ce n'étoit pas en effet les Hébreux qui auroient marché fur les traces des Nations dont ils avoient été précédés, fur les traces des Chaldéens & des Egyptiens; de ces Egyptiens dont l'Ecriture Sainte loue elle-même le favoir, en difant que Moyfe avoit été élevé dans leur *fageffe.*

---

(1) M. John CALL, Ecuyer, Lettre à M. Nevil Maskelyne, Aftronome, & de la Soc. Roy. Tranfact. Philof. Tom. LXII, ann. 1772. pag. 353.

(2) Tom. V. in-12.

HISTOIRE CIVILE

§. IX.

Des douze Signes Egyptiens.

M. SCHMIDT, dans sa Dissertation sur le Zodiaque Egyptien, chercha à prouver que les XII signes, tels qu'ils furent nommés par les Grecs & par les Romains, étoient d'invention Egyptienne, & qu'ils avoient le rapport le plus étroit avec les Divinités de l'Egypte, avec Jupiter Ammon à tête de Bélier, avec Isis à tête de Vache, avec les deux freres Horus & Harpocrate, &c. Mais comme on ne peut expliquer ce qui regarde ces signes Egyptiens, sans parler en même tems des Dieux qui étoient Protecteurs des Mois auxquels ces signes présidoient, nous renverrons cet objet au Chapitre où nous parlerons des Dieux Protecteurs des XII Mois.

Nous nous contenterons d'ajouter ici les noms que, selon Kircher, les Egyptiens donnoient aux XII signes, & que RICCIOLI a rapporté (1) d'après lui. Comme on y apperçoit quelques rapports avec ceux que nous leur donnons, nous les allons rapporter en Grec & en François.

Ταμιτυρο Αμυν, *le Royaume d'Ammon.* On ne peut méconnoître ici le BÉLIER, dont Ammon portoit la tête.

Ωριας, *la station d'Horus.*

χλυσος, *l'enclos d'Horus.* On ne peut méconnoître non plus ici le signe des Gemeaux, dont le caractère astronomique forme réellement un enclos à quatre faces.

Κλαρια, *la victime de Typhon*, allusion aux maladies qui accablent l'Egypte avant l'inondation.

Πιμευτεκιων, *la coudée du Nil*, qui répond au signe du Lion, emblême de l'inondation du Nil.

Ασφολια, *la station de l'Amour*, qui répond au signe de la Vierge & aux amusemens de l'Egypte pendant l'inondation.

Λαμπαδια, *la station de l'expiation ou de la propitiation.* C'est la Fête des Lampes qui répond à la Chandeleur, placée aussi au Mois des expiations chez les Romains.

Ισιας, *la station d'Isis.*

Πιμαηρι, *la station des délices.*

---

(1) Almageste, Liv. VI, ch. 3. §. 3.

Ὀπευτυς, *le Bras du sacrifice.*
Υπευθειαν, *le Bras bienfaisant.*
Πικοlωελογ, *le Poisson d'Horus*, qui répond au signe des Poissons, & qui est également le XIIe des signes Egyptiens.

§. X.

Des douze Signes Orientaux.

Dans tout l'Orient, on a un Cycle de douze années, à chacune desquelles on a donné le nom d'un Animal. Ce Cycle & ces noms sont communs aux Tartares, aux Arabes, aux Perses, aux Turcs, aux Indiens, aux Peuples du Catay, aux Chinois, aux Malayens, aux Tonquinois, aux Siamois, &c. CHARDIN nous apprend (1) que ce Cycle vint de la grande Tartarie, & qu'on donna le même nom aux Jours, aux Semaines & aux *Mois*. C'étoit donc primitivement le nom des XII signes chez les Orientaux. Et c'est encore le nom que donnent aujourd'hui les Japonois aux XII signes (2). CENSORIN n'ignora pas cette division des Tems : il en parle comme d'une Période Chaldaïque (3).

Tels sont ces XII Noms :

La Souris.   Le Cheval.
Le Taureau ou la Vache.   Le Mouton ou la Brebis.
Le Tigre.   Le Singe.
Le Lièvre.   Le Coq.
Le Dragon.   Le Chien.
Le Serpent.   Le Cochon.

Les noms que plusieurs de ces Animaux portent dans l'Orient, sont communs avec plusieurs langues d'Occident.

La *Souris* s'appelle *Mus*, comme en Latin.

La *Vache*, *Khow*, comme dans plusieurs de nos Langues, ainsi que nous l'avons montré dans les Origines du Langage & de l'Ecriture (4).

La Brebis, *Oj* ou *Owj*, ڠوج, comme en Grec *Oïs*, & en Latin *Ovis*.

---

(1) Voyag. en Perse, Tom. V. p. 114, édit. in-12.
(2) Hist. des Voyag. Tom. XL. in-12.
(3) De die natali, cap. XVIII.
(4) Page 161.

HISTOIRE CIVILE

§. XI.

Origine des Caractères par lesquels on désigne les douze Signes.

Les caractères par lesquels on repréſente les XII ſignes du Zodiaque, ſont preſque tous des hiéroglyphes ou des peintures abrégées des animaux mêmes dont ils portent le nom.

- ♈ repréſente les cornes du Bélier.
- ♉ la tête & les cornes du Taureau.
- ♊ deux Enfans qui ſe tiennent par les mains, ou un Enclos, l'Enclos d'Horus.
- ♋ les deux bras du Cancer ou de l'Ecreviſſe.
- ♌ la premiere lettre du nom du Lion, en Grec Λ, ſelon l'explication qu'en a donnée M. Frisch dans les premiers Mémoires de Berlin (1).
- ♍ les deux premieres Conſonnes du nom de la Vierge, en Grec Parthené, un P & un R, en Grec π & ρ.
- ♎ la Balance même.
- ♏ la queue du Scorpion.
- ♐ l'Arc & la Flèche du Sagittaire.
- ♑ les deux premieres lettres du nom du Capricorne en Grec, *Tragos*, un T & un R; en Grec τ, ρ.
- ♒ les Ondes du Verſeau.
- ♓ deux Poiſſons adoſſés ou liés enſemble.

---

(1) En Latin, ou Miſcell. Berolin. T. IV. p. 65.

CHAPITRE V.

Des Constellations les plus célèbres dans l'Antiquité.

Les Constructeurs des Calendriers & des Almanachs anciens, marquoient exactement le lever & le coucher des Etoiles & des Constellations les plus remarquables, dont les premiers hommes se servirent pour marquer les Tems.

Comme ces Etoiles ont un mouvement fixe, & que pendant la vie entiere d'un Observateur, leur mouvement ne change pas sensiblement, elles furent de la plus grande utilité pour marquer les tems & pour fixer celui des opérations champêtres. On observa dans cette vue & de préférence celles dont le lever ou le coucher se rencontroient avec le commencement des travaux de la Campagne & des Saisons.

Telles furent les Pleyades, Arcturus, Orion, Sirius ou la Canicule, la grande Ourse ou le Chariot, &c.

Ainsi la CANICULE ou Sirius, étoit très remarquable par elle-même, parce qu'elle est la plus brillante des Etoiles. Elle devint chez les Egyptiens la base de leur Calendrier, parce qu'elle se leve lorsque le Nil doit déborder. Ce qui engagea ce Peuple à choisir le moment du lever de cette Constellation pour en faire le commencement de son année, désigné par Mercure à tête de chien.

On voit par Hésiode (1) que la moisson commençoit dans la Gréce avec le lever des PLEÏADES, Etoiles qui sont dans le signe du Taureau; & qu'à leur coucher, commençoient les labours.

Qu'au premier lever d'ORION, ils fouloient les grains (2).

Et que lorsqu'Orion & Sirius étoient au plus haut du Ciel, & qu'ARCTURUS se levoit avec l'aurore, ils s'occupoient de la vendange (3).

On trouve dans Homère quelques traces de ces Constellations. Ce Poëte rapporte dans l'Odyssée, (4) la maniere dont Diane fit périr Orion dans l'Isle d'Ortygie.

---

(1) Les Trav. & les jours, v. 383.
(2) Ib. v. 597.
(3) Ib. v. 610.
(4) Liv. V.

Plus bas, Homère réunit plusieurs Constellations. » Ulysse, dit-il, plein de
» joie, déploye ses voiles, & prenant le gouvernail, se met à conduire sa
» Nacelle, sans jamais laisser fermer ses paupieres au sommeil : regardant atten-
» tivement les Pleïades, Arcturus qui se couche si tard, & la grande Ourse,
» qu'on apelle aussi le Chariot, qui tourne sans cesse sur son pole en observant
» Orion, & qui est la seule Constellation qui ne se baigne jamais dans les eaux
» de l'Océan «.

Si Homère dit ici que la grande Ourse observe Orion, c'est qu'Orion a
toujours été représenté comme un grand Chasseur, ainsi que nous l'avons fait
voir ailleurs (1); & s'il ajoute qu'Arcturus *se couche si tard*, remarque qui a
fort embarrassé Madame Dacier, c'est que cette constellation étant près du Nord
& ne restant que peu de tems sous l'horison, se couche en effet beaucoup
plus tard que les autres constellations, toutes plus méridionales.

Ces mêmes Constellations sont également désignées dans l'Iliade (2).

» Vulcain, dit-il, représente sur le bouclier d'Achille tous les Astres dont
» le Ciel est couronné & toutes les différentes Constellations, les Pleïades, les
» Hyades, le violent Orion, & l'Ourse qu'on apelle aussi le Chariot, qui tour-
» nant toujours autour du pole, paroît toujours à notre vue, & observe tou-
» jours l'Orion. C'est la seule Constellation qui ne se baigne jamais dans les
» flots de l'Océan ».

Constellations dont il est parlé dans les Livres Hébreux du V. T.

Les Livres Hébreux du V. T. parlent de quelques Constellations qui ne peuvent différer de celles dont nous venons de parler, & qui étoient connues de tous
les voisins des Hébreux. Cependant on n'est rien moins que d'accord sur la maniere
dont on doit rendre les noms par lesquels ils les désignent. On devroit, ce semble, être tiré d'embarras par la version grecque des LXX. qui étant Hébreux &
établis à Alexandrie, ne devoient pas se tromper dans la comparaison des noms
grecs & hébreux portés par les mêmes Constellations. Cependant ils augmentent eux-mêmes cet embarras, parce qu'ils rendent souvent le même nom par
des mots qui n'ont aucun rapport entr'eux.

---

(1) Génie Allégorique de l'Antiquité, pag. 14.
(2) Liv. XVIII.

DU CALENDRIER.

Job parle de deux Constellations (1), qu'il appelle *Kimeh* & *Kesil*, כימה & כסיל ; elles se retrouvent dans le même ordre dans Amos (2), & elles sont répetées dans Job (3), mais conjointement avec deux autres Constellations עש *'Osh*, & חדרי תמן , *'Édrei Theman*. Ces quatre Constellations y paroissent dans cet ordre, *'Osh*, *Kesil*, *Kimeh* & *'Édrei Theman*.

Les LXX ont rendu *Kimeh* & *Kesil* du premier passage, par les Pléiades & Orion. Ils les ont renfermés en un seul mot dans Amos : au lieu de dire avec l'Hébreu, *celui qui a fait les Pléiades & Orion*, ils ont dit, *celui qui a fait* Tout. Et ils ont traduit ainsi les quatre noms du dernier passage, les *Pléiades*, *Hesperus* (ou le soir) *Arcturus* & les *Appartemens du midi*.

On n'a aucune raison pour croire qu'ils se sont trompés, lorsqu'ils ont rendu dans le premier passage *Kimeh* par *Pléiades*, & *Kesil* par Orion. Et dès-lors, toute autre traduction devient hazardée.

Si dans le second passage, ils ont rendu ces deux noms par le mot *Tout*, c'est qu'ils ont cru mieux entrer dans le sens de l'Auteur, & qu'il avoit nommé ces deux Constellations, dont l'une brille au printems & l'autre en hyver, comme l'abrégé de toutes les Constellations ensemble.

Job s'exprime d'ailleurs sur ces deux Constellations d'une maniere qui démontre que l'une désignoit l'agréable saison du Printems, & l'autre la saison fâcheuse de l'Hyver. *Pourrez-vous*, fait-il dire par la Divinité, *pourrez-vous lier les délices de Kimeh ?* comme s'il eût dit, pouvez-vous empêcher le retour du Printems, arrêter la Nature dans les productions agréables & délicieuses dont elle couvre la terre dans cette saison ?

Le nom même de *Kimeh* est parfaitement analogue avec ces idées : il signifie *réjouir, se plaire* ; & il tient au mot *Kam* חם, qui désigne *la chaleur* & la *fécondation*.

En parlant de *Kesil*, Dieu demande au contraire à Job, *pourrez-vous délier les cordes de Kesil* ; c'est-à-dire, ouvrir le sein de la Terre qui s'engourdit lorsque Kesil paroît? C'est donc l'hyver, stérile & fâcheux, que désigne cette Constellation : & son nom y répond fort bien, signifiant en Arabe, être froid, oisif, engourdi.

Dans le dernier passage, les LXX ont changé simplement l'ordre dans lequel les Constellations sont énoncées dans le Texte Hébreu. C'est *Kimeh*, la

---

(1) Ch. XXXVIII. v. 31.
(2) Amos. V. 8.
(3) Ch. IX. 9.

Hist. du Cal. K

troisiéme nommée, qu'ils rendent par les Pléiades : *Kesil*, ou la seconde, qu'ils rendent par Hesperus, ou le Soir. La premiere, ou *'Osh*, devient chez eux la troisiéme sous le nom d'*Arcturus*, qui est une des Constellations du Nord.

Hesperus ou le Soir est donc synonyme d'Orion dans les LXX. Il n'est pas difficile d'en rendre raison : Orion est la plus brillante des Constellations qui paroissent au Couchant, & même le soir en hyver, dans cette saison que nous venons de voir être désignée par *Kesil* ou *Orion*.

Il est très-apparent d'ailleurs que par ces quatre Constellations, Job a voulu désigner les quatre points Cardinaux du Monde, l'Orient, l'Occident, le Septentrion & le Midi. Dans ce tems-là, les *Pléyades* désignoient l'Orient, & *Orion* l'Occident. *Arcturus* étoit très-propre à caractériser le Septentrion; aussi la Vulgate rend le mot *'Osh* par celui d'*Ourse*, au lieu d'*Arcturus*, qui étoit regardé comme le gardien de l'Ourse.

La Vulgate paroît avoir mieux rencontré ; car Job parle d'*'Osh* comme d'un Animal (1). *Est-ce vous*, dit Dieu à Job, *qui ferez paître 'Osh avec ses petits?* C'est ainsi que Virgile parlant du Pole, dit, *Polus dum sidera pascet*, tandis que le Pole fait paître les Constellations (2). ABEN-EZRA dans son Commentaire sur Job, SCHINDLER & le Chevalier LEIGH dans leurs Dictionnaires Hébreux, rendent également ce mot par Ourse.

Les appartemens du Midi désignent manifestement le quatriéme côté du Monde, *le Midi*. Il faut entendre par-là très-certainement les Signes du Midi, sur-tout le *Capricorne*, où le Soleil se trouve au solstice d'hyver, dans ce moment où il est le plus méridional. On sait d'ailleurs que les XII *Signes* ont toujours été appellés les *Maisons* ou les appartemens du Soleil.

Quant à l'opinion de ceux qui ont entendu par-là les Constellations du Midi qu'on n'apperçoit jamais d'Europe, elle mérite à peine d'être réfutée.

Du Zodiaque.

Job parle aussi du Zodiaque sous le nom des MAZZAROTH. *Etes-vous capable*, lui demande Dieu (3), *de faire paroître les* Mazzaroth *en leur tems?* Ce mot désigne un assemblage de Constellations qui paroissent successivement, & qui ne peuvent être que les XII. Signes du Zodiaque. Aussi, tous les Interprêtes en conviennent. Ils ont encore pour eux l'origine de ce mot, dont la racine est אזר, *Azar*, qui signifie ceindre, environner ; & אזור, *Azor*, une ceinture, une zone.

---

(1) Chap. XXXVIII. v. 31.
(2) Enéid. l. v. 611. (3) Job, au même endroit.

SECTION II.
DIVISIONS DU TEMS.

CHAPITRE PREMIER.
DU JOUR ET DE LA NUIT.

CE que l'unité est aux Nombres, le Jour & la Nuit le sont au Tems & à toutes ses divisions. Aucune maniere de compter les tems qui ne soit composée de Jours & qui ne puisse se réduire à des Jours. C'est le calcul le plus simple & le plus naturel : l'effet nécessaire de l'apparition successive du Soleil & de la Lune, du tems du travail & du tems du repos.

Ajoutons que le calcul s'en formoit de la même maniere que les nombres; il falloit que ceux-ci allassent en croissant avec les Jours que l'on vouloit compter, ou dont on vouloit conserver le calcul.

On distingue le Jour en *naturel* & en *artificiel*.

Le Jour *naturel* comprend tout l'espace de tems écoulé d'un Soleil à l'autre, le Jour & la Nuit.

Le Jour *artificiel* se borne au tems pendant lequel le Soleil est sur l'horison; la portion du Jour pendant laquelle sa lumiere nous éclaire.

Ce fut une grande question dans l'Antiquité, si l'on devoit commencer le Jour naturel par le Jour artificiel, ou par la Nuit : mais en général on le commençoit par la Nuit; les raisons qu'on en donnoit, tenoient à la Philosophie de ces tems-là. Avant le Jour avoit été la Nuit: tout étoit couvert de ténèbres au tems du cahos & lorsque la Création commença. Aussi appelloit-on la Nuit *Mere du Jour.* « C'est par cette raison, dit entr'autres ANASTASE SYNAYTE, » Patriarche d'Antioche (1), que les Mythologistes font naître Diane de Latone

---

(1) Contemplat. anagogiq. sur les VI. jours. Tom. I. de la Bibl. des PP. Paris 1589. *in-fol.* col. 188.

» avant Apollon; entendant par Latone la nuit ou le sommeil ». Passage remarquable, & dont nous aurons occasion de faire usage dans la suite.

Les Egyptiens (1), les Gaulois, les Athéniens, les Lacédémoniens, le Peuples d'Italie; tous les Peuples du Nord (2), Anglo-Saxons, Cimbres, Mœso-Gothiques, &c. comptoient par Nuits.

TACITE (3), en parlant des Germains, dit : « Ils ne comptent point par » Jours comme nous, mais par Nuits : la Nuit, disent-ils, amene le Jour ».

JULES CÉSAR (4) en parlant des Gaulois, leur attribue le même usage. « Ils » ne comptent point le tems par Jours, mais par Nuits; & ils marquent le » Jour de leur naissance & le commencement des Mois & des Années, comme » si le Jour suivoit la Nuit ».

Sen-night, c'est-à-dire, sept Nuits, étoit chez les anciens Anglois le nom de la Semaine. Chez tous ces Peuples, le Jour commençoit au coucher du Soleil.

Il en fut de même chez les Hébreux, à l'imitation de Moyse, qui compte par le soir les Jours de la Création.

L'Eglise Catholique a conservé cet usage dans son culte : les premieres Vêpres pour les Fêtes à célébrer commençant au Soleil couchant.

Les Grecs d'Egypte (5) & les Romains faisoient précéder également la Nuit, mais avec cette différence, qu'ils ne commençoient qu'à minuit.

Les Babyloniens, au contraire, & quelques autres Peuples, comptoient depuis le lever du Soleil; ce qui est aussi, selon un Auteur François (6), l'usage des Habitans de Nuremberg, & des Isles de Majorque & de Minorque.

Les Ombriens, les Arabes, &c. ainsi que les Astronomes, commencent le Jour à midi.

Le nom du Jour, qu'on prononce *Jor* & *Djor* dans diverses Provinces, paroît être le même que le *Giorno* des Italiens, qui signifie aussi *jour*, & dont nous avons fait *journée*, *journal*, *journalier*, &c. Le mot Italien vient du Latin *diurnus*, dont nous avons fait *diurne*; & *diurnus* venoit du primitif *di*, lumiere, jour.

DI signifiant lumiere, jour, s'est aussi prononcé *Dei*, *The*, suivant les divers

---

(7) ISIDORE, Orig. Liv. V. ch. 10.
(1) HICKES, Tres. des Lang. Sept. T. I. 109.
(3) Mœurs des Germ. ch. II.
(4) Guerre des Gaul. Liv. VI. ch. 17.
(5) Pline, Liv. II.
(6) LE COQ MAGDELAINE.

Peuples qui en ont fait usage : de-là, *day*, jour, chez les Anglois, changé en *dag* & *tag* chez d'autres Peuples du Nord : tandis que les Latins en firent DI-*es*, pour désigner le jour, nom resté dans *mi-di*, mot à mot le *milieu de di* ou du *jour*, & resté dans tous les noms des Jours de la Semaine.

Hè-mar & *Hè-mera* est le nom que les Grecs donnent au Jour. C'est l'article feminin *He*, & le mot primitif *Mar*, éclat, lumiere, dont nous avons parlé dans notre Plan général & raisonné (1).

Les Hébreux l'appellent *Iom* & les Arabes *Iaum*; nom qui vient du primitif ON, beau, éclatant, brillant; nazale de O qui signifie, 1°. œil, 2°. lumiere, comme nous l'avons vu dans l'Origine du Langage & de l'Ecriture (2).

La NUIT, dont le nom est à peu près le même en Grec, en Latin, & dans la plûpart des Langues d'Europe, comme nous l'avons vu dans le même volume (3), vient de l'Hébreu נוח, *nouch* ou *nyk*, qui signifie *repos*; & ce nom ne pouvoit être mieux choisi : aussi a-t-il subsisté invariablement.

Les Orientaux, tels que les anciens Hébreux & les Arabes même modernes l'appellent *lii* ou *leil* : mot qui est sans doute la foible du primitif *lu* qui désigne la lumiere, & dont nous avons déja vu que venoit le nom de la Lune.

CHAPITRE II.

Divisions du Jour.

LES besoins de la Société exigeoient qu'on pût indiquer exactement les momens du Jour destinés aux opérations communes. On se dirigea pour cet effet & sans effort sur le Soleil. Sa marche divisoit naturellement le Jour en plusieurs portions, telles que l'aurore, le lever du Soleil, le midi, l'après-midi, le coucher du Soleil, son après-coucher ou le crépuscule.

L'Aurore vient de l'Oriental *Aur*, אור, qui désigne la lumiere & la couleur d'or, telle que celle de l'Aurore.

Le lever du Soleil s'appelle en Latin *mane*. Ce mot fut primitivement le vocatif de *manus*, qui signifie *bon*, *heureux*. Ainsi ce mot signifioit la même

---

(1) Page 54.
(2) Page 313.
(3) Page 177.

chose que notre salutation du matin, *bon jour*. Macrobe l'a fort bien vu (1), tout comme il a bien vu que ce mot renfermoit également un souhait. A la vérité, l'adjectif *manus*, bon, vieillit de très-bonne heure dans la Langue Latine; mais il y laissa des dérivés; tels, *immanis*, non-bon, méchant: & *manè*, qui joint à *esto*, sous-entendu, peut se rendre par ce vœu, *soyez heureux*.

Ce mot *manus* tient aussi au mot *man*, éclat, lumiere: la lumiere & la sérénité ayant toujours été l'emblême du contentement, du bonheur; tandis que l'opposé est l'emblême du malheur, de l'infortune.

Le Soir s'appelle en Latin *vesper*; nous en avons fait *Vêpres*. Ce mot se forma de la négation *ve*, en Grec ʋ, *ou*; & du mot Oriental *spher* ou *sper*, qui vient de *phar*, & qui signifie également *lumineux*; c'est-là que se forma aussi le nom du *Saphir*.

Notre mot *Soir*, en Latin *serum*, *serò*, &c. est l'Oriental pur, שחר, *Sher*, qui signifie obscurité, obscur, brun.

Chez les Grecs, les gens de la Campagne divisoient le Jour, suivant les travaux qu'ils y remplissoient.

Le Matin étoit appellé *Pléthuon*, l'Assemblée, parce que c'étoit l'heure du sacrifice public & de l'Assemblée.

A onze heures commençoit le *jour adulte*, *Hémar en pleiou*.

Le milieu du Jour s'appelle dans Homère, *le moment où l'on apprête le diner*.

Le Soir s'appelloit *Bou-luton*, le moment où l'on ôte *les bœufs de dessous le joug*. C'est ce qu'on appelle dans certains Cantons, le *découplé*.

L'on a observé que les Jours d'Offices sont divisés en sept portions, qu'on appelle les *sept Heures Canonicales*, sous ces noms: *Matines* depuis minuit; *Prime*, au Soleil levant; *Tierce*, *Sexte* & *None*, de trois en trois heures; c'est-à-dire, trois, six & neuf heures depuis *Prime* où le Soleil levant; *Vêpres* au Soleil couchant, & *Complies* ensuite jusqu'à minuit.

Il y eut même un tems où l'on n'avoit point d'autre manière en France de compter les heures, comme on peut le voir par la lettre qu'on lit à la fin des Ouvrages de S. Bernard; par le Roman du Chevalier du Soleil, & par d'autres Livres de ces tems ténébreux.

Selon Macrobe, les anciens Latins divisoient ainsi le Jour: Minuit, le chant du coq, le silence, le point du jour, le matin: mi-di, l'après-mi-di, le Soleil couchant; le soir, la véprée, la lumiere, l'heure du coucher, l'heure indue. On

---

(1) Saturn. Liv. I. ch. 3.

DU CALENDRIER.

peut à ce sujet consulter *Jacq. André* Crusius, dont le Traité a été réimprimé dans le II. Vol. des Antiquités Romaines, par M. de Sallengre.

On ne tarda pas à sentir l'imperfection de toutes ces méthodes; & l'on en chercha une qui prêtât moins à l'arbitraire & qui fût plus commode. Ce fut de diviser le Jour en douze portions égales, qu'on appela heures, & qui étant répetées pour la nuit, diviserent en 24 heures la révolution diurne du Soleil & des Astres.

Herodote assure (1) que les Grecs furent redevables aux Babyloniens des 12 parties du Jour. Ce Peuple astronome ne pouvoit en effet s'en passer; & elles se transmirent sans doute avec leurs diverses connoissances aux autres Peuples de la Terre.

Les Egyptiens connurent aussi cette division de très-bonne heure; & ils la désignoient dans leurs allégories par l'emblême d'un Cynocephale, parce, disoient-ils, que cet animal fait de l'eau douze fois par jour, & dans des intervalles égaux. Nous verrons au Chapitre horloge, &c. l'explication de cet emblême, qui sans cela paroîtroit toujours absurde.

Selon Luc Tozzi (2), les Romains apprirent des Grecs, trois cens ans après la fondation de Rome, la division du Jour & de la Nuit, en douze heures du jour & en douze heures de la nuit, partagées ensorte que depuis le lever du Soleil jusqu'au coucher, ils comptoient les douze heures du jour; & depuis le coucher de cet Astre jusqu'à son lever, ils comptoient les douze heures de la nuit. Maniere de compter les heures qui les rendoit fort inégales selon l'inégalité des jours & des nuits : elles n'étoient égales qu'au tems de l'Equinoxe. Ce ne fut que sous les Empereurs qu'on compta vingt-quatre heures égales d'un minuit à l'autre. Cette division du jour en heures égales, inventée par les Egyptiens, étoit en effet en usage du tems d'Aulugelle, c'est-à-dire, sous Adrien. Mais il paroît que cet usage n'étoit pas encore universel sous les Antonins, puisque Galien crut devoir définir la durée des accès de la fiévre tierce par des heures équinoxiales, c'est-à-dire, *égales*, pour éviter le mécompte qui seroit arrivé, si on avoit pris dans un sens populaire, ce qu'il disoit du nombre d'heures que durent ordinairement les accès de cette fiévre.

Puisque les heures furent inventées dans l'Orient, on ne sera pas surpris que le nom en soit Oriental. Il vient du primitif *hor*, écrit en Hébreu אור, *aur*,

---

(1) Liv. II. ch. 9. 10.
(2) Expositio Horarum æqualium seu æquinoctialium & antiquarum; en 1706. Voyez Mém. de Trév. Fév. 1707.

& qui signifie, comme nous l'avons déja dit, jour, lumiere, tems. On disoit d'abord *hora deipnou*, l'heure ou le tems du dîner; *hora dorpnou*, l'heure ou le tems du souper. Il désigna aussi les quatre Saisons de l'Année; les Grecs disoient les *quatre heures* pour ce que nous appellons les Quatre-Tems. Enfin, on s'en servit pour l'espace de tems le plus court qui existe, pour les douze portions du jour ou les douze heures.

On voit dans le P. de Montfaucon (1) les 12 heures représentées sur douze feuilles de plomb, dont chacune offre une figure avec quatre lignes d'une écriture inconnue ou mal faite. La premiere figure représente un *homme nud*; c'est la premiere heure, celle où l'on se léve, tandis que la douziéme, où l'on a peint la Nuit avec son manteau à étoiles, représente l'heure où l'on se couche: sur la septiéme on voit *Serapis*, ou le Dieu à *sept lettres*, parce que son nom est composé d'un pareil nombre de lettres.

CHAPITRE III.

Des Semaines.

UNE longue suite de jours fatigue, & la mémoire ne peut s'en conserver aisément: on chercha donc des moyens propres à en former des suites, des assemblages, dont il fût aisé de transmettre le souvenir, & commodes pour l'usage civil. De-là, les SEMAINES.

Ce mot est une altération du Latin *Septimana*, & signifie *Assemblage de sept jours*. La Semaine est en effet de sept jours.

Ici, nous avons nombre de choses à considérer. 1°. Quels Peuples comptent par Semaines.

2°. Dans quel tems fut inventée cette division de jours.

3°. Pourquoi on la fixa à sept.

4°. Quelle fut l'origine des noms qu'on donne à chacun de ces sept jours.

5°. Quelles sont les causes de la maniere dont ces noms sont arrangés.

6°. Quelles divisions de jours ont été employées par les Peuples qui n'ont pas fait usage des Semaines.

---

(1) Antiq. Expl. T. II. Pl. CLXXVII.

DU CALENDRIER.

ARTICLE I.

Quels Peuples comptent par Semaines.

Tous les Peuples actuels de l'Europe, les Nations Mahométanes de l'Asie, les Indiens, les Japonois, de même que les Juifs, comptent par Semaines.

Cet usage remonte dans l'Orient à la plus haute antiquité.

Les Annales des Chinois disent, « les anciens Rois, au septiéme jour ap-
» pellé le *grand Jour*, faisoient fermer les portes des maisons : on ne faisoit ce
» jour-là aucun commerce, & les Magistrats ne jugeoient aucune affaire. Elles
» ajoutent : c'étoit-là l'ancien Calendrier (1) ».

Ce passage que nous avons déja cité (2) est très-remarquable, & donne lieu à une foule de conséquences très-précieuses.

1°. On ne peut plus douter que la division des jours par Semaines, n'ait été connue dès la plus haute antiquité.

2°. Puisque le Calendrier qui étoit composé de Semaines, est appellé l'ancien Calendrier, cet usage n'aura été abandonné qu'insensiblement, ou pour quelque révolution astronomique qu'on aura trouvée plus commode.

3°. Mais, puisque cette division par Semaines a cessé d'être en usage dans la Chine, la même chose peut être arrivée en d'autres Contrées : ensorte qu'on ne sauroit conclure qu'elle n'a jamais été employée par les Peuples même chez qui on n'en trouve actuellement aucune trace.

4°. Il est très-remarquable que les Chinois attribuent l'observation du septiéme jour aux *anciens Rois*; ce qui semble désigner les Rois antérieurs à Yao; & qu'ils ayent appellé ce jour le *grand Jour*, comme si c'étoit le jour du Jugement dernier, de la fin du Monde. Il n'est pas moins singulier qu'ils s'enfermassent ce jour-là dans leurs maisons.

5°. Enfin, en voyant la Semaine en usage chez les Chinois dès la plus haute antiquité, on ne peut douter que la division septenaire des jours, n'ait été en usage long-tems avant les Hébreux & avant Moyse; & que ce Législateur ne fit que lui donner une nouvelle force. Après avoir dit, en effet, que Dieu sanctifia le septiéme jour, & qu'il en fit un jour de repos, ce qui ne pouvoit être qu'en prescrivant aux premiers hommes l'observation de ce jour, Moyse en renou-

---

(1) Disc. Prélim. du Chou-King, pag. CXVIII. in-4°. Paris, 1770.
(2) Allég. Orient. pag. 48.

vella l'usage, en y ajoutant un motif des plus puissans pour les Hébreux : c'est que ce jour-là ils avoient vu rompre les fers dont l'Egypte les avoit accablés si long-tems.

Les Egyptiens & les Chaldéens ont connu la Semaine dès les tems les plus reculés ; & on l'a trouvée chez les Péruviens.

Les anciens Persans en faisoient également usage ; car quoiqu'ils donnassent à chaque jour du mois le nom d'un Ange ou d'une Divinité, ils distinguoient par un nom plus particulier, quatre jours du mois, le 1, le 8, le 15, & le 23 ; ce qui fait que le Savant HYDE appella ces jours-là, *les Sabbaths des Mages* (1).

Cet usage pénétra aussi dans les contrées du Nord. Les Calendriers Runiques sont divisés par semaines, & les jours en sont marqués par sept lettres, comme les lettres Nundinales des Romains, & comme nos lettres Dominicales (2).

On croit communément que les Grecs & les Romains n'eurent aucune idée de cette manière de diviser le Tems. On en voit cependant des traces parmi eux, auxquelles on ne peut se refuser.

Les Grecs rendoient au Soleil, ou à Apollon, un culte particulier, le septiéme jour du mois, jour consacré dans tous les mois à Apollon, parce, disoient-ils, qu'il étoit né ce jour-là : assertion qui étoit vraie allégoriquement : Apollon étoit le chef de l'harmonie, & cette harmonie étant formée du nombre sept, elle n'étoit complette, relativement aux jours, que le septiéme.

On voit encore dans Hésiode, que le 1, le 7, & le 14 de chaque mois étoient des jours heureux ; & ces intervalles offrent une image sensible des semaines, ou de la division par sept jours. Hésiode leur donne même le nom de *sacré* ; ce qui les rapproche encore plus de la nature des Sabbaths.

Nous verrons à l'article du Calendrier Romain, qu'il offroit aussi des vestiges de la Semaine.

Ces usages tiennent donc à une tradition ancienne, née sans doute avec le genre humain, & qui se transmettant chez tous les Peuples, s'y conserva plus ou moins.

L'observation du septiéme jour étoit d'autant plus avantageuse, que le repos & le délassement sont absolument nécessaires, sur-tout pour ceux qui sont

---

(1) Hyde, de la Relig. des Pers. ch. XIX.
(2) Rudbeck, Atlantiq. T. II. 212.

livrés aux travaux pénibles des Campagnes. Par-là ils acquéroient de nouvelles forces, pour se livrer à des travaux toujours renaissans; & dans les instructions de ces jours destinés au repos, ils puisoient des connoissances qui les mettoient à même d'être plus utiles à la Société, qui leur donnoient à leurs propres yeux un nouveau mérite, & qui rétablissoient l'élasticité de leur ame.

PHILON (1) & JOSEPH prétendirent que la division du tems en sept jours, étoit de tout Peuple, & aussi ancienne que le Monde.

Ils avoient certainement raison sur ce dernier article, & même sur le premier, en le restraignant aux Peuples les plus connus de l'Antiquité.

M. l'Abbé SALIER alla donc beaucoup trop loin, lorsque, pour réfuter Philon & Joseph, il entreprit de prouver (2) que les Juifs étoient le seul Peuple qui eût observé le septiéme jour de la semaine, comme un jour de Religion & de repos. Il concluoit de ce qu'il ne savoit pas, à ce qui avoit été; espéce de raisonnement toujours illusoire: les choses de fait ne peuvent se prouver que par des faits: or les faits ne se devinent pas, & ne peuvent non plus se détruire par de simples raisonnemens.

ARTICLE II.
Dans quel tems fut inventée la Division par Semaines.

Ce que nous venons de dire, répand déja une grande lumiere sur ce second article. Dès que cette division étoit connue des Chinois & des Egyptiens, comme des Hébreux, elle doit remonter aux premiers Astronomes de la Chaldée; elle doit être même antérieure au Déluge.

WITSIUS avoit donc raison, lorsqu'il voulut prouver (3) que le Cycle des sept jours, étoit antérieur aux Egyptiens, & qu'il n'étoit pas particulier à ce Peuple.

Il en fut de même du savant ALLIX. Celui-ci fait voir dans son Commentaire sur les cinq Livres de Moyse, que l'on comptoit par Semaines avant Moyse; il s'appuie pour cet effet de la Genes. VIII. 10. XXIX. 27. de l'Exod.: VII. 25. XVI. 5. 23-30. Et de ce que le Décalogue commande seulement de se souvenir du jour du Sabath; & ne le présente pas comme une loi nouvelle.

---

(1) De Opific. Mundi.
(2) Mém. des Inscr. T. III. in-4°. & T. V. in-12.
(3) Ægyptiac. Propos. V. cap. IX.

ALTING a fait un Traité, où il soutient la même Thèse : il voit dans la Genèse une observation perpétuelle du Sabath. Il expose à ce sujet une remarque critique très-singulière : c'est que toutes les fois que dans l'Écriture Sainte, une durée est indiquée par le mot *jours* elle désigne une *Semaine*. Qu'ainsi lorsqu'il est dit que David demeura sur les Terres des Philistins (1) *jours & quatre mois*, l'Écrivain sacré entendoit par-là une Semaine & quatre mois : qu'ainsi dans la Genèse XXIV, 55. ces mots *jours ou dix*, signifient une semaine ou dix jours ; & que dans le Chapitre IV. du même Livre, *la fin des jours* marque le dernier jour de la semaine, le jour du Sabath, qui est la fin des jours, lorsqu'on entend la semaine par le mot de *jours*.

ARTICLE III.

Pourquoi on borna au nombre de sept jours, la division du Tems par jours?

On peut indiquer plusieurs raisons de ce nombre de *sept*, pour la division des jours, suivant les Peuples qui en firent usage. Les premiers hommes s'en servirent en mémoire des sept Époques de la Création, célèbres dans l'Antiquité Orientale & qu'on retrouve dans les livres des anciens Mages de la Perse. D'autres l'adoptèrent, sans doute, parce que la révolution de la Lune est divisée par quartiers de sept jours chacun. Des troisièmes, à cause de leur vénération pour le nombre de sept, ou à l'honneur des sept Planettes, ou par toutes ces raisons ensemble.

ARTICLE IV.

Origine du Nom des jours de la Semaine.

Les noms que les jours de la Semaine portent chez les François & chez les Peuples dont la Langue est une altération de la Latine, viennent des anciens Romains, qui leur avoient donné les noms des Planettes.

LUNDI étoit	*Lunæ dies*,	le jour de la Lune.
MARDI,	*Martis dies*,	le jour de Mars.
MECREDI,	*Mercurii dies*,	le jour de Mercure.
JEUDI,	*Jovis dies*,	le jour d'Iou.
VENDREDI,	*Veneris dies*,	le jour de Vénus.
SAMEDI,	*Saturni dies*,	le jour de Saturne.
DIMANCHE,	*Domini dies*,	le jour du Seigneur.

(1) I. Sam. XXVII, 7.

La plûpart de ces noms n'ont pas changé en passant dans notre langue; mais quelques autres offrent des exemples frappans des altérations qu'éprouvent les mots. *Mercure* a perdu la premiere *R* de son nom: *Vénus* ou *Venere* a perdu une de ses syllabes; on a dit *Venre-di* & puis *Vendredi*, par un changement très-commun en notre langue, lorsque la nazale est suivie d'une linguale. Quant à *Saturne*, on ne le reconnoit plus dans *Samedi*: cependant, il n'est pas impossible de découvrir comment ce dernier mot a pris la place du premier. On aura dit d'abord *Satredi*, puis *Sate-di*, conservé en Languedoc, où ce jour s'appelle *Di-sate*: mais ce concours des deux syllabes *te* & *di* étant embarrassant, *te* se changea insensiblement en *me*.

Quant au Dimanche, c'est une altération du mot *dies Dominica*, nom que les Chrétiens substituerent à celui du Soleil; ou plutôt ils ne firent qu'en changer l'objet, puisque le Soleil étoit appellé *Seigneur*, & que la traduction du nom de *Bel*, *Bal*, ou *Baal*, est mot à mot *Seigneur*. De *Dominica*, on fit *Dominche*, *Dimenche*, *Dimanche*. DIMENCHE est encore en usage dans divers patois.

Les Bas-Bretons ont moins altéré ces noms que les François, avec cette différence, qu'ils font précéder, comme dans la langue d'Oc, le mot générique *jour* ou *di*. Les jours de la Semaine s'appellent chez eux Dy-*llun*, De-*meurz*, De-*mercher*, Di-*ziou*, Der-*guener*, Des-*sadorn*, Dys-*sul*. Le nom qui a le plus changé, c'est celui de *Venere*, où le *v* s'est fait précéder du *g*, comme nous avons vu dans l'Origine du Langage & de l'Ecriture, que cela arrive souvent.

Ainsi tous ces Peuples emprunterent des Planettes les noms qu'ils donnerent aux jours de la Semaine; & cet usage leur vint de l'Orient.

ARTICLE V.

Causes de l'arrangement qu'on a donné aux jours de la Semaine.

Cependant les jours de la Semaine offrent un arrangement fort différent de celui des Planettes, comme on peut s'en assurer, en comparant les noms des jours avec ceux des Planettes. Cette différence n'a pas été l'effet du hazard ou de l'erreur: elle est une suite des formules harmoniques auxquelles les Egyptiens réduisoient toutes les sciences. Ils comparoient les Planettes à l'Octave de la Musique. Mais une Octave se divise en deux quartes. Les Egyptiens virent donc deux quartes égales dans l'Octave Planetaire; 1°. Saturne & le Soleil, 2°. le Soleil & la Lune.

Ils voulurent donc y adapter les jours, & pour cet effet ils les désignerent, non par l'ordre physique des Planettes, mais par leur ordre harmonique, en partant de *Saturne* la plus élevée, ou du jour du repos. Ainsi après le Samedi, vint le Dimanche & ensuite la Lune. Ce qui donne le premier & le dernier terme de cette progression harmonique, avec leur terme moyen, & en continuant de quarte en quarte, ils eurent les quatre autres jours, tels qu'ils composent le reste de la Semaine, Mardi, Mecredi, Jeudi & Vendredi.

Cet arrangement présentoit d'ailleurs le plus grand rapport avec l'histoire de la Création. Le jour de Saturne, étant le premier, représentoit fort bien le tems où n'existoit encore que le Créateur, le Pere des hommes & des Anges, ce que signifie le mot *Sator* : aussi Saturne étoit-il appellé le Pere des Dieux & des hommes.

Le Soleil, placé au quatriéme rang, s'accordoit avec ce que dit Moyse que le Soleil exista au quatriéme jour.

Le Vendredi, ou le jour de Vénus, étant le dernier jour, s'accorde avec ce que nous apprend également Moyse, que les œuvres de la Création finirent par celle de la Femme.

Ceux qui aimeront de plus grands détails sur ces rapports harmoniques, trouveront de quoi se satisfaire dans l'ouvrage de M. l'Abbé Roussier sur la Musique des Anciens (1).

Comme cette dénomination des jours s'accorde avec une autre suite fournie par les heures, quelques anciens ont cru que les jours avoient pris leurs noms du nom même de l'heure par laquelle ils commençoient : (2) ainsi en appellant les sept premieres heures du nom des Planettes, & de même les 14 suivantes, la 22ᵉ. heure du premier jour s'appelle Saturne; la 23ᵉ. Jupiter, la 24ᵉ. Mars : en sorte que la premiere heure du jour suivant s'appelle le *Soleil*; & de-là le nom du second jour. La derniere heure de ce jour s'appellera *Mercure*, & la premiere du troisiéme jour, la *Lune*. La derniere heure du troisiéme jour s'appellera *Iou*, & la premiere heure du quatriéme jour, *Mars*. Ainsi de suite, chaque jour commençant à la quarte de l'Octave, à cause des 3. heures qui sont au-delà des 21. qui font les trois Octaves complettes.

Mais les faits détruisent cette conjecture : il faudroit, pour qu'elle fut juste, que la division du jour en 24 heures, eut existé avant qu'on donnât aux jours les noms qu'ils portent ; ce qui n'a certainement pas été.

---

(1) Paris 1770. in 4°. C'est la date de la premiere édition.
(2) Dion Cassius, Hist. Rom. Liv. XXXVII.

DU CALENDRIER.

Il est arrivé dans cet arrangement, une chose très-singuliere, & dont il est plus surprenant encore que personne ne se soit apperçu, pas même les Astronomes qui ont parlé de cet arrangement harmonique des jours : c'est que le jour qui est à la suite du Mardi, ne devroit pas s'appeller Mercredi, mais Vendredi, puisque c'est Vénus, & non Mercure, qui est à la quarte de Mars dans l'ordre des Planettes : & de même, le lendemain du Jeudi devroit s'appeller Mecredi, & non Vendredi, puisque Mercure, & non Vénus, est à la quarte de Jupiter.

Quelle peut être la cause de ce dérangement ? Seroit-ce que les Egyptiens appelloient Thot ou Mercure la Planette que nous appellons Vénus ? Seroit-ce que dans la suite des tems, on transporta dans l'ordre des jours le jour de Mercure & celui de Vénus, ou par hazard, ou dans la vue que Vénus fermât la marche, comme répondant mieux à l'idée qu'on se formoit du dernier jour de la semaine ?

Ne seroit-ce pas plutôt que les Egyptiens ayant procédé de quarte en quarte, si l'on veut, pour les trois premiers jours de la semaine, le Samedi, le Dimanche & le Lundi, suivirent ensuite un autre ordre pour les quatre jours restans : assignant au Mardi la Planette supérieure, la plus voisine du Soleil, qui est Mars, & au Mecredi la Planette inférieure la plus voisine du Soleil qui est Mercure ; au Jeudi la Planette supérieure à Mars, Jupiter; & au Vendredi, la Planette inférieure à Mercure, Vénus ? Ce qui est parfaitement conforme à l'ordre des Planettes & des jours ; & sans doute encore aux idées astrologiques de l'Antiquité, par ce mélange des Planettes supérieures & inférieures.

ARTICLE VI.

Comment d'autres Peuples comptèrent les Jours.

Quelques Peuples adoptèrent d'autres maniéres de compter les jours & de les nommer. Les Perses donnoient un nom différent à chaque jour du mois, & ils comptoient depuis un jusqu'à trente; tous leurs mois étant de trente jours, comme dans le Calendrier Egyptien, & dans tous les Calendriers où les cinq jours de l'année au-dessus de 360. étoient comptés séparément, sous le nom d'*Epagomènes*.

Les Grecs, au contraire, divisoient le mois de dix en dix jours; ce qu'ils appelloient, *mois commençant, mois moyen, & mois finissant*. Les jours s'y comptoient ainsi de un à dix : hormis le mois finissant où ils comptoient à la

Romaine, en commençant par le nombre le plus élevé, & finissant par un; c'étoit ici le dernier jour du mois appellé *hené kai nea*, *la vieille & la jeune*: parce que le matin appartenoit à la Lune expirante, & le soir à la Lune renouvellée.

Il est fort apparent que les Grecs tinrent cette façon de compter les jours par dixaines, des Egyptiens, qui outre les Semaines, divisoient aussi les jours par dixaines; ce qui faisoit 36 divisions par an, à chacune desquelles, ils faisoient présider autant de Génies, appellés les 36 Décans; nous en parlerons plus bas.

Comme cette division par dixaines est plus commode que celle par sept, il ne seroit pas étonnant que les Grecs eussent abandonné cette derniere pour s'attacher uniquement à celle-là.

Les Romains avoient une autre maniere de compter les jours: ils les divisoient de huit en huit, par octaves; & ils les marquoient, comme on le voit dans leur Calendrier rapporté ci-dessus, par les huit premieres lettres de l'Alphabet. Le neuviéme jour, ou celui qui recommençoit la huitaine, étoit un jour d'assemblée & de marché, & c'est ce qu'ils appelloient *Nundines*, des mots *non-us*, neuviéme; & *di*, jour.

CHAPITRE IV.

Des Mois.

Quatre Semaines étoient égales à une révolution lunaire; ce fut une Lune ou un mois. On eut ainsi une troisiéme division du Tems, plus commode que les autres, parce qu'elle embrassoit une durée beaucoup plus considérable. Il étoit d'ailleurs fort aisé de calculer par Mois, puisque la Lune est toujours invisible la derniere semaine de son cours; ainsi, dès qu'elle reparoissoit, c'étoit un Mois nouveau.

Ce nom de *Mois* vient lui-même du nom *Men*, porté par la Lune, comme nous l'avons vu plus haut, chez les Peuples les plus anciens & chez nombre de Peuples modernes. Les Latins firent du mot *Men* celui de *Mensis*, par lequel ils désignerent les Mois. Ils prononcerent ensuite *Mesis*, au lieu de *Mensis*, comme on le voit sur plusieurs Monumens; de-là *Mese*, nom des Mois dans l'ancien François, & qui subsiste encore dans les Dialectes de la Langue d'Oc. Enfin, par une suite de l'usage que nous avons de changer les *e* en *oi*, nous avons changé *Mese* en *Mois*.

Les

DU CALENDRIER.

Les Hébreux appellerent le Mois ירח, Irhé, du même nom qu'ils donnoient à la Lune; & il en fut de même chez tous les Peuples.

Les Hébreux appelloient aussi les Mois חדש, 'hodesh, renouvellement, parce que la Lune se renouvelle chaque Mois.

Comme au bout de XII Mois tout recommence dans la Nature, on ne compte les Mois que jusqu'à douze, & on les recommence sans cesse dans le même ordre.

Mais pour les distinguer les uns des autres, on leur donna des noms; & ces noms ont varié suivant les tems & les lieux. Nous croyons que le Lecteur verra ici avec plaisir ceux que leur donnerent les Nations les plus célébres, & les raisons de ces noms; ces développemens tiennent aux connoissances étymologiques & à la religion de l'antiquité : ils en acquierent même un plus grand intérêt.

Article I.

Noms des Mois chez les Peuples du Midi.

Quoique les noms des Mois dans toutes les Langues semblent avoir été donnés au hazard, il est certain qu'ils furent toujours relatifs à quelqu'idée qu'on y attachoit : ils étoient trop essentiels pour qu'on leur donnât des noms dénués de sens, & pour qu'on s'écartât à leur égard des régles qu'on observoit dans l'imposition des noms.

A la vérité, il n'est peut-être pas possible de parvenir à expliquer tous les noms qui ont été donnés aux Mois dans la plûpart des Langues, soit parce que plusieurs se sont altérés avec le tems; soit parce qu'ils tiennent à des idées particulieres dont on a perdu les traces.

D'ailleurs, la plûpart se sont transmis d'un Peuple à un autre, ensorte qu'ils vont se perdre dans une antiquité très-reculée. C'est ainsi que les noms des Mois François viennent du Latin : que dans le Nord, ils viennent de l'ancien Saxon : que les Hébreux tinrent des Orientaux les noms de leurs Mois.

Cependant, lorsqu'on remonte aux Langues premieres où se formerent ces mots, on en trouve presque toujours l'origine d'une maniere d'autant plus sûre que leur ensemble peint ordinairement l'Année entiere, les divers travaux auxquels elle donne lieu, & les Fêtes qu'occasionnent ces travaux & leurs révolutions.

On s'en convaincra sans peine, en parcourant le détail dans lequel nous allons entrer à ce sujet, & auquel nous nous livrons d'autant plus volontiers,

Hist. du Cal.

qu'il est agréable de savoir le sens de ces mots qu'on a sans cesse à la bouche & sous les yeux.

Nous verrons qu'ils furent toujours tirés ou des travaux auxquels on étoit appellé pendant la durée de chaque Mois, ou du tems dans lequel ils arrivoient, ou des Divinités auxquelles ils étoient consacrés.

Commençons par les *Egyptiens*.

§. I.

Mois Egyptiens & leur Explication.

Le premier des Mois Egyptiens & le premier jour de ce Mois, leur jour de l'An, s'appelloient également THOT, nom Egyptien de Mercure, Inventeur, selon eux, de l'Astronomie. Ce nom signifie *signe*, *signal*; il étoit donc très-bien choisi, puisqu'il faisoit l'ouverture de l'Année. Ce Mois commençoit vers la fin de notre Mois d'Août.

Le second Mois s'appelloit PAOPHI, & en Grec *Phaôph*, φαωφ (1). Il commençoit à l'Equinoxe d'Automne : son nom est composé de l'article Egyptien *Pa* ou *Pha*, & du nom Egyptien *hoph* qui signifie Serpent, & d'où se forma le mot Grec *Ophis*, qui a la même signification. Ce Mois fut donc très-bien nommé, puisque le moment de l'Equinoxe étoit appellé *tête & queue du Dragon*, & qu'il arrive à la réunion des deux Dragons qui forment le Caducée, emblême de l'Année, comme nous l'avons vu dans les Allégories Orientales.

ATHYR, troisiéme Mois, répond à la fin d'Octobre & aux trois quarts de Novembre; il porte le nom de la Déesse *Athyr*, la même que Vénus des Grecs sortie du sein des eaux. Le nom de ce mois lui fut donné avec raison ; car alors l'inondation du Nil finit; la Terre sort de dessous les eaux; la verdure, les fleurs & la fécondité naissent de toutes parts.

CHŒAC, nom du quatriéme mois, écrit aussi CHOIAC, est le même mot que l'Hébreu כיח qui se prononçoit *Kœak* & *Kuak*, & qui signifie *verdure, force, puissance*; ce nom convient donc très-bien à un Mois où la verdure est en Egypte dans toute sa beauté.

TYBI, nom qui répond au *Tebeth* des Hébreux, commençoit au Solstice d'Hyver; il fut donc avec raison appellé טוב, *Tyb*, ou le *Bon*, parce qu'alors le Soleil revient sur ses pas, & ramene avec lui la chaleur nécessaire pour faire meurir les grains déja avancés.

---

(1) FRERET, T. XXI. des Inscr. & B. L. pag. 225.

DU CALENDRIER.

Mechir, est le sixiéme Mois Egyptien : il commence vers la fin de Janvier : son nom a beaucoup de rapport au Mois Persan *Mehir*, qui finissoit en Janvier ; & les Persans entendoient par cette Divinité, selon M. Freret, Vénus céleste, la Mylitta des Assyriens.

Phamenoth finissoit après le commencement du Printems : ce nom étoit donc celui de la Lune qui ouvroit le Printems, la Lune par excellence, pendant laquelle on annonçoit une grande nouvelle, celle de la moisson. Ce mot est composé de *Pha*, le ; & de *Men*, Lune.

Pharmuthi, Mois qui répondoit à la fin de Mars & aux trois quarts d'Avril, étoit le tems de la moisson, qui se fait encore dans la même saison. Il paroît répondre pour les travaux au Mois Thamuz des Hébreux, tous les deux composés du mot *Muth* ou *Muz*, écrit מוץ, *Mutz*, en Hébreu, qui signifie *faire sortir le grain de l'épi, battre le bled.*

Pachon, le neuviéme Mois, ou fin d'Avril & Mai presqu'entier, est composé de l'article *Pa* & du mot *Chon* qui signifie en Egyptien *Hercule*, ou le Soleil devenu fort, comme l'a prouvé Jablonsky dans son Panthéon Egyptien.

Payny, le dixiéme Mois, vers la fin duquel arrive le Solstice d'Eté, est, selon Scaliger (1), le nom que Pharaon donna à Joseph, écrit en Hébreu פענח, qui a tant de rapport au mot *Pæan*, si célébre dans les Hymnes d'Apollon, & que quelques Commentateurs rendent par *Sauveur*.

Epiphi, onziéme Mois, est, selon le même Scaliger, l'*Epaphus* des Grecs, Fils d'Io ou d'Isis. Selon un autre Auteur (2), *phi* est un mot Egyptien qui signifie *Fils* : Epi seroit le même qu'*Apis* : ainsi *epi-phi* signifieroit le Fils d'Apis ou d'Osiris, mari d'Io. *Epaphus* des Grecs seroit alors un nom purement Egyptien.

Enfin, Mesori, nom du dernier Mois, paroît le même nom que celui de l'Egypte en Hébreu & chez les Arabes.

Ajoutons qu'Hérodote dit, dans son Liv. II, que les noms des Jours & des Mois Egyptiens sont des noms de Divinités.

Les Anciens nous ont transmis douze Vers Grecs (3) tirés d'un Recueil d'Epigrammes, qui contiennent chacun le nom d'un Mois Egyptien, & ce qui le rendoit remarquable. On voit par-là que dans le Mois appellé *Thot*, on faisoit la vendange.

---

(1) Emend. Tempor. pag. 391.
(2) Schmidt.
(3) Adalen Jun. T. VIII. Antiq. Grecq. Col. 219.

La pêche étoit abondante au mois *Paophi*.
Dans *Athyr* se levoient les Pléïades.
Les champs étoient déja verds au Mois *Chœac*.
Les Magistratures se renouvelloient au Mois *Tybi*.
La mer devenoit navigable en *Mechir*.
Les armées entroient en campagne à *Phamenoth*.
Pharmuthi étoit brillant de roses.
En *Pachon*, la moisson.
En *Payni*, la récolte des fruits.
Les raisins grossissent en *Epiphi*.
En *Mesori*, le Nil féconde les campagnes en les inondant.

§. II.

Noms des Mois Hébreux & leur Explication.

Il paroît que dans l'origine, les noms des Mois, chez les Hébreux, n'étoient désignés que par des noms de nombre; qu'on les appelloit premier, second, troisiéme, &c. On peut même dire qu'il en étoit ainsi chez tous les Peuples, sur-tout chez les Romains, qui, lors même qu'ils eurent donné des noms à la plûpart de leurs mois, continuerent d'en désigner quatre par leurs anciens noms de nombre, qui sont ceux de Septembre, Octobre, Novembre & Décembre; ou le septiéme, le huitiéme, le neuviéme & le dixiéme: noms que nous avons conservés, quoiqu'ils ne leur conviennent plus depuis qu'on a mis à la tête de l'Année deux Mois qui venoient après ceux-là; tant est forte l'habitude, & tant il est difficile de changer les usages publics.

Les Hébreux donnerent ensuite aux Mois des noms particuliers: on en trouve du moins trois usités du tems de Salomon, *Siv*, *Ethanim* & *Bul*, sans compter le nom d'*Abib* que Moyse donne au premier Mois.

Mais ceux-ci firent dans la suite place à d'autres qui furent constans depuis le retour de la captivité, & que les Juifs conservent encore.

SCALIGER, GROTIUS, &c. les plus grands hommes ont été fort embarrassés de ces premiers noms; ils les ont cru Phéniciens, Chaldéens, Egyptiens, &. n'ont pas cru possible de les expliquer, ou l'ont mal fait. Nous les expliquerons en même tems que les noms qu'on leur a substitués.

NISAN est le premier des Mois Hébreux; il commençoit avec l'Equinoxe du Printems, & fut très-bien nommé, puisqu'il vient du mot נס, *nis*, qui signifie

DU CALENDRIER.

étendard, *enseigne*. On voit qu'il prit son nom de la même cause que le premier des Mois Egyptiens. Bochart a très-bien vu cette étymologie du mot Nisan. Dans Moyse, ce Mois s'appelle ABIB; nom qui ne lui convient pas moins; ce mot signifiant *verdure*, *fruits mûrissans*; & tel est l'état des Campagnes de la Phénicie & de la Judée à cette époque.

IIAR, second Mois qui répond à Avril & à Mai, est le tems des Fenaisons. Le mot Hébreu יאר, *Jar*, signifie *terrein arrosé*, *prairies* : les Arabes en ont fait جار, *Gjar*, qui signifie *pâture*, *fourrage*, 2°. *paître*.

SIVAN, troisième mois, répondant à Mai & Juin, paroît le même que le Mois SIV ou *Ziv* du tems de Salomon (1); mais indiqué alors comme le second Mois. Ce mot s'écrit en Hébreu זיו, *ziv*, & זיז, *ziz*; & comme ce dernier est le nom générique des animaux, ce Mois désigne donc le tems où les bestiaux se répandent dans les campagnes qu'on commence à leur abandonner à cette époque, dans laquelle les biens de la terre sont déja renfermés, pour ces Contrées Orientales.

THAMUZ, Mois qui commençoit au Solstice d'Eté, au moment que le Soleil commence de s'en retourner, est le nom d'une Divinité Phénicienne, de *Thamuz*, ou Adonis, qui n'est autre que le Soleil, dont on célébroit la Fête au Solstice, comme nous le verrons dans la suite.

AB, Mois qui commence à la fin de Juillet, signifie *Fruit* : c'étoit le tems de la récolte des fruits.

ELUL, commençant à la fin d'Août, doit signifier les *pressoirs*; venant de לול, *Lul*, une *vis*, *escalier en vis*. C'est le tems de la vendange en Phénicie.

THISRI, septième Mois, commençant à l'Equinoxe d'Automne ou de Septembre : c'est, de l'aveu des Commentateurs, le même mot que celui de תירוש, *thirosh*, qui signifie *moût*, *vin nouveau*, parce que c'est dans ce Mois qu'on commence à en boire. La racine n'en existe qu'en Arabe, & non en Hébreu, dans le mot درش, *darsh*, qui signifie l'*action de broyer*, *de triturer les fruits*, d'en *extraire les sucs*.

Ce même Mois étoit appellé auparavant le Mois ETHANIM (2), ce qu'on traduit par le Mois des *Forts* : mais cette signification ne présente nulle idée, & n'a nul rapport aux travaux & à la Nature de ce Mois. Rien de plus naturel cependant que le nom d'*Ethanim* donné à ce mois, dès qu'on regarde la

---

(1) I. Rois VI. 1.

(2) I. Rois VIII. 2.

lettre *E*, qui est à la tête du mot *Ethanim*, comme un simple article. On a alors le mot *Thanim* qui signifie *Dragons*, & qui répond parfaitement au nom de *Paophi* ou du *Dragon*, donné au même Mois par les Egyptiens, comme nous l'avons vu ci-dessus, & pour la même raison, parce qu'il commence également à l'Equinoxe d'Automne.

MARSHESVAN; ce Mois répond à la fin d'Octobre & aux trois quarts de Novembre; son nom est composé de trois mots, 1°. de la préposition *M*, qui désigne les noms; 2°. de רחש, *rhes*, qui signifie en Hébreu *bouillonner*, & en Arabe رحض, *rhats*, *laver*, *mouiller*, & dont le substantif signifie *terre inondée*; & 3°. du mot שבע, *Sevang*, qui signifie *saciété*, *abondance*. C'est donc mot à mot, *le mois abondant en pluies*; ces pluies de la premiere saison si salutaires à la Palestine. Ce Mois s'appelloit auparavant בול, *bul* (1), qui signifie *pluie*, *bouillon*: & d'où vint MA-BUL, *le Déluge*, mot à mot, *pluie très-grande*.

CASLEU ou *Caslif*, qui répond à la fin de Novembre & aux trois quarts de Décembre, tire son nom de la plus belle des Constellations appellée *Casil* en Hébreu, & que nous appellons Orion, comme nous l'avons vu ci-dessus. Parce qu'elle se levoit dans ce Mois, non-seulement elle lui donna son nom, mais on s'en servit aussi pour désigner nos six Mois d'Hyver pendant toute la durée duquel elle paroît sur l'horizon qu'elle embellit. N'omettons pas que des Savans ont dérivé le nom de Casleu, d'un mot Hébreu qui signifie *mauvais tems*; mais cette étymologie s'accorde mal avec la température de ce mois dans la Palestine.

TEBETH, dixiéme Mois des Hébreux, & qui commence avec le Solstice d'Hyver. Ce nom a le plus grand rapport avec TYBI, qui est chez les Egyptiens le nom de leur Mois qui commence également au Solstice d'Hyver. Ces deux noms ont donc la même origine, venant de *Tub* ou *Tyb*, טוב, qui signifie *bon*, *fortuné*, *avantageux*. C'est le tems où la terre, dans la Palestine de même qu'en Egypte, est couverte de verdure & de bleds naissans qui donnent la plus grande espérance.

SHEBAT est l'onziéme mois des Hébreux. Son nom a le plus grand rapport avec le mot Hébreu qui signifie *sept* & *repos*: il a encore beaucoup de rapport avec un autre mot Hébreu qui signifie *verge*, *bâton*, *sceptre*; mais je ne vois nul rapport entre les idées que présente ces mots & le Mois dont il s'agit.

ADAR, dernier Mois des Hébreux, & celui des purifications & des expia-

---

(1) I. Rois VI. 8.

DU CALENDRIER.

rions par le feu chez tous les anciens Peuples. L'origine de ce nom n'est pas difficile à trouver d'après cette observation. Les Persans appellent le mois de Mars, dont celui-ci renferme les trois quarts, *Ader-Mah*, mois du *Feu* : c'est de-là que vient le nom d'une de leurs Provinces, l'*Ader-Bijan*, mot à mot, la *maison du feu*. Il est vrai qu'on prononce aussi ce mot *Azer* & *Azur* ; mais ce changement de prononciation ne peut altérer les rapports d'*Adar* & d'*Ader*.

§. III.

Mois des Syriens.

Les noms des Mois chez les Syriens sont à peu près les mêmes que ceux des Hébreux, soit qu'ils les ayent empruntés d'eux, soit que les uns ou les autres les ayent empruntés des Chaldéens, comme il est plus apparent.

Le premier de ces mois est NISAN, répondant à Avril.

Le 2e. est IJAR. Ces deux Mois s'appellent par conséquent de la même maniere que chez les Hébreux.

Le 3e est KHEZIRON, ou le Cochon, le Sanglier : il finit au Solstice d'Eté : c'est ce Sanglier qui tue Adonis ou Thamuz.

Le 4e, THAMUZ.
Le 5e, OB, en Hébreu *Ab*.
Le 6e, ELUL.
Le 7e, THISRI premier.
Le 8e, THISRI second.
} Sont communs aux Syriens & aux Hébreux.

Le 9e, CONUN premier.
Le 10e, CONUN second.
} Les deux mois d'Hyver. Ce mot est Arabe, & signifie *brasier*.

Le 11e, SHEBAT.
Le 12e, ADAR ou ODOR.
} Communs aux Syriens & aux Hébreux.

Le P. BENNETTI, dans sa Chronologie (1), attribue également ces Mois aux Chaldéens ou Babyloniens, & aux Assyriens.

§. IV.

Mois des Bithyniens.

L'année de ce Peuple Asiatique commençoit à l'Equinoxe d'Automne le 24

___
(1) T. I, 426.

Septembre; & presque tous leurs Mois portoient des noms de Divinités.

1. Heréus, ou Mois de Junon, de la Souveraine des Cieux.
2. Hermeius, ou Mois de Mercure.
3. Métrous, ou Mois de la Mere des Dieux, de Cybelle.
4. Dionysius, ou Mois de Bacchus.
5. Heracleius, ou Mois d'Hercule.
6. Dius, ou Mois de Jupiter, d'Iou.
7. Bendiéus, ou Mois de Diane.
8. Strateius, ou Mois des Armées en Campagne.
9. Areius, ou Mois du Dieu Mars.
10. Periépius, qui peut signifier *mois des travaux* : on l'appelle dans d'autres listes Préstius, le brûlant : c'est la fin de Juin & les trois quarts de Juillet.
11. Aphrodisius, ou Mois de Vénus.
12. Démétrius, ou Mois de Cérès.

§. V.

Noms des Mois chez les Athéniens.

De même que dans nos Contrées, chaque Ville a ses mesures & ses poids particuliers; ainsi chacune des Républiques Grecques avoit assigné aux XII Mois de l'année des Noms différens. La plûpart de ces noms se perdirent peu à peu, soit lorsque les Grecs, soumis à l'Empire Romain, commencerent d'en adopter les usages, soit lorsque ces Républiques furent anéanties elles-mêmes par les invasions des Barbares : il ne reste donc de la plûpart de ces noms que des fragmens informes. Ceux qui se sont conservés le plus exactement, sont les noms des Mois Athéniens & les noms des Mois Grecs Syro-Macédoniens ou des Empires Grecs élevés sur les ruines de l'Empire d'Alexandre.

Ces deux Catalogues étoient dignes en effet de nous être transmis; le second, par l'étendue des Pays où il fut en usage; & le premier, par le rôle brillant que joua la République d'Athènes, & sur-tout par le ton qu'elle donnoit aux Arts & à la Littérature entiere, étant l'Ecole du Monde.

On trouve cependant quelques variétés dans les Anciens à l'égard de la place qu'occupoient quelques Mois Athéniens; sur-tout ceux qu'on appelloit *Pyanepsion* & *Anthisterion*. Les uns comptoient le premier de ces mois pour le quatriéme mois de l'année; & selon d'autres, il ne fut que le cinquième.

DU CALENDRIER.

Le second de ces deux mois, selon un grand nombre de Savans, étoit le sixiéme mois de l'année; & selon d'autres, il ne fut que le huitiéme. Avec le Savant Corsini, nous les compterons pour le cinquiéme & pour le huitiéme, & nous rapporterons en peu de mots, lorsque nous serons à leur article, les raisons d'après lesquelles on se fondoit de part & d'autre. Nous dirons en général ici, qu'ils pouvoient avoir tous raison, parce qu'il paroît que les Athéniens ont varié eux-mêmes à cet égard; & que vers les derniers tems de la République, ils transposerent quelques-uns de ces mois.

Ajoutons qu'ils varierent également pour le commencement de leur année. Dans les tems primitifs, elle devoit commencer après le Solstice d'Hyver, tout comme nous la commençons, au mois *Gamelion* ou Janvier, puisque leur mois intercalaire étoit le mois *Posideon*, ou de Décembre, & que le mois intercalaire fut toujours dans l'origine le dernier.

Les Athéniens transporterent ensuite le commencement de leur année à la nouvelle Lune après le Solstice d'Eté, ou au mois Hecatombeon, qui répond à notre mois de Juillet (1). Ce qui occasionna ce changement, fut sans doute pour se conformer aux Jeux Olympiques qui commençoient à la pleine Lune après le Solstice.

HECATOMBEON. Tel fut donc le premier des mois Athéniens dans les beaux tems de cette République: il dut ce nom aux sacrifices ou aux hecatombes qu'on y offroit, à cause du renouvellement de l'année, & afin que les Dieux répandissent leur bénédiction sur elle.

METAGITNION, mois d'Août: ce mot signifie *voisinage, action de voisiner*. Il dut ce nom à une Fête qu'on célébroit dans ce mois, & pendant laquelle des Personnes de diverses Tribus campoient sous des tentes, & se réunissoient en société.

BOEDROMION, mois de Septembre; ce mot signifie *secoureur*. On dit qu'il fut appellé ainsi, à cause de la victoire que Thésée remporta dans ce mois sur les Amazones. Voilà donc encore les Amazones battues à l'Equinoxe d'Automne, comme elles l'avoient été à l'Equinoxe du Printems par Hercule. C'est encore dans ce même mois où Hercule secourut les Lapithes contre les Centaures: ainsi ce nom de *secoureur* est dû à la nature même des travaux agricoles, auxquels ce mois donnoit lieu dans l'Attique.

---

(9) FRERET, T. XXV. des Inscr. *in-*12. p. 185. & SCALIG. Emend. Tempor. Ces deux Savans prouvent fort bien contre le P. PETAU & contre DODWELL, que ce mois ne commençoit qu'à la nouvelle Lune après le solstice, & non au solstice même.

MAIMACTERION ou le *Propice*; c'étoit un nom de Jupiter auquel ce mois étoit consacré. Ce nom paroîtroit signifier l'*Invincible*; mais les Anciens le rendent par *Meilikhius* ou *Propice*. On peut réunir les deux sens, en disant que cette épithète signifie *ne se lasser pas de faire du bien*.

PYANEPSION, ou le mois des *Féves*, parce que le sept de ce mois on se régaloit de féves, en mémoire, disoit-on, du festin que firent ceux qui revinrent de Créte avec Thésée, lorsqu'il eut vaincu le Minotaure. Cette Fête & le nom de ce mois étoient très-anciens, puisqu'ils précédent le tems où les Féves ne furent plus appellées que *Kyanoi*, nom qu'elles porterent dans les beaux jours de la Gréce. Plutarque dit expressément (1) que ce mois répond au mois *Athyr* des Egyptiens, & au mois *Damatrius* (ou de Cérès) des Béotiens. Il nous apprend ailleurs (2) que Démosthènes mourut le 16 de ce mois. Mais il est démontré que le mois *Athyr* étoit le mois de Novembre: *Pyanepsion* répondoit donc au mois de Novembre; & étoit ainsi le cinquiéme mois de l'année Athénienne. Ceux donc qui avec SCALIGER ne le regardent que comme le quatriéme, & le placent avant le mois Maimacterion, brouillent tout, & n'ont pas une juste idée des mois Athéniens. Les raisons dont s'appuie SCALIGER (3) sont si foibles, qu'on est étonné qu'il ait pu s'y laisser surprendre.

POSIDEON; ce nom signifie mois de *Neptune*: il indique fort bien les pluies qui tombent à l'entrée de l'Hyver. C'est le mois de Décembre. Les Romains célébroient dans ce mois les Fêtes de Neptune, auxquelles nous avons fait succéder la Fête de Saint Nicolas, Patron des Mariniers. Cependant chez les Romains, c'est Février qui étoit consacré à Neptune : mais par la même raison que Décembre chez les Athéniens, parce qu'il fut le dernier mois des Romains & leur mois intercalaire, tout comme dans l'origine *Poseideon* fut le dernier mois des Athéniens, & constamment leur mois intercalaire.

GAMELION, septiéme mois, répond à celui de Janvier, commençant à la nouvelle Lune après le solstice d'hyver. Il signifie le mois des *Noces*, & étoit consacré à Junon, Déesse du Mariage. On retrouve les mêmes usages chez les Romains pour le mois de Janvier.

ANTHESTERION; le nom de ce mois signifie le mois des *Fleurs*. Les Savans ont été fort opposés, comme nous l'avons dit, sur son rapport avec nos mois.

---

(1) Traité d'Isis & d'Osiris, n°. 69.
(2) Vie de Démosthènes, à la fin.
(3) Emendat. Tempor. p. 31. &c.

Les uns, comme Theodore *de* Gaza dans son Traité des Mois Attiques, *Lilio Gregorio* Giraldi dans son Calendrier Grec & Romain, *Pierre* Haguelon dans son Calendrier Hébreu, Grec & Latin, *Jean* Lallemant dans son Année Attique, *Pierre* Chatelain dans son Traité des Fêtes Grecques (1), &c. placent ce mois dans l'Automne à la suite du mois Pyanepsion. Mais Scaliger (2), l'Abbé d'Aubignac (3), le P. *Edouard* Corsini (4), s'appuyant de Philostrate qui parle des fleurs que ce mois produisoit, le reculent jusqu'après celui de Gamelion, & en font le huitiéme mois de l'année Attique, qui répond ainsi au mois de Février.

Elaphébolion, ou mois de Mars, dut son nom aux gâteaux en forme de *Cerfs*, dit-on, qu'on offroit en ce mois à Diane Chasseresse. Mais comme ce mot signifie *Mois de celle qui perce les Cerfs*, il est plus à présumer qu'il tire son nom de Diane elle-même, dont le Cerf étoit le symbole, que des gâteaux qu'on lui offroit.

Munykhion; ce mois, le dixiéme de l'année Attique, commençoit à la nouvelle Lune après l'équinoxe du Printems : il répond ainsi au mois d'Avril. Ce mois s'appella ainsi, parce qu'il étoit consacré à Diane, surnommée *Munykhia*, & adorée sous ce nom, même à Pygela en Ionie. C'étoit aussi le nom d'un Port d'Athènes, sans doute parce qu'il y avoit dans son voisinage un Temple de cette Déesse. Elle étoit très-bien nommée ; cette épithète *Munykhia* étant composée du mot *Mun* ou *Moune*, seule, & du mot *nyces* qui signifie Nuit ; Diane ou la Lune est en effet la seule qui préside à la Nuit.

Thargelion ; ce Mois dut son nom, à ce qu'on assure, à l'usage qu'on avoit d'offrir dans ce mois, qui répond à celui de Mai, les prémices des biens de la Terre à Apollon & à Diane, dans des vases appellés *Thargeles*. Il est plus probable qu'il tire son nom de l'accroissement de la chaleur à cette époque ; il viendroit alors de *Theros*, chaleur, & *Gé*, la Terre. Ajoutons qu'Apollon & Diane répondent fort bien au signe des Gemeaux qui président à ce même mois & qui furent représentés dans quelques Calendriers sous la figure d'un homme & d'une femme.

Skirophorion, dernier & douziéme mois, qui répond à la fin de Mai &

---

(1) Tous ces Ouvrages sont réunis dans le VIII. Vol. des Antiq. Grecq.
(2) Emend. Tempor.
(3) Pratique du Théâtre, Tom. III.
(4) Fast. Attiq. T. II.

au mois de Juin jusqu'au solstice, signifie le *mois où l'on porte* le parasol ou le *Dais*. On célébroit le 12 de ce mois une Fête solemnelle où les Athéniens portoient en procession, sous un dais, la Statue de Minerve; & les Arcadiens, la Statue de Bacchus.

§. VI.

Mois des Béotiens.

On ne nous a conservé les noms que de sept de leurs mois.

BUCATIUS : c'étoit le premier mois de l'année Béotienne; il répondoit, selon Scaliger, du tems d'Epaminondas, au mois de Janvier : mais dans l'origine, & du tems d'Hésiode, il ne commençoit qu'au lever matinal des Pleyades, qui font partie du Signe du Taureau. C'est donc de-là que viendroit le nom de ce mois. *Bu* ou *Bou* signifie *Bœuf* en Grec; & *kateios*, qui revient : Scaliger (1) croit que c'est à cette maniere de commencer l'année que Virgile fait allusion, lorsqu'il dit :

" Candidus auratis aperit cum cornibus annum
" Taurus.

Le Taureau brillant aux cornes dorées fait l'ouverture de l'année.

HERMEUS, c'est-à-dire, mois de Mercure, étoit le second.

PROSTATERIUS, le troisiéme, dut son nom à Apollon *Prostateus*, c'est-à-dire, Chef, Président : il étoit le Chef des Muses.

HIPPODROMIUS, le septiéme, tiroit son nom des Courses de Chevaux, qui avoient sans doute lieu dans ce mois.

PANEMUS, le huitiéme, portoit un nom commun à des mois Macédoniens, Corinthiens, Siciliens, &c. Il doit venir du mot *Pan*, tout, & du mot *Nemos*, pâturages, & désigneroit ainsi le tems où les bestiaux pouvoient pâturer par-tout.

ALALCOMENE, le dixiéme, portoit un des noms Thébains de Minerve, à laquelle il étoit sans doute consacré.

DAMATRIUS, le onziéme, signifioit le mois de Cérès : Plutarque nous apprend, comme nous l'avons vu, qu'il répondoit au mois de Novembre, à l'*Athyr* des Egyptiens.

Sur ces sept mois, il y en a donc quatre qui portent des noms de Divinités.

---

(1) Emend. temp. p. 54. de Periodo Thebana.

DU CALENDRIER.

§. VII.

Mois des Lacédémoniens.

L'Histoire ne nous a transmis les noms que de cinq mois des Lacédémoniens.

Le sixiéme, appellé GERÆSTUS, d'un surnom de Neptune qui peut signifier le *Vénérable*.

Le septiéme, appellé ARTEMISIUS, du nom de Diane.

Le huitiéme HECATOMBÉUS, comme le premier mois Athénien.

Le neuviéme, PHLYASIUS, ou le bouillant. Scaliger (1) convient que c'est le mois dans lequel mûrissoient les fruits de la Terre : ce qui s'accorde fort bien avec l'explication que nous donnons de son nom.

Le onziéme, CARNIUS, qui prit son nom d'Apollon Carnéen. On y célébroit les Carnées ou la Fête d'Apollon, à la pleine Lune. C'étoit aussi un mois des Corinthiens & des Syracusains; chez ce dernier Peuple, il fermoit l'année, tandis que Scaliger croit qu'il l'ouvroit chez les Lacédémoniens.

§. VIII.

Noms des Mois Macédoniens.

Les noms des mois Macédoniens sont des plus barbares ; voici comme on les trouve dans CORSINI (2) & dans tous les Auteurs qui en ont traité.

Dius, Apellæus, Audinæus, Peritius, Dystrus, Xanthicus, Artemisius, Daesius, Panemus, Lous, Gorpieus, Hyperberetæus.

Ces mois commencent avec l'équinoxe d'Automne ; mais dans l'origine les deux derniers étoient avant tous les autres. C'est donc de cet arrangement primitif qu'il faut partir pour découvrir l'origine de leurs noms.

Gorpiæus, premier mois de l'année Macédonienne, commençant à l'équinoxe d'Automne, répond à la fin de Septembre & au mois d'Octobre. On ne trouve rien dans les Anciens qui serve à expliquer ce nom ; mais il paroît te-

---

(1) Ubi suprà, p. 57.
(2) Fast. Attiq. Tom. II.

nir au primitif *Gor*, qui signifie cercle, révolution, & à *épi*, signifiant *est* : Gorpiæus signifieroit donc le mois du renouvellement.

Hyper-bæreteus, est composé du verbe *bérissein*, qui signifie *semer*. Octobre & Novembre auxquels il répond, sont en effet le tems des semailles.

Dius paroît signifier le mois de Jupiter, appellé en Grec *Dios*.

Apellæus, commence au solstice d'hyver, au tems où l'on se rassemble dans les Villes ; & où dans les Républiques on s'occupoit des affaires publiques. Ce mois fut donc très-bien nommé, *le mois des Assemblées*.

Dysirus, commençant à la fin de Mars, tems des gros travaux de la Campagne, fut aussi très-bien nommé : composé de *dys* & de *trus*, il signifie *travail pénible, difficile*.

Xanthicus répond à la fin d'Avril & à Mai : il signifie *le mois où la Terre se colore & s'embellit*. On célébroit pendant sa durée les Fêtes Xantiques.

Artemisius est le mois consacré à Diane.

Daecius est la fin de Juin & Juillet : il signifie, *le mois brûlant*.

Panemus, fin de Juillet & Août, signifie, comme nous l'avons déja dit, *Mois où les bestiaux peuvent pâturer par-tout*. Les Corinthiens & les Siciliens avoient un mois appellé de même, il étoit chez eux le dixiéme : ils avoient aussi un mois appellé *Gorpiæus*.

Les noms de ces mois, bornés d'abord à la Macédoine, s'étendirent avec les conquêtes d'Alexandre le Grand & de ses successeurs. Adoptés en Asie, ils y furent connus sous le nom de Syro-Macédoniens.

§. IX.

Mois des Habitans de l'Isle de Chypre, & sur-tout de Paphos.

Les Habitans de Paphos donnerent à Auguste une singuliere marque de flatterie, en changeant les noms de leurs mois, & en les empruntant de mots relatifs à l'origine & aux dignités de ce Prince. Leur ensemble formoit ainsi une inscription à son honneur. Tels furent ces noms, en commençant à l'équinoxe de l'Automne :

1.	*Aphrodisius*,	Descendant de Vénus
2.	*Apo-gonicus*	Issu
3.	*Ainicus*	d'Enée, & de
4.	*Julus*	Jule
5.	*Cæsarius* ;	César.

6.	*Sebastus*,	Auguste.
7.	*Autocratoricus*,	Empereur.
8.	*Demarkhexusius*,	Tribun du Peuple.
9.	*Pléthypatus*,	Consul presque perpétuel.
10.	*Arkhiereus*,	Souverain Pontife.
11.	*Estius*,	Citoyen
12.	*Romaius*.	Romain.

§. X.

Noms des Mois chez les Romains.

L'origine des noms que les Romains donnerent aux mois, est d'autant plus agréable, qu'en les expliquant, on fait connoître en même tems la raison que les François, & plusieurs autres Peuples Modernes, donnent aux mois qui composent leur année, parce qu'ils les emprunterent des Latins.

Dès les commencemens, ce Peuple ne désignoit les mois que par leur ordre numérique, ainsi que le pratiquerent presque toutes les Nations; de-là les noms que portent encore quatre de ces mois, *Septembre, Octobre, Novembre, Décembre*, c'est-à-dire, septiéme, huitiéme, neuviéme, & dixiéme, parce qu'ils se trouvoient, comme nous l'avons déja dit, dans cette place lorsque l'année commençoit au mois de Mai, ou à l'équinoxe du Printems.

Cependant l'année Romaine n'avoit pas toujours commencé à cette époque : avec celle d'un grand nombre de Peuples, elle commençoit en JUIN; de-là le nom de ce mois. *Junius*, c'est son nom Latin, se forma du Latin *Junior*, qui signifie *plus jeune*; parce que l'année se renouvelloit en se rajeunissant. Et c'est par cette raison qu'il étoit consacré à la Jeunesse.

C'est par la raison opposée que le mois qui précède celui-ci s'appella MAI. Il terminoit l'année; c'étoit donc le mois des Vieillards, des Anciens, de ceux qu'on appelloit *Mai-ores*. De-là le nom de ce mois. Aussi regardoit-on comme de mauvais augure de se marier dans ce mois de décrépitude; usage qui devint loi, comme toutes les Coutumes; & dont on chercha en vain la raison, lorsque ce mois étant devenu le cinquiéme & celui de Juin le sixiéme, on ne sçut plus qu'ils avoient commencé & terminé l'année.

Il n'est donc pas surprenant que les Savans Romains aient fait de vains efforts pour découvrir l'étymologie du nom de ce mois : que les uns aient dit qu'il fut appellé ainsi, parce que les Tusculans l'avoient consacré à Iou, le plus grand des Dieux : que Cincius l'ait fait venir de Maia, femme de Vulcain, parce qu'au premier de Mai le Flamine ou Grand-Prêtre de Vulcain offroit un sacrifice à cette Déesse, que Pison a cru cependant qu'on appelloit *Majesta* & non *Maia*. Selon d'autres, *Maia* étoit la mere de Mercure. Cornelius Labeo disoit au contraire que Maia étoit la Terre; qu'elle dut ce nom à sa grandeur; qu'on l'appelloit *Grande Mere* dans les sacrifices qu'on lui offroit; que par cette raison on offroit à *Maia* une truie pleine, victime consacrée à la Terre; & qu'on l'honoroit avec Mercure, parce qu'elle concourt avec lui à la formation de la voix : il ajoute encore pour prouver que Maia est la Terre, que le Temple de Maia fut consacré le premier Mai, sous le nom de *bonne Déesse*, la même que la Terre, appellée aussi dans les livres des Pontifes *Fauna, Ops, & Fatua. Bonne*, parce qu'elle est la source des biens; *Fauna*, parce qu'elle favorise tout ce qui respire : *Ops*, parce que rien ne peut exister sans son secours; *Fatua*, parce que les enfans ne parlent pas avant qu'ils n'ayent touché la terre.

Fulvius Nobilior fut le seul qui approcha du vrai, lorsqu'il dit dans ses Fastes qui furent déposés dans le Temple d'Hercule, chef des Muses, que Romulus donna le nom de Vieillards au mois de Mai, & celui des Jeunes gens au mois de Juin.

On n'avoit pas mieux rencontré pour le mois de Juin. Cincius dit qu'on l'appelloit ainsi, parce qu'il fut d'abord appellé mois de *Junon*, & qu'il conserva long-tems ce nom dans les Fastes d'Aricie & de Preneste. Nisus dans son Commentaire sur les Fastes, dit la même chose, & que le mot de *Junonius* s'altéra insensiblement en *Junius*; il allégue en preuve que le Temple de Junon Moneta avoit été dédié le premier de ce mois. D'autres attribuerent ce nom à Junius Brutus, qui, après l'expulsion des Tarquins au premier Juin, offrit sur le Mont Cœlius un sacrifice à la Déesse *Carne*, protectrice des parties nobles; & à laquelle on offroit ce jour-là des Féves, parce qu'elles étoient assez grosses pour être employées dans les sacrifices, & de-là vint aux Calendes de Juin le nom de *Fabariæ*, ou Calendes aux Féves (1).

N'omettons pas que Plutarque a mis au nombre de ses Questions Romaines, celle qui a pour objet l'usage de ne pas se marier au mois de Mai; & comme il n'en savoit par mieux les raisons que tous ceux dont nous venons de rapporter le sentiment, il l'attribue avec les peuples qui ont encore aujour-

---

(1) Macrob. Saturn. Liv. I. ch. XII.

DU CALENDRIER.

d'hui le même usage, au désir de ne pas paroître se marier par un effet de la saison.

Les Romains, comme nous venons de le dire, ayant transporté ensuite le commencement de leur année à l'équinoxe du printems, MARS fut le premier de leurs mois. Ils prétendirent qu'il portoit ce nom, parce que Romulus étoit fils de Mars. Cette raison fabuleuse étoit même en contradiction avec le fait, puisque c'est le mois d'Octobre qui étoit consacré chez eux à Mars, au lieu qu'ils avoient consacré le mois de Mars à Minerve.

Le mois de Mars, ou la Lune qui suit l'équinoxe du printems s'appelloit chez les Celtes *Red Mon*, la Lune rouge ou enflammée, & de-là notre *Lune rousse*, qui doit son nom aux fâcheux effets dont elle est ordinairement accompagnée : elle ne pouvoit donc être mieux désignée en Latin que par le nom de *Mensis Martius*; car *Martius* signifie *enflammé*, *étincelant*, & telle est la planette même de Mars.

AVRIL suit. C'est une altération du Latin *Aprilis*, mot à mot le *mois qui ouvre*; car alors, s'ouvre le sein de la Terre que l'hyver avoit fermé : de nouveau, elle déploie sa magnificence, & elle exhale ses parfums. Aussi ce mois fut-il consacré à Vénus, la Déesse des graces, appellée en Grec *Aphrodite*, ou la Déesse de la Fécondité.

Après Mai & Juin, arrivent JUILLET & AOUST. Ceux-ci s'appellerent long-tems *Quintilis* & *Sextilis*, c'est-à-dire, le cinquiéme & le sixiéme. Mais lorsque la République eut été bouleversée & que Jules César eut changé le Calendrier en le perfectionnant, on donna son nom JULIUS au premier des mois qui n'avoient point encore de nom ; & de-là, notre mois de *Juillet*.

Et lorsqu'Auguste, son neveu & son successeur, eut rétabli le Calendrier de ce Prince, & l'eut rendu permanent, on donna son nom AUGUSTUS au mois suivant : & c'est ce nom que nous avons altéré en le prononçant *Août*.

Observons que c'est Marc-Antoine, qui étant Consul, fit la loi qui ordonna que le nom de Jules César seroit donné au cinquième mois de l'année.

Et que c'est le Sénat qui fit une pareille Loi, pour donner au mois suivant le nom d'Auguste. Tel fut son Edit:

» Parce que dans le mois Sextilis, César Auguste a commencé son premier
» Consulat, à eu trois fois l'honneur du triomphe, a vu marcher sous ses aus-
» pices les Légions du Janicule, a réduit l'Egypte sous la puissance du Peu-
» ple Romain & a terminé la Guerre Civile ; par toutes ces causes, il plaît &
» il plaira au Sénat que ce mois, le plus heureux pour cet Empire, soit ap-
» pellé AUGUSTE.

Hist. du Cal. Q

Sextus Pacubius, Tribun du Peuple, fit ordonner la même chose par un Plebiscite ou une Loi du Peuple.

Les quatre mois suivans n'ont eu aucun nom particulier : quelques Empereurs Romains tenterent de les faire appeler de leur nom. Il avoit été ordonné par le Sénat, par exemple, que le mois de Septembre s'appelleroit Tibere, & celui d'Octobre Livie ; on essaya ensuite de les appeler Germanicus & Domitien. Neron vouloit que le mois d'Avril portât son nom ; Mai, celui de Claude ; & Juin, celui de Germanicus. Commode distribuoit tous ses noms entre les cinq derniers mois de l'année : il se conduisoit comme ceux de Paphos à l'égard d'Auguste. Mais ces noms étoient trop abhorrés pour se maintenir : & nous continuons de désigner ces mois par septiéme, huitiéme, &c. quoiqu'ils ne soient plus les septiéme, huitiéme, &c. comme nous l'avons déja dit.

Il existe un Prince dont le nom pourroit être donné au mois de Septembre à meilleur titre que ceux d'Auguste & de Jules aux mois dont nous venons de parler : mais cette maniere d'apothéose est passée, & si elle devenoit en usage, il n'y auroit peut-être plus rien de fixe dans les noms des mois.

Les deux derniers mois de l'année Romaine furent JANVIER & FÉVRIER; & il n'y a que deux cens ans, sous le regne de Charles IX. qu'on les plaça à la tête de tous.

Janvier, en Latin JANUARIUS, doit son nom à *Janus* ou au Soleil renouvellé.

Février doit le sien aux expiations ou purifications, auxquelles ce mois étoit consacré. Son nom Latin est FEBRUARIUS ; il vient de *Februare*, qui signifie *expier, purifier, faire passer par le feu*. C'est parce qu'il terminoit l'année, & qu'on offroit alors des sacrifices pour les Morts, & pour l'année expirante. Aussi étoit il un mois de mauvais augure ; & par cette raison, le nombre de ses jours étoit pair & il en avoit moins que tous les autres mois.

ARTICLE II.

Noms des Mois chez les Peuples du Nord de l'Europe.

Mais quittant le Midi, où les noms des mois furent empruntés de la Mythologie, passons au Nord, dont les Peuples divers, sortis d'une tige commune, ont donné à leurs mois des noms à peu près semblables, & presque tous tirés des travaux champêtres. La plûpart de leurs Langues sont si connues des Peuples du Midi, que l'explication de ces noms ne peut qu'être agréable à tous ; & l'on se convaincra de plus en plus que tout mot eut sa raison.

§. I.

Mois des Anglo-Saxons.

Les Anglo-Saxons, dont nous avons déja rapporté un si grand nombre de mots dans nos Volumes précédens, habitoient, dans le tems où l'Empire Romain fut bouleversé par les invasions des Barbares, la portion la plus Septentrionale de la Basse-Saxe, & s'étendoient jusqu'à l'Océan. Leur Langue, venue d'Orient, donne l'origine des Langues Allemande, Flamande, Danoise, Suédoise & Angloise. Les Anglois eux-mêmes descendent des Anglo-Saxons qui firent la conquête du Pays qu'on appella par cette raison *Angle-terre*, & qui y porterent la Langue Saxone. BÉDE le vénérable, savant Anglois qui naquit vers la fin du septiéme siécle, nous a conservé les noms des mois de ce Peuple (1).

Leur année commençoit avec le Solstice d'Hyver. A cette époque finissoit un mois appellé GIULI *Erra*, ou le premier *Jule*; & commençoit un mois appellé GIULI, *Aft-era* ou le second *Jule* : ils répondoient ainsi à nos mois de Décembre & de Janvier. Ils durent ce nom à ce qu'ils finissoient une année & en commençoient une autre ; JUL signifiant *révolution*, *roue*, dans cette Langue & dans nombre d'autres. C'est de-là que vint chez les Grecs le nom d'IOLAS, neveu d'Hercule, qui amena les cinquante Fils de celui-ci à Sardes ; allégorie que nous avons expliquée dans l'Histoire d'Hercule & de ses XII Travaux.

SOL-*monath* ou *Mois des Gâteaux ronds* ; c'est Béde lui-même qui nous en donne cette explication, ajoutant que *Sol* signifie dans cette Langue un gâteau. Ces gâteaux s'offroient à la Reine des Cieux, & ils étoient ronds comme elle : de-là leur nom *Sol*, dont les Grecs firent *Solos*, un disque ; & qui pût être également l'origine du nom donné au Soleil, s'il n'étoit pas plus naturel de le dériver de son éclat, ou de ce qu'il paroît *seul*, effaçant dès qu'il paroît tous les autres Astres. Aussi HYCKES (2) dans ses Notes sur un Calendrier Saxon, le dérivoit de *Sol* qui signifie *Soleil*, dit-il, dans les anciennes Langues

---

(1) De tempor. ration. cap. XIII.
(2) Thesaur. Ling. Sept.

du Nord & dans le Poëme intitulé la *Voluspa*. Nous avons déja vû que les Grecs offroient également des gâteaux à la Reine des Cieux à peu près dans le même tems, & précisément dans le même mois, suivant ceux qui font répondre à Février ou à Sol-monath, le mois Athénien appellé *Elaphebolion*. Observerons-nous que *monath*, que signifie mois, est un dérivé de *Mon*, la Lune ?

Hred, ou Red *Monath*, Mars, le mois *rouge*, ou la Lune rousse, à cause des intempéries de l'air dont elle est accompagnée, comme nous l'avons déja dit. Hyckes explique également ce nom par le *cruel*, le *rigoureux*.

Oster ou Estur *Monath*, Avril, le mois de la Déesse *Oster*. Quelques Savans ont cru qu'il falloit rendre ce nom par le *mois de Pâques*, parce que les Anglois appellent la Pâques *Easter* : mais c'est mettre l'effet à la place de la cause. Spelmann (1) convient que ce nom étoit celui d'une Déesse appellée *Eoster*. On ne peut donc y méconnoître Astar-*té* ou la Déesse *Astar*, la Lune des Orientaux ; la Vénus des Grecs & des Romains à laquelle ce dernier Peuple avoit consacré ce mois.

Tri-Milkhi, Mai : ce mot est composé de *Tri*, trois, & de *milkhi*, traire du lait : ce mois dut ce nom, selon Bede, à ce qu'on y trait trois fois par jour les animaux qui donnent du lait.

Lida premier & Lida second, noms des mois de Juin & de Juillet. Bède croyoit qu'ils durent ce nom à ce que les mers sont navigables dans cette saison ; & Spelmann ne voit rien de mieux : mais de ces mois, l'un finit & l'autre commence avec le Solstice d'Eté, au moment où le Soleil s'en retourne. C'est ce que désigne le mot *Lida* : il signifie dans ces anciennes Langues *s'en aller*, *partir*, comme en convient le savant M. Ihre (2). Ce mot a formé le verbe Hollandois Lyden, aller : il se prononça en Grec *lyd*, *lud*, *leuth*, & forma leur ancien verbe *e*-leuth-*ein*, qui signifia *aller*, *venir*.

Weod ou Wend-*Monath*, Août. Bede & Spelmann dérivent ce nom du mot *weeds* qui signifie *yvraie*, & en général toute espéce de plante mauvaise & inutile. Mais ce nom vient du verbe *weda* & *weida*, qui signifie *chasser*, & qui est commun à tous ces anciens Peuples du Nord, de même que le mot *Wed*, *wood* qu'ils ont conservé, & qui signifie *Forêt*. La chasse s'ouvre en effet dans ces Contrées vers le mois d'Août.

---

(1) Glossar. Archaiolog. Lond. 1687. in-fol. p. 420.
(2) Glossar. Sueo Gothic. Upsal. 1769. 2 vol. in-fol. au mot Lida.

Haleg-*Monath*, Septembre, ou le mois sacré, le mois des cérémonies sacrées, relatives sans doute aux récoltes qu'on achevoit alors.

Winter-*Fallith*, la pleine Lune d'Hyver, ou le mois d'Octobre, parce qu'alors commence l'Hyver dans ces Contrées.

Bloth-*Monath*, Novembre; le mois du *sang*; parce qu'on tue dans ce mois les animaux dont on sale la chair pour s'en nourrir pendant la saison morte; & comme on en offroit les prémices aux Dieux, on crut que ce mois ne devoit son nom qu'à des sacrifices de sang.

Giuli *Erra*, Décembre; nous en avons expliqué l'origine à la tête de cet article.

§. II.

Mois des Anglo-Saxons, selon Verstegan.

Ces noms se diversifierent suivant les tems & les lieux: Hyckes a réuni ces variétés dans son Trésor des Langues du Nord: mais nous ne pouvons nous dispenser de rapporter ici les noms que ces mois Anglo-Saxons portent dans Verstegan, que Bailey a regardé comme les vrais noms des mois Anglo-Saxons (1), & qui sont si différens de ceux que nous venons de voir, qu'on ne croiroit pas qu'il s'agit du même Peuple.

Wolf *Monath*, Janvier, ou le mois du Loup; parce, dit-on, que les loups font plus de ravage dans ce mois à cause de la rigueur du froid qui les chasse de leurs forêts: mais ne vaudroit-il pas mieux dire que ce mois est appellé ainsi, parce que chez tous les anciens Peuples, le même nom ayant signifié *loup* & *lumiere*, on appella Janvier mois de *Wolf* dans le sens de lumiere, par opposition à Décembre qui est un mois noir ou de ténébres, & parce qu'alors le Soleil se rapproche de nous?

Sprout *Kele*, Février, le mois où *l'herbe n'a pas encore poussé*. Sprout signifie dans la Langue Angloise *bourgeonner, repousser*. *Kele* doit être le Flamand *Kaal*, pelé, tondu, d'où vint l'Anglois *Callow*, sans plume, ou déplumé.

Lenct *Monath*, le mois où le jour est plus long que la nuit; ou la Lune de Mars.

Oster-*Monath* & Tri-Milkhi, déja expliqués dans l'article qui précéde ou §. I.

_____

(1) Dans son Dict. Anglois Etymolog.

Mede-*Monath*, Juin ; le mois, dit-on, dans lequel les bestiaux pâturent dans les *prairies* : c'est de *Med* que vint l'Anglois *meadow*, prairie.

Hey-*Monath*, Juillet, le mois des *foins*. *Hay* signifie encore *foins* en Anglois, &c.

Barn-*Monath*, Août, le mois des *Greniers* pleins ; ce mot *Barn*, encore en usage chez les Anglois, signifie également *Grenier* dans leur Langue.

Gerst-*Monath*, Septembre, mois, selon Bailey, où *l'on moud le bled* ; *Grist* désigne en effet chez les Anglois l'action de moudre. On verra cependant plus bas une explication peut-être plus naturelle du nom de ce mois.

Wyn-*Monath*, Octobre, mois du *vin* ou des vendanges.

Wyndy-*Monath*, Novembre, mois des vents.

Wynter-*Monath*, Décembre, mois d'*Hyver*.

§. III.

Mois des Francs au tems de Charlemagne.

Les Francs placés au Midi des Angles ou Anglo-Saxons, & qui descendant plus au Midi firent la conquête des Gaules, parloient une Langue qui avoit un très-grand rapport avec celle des Anglo-Saxons. Tels étoient les noms de leurs mois au tems de Charlemagne, & qui ont été expliqués par Hyckes dans son Trésor des Langues du Nord. Ils sont d'autant plus précieux, que c'étoient des mots employés par nos Ancêtres, avant qu'ils eussent emprunté ceux des Gaulois ou des Romains.

Winter-*Manoth*, Janvier, appellé mois d'*Hyver* à cause de la rigueur du froid. On voit que les Francs prononçoient *Manoth* là où les Saxons prononçoient *Monath*.

Hornung, Février, ou le lugubre, à cause des pluies de ce mois.

Lentzin-*Manoth*, Mars, ou le mois dans lequel les jours deviennent plus longs, comme dans l'article précédent, §. II. C'est une origine que n'a pas connu Hyckes.

Ostar-*Manoth*, Avril, par les raisons indiquées §. I.

Wunne-*Manoth*, Mai, mois du *plaisir*, ou plutôt mois agréable : comme il est appellé dans une ancienne chanson du mois de Mai, qui commence ainsi :

» Voici le joli mois de Mai,
» Si gentil & si gai, &c. ».

Brack-*Manoth*, Juin, à cause des labours qui coupent la terre, qui lui font *brèche*.

Heu-*Manoth*, le mois des Foins, comme au §. 2.

Herbst-*Manoth*, Septembre, le mois de la *moisson*, ou d'Automne, appellée *Harvest* en Anglois.

Windt-*Manoth*, Novembre, ou mois des *vents*, comme au §. 2.

Heilag-*Manoth*, Décembre, ou *mois sacré*, à cause e Noel & des autres Fêtes de ce mois.

§. IV.

Mois des Flamands & des Hollandois.

Les noms des mois dans la Langue des Pays-Bas & des Provinces-Unies, ont beaucoup de rapport avec ceux que nous venons de parcourir; cependant ils en diffèrent à quelques égards : c'est un exemple sensible de la maniere dont les Langues s'alterent insensiblement. Ajoutons que les mois qui s'appellent *Monath* en Anglo-Saxon & *Manoth* en Franc, s'appellent simplement *Maand* en Hollandois; ce qui rapproche ce nom du primitif *Man*, Lune.

Louw-*Maand*, mois de Janvier; ce nom doit signifier *mois venteux*, du mot *loef*, vent.

Sprok-kel-*Maand*, Février, comme au §. 2.

Lente-*Maand*, Mars, comme au §. 2.

Gras-*Maand*, Avril ou mois de la *verdure*.

Bloje-*Maand*, Mai, ou le mois des *Fleurs*.

Brak-*Maand*, Juin, comme au §. 3.

Hooi-*Maand*, Juillet, comme aux §. 2 & 3.

Oogst-*Maand*, Août; ce nom paroît une altération du mot *Augustus*, Août.

Gerst-*Maand*, Septembre, ou mois des *Orges*, explication qui vaut mieux que celle de Bailey, §. 2. On l'appelle aussi *Herfst-Maand*, comme dans le §. 3.

Win-*Maand*, Octobre, comme dans le §. 2.

Slagt-*Maand*, Novembre, ou mois de la *tuerie*, par la même raison qu'il s'appelle *Bloth-Monath* au §. 1.

Winter-*Maand*, Décembre, comme dans le §. 2.

§. V.

Mois des Danois.

Les Danois disent *Manet* pour mois; & ils ajoutent également ce nom à la fin de tous les noms des mois.

His-*Manet*, Janvier, ou mois de *glace*. Ils l'appellent aussi *Glug*, le mois des fenêtres fermées.

Blide-*Manet*, Février, le mois *agréable*, dit Hyckes. Ils l'appellent aussi *Goie* ou *Goe*, du nom de la Fille de *Thor* le plus ancien Roi de la Finlande : nous parlerons plus bas de cette prétendue Princesse.

Thor-*Manet*, Mars. Angrin Ionas, Islandois, dérive ce nom de *Thor* ou *Thorron*, Roi de *Gothlande*, de *Finlande*, de *Kuenlande*, &c. Edmund, fils d'*André*, dit que les Danois ont renversé l'ordre, en appellant Thor le mois de Mars, tandis que dans l'origine *Thor* désigna le mois de Février, & *Goe* le mois de Mars. Mais nous verrons au §. suivant, que ce dernier se trompoit lui-même; que *Thor* fut dans l'origine le mois de Janvier; *Goie*, le mois de Février; & *Blide* ou l'agréable, le mois de Mars.

Fare-*Manet*, Avril, ou mois des *voyages*, selon Hickes, du verbe *Fare*, partir. Ceci n'est pas bien vu. *Fare* qui signifie partir, signifie aussi *vivre*, *prospérer*. Or, au mois d'Avril, la terre commence à fournir de quoi vivre par le départ de l'hyver.

Maye-*Manet*, Mai; ce mois ne dut pas ce nom, comme l'a cru Hyckes, au Latin *Maius*, mais au mot Septentrional *Maye*, fleur, d'où vint le verbe *At Maye* qu'il cite lui-même, & qui signifie *orner de branches & de fleurs*. Si l'on veut que *Maia*, la Déesse du mois de Mai chez les Latins, & le mois de *Mai* lui-même, ayent du leur nom à la même cause, & non à *Majores*, ou à la réunion de ces diverses causes, je ne m'y opposerai pas.

Steb-*Sommer*, Juin, mot à mot l'*Eté clair*, *serein*.

Arne-*Manet*, Juillet, le mois des *Insectes* & des *Vers*. Ce mot subsiste encore en Languedoc; une *Arno* est une teigne, ces Vers que produit l'Eté & qui rongent les Étoffes.

Blost-*Manet*, Août, mois d'*Automne*, dit Hyckes. Seroit-ce parce qu'alors les feuilles commencent à changer de couleur, à rougir, ce que signifie le mot Anglois *blush* ?

Fisk-*Manet*, Septembre, mois de la Pêche. *Fisk* est le même mot que *Pisc-is* des Latins dont nous avons fait *poisson*.

Sœde-*Manet*, Octobre, mois des Semailles : de la même racine que *sata*, les Semailles, en Latin, &c.

Slagt-*Manet*, Novembre, mois de la *Boucherie*, par la même raison que dans les §. 1. & 4. Il s'appelle aussi *Winter-manet*.

Christ-*Manet*, Décembre, mois de *Christ*, à cause de sa naissance placée dans ce mois.

§. VI.

DU CALENDRIER.

§. VI.

Noms des mois Suédois.

Ils appellent les mois *Manad*, & en ajoutent également le nom à la fin de chaque nom de mois.

THORA, Janvier, à cause de Thor Roi de Gothlande, &c. premier Roi de Finlande, &c. Mais ce prétendu Roi est le Dieu suprême, le Jupiter des Latins. Dans IHRE, ce mois est écrit *Tors-manad*, & il s'y dérive également de *Thorron*, fils de *Snær*.

GOIA, Février, & qui doit son nom à la fille de Thor. Les Savans du Nord, fort étonnés de la trouver dans leur Calendrier, ne savent si elle fut une Déesse ou une simple mortelle; d'autant plus que dans toute leur Mythologie, ils n'ont jamais rencontré de Déesse désignée par ce nom: mais cette prétendue fille de Thor est la même que Diane ou la Lune, à laquelle ce mois étoit consacré, comme nous l'avons vû au §. I. Elle est appellée *Goia*, du mot *Kow*, une Vache, parce qu'une Vache étoit son Symbole, le Symbole d'Isis. De-là encore, selon toutes les apparences, le nom du même mois de Février chez les Egyptiens qui l'appellent *Coiac*.

BLIDA, Mars. Ce mois est appelé avec raison *agréable* en tout sens; c'est donc par un renversement de nom, que les Danois ont apliqué ce nom au mois de Février; méprise qui n'est pas sans exemple.

VARANT, Avril; & MAY, Mai, par les mêmes causes que dans le paragraphe précédent.

BOVILT, Juin: Hyckes n'explique pas ce nom. Il doit être relatif à la Chasse, & on ne l'aura pas reconnu, parce qu'il est composé de deux mots, qui en s'unissant, se sont un peu altérés, comme cela arrive toujours. *Wild* signifie *Bête sauve*; & *Bog*, en Anglois *Bow*, un arc.

HO-ANT, Juillet. Ce nom n'est pas expliqué non plus par Hyckes, par la même raison qu'il est composé de deux mots: *ho* qui signifie *Foin*, & *ann*, *moisson*. C'est la récolte du Foin.

SKORTANT, Août, parce qu'il raccourcit les jours, dit Hyckes: mais IHRE l'écrit *Skorde-Manad*, & l'explique par *mois de la Moisson*, le dérivant de *Skara*, couper, moissonner.

BLOST-Monat, Septembre, selon Hyckes, qui l'explique, tout comme dans le §. précédent, par mois d'Automne. IHRE l'appelle au contraire *Skyndada-*

Hist. du Cal. P

Monad, & dit qu'il signifie le mois où les meres deviennent veuves, comme on diroit le *mois qui se hâte*, du verbe *Skynda*, se hâter. Cette raison me paroît des plus obscures : j'aimerois mieux dire que ce mois s'appelle le *mois où l'on hâte* les travaux de la campagne à cause de l'hiver qui avance à grands pas.

SLACTE-*Monat*, Octobre ; c'est encore le mois de la *Boucherie*.

WINTER-*Monat*, Novembre, ou le mois d'Hyver.

HYL ou IUL-*Monat*, Décembre, le mois *Julus* ou de la révolution, comme dans le §. 1.

§. VII.

Mois des Islandois.

Ils appellent les mois *Manudr*, & s'ils ont conservé quelques-uns des noms précédens, ils en ont un plus grand nombre qui leur sont propres.

MIDS-VETRAR-*Manudr*, Janvier, mot-à-mot, mois du *milieu* de l'*Hiver*.

FOSTEN-GANGS-*Manudr*, Février, ou mois de la *procession* qui ouvre le Carême.

JAFFN-DEGRA-*Manudr*, Mars, ou mois de l'*Equinoxe*.

SUMAR-*Manudr*, Avril, ou mois de l'*Été*.

FARE-DAGA-*Manudr*, Mai, mois des *jours heureux*, ou propres à voyager, ou plutôt mois des jours favorables pour la pâture : l'Hyver étant fort long en Islande.

NOTT-LEYSA-*Manudr*, Juin, ou mois *sans nuit*.

MADKA-*Manudr*, Juillet, ou mois des *insectes*.

HEY-ANNA-*Manudr*, Août, mois de la *coupe des Foins* : ceci prouve que nous avons bien expliqué le mois *Ho-ant* du §. VI.

ADDRA-ATTA-*Manudr*, Septembre ; ce mot doit avoir rapport à la récolte des champs : *Tratt* signifiant un champ en Suédois.

SLATRUNAR-*Manudr*, Octobre, mois de la *Boucherie*, comme chez les autres Peuples du Nord.

RYDTRYDAR-*Manudr*. Hyckes n'explique pas non plus ce nom. Il fut cependant significatif comme tous les autres, & très-bien choisi.

Il est composé des mots *rid*, travaux, efforts, & *tryta*, cesser, cessation, mots usités encore aujourd'hui en Suédois ; c'est donc le mois de la cessation des travaux : ils finissent à peu près pour toute l'Europe dans ce tems-là, c'est-à-dire, les travaux de la campagne & sur-tout dans le Nord, où dès ce mois la terre commence à se couvrir de neige.

SKAM-DEIGER-*Manudr*, Décembre, ou mois des *courts jours*.

SECTION III.

DE L'ANNÉE ET DES CYCLES.

ARTICLE PREMIER.
ANNÉES ET CYCLES DES ORIENTAUX.

CHAPITRE PREMIER.
De l'Année en général.

Dans l'espace de XII mois, la Nature entiere se renouvelle; la Lune & le Soleil recommencent leur cours; la Terre qui s'étoit dépouillée de toute sa parure, reverdit : l'homme se prépare à de nouvelles récoltes en tout genre. On recommencera donc à compter douze autres mois, dans le même ordre que ceux qui viennent d'expirer; & l'on ira ainsi de 12 en 12 jusqu'à la fin des siécles.

Mais on donnera un nom à chacun de ces assemblages pour pouvoir les désigner, & ce nom sera commun à tous.

Quel nom plus expressif pourra-t-on leur donner que celui de Cercle, de révolution? Aussi appelle-t-on AN ou ANNÉE l'assemblage des XII mois dans l'espace desquels se fait la révolution de la Nature relativement aux Habitans de la Terre.

Ce mot AN, en Latin ANNUS, signifie un Cercle, & de-là notre mot *anneau*, en Latin *annulus*, qui désigne un petit cercle, &c.

Les anciens Latins se servoient de ce mot *An*, comme d'une préposition qui signifioit *autour*. CATON y est formel, lui qui dit dans ses Origines que ces mots *An terminum* signifient la même chose que *circum terminum* : & personne n'ignore que *circum* vient de la même racine que *circulus*, cercle, & qu'il signifie *autour*. Caton en donne une autre preuve, en disant qu'Am-*b*-ire est synonyme de *circum-ire*.

De-là vint également la préposition Grecque, *ANA*, dont la valeur propre est de marquer la réitération, la continuité, tout ce qui se fait plusieurs fois.

Ce mot a lui-même un grand rapport avec le mot oriental *on*, *oein*, écrit en Hébreu עין & עי, mots dont l'un signifie un *Oeil*, un Anneau, le Soleil, tout ce qui est rond ; & l'autre, le Tems. Ainsi ceux qui employent A pour O, formerent aisément de ces mots celui d'*An*, qui offre les mêmes significations générales de *Cercle* & de *Tems*.

Il n'est donc pas surprenant qu'on ait représenté l'année comme un cercle, comme un Serpent replié en rond & qui mord sa queue ; que Virgile ait dit :

  Interea magnum Sol circumvolvitur annum.

Expression pittoresque, qu'on peut rendre par celle-ci :

  Le Soleil cependant déroule la grande année.

Aussi les Romains avoient fort bien apperçu qu'*Annus* dérivoit du mot *An* signifiant *révolution*, *tour*, *cercle* : tel *Ateius* CAPITO, dont parle Macrobe (1).

Les Grecs eurent le même mot ; mais sa prononciation s'éloignoit beaucoup moins de l'Orientale. ENNOS signifia chez eux l'Année.

Je ne doute pas que ce ne soit du même mot que les Hébreux & les autres Orientaux firent, en l'adoucissant par la sifflante, leur mot *Shana* ou *Shane* qui signifie *Année*, tandis que comme verbe il signifie *réitérer*, *recommencer*.

Les Grecs se servent aussi du mot ΕΤ-ος pour désigner l'Année. C'est encore l'Oriental עת, *Oth*, qui signifie le *Tems*, & dont nous avons donné la famille dans l'Origine du Langage & de l'Ecriture.

Ce mot, ainsi que *On* & *Oein*, est composé de O ou y, qui est la peinture & le hiéroglyphe de l'œil ou du soleil : le *T* qui termine le mot *Oth* ou ΕΤ-ος l'année, est le caractère de la perfection, de la fin : ces deux caractères désignent donc par leur réunion, *une révolution accomplie*, une année.

Les Peuples du Nord désignent l'année par un mot où entre au contraire la lettre *R*.

En Anglo-Saxon,	*Gear*.	Goths,	*Ger*.
En Anglois,	*Year*.	Cimbres, Danois & Island,	*Aar*.
En Allemand,	*Iahr*.		
En Flamand,	*Jaer*.	Suédois,	*Ar*.

---

(1) Saturn. Liv. I. ch. 14.

DU CALENDRIER.

Les Etymologistes du Nord ont dérivé ce mot de *Gyr*, cercle. Mais quoique cette étymologie servît à étendre la famille de ce mot, qui est imprimée dans la Grammaire Universelle, nous ne saurions l'adopter.

On voit par les Langues les plus anciennes du Nord, que la premiere lettre de ce mot, ne fait pas partie de l'état primordial de ce mot : qu'elle y a été ajoutée insensiblement : *AR* est le mot ancien désignant l'année dans le Nord. Il appartient donc au mot *AR*, qui signifie culture de la terre, labour, d'où vinrent *AR-o* & *AR-atrum* des Latins, labourer & charrue. De-là encore le Suédois *Ar*, qui signifie, *Récolte*, *Moisson*. En effet, *moissons & années* furent toujours synonymes.

CHAPITRE II.

Diverse longueur de l'Année.

Tous les Peuples compterent donc par Années ; mais tous ne s'accorderent pas sur le nombre de jours dont ils composoient l'année. On peut diviser à cet égard les années en quatre classes.

I. Année LUNAIRE. La premiere espéce d'années & la plus simple, est celle qui ne se régle que sur le cours de la Lune : elle est composée de XII Lunes ou mois lunaires de 29 jours & demi chacun ; ensorte qu'ils sont alternativement de 29 jours & de 30. Ce qui fait six mois de 30 jours, ou 180 jours ; & six mois de 29 jours, ou 174 jours ; ensorte que cette année Lunaire n'a que 354 jours. On appelle *pleins* les mois de 30 jours, & *caves* les mois de 29. Telle est l'année des Arabes & des Turcs.

II. Année SOLAIRE ANCIENNE. On s'apperçut bientôt que le Soleil n'achevoit pas sa course annuelle aussi vite que la lune ; qu'il y employoit quelques jours de plus. On crut que cette différence alloit à six jours. En les ajoutant aux 354 jours précédens, on eut une année Solaire de 360 jours, & chaque mois fut de 30 jours. C'est alors qu'on divisa le Zodiaque en 360 dégrés ; 30 pour chaque signe : ainsi le Soleil étoit censé parcourir un dégré par jour. Cette année avoit l'avantage d'être composée de nombres ronds, & le nombre de ses jours s'accordoit parfaitement avec le nombre des dégrés qui divisent le Cercle.

III. Année SOLAIRE MODERNE. Long-tems après on s'apperçut que cet accord n'avoit plus lieu ; qu'au bout de 360 jours le Soleil n'avoit pas encore achevé le tour du Zodiaque : il fallut donc prolonger l'année afin qu'elle suivît le cours du Soleil ; & comme on trouva que ce n'étoit qu'au bout de cinq autres jours qu'il finissoit sa révolution, on ajouta cinq jours à l'année, & on eut une année solaire de 365 jours.

IV. Année JULIENNE ou BISSEXTILE. Plusieurs siécles après, on remarqua que le cours de l'année n'étoit pas d'accord, malgré cette addition, avec le cours du Soleil, parce que le Soleil employoit quelques heures de plus outre 365 jours, pour parcourir le Zodiaque ; & que ces heures ayant au bout de plusieurs années formé des jours qu'on avoit négligé de compter, les années ne commençoient plus au tems où elles auroient dû commencer ; qu'elles étoient trop courtes : on fut donc obligé de calculer combien il falloit d'années pour que ces heures de surplus fissent un jour, ou dans combien de tems les années & le Soleil se retrouvoient au même point. De-là nombre de calculs différens, dont le principal fut appellé l'année Julienne ou Bissextile, qui est composée de 366 jours tous les quatre ans.

Il n'est aucun Peuple dont les années ne se réduisent à l'une ou à l'autre de ces quatre espèces. L'embarras est de déterminer à quelle de ces années répond celle de chaque Peuple de l'Antiquité ; les changemens successifs qu'ils ont faits dans leur maniere de compter l'année, afin de la perfectionner ; & les tems où ils adopterent successivement ces diverses sortes d'années.

Ces recherches ne sont pas de simple curiosité : elles tiennent essentiellement à l'Histoire du Calendrier, à l'origine des connoissances & des Arts, à la Chronologie, aux liaisons des Peuples les uns avec les autres.

§. II.

Des mots Intercalation *& Cycle, & de leur usage.*

Mais nous ne saurions parler de l'année sans avoir expliqué auparavant deux termes dont on est obligé de faire un usage continuel dans l'Histoire du Calendrier, & au sujet de l'année : ces mots sont ceux d'*Intercalation* & de *Cycle*.

INTERCALATION, est un mot qui désigne un ou plusieurs jours ajoutés de tems en tems à l'année ordinaire, afin de la prolonger, & qu'elle puisse s'accorder avec le cours des Astres. C'est ainsi que dans notre Calendrier, on ajoute un jour à chaque quatrième année. Ce mot est composé de la pré-

DU CALENDRIER.

position latine *inter*, qui signifie entre, & du verbe *calo*, appeller, proclamer. Intercalation signifie donc mot à mot *un jour proclamé entre* deux années ; au moment où l'une finit & où l'autre devroit commencer.

CYCLE est un mot qui désigne un certain nombre d'années qu'on compte de suite, & qu'on recommence sans cesse à mesure qu'il est épuisé. C'est ce qu'indique ce mot qui est grec & qui signifie un cercle, une roue. Un siécle est un Cycle de cent ans. L'année bissextile forme un Cycle de quatre ans. On avoit recours aux Cycles lorsqu'une année seule ne pouvoit s'accorder avec le cours du Soleil à cause de quelque fraction : alors on joint autant d'années qu'il en faut pour faire un nombre rond qui soit d'accord avec le Soleil. Ainsi dans notre Cycle de quatre ans, il n'y a que la quatrieme année qui mette d'accord notre Calendrier avec le Soleil, puisque les trois premieres sont trop courtes de six heures chacune. Or ces six heures font un jour au bout de quatre ans : & en ajoutant ce jour à la fin de la quatriéme année, on est d'accord avec le cours du Soleil.

CHAPITRE III.

Année primitive au tems du Déluge.

LA plus ancienne des années dont on trouve le calcul, est celle dont Moyse fait mention à l'occasion du Déluge au tems de Noé. Cependant quoiqu'il indique par des sommes partielles le nombre des jours qui la composoient, les Savans ne s'accordent point sur la somme totale qui en résulte.

§. I.

Opinions des Savans à ce sujet.

FRERET (1) veut qu'elle n'ait été que de 336 jours, & que ses mois n'ayent été par conséquent que de 28 jours.

---

(1) Défense de la Chron. pag. 43. On lui fait dire qu'elle étoit de 334 jours ; mais c'est une faute d'impression.

HEIDEGGER (1) prétend qu'elle fut Lunaire, & de 354 jours.

Les Auteurs Anglois de l'Histoire Universelle ne la supposent que de 355 jours.

D'autres prétendent qu'elle fut de 360 jours.

SCALIGER lui en donnoit 365 (2).

Le P. BONJOUR en faisoit une année Bissextile de 366 jours (3).

Jean MOLTHERUS (4), Professeur en Hébreu dans l'Académie de Marbourg, après avoir rapporté à ce sujet l'opinion des plus savans Chronologistes, & ne pouvant les concilier, conclut qu'il est impossible de découvrir la forme de l'année du Déluge.

On le croiroit en effet en voyant que des Savans aussi distingués n'ont pu s'accorder à cet égard : mais ce ne seroit pas la premiere question qu'on auroit embrouillée par trop de précipitation, ou par cet esprit de système qui ne voit que ce qu'il a intérêt de voir, & dont il est si difficile de se garantir.

Loin donc de regarder cette recherche comme désespérée, laissons toutes ces opinions, & voyons ce qu'offre à cet égard le récit de Moyse (5).

§. II.

Récit de Moyse.

Noé, dit-il, entra dans l'Arche le 17 du second mois. La pluie alors commença à tomber : elle dura 40 jours & 40 nuits ; & les eaux couvrirent la Terre pendant 150 jours : alors elles commencerent à baisser, ensorte que le 17 du septiéme mois, l'Arche s'arrêta sur le Mont Ararat.

Le premier jour du dixiéme mois, selon le Texte Hébreu des Massorethes, mais le premier jour du onziéme mois selon les meilleurs manuscrits des LXX. sur-tout celui d'Alexandrie, & selon la version Arménienne si estimée, la version Copte & l'Esclavonne du IXe siécle, les sommets des Montagnes voisines se montrent.

---

(1) Hist. des Patriarch. en Latin.
(2) Emendat. Tempor. p. 220. & seq.
(3) Biblioth. choisie, Tom. XV. p. 114.
(4) Traité de la forme & de la long. de l'année diluvienne, in-8°. Francf. 1618.
(5) Gen. ch. VII. & VIII.

DU CALENDRIER.

40 jours après, Noé lâche un Corbeau. Sept jours après, un Pigeon, qu'il lâche deux autres fois de 7 en 7 jours.

Le premier jour du premier mois, il léve la couverture de l'Arche pour examiner l'état de la Terre, & il sort de l'Arche le vingt-septiéme jour du second mois.

§. III.

Réduction de ces diverses Epoques en Année.

Tel est donc le calcul de ces jours.

Du 17 du second mois au 17 du septiéme mois, Moyse compte 150 jours ou 5 mois: ces mois sont donc chacun de 30 jours: l'année est donc de 360 jours, ou de 12 fois 30 jours.

Si cette observation donne déja l'année de 360 jours, l'ensemble des époques en sera de même.

Evénemens.	Nombre de jours.	Nombre de mois.
17ᵐᵉ. jour du 2ᵐᵉ. mois, entrée dans l'Arche........	0	0
17ᵐᵉ. jour du 7ᵐᵉ. mois, eaux commencent à baisser........	150	5
1ᵉʳ. jour du 11ᵐᵉ. mois, les Montagnes se découvrent........	104	3 m. 14 jours.
1ᵉʳ. jour du 1ᵉʳ. mois, Noé léve la couverture de l'Arche........	60	2 m.
De-là au 17ᵐᵉ. jour du second mois...	46	1 16 j.
	360	12 0

Noé sort le 27ᵉ jour du second mois, ou 10 jours après le commencement de la seconde année.

§. IV.

Journal particulier du 11 & du 12 mois.

Ce qui avoit le plus embrouillé cette question, c'est le détail que Moyse fait de ce qui se passa depuis le premier jour que les Montagnes se furent décou-

Hist. du Cal.   Q

vertes, jusqu'au jour où Noé leva la couverture de l'Arche : nous en ferons, à cause de cela un article à part.

Le premier jour du 11.me. mois, les Montagnes se découvrent.

40 jours après, Noé lâche le Corbeau.	40 jours.
7 jours après, le Pigeon.	7
2 autres fois, de 7 en 7 jours.	14 j.
	61

Ce qui fait deux mois & un jour ; & ce jour est le 1er. jour du 1er. mois, où Noé léve la couverture de l'Arche.

Lors même que nous admettrions la leçon du Texte Hébreu qui porte que ce fut le premier du 10.me. mois que les Montagnes se découvrirent, on verroit également que l'année ne fut que de 360 jours ; mais alors il se seroit écoulé un mois entier entre le dernier voyage de la Colombe, qui ne revint pas, & le jour où Noé leva la couverture de l'Arche : ce qui est contre toute vraisemblance, comme l'a très-bien vu M. des VIGNOLES : « Est-il appa- » rent, dit ce savant Chronologiste (1), que Noé ayant témoigné tant d'em- » pressement à savoir en quel état étoit la Terre, par l'envoi de quatre Messa- » gers aîlés dans l'espace de trois semaines ; & devant juger par le dernier qui » n'étoit pas revenu, que la Terre étoit déja séche ; est-il apparent que Noé » ait attendu cinq semaines à ouvrir le dessus de l'Arche pour s'en éclaircir » lui-même, ou sans dépêcher d'autres Messagers pour s'en assurer da- » vantage » ?

§. V.

Source des erreurs dans lesquelles on est tombé à cet égard.

Il est donc aisé de voir que les Savans qui n'avoient pu calculer au juste la durée de l'année du Déluge, avoient été séduits par des suppositions erronées, qui les avoient empêché d'appercevoir la lumiere.

C'est, par exemple, pour s'en être rapporté à la Vulgate, que Freret tomba dans cette méprise singuliere de ne donner à l'année que 336 jours : en effet la Vulgate fait entrer Noé dans l'Arche le 17 du second mois, tout comme les autres Textes, elle ne fait arrêter l'Arche que le 27 du septiéme mois, &

---

(1) Chron. de l'Hist. Sainte, Vol. II. *Année Ancienne*, p. 619.

DU CALENDRIER. 123

elle ne compte que 150 jours pour cet espace de tems, tandis que ces 150 jours font déja finis par le texte Hébreu dix jours plutôt, ou le 17 du même mois. Ainsi au calcul de la Vulgate, les mois du Déluge n'auroient eu que 28 jours. Freret n'avoit donc pas pensé au texte Hébreu? Ne l'entendoit-il pas? ou s'en rapporta-t-il trop légèrement à la Vulgate?

Il seroit aussi aisé de faire voir que tous les autres Savans qui se sont égarés à ce sujet, ne sont tombés dans l'erreur que par des causes aussi sensibles. Contentons-nous d'une observation.

Par le texte Hébreu, Noé ne sort de l'Arche que le 17me. jour depuis le moment où le Pigeon n'étant plus revenu, il a découvert l'Arche, ensorte qu'il y est resté un an & dix jours. Ces dix jours sont singuliers, & paroissent une fraction insérée ici par erreur. En jettant les yeux sur les LXX, on voit qu'ils ne font rester Noé dans l'Arche que 360 jours.

S'il sort également le 27 du second mois, & si, selon la Vulgate, l'Arche ne s'arrête sur l'Ararat que le 27 du septiéme mois, ils ne font entrer Noé dans l'Arche que le 27e jour du second mois, au lieu du 17, c'est-à-dire, dix jours plus tard : & le faisant sortir au même jour qu'il en sortit selon le texte Hébreu, il n'y resta donc, selon eux, que 360 jours.

Nous avons vu à l'instant qu'en supposant que Noé ne resta dans l'Arche qu'une quinzaine de jours après le dernier voyage de la Colombe, il n'y seroit resté également que 360. jours, selon le texte Hébreu lui-même.

Dès-lors, il seroit resté dans l'Arche, selon l'Hébreu, du 17 du second mois au 17 du second mois d'une autre année, tandis que selon les LXX, c'est d'un 27 au 27.

Pour quelle de ces deux dattes se décidera-t-on? Sans doute pour celle du texte Hébreu, qui doit l'emporter comme original toutes les fois qu'on n'a point de raison pour en rejetter les nombres. Mais ici nous avons une preuve en sa faveur, aussi singuliere que peu suspecte. C'est que l'époque du 17 du second mois s'est conservée chez les Egyptiens eux-mêmes comme époque de l'entrée dans l'Arche. Il est vrai qu'ils avoient changé les noms, ce qui n'a rien de surprenant. Ils disoient donc qu'Osiris avoit été contraint par Typhon, que chacun sçait être l'emblême des Orages & des Déluges, à se renfermer dans l'Arche le 17 du second mois; tradition qui a été conservée par Plutarque (1), & qui n'a pas échappé aux savans Auteurs Anglois de l'Histoire Universelle (2).

---

(1) Traité d'Isis & Osiris.
(2) Tom. I. de la Traduct. Franç. p. 177. en note.

Q ij

HISTOIRE CIVILE

Ce qui a sur-tout induit en erreur les Savans, relativement à l'année du Déluge, & leur a persuadé qu'elle ne pouvoit être de 360 jours, & qu'elle en devoit avoir 365, c'est l'imperfection dont seroit pour nous une année de 360 jours. Ils n'ont pas cru possible que les Patriarches antérieurs au Déluge se fussent trompés à cet égard, & eussent constamment regardé une année aussi courte, comme étant conforme au cours du Soleil : tandis qu'il est si aisé de s'appercevoir du contraire. Il a donc fallu trouver dans le récit de Moyse une année de 365. jours, & même de 366.

Ceux qui étoient dans l'idée que les premiers hommes & même la plûpart des Nations long-tems après le Déluge, n'ont connu que des années Lunaires, ont absolument voulu borner la durée de l'année du Déluge à 354. jours.

Dès-lors, on n'a pas vu dans le récit de Moyse, ce qui y étoit; mais ce qu'on avoit envie d'y voir. Ce qui malheureusement n'est que trop ordinaire.

L'histoire du Déluge d'ailleurs n'est pas la seule preuve que nous ayons que l'année n'avoit alors que 360 jours; nous en allons voir d'autres dans le Chapitre suivant; & nous indiquerons des causes capables d'avoir produit des effets tels, que l'année de 360 jours qui étoit conforme au mouvement du Soleil avant le déluge & très-juste, cessa de l'être après ce terrible évenement.

CHAPITRE IV.

Année après le Déluge & avant l'établissement des Colonies primitives, & ses Causes.

M. DES VIGNOLES a prouvé de la manière la plus satisfaisante (1) que les Peuples des divers Empires qui se formerent après le Déluge, ne comptoient que 360. jours dans l'année : c'est une nouvelle preuve que l'année du Déluge n'en avoit pas davantage. En effet, où ces Peuples auroient-ils pris une forme d'année si peu assortie au cours de la Nature, s'ils ne l'avoient tenue par tradition des tems antérieurs au Déluge ?

D'ailleurs ceux qui survécurent à ce bouleversement, ne durent sentir de

---

(1) Forme de l'Année ancienne.

long-tems la nécessité de perfectionner cette année ; & quand ils l'auroient apperçu, les moyens propres à y parvenir leur auroient totalement manqué : Ainsi l'année n'eut encore pendant quelques siécles que 360 jours.

Ceux même qui les premiers s'apperçurent qu'elle étoit trop courte, & qui y ajouterent cinq jours, avoient une telle vénération pour ces 360 jours, qu'ils n'oserent confondre avec eux les 5 jours qu'ils y ajouterent, & qu'ils les compterent toujours à part.

Cet accord de tous les anciens Peuples à admettre une année qui n'étoit pas exacte, & ce respect qu'ils conserverent pour elle, lors même qu'ils furent forcés de l'abandonner, sont tout autant de preuves qu'ils la tenoient de la plus haute Antiquité ; qu'elle avoit été établie déja avant le Déluge ; & qu'on explique exactement le récit de Moyse sur l'année du Déluge, lorsqu'on y voit une année de 360 jours.

§. II.

Causes de l'année de 360 jours.

Mais comment a-t-il pu se faire que les Habitans du premier Monde, qu'on nous peint comme des personnages éclairés, industrieux, doués d'une longue vie, se soient contentés d'une année aussi imparfaite, & dont les défauts devoient nécessairement se faire sentir de la maniere la plus frappante ?

On ne voit d'autre réponse à cette difficulté, du moins de réponse qui concilie tout, que d'avouer que cette année de 360 jours convenoit aussi parfaitement au premier Monde, qu'elle convint peu à l'état du Monde réchappé du Déluge.

En effet, rien ne paroît moins conforme à cette harmonie admirable qu'on observe dans les Ouvrages de la Divinité, que cette forme irréguliere qui s'étend de quelques jours, de quelques heures, de quelques minutes, de quelques secondes, au-de là du nombre régulier & harmonique de 360 jours. Nombre, qui est celui de la division d'un Cercle, & qui est lui-même divisible en nombres ronds & sans aucune fraction : par-là même, digne d'être entré dans les proportions de l'Univers.

On est donc fondé à croire que par une suite des ravages qui occasionnerent le Déluge, & de ceux qui furent l'effet du Déluge même, les proportions du mouvement de la Terre relativement au Soleil furent altérées : que son mouvement annuel ne put s'achever comme auparavant, en 360 jours, quelle qu'en ait été la cause : soit que son mouvement se soit rallenti, soit que l'axe de la Terre qui est incliné de 23 dégrés & demi sur celui du Soleil, par une fraction qui n'est point dans la Nature, fût avant le Déluge paralelle à l'axe du Soleil : ensorte que les hommes de ce tems-là auroient joui non-seulement d'une année régulière, & toujours constante de 360 jours, mais d'un jour & d'une nuit toujours les mêmes, & d'une température toujours agréable, toujours exempte de ces cruelles alternatives de chaud & de froid qui sont si rédoutables pour les corps les mieux organisés.

CHAPITRE V.

Année Egyptienne ; augmentée de cinq jours appellés Epagoménes.

CEux qui réparerent les pertes de l'ancien Monde, accoutumés à cette année de 360 jours, la conserverent donc pendant quelque tems. On ne tarda cependant pas à s'appercevoir que ce calcul ne s'accordoit pas avec le mouvement des Astres, & que l'année recommençoit quelques tems avant que le Soleil eût achevé sa course annuelle.

Les Egyptiens furent des premiers à faire cette découverte ; & comment eût-elle pu leur échapper ? L'inondation du Nil, & le lever du brillant Sirius ou de la Canicule, revenoient toujours ensemble à la même époque, s'accordoient avec le cours du Soleil, & ne s'accordoient point avec l'année de 360 jours, qui se trouvoit déja avoir fait place à une autre.

Il fallut donc, malgré le respect qu'on avoit pour l'antiquité, malgré la vénération dont on étoit pénétré pour ses instructions, réformer l'année en la prolongeant. C'est alors qu'on la prolongea de cinq jours.

Ces cinq jours furent mis à la suite des XII mois, sans faire partie d'aucun : ils furent appellés *Epagoménes* ; c'est-à-dire, *ajoutés*, & chacun d'eux reçut le nom d'une Divinité Egyptienne : ils furent appellés,

Osiris, frere d'Isis.
Aroueris.
Typhon, mari d'Isis.
Isis,
Nephthé, ou *Apophras*, sœur d'Isis, & appellée par Firmicus *Nephthonné*,

DU CALENDRIER.

C'est relativement à cette augmentation de cinq jours, que les Prêtres Egyptiens inventèrent l'allégorie des cinq jours gagnés à la Lune par Mercure en faveur de Rhéa, & que nous avons expliquée dans les Allégories Orientales.

§. II.

Tems où se fit cette addition.

Les Savans ne sont pas d'accord sur le tems où les cinq *Epagomènes furent ajoutés à l'année*.

Newton, dans sa Chronologie (1), suppose que les Egyptiens se servirent de l'année de 360 jours, jusqu'au IXe siècle avant J. C. Qu'Ammon, pere de Sésac ou de Sésostris, fut le premier qui y ajouta ces cinq jours : mais que l'Egypte entière n'adopta cette manière de compter que sous le regne d'Aménophis, ou de Menès, fils de Zarah, Roi d'Ethiopie, l'an 884 avant J. C. & quelques années après la mort de Sésostris.

Ce savant Auteur s'appuie en même tems d'un passage du Syncelle qui attribue cette addition de cinq jours à un Roi nommé *Aseth*, & qui fut le dernier des Rois Pasteurs ; d'où il conclut que le regne de ces Rois, & la révolte des Impurs sous la conduite d'Osarsiph, Prêtre Egyptien, arriverent au commencement du regne d'Aménophis, fils de Zarah.

Mais il est impossible que les Egyptiens aient conservé pendant un si grand nombre de siècles une année aussi defectueuse, & dont il leur étoit si aisé d'appercevoir les erreurs.

D'ailleurs, les Allégories mythologiques qu'on inventa pour embellir l'Histoire de la correction faite à l'année, supposent une antiquité très-reculée, & font correspondre ce changement aux tems fabuleux ou héroïques dans lesquels on ne s'exprimoit que par Allégories.

Freret attaque vivement Newton sur cet objet. Prenant pour base Censorin, qui dit que l'année dans laquelle il écrivoit, étoit la centiéme d'un nouveau Cycle Egyptien de 1460 ans, composés chacun de 365 jours ; & que le commencement de ce Cycle avoit eu lieu dans l'année du second Consulat d'Antonin, ou l'an 138 de notre Ere, il conclut que ce Cycle succédoit à un autre qui avoit commencé l'an 1322. avant J. C., & que les Egyptiens avoient eu

---

(1) Sous l'an 884.

par conséquent une année de 365 jours, 438 ans avant celui où Newton place cette invention (1).

Il observe ensuite, avec BAINBRIDGE, Professeur d'Astronomie à Oxford, que CLÉMENT d'Alexandrie (2) a marqué cette même année 1322, comme celle du commencement d'un Cycle Egyptien. Clément dit en effet que l'Exode ou la sortie d'Egypte arriva l'an 345 avant le renouvellement du Cycle sothiaque ou caniculaire des Egyptiens : cette sortie étoit, selon lui, de l'année 1668 avant J. C. & en ôtant de cette somme 345, reste l'année 1323 ou 1322.

M. Des Vignoles, d'accord en cela avec Freret, avance un peu cette époque, la faisant commencer en 1324 ou l'an 3389 de la Période Julienne, avec le lever de la Canicule (3), le 20 Juillet, un Samedi, jour regardé comme celui de la naissance du Monde.

Mais l'année de 365 jours remonte bien plus haut, ajoute M. Freret, puisque Clément d'Alexandrie dit que la sortie d'Egypte arriva avant le renouvellement du Cycle Caniculaire. Elle arriva donc pendant la durée d'un pareil Cycle, ensorte que celui qui commença peu avant Censorin, n'étoit que le troisième.

Le premier de tous aura donc commencé l'an 2782. avant J. C.

Cet Académicien prouve très-bien ensuite (4) que le Roi auquel le Syncelle attribue les Epagomènes, commença à régner, selon ce Chronologiste, trois ans avant Moyse, & par conséquent, plus de 800 ans avant Sésac, dont Newton le suppose contemporain. Il ajoute que ce n'est pas même ce Roi qui a inventé les Epagomènes ; mais *Athoth* ou *Athoth-is*, successeur de Menès, que le Syncelle a mal à propos confondu avec *Aseth* ; & que le premier Cycle Caniculaire commença la 44ᵉ année d'*Athoth-is*, l'an 2782 avant J. C., & 106 ans après Menès, qui, selon l'ancienne Chronique d'Egypte, commença à régner l'an 2888.

Manéthon dit en effet que l'an 2082. où les Rois Pasteurs s'emparerent de l'Egypte, étoit la 700ᵉ année d'un Cycle ; circonstance que le Syncelle a conservée.

Quant au rapport du nom d'Athoth ou Athothis avec celui d'Aseth, il est d'autant plus grand, que la Canicule s'appelloit également *Seth*, *Soth*, *Sothis*.

---

(1) Défense de la Chron. p. 397. & suiv.
(2) Stromat. I.
(3) Chron. de l'Hist. Sainte, T. II. p. 675. &c.
(4) Déf. de la Chr. p. 405.

Parlerons

DU CALENDRIER.

Parlerons-nous de l'opinion qu'a eu M. de la Nauze à ce sujet? Il convient (1) avec Freret que l'année de 365 jours est antérieure au IXe. siécle, & qu'elle servit au Cycle qui commença l'an 1322. Mais il ne croit pas devoir admettre un Cycle antérieur à celui-là; il voit dans *Aseth*, Assis, sixiéme & dernier des Rois Pasteurs, qu'il est forcé de faire postérieurs à la sortie d'Egypte, & qui sont, à son avis, des Cananéens chassés de leur Pays par Josué.

CHAPITRE VI.

Si les Egyptiens ont connu l'Année Julienne ou Bissextile de 366 jours.

L'Année de 365 jours n'est pas conforme, comme nous avons vu, au mouvement du Soleil: elle est plus courte d'environ six heures, ou d'un jour tous les quatre ans : ensorte que le Cycle Caniculaire de 1460 ans étoit d'une année entiere plus court que 1460 ans Solaires.

Il étoit donc impossible aux Egyptiens de ne pas s'appercevoir à la longue de leur erreur; ils l'apperçurent en effet, tous les Savans en conviennent : mais ce dont on ne convient pas, c'est s'ils corrigerent leur Calendrier à cet égard, s'ils employerent cette année qu'on apelle *Julienne* ou *Bissextile*, qui est de 366 jours, & qui revient tous les quatre ans.

Dodwell, savant Anglois, & M. de la Nauze, sont tous les deux dans cette idée : ce dernier s'appuie d'un passage (2) de Théon, Grec d'Alexandrie, qui vivoit au quatriéme Siécle de notre Ere, & qui dit expressément que les Grecs d'Alexandrie faisoient l'année de 365 jours & un quart; tandis que les Egyptiens la faisoient de 365 jours sans fraction.

Mais comment M. de la Nauze n'a-t-il pas vû que ce passage étoit directement contre lui? Théon nie que les Egyptiens connussent l'année Julienne ; car il ne l'attribue qu'aux Grecs d'Alexandrie. Or ces Grecs ne sont pas les Egyptiens dont il est ici question.

Ces Grecs ne sont pas même pour lui : car Théon ne parle que de son

---

(1) Mém. des Inscr. Tom. XXI. in-12.
(2) Mém. des Inscr. Tom. XXV. in-12.

Hist. du Cal.

tems; or depuis plus de 300 ans, l'année Julienne avoit été établie par Jules César. Le vrai état de la question étoit, si les Egyptiens naturels avoient connu l'année Julienne, avant que les Grecs l'eussent adoptée.

Freret, non-seulement nie à M. de la Nauze que les Égyptiens l'aient connue; mais il lui nie encore que les Grecs d'Alexandrie en ayent eu connoissance avant Jules César (1). Il s'appuie des témoignages de Dion, de Pline, & sur-tout de Géminus : ce dernier étoit antérieur à Censorin, & postérieur à Hipparque, grand Astronome Grec d'Alexandrie, dont Géminus cite les Ouvrages, témoins irrécusables sur l'objet en question.

Géminus nous apprend donc, dans ses Élémens d'Astronomie :

1°. Que c'étoit chez les Grecs un article essentiel de Religion, d'employer des mois purement Lunaires, & de les attacher par le moyen des intercalations aux mêmes saisons de l'année Solaire, afin que la célébration des Fêtes Religieuses s'écartât le moins qu'il fût possible, des saisons où elles avoient été fixées.

2°. Que l'année Egyptienne étoit essentiellement différente de l'année Grecque, parce que n'ayant que 365 jours, elle n'étoit ni Lunaire, ni Solaire à parler exactement : quatre de ces années étoient plus courtes d'un jour entier, que quatre révolutions Solaires ; ce qui produisoit une différence de 30 jours en 120 ans. Mais les Egyptiens, ajoute Géminus, se faisoient un point de Religion de n'employer aucune intercalation, afin que par ce reculement d'un jour en quatre ans, les Fêtes de l'année Civile répondissent successivement à tous les jours de l'année Solaire vraie ; & que par ce moyen, chaque jour de cette année se trouvât sanctifié par la célébration successive de toutes les différentes solemnités Religieuses, dans l'espace de 1460 ans.

M. des Vignoles s'accorde parfaitement à cet égard avec les principes de Freret (2). Ce Savant ayant rapporté un passage de Lucain (3) où il fait dire par César à Achorée, Prêtre Egyptien, que les Prêtres ses prédécesseurs n'avoient pas fait difficulté de découvrir leurs mystères à Platon, & ayant cité un autre passage de Strabon (4) qui dit qu'Eudoxe & Platon demeurerent 13 ans à Héliopolis, & apprirent des Prêtres Egyptiens, que pour rendre

---

(1) Même Volume des Inscr.
(2) Dans sa Dissert. sur l'année ancienne, ch. IV, p. 649.
(3) Phars. Liv. X, v. 181.
(4) Liv. XVII.

DU CALENDRIER.

l'année complette, il falloit ajouter aux 365 jours, quelques parties du jour & de la nuit ; ce Savant, dis-je, raisonne ensuite ainsi :

« Sur ces deux faits qui sont certains, & sur quelques Monumens Historiques, j'ai conjecturé : premierement, que dès l'Antiquité la plus reculée, la grandeur de *l'année* qu'on appelle *Julienne*, a été connue par les Prêtres ou les Savans Égyptiens : secondement, que *dans cette premiere Antiquité, leur année* Civile *n'avoit que* 360 *jours* ; non plus que celle de la plûpart des autres Peuples. C'est pour établir ces deux conjectures & faire voir en même tems comment cette ancienne forme d'année a été changée en Égypte, qu'il *compara* cette année ancienne avec l'année secrette des Prêtres Égyptiens, appellée *Julienne* ».

Il est donc constant que les Égyptiens avoient apperçu que leur année étoit plus courte que l'année Solaire d'un an sur 1460 ans, ou d'un jour tous les quatre ans, mais qu'ils ne firent pas usage dans leur Calendrier de ces apperçus, par un motif religieux, dont la raison qu'on en donne est trop peu sensible pour être la vraie.

Ne pourroit-on pas l'attribuer plutôt à la force de l'habitude & au respect profond pour les usages des Ancêtres ; de même que par l'aversion pour les Peuples qui les subjuguerent depuis la mort de Cyrus ?

Ceux qui ne consulteroient de SCALIGER que son grand Ouvrage sur la Correction des Tems (1), demeureroient convaincus comme M. de la Nauze, que l'année Julienne étoit connue des Egyptiens : il y dit positivement, d'après STRABON, qu'Eudoxe, éleve des Égyptiens, enseigna aux Grecs à intercaler un jour à la fin de chaque quatriéme année, & que c'est ce qu'il faut entendre par le *Lustre* d'Eudoxe dont parle Pline liv. 2, & qu'il dit être le même que *l'année Caniculaire* composée de quatre ans de 365 jours, & d'un 366e. jour à la fin de la 4e. année.

Mais outre que STRABON est trop postérieur à cette époque, Scaliger abandonna lui-même cette opinion dans la suite, & convint dans le dernier Ouvrage qu'il composa sur la Chronologie (2), que Jules César fut le premier qui fit cette intercalation, & que les Égyptiens ne s'en servirent jamais.

Le croira-t-on ? on peut concilier ces deux Adversaires, FRERET & M. de la NAUZE. C'est en distinguant l'année Religieuse & l'année Profane ou Civile.

---

(1) De Emendat. Tempor. Lib. III. p. 196.
(2) Canon. Isagog. L. III. p. 272.

R ij

C'est à l'année Religieuse qu'il faut appliquer tout ce que dit Freret contre le système de son Confrere. C'est à l'année Profane ou Civile qu'il faut appliquer tout ce qu'a dit M. de la Nauze, & qu'il n'a pas su distinguer de l'année Religieuse, ou qu'il a appliqué mal-adroitement à l'année Ecclésiastique. C'est M. Freret qui en fournit lui-même les preuves (1).

» Quoique l'Année de 365 jours, dit-il, fût une année vague, il y avoit
» cependant un commencement fixe de l'année, établi pour l'usage civil, pour
» la culture des terres, pour les fermages, & pour le payement des impôts
» annuels qui se prenoient sur le produit des terres. VETTIUS VALENS, Astro-
» nome d'Antioche, contemporain au moins de Ptolemée, & ORUS, Ecrivain
» Egyptien, nous assurent de l'existence de cette année civile. L'année vague
» étoit l'année Religieuse qui servoit à régler les Fêtes & les Sacrifices. Le com-
» mencement & la fin du Cycle étoient marqués par la réunion du commen-
» cement de cette année Religieuse avec celui de l'année civile. Le commence-
» ment de cette derniere étoit marqué, selon Porphyre (2), par le lever
» héliaque de la Canicule; & selon Solin, ce lever étoit marqué au 27e degré
» du Cancer, le 12 avant les Calendes d'Août : lever remarquable pour
» l'Egypte, parce qu'il arrive au tems de l'inondation du Nil. »

Mais l'année civile ne pouvoit s'accorder avec le lever de la Canicule sans une intercalation, & c'est précisément de celle-là dont parle Pline au sujet d'Eudoxe, comme en convient Freret dans la note qui suit ce que nous venons de transcrire.

» Pline, dit-il, parlant du Cycle de quatre ans établi par Eudoxe pour les
» prognostics auxquels on ajoutoit alors grande foi, dit, que ce Cycle rame-
» noit toujours, par l'intercalation d'un jour en quatre ans, le commencement
» de l'année au lever de la Canicule.

M. Freret contre Newton, accorde donc des choses que nie M. Freret contre M. de la Nauze : est-ce précipitation ? est-ce oubli ? Comment d'ailleurs l'un & l'autre ne penserent-ils jamais, dans leur dispute, à cette distinction réelle d'année sacrée & d'année civile, qui concilioit tout ?

L'Année Civile des Egyptiens commençoit donc dans ces tems reculés avec le lever de la Canicule le 20 Juillet, le lendemain de l'Assomption ou de l'Apothéose de Nephtys : & ce commencement étoit désigné par la figure de Mercure à tête de chien.

---

(1) Défense de la Chron. p. 393. &c.
(2) De Antro Nymphar.

DU CALENDRIER.

Mais lorsque les Grecs d'Alexandrie eurent adopté l'année Julienne, le premier jour de l'année Civile devint fixe & répondit au 29 Août. Ainsi l'année commençoit en Egypte un mois plutôt que chez les autres Peuples, qui attendoient pour cet effet l'Equinoxe de Septembre, tems où ils avoient achevé d'enfermer leurs récoltes.

C'est par cette raison que les Etrusques & les Romains plantoient en Septembre le Clou sacré qui servoit à marquer les années & à les sanctifier.

CHAPITRE VII.

Année Chaldéenne, & Ere de Nabonassar.

§. I.

L'ANNÉE primitive des Chaldéens fut également de 360 jours : Censorin le donne à connoître lorsqu'il dit (1) : » Les Chaldéens diviserent le Zodiaque » en XII parties exprimées par autant de Signes égaux. Le Soleil les parcourt, » de maniere qu'il reste dans chacun un mois à peu près. Chaque Signe a 30 » divisions, & le Zodiaque entier en a 360 ».

On peut le prouver encore par Ctésias, qui fit un long séjour à Babylone, & d'après lequel Diodore de Sicile rapporte (2) que Sémiramis environna cette Ville d'une muraille de 360 stades, » afin que son enceinte eût autant de stades » qu'il y a de jours dans l'année ».

Il est vrai que Clitarque qui suivit Alexandre le Grand à Babylone, donne à cette Ville 365 stades de circuit ; mais de ces deux témoignages contradictoires, le premier seul est admissible, étant d'accord avec toute l'Antiquité ; & les murs de Babylone n'étant plus au tems de Clitarque ce qu'ils étoient au tems de Ctésias, ensorte qu'il n'a pu en parler que d'après la Tradition ; & comme de son tems, l'année avoit 365 jours, il aura conclu que Babylone ayant autant de stades de circuit qu'il y a de jours dans l'année, elle avoit un circuit de 365 stades. Ce n'est pas la premiere faute qu'on auroit commise en ce genre ; & cette remarque n'a pas échappé à Des-Vignoles (3).

---

(1) Chap. VIII.
(2) Liv. II. ch. VII.
(3) Diss. sur l'Année ancienne.

Cependant, comme les Chaldéens s'appliquerent dès le commencement à l'Astronomie, ils durent remédier de bonne-heure à cette imperfection de l'année. Ils connurent même, selon Freret, sa vraie durée, & l'avoient déterminée à 365 jours, cinq heures, 49 minutes & 30 secondes, ou un peu moins. Voici le précis de ses recherches à ce sujet (1).

§. II.

Les Chaldéens, dit-il, avoient deux périodes appellées SARES, toutes deux composées de mois lunaires, dont l'une servoit à l'usage civil, & l'autre n'étoit employée que par les Astronomes. Suidas nous apprend que c'étoit une période de 18 ans lunaires intercalés; ensorte que six de ces années étoient de treize mois lunaires, & que la période entière étoit de 222 lunaisons.

Suidas ajoute que 120 de ces Sares font 2260 ans; ce qu'il faut entendre d'années lunaires; autrement ils ne feroient que 2160 ans. C'est la durée que Bérose attribue aux X générations qui précéderent le Déluge, tandis que les LXX donnent à cet intervalle une durée de 2242 ou de 2262 ans; accord, observe M. Freret, bien digne de remarque.

Les Fragmens D'ABYDÈNE conservés par le Syncelle, montrent que le Sare étoit divisé en VI Nères, & le Nère en X Sosses. Chaque Nère comprenoit donc trois ans, deux de 12 mois chacun, & un intercalé de 13 mois, en tout 37 lunaisons. Comme cet espace contient 40 mois périodiques, ou 40 révolutions de la Lune dans son orbite par rapport aux étoiles fixes, le Sosse étoit composé de quatre mois périodiques, Tel étoit le Sare civil.

Mais il en existoit un autre à l'usage des Astronomes, qui prouve que les Chaldéens avoient une connoissance très-exacte de la vraie quantité des mouvemens célestes; & que si le Sare civil avoit besoin d'une correction, ils étoient en état de la faire. Le Sare Astronomique étoit de 223 lunaisons, & cette période leur servoit à prédire le retour des éclipses. Geminus (2) qui nomme cette période ἐξελιγμος, évolution ou révolution, l'attribue formellement aux Chaldéens, & dit qu'ils lui donnoient une durée de 6585 jours, 8 heures. Il ajoute que cette période épuise toutes les variétés du mouvement de la Lune, & donne son retour à la même distance du Soleil, au même point de

---

(1) Mém. des Inscr. Tom. XXV. in-12. p. 146. & suiv.
(2) Chap. XV.

son écliptique, & ramène ses nœuds au même point de l'écliptique solaire.

PLINE parlant de cette période de 223 mois, dit (1) qu'elle donne le retour des éclipses. Les Astronomes Chaldéens supposoient que pendant cette durée de 6585 jours 8 heures, le Soleil faisoit 18 révolutions complettes, plus dix degrés quarante minutes; & la Lune, 241 révolutions périodiques dans son orbite, plus dix degrés quarante minutes, & 223 révolutions synodiques complettes.

Pour avoir un nombre de jours entiers, & pour éviter les fractions, ils triploient cette période; ce qui leur donnoit 19756 jours, ou 54 révolutions solaires, plus 32 degrés: 669 lunaisons complettes: & 723 révolutions lunaires, plus 32 degrés.

L'année solaire moyenne qui résulte des hypothèses Chaldéennes, est ainsi de 365 jours, 5 heures, 49 minutes, 30 secondes, ou même un peu moindre. Elle est plus longue de près de 30 secondes que celle des Tables de MM. de la Hire & Cassini; & de 33 secondes, que celle de Newton dans sa Théorie de la Lune; mais plus courte de 6 minutes 25 secondes que celle d'Hipparque, & par conséquent plus exacte.

Hipparque, n'ayant pu approcher de cette perfection, supposa que les hypothèses des Chaldéens étoient fautives. Ptolémée le répeta après lui: tous nos Astronomes, observe Freret, ont été entraînés par leur autorité, & ne se sont pas donné la peine d'examiner. Bouillaud & Riccioli suivirent le torrent.

Le célèbre HALLEY ayant examiné la période de 223 lunaisons, trouva qu'elle avoit en effet la propriété singuliere de donner le retour des éclipses semblables, non-seulement au même jour, mais encore à la même heure, & il s'assura par la comparaison des observations les plus exactes (2) qu'en faisant à la durée de 6585 jours 8 heures, une légère correction de 16 minutes, 40 secondes, elle donnoit le retour des éclipses semblables, avec autant de justesse que les meilleures Tables. Ce ne fut cependant qu'environ 40 ans après Halley, que les Astronomes penserent à employer cette période Chaldéenne du Sare pour dresser des Tables du mouvement de la Lune.

§. III.

Un même esprit semble quelquefois se répandre en même tems sur les Peu-

---

(1) Liv. XI. ch. 13.
(2) Transact. Philos. n°. 194. ann. 1691, Préface de l'Hist. Céleste de Flamsteed, &c.

ples. A peine les Olympiades avoient-elles été établies dans la Grèce, à peine Rome étoit-elle fondée, du moins cette Rome depuis la fondation de laquelle on compta les années de cette Ville, qu'un Roi de Babylone établit une maniere de compter les années parfaitement assortie aux révolutions du Soleil, & qu'on appela de son nom Ere de Nabonassar.

Ce Prince qui venoit d'arracher Babylone aux Assyriens, voulut que ses Sujets eussent une maniere de compter les années qui leur fût propre, & qui transmettant à la postérité les succès de l'heureuse révolution qu'il venoit d'opérer, effaçât en quelque sorte le souvenir de leur assujettissement à Ninive: ce qui fit dire que Nabonassar avoit voulu effacer par son Ere la mémoire de tous ses Prédécesseurs: mais ce projet auroit été une bisarrerie tyrannique indigne d'un esprit assez grand pour former une nouvelle tige de Rois.

Cette Ere commença, selon les Astronomes d'Alexandrie, le 26 Février, 747 ans avant J. C. à midi, au Méridien de Babylone, & avec le regne de Nabonassar. Elle a l'avantage sur les Olympiades & sur la fondation de Rome, d'avoir une époque radicale fixée avec la plus grande certitude, & avec une précision à laquelle on ne peut rien ajouter. Elle prouve en même tems l'habileté des Astronomes Chaldéens, dont les observations étoient aussi sûres que nombreuses, & appuyées sur une suite d'observations qui remontoient à plus de mille ans.

M. Des-Vignoles a eu une idée singuliere à l'égard de cette Ere: c'est qu'elle ne fut inventée qu'au tems d'Alexandre le Grand, ou à peu près. On peut voir dans sa Chronologie (1) les raisons qui le conduisirent à cette idée, qu'il ne présente d'ailleurs que comme une *supposition qui lui paroit fort vraisemblable*, & à laquelle il ne voit *rien qui soit contraire*.

Mais si du tems d'Alexandre, cette Ere n'eût pas déja existé, pourquoi les Astronomes qui en vouloient établir une, auroient-ils choisi cette époque de préférence à nombre d'autres révolutions plus rapprochées de leurs tems, ou à d'autres plus anciennes & infiniment plus remarquables?

---

(1) Tome II. p. 344.

CHAPITRE

CHAPITRE VIII.

Année Persane.

L'ANCIENNE Année des Perses nous est connue par quelques fragmens des Astronomes Arabes cités par GOLIUS sur Alphergan, & par *Thomas Hyde* dans son Histoire de la Religion des Perses. Ces Astronomes conserverent l'année vague des Perses de 365 jours, composée de 12 mois de 30 jours chacun, & de 5 épagomènes. Comme Freret a rassemblé avec soin tout ce qui a cette année pour objet (1), nous ne ferons que l'abréger.

ALPHERGAN dans ses Institutions (2), & ULUG-BEIG dans ses Epoques célèbres (3), nous apprennent que la place de ces cinq épagomènes varioit. Le plus grand nombre des Astronomes les mettoit à la fin de l'année pour la commodité du calcul: plusieurs autres, conformément à l'ancien usage, les plaçoient entre le huitiéme & le neuviéme mois.

Chacun des XII mois portoit le nom d'un Génie, ou d'une Divinité particuliere, & dont les Perses avoient une idée peu différente de celle que les Juifs, les Chrétiens & les Mahométans ont des Anges. Le Dieu suprême partageoit, selon eux, entre ces diverses Intelligences, l'administration de l'Univers, & les chargeoit d'un certain département, distribuant entr'eux le froid, le chaud, la pluie, la sécheresse, la production des fruits de la Terre, la multiplication des Troupeaux, &c.

Chacun des 30 jours du mois portoit également chez les Perses le nom d'un Génie; & ces noms étoient les mêmes pour les douze mois. Douze de ces noms, sont ceux des XII Génies Protecteurs des mois; & le jour désigné dans chaque mois par le nom du Génie Protecteur, étoit la principale Fête de ce mois.

Les cinq jours épagomènes formoient une solemnité particuliere, & servoient à déterminer le lieu de cinq espèces de Fêtes mobiles, dont les intervalles étoient déterminés à un certain nombre de jours, & qu'on avoit éta-

---

(1) Mém. des Inscr. Tom. XXV. in-12.
(2) Imprimées en 1669. in-4°.
(3) 1650. in-4°.

Hist. du Cal.

blies en mémoire des six Tems employés par le Dieu suprême à la production de l'Univers, & à l'arrangement de ses diverses Parties.

L'intendance des saisons de l'année se trouvant partagée entre les XII Génies Protecteurs des mois, la Fête particuliere de chacun de ces Génies devoit nécessairement répondre à une certaine saison; & elle ne pouvoit s'en éloigner considérablement sans exposer les Mages à l'inconvénient de demander de la pluie lorsqu'il falloit de la sécheresse, ou du froid lorsqu'il falloit du chaud. On fut donc obligé de chercher un moyen pour empêcher que les mois d'Eté ne passassent dans l'Automne & dans l'Hyver; ce qui arrivoit nécessairement dans une année vague de 365 jours juste; & pour avoir ainsi une année civile différente de l'année sacrée, comme l'a fort bien vu Hyde (1).

Le moyen le plus naturel d'y parvenir, étoit d'employer une intercalation: celle d'un sixiéme épagomène ajouté tous les quatre ans, paroissoit la plus convenable; mais elle étoit contraire à la Liturgie & au Calendrier; non-seulement parce que ces cinq jours avoient une Liturgie particuliere, mais encore parce que ce nombre de cinq servoit à régler le lieu des Fêtes mobiles & des six intervalles. Six épagomènes auroient donné sept intervalles, & auroient obligé de changer l'ordre de ces Fêtes dans l'année qui les auroit suivie.

L'intercalation que les Mages jugerent sujette à moins d'inconvéniens, fut celle d'un treiziéme mois ajouté tous les 120 ans, & placé avant les épagomènes. Les 30 jours de ce mois formoient une Fête continue qui avoit sa Liturgie particuliere, différente de celle des douze autres mois.

Au moyen de cette addition, les 120 ans Persans devinrent égaux à 120 ans Juliens; & les mois revenoient aux mêmes saisons.

Il y avoit encore une circonstance de l'intercalation Persane, extrêmement importante pour l'usage chronologique. Le mois sacré ou intercalaire n'étoit pas fixe ou attaché à une même saison; on vouloit qu'il les parcourût toutes successivement, & qu'il sanctifiât pour ainsi dire l'année entiere. Dans cette vue, après avoir mis à la fin du premier Cycle, ce mois à la suite des 12 mois, au bout des 120 autres années, on le transportoit entre le premier & le second mois; ensuite entre le second & le troisième, &c. desorte qu'il ne revenoit à la fin du douziéme qu'au bout de 1440 ans Juliens.

Mais afin qu'il ne pût y avoir de doute sur le lieu de ces 13 mois, les épa-

---

(1) Relig. des Pers. chap. XVIII.

gomènes changeoient aussi de place tous les 120 ans. Après avoir été placés pendant 119 ans à la suite du douziéme mois, ils étoient transportés dans la cent vingtiéme année à la fin du premier mois; & ils s'avançoient ainsi de mois en mois tous les 120 ans.

Jezdegerde, qui devint Roi de Perse l'an 632 de J. C., fut couronné le premier jour de la 961e année d'un Cycle de 1440 ans, qui avoit commencé l'an 329 avant J. C., avec le regne légitime & reconnu d'Alexandre le Grand en Perse. Mais le commencement de Cyrus en l'année 560 avant J. C., répondoit à la dixiéme année d'un Cycle de 120 ans. On peut supposer de-là, dit Freret, qu'il s'étoit écoulé une période de 1440 ans avant celle qui commença l'an 329 avant J. C.

Si cette premiere période avoit Gjemshid pour auteur, comme il est apparent, le regne de ce Prince Persan répondroit à l'an 1769. avant J. C., & seroit postérieur de trois siécles à Chodorlahomer, & à la Monarchie des Rois d'Elam, qui s'étendit depuis l'Elymaïde & la Susiane, jusques aux frontieres de l'Egypte. Un Etat aussi puissant & aussi ancien, dut avoir de très-bonneheure une année fixe.

CHAPITRE IX.

Année de la Cappadoce.

L'ATTENTION avec laquelle les Egyptiens & les Perses distinguerent les 360 jours de l'année, des cinq qu'on y ajouta dans la suite, démontre, comme nous l'avons déja dit, que l'année primitive n'étoit que de 360 jours: cette vérité devient plus sensible, à mesure qu'on voit un plus grand accord des anciens Peuples à cet égard.

L'année des Cappadociens, peuples de l'Asie-Mineure, voisins de l'Arménie, & peu éloignés de la Perse, fut également composée de XII mois de trente jours chacun, auxquels on ajoutoit cinq épagomènes ; ainsi cette année étoit la même que celle des Egyptiens & des Perses ; l'année primitive intercalée de cinq jours, & plus courte de six heures que la nôtre.

Les Cappadociens l'emprunterent sans doute des Mages ou des Prêtres de Perse, d'autant plus que les noms de leurs mois sont les mêmes que ceux des Perses, à l'exception de deux ou trois qui doivent désigner leurs Divinités

S ij

particulieres. C'est ainsi que le mois *Omonia* porte le nom de leur Dieu *Omanos* dont parle Strabon (1), & qui doit être le Soleil.

Cette année subsista jusques au tems où les Habitans de la Cappadoce adopterent l'année fixe des Romains : ce qui dut arriver, comme Freret l'a découvert, (2) l'année 60 de notre Ere, où Corbulon fit de si grands changemens dans l'Arménie & dans les Provinces des environs, telles que la Cappadoce.

Peu de tems après, Néron engagea Polémon Roi de Pont, à lui céder son Royaume en échange d'autres Terres & de Pensions ; ce qui rendit la Cappadoce-Pontique, ou Maritime, une Province Romaine ; & on y bâtit la Ville de Néocésarée, qui donna lieu à une Ere pour la Cappadoce-Pontique qui commença l'an 63, qu'on trouve sur les Médailles de cette Ville, & où l'on employoit l'année Julienne.

CHAPITRE X.

Année Arménienne.

Les Arméniens se servent encore aujourd'hui (3) d'une année composée, comme celle des anciens Persans, de XII mois de 30 jours chacun, & de cinq épagomènes. Cette année est absolument vague, sans aucune intercalation : ainsi elle est plus courte que la nôtre, d'un jour tous les quatre ans, comme toutes les années de la même nature.

C'est l'année civile ; elle sert pour les actes & pour la date des lettres. Mais en même tems on en employe une autre qui est proprement l'année Ecclésiastique, en usage dans la Liturgie pour régler la célébration de la Pâques & des Fêtes, le tems des jeûnes, & tout ce qui a rapport à la Religion.

Cette année est fixe au moyen d'un sixième épagomène qu'on ajoute tous les quatre ans. Le nourous ou premier jour de cette année qui commence

---

(1) Liv. XIV.
(2) Mém. des Inscr. T. XXX, in-12. p. 93—98.
(3) FRERET, Mém. des Inscr. T. XXX. p. 159. in-12.

avec le mois *Navazardi*, est fixé depuis long-tems au onziéme du mois d'Août de l'année Julienne.

Cette année Ecclésiastique doit avoir été établie environ l'an 433 de notre Ere, où les Arméniens ayant cessé d'avoir des Rois de leur Nation, furent gouvernés par des Satrapes Persans, & où les Rois de Perse leur défendirent d'avoir aucun commerce avec les Grecs, & même d'en garder les Livres. Obligés alors d'avoir dans leur propre Langue une traduction de la Bible, des Sermonaires, une Liturgie, ils rendirent celle-ci fixe afin de célébrer les Fêtes dans le même tems que les autres Peuples Chrétiens.

Freret observe que l'année civile des Arméniens leur vint des Perses, & qu'elle dut leur être portée par les Mages l'an 809 avant J. C., & 120 ans plutôt qu'en Cappadoce.

Quant au nom du premier mois Arménien *Navazardi*, que je ne sache pas que personne ait expliqué, c'est un composé des mots, *Nau*, nouveau, & *Azar*, feu, le jour du feu nouveau; parce qu'on renouvelloit tous les feux dans l'Orient avec l'année; & parce aussi que c'est un nouveau Soleil, un nouvel An qui luit.

CHAPITRE XI.

Année Chinoise.

Deux Savans se sont accordés au sujet des connoissances astronomiques des Chinois dès le commencement de leur Empire, DES-VIGNOLES & FRERET. Ils ont avancé (1) que depuis *Yao* ou depuis quatre mille ans, l'année civile de cette Nation a toujours été la même pour l'essentiel, & que les changemens qu'on a faits de tems en tems à son Calendrier, n'ont eu pour objet que de ramener au jour vrai les nouvelles Lunes, quand elles s'en étoient écartées; & cela, dans un tems où l'on ne voit chez les Grecs & les Romains que des méprises & des erreurs qui font de leur ancien Calendrier un cahos ténébreux.

Outre l'année civile qui étoit lunaire, les Chinois eurent dès le tems

---

(1.) Biblioth. German. T. XIV. p. 142. &c. Mém. des Inscr. T. XXIX. in 12.

d'Yao, une année astronomique ou solaire supposée de 365 jours & six heures, égale à notre année Julienne, & dont chaque quatriéme année étoit de 366 jours. C'est un fait, ajoute Freret, prouvé par le *Chou-King*, un des plus anciens Livres classiques des Chinois. L'intercalation d'une XIIIe. Lune ou d'un XIIIe. Mois pour l'année civile, est également prouvée par le même Livre.

L'année Astronomique commençoit alors au Solstice d'Hyver. On a une Observation Chinoise des Solstices, connue avec certitude, & faite par le Prince *Tcheou - Cong*, frere de l'Empereur *Vou-Vang*, fondateur de la Dynastie-Tcheou. Ce Prince Tcheou-Cong fut lui-même Régent de l'Empire, depuis l'année 1104 avant J. C., jusques à l'an 1098 : c'étoit avant le regne de Salomon, & à peu près du tems de la guerre de Troye.

On peut juger par-là de la haute antiquité de l'Astronomie, & des connoissances des Peuples qui fonderent les premiers Empires : qu'on s'apperçut bientôt de l'insuffisance de l'année de 360 jours, & que puisque les Chinois avoient déja fait cette découverte au tems de l'Empereur Yao, les Egyptiens non moins habiles dans l'Astronomie, pouvoient très-bien l'avoir faite de leur côté sous le regne d'Athothis. Enfin, que reculer chez ces derniers cette connoissance jusqu'au IXe siécle avant J. C., c'est manquer aux Egyptiens & à la vérité : c'est s'égarer dans un système insoutenable.

ARTICLE II.

ANNÉES EUROPÉENNES.

CHAPITRE PREMIER.

Année Grecque.

Lorsqu'on se transporte de l'Asie en Europe, relativement aux tems anciens, on diroit qu'on passe de la lumiere dans les ténèbres ; qu'on est dans un autre Monde ; qu'on ne respire plus le même air ; qu'on ne jouit pas de ce même Soleil dont les révolutions étoient si régulieres & si avantageuses. L'Europe étoit cependant habitée, sur-tout par ces Grecs & ces Romains, dont nous avons une si haute idée, & que nous regardons comme nos Maîtres.

Les Arts & les Sciences dégénéroient déja dans l'Orient, qu'à peine avoient-ils lui pour les Européens, livrés à la plus longue enfance ; ainsi l'Amérique commence seulement aujourd'hui à connoître les Arts & les Sciences, cultivés depuis si long-tems en Europe.

Qu'on ne s'attende donc pas à trouver chez ces Peuples cette forme d'année régulière & exacte que viennent de nous offrir les contrées Asiatiques. Perdue pour les Européens, ils lutterent long-tems contre les funestes effets de leur ignorance, & ils ne purent s'en délivrer même qu'en profitant enfin des lumieres de leurs voisins.

Nous devons cependant avouer que leurs propres Historiens ont souvent trop déprimé leurs premiers efforts, afin de relever la gloire des Savans ; & que les Copistes ont augmenté l'obscurité, par les fautes qu'ils ont commises sur des matieres qu'ils n'entendoient pas.

§. I.

On convient généralement que l'ancienne année des Grecs étoit de 360 jours. Le P. PÉTAU l'a dit constamment, de même que SCALIGER auquel il étoit toujours opposé. Elle étoit encore de 360 jours, lorsqu'on établit les Jeux Olympiques, comme l'a prouvé Des-Vignoles (1).

Elle étoit de 360 jours lorsque Cécrops divisa les Athéniens en quatre Tribus, chaque Tribu en trois Peuples, & chaque Peuple en Trentaines, comme nous l'apprend Pollux (2). Suidas, qui rapporte la même chose (3), remarque que les quatre Tribus répondoient aux quatre saisons de l'année, les XII Peuples aux XII Mois, & les Trente Familles de chaque Peuple, non aux 365 jours de l'année, comme on le lui fait dire mal à propos, mais aux 30 jours de chaque mois, & par conséquent aux 360 jours de l'année.

Diogene Laerce nous apprend (4) que Thalès donna le nom de Trentiéme au dernier jour du mois. Les mois étoient donc de trente jours, & par conséquent l'année de 360 jours. Il ajoute (5) que ce Philosophe n'apprit que des Egyptiens la division de l'année en 365 jours.

Nous avons rapporté dans les Allégories, l'énigme de Cléobule, relative à l'année, & qui la suppose de 360 jours.

Pythagore, selon Censorin, faisoit égaux un espace de sept mois & un espace de 210 jours; ce qui donne 30 jours pour chaque mois, & 360 pour l'année.

§. III.

Passages d'Hérodote.

Hérodote parle en deux ou trois endroits de l'année Grecque, comme étant de 360 jours. Il le dit expressément dans la conversation qu'il rapporte entre Solon & Crœsus (6), faisant dire au premier que 70 ans font 25 mille deux cens jours; ce qui donne en effet 360 jours par an.

Il fait encore dire à Solon qu'en ajoutant alternativement à ces 70 ans, un mois intercalaire, c'est-à-dire 35 mois en tout, pour faire accorder ces années avec le Soleil, on a 1050 jours, qui, ajoutés aux autres, font en tout 26250 jours.

---

(1) Chron. T. II. p. 825. & suiv.
(2) VIII. 9. §. 31.
(3) Au mot γεννηται.
(4) §. 24.
(5) §. 27.
(6) Liv. I. n°. 32.

DU CALENDRIER.

Il dit ailleurs (1), que tous les trois ans on intercaloit un treiziéme mois.

Mais il s'en faut de beaucoup qu'il faille 1050 jours pour faire accorder 70 années de 360 jours avec autant d'années solaires de 365 jours : il n'en faut que 350 ; car cinq fois 70 font 350.

Le calcul d'Hérodote contient donc une méprise. Des-Vignoles s'en est très-bien apperçu ; aussi a-t-il rejetté ces passages, mais peut-être avec trop de dédain : il croit, ou qu'Hérodote n'a su ce qu'il disoit, ou qu'il a pris des intercalations Romaines pour des intercalations Grecques : ce Savant croyoit d'ailleurs, je ne sais sur quel fondement, qu'avant Méton, long-tems après Hérodote, les Grecs n'avoient jamais fait d'intercalation à leur année, & qu'elle avoit été constamment de 360 jours.

Mais c'est vouloir se tromper de gaieté de cœur, que de soutenir qu'Hérodote aura attribué des intercalations aux Grecs, tandis qu'ils n'en avoient pas : qu'il prit des intercalations Romaines pour des intercalations Grecques qui n'existoient pas : que les Grecs ne firent qu'imiter les Romains dans leurs intercalations : qu'ils n'en eurent qu'à Méton ; & que tout ce qu'on nous dit d'intercalations antérieures à cet Astronome chez les Grecs, ne regarde que des calculs astronomiques. Toutes ces assertions sont si contraires, non-seulement à la vérité, mais de plus à toute vraisemblance, qu'il est étonnant qu'un aussi habile Chronologiste ait pu se faire illusion à ce point.

Depuis le moment des Olympiades, & plus de 300 ans avant Hérodote, les Grecs furent forcés d'avoir recours à des intercalations, afin de faire correspondre les Jeux Olympiques avec la nouvelle Lune qui suit le Solstice d'Eté, ou avec le cours du Soleil.

D'un autre côté, l'intercalation que Numa, antérieur d'environ 250 ans à Hérodote, introduisit chez les Romains, étoit étrangere à ce Peuple, comme nous le verrons au Chapitre suivant : puisqu'elle ne convenoit pas à l'année de Numa ; & qu'il fut obligé d'y mettre un correctif : il l'avoit donc empruntée des Grecs, & non les Grecs des Romains.

L'Astronomie d'ailleurs avoit fait de trop grands progrès dès le tems de Thalès, pour se persuader que l'année ne fût constamment au tems d'Hérodote, que de 360 jours, sans aucune intercalation.

Mais en admettant des intercalations chez les Grecs du tems de cet Histo-

---

(1) Liv. II. n°. 4.

Hist. du Cal.

rien qui y eſt trop exprès pour qu'on en puiſſe douter, cherchons à démêler la nature de l'année dont il parle.

Le récit d'Hérodote porte ſur trois choſes.

1°. Que l'année étoit de 360 jours.
2°. Qu'on y faiſoit des intercalations tous les 2 ans.
3°. Que ſur 70 années de 360 jours, on intercaloit 1050 jours.

Ou Hérodote s'eſt trompé, ou ſes Copiſtes l'ont défiguré ; il eſt impoſſible que les Grecs ayent eu une forme d'année auſſi extravagante, dans un tems auſſi éclairé que celui de Solon : il n'eſt pas moins difficile de croire qu'Hérodote n'ait ſu ce qu'il diſoit ſur un fait auſſi aiſé à ſavoir : il faut donc qu'il ſe ſoit gliſſé une ou pluſieurs erreurs dans ce Texte, peut-être par la faute des Copiſtes qui auront omis quelque circonſtance, ou enflé quelque nombre.

1°. Nous ne conteſterons pas que l'année fût de 360 jours, mais nous demanderons ſi l'on y avoit égard dans les intercalations compoſées d'un mois entier tous les 2 ou 3 ans.

2°. Nous dirons avec le ſecond paſſage d'Hérodote, que l'intercalation d'un mois dont il s'agit ici, ſe faiſoit non la 2e. année, mais tous les trois ans, enſorte que c'étoit à raiſon de 10 jours par an.

Mais lorſqu'on intercale à raiſon de 10 jours par an, afin que l'année ſoit égale à l'année de 365 jours, on part d'une année Lunaire de 355 jours ; & telle fut l'année de Numa.

70 ans de 355 jours, font . . . . 24850 jours.
70 ans intercalés de 3 en 3 ans donnent 23 intercalations
qui à 30 jours font 690
Ajoutez-y 10 jours pour la 70e. année 10

On a en tout . . . . 25550 j.

Nombre parfaitement égal à celui des jours que contiennent 70 ans de 365 jours.

Le calcul eſt plus ſimple pour 3 ans. Trois années de 365 jours font 1095 jours. Trois années de 355 jours font 1065 jours ; qui ajoutés à un mois intercalaire de 30 jours, font également 1095 jours.

Cette forme d'année ſeroit d'autant plus intéreſſante qu'elle nous donneroit le modèle ſur lequel Numa régla la ſienne, qu'il compoſa de 355 jours au lieu de 354 ; erreur volontaire, qu'il ſeroit impoſſible d'excuſer, ſans ce reſpect pour un uſage déja établi.

§. III.

Diverses sortes d'intercalations chez les Grecs.

Quoi qu'il en soit, il est incontestable que l'année de 360 jours étant trop courte, il fallut imaginer divers moyens pour remédier à cet inconvénient : de-là, des intercalations plus ou moins heureuses.

1°. Les Grecs intercalerent un mois tous les deux ans : ce fut un petit Cycle qu'on appella *Di-éteride*. Cette Période supposoit que 25 mois Lunaires étoient exactement égaux à 24 mois Solaires. C'étoit une erreur, puisque cette premiere suite de mois surpasse la seconde de 7 jours au moins.

2°. On crut corriger cette erreur en n'intercalant le mois que de 4 en 4 ans, c'est-à-dire, en comptant 49 mois Lunaires pour 48 Solaires : mais au lieu que par le premier calcul 4 années Lunaires surpassoient de 14 jours l'année Solaire, c'étoit l'année Solaire qui surpassoit d'autant, par celui-ci, l'année Lunaire. En effet, l'année Solaire ayant 11 jours de plus que l'année Lunaire, ces 11 jours en font 44 au bout de 4 ans. Ainsi en n'ajoutant que 30 jours au bout de 4 ans, l'année Lunaire étoit à son tour trop courte de 14 jours.

3°. On eut donc recours à un Cycle de 8 années Lunaires, composé, selon Macrobe (1), de sept années communes de 354 jours, & d'une année qui avoit 90 jours de plus, ou 15 mois ; mais elle étoit trop longue de 2 jours. Selon d'autres, ces 3 mois étoient intercalés la 2ᵉ. la 4ᵉ. & la 6ᵉ. année : & il n'y avoit point d'intercalation la 8ᵉ. année.

Comme l'erreur qui résultoit de ce Cycle de huit ans, ou *Octaétéride*, étoit peu sensible, on s'en contenta pendant long-tems : mais enfin l'erreur fut trop frappante ; on chercha mieux, & c'est alors que Méton trouva le Cycle de XIX ans, dont nous parlerons plus bas.

§. IV.

Année Athénienne.

Nous avons déja vu que le commencement de l'année des Athéniens fut transporté du Solstice d'Hyver, au Solstice d'Été. Elle étoit de 360 jours. Pour

---

(1) Saturn. Liv. I. ch. XIII.

la faire quadrer avec le cours du Soleil, ils eurent recours à un Cycle de 18 ans, dont la 1re. la 8e. & la 17e. année étoient intercalaires, & l'intercalation étoit chaque fois d'un Mois (1) : par ce moyen l'égalité étoit parfaite ; car 18 fois 5, font 90 : & 3 fois 30, font 90 aussi.

Ils avoient, outre cela, une année plus courte dont ils se servoient pour la durée des Magistratures, qu'on appelloit par cette raison *Prytanies*, & qui étoit l'année Lunaire de 354 jours.

CHAPITRE II.

Année Romaine : & 1°. de l'Année de Romulus.

LES Romains ne furent pas plus heureux à l'égard de l'année que les Grecs : aussi furent-ils sans cesse obligés d'y faire des corrections : de-là les diverses formes d'année qu'ils eurent successivement : année de Romulus, année de Numa, année de Jules César, &c. On n'est pas même d'accord sur la nature des deux premieres.

§. I.

Divers commencemens de l'Année Romaine.

L'année de Romulus commençoit au mois de Mars, c'est-à-dire, à l'Equinoxe du Printems. C'est un changement considérable qu'il fit au Calendrier, & auquel on n'a pas apporté assez d'attention.

Nous l'avons déja dit ; l'année Civile commençoit chez tous les Peuples à l'Equinoxe d'Automne. Moyse, législateur des Hébreux, changea, à ce qu'il paroît, cet usage pour sa Nation, & fit commencer l'année Sacrée à l'Equinoxe du Printems, en mémoire de la sortie d'Egypte.

Il est apparent que le premier Roi de Rome établit également l'Equinoxe du Printems pour le commencement de l'année Romaine, en mémoire de la fondation de sa Ville, dont la fête se célébroit en Avril, dans la Lune même de Mars.

---

(1) Scalig. Emend. Temp. p. 41. & seq.

DU CALENDRIER.

Le Clou sacré qu'on plantoit chaque année dans le Temple de Minerve au mois de Septembre, & pour indiquer l'An nouveau, usage qui subsista lors même que l'année commença en Mars, démontre qu'avant Romulus cette année avoit commencé en Septembre comme chez tous les autres Peuples.

S'il est vrai que les mois de Mai & de Juin doivent leur nom à ce qu'ils finissoient & commençoient l'année, il en résulteroit qu'il y eut aussi un tems où l'année Romaine commençoit au Solstice d'Été, à peu près au même tems que celle des Egyptiens.

Ce qui le prouveroit encore, c'est que le Solstice d'Été est précédé dans le Calendrier Romain d'une fête consacrée à Minerve, qui duroit cinq jours, & qu'on appella par cette raison *les petits Quinquatres de Minerve*. Cette fête n'étoit autre chose que celle des 5 jours Epagomènes qui terminoient l'année Primitive de 360 jours. Et si on les appella *petits*, ce ne fut que pour les distinguer de ces mêmes Epagomènes qu'on célébra également en Mars, lorsque le commencement de l'année fut transporté au Printems.

On eut alors deux fêtes d'Epagomènes : l'une en Mars, & c'étoit la grande, celle d'institution publique : l'autre en Juin, & c'étoit la petite, qu'on n'observoit que par habitude.

Dans le petit nombre de Monumens qui nous restent, on ne peut démêler si l'année Romaine qui commençoit en Septembre, fut antérieure ou non à celle qui commençoit en Juin. Mais, à en juger par les autres Calendriers, on peut assurer que les Romains ou les Latins commencerent d'abord leurs années en Automne, & qu'ensuite, peut-être lors de la fondation du Royaume d'Albe, elles commencerent en Eté, jusqu'à ce que Romulus transporta ce commencement au Printems.

On trouve chez les divers Peuples du Latium, voisins de Rome, des années qui commençoient à toutes ces Epoques.

L'année commençoit chez les *Eques* au mois de Juin ; car le mois de Mars étoit leur 10e mois : chez les *Herniques*, en Septembre ; car ce mois de Mars étoit leur 6e mois : chez les *Albains*, les *Aricins*, les *Tusculans*, &c. en Décembre, Mars étant chez ces Peuples le 3e de l'année.

§. II.

Combien il y eut de mois dans l'Année de Romulus.

Telle est l'obscurité dont les origines Romaines étoient enveloppées aux yeux même des plus savans Romains, qu'on ignoroit le nombre de mois & de jours qui avoient composé l'année de Romulus.

Tite-Live, Cicéron, Pline, Ovide, Macrobe, &c. ont répété, que Romulus ne compta que dix mois dans son année, & que cette année étoit seulement de 304 jours.

Rien n'auroit été plus propre à démontrer la barbarie des Romains & de leur Chef, dans un tems sur-tout où ce Peuple étoit environné de Nations qui devoient connoître la vraie durée de l'année, celle de 360 jours : tels les Etrusques, qui le disputoient aux Egyptiens en connoissances & en habileté dans les Arts : les Sabins & les Samnites, Peuples venus de la Gréce, & éclairés : les Albains, qui comptoient une longue suite de Rois, & se glorifioient de descendre des anciens Troyens. Ces Etats qui subsistoient depuis plusieurs siécles, pouvoient-ils ignorer que l'année fût de 360 jours ? & s'ils ne pouvoient l'ignorer, comment les Romains se seroient-ils trompés ?

Aussi quelques Anciens n'y ont pas cru ; tels L. Cincius *Alimentarius*, Licinius *Macer*, L. Fenestella (1) ; on y ajoute Varron (2).

La plûpart des Modernes l'ont cependant répété, même des Astronomes. Peu ont eu le bon esprit de reconnoître que c'étoit une erreur, tels Scaliger (6), *Sibrand* Siccama (4), Des-Vignolles (5).

Le second, dans une Dissertation de quatre pages in-folio, avance non-seulement que l'année de Romulus avoit 360 jours, mais que ce Prince y introduisit des intercalations, outre les Epagomènes.

Le dernier s'appuie du témoignage de Plutarque, qui, dans la Vie de Numa (1), dit que l'année de Romulus étoit de 360 jours, & en cela « conforme, ajoute Des-Vignoles, à l'année la plus ancienne, la plus simple & la plus aisée. D'ailleurs, elle contient exactement 45 révolutions nundinales de 8 jours chacune ».

---

(1) Mém. des Inscr. T. I. in-12. p. 78.
(2) Dans Censorin, ch. XX.
(3) Emendat. Temp. p. 472. & suiv.
(4) Antiq. Rom. T. VIII. p. 83
(5) Tom. II. p. 862.
(6) Pag. 135. du 1 vol. trad. par Amyot.

DU CALENDRIER.

§. III.

Sources de l'erreur dans laquelle on est tombé à cet égard.

Ce qui a induit en erreur ceux qui crurent que l'année de Romulus n'avoit que 10 mois ou 304 jours, même chez les Romains, c'est le nom même du mois de Décembre, qui signifie *dixiéme*, & qui semble n'en avoir aucun à sa suite, n'y ayant point de mois appellé en effet *onziéme* & *douziéme*. On se confirma d'autant plus dans cette idée, qu'on crut que les mois de Janvier & de Février étoient de l'invention de Numa. Ce qui étoit sans fondement.

On peut même s'appuyer de Plutarque, qui rapporte en effet le pour & le contre, mais qui incline beaucoup plus à admettre douze mois dans l'année de Romulus.

1°. Il dit très-positivement que cette année étoit de 360 jours.

2°. Il n'ose dire que Numa ajouta Janvier & Février : *par raport à ces mois*, dit-il, *que Numa y ajouta, ou au moins qu'il transposa*.

3°. Il cherche ensuite les raisons de cette transposition ; c'est, dit-il, parce que Numa vouloit inspirer aux Romains l'amour de la paix désignée par Janus, & détruire en eux la passion qu'ils avoient pour la guerre désignée par Mars.

Plutarque voyoit donc décidément dans l'année de Romulus une année de 12 mois & de 360 jours ; & s'il paroît se contredire, c'est qu'il se laisse ébranler un instant par des raisons dont il sent toute la foiblesse, & auxquelles il se refuse ensuite ; ce qui n'est que trop ordinaire aux Compilateurs, sur-tout lorsqu'ils ne sont pas au fait de la matière en litige.

Ce qu'on pourroit dire pour la justification de ceux qui n'admettent que dix mois, c'est que Romulus auroit imité en cela les Laurentins qui n'avoient que dix mois, mais de 36 jours chacun ; usage qu'on a trouvé établi dans un canton des Indes (1).

§. IV.

Mois irréguliers.

Plutarque ajoute un fait qui a paru tout-à-fait bisarre ; c'est que les Ro-

---

(1.) BAYER, Hist. des Rois Grecs de la Bactriane, p. 154.

mains, du tems de leur premier Roi, avoient des mois inégaux depuis vingt jours & au-dessous, jusqu'à trente-cinq jours, *sans ordre ni raison* ; se contentant seulement qu'ils fissent ensemble 360 jours.

Un usage pareil chez les anciens Arabes fera voir ce qu'il y avoit d'utile dans ces mois inégaux, & les motifs qui les avoient fait établir ; motifs qui avoient échappé à Plutarque & à tous nos savans Chronologistes. Et cet usage, c'est à CHARDIN que nous en devons (1) la connoissance.

« Les Arabes, dit-il, ne comptoient pas d'abord le tems... par mois...
» mais par les saisons. Ils divisoient l'an en quatre saisons... ensuite ces qua-
» tre parties en quatre autres, qu'ils appelloient le mélange de l'Hyver & du
» Printems, le mélange du Printems & de l'Été, &c. Ils distinguoient encore
» le tems d'Hyver & d'Été en grand & en petit : ils appelloient le tems du
» grand froid, le *grand Siclé* & la *Quarantaine*, parce qu'il duroit quarante
» jours ; & le tems que le froid est moindre, ils l'appelloient le *petit Siclé*,
» qui n'en duroit que vingt. Ils appelloient le tems du chaud *Ziemreh* pre-
» mier, second & troisième. Ils observoient encore les nuits des Solstices &
» des Equinoxes, qu'ils savoient bien remarquer.... Il faut remarquer qu'il
» y avoit des Tribus... où l'on divisoit l'année en six parties, & non en
» quatre ».

On ne sauroit donc douter que ce ne soit ici une des plus anciennes divisions de l'année, peut-être la premiere de toutes ; la même dont parle Plutarque, & peut-être de beaucoup antérieure à Romulus.

La même maniere de diviser l'année éxiste dans le KAMTCHATKA, à l'éxtrémité septentrionale de l'Asie. Ces Peuples ne comptent que dix mois; mais ils sont inégaux, & tirent leurs noms de la nature des travaux & des productions auxquels ils donnent lieu.

---

(1) Voy. de Perse, T. V. in-12. p. 133.

CHAPITRE

CHAPITRE III.

Année de Numa.

§. I.

Changements que Numa fit relativement à l'Année.

IL est certain que Numa fit des changemens au Calendrier des Romains; mais on voit par ce que nous venons de dire qu'ils ne consisterent pas, comme on a cru, à ajouter 50 jours à l'année de Romulus pour en faire une année Lunaire de 354 jours, ni à ajouter deux mois à cette année.

Il paroît que le premier changement que fit ce second Roi des Romains, fut de changer l'année Solaire & imparfaite de 360 jours, en une année Lunaire de 354 jours selon Plutarque; de 355 jours selon d'autres.

2°. Il fit commencer l'année après le Solstice d'Hyver, & par conséquent avec le mois de Janvier.

3°. Il distribua ces 355 jours entre les mois de façon que sept d'entr'eux, *Janvier, Avril, Juin, Août, Septembre, Novembre & Décembre* en eurent 29. *Mars, Mai, Juillet & Octobre* 31: tandis que *Février*, regardé déja comme un mois malheureux & le mois des morts, parce qu'il étoit le dernier de l'année, continua de n'avoir que 28 jours (1), nombre pair & malheureux, & par cela même nombre consacré à Typhon, ou au mauvais Génie.

$$\left.\begin{array}{l}\text{7 mois à 29 jours font} \ldots\ldots\ldots\ 203 \\ \text{4 mois à 31 jours} \ldots\ldots\ldots\ 124 \\ \text{1 mois à 28 jours} \ldots\ldots\ldots\ 28\end{array}\right\} 355 \text{ jours.}$$

4°. Afin que cette année s'accordât avec l'année Solaire, Numa intercala tous les deux ans, dit Plutarque, un mois de 22 jours qu'on appella MERKEDONIUS. Selon Macrobe, au contraire, l'intercalation étoit alternativement d'un mois de 22 jours, & d'un mois de 23 jours: ce qui faisoit

---

(1) Macrob. Saturn. L. I. ch. XIII.

dans l'espace de quatre ans une augmentation de 45 jours, & dans l'espace de huit ans une augmentation de 90 jours.

§. II.

Erreur dans ces changemens.

Si l'année de Numa étoit de 354 jours, 45 jours ajoutés tous les quatre ans la faisoient parfaitement accorder avec le Soleil, puisqu'ils donnoient trois années de 365 jours, à 11 jours d'intercalation pour chacune de ces trois années : & une année de 366 jours, à 12 jours d'intercalation pour cette quatriéme année.

Mais si Numa avoit donné à son année 355 jours, son intercalation étoit trop forte d'un jour par an.

Cependant la plûpart des Historiens, peut-être tous, hormis Plutarque, disent qu'il tomba dans cette erreur.

Ils ajoutent qu'il s'en apperçut quelque tems après, & qu'alors il ordonna qu'on supprimât vingt-quatre jours tous les vingt-quatre ans.

§. III.

Causes de cet arrangement si bisarre en apparence.

Tout ceci est un galimathias des Auteurs Latins : car si Numa s'étoit apperçu qu'il s'étoit trompé en intercalant deux jours de trop tous les deux ans, il n'avoit qu'à changer son intercalation, & ne la faire que de 20 jours la 2ᵉ. année, & de 21 la 4ᵉ. année ; il y auroit eu alors 41 jours d'intercalation au lieu de 45.

Cet arrangement auroit été plus digne d'un Prince dont on vante la sagesse, que de laisser subsister constamment une erreur pour supprimer 24 jours à la fois tous les 24 ans : ce qui étoit souverainement ridicule.

Cette intercalation ne peut donc avoir été une erreur, puisque ce Prince l'auroit corrigée dès qu'il l'eût apperçue.

Mais si ce n'est pas une erreur, si c'est un arrangement fait de dessein prémédité, alors ce sont ces Historiens eux-mêmes qui se sont égarés.

En effet, ou Numa ne fit rien de tout cela, ou il le fit très-volontairement, & d'après des combinaisons très-réfléchies. On s'en convaincra sans peine en considérant qu'il étoit rempli des idées Egyptiennes sur les Nombres, & qu'il regardoit les nombres pairs comme malheureux : pour cet effet, il fallut combiner l'année de façon qu'elle offrit toujours des nombres impairs, & lui donner pour cet effet 355 jours, au lieu de 354.

Il auroit pu à la vérité faire ses intercalations de 20 & 21 jours, ce qui lui auroit donné des années Solaires de 365 & 366 jours : mais cette intercalation de 22 & de 23 étoit déja consacrée chez d'autres Peuples, sans doute chez les Sabins ses compatriotes : il la laissa donc subsister intacte : & pour accorder tout, il ordonna la suppression de 24 jours la 24e. année, qui ne fut ainsi que de 355 jours : ce qui suppose que l'intercalation de la 22e. année n'étoit que de 21 jours, & qu'il n'y en avoit point la 24e. année, où elle auroit dû être de 23 jours ; ce qui fait 24 jours de différence.

§. IV.

Place de cette intercalation, & ses motifs.

Cette intercalation avoit lieu au mois de Février, entre le 23 & le 24e. jour de ce mois, après le 23 qui étoit la fête des *Terminales*, & avant le 24 qui étoit appellé *Regi-fugium* ; ce qu'on a appellé mal à propos la retraite ou le bannissement des Rois.

Mais ici se présentent nombre de questions : pourquoi cette intercalation fut placée dans le mois de Février ? Pourquoi elle en précéda la fin ? Pourquoi elle fut mise à la suite des Terminales, & avant le Regi-fuge, & par-là même ce qu'il faut entendre par ce dernier mot ?

1°. Les intercalations ne se plaçoient jamais qu'à la fin de l'année : elles avoient donc lieu au mois de Février, parce qu'il terminoit l'année : & comme Numa le trouva en possession de cette distinction, il la lui laissa ; quoiqu'il l'eût mis avant les dix autres mois de l'année.

2°. L'intercalation précéda les 5 derniers jours de Février, ou les 5 derniers jours de l'année, parce que ces 5 jours étoient les 5 jours épagomènes, distingués des autres jours de l'année.

3°. Elle fut placée après les Terminales, parce que ce jour étoit le terme de l'année, le dernier des jours qui précédoient les épagomènes.

4°. Elle précéda le *Regi-fuge*, parce que ce jour ou le 24 Février, étoit le premier de ces épagomènes. Mais, demande M. des-Vignoles, par quel esprit de prophétie put-on avoir placé l'intercalation du tems de Numa au jour qui précéda l'expulsion des Rois ? Mais les Historiens Romains furent trompés par le rapport apparent du mot *Regi-fuge*, avec cette expulsion ; ainsi qu'il arrive si souvent, lorsqu'on attache à des anciens mots, le sens probable qu'ils peuvent avoir. Que pouvoit signifier au premier coup d'œil pour les Historiens Romains le mot *Regi-fugium*, si ce n'est l'expulsion des Rois ? Ils suivirent tous, sans hésiter, le premier qui s'y trompa ; & M. des-Vignoles, qui s'apperçoit au bout de 20 siécles, qu'il y a ici quelqu'erreur, en conclut que l'intercalation prétendue de Numa n'eut lieu que sous les Consuls, & après que les Rois eussent été chassés de Rome.

Mais il supposoit, ce qui n'est pas, que le mot *Regi-fugium* désignoit cette expulsion ; car les Rois ne furent pas chassés en Février : & d'ailleurs ce mot eût été impropre : cette expulsion n'étoit pas une fuite, mais un bannissement ; & il s'agit ici d'une fuite, d'une retraite.

La fuite dont il s'agit ici, c'est celle du Soleil, qui à la fin de l'année s'est retiré dans le fond de l'Afrique ou du Midi ; c'est la retraite du Roi des Cieux, qui se célébroit le premier jour des épagomènes, ou le 24 Février, en attendant qu'on célébrât ensuite son retour.

Cette fuite étoit représentée ce jour-là par la retraite précipitée du Roi des sacrifices, au moment où il achevoit le sacrifice : action symbolique qu'on regardoit mal à propos comme l'effet de la haine que le Peuple Romain avoit pour la Royauté.

§. V.

Du Mois Merkedonius.

Le nom de ce mois intercalaire des Romains, n'a été conservé que par un Auteur Grec, par Plutarque, tandis qu'on n'en trouve aucune mention chez les Romains ; ce qui a paru très-singulier : mais rien de plus ordinaire que de négliger dans une Nation tout ce qui y est commun, & que chacun sait. C'est ainsi que l'on chercheroit en vain dans nos Auteurs François nombre de choses qu'on est censé savoir par l'usage ; & souvent ce sont celles qu'on sait le moins, parce que ce sont précisément celles dont on s'instruit le moins.

Il n'est pas surprenant que ce mot, Merkedonius, étant si peu connu, ait dépaysé ceux qui ont voulu chercher son étymologie.

Selon Scaliger ce nom vint de la Déesse *Merkedona* (1), qui présidoit aux

---

(1) Emendat. Temp. p. 177.

marchés, aux appointemens, aux loyers, &c. Il viendroit alors du mot Celte, *mark* & *merk*, qui signifie marché; mais quel rapport entre un mois intercalaire & des marchés?

L'étymologie la plus probable de ce mot me paroîtroit être celle qui le dérive de deux mots grecs, *mer*, jour, & κεdό, le *curo* des Latins, avoir soin. Ce mois conserve en effet le nombre des jours.

On ne se trompera certainement pas en regardant & ce mois & son nom comme antérieurs aux intercalations Romaines, & comme leur étant venus des mêmes Peuples que Numa prit pour modèles à cet égard, les Sabins ou les Etrusques, peut-être tous les deux.

CHAPITRE IV.

Année des Decemvirs & de la République Romaine.

SOUS les Successeurs de Numa, l'année & ses intercalations se maintinrent sans doute sur le pied où il les avoit établies : mais le jour qu'il avoit fait entrer de trop dans son année, dut en déranger la suite. On assure du moins que les Pontifes chargés de veiller au Calendrier, & de le rapprocher sans cesse du vrai mouvement du Soleil, s'en acquitterent mal, sur-tout vers la fin de la République ; mais on s'est peu occupé de la maniere dont l'année fut réglée dans ce long espace de tems ; & il est difficile d'en dire quelque chose d'assuré.

§. I.

M. de la Nauze imagina à ce sujet un système (1) dont nous allons donner une légere esquisse.

Il commença par supposer que les intercalations furent observées avec la plus grande régularité jusques au tems des seconds Decemvirs, c'est-à-dire jusques à l'année 364 de Rome ; car ce n'est qu'à cette époque que commencent ses Recherches.

Ces seconds Decemvirs ayant aboli les assemblées du Peuple, indiquerent une intercalation pour les premiers mois de leur Magistrature qui avoit com-

---

(1) Mém. des Inscr. Tom. XLIV. in-12. p. 111.

mencé au mois de Mai, & qui étant une année paire, devenoit intercalaire. Le premier Janvier de l'année 305, répondit donc au 24 Décembre Julien, & au solstice d'Hyver, conformément à l'institution de Numa.

Mais depuis ce tems-là jusques au premier Janvier de l'année 564, il y eut bien du changement. Ce jour répondit au 26 Août Julien, & n'arriva que 248 jours après le solstice d'Hyver.

Le premier Janvier de l'an 313 s'étoit rencontré avec le premier Janvier Julien : mais le premier Janvier 565 ne se rencontra qu'avec le 9 Septembre Julien. De sorte que dans l'espace de 251 années Romaines, le 1er. Janvier Romain s'éloigna du premier Janvier Julien d'environ 251 jours. Ce qui prouve qu'on observoit exactement les intercalations de Numa ; mais qu'on n'apportoit aucun remède au jour qu'il avoit inséré de trop, & qui faisoit que son année excédoit d'un jour l'année de 365 jours.

Si l'on eût continué de faire les intercalations sur le même pied, la révolution eût été achevée dans une centaine d'années, ensorte que 355 ans Romains auroient fait 356 ans Juliens (†) ; mais on ne donna pas le tems à cette révolution de s'achever dans la même progression ; on en précipita les effets par des intercalations extraordinaires.

M. de la Nauze fait voir par un passage de Tite-Live, que cette année 565 fut intercalaire ; par conséquent opposée à la marche réguliere du Calendrier ; où jusques-là aucune année impaire n'avoit reçu d'intercalation.

L'année 584 fut intercalaire aussi ; mais cette intercalation fut retardée de trois jours, n'ayant eu lieu que le troisième jour après les Terminales (1).

En 587 il y eut une autre intercalation extraordinaire de 23 jours, tandis qu'il y en eut une ordinaire l'année suivante 588.

Divers passages de CATON prouvent qu'environ le même tems, il y eut une autre intercalation extraordinaire de 23 jours.

Par le moyen de ces intercalations extraordinaires arrivées coup sur coup, l'année 601, qui eut une intercalation de 22 jours, & qui commença au premier Janvier Romain, répondit au 15 Décembre de l'an Julien 154 avant J. C.

Le Calendrier procéda depuis ce tems-là régulierement jusqu'à l'année

---

(†) Lisez 356 ans Juliens, puisque l'Année Romaine étoit plus longue d'un jour que l'Année Julienne.

(1) Tit. Liv. Lib. XLII. n°. 11.

DU CALENDRIER.

691, qui fut celle du Confulat de Ciceron, & qui commença le premier Janvier Romain, répondant au 14 Mars Julien de l'an 63 avant J. C. Année remarquable, parce qu'Auguste naquit cette année-là le 23 de Septembre, fous l'horofcope du Capricorne, & peu avant le lever du Soleil.

Depuis l'an 692 jufques à l'an 708, c'eft-à-dire, dans l'efpace de 16 ans, on fupprima fept Merkedonius; & l'on ne fit qu'une feule intercalation, afin de rapprocher du Solftice d'Hyver le commencement de l'année.

C'eft l'an 702 qu'eut lieu l'intercalation unique dont nous venons de parler. Asconius en fait mention dans fes Notes fur la Harangue de Ciceron pour Milon; & il ajoute que Pompée fut alors créé Conful fans Collégue, le 5 des Calendes de Mars. C'étoit le 25 Février qui répondoit au 27 Février de l'année Julienne 52 avant J. C.

Dans cette année-là 702 le premier Janvier tomba donc, comme il falloit, vers le Solftice d'Hyver: mais l'omiffion des intercalations dans les cinq années fuivantes, brouilla tout, en faifant anticiper de dix jours tous les ans, le premier Janvier.

On peut voir par les prétentions contraires de Ciceron & de Curion pour l'arrangement de l'année 704, que les intercalations étoient alors une affaire de fantaifie & de cabale; & que les Anciens eurent raifon de fe plaindre de ce bouleverfement du Calendrier.

Ce fut pour y remédier, que Jules Céfar changea en 708 la forme des années Romaines, pour en établir une plus exacte & plus commode.

§. II.

Le Colonel QUINTUS ICILIUS traita le même objet dans l'Affemblée publique de l'Académie de Berlin, le 25 Janvier 1770, & on en voit un compte abrégé dans les Mémoires de cette Académie pour la même année. Ce Savant crut que M. de la Nauze n'avoit pu venir à bout de concilier ces difficultés, parce, dit-il, qu'il recule trop les événemens pour avoir admis plus de jours furnuméraires qu'il n'en falloit. Le Rédacteur ajoute que le Journal que M. Quintus dreffa fur ces principes, en donne la preuve. Nous verrons cependant au Chapitre fuivant, que ces deux Savans font parfaitement d'accord, & que le Colonel n'aura fans doute pas faifi l'idée de l'Académicien François; ce qui ne fera pas difficile à établir, en expofant la fource même de fon erreur.

§. III.

Un Magistrat respectable par sa Place & par ses connoissances (1), mécontent de tout ce qu'on avoit fait jusques à présent sur cet objet, & persuadé que le seul moyen d'éclaircir l'année Romaine étoit de n'avoir point de système, mais de rassembler tout ce qui s'est conservé à cet égard dans les Anciens, se livra généreusement à ce travail ; il parvint par ce moyen à des Principes de Chronologie Romaine aussi solides que nouveaux. Ayant eu l'avantage de découvrir une copie de cette Dissertation, & d'en obtenir la communication de la part de son possesseur, nous nous faisons un plaisir d'en mettre ici une analyse succinte ; nous serions charmés de pouvoir faire fréquemment de pareils présens au Public.

Après avoir démontré que le 21 Avril où Rome fut fondée, précéda de deux mois le *Solstice d'Été* qui tombe dans l'époque de Varron à la 3e. année de la VIe. Olympiade, & dans l'époque de Caton à la 4e, ce savant Auteur fait voir que cette différence d'année provient de ce qu'on n'a pas fait attention dans le système de Caton, que Romulus n'avoit été élu Roi que le premier Octobre après la fondation de Rome.

Il démontre après cela que les Rois n'ont pas été chassés de Rome le 24 Février, quoique ce jour soit appellé REGI-FUGE, mais le premier Juin, veille du sacrifice offert à la Déesse *Carna* ; dans le tems de la récolte, comme le disent les Anciens, & que cet événement arriva dans l'année 243, depuis l'élection de Romulus, & 244 ans un mois neuf jours depuis la fondation de Rome.

Quant au nom de *Regi-fuge* donné au 24 Février, il en donne une explication qui peut s'accorder avec la nôtre, quoiqu'elle en diffère fort à la premiere vûe. C'est que le Roi des sacrifices étoit obligé de s'échapper ce jour-là dès que le sacrifice étoit achevé, par un effet de la haîne que les Romains avoient pour le nom de Roi.

Supposant ensuite que l'année de Romulus ne contenoit que 304 jours, il démontre par le témoignage même des Anciens, qu'elle étoit accompagnée d'intercalations qui la rapprochoient de l'année vraie, & remettoient les récoltes à leur saison propre.

Il admet enfin le Cycle de Numa de 24 ans, au bout desquels ce Cycle recommençoit avec le cours du Soleil, au moyen du retranchement de 24

jours :

DU CALENDRIER.

jours : mais ces 24 jours étoient pris sur les trois intercalations des huit dernieres années du Cycle, qui n'étoient chacune que de 22 jours au lieu de 30.

Après ces préliminaires, notre Auteur traite du tems écoulé depuis Numa jusqu'à Jules-César, époque pendant laquelle l'année n'eut rien de fixe par le pouvoir accordé aux Pontifes de prolonger ou de raccourcir l'année au moyen des intercalations; pouvoir dont ils se servirent arbitrairement suivant qu'ils vouloient favoriser les Magistrats en charge, ou les déplacer plutôt.

Ce fait qui anéantit tout système Chronologique sur cette portion de tems, est développé ici avec beaucoup d'étendue, & appuyé de preuves sans réplique. On s'étaye entr'autres de deux passages, l'un de Macrobe, l'autre de Censorin, qui méritent d'être rapportés.

Le premier de ces Auteurs (1) dit qu'il fut un tems où, par un effet de la superstition toute intercalation fut omise : que quelquefois aussi les Prêtres l'accordoient ou la refusoient par faveur, suivant qu'ils vouloient plaire ou nuire aux Fermiers des droits de la République, & augmenter ou diminuer la perception de leurs droits, & les années de leurs baux.

Censorin (2) dit qu'après qu'on eut laissé le soin des Fastes aux Pontifes, la plûpart ou par haine des Magistrats, pour abréger leur Magistrature, ou par faveur & pour la prolonger, de même que pour procurer du gain, ou pour occasionner de la perte aux Fermiers des revenus publics, intercalerent plus ou moins souvent; & augmenterent le trouble & le désordre du Calendrier qu'ils étoient chargés de corriger.

Solin énonce la même chose dans un passage d'autant plus remarquable qu'il y dit expressément (3) que les Romains reglerent dans l'origine leurs intercalations sur le modèle des Grecs; ce qui confirme ce que nous avons dit pour établir que les Grecs avoient été les maîtres des Romains à cet égard.

Cette liberté dut être accordée aux Pontifes, selon notre Auteur, vers l'an de Rome 254. Cette année & la précédente, il se forma dans cette Ville deux conjurations pour rétablir les Tarquins. Gagnés par l'argent & par les promesses des Rois, le bas Peuple & les Esclaves désiroient la Royauté, & le

---

(1) Saturn. Liv. II. chap. XIV.
(2) De die nat. cap. I.
(3) Chap. I.

Hist. du Cal.

Sénat dut sentir combien il étoit important de laisser aux Pontifes le droit le plus absolu de troubler le Calendrier pour empêcher que la mémoire des Rois ne fût honorée devant une grande foule de Peuple. Bientôt s'éleverent les démêlés entre le Sénat & les Tribuns ; & le Consul Cassius aspira au pouvoir suprême : le Sénat maintint & affermit alors dans les Pontifes un droit qui ayant été établi pour prévenir les mouvemens du Peuple, pouvoit servir contre les Magistrats.

Notre Auteur observe très-bien que lorsque les Cycles de Numa eurent été abandonnés, on revint aux intercalations alternatives de 22 & de 23 jours, dont la premiere est appellée intercalation simple, & la seconde intercalation double. Mais il pose en fait que ces intercalations de regle tomboient toujours sur les années impaires, & qu'elles étoient arrangées de maniere que les intercalations simples tomboient sur des années Juliennes Bissextiles, tandis que les doubles tomboient sur des années Juliennes communes ou non Bissextiles. Nous verrons dans le Chapitre suivant comment résulte de-là un ensemble diamétralement opposé aux systèmes des deux Savans dont nous avons sur cet objet déja analysé les idées.

CHAPITRE V.

Année Julienne, ou Réformation du Calendrier par Jules César.

§. I.

CÉSAR devenu Maître de l'Empire Romain, trouva l'année, comme nous venons de le voir, dans le plus grand désordre ; mais il n'avoit rien à gagner à ce bouleversement ; il se hâta donc d'y remédier, & mit sa gloire, en qualité d'Empereur & de Souverain Pontife, à donner aux Romains un Calendrier permanent & conforme aux révolutions solaires. Il profita, dans cette vue, des lumieres d'un Astronome qu'il trouva heureusement à Alexandrie, & qu'il attira à Rome. C'est d'après les calculs en effet de SOZIGENES, qu'il réforma le Calendrier.

Pour y parvenir, il fallut conduire l'année actuelle 708 de la fondation de Rome, jusques au Solstice d'Hyver, ou plutôt à la nouvelle Lune qui suivoit ce Solstice, afin que la nouvelle année commençât avec la révolution du Soleil & de la Lune. On ajouta donc au moins 67 jours à cette année, qui fut ainsi de 422 jours, & qu'on appella par cette raison *année de confusion*.

Le Colonel Prussien admet également le même nombre de jours intercalaires; mais il les divise en deux parties; une de 45 jours ajoutés extraordinairement; & l'autre de 22 jours pour l'intercalation ordinaire. Il s'accorde d'ailleurs avec M. de la Nauze, partant également de l'année 405, & convenant que chacune de ces années anticipoit d'un jour sur l'année Julienne, au moyen de l'intercalation que Numa avoit fait trop forte en supposant l'année de 355 jours, & à laquelle on n'apporta aucun remède, quoiqu'il l'eût ordonné.

Les Savans qui ont cru que ces 67 jours étoient intercalés extraordinairement, & qu'il y avoit déja eu dans cette année de confusion une intercalation ordinaire de 23 jours, ensorte que l'année auroit été de 445 jours, se seroient donc trompés : de ce nombre, BLONDEL, dont le Traité sur le Calendrier Romain est cependant estimé (1).

§. I I.

Ce sont cependant ceux-ci qui se trouvent conformes à la vérité, d'après les vues du savant Magistrat dont nous avons commencé d'analyser l'Ouvrage. Ce Savant fait voir que la réformation du Calendrier Romain par Jules César tomba sur une année impaire, & qu'elle se fit l'an de Rome 707. SUETONE dit (2) que cette année étoit intercalaire de droit & suivant la coutume; c'étoit donc aux années Civiles impaires que tomboit l'intercalation de regle.

De plus, cette année 707 étoit de droit intercalaire double. Censorin dit (3), qu'outre les 67 jours que César fut obligé d'ajouter à cette année pour la remettre au cours du Soleil, jours qu'il plaça entre les mois de Novembre & de Décembre, il avoit auparavant intercalé 23 jours dans le mois de Février. Si cette année n'avoit pas été intercalaire double, César auroit laissé l'intercalation du mois de Février dans les bornes de 22 jours prescrites par la regle; & en mettant entre les mois de Novembre & de Dé-

---

(1) Hist. du Cal. Rom. la Haye 1684. in-12. pag. 55.
(2) Vie de Jules César, ch. XXXI.
(3) De die nat. cap. XX.

cembre 68 jours au lieu de 67 qu'il y plaça, il auroit trouvé tout de même le nombre de jours qui lui étoit nécessaire pour amener l'année Romaine au point d'où il vouloit la faire partir.

Les 23 jours intercalés par César dans le mois de Février, ne furent pas regardés comme sur-ajoutés extraordinairement à cette année ; mais comme lui appartenant de droit, & quoiqu'il soit certain que César l'augmenta en tout de 90 jours, néanmoins Dion Cassius (1) dit qu'il n'en ajouta que 67, & que ceux qui ont voulu assurer qu'il y en mit davantage, sont dans l'erreur. Cet Auteur par conséquent ne compte point les 23 jours intercalés en Février ; il les considère comme ne faisant point partie de l'addition de Jules César, & comme appartenant de droit à cette année ; d'où il résulte qu'elle étoit par la force de la regle, intercalaire double.

Or l'année Civile des Romains 707 répond à une année Julienne commune, & non Bissextile : les intercalations doubles concouroient donc avec les années Juliennes communes ; & par une conséquence nécessaire, les intercalations simples correspondoient aux années Juliennes Bissextiles.

§. III.

Vint ensuite l'année réformée par le premier des Césars. Elle fut composée de 365 jours 6 heures ; & comme ces 6 heures formoient un jour au bout de 4 ans, Jules César ordonna que chaque quatriéme année seroit de 366 jours.

Pour cet effet, on intercala un jour chaque quatriéme année, & également après le 23 Février, jour de la fête des Terminales.

Mais comme ce jour des Terminales étoit le sixiéme des Calendes, & qu'il ne falloit pas que le mois de Février eût plus de 28 jours, on appella le jour intercalaire *bis sextus*, second sixiéme ; d'où vint à la quatriéme des années Juliennes, le nom de BISSEXTILE qu'elle porte encore aujourd'hui.

N'omettons pas que cette premiere année Julienne, ou l'an 709 de Rome, fut elle-même une année Bissextile selon SCALIGER, BUNTING & DES-VIGNOLES.

L'année Julienne eut donc 10 jours de plus que celle de Numa, & 11 jours 6 heures de plus que l'année Lunaire. Quant à la distribution de ces

---

(1) Hist. Liv. XLIII.

jours, César laissa 31 jours aux mois de Mars, Mai, Juillet & Octobre; il porta à 31 également les mois de Janvier, Août & Décembre qui n'en avoient que 29; & il ajouta un jour aux mois d'Avril, Juin, Septembre & Novembre, qui n'en avoient aussi que 29.

Le savant Magistrat que nous avons déja cité, remarque très-bien que Jules César en ne plaçant qu'à la fin des mois les jours qu'il ajoutoit à l'année, eut pour but de maintenir dans toute son intégrité l'ordre jusqu'alors établi dans la Religion Romaine; ensorte que les fêtes resterent fixées aux mêmes jours que Numa leur avoit assignés: les *Palilies*, par exemple, continuerent d'être célébrées le 21 Avril comme auparavant.

La Dissertation dont nous venons de rendre compte, renferme des choses très-intéressantes sur l'année Consulaire, & sur les diverses manieres d'ajuster les différentes sortes d'années Romaines, (année Civile, année Consulaire, année Julienne) soit entr'elles, soit avec les époques dont on se sert pour calculer. C'est avec bien du regret que nous nous voyons nécessités à passer ces observations sous silence; mais elles n'entrent pas dans cette portion de nos Recherches, & nous les défigurerions en les resserrant trop. Il est à désirer que leur Auteur puisse y mettre la derniere main, & enrichir le Public d'un travail qui réunit l'exactitude des recherches à la clarté de la méthode & de l'expression.

§. IV.

Cette forme d'année devint insensiblement celle de tous les Peuples qui composoient l'Empire Romain, du moins en Europe, & chez les Nations qui envahirent cet Empire.

Les Grecs d'Aléxandrie ne l'adopterent que 21 ans après son établissement, quoiqu'Auguste eût ordonné cinq ans auparavant que cette année seroit observée par-tout; mais ces Grecs furent bien-aises d'attendre le commencement du XIVe. siécle de leur grand Cycle Caniculaire, comme l'a vu M. des-Vignoles (1): & ce commencement arriva le 29 Août de l'an XXI. Julien, qui répond à l'an 25 avant J. C., & de la Période Julienne 4689.

---

(1) Tom. II, p. 706.

§. V.

Les Savans ont agité la queſtion ſi l'année Julienne, telle que nous venons de la décrire, a été connue avant Jules Céſar. SCALIGER & USSERIUS (1) ſoutinrent l'affirmative, de même que M. de la NAUZE, comme nous l'avons vu plus haut; ils croyoient qu'elle avoit été inventée par les Grecs d'Aléxandrie, dès le tems d'Aléxandre. M. FRERET s'eſt élevé avec force contre ce ſentiment (2); il dit même que Scaliger changea de ſentiment dans le dernier de ſes Ouvrages ſur la Chronologie (3).

Il convient, à la vérité, que long-tems avant Jules Céſar, on avoit des années Aſtronomiques de 366 jours, parce qu'on avoit apperçu que l'année étoit de 365 jours & un quart: mais il nie qu'aucun Peuple en ait jamais fait uſage avant Jules Céſar. Nous avons vu cependant plus haut qu'il ſoutint le contraire dans une autre occaſion, & que diſtinguant l'année Civile de l'année Sacrée, il reconnut chez les Egyptiens une année Julienne en uſage dans le Civil, tandis qu'elle n'étoit pas adoptée pour l'uſage de la Religion. Nous avons vu auſſi au même endroit que les Chinois en ont fait uſage dans des tems très-reculés.

§. VI.

Ne quittons pas le Calendrier Romain, ſans avoir examiné l'arrangement de ſes mois & les cauſes de cet arrangement ſingulier, & ſi biſarre en apparence.

Le premier jour s'appelle les Calendes; viennent enſuite, tantôt quatre, tantôt ſix jours appellés *Nones*. Ils répondoient, compris le jour des Calendes, au premier quartier de la Lune. Le dernier de ces jours étoit appellé ſimplement *Nones*.

Les jours compris entre les Calendes & les Nones, ſe comptoient par leur éloignement des Nones. Quand le mois avoit ſix jours de Nones, le deuxiéme jour du mois étoit le ſixiéme des Nones; le troiſiéme en étoit le cinquiéme, ainſi de ſuite.

---

(1) Diſſert. ſur l'Année Solaire des Macédoniens & des Peuples de l'Aſie.
(2) Mém. des Inſcr. Tom. XXV, in-12.
(3) Canones Iſagogici Lib. III.

DU CALENDRIER. 167

Quand le mois n'avoit que quatre jours de Nones, le deuxiéme jour du mois étoit le quatriéme des Nones ; le troisiéme jour étoit le troisiéme jour des Nones : le quatriéme jour du mois étoit le deuxiéme des Nones.

Et le cinquiéme étoit le jour même des Nones.

Ce mot *Nones* signifie *neuviéme*; parce qu'il y avoit toujours neuf jours depuis les *Nones* jusqu'au jour appellé *Ides* inclusivement ; c'est-à-dire, que le jour des Nones étoit le premier de ces neuf jours ; & le jour appellé *Ides*, le neuviéme.

Le jour des Ides étoit donc proprement le *huitiéme* depuis les Nones : c'étoit le jour de la pleine Lune ; ainsi des Nones aux Ides, s'écouloit le second quartier de la Lune.

On comptoit ces neuf jours de la même maniere qu'on avoit compté les Nones. Le jour des Nones étant le neuviéme avant la pleine Lune, le jour après les Nones étoit le huitiéme, le sur-lendemain le septiéme, ainsi de suite jusqu'à ce qu'arrivant à un, on étoit aux Ides.

Le jour des Ides varioit donc ; il étoit le 13 lorsque le mois n'avoit que quatre jours de Nones ; il tomboit au 15 lorsque le mois avoit six jours de Nones.

Ce nom d'Ides, prononcé *eidus* dans l'origine, peut venir ou de la racine Eid, qui signifie *vue*, *face*, parce que ce jour-là on voit en plein la face de la Lune ; ou du primitif *id*, le tems, parce que le jour de la pleine Lune étoit le tems par excellence, le jour heureux. Aussi tous les jours d'Ides étoient consacrés à Jupiter, pendant que les Calendes l'étoient à Junon.

Tous les autres jours du mois se comptoient par leur éloignement des Calendes du mois suivant ; ainsi dans les mois où les Ides arrivoient le 13, le 14.e jour étoit le 19e. des Calendes, le 15e. jour étoit le 18e.

Dans les mois où les Ides arrivoient le 15, on comptoit deux jours de moins jusqu'aux Calendes du mois suivant. On commençoit à 17, puis 16 ; ainsi de suite : parvenu à *un*, c'étoit le premier du mois, & on disoit CALENDES.

Cette maniere de compter provenoit de ce que tous les jours du mois se rapportoient à trois objets, la nouvelle Lune, le second quartier de la Lune & la pleine Lune ; c'étoient ceux qu'on proclamoit chaque mois. On disoit au Peuple chaque premier du mois, aux Calendes de Mars, par exemple : d'ici au mois prochain, aux Calendes d'Avril, il *y a* 32 *jours* : vous les partagerez ainsi ; aujourd'hui *Calendes*, puis six jours de *Nones*, ensuite huit jours d'*Ides*, ce qui fait quinze jours : de-là jusqu'aux Calendes d'Avril, il y a dix-sept jours.

Par conséquent, dès que les Calendes étoient passées, on disoit, sixiéme jour pour arriver aux Nones, cinquiéme jour pour arriver aux Nones, &c. Lorsque les Nones étoient passées, on disoit huitiéme jour pour arriver aux Ides, septiéme jour, &c.

Lorsque les Ides étoient passées, on disoit 17ᵉ. jour pour arriver aux Calendes, 16ᵉ. jour pour, &c. Arrivés à *un*, on savoit que c'étoit le premier jour d'un nouveau mois, un jour de *Calendes* ou d'assemblée.

Quant à la variété des Nones qui étoient composées tantôt de quatre, tantôt de six jours, elle n'a dû avoir lieu qu'à la longue, & par une suite des fréquentes altérations qu'éprouva le Calendrier Romain. Dans l'origine, les Ides ou la pleine Lune devoit arriver constamment le quinze du mois : par conséquent, les Nones devoient toujours arriver le sept, & jamais le cinq. Peut-être fut-ce un trait de politique, afin que le Peuple fût obligé de recourir sans cesse à l'Oracle.

Les Grecs comptoient également les dix derniers jours du mois en rétrogradant ; ils commençoient par compter dix, puis neuf, ils finissoient par un.

CHAPITRE VI.

Année ou Cycle Lunaire des anciens Saxons.

Voici encore un Peuple chez lequel on a trouvé une année semblable à la Julienne.

Chez les anciens Saxons, l'année commençoit toujours le 25 Décembre dans la nuit appellée *Modra-neǎ*, la Mere des Nuits. « Ils avoient donc, dit » fort bien Scaliger (1), une année parfaitement conforme à la Solaire de 365 » jours & six heures, puisque sans cela, elle n'auroit pu commencer constam- » ment le même jour. Toute la sagesse, ajoute-t-il, n'étoit donc pas concen- » trée dans l'Orient & chez les Chaldéens ; & ceux que Rome appella barba-

---

(1) Emend. Temp. p. 171.

DU CALENDRIER. 169

» res, l'étoient moins à cet égard que les Habitans de cette Cité. »

C'est au flux & au reflux de l'Océan, sur les bords duquel ils habitoient, que ces Peuples durent la régularité admirable de leurs années. On sait que les accroissemens & les décroissemens de l'Océan suivent les révolutions de la Lune. Les deux plus grandes marées arrivent à la pleine Lune des Equinoxes, & on les appella *Malines*, tandis que les plus petites s'appelloient *Ledunes* ou *Lidunes*. Ainsi l'année se partageoit en deux Malines, celle d'Automne & celle du Printems.

Le 4e. & le 5e. mois de la Maline d'Automne, ou Décembre & Janvier s'appelloient Giuli, à cause de la révolution du Soleil : le 4e. & le 5e. mois de la Maline du Printems, ou Juin & Juillet, s'appelloient Lida, parce que le Soleil rétrogradoit. Dans les années intercalaires, on intercaloit après le mois de Juillet un troisiéme Lida, parce que c'étoit la fin de l'année lunaire ; & cette année s'appelloit *Tri-lida*.

Tacite en parlant des Germains, dit que leur année étoit lunaire : » Ils » ne s'assembloient, dit-il (1), à l'exception des cas extraordinaires, qu'au » commencement de la lune, ou lorsqu'elle est pleine. Ils regardent ce » commencement comme étant du plus heureux augure pour leurs entre- » prises. «

Frontin nous (2) apprend que ces peuples ne combattoient jamais dans son décours.

---

(1) Mœurs des Germ.
(2) Liv. II.

Hist. du Cal.

ARTICLE III.
DE QUELQUES CYCLES PARTICULIERS.

CHAPITRE PREMIER.
DES OLYMPIADES.

EN parcourant les années des principaux Peuples, nous avons vu qu'ils étoient obligés d'en lier plusieurs ensemble sous le nom de Cycles, au bout desquelles l'année civile, l'année lunaire & l'année solaire recommençoient ensemble au même moment. Et nous avons parlé de plusieurs de ces Cycles.

Mais outre ceux-là, il en est quelques autres qui méritent, à divers égards, que nous en fassions mention.

Tel est le Cycle des Olympiades, qui servoit à régler le tems des Jeux Olympiques si célebres, & qui servoit aussi à compter les années. Ce Cycle étoit composé de quatre ans : il recommençoit constamment à la pleine lune qui suivoit le solstice d'Eté. On croit communément qu'il commença dans le huitiéme siecle avant J. C. environ l'an 776.

Tout cependant donne à connoître que les Grecs le durent aux Phéniciens, qui célébroient eux-mêmes à Tyr des Jeux pareils à l'honneur d'Hercule le Tyrien ; aussi les Grecs se croyoient redevables des leurs à un Hercule, Hercule le Dactyle, que nous verrons dans la suite être le Soleil, de même que l'Hercule Tyrien.

CHAPITRE II.

Cycle Chaldéen de douze ans.

LEs Chaldéens avoient un Cycle de douze ans, semblable à celui de plusieurs autres Peuples d'Asie, dont nous avons déja eu occasion de parler. Ils disoient que dans cet espace de tems tout se renouvelloit ; les années d'abondance & les tems de stérilité ; les maladies & la salubrité de l'air. Ces observations pouvoient être vraies jusqu'à un certain point. On en a fait de semblables dans ces derniers tems, sur le retour des années d'abondance & des hyvers rigoureux. Les baux de neuf ans pour les terres, sont des Cycles formés d'après ce que l'expérience a appris sur le produit des terres pendant neuf ans, où les mauvaises récoltes sont compensées par les bonnes. Les résultats étoient plus sûrs encore dans des baux de douze ans, sur-tout dans des contrées telles que la Chaldée.

CHAPITRE III.

Cycle appellé Cycle de Meton de dix-neuf ans.

NOus avons vu plus haut que les Grecs étant peu satisfaits de leur Cycle de huit ans, qui avoit succédé à un Cycle de quatre ans, par lequel ils avoient remplacé ce Cycle monstrueux de deux ans, dont après tout Hérodote a peut-être parlé, qu'après tous ces Cycles, dis-je, les Grecs avoient adopté un autre Cycle inventé, à ce qu'on prétendoit, par l'Astronome Meton, & qui étoit de 19 ans.

Ce Cycle fut établi à Athènes l'an 432 avant J. C. & on l'appella Nombre d'or, soit à cause de son excellence, soit parce qu'on le fit graver en caracteres d'or, pour l'exposer dans la place publique, par une magnificence digne de la Ville d'Athènes, & de l'amour de ses Habitans pour les Lettres.

Les 19 années qui composoient ce Cycle correspondoient à autant d'années solaires, au moyen de sept mois intercalés dans autant d'années, la

3e, 6e, 8e, 11e, 14e, 17e & 19e, enforte qu'il étoit de 235 mois lunaires.

En effet, 59 années folaires font 6939 jours 14 heures 25 minutes; & 235 mois lunaires font 6939 jours 16 heures 31 minutes.

Cependant Méton, à caufe de ces 16 heures, compofa fon Cycle de 6940 jours; enforte qu'à fon premier renouvellement le Soleil avoit déja commencé fa révolution depuis neuf heures & demie; & la Lune depuis fept heures & demie.

Cette différence, peu fenfible d'abord, exigea cependant quelque changement dans la fuite, & nous en rendrons compte dans le Chapitre fuivant.

Si l'on n'a pas été d'accord fur l'antiquité de l'année Julienne, comme en ufage avant Jules-Céfar, il paroît qu'on l'eft davantage fur celle du Cycle de XIX ans. On en retrouve des traces antérieures de beaucoup à Méton, mais dans des contrées beaucoup plus feptentrionales que la Grèce, & dont on a trop méprifé les connoiffances.

Non-feulement on a trouvé dans les Livres Chinois que ce Cycle leur étoit connu depuis un tems très-reculé (1); mais Diodore de Sicile (2) parlant des Hyperboréens, Peuples des contrées feptentrionales de l'Europe, dit qu'ils avoient un Cycle de XIX ans, établi chez eux avant la guerre de Troye; que ce Cycle étoit lunaire, & que ces Peuples difoient qu'Apollon defcendoit chez eux tous les dix-neuf ans, & venoit fe réjouir avec eux. Il ajoute que c'eft cet efpace de tems que les Grecs appellent Cycle de Méton.

Le fameux RUDBECK a adopté avec empreffement un fait auffi flatteur pour fa Patrie; & comme les années de ce Cycle étoient marquées en Suède avec les XIV caractères qui compofent l'alphabet Runique, & avec trois autres caractères qu'il fallut inventer pour fuppléer au défaut des lettres alphabétiques, ce Savant en conclut (3) que l'alphabet Runique exiftoit long-tems avant celui de Cadmus.

Ces conclufions n'ont pas été du goût d'un autre Savant de Suède; BERNER, Profeffeur de Mathématiques & d'Aftronomie à Upfal, fit foutenir en 1758 des Thèfes (4) où il prétendit prouver que le Cycle de XIX ans n'étoit qu'une copie de celui de Denis le Petit, celui qui inventa l'Ere Chrétienne.

---

(1) BAYER, Hift. des Rois Grecs de la Bactr. Art. Nombres Indiens.
(2) Liv. II.
(3) Atlantique, T. II. p. 186.
(4) Differt. Gradualis de Antiquit. Calendar. Runici, in-4°. pag. 42.

Mais les raisons métaphysiques dont s'étaye M. Berner, ne peuvent prévaloir contre les faits, comme il en convient lui-même; & ceux sur lesquels on se fonde pour soutenir que le Cycle de Méton fut très-postérieur à quelques Cycles de la même nature, sont certainement du nombre de ceux dont il parle (1) comme devant anéantir ses raisonnemens, s'ils existent.

CHAPITRE IV.

Correction du Cycle de Méton, ou Cycle de soixante-six ans.

ENviron un siécle après Méton, CALIPPE s'apperçut du défaut de ce Cycle, ce défaut par lequel il anticipoit de plusieurs heures sur l'année solaire. Cet Astronome proposa donc de retrancher un jour entier de quatre en quatre Cycles ou tous les 76 ans: d'où résulta un Cycle de 27759 jours, qui commença d'être en usage l'an 330 avant J. C. Celui-ci ne contenoit qu'environ six heures de plus que la révolution de la lune en un pareil nombre de jours, & 14 heures 18 minutes de plus qu'autant de jours solaires. Ce nouveau Cycle éclipsa celui de Méton, du moins dans les Observations Astronomiques.

CHAPITRE V.

Cycle Gaulois de trente ans.

PLINE nous apprend (1) que les Gaulois avoient un Cycle de trente ans, dont il y en avoit onze d'intercalés; & que leurs mois lunaires commençoient au premier quartier de la lune, ou au septiéme jour; le lever de cet Astre étant plus aisé à observer ce jour-là qu'à la Néoménie, où il est à peine dégagé des rayons du Soleil.

---

(1) Hist. Natur. Liv. XVI.

CHAPITRE VI.

Cycle en usage avant le Déluge.

Josephe nous a transmis dans ses Antiquités Judaïques la mémoire d'un Cycle de 600 ans, qu'il dit avoir été en usage avant le Déluge. Il est formé du Cycle de 60 ans en usage chez les Chinois, multiplié par dix; tout comme étant multiplié à son tour par lui-même, il devint la période de 3600 ans, si connue dans l'antiquité Orientale.

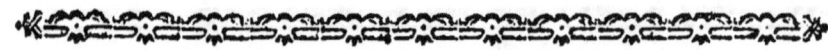

SECTION IV.

OBJETS DÉTACHÉS RELATIFS AU CALENDRIER.

CHAPITRE PREMIER.

Des Divinités protectrices des Mois.

Les XII mois de l'année furent naturellement consacrés à la Lune & au Soleil : on en fit un partage entre ces deux Astres ; la Lune présida à six mois, & le Soleil à six autres. On peignit donc dans le Calendrier six Lunes & six Soleils, ou six Femmes & six Hommes, représentés chacun sous des emblêmes différens, relatifs aux travaux & à la nature des mois auxquels ils présidoient. A la longue on vit dans ces XII Figures VI Dieux & VI Déesses, ou XII Divinités, qu'on appella les *Grands-Dieux*, les Dieux Consentes ou Harmoniques, parce qu'ils contribuoient tous à la perfection de l'année, au maintien des saisons, au bonheur des hommes.

§. I.

Noms de ces Dieux chez les Romains.

Commençons ce qui concerne les XII Dieux & Déesses, par les Romains dont les connoissances sont beaucoup plus familieres aux Européens que celles des Peuples plus anciens, & servent par-là même à dissiper les ténébres qui couvrent ceux-ci.

Les VI Déesses protectrices d'autant de mois chez les Romains, furent Junon, Minerve, Vénus, Cérès, Diane & Vesta.

Les VI Dieux furent Apollon, Mercure, Iou ou Ju-piter, Vulcain, Mars & Neptune.

Junon, Reine des Dieux, étoit la Lune, Reine des Cieux, & en particulier la premiere Lune de l'année, celle de Janvier. Son nom *Jun*, qu'on prononça également *Ion*, *Ioh*, *Io*, étoit le nom même de la Lune, femme d'*Iou* ou du Soleil, qui se renouvelloit avec elle ; Junon s'appelloit en Grec *HRA*, la Souveraine, la Reine ; & elle en portoit les attributs.

Minerve étoit la Lune de Mars où les travaux recommencent : aussi étoit-elle la protectrice de l'Industrie & des Arts, & toujours accompagnée de leurs attributs. Elle étoit également la Déesse de la Sagesse & des Combats, parce que les Arts ont besoin & de sagesse pour les perfectionner, & d'habileté pour défendre les biens qui sont l'effet de l'industrie.

Vénus ou la Beauté, mere de l'Amour & des Graces, étoit la Lune d'Avril, où la Nature se renouvelle, & où la terre se couvre de verdure & de nouvelles générations, qui réparent les pertes de l'automne & de l'hiver.

Cérès ou la Déesse des moissons, aux cheveux blonds, est la Lune d'Août, représentée avec une faucille & des gerbes, pour désigner le tems des moissons.

Diane, Déesse de la Chasse & de la Virginité, étoit la Lune de Novembre, où la terre étant *dévêtue*, comme on dit dans les campagnes, dépouillée de ses fruits, on s'occupe à faire la guerre aux animaux. C'est donc avec raison que cette Déesse étoit celle de la chasse & de la virginité, ou de la stérilité, puisque dès le mois où elle préside, la terre ne produit rien, la nature est stérile. Le carquois, l'arc & la flèche succedent avec raison à la faucille & aux charrues.

Vesta, Déesse du Feu, est la Lune de Décembre, mois où l'on n'a plus d'autre occupation que celle de se garantir du froid & des frimats. Aussi cette Lune s'appelle-t-elle *Vesta*, c'est-à-dire le Feu; & elle en porte les attributs: elle est en fourrure & auprès d'un brasier.

La physionomie des Déesses n'étoit pas moins fixée par leurs fonctions que tout l'ensemble de leurs attributs; chacune avoit sa beauté propre qu'on ne pouvoit changer sans brouiller tout. *Junon* avoit la noblesse & la fierté d'une Souveraine. *Minerve*, la sérénité d'une personne occupée de choses grandes & utiles. *Vénus*, la tête de la personne la plus aimable & la plus belle, à la fleur de son âge. *Cérès*, les graces champêtres d'une jeune & charmante Fermiere, qui supporte le hâle du jour. *Diane*, le négligé d'une beauté mutine occupée de grandes courses, & qui n'est pas chargée d'embonpoint. *Vesta*, l'air d'une mere de famille satisfaite, & qui n'a nul souci que d'être au coin de son feu.

Winckelmann s'en étoit bien apperçu, lui qui dit dans son Histoire de l'Art (1): » La forme de chaque Déesse est tellement uniforme chez tous les » Artistes Grecs, qu'on seroit tenté de croire qu'elle étoit prescrite par quelque » Loi, telle qu'ils l'ont suivie unanimement. La beauté & la forme de *Diane*, » de *Vénus*, de *Junon*, de *Pallas*, &c. sont telles qu'elles conviennent au » caractère de ces Déesses, & qu'elles seroient déplacées dans les autres. «

---

(1) Page 183.

Cette Loi, que ce Savant sentoit si bien, mais qu'il ne connoissoit pas, étoit celle de l'imitation: il falloit que chaque Déesse fût peinte avec les symboles & le caractère qu'exigeoient les fonctions qui la constituoient: sans cela, cette peinture n'auroit été qu'un effet du caprice; elle n'auroit rien dit aux yeux & à l'esprit.

Ajoutons que *Junon*, la Souveraine des Dieux, devient ainsi l'emblème naturel des Chefs de la société & des grands Propriétaires.

Cérès, Déesse de l'Agriculture, le symbole de la classe productrice qui fait naître les richesses & les subsistances.

Minerve, Déesse des Arts & de l'Industrie, le symbole de tous ceux qui n'ayant pas le moyen de faire naître ces subsistances, ont l'art de mettre en œuvre & de façonner les matieres premieres que leur fournit l'agriculture ou la terre, & au moyen desquelles ils se procurent la part des subsistances dont ils ont besoin.

EUSEBE nous a conservé un morceau de Poësie Grecque (1), intitulé *Oracle d'Apollon de Dydime*, qui contient la peinture de ces six Déesses ou Lunes. Minerve, Diane & Cérès y paroissent avec les mêmes attributs. *Vénus* y est sous le nom d'*Isis*; Junon y occupe la place de Vesta, moins connue dans les pays chauds; & *Rhéa* y occupe la place de Junon. C'est la Mythologie Grecque & Egyptienne mêlées avec celle des Romains; mais écoutons l'Oracle.

» Les flûtes, les tambours & les assemblées des femmes, seront l'apanage
» de *Rhéa*, fille de Titan, mere des Immortels. Les travaux & les fureurs
» de Bellone seront celui de *Pallas*, armée du casque. La Vierge, *fille* de
» *Latone*, poursuivra avec ses chiens tachetés, à travers les rochers & les
» précipices, les animaux qui errent sur les montagnes. *Junon* versera les
» douces pluies de la saison humide. Les moissons prosperes & abondan-
» tes seront les fruits de *Cérès*. *Isis* de Pharos, habitante des lieux que fertilise
» le Nil, n'aura d'autre soin que de chercher la compagnie de son jeune &
» bel Osiris.

Les VI Dieux ou VI Soleils.

APOLLON, ou le Soleil de Mai, le Soleil par excellence, & dont le nom Grec n'est qu'une altération de l'Oriental *Pol*, qui en Chaldéen répond au

---

(1) Prépar. Evang. Liv. V. ch. VII.

Bel des Phéniciens. Aussi Apollon est-il peint jeune & avec tous les charmes de l'adolescence, vrais symboles du mois de Mai.

Mercure, Dieu des Constellations, est le Soleil de Juin qui, chez les Orientaux, ouvroit l'année. Aussi a-t-il l'équipage d'une personne chargée d'ouvrir & de fermer les Cieux.

Iou, le Pere Jou, ou Jupiter, est le Soleil de Juillet, le Soleil dans toute sa force ; la Nature parvenue au plus haut point de perfection, où elle n'a plus qu'à décroître. Aussi ce Soleil est-il surnommé *Hercule*, & au signe du *Lion*.

Vulcain, le Soleil de Septembre, est le Dieu des Forgerons Forgeron lui-même, il est le bras droit du Laboureur dont il répare les charrues & les instrumens nécessaires pour ses labours & ses semailles, qui sont à la porte. Il est donc aussi le Dieu du feu, mais d'un feu de forge & d'enfer, bien différent des feux domestiques de Vesta. Nous verrons au Chapitre suivant qu'il eut d'abord une origine fort au-dessus de celle-là.

Mars, ou le Soleil d'Octobre, Soleil enflammé & terrible pour les plantes & pour les animaux, de même que pour les hommes. Aussi étoit il au signe du *Scorpion*.

Neptune, le Soleil de Février, & Dieu des Mers, parce que c'est le tems des neiges & des pluies ; d'ailleurs le tems où la pêche est la plus abondante ; c'est pourquoi il est au signe des *Poissons*.

Le caractere propre de chacun de ces Dieux étoit plus aisé à peindre que celui des Déesses, par un effet de la nature des fonctions dont ils étoient chargés.

On voit d'ailleurs que dans cette distribution des mois entre les Soleils & les Lunes, on suivit la Nature ; qu'on consacra au Soleil les mois des travaux les plus rudes ; & à la Lune ou aux Déesses, les mois des ouvrages moins fatiguans.

CHAPITRE II.

Divinités Egyptiennes qui préfidoient aux Mois.

LEs Egyptiens avoient également mis les XII mois fous la protection d'autant de Divinités, qui n'étoient dans l'origine que des fymboles des travaux fucceffifs de l'année, mois par mois, un calendrier en peinture & à tapifferie.

Iou Ammon, ou Jupiter à tête de Bélier, préfidoit à la Lune de Mars, fous le figne du Bélier. Sur la table d'Ifis on voit un Bélier avec un Singe, emblême de l'équinoxe que fuit la Lune de Mars. Nous verrons dans le Chapitre des Horloges antiques, le rapport du Singe avec l'équinoxe & avec les heures.

Vénus ou Athyr, peinte fous l'emblême du bœuf *Apis*, au figne du *Taureau*, préfidoit à la Lune d'Avril.

Horus & Harpocrate, enfans gemeaux d'Ifis, préfidoient, comme Caftor & Pollux chez les Grecs, à la Lune de Mai, au figne des *Gemeaux*. Nous verrons dans le fecond Livre de ce volume, que ces perfonnages gemeaux étoient conftamment l'emblême du Soleil mourant & du Soleil renaiffant de chaque année. Harpocrate étoit repréfenté comme un être foible & languiffant, à caufe de la douleur que la mort d'Ofiris avoit caufé à fa mere dans le tems qu'elle étoit enceinte de lui. Horus, au contraire, étoit repréfenté plein de force & vengeant fur Typhon les maux qu'il avoit caufés à fa mere.

Mercure ou Anubis à tête de Chien, préfidoit également chez les Egyptiens à la Lune de Juin, au figne du Cancer. C'est par cette raifon qu'on voit fur des Abraxas, efpéces de pierres gravées antiques, le Cancer à côté d'Anubis. Nous avons déja rendu compte dans l'Allégorie de Mercure, des motifs qui le firent peindre avec le fymbole d'un chien, & comme protecteur de la Lune de Juin.

Osiris, le Jupiter des Egyptiens, préfidoit, comme Jupiter, à la Lune de Juillet, & au figne du Lion; mais ce Lion devint en Egypte l'emblême de l'inondation du Nil : auffi voit-on fans ceffe fur les monumens des Egyptiens des perfonnages à tête de Lion, qui tiennent des vafes remplis d'eau du Nil.

Isis, femme d'Ofiris, & fymbole de la Nature fécondée, préfidoit à la

Z ij

Lune d'Août, au signe de la Vierge, & suivoit ainsi son mari. Elle étoit représentée avec son nourrisson.

Des deux signes du Lion & de la Vierge, les Egyptiens formerent le Sphynx, moitié Femme, moitié Lion, & emblême de l'inondation du Nil.

PHTA, Dieu du Feu, ou CNEPH le Créateur, le bon Principe, présidoit à la Lune de Septembre. C'est qu'on croyoit que l'Univers avoit été formé à l'équinoxe d'Automne, où commence cette Lune. Tel étoit le Vulcain des Egyptiens, la source de toute perfection, feu & lumiere ; tandis que chez les Grecs & les Romains, il fut réduit à une Divinité subalterne, quoique toujours protectrice du même mois. C'est ce même mot de *Phta* qu'on a cru avoir formé en Grec le nom de Vulcain, ou *Hé-phaistos*, avec l'article *he*, & la terminaison grecque en *os*. Ce nom cependant est plus rapproché de l'Oriental que de l'Egyptien : *aist* signifie le *feu* dans l'Orient ; en y ajoutant l'article oriental *ph*, & la terminaison grecque, on a *phaistos* ; c'est de là que vint également le nom de *Vesta*. Les Egyptiens altérerent ce mot en changeant l'Hébreu *esh*, feu, en *et*, & prononçant *pheta*, au lieu de *phesh* ou *phessa*.

TYPHON, où le mauvais Principe, le Mars des Egyptiens, présidoit à la Lune d'Octobre, au signe du Scorpion. Il n'est donc pas étonnant qu'il fût à la suite du *Bon Principe*, dont il tâchoit de détruire ou de gâter les ouvrages : d'ailleurs ce tems étoit pour plusieurs contrées, un tems de désordre & de maux de toute espéce : ajoutons que c'est la saison des longues nuits & des ténébres, symbole du mauvais Principe, dont les œuvres ne sont que ténébres, & l'opposé de tout ce qui est feu & lumiere.

Horus ou *Hercule*, le destructeur des Géans, la grande vertu des Dieux, marchoit naturellement à la suite de Typhon, & présidoit à la Lune de Novembre, au signe du Sagittaire. Cet Archer ou ce Héros, moitié homme, moitié cheval, étoit donc d'une grande consolation pour les Orientaux, qui voyoient en lui un puissant libérateur. Aussi disoient-ils qu'Horus, avec le secours du cheval, remporta la victoire sur Typhon. Diane ne livroit la guerre qu'aux animaux des forêts ; mais Horus à tous les maux qui accablent l'humanité. Le bon & le mauvais Principe, & le fils du bon Principe, vainqueur du mauvais, étoient ainsi trois personnages qui appartenoient à la plus profonde Théologie Philosophique, & ils étoient fort au-dessus des idées que les Grecs & les Romains se formoient de *Vulcain*, de *Diane* & de *Mars* ; on voit que ces derniers Peuples ne comprenoient plus rien à la sagesse des Orientaux, & qu'ils n'en étoient que d'aveugles imitateurs. Il n'est donc pas surprenant que les Européens qui ne voyoient jusques ici que par les yeux de ces derniers, n'ayent presque rien compris jusques à présent à ces grands objets, qu'ils ne les ayent vus qu'à travers un épais brouillard.

PAN, ou Tout, mot qui peut aussi signifier le *Seigneur*; PAN, dis-je, Dieu de la Nature & des Campagnes qui étoient tout, tandis que les Villes n'étoient encore rien, présidoit à la Lune de Décembre sous le signe du Capricorne. Cette Divinité étoit bien choisie, parce que le mois de Décembre étoit pour l'Egypte ce qu'est le mois de Mai pour nous: c'est alors que les campagnes de cette contrée sont couvertes de verdure & de biens de toute espèce. Ce signe du Capricorne fut aussi très-bien choisi pour ce mois, parce qu'alors, au Solstice d'Hyver, le Soleil remonte au haut des Cieux, semblable à la Chévre qui escalade toujours. Pan étoit d'ailleurs représenté avec des cornes, des pieds & une barbe de Bouc ; il étoit le Dieu de *Mendès*, Ville Egyptienne dont le nom signifie également *Bouc*.

AGATHO-DEMON, le bon Génie, désigné par le Canope, ou par ce Vase que le Verseau tient dans ses mains, présidoit à la Lune de Janvier. Le XI de cette Lune qui répond au 6 de Janvier, les Prêtres Egyptiens alloient puiser de l'eau à la Mer (bien entendu que c'étoient ceux qui étoient à Alexandrie ou dans des Villes voisines de la Mer, & que les autres puisoient de l'eau du Nil, &c.) & venoient la verser dans les Temples ; peut-être même la distribuer aux assistans, avec de grands cris & des signes de réjouissance, de ce qu'Osiris étoit retrouvé.

Les Chrétiens Orientaux ont conservé cet usage d'aller puiser de l'eau à minuit le 6 Janvier, en mémoire de ce que Jésus-Christ fut baptisé ce jour-là, & de ce que par ce baptême il purifia les eaux. Ces Chrétiens conservent cette eau avec soin jusqu'à l'année suivante, où elle fait place à d'autre.

NEPHTYS, Déesse des Frontieres Maritimes, présidoit au mois de Février, au signe des Poissons. Ce nom a le plus grand rapport avec celui de Neptune qui étoit chez les Romains le Dieu Tutélaire du même mois.

Il en étoit de même chez les Perses : chacun de leurs mois étoit consacré à une Divinité subalterne ; & toutes ces Divinités étoient chargées de quelque fonction particuliere, de veiller sur le froid, le chaud, la pluie, les fruits, les troupeaux, &c.

L'usage de consacrer les mois à autant de Génies, remontoit donc à une haute antiquité ; & les Romains & les Grecs ne furent en cela que les imitateurs de l'Orient.

Les Egyptiens eux-mêmes avoient imité les Sabéens qui furent les précurseurs du Paganisme, dans lequel on tomba dès qu'on eût perdu l'intelligence de leur langage figuré, & qu'on prit leurs symboles à la lettre.

Si nous avons commencé l'explication des Divinités Egyptiennes, protectrices des XII mois, par celle qui présidoit au mois de Mars, c'est pour suivre l'ordre du Calendrier Romain qui commençoit au même mois. Mais si nous avions suivi l'ordre de l'année Egyptienne, nous aurions commencé à la Lune d'Août par *Thot* qui ouvre le Calendrier. On auroit ensuite vu *Osiris* ou le Soleil du monde. *Isis*, Reine des Cieux, avec son nourrisson. *Vulcain* ou le Créateur, le bon Principe. *Typhon*, ou le mauvais Principe, appellé aussi *Seth*, c'est-à-dire *ennemi*, & d'où vint le nom de Satan. *Horus*, fils d'Isis, & vainqueur du mauvais. *Pan*, ou la Nature universelle qui est alors dans toute sa splendeur. *Agatho-demon*, ou le bon Génie. *Nephtys*, Déesse des Eaux. *Ammon*; *Athyr* ou Vénus; *Harpocrate* & *Horus*, ou les Gémeaux, par lesquels se terminoit l'année primitive & vague des Egyptiens. Ainsi l'année Egyptienne étoit parfaitement correspondante à la plus ancienne année des Romains qui commençoit en Juin avec Mercure ou *Thot*, & qui finissoit en Mai au signe des Gémeaux. En voici la comparaison :

Juin.	Thot, ou Mercure.	Mercure.
Juillet.	Osiris.	Jupiter.
Août.	Isis.	Cerès, la même qu'Isis, sous le signe de la Vierge, ou Moissoneuse.
Septembre.	Phta, ou Vulcain.	Vulcain.
Octobre.	Typhon le destructeur.	Mars.
Novembre.	Horus vainqueur des Monstres & des Géans.	Diane la chasseresse.
Décembre.	Pan.	*Vesta.*
Janvier.	*Agatho-demon.*	Junon.
Février.	Nephtys.	Neptune.
Mars.	*Ammon.*	*Minerve.*
Avril.	Athyr, ou Vénus.	Vénus.
Mai.	Harpocrate & Horus, ou les Gémeaux.	Les Gémeaux sous Apollon.

Ces deux séries ne diffèrent qu'en ce que les Egyptiens n'y firent entrer que trois Déesses, tandis que les Grecs & les Romains voulurent que le nombre des Déesses égalât celui des Dieux.

Ajoutons que chacune de ces XII Divinités étoient les Symboles des XII

DU CALENDRIER.

Gouvernemens primitifs de l'Egypte ; à commencer par celui de *Thèbes*, le plus méridional ou le premier en venant du midi, & dont le *Bélier* étoit le Symbole ; & finissant par le plus septentrional, ou par les côtes de la Mer, désignées par Nephtys & par les Poissons.

Lorsqu'ensuite l'Egypte fut divisée en 36 Nomes ou Gouvernemens, ce fut encore une imitation du Ciel divisé également en 36 Divinités secondaires, dont nous allons parler.

CHAPITRE III.

Des trente-six Decans.

LES Egyptiens qui avoient divisé leur pays en 36 Nomes ou Gouvernemens, divisèrent également l'année en 36 portions égales de dix jours chacune ; & ils mirent chacune de ces portions sous la protection d'une Divinité inférieure, qu'on appelloit *Decan*, d'un mot Oriental existant encore dans le Syriaque דיקן, *Deikan*, qui signifie *Inspecteur*, *Observateur* : & dans le verbe דוק, *Duq*, considérer, observer, inspecter.

Chaque mois étoit ainsi sous la protection de trois Decans. On peut voir leurs noms dans SAUMAISE (1), & dans les Notes de SCALIGER sur Manilius (2) : ces noms sont si barbares & si défigurés que, nous ne pouvons nous résoudre à les rapporter ici : nous citerons seulement ceux dont la signification est connue.

Les trois Decans du signe du Cancer qui ouvroit l'année Egyptienne, ont des noms très-remarquables : ils s'appellent *Sôthis*, *Sit* & *Khnoumis*.

SÔTHIS & SIT ou *Set*, sont deux noms de la Canicule, qui se levoit le premier jour de l'année Egyptienne, & qui devinrent également le nom d'Isis : ils furent aussi l'origine du nom de plusieurs Princes Egyptiens, tels, *Sethos*, *Asothis*, *Aseth*, *Sesothis*, &c.

KHNOUMIS est le même nom que *Chnoubis* qu'on trouve gravé sur un grand nombre d'Abraxas. C'est un mot Egyptien qui signifie *or*, & dont on

---

(1) Ann. Climact. p. 610.
(2) P. 487. & suiv. édit. de 1600, in-4º.

a fait *Anubis*, le Chien gardien des Portes Célestes, ou de l'horizon que dore le Soleil.

Chnoubis est représenté sur ces Abraxas avec une tête de Lion à grande criniere, & environné d'une gloire d'où sortent sept rayons. Son corps est un corps de Serpent à queue entortillée, symbole du tems éternel.

Le Decan qui suit ces trois, ou le premier Decan du signe du Lion, s'appelle KHARKHNOUMIS, & sur des Abraxas *KholKnoubis*. Il y est représenté par une tête humaine à sept rayons avec une grande queue de Scorpion, & le signe du Sagittaire sous son menton. Au-dessous de cette tête est le nom de IAÔ, suivi du mot ANOK, qui avec le nom du Decan, font cette inscription, *je suis Iao* (Iehovah, ou le Dieu) *Kholknoubis*.

Ce mot doit être composé de *Kar*, crier, ou de KHOL, *voix*, *tonnerre*; ce seroit le *Dieu Tonnant*.

Le premier Décan du Signe de la Vierge s'appelle T Ô M; mais ce mot signifie *Juste, Parfait*; de-là Thémis.

Le dernier Décan du Signe du Scorpion s'appelle *Sieme*; ce mot est composé de *si*, prendre, recevoir, & *emi*, science: mot à mot, *celui qui a reçu la science*, qui est instruit, le Savant.

Les deux derniers Décans du Signe du Capricorne sont SRÔ & ISRÔ. Leurs noms signifient *Victoire*, & *Victoire qui arrive*. C'est la Victoire du Soleil sur les Ténébres; il renaît alors, & revient à nous plus beau que jamais.

On trouve dans l'Ouvrage d'Origène contre Celse les noms des sept derniers Décans de l'année: ils se terminent à *Ph-Ouor*, le dernier Décan du Signe des Gémeaux, & qui est sans doute le même nom qu'HOR-*us* avec l'article *Ph*.

Scaliger a rapporté aussi (1) les noms des Constellations relatives aux 36 Décans dans les trois Sphères *Persane*, *Indienne* & *Barbare*, qu'il emprunta d'ABEN-EZRA, auquel il donne le nom du *plus Docte des Juifs*. La Sphère que ce Rabbin désigna par l'épithète de *Barbare*, est celle des Grecs d'Alexandrie.

C'est à ces 36 Décans que le Roi NECEPSO attribuoit dans ses Livres d'Astrologie, comme nous l'apprenons de Julius Firmicus, les *influences* les plus étendues sur les maladies & la santé, *omnia vitia, valetudinesque*.

Dans les anciens Ouvrages d'Astrologie, on trouve des Quarrés magiques

---

(1) Ibid. p. 371. & suiv.

calculés

calculés d'après les 36 Décans, chaque Signe étant subdivisé en trois. M. SENEBIER, Bibliothécaire de la République de Genève, & connu par son Ouvrage sur l'*Art de conjecturer*, rempli d'érudition & de vues profondes, nous a communiqué un de ces Quarrés écrit en Grec & en encre de deux couleurs, rouge & noire. Il en a découvert un en Hébreu, mais en caractères Italiens, dans un ancien Manuscrit sur l'Astrologie, qui fut pris sur la Côte d'Afrique dans l'expédition de Charles V. en 1550. Ils démontrent l'un & l'autre l'usage des Décans dans l'Astrologie.

CHAPITRE IV.

Des Eons.

LES Perses, à leur tour, avoient mis les 30 jours du mois sous l'inspection d'autant de Divinités : c'étoit une autre marche, mais les mêmes principes.

C'est de-là, sans doute, que les Valentiniens & les autres Gnostiques empruntèrent leurs trente Divinités, qu'ils appellerent Eons, c'est-à-dire les Êtres, parce qu'ils les regardoient comme la source de tout ce qui existe.

Un savant Evêque Anglois crut que ces Eons avoient le plus grand rapport avec les Divinités Égyptiennes (1).

---

(1) HOOPER, Evêque de Bath & de Wells, dans sa Dissert. sur l'Origine Egyptienne de l'Hérésie des Valentiniens, 1711. in-4°.

CHAPITRE V.

De la distinction des Jours en heureux & malheureux.

COMME les jours de l'homme sont un mélange perpétuel d'événemens heureux & malheureux, & que souvent on ignore les causes de ces événemens, on les attribua, dans des tems de superstition & d'ignorance, à la nature même des jours : les uns furent regardés comme des jours heureux dans lesquels on pouvoit tout entreprendre hardiment ; & d'autres, comme des jours malheureux dans lesquels tout ce qu'on entreprendroit, se termineroit d'une manière funeste. On fut conduit à ces idées par les bons & les mauvais succès qu'on avoit eus dans des jours pareils : on y fut confirmé par les idées qu'on se formoit des nombres, les uns heureux, les autres malheureux ; & par les qualités diverses qu'on attribuoit aux Divinités qui présidoient à ces jours, sur-tout aux diverses phases de la Lune ; car elle devoit avoir plus d'influence étant dans son plein, que lorsqu'elle décroissoit ou qu'elle ne paroissoit plus : & ceci tenoit au Physique ; il étoit bien plus sûr d'entreprendre des voyages ou des parties de plaisir ou d'affaires, lorsqu'on pouvoit revenir au clair de Lune, que lorsqu'on en étoit totalement privé. Mais l'on abusa d'un petit nombre d'observations physiques pour en faire des régles générales & universelles, & pour leur attribuer une influence trop étendue. Ce qui acheva de tout gâter, c'est qu'on marqua sur les Calendriers les jours qu'on regardoit comme heureux, & ceux qu'on regardoit comme malheureux, en y ajoutant ce à quoi chacun de ces jours étoit bon. Ainsi l'esprit se resserroit de plus en plus, & on étoit esclave de ces jours faits pour l'homme, qu'on auroit dû employer d'une manière utile au genre humain & à soi-même.

HÉSIODE tient lieu, à l'égard de cette distinction de jours, des Calendriers les plus reculés & qui n'existent plus. On trouve dans un de ses Poëmes, composé plusieurs siécles avant J. C. & il y a plus de 2500 ans, tout ce que ces Calendriers contenoient à l'égard des influences de tous les jours de chaque mois (1).

---

(1) Les Travaux & les Jours, *traduction de M. l'Abbé* BERGIER, Tom. I. p. 203.

DU CALENDRIER.

« Obferves, dit-il, la diftinction des jours, felon l'ordre de Jupiter, &
» aprens à tes gens à faire de même. Le trente du mois eft heureux pour vifiter
» les travaux & diftribuer les provifions : ce jour-là, tout le monde eft occu-
» pé à fes affaires (†). Ceux-ci ont été encore défignés par Jupiter. La nou-
» velle Lune, le quatriéme & le feptiéme. Celui-ci eft facré, parce que c'eft le
» jour auquel Latone mit au monde Apollon à chevelure dorée. Le huitiéme
» & le neuviéme font favorables pour vaquer à fes affaires : l'onziéme & le dou-
» ziéme font encore bons ; le premier pour tondre les brebis, le fecond pour
» faire les moiffons ; le douziéme cependant eft préférable. C'eft à celui-ci
» que l'araignée fufpendue en l'air à la chaleur du jour, file fa toile, & que la
» fage fourmi augmente fon monceau : une femme le doit choifir pour ourdir
» fa toile & commencer fon travail.

» Ne commences jamais à femer le treize du mois ; mais il eft bon pour plan-
» ter : le feize eft dangereux pour les plantes, mais il eft favorable à la naiffance
» des garçons, non pas à celle des filles ni à leur mariage. Il en eft de même
» du fixiéme ; il eft propre à châtrer les chevreaux & les béliers, à fermer d'une
» haie l'étable des troupeaux ; il eft encore favorable à la naiffance des garçons ;
» il donne de l'inclination pour les injures & le menfonge, pour les difcours fé-
» duifans & les entretiens fecrets.

» Il faut châtrer les chevreaux & les veaux le huit, les mulets le douze. Le
» vingt, auquel la Lune eft pleine, eft heureux pour mettre au monde un
» fils fage & de bon caractère ; il en eft de même du dix. Le quatorze eft pour
» les filles. C'eft à celui-ci qu'il faut aprivoifer les moutons, les bœufs, les
» chiens, les mulets, en les touchant de la main. Souviens-toi le quatre, le
» quatorze & le vingt-quatre, d'éviter toute efpéce de chagrin, ce font des
» jours facrés. Le quatre eft heureux pour prendre une époufe après avoir con-
» fulté le vol des oifeaux : les augures font néceffaires dans une occafion fi im-
» portante. Evites les cinquiémes, ils font pernicieux ; alors, dit-on, les Furies
» fe promenent pour venger les droits du Dieu Orcus, que la Difcorde a en-
» fanté pour punir les parjures.

» Le dix-fept, vifites le blé dont Cérès t'a fait préfent, & vannes-le dans ta
» grange ; fais couper les bois de charpente & propres à faire des vaiffeaux ;

(†) Parce que c'eft la fin du mois, où ceux qui font à la tête d'une Ferme, d'une
Campagne, &c, réglent leurs comptes, payent leurs gens, &c.

A a ij

» commences le quatre à les assembler : le dix-neuf après-midi est le plus fa-
» vorable. Le neuf est encore sans danger, il est bon pour planter & pour
» augmenter une famille, jamais il n'a été marqué par aucun événement fâ-
» cheux.

» Mais peu de personnes savent que le vingt-neuf est excellent pour gou-
» dronner les tonneaux, pour atteler les bœufs, les mulets, les chevaux, pour
» mettre un navire en mer : plusieurs n'osent pas s'y fier.

» Le quatre, perces ton tonneau ; le quatorze est le plus sacré de tous :
» quelques-uns croient que c'est le vingt-quatre au matin ; l'après-midi est plus
» favorable.

» Voilà les jours les plus heureux pour tout le monde ; les autres sont in-
» différens, ne présagent & ne causent ni bien ni mal ; l'un préfére celui-ci,
» l'autre celui-là ; mais peu sont en état d'en dire les raisons. Souvent un jour
» est malheureux, d'autrefois il est meilleur ».

On voit par-là que le nombre neuf, seul ou accompagné de dixaines, dix-neuf, vingt-neuf, étoit universellement heureux, de même que dix, vingt, trente. Ce qui résultoit des hautes idées qu'on se formoit de neuf & de dix. Il en est de même du sept & du dix-sept ; des quatre, quatorze & vingt-quatre. Le trois, le cinq & le treize étoient des jours malheureux. C'est à peu-près la moitié des jours du mois : les autres jours étoient indifférens. On ne comp-toit ainsi sur tous les jours du mois qu'environ deux on trois jours funestes.

Tels sont encore les Almanachs de Liége & de Marseille, ou de Lans-berg & de Larrivay & le Messager Boiteux ou Almanach de Bâle. On y voit que le Printems est bon pour planter, l'Eté pour moissonner, l'Automne pour vendanger, l'Hyver pour se chauffer : & que tels jours sont bons pour se marier, pour se purger ou se saigner, pour couper du bois ou ses ongles, & autres choses de cette nature, dont nous rions maintenant, mais qui occu-poient sérieusement l'Antiquité, & qui tyrannisent encore nombre de Nations éclairées & spirituelles, mais que de vils intérêts particuliers empêchent de se-couer ce joug.

On pourroit rapporter ici nombre de faits qui prouvent les funestes influen-ces qu'avoient ces idées superstitieuses pour les Nations entières.

Lorsque les Athéniens demanderent du secours aux Lacédémoniens contre Xerxès qui avoit déja envahi une partie de la Gréce, les Lacédémoniens ré-pondirent qu'ils ne se mettroient pas en chemin avant la pleine Lune ; toute guerre commencée avant ce tems-là ne pouvant être heureuse.

Les Romains se laisserent battre, parce qu'un de leurs Généraux avoit fait

DU CALENDRIER.

jetter dans la mer des Poulets qui ne voulurent pas manger, & dont l'appétit devoit decider du fort du combat. Ses Troupes effrayées & de ce que ces Poulets n'avoient pas voulu manger, & de ce que leur Général venoit de se rendre coupable à leurs yeux d'un effroyable sacrilége, se crurent sous la vengeance des Dieux, & se laisserent battre comme ces Poulets s'étoient laissé jetter dans la mer.

Alexandre fut plus heureux dans une occasion à peu près semblable. Lorsqu'il se préparoit à passer le Granique en présence de l'armée des Perses, qui en bordoit le rivage, quelqu'un lui représenta qu'on étoit dans le mois *Dæsius*, mois malheureux pendant lequel les Macédoniens ne formoient aucune entreprise militaire : *Hé-bien*, répondit Alexandre, *nommons-le le second Artemisius* ; & là-dessus il fit sonner la charge, traversa le fleuve, attaqua les Perses, les mit en fuite, & gagna cette bataille qui le rendit maître de toute l'Asie mineure (1).

En 1668, les Persans perdirent un mois entier pour s'opposer aux Cosaques qui avoient fait une irruption dans leurs Provinces Septentrionales. Les Habitans de ces Contrées envoyoient Couriers sur Couriers pour demander le plus prompt secours, & on leur répondoit froidement *Kamerbe-Akrebst*, la Lune est dans le Scorpion ; & il fallut que toute cette Lune se passât avant qu'on les secourût (2).

Ce Peuple vif & spirituel est un exemple frappant de l'asservissement dans lequel on tombe par une suite de ces préjugés. « Les Persans, dit au même endroit le célèbre Voyageur que nous venons de citer, les Persans sont encore » superstitieux sur les tems & sur les jours jusqu'à l'extravagance ou à la fu- » reur. La plûpart dépendent des Astrologues & autres Devins comme un en- » fant de sa nourrice. Quand le Roi, par exemple, va en voyage, les Astrolo- » gues le feront lever de nuit, lorsqu'il dort le plus, pour le faire partir ; ils le » feront marcher durant le plus mauvais tems, ou le feront séjourner lorsqu'il » en a le moins d'envie ; ils lui feront faire le tour d'une Ville, au lieu de la » faire passer au travers ; & le feront détourner du grand chemin, & l'expose- » ront à cent corvées pareilles pour éviter le *Nehousset*, comme ils parlent, c'est- » à-dire le malheur ou la mauvaise étoile.... Quant à leurs jours *noirs*, ainsi » qu'ils les appellent, c'est-à-dire *malheureux*, ils en ont divers. Le plus re- » douté est le dernier Mécredi du mois de *Séphar*, qu'ils apellent *Charambé-*

---

(1) CHARDIN, Voy. de Perf. T. V. édit. in-12. p. 148.
(2) PLUTARQ. Vie d'Alexandre.

» *Soury*, c'eſt-à-dire *Mécredi de malheurs* (ou le malencontreux); mais en
» général, le Mécredi eſt un jour *blanc*, comme ils l'appellent, c'eſt-à-dire un
» jour heureux; & cela, diſent-ils, parce que la lumière fut créée ce jour-là;
» auſſi ne commence-t-on que ce jour-là de s'appliquer à l'étude & aux
» Lettres ».

Ces préjugés, ces ſuperſtitions ridicules qui péſent avec tant de tyrannie ſur les Orientaux, nous font pitié : mais c'eſt le portrait de nos Peres ; ç'eût été le nôtre, ſi l'Aſtrologie judiciaire qui avoit ſubjugué l'Europe entiere n'avoit été anéantie par les plus beaux génies du ſiécle dernier, qui réunirent tous leurs efforts pour en faire ſentir l'abſurdité, & pour nous débarraſſer de ce joug humiliant. Leurs Ouvrages, devenus inutiles depuis que le mal a ceſſé, nous paroiſſent des viſions : on ne conçoit pas qu'ils ayent pu travailler ſérieuſement ſur ces objets ; on croit lire des contes d'enfans. Ainſi, la poſtérité croira lire des contes d'enfans, lorſqu'elle verra les efforts qu'il a fallu dès-lors pour détruire d'autres préjugés qui ne cédoient en rien à celui-là. Heureuſes les Nations, lorſque les lumieres & les effets de l'ordre & du bien auront fait un tel progrès au milieu d'elles, qu'elles ne connoîtront que par oui-dire, par une tradition qu'on aura peine à croire, les déſordres qui terniſſent encore la gloire du genre humain, & dont notre ſiécle n'a pu ſe débarraſſer malgré les efforts de la lumiere.

CHAPITRE VI.

Des Jours Egyptiens.

Lorsque dans ces derniers tems on commença de raſſembler les Monumens de l'Antiquité, on fut fort étonné de trouver dans les Calendriers Européens conſtruits depuis le troiſième ſiécle de l'Ere Chrétienne, des jours diſtingués des autres ſous le nom de Jours Égyptiens. Ceux qui firent cette découverte ne pouvoient comprendre ce qu'on avoit voulu déſigner par-là : mais on s'aſſura bientôt que ces jours étoient ceux qu'on regardoit comme funeſtes, & dont nous avons vu qu'Héſiode fait mention. Le nom qu'on leur donne prouve ſeulement que les Sages Egyptiens n'avoient ſu ſe garantir de cette foibleſſe, commune ſi long-tems à tous les Peuples.

DU CALENDRIER.

Les Conciles ont souvent tonné contre ces *jours Egyptiens*. Saint-Augustin leur en avoit montré l'exemple, lui qui dans un de ses Ouvrages (1) blâme vivement ceux qui ne vouloient pas commencer à bâtir ou former quelqu'autre entreprise aux jours appellés *Egyptiens*, *c'est-à-dire aux jours malheureux*.

Le Calendrier le plus ancien dans lequel on les trouve, est de l'an 334, sous le regne de l'Empereur Constance. Ce Calendrier fut donné au public par HERVART d'*Hochenburg* (2); par BOUCHER (3), mais d'après un exemplaire défectueux où cinq mois sont omis; par LAMBECIUS, qui en trouva un exemplaire complet dans la Bibliothéque de l'Empereur, & également avec des Estampes qui représentoient chaque mois de l'année (4); & par le P. PETAU (5). Tels sont ces jours:

Janvier,	2. 6. 16.	Juillet,	6. 18.
Février,	7. 25.	Août,	6. 21.
Mars,	3. 24.	Septembre,	2. 19.
Avril,	2. 19. 21.	Octobre,	3. 20.
Mai,	3. 21.	Novembre,	2. 24.
Juin,	7. 20.	Décembre,	4. 14.

On trouve également des jours Egyptiens dans SAUMAISE (6); dans Jean AUBREY (7); dans deux Calendriers Ecclésiastiques conservés dans la Bibliothéque de Berne, & dont je dois des extraits à M. ENGEL, ancien Bailly d'Echalens, & connu par divers Ouvrages dont il a enrichi la République des Lettres; ainsi que dans deux Calendriers du VIIIe. ou IXe. Siécle, conservés dans la Bibliothéque de Genève, & dont je dois également la notice à M. SENEBIER.

Mais ces jours malheureux sont diférens dans chacun de ces Calendriers: chaque Contrée avoit donc les siens, fixés peut-être d'après autant de systêmes particuliers, relatifs sans doute aux usages ou au climat de ces Contrées.

---

(1) Commentaire sur l'Epitre aux Galat.
(2) Dans son Musæum.
(3) Dans son Comment. sur le Canon Paschal, Anvers, 1633. in-fol. & en Latin.
(4) Antiq. Grecq. de Gronovius, Tom. VIII.
(5) Uranologion, p. 112.
(6) Ann. Climact.
(7) Mélanges sur les Jours, les Songes, les Oracles, &c. Lond. 1721.

Dans les Calendriers conservés à Genève, le nombre de ces jours est même considérablement diminué, soit qu'on commençât à s'en dégouter, soit qu'on cherchât à les faire disparoître insensiblement. Voici en effet à quoi ils se réduisent dans l'un.

Janvier,	25.		Juillet,	13.	
Février,	26.		Août,	1.	30.
Mars,	2.	28.	Septembre,	3.	21.
Avril,	21.		Octobre,	3.	22.
Mai,	25.		Novembre,	5.	28.
Juin,	10.	26.	Point en Décembre.		

L'autre Calendrier conservé dans la même Bibliothéque n'offre qu'un jour Egyptien par mois.

On ne trouve plus ces jours dans les Calendriers depuis le XIII. Siécle, parce que l'observation en fut défendue dans ce Siécle par les Conciles, & qu'on tint sans doute la main à ce qu'ils ne fussent plus insérés dans les Calendriers.

Dans le premier de ceux dont nous venons de parler de la Bibliothéque de Genève, ils sont écrits en encre rouge, & à droite de la page où on les trouve.

N'omettons pas de remarquer que dans aucune de ces listes on ne trouve le 17e. d'aucun mois; jour regardé comme malheureux par tant de Nations.

Par les Hébreux, parce que Jérusalem avoit été prise par les Babyloniens le 17 du mois de Thamuz.

Par les Egyptiens, parce qu'Osiris fut renfermé dans l'Arche le 17 du mois d'Athyr; ce qui n'est qu'une altération, comme nous l'avons vu, de l'histoire du Déluge qui commença en effet le 17 de ce mois.

Chez les Romains, parce, disoient-ils, que les Fabiens furent taillés en piéces à Cremere le 17 Juillet, & qu'une armée Romaine eut le même sort à pareil jour sur les rives de l'Allia.

Ce 17 Juillet laissa chez les Romains de si profondes impressions, que les Pontifes défendirent par un décret de combattre le 17 d'aucun mois; & que l'Empereur Vitellius ayant fait le 17 de Juillet quelque Ordonnance relative à la Religion, tous les Romains, nous dit Tacite, le tinrent à mauvais augure.

Observons que ce 17 Juillet étoit le 17 du 2e. mois de l'année primitive des

Romains,

DU CALENDRIER.

Romains, & qu'il pût répondre à ce 17 du 2e. mois célébré dans l'Orient, à cause du Déluge qui commença alors. Ainsi les défaites d'Allia & de Cremere n'auroient fait qu'ajouter à la terreur que causoit ce jour-là. Il seroit bien difficile sans cela de concevoir qu'une bataille perdue eût laissé des traces si épouvantables dans l'esprit d'un Peuple aussi intrépide, & pour qui les batailles perdues étoient une nouvelle source de victoires.

Il ne faut pas confondre ces jours Egyptiens malheureux, avec d'autres jours désignés sous le même nom, & qui étoient les jours de fête de cet ancien Peuple : nous ferons mention de ceux-ci dans la seconde Partie de cet Ouvrage.

On avoit mis en deux vers tous les jours Egyptiens de l'année. Ces vers étoient composés de douze mots, représentant chacun un mois de l'année.

> Augusto decies auditus lumine clangor
> Liquit olens abiit coluit colet excute gallum.

Tel étoit l'artifice de ces vers, que l'ordre alphabétique de la première lettre de chaque syllabe des mots dont ils sont composés, indiquoit constamment les jours Egyptiens de chaque mois. Ainsi le mot *gallum* représentant le mois de Décembre, donnoit pour jours Egyptiens 1°. le 7 désigné par *g*, qui est la septième lettre de l'alphabet ; le 22, désigné par *l*, qui est la dixième lettre de l'alphabet, en ne comptant pas la lettre *k*, & en commençant par la fin du mois : car le dixième jour d'un mois qui a 31 jours, en commençant par la fin, tombe sur le 22.

Cependant ces vers sont faits pour un Calendrier différent de ceux que nous avons rapportés, puisqu'on ne trouve dans aucun de ceux-ci les 7 & 22 de Décembre, au nombre des jours Egyptiens.

CHAPITRE VII.

De la Divination.

La superstition & l'ignorance ne se bornerent pas à distinguer les jours en heureux & en malheureux : on voulut encore percer dans l'avenir & prévoir d'avance les événemens : c'étoit une suite naturelle des faux pas qu'on avoit déja faits ; car il n'y a point de fin à l'erreur ; & plus on sera conséquent, plus on s'égarera. On se faisoit d'autant plus illusion, que tous les effets & toutes les causes étant sans cesse enchaînées, dès qu'on appercevoit une cause, on en concluoit tel effet.

L'illusion consistoit à regarder comme causes d'événemens, des choses qui n'avoient d'autre rapport à ces événemens que d'avoir été observées dans le même tems. Une Planette s'étoit-elle rencontrée avec un tems fâcheux, on en concluoit qu'elle étoit d'un funeste présage : s'étoit-elle rencontrée avec des événemens heureux, on en concluoit qu'elle étoit du plus heureux augure.

Bientôt on consulta là-dessus les gens doués de quelqu'expérience ; bientôt encore il se forma des Compagnies chargées de faire ces expériences ; & l'on vit l'art de deviner érigé en Corps de Science : alors, on rendit compte au Public des résultats de cette science, & ces prédictions trompeuses furent incorporées dans les Calendriers pour le plus grand bien des Nations, qui consulterent leur Almanach avec la même confiance qu'elles avoient pour les Oracles.

De-là naquit l'Astrologie judiciaire, qui ne procédoit que par les mouvemens des Astres, & sur-tout par ceux des Planettes ; & qui prévoyoit tout ce qui arriveroit à un homme, par la disposition des Astres au moment de sa naissance.

Cet Art illusoire remonte à la plus haute antiquité ; on le trouve chez tous les anciens peuples : les plus renommés à cet égard furent les Chaldéens. Voici comment Diodore de Sicile s'énonce à ce sujet.

« Les Chaldéens, dit-il (1), ayant fait de longues observations des Astres,

---

(1) Liv. II.

» & connoissant plus parfaitement que tous les autres Astrologues, leurs
» mouvemens & leurs influences, ils prédisent aux hommes la plûpart des
» choses qui doivent leur arriver. Ils regardent sur-tout comme un point
» difficile & de conséquence, la théorie des cinq Astres qu'ils nomment *In-*
» *terprétes*, & que nous appellons Planettes. Ils observent particulierement
» celle que les Grecs nomment Chronus (1), quoiqu'ils disent que le Soleil
» fournit le plus de prédictions pour les grands événemens....

» Ils les appellent Interprétes, parce que... les unes par leur lever, les
» autres par leur coucher, d'autres par leur couleur, annoncent des choses
» différentes à ceux qui les observent. Par elles, on est averti des
» vents, des pluies, des chaleurs extraordinaires. Ils prétendent aussi que les
» apparitions des Comètes, les Eclipses du Soleil & de la Lune, les tremble-
» mens de Terre, & tous les changemens qui arrivent dans la Nature,
» sont des présages de bonheur & de malheur, non-seulement pour les Na-
» tions entieres, mais encore pour les Rois & pour les moindres particuliers.

« Les Astres, selon eux, influent particulièrement sur la naissance des
» hommes; & l'observation de leurs aspects dans ce moment, contribue beau-
» coup à faire connoître les biens & les maux qu'ils doivent attendre. Ils al-
» léguent pour exemple les prédictions qui ont été faites à un grand nombre
» de Rois, particulierement à Alexandre, à Antigone, à Séleucus Nicanor....

» Ils assurent aussi qu'ils ont prédit l'avenir à des Particuliers, d'une ma-
» nière si juste, que ceux-ci ont été frapés d'admiration, & n'ont pu se dispen-
» ser de reconnoître en cela quelque chose de surnaturel ».

Il en étoit de même chez les anciens Indiens. Le même Auteur dit à leur
sujet, que leurs Philosophes étoient obligés de porter tous les ans dans l'Assemblée générale, les prédictions qui concernoient les fruits de la terre, les
Animaux, les Hommes & la Patrie: mais celui qui se trompoit trois fois,
étoit condamné au silence, tandis que les autres jouissoient de la plus grande
considération.

Cette punition, plus douce que celle des Peuples qui enterroient avec les
morts les Médecins qui n'avoient pu les empêcher de mourir, devoit être sans
doute extrêmement rare; comment prouver à un Astrologue qu'il s'est trompé
dans une prédiction prononcée d'une manière vague, & qui peut avoir été
vraie pour quelque coin de la terre ou pour quelque portion de la journée?

---

(1) Saturne des Latins.

comment, à plus forte raison, le trouver en défaut par trois fois ?

Les Chinois tomberent dès les premiers tems dans les mêmes préventions. Yuchi fit plusieurs expériences pour prévoir les changemens du tems & de l'air : & ils eurent des Aſtrologues qui ne chercherent dans les Aſtres que les moyens de prédire ce qui devoit arriver à l'Etat & aux Particuliers.

On peut prendre dans CHARDIN une idée de la manière dont on inſcrivoit ces prédictions dans le Calendrier, par le Calendrier Perſan qu'il rapporte (1), & où l'on voit treize claſſes de prognoſtics relatifs au Royaume, aux divers Ordres de l'Etat, aux beſtiaux & aux biens de la terre.

Et ce qui eſt très-remarquable, c'eſt qu'on s'y appuie de la doctrine des *Savans du Catay & du Yegour*, Peuples de la grande Tartarie, comme s'ils étoient les Maîtres en cet Art, ou comme ſi le Calendrier étoit venu de ces Contrées.

Hercule étoit regardé chez les Grecs comme leur Maître dans l'Art magique; & c'eſt à lui, dit Diodore, que les femmes Grecques étoient redevables des paroles & des anneaux enchantés dont elles faiſoient uſage (2).

Les prédictions de nos Almanachs ruſtiques ou populaires, ſont donc un foible reſte de ces préjugés anciens, qui ſont encore dans toute leur vigueur chez les Orientaux.

C'eſt ainſi que les hommes font tout ce qui plaît aux Gouvernemens. L'Orient eſt rempli d'Aſtrologues, parce que le Gouvernement les ſoutient ou n'oſe ébranler leur crédit ; il n'y en a plus en Europe, parce qu'ils n'y auroient rien à gagner. Les ames de boue & ſans principes courent toujours où il y a de quoi ſubſiſter : peu leur importe s'ils vivent des ſottiſes de leurs ſemblables, pourvu qu'ils ſoient bien ; & malheur à ceux qui voudroient déſiller les yeux de ceux-ci : ils doivent s'attendre à devenir les victimes de ceux dont ils ruinent les eſpérances ; heureux s'ils voyent de leur vivant la vérité triompher & l'erreur abattue !

Le fait que nous avons cité plus haut, relatif au Roi Nécepſos, prouve que les Egyptiens avoient renchéri ſur les Chaldéens, puiſqu'ils ne ſe contentoient pas d'obſerver les Planettes & les Conſtellations, & qu'ils attribuoient à leurs XXXVI Décans les influences les plus étendues ſur les maux & ſur les biens de toute eſpéce, phyſiques & moraux.

---

(1) Voyag. en Perſ. Tom. V, in-12.
(2) DIOD. Liv. V.

DU CALENDRIER.

CHAPITRE VIII.

Des Éclipses.

ON marque avec soin sur les Almanachs, les Eclipses de Soleil & de Lune qui doivent arriver dans l'année; & ce n'est plus, en quelque sorte, qu'un simple effet de curiosité. Il n'en étoit pas de même dans l'ancien tems. Une Eclipse étoit un événement terrible, un bouleversement de la Nature, une guerre à mort contre le Soleil & contre la Lune qui répandoit la consternation dans tous les esprits; je parle sur-tout d'une Eclipse totale, de ces Eclipses où la nuit succéde tout-à-coup au jour, Eclipses rares, & qu'on ne voit pas une fois dans chaque génération.

Dans l'origine, on tenoit note des Eclipses arrivées; en y regardant de plus près, on s'apperçut qu'elles étoient une suite nécessaire des mouvemens du Soleil & de la Lune & de leurs situations respectives relativement à la Terre, & dès-lors on put les prédire. Ce fut une belle découverte pour celui qui la fit: elle fut encore plus belle aux yeux de ceux que les Eclipses jettoient dans un si grand effroi, & qui étoient fort étonnés qu'on pût leur annoncer un pareil prodige.

C'est alors qu'on en ajouta l'annonce dans les Calendriers, afin que les Peuples ne fussent pas consternés quand ils se trouveroient tout-à-coup environnés de ténèbres inattendues.

Les Eclipses ont été prédites & annoncées de très-bonne heure dans quelques Contrées de l'Orient, dans la Chine, en Chaldée, dans l'Egypte, bien des siécles avant que les Grecs se fussent mis en état d'en calculer eux-mêmes le tems.

Les Chinois parlent d'une Eclipse célebre arrivée plus de deux mille ans avant notre Ere, & qui couta la vie à deux Astronomes, Gouverneurs de Province. L'Histoire en est remarquable.

Yé, successivement Ministre de l'Empereur *Yu*, de son fils *Ki* & de son petit-fils *Tai-Cang*, ayant fait déposer celui-ci, parce qu'il avoit totalement abandonné le soin de l'Empire, mit sur le trône son frere *Tchong-Cang*. Ce nouvel Empereur, redoutant le pouvoir de ce vieux Ministre, entre les mains de qui toute l'autorité étoit, lui ôta le commandement des armées, & saisit l'occasion d'une Eclipse de Soleil qu'on avoit négligé de prédire pour se défaire des deux Chefs du Tribunal Astronomique, Gouverneurs de Province, dont il soupçonnoit la fidélité. Cet événement, qui est au moins de l'an 2008 avant l'Ere Chrétienne, est d'une si grande authenticité, que Freret, qui l'avoit d'abord révoqué en doute (1), se rétracta ensuite quand il eut acquis des preuves plus complettes (2).

Puisque l'art de prédire les Eclipses de Soleil étoit déja connu dès ce tems-là, celui de les observer remontoit nécessairement à des tems beaucoup plus réculés.

Il n'est donc pas étonnant qu'à la prise de Babylone par Alexandre-le-Grand, on trouvât dans cette Ville des observations astronomiques qui remontoient à 1903 ans : & que les Chaldéens fussent habiles non-seulement à observer les Eclipses, mais aussi à les prédire (3).

Diogène Laerce rapporte que les Egyptiens avoient observé 373 Eclipses de Soleil & 832 de Lune (4). C'est le nombre d'Eclipses qui peuvent arriver en un même lieu dans l'espace d'environ 1250 ans : ce qui remonte à plus de XVI siécles avant notre Ere ; car il s'agit ici d'Eclipses observées avant que les Egyptiens eussent été subjugués par les Perses (5). Diodore de Sicile dit même qu'ils avoient l'art de prédire les Eclipses avec une grande justesse (6). Ce qu'ils faisoient sans doute d'après des Tables Astronomiques, semblables à celles dont on se sert actuellement dans diverses Contrées d'Asie.

Cependant cet art fut inconnu aux Grecs avant Thalès. Ce Philosophe, qui avoit étudié dans l'Orient, prédisit l'Eclipse totale qui sépara les armées de Cyaxare & d'Alyatte dans l'Asie mineure, & au plus fort du combat. Si l'on fait attention à l'étonnement que causa vers le commencement de notre siécle dans les Provinces Méridionales de ce Royaume, la derniere Eclipse totale de Soleil qui y soit arrivée, malgré les grandes lumieres qu'on avoit déja sur l'Astronomie, on jugera quelle réputation dut se faire Thalès par une prédiction de cette nature, & combien ce seul événement étoit capable de l'immortaliser.

---

(1) Mém. des Inscr. T. XV. in-12.
(2) Mém. des Inscr. T. XXIX. in-12.
(3) Diod. de Sic. Liv. II.
(4) Préface des Vies des Philos. Grecs.
(5) FRERET, Défense de la Chron. WHISTON, Dissert. mêlées. Lond. 1734.
(6) Hist. Univ. Liv. I.

Divers Astronomes ont essayé dans ces derniers tems de calculer cette Eclipse & d'en trouver le jour : ils s'accordent pour le 17 Mai de l'année 603 avant J. C., & ils trouvent qu'elle dut être totale pendant quatre minutes & demie, pour le lieu de la bataille entre les rivieres de Halys & du Melas sur les frontieres des deux Royaumes (1).

L'exemple de Thalès auroit fait peu d'impression sur les Grecs, si, comme le remarque FRERET, on ne trouve plus d'exemples parmi eux d'Eclipses prédites jusques au vieux Denys de Syracuse, qui donna un talent de récompense à Hélicon de Cyzique, parce qu'il avoit annoncé une Eclipse de Soleil qui arriva comme il l'avoit dit (2). Cette Eclipse doit être celle de l'an 404. FRERET observe que ce talent répond, par le prix qu'avoient alors les denrées, à neuf ou dix mille livres de notre monnoie (3) : il l'évalue à 106 marcs & une once.

THUCIDIDE nous a cependant conservé le souvenir d'une grande Eclipse de Soleil qui fut prédite par Anaxagore, & qui étant arrivée la premiere année de la Guerre du Peloponèse en 431, est antérieure à celle d'Helicon, ensorte que celui-ci que Freret a regardé comme le second Philosophe qui ait prédit des Eclipses chez les Grecs, ne seroit que le troisiéme.

Il est plus aparent que l'Art de prédire des Eclipses ne se perdit point chez les Grecs, qu'il se conserva du moins parmi les Disciples de Thalès, & que si le souvenir ne s'en est pas transmis jusques à nous, c'est uniquement par la perte des Monumens qui en faisoient mention.

Les Romains connurent cet Art beaucoup plus tard. Sulpicius Gallus est le premier d'entr'eux qui prédit l'Eclipse totale de Lune qui arriva le 21 Juin de l'année 168 avant notre ere, la veille de la Bataille dans laquelle Persée, Roi de Macédoine, fut défait par les Romains. Sulpicius publia dans la suite un Ouvrage sur les Eclipses & sur les mouvemens du Soleil & de la Lune.

Freret observe que cette prédiction ne put se faire qu'avec le secours d'une Table (4) Astronomique, copie sans doute de celles dont se servoient les Chaldéens, & que Bérose avoit apportées en Grece : car ce ne pouvoit être celle d'Hipparque, dont la plus ancienne observation est postérieure à celle-là de six

---

(1) COSTARD, Transact. Philos. T. XLVIII. Part. I. ann. 1752.
(2) PLUTARQ. Vie de Dion.
(3) Mém. des Inscr. T. XXV. in-12. p. 167.
(4) Ib. p. 162.

ans. Cette méthode ne devoit pas même être commune dans la Grèce, puisque les Macédoniens n'avoient pas été avertis de l'Eclipse, & qu'elle leur causa beaucoup d'effroi.

C'est ici une grande preuve de la lenteur avec laquelle se répandent les connoissances ; les Macédoniens, à la porte des Grecs, étoient des Barbares sans connoissances ; mais comment leurs Princes qui n'étoient occupés que de factions & de guerres, se feroient-ils occupés du bien public, qui ne peut résulter que de la plus grande masse de lumieres ? Les Princes ont actuellement les plus grands secours pour cela ; & dans l'Imprimerie, le plus puissant véhicule pour l'instruction : heureuses leurs nations s'ils savent en profiter !

Nous finirions ici ce Chapitre, si nous ne pensions que nos Lecteurs verront avec plaisir la découverte d'une Eclipse qu'un Savant Moderne a faite au moyen de l'histoire de la *retraite des dix mille* par Xenophon, & qui répand un grand jour sur un fait historique contesté (1).

XENOPHON raconte que les Habitans de Larisse, Ville sur les bords de l'Euphrate, & qui avoit appartenu aux Mèdes, lui dirent que « dans le tems que le » Roi de Perse assiégeoit leur Ville sans pouvoir la prendre, un nuage couvrit » tout à coup le Soleil & enveloppa la Ville, au point que ses défenseurs s'é- » tant retirés, les Perses se rendirent aussi-tôt maîtres de Larisse ».

Il y eut en effet pour ces pays là une Eclipse totale de Soleil le 21 Octobre 547 avant J. C. & cet événement, comme l'a fort bien vu M. Costard, est une nouvelle preuve de la conquête de la Médie par les Perses, & de la déposition d'Astyage ou de Cyaxare par Cyrus.

Ajoutons que cette Ville de Larissa est sans doute celle dont parle Moyse sous le nom de *Resen*.

---

(1) COSTARD, Transf. Phil. T. XLVIII.

CHAPITRE

CHAPITRE IX.

Foires.

ON voyoit quelquefois aussi sur les Calendriers anciens les Foires franches qui devoient avoir lieu pendant le courant de l'année, & qui accompagnoient constamment les jeux publics ou les fêtes locales de quelque Ville, de quelque Contrée, ou de quelque grande Divinité.

PAUSANIAS nous a conservé un fait de ce genre très-remarquable (1); que dans le Temple de Junon à Olympie, on voyoit le palet ou disque d'*Iphitus*, fondateur ou plutôt restaurateur des Jeux Olympiques : & que les Eléens s'en servoient pour indiquer ces Jeux avec le tems des *Trèves* & avec les FRANCHISES dont ils étoient toujours accompagnés. Ces Loix étoient écrites tout à l'entour de ce disque & en rond.

Il avoit dit plus haut qu'un des descendans d'Oxylus, & contemporain de Lycurgue (c'est-à-dire Iphitus), avoit rétabli les Jeux Olympiques & indiqué des jours d'assemblées avec une espéce de FOIRE franche pour la célébration de ces Jeux.

Il est impossible, en effet, que des assemblées aussi nombreuses que celles qu'occasionnoient les Jeux de la Grèce, ne donnassent pas lieu à un concours prodigieux de Marchands de toute espéce, & que les Gouvernemens ne cherchassent pas les moyens les plus propres pour animer ce concours. Rien de mieux pour cet effet que les franchises & l'assurance d'être protégé.

On voit de foibles restes de ces anciens usages dans les Foires dont sont accompagnées les Fêtes des Eglises pendant leur Octave.

---

(1) Voyag. de l'Elide.

HISTOIRE CIVILE

CHAPITRE X.

Instrumens relatifs à la Mesure du Tems.

Rien ne prouve mieux la longue durée des tems barbares chez les Grecs & les Romains, que la privation dans laquelle ils furent pendant si long-tems des instrumens propres à mesurer le tems, tandis que les Orientaux en avoient successivement imaginé plusieurs depuis un grand nombre de siécles. Ces fiers Républicains qui devinrent ensuite si habiles, étoient donc, relativement aux Monarchies orientales, ce que les barbares de l'Afrique & de l'Amérique sont à notre égard. Ainsi en se bornant avec nombre de Savans, aux Grecs & aux Romains, pour découvrir l'origine des instrumens relatifs à la mesure du tems, on se conduiroit comme les Sauvages s'ils datoient l'invention des Arts, du moment où ils leur sont communiqués. C'est ainsi que les Européens ont été eux-mêmes pendant plusieurs siécles de *grands enfans*, en n'étudiant jamais que les Grecs & les Romains, & en ne voyant rien au-delà.

I.

Cavernes & Antres.

Les premiers instrumens à mesurer le tems, servirent moins à diviser les jours en diverses portions, qu'à reconnoître les momens où commençoient les saisons, ces points cardinaux appellés *Equinoxes & Solstices* qui marquoient les jours du départ & du retour du Soleil, c'est-à-dire le jour le plus long, & le jour le plus court de l'année, ainsi que ceux où le jour & la nuit sont parfaitement égaux.

Le moyen le plus simple & le plus naturel qui se présenta d'abord, fut la différence de l'ombre que rendoit un même corps suivant les diverses distances du Soleil. Ainsi en observant chaque jour, à la même heure, à l'heure du midi, la longueur de l'ombre occasionnée par un arbre, par une maison, par un monticule, & reçue sur un plan uni, on voyoit les diverses révolutions de cet Astre. Le jour où l'ombre avoit été la plus longue, étoit le Solstice d'Hyver. Le jour où l'ombre avoit été la plus courte, étoit le Solstice d'Eté.

C'étoient les deux jours les plus éloignés de la courfe du Soleil: arrivé à ceux-ci, il revenoit fur fes pas, pour s'éloigner ou pour fe rapprocher de nous: c'eft par cette raifon qu'on les appelloit en Grec les *Converfions* ou *Tropes* du Soleil.

De-là, le nom de *Tropiques*, donné aux cercles qui repréfentent la révolution du Soleil dans ces deux jours, & qui forment fon *non plus ultrà* : tandis que les jours où le Soleil eft parvenu aux Tropiques, s'appellent *Solftices*, mot qui fignifie *ftation du Soleil* (fol-ftat), lieu où le Soleil s'arrête.

Les deux jours dans lefquels aucun corps ne donnoit prefqu'aucune ombre à midi, & où la lumiere du Soleil tomboit prefque à-plomb, étoient les *Equinoxes*, l'un du Printems, l'autre de l'Automne.

On avoit quelquefois recours dans cette vue à l'ombre d'un Puits expofé au Soleil. Tel étoit l'ufage de *Syenne*, Ville la plus méridionale de l'Egypte. Le jour où ce Puits étoit éclairé jufqu'au fond, étoit le jour du Solftice d'Eté; & le Solftice d'Hyver arrivoit le jour où il étoit le moins éclairé : le Solftice d'Eté, lorfque la lumiere du Soleil éclairoit la portion intérieure du Puits ; celui d'Hyver, lorfqu'elle éclairoit la portion extérieure ou la furface du Puits.

Dans d'autres pays, on avoit recours pour cet effet à l'ombre du Soleil dans des Cavernes expofées au Midi. Tel étoit l'antre de l'Ifle de Syros, une des Cyclades, dont il eft fait mention dans l'Odyffée (1). L'Auteur de ce Poëme fait dire à Ulyffe par *Eumée*, un de fes Bergers, mais qui étoit fils du Roi de Syros : « Au-delà de l'Ifle d'Ortygie (2), eft une Ifle appellée *Syrie*, » qui vous eft fans doute connue ; là font les converfions du Soleil (*Tropai* » *Heliou*) » ; furquoi les Scholiaftes, DIDYME en particulier, remarquent que dans cette Ifle eft une Caverne appellée la Caverne ou *l'antre du Soleil*, où l'on obfervoit les converfions de cet Aftre, ou le moment des Solftices.

Cette Ifle a occafionné diverfes bévues : les uns y ont vu une Ifle Syrienne au-deffus d'Ortigye, ce qui ne fignifie rien. D'autres fe font imaginé qu'Homere plaçoit Syros au Tropique du Capricorne, dans le fond de l'Afrique, comme s'il difoit que c'étoit là d'où le Soleil revenoit au Solftice d'Hyver. Des troifiémes ont fuppofé que Syros étoit au couchant d'Ortygie ou de Délos, tandis qu'elle eft à fon levant. Enfin, on a été fort embarraffé à déterminer de

---

(1) Liv. XV.
(2) La même que Délos.

quelle maniere le moment du Tropique s'y observoit ; & dans quel tems cette observation avoit commencé : ce qui provient de ce qu'on ignore le tems où a vécu Homère.

C'est un fait certain, que Phérécyde, qui vivoit dans le VIe siécle avant J. C., construisit dans cette Isle de Syros un Cadran solaire à ombre, appellé *Héliotrope*., mot composé des deux mots grecs que nous venons de voir employés par Homère, pour désigner les Solstices : & l'on en a conclu que ce Poëte, ou du moins l'Auteur de l'Odyssée, étoit postérieur à Phérécyde (1) ; mais on ne faisoit pas attention qu'on avoit déja, avant lui, dans cette Isle, un Héliotrope donné par la Nature ; qu'il consistoit dans cet antre du Soleil dont nous venons de parler, & dont l'Odyssée pouvoit faire mention. Il est même plus naturel d'appliquer le discours d'Eumée à l'antre, puisque cette manière d'observer les solstices, caractérisoit infiniment mieux Syros que les Héliotropes artificiels ; car ceux-ci durent se répandre bientôt par toute la Grèce.

Cet Héliotrope de Phérécyde étoit d'ailleurs une imitation des Cadrans solaires, en usage dans l'Orient plusieurs siécles avant ce Philosophe.

II.

Des Obélisques & des Pyramides.

On avoit senti, en effet, de très-bonne heure dans l'Orient, la nécessité des instrumens propres à mesurer par l'ombre les hauteurs du Soleil. C'est pour y parvenir qu'on imagina les Obélisques & les Pyramides. Ces corps fixes, élevés, & d'une figure tranchante, donnoient constamment une ombre très-régulière, & d'autant plus utile, qu'on avoit soin de les placer directement en face du Midi.

L'Histoire fait mention d'Obélisques en Asie dès la première Antiquité, dès le tems de Sémiramis à qui on en attribue de très-belles. On ne tarda pas à en avoir en Egypte. La Tour de Babel paroît elle-même avoir été destinée à cet usage, & à servir de point de ralliement à toutes les familles éparses dans les Plaines de Sinhar, à être leur Chef-Lieu & leur Temple.

Si l'on s'en rapporte à un passage d'APPION dans ses Egyptiaques, & qui nous a été transmis par JOSEPHE, Moyse substitua aux Obélisques, des Colonnes dont le pied étoit dans une espéce de bateau, d'esquif ou de bassin,

---

(1) En particulier le profond VICO, dans sa science nouvelle en Italien.

& au sommet desquelles étoit une figure ou une tête d'homme qui marquoit exactement le cours du Soleil. Si cette assertion est vraie, les Gnomons ou les Styles sont d'une haute antiquité.

III.

Des Clepsydres.

Les Clepsydres, vases qui servent à mesurer le tems par l'eau ou par le sable qui s'en écoule, sont d'une antiquité très-reculée dans l'Orient ; elle n'est guères connue cependant que par la Fable. Les Egyptiens, disoit-on, avoient remarqué que le Singe ou Cynocéphale urinoit douze fois par jour, à douze intervalles égaux : ce qui leur donna l'idée des Clepsydres, sur lesquels ils mettoient une figure de Singe ou de Cynocéphale en mémoire de ce rapport.

Mais cette propriété du Singe est un conte à dormir debout. Les Clepsydres ne sont qu'une imitation du tems, qui s'écoule comme l'eau d'un Fleuve ou d'un Clepsydre : ils furent donc appellés *Singes*, ou imitations, copies, les Singes imitant tout ce qu'ils voyent faire. Aussi le même mot qui signifie *Tems*, *Révolution* dans les Langues Orientales, signifie également Singe. Le vrai Singe qui urine douze fois dans un jour, est le Clepsydre lui-même. Il n'est pas étonnant non plus que les Clepsydres fussent surmontés d'un Singe, puisque cet animal en devenoit le symbole.

On voit par le *Chou-King*, Livre classique des Chinois, que ce Peuple connoissoit les Clepsydres & les Gnomons dès le tems d'*Yao*, plus de deux mille ans avant J. C. Ce Livre a conservé en effet une Ordonnance de ce Prince relativement à l'observation des Solstices ; ce Prince y indique trois moyens d'en déterminer le jour. 1°. Le passage de certaines étoiles au Méridien, à des heures déterminées. 2°. La longueur de l'ombre d'un Gnomon à midi. 3°. La durée du jour, mesurée par le moyen des Clepsydres.

Il n'est donc pas étonnant qu'on trouve chez les Chinois des observations astronomiques du moment des Solstices, qui remontent à trois mille ans, & antérieures au régne de Salomon, comme l'a observé Freret (1).

Remarquons, en passant, que le mot *Clepsydre* est composé d'*ydre* ou *hudor*, eau, & de *klepso*, fermer, renfermer; parce que les Clepsydres consistoient dans un vase qui contenoit de l'eau, d'où elle s'écouloit dans un autre : & lorsqu'elle

---

(1) Mém. des Inscr. T. XXIX. in-12 p. 320.

s'étoit entièrement écoulée, on comptoit une heure. Ainsi ce prétendu Singe urinoit douze fois par jour.

IV.

Cadrans Solaires.

De l'invention des Gnomons à celle des Cadrans Solaires, il n'y a qu'un pas: aussi ces Cadrans furent très-anciens dans l'Orient. Ils étoient connus en Judée dès le tems d'Achaz, comme on le voit par l'Histoire rapportée dans le second Livre des Rois (1): & sûrement ils étoient en usage dès ce tems-là à Babylone.

Ces Instrumens furent connus fort tard chez les Grecs Il n'est point parlé de Gnomons chez eux avant Phérécyde comme nous venons de le voir; encore moins des Clepsydres, dont ils n'attribuent l'invention qu'à Aristote.

Anaximandre, Disciple de Thalès, établit à Lacédémone, dans le VIe siécle avant J. C. (2), un Cadran Solaire & un Gnomon dont l'ombre servoit à marquer les Equinoxes & les Solstices. Il fut le premier qui fit une sphère artificielle.

Long-tems après, Méton construisit un Héliotrope à Athènes dans la Place aux Harangues, appellée *Pnyx.*

On se servit aussi des Clepsydres, pour marquer le tems pendant lequel il étoit permis aux Orateurs & aux Avocats de parler.

Les Grecs parlent d'un ATHÉNÉE comme d'un habile Méchanicien qui trouva l'art de mesurer le cours du Soleil par l'air, que l'impression de l'eau faisoit sortir à toutes les heures, avec un sifflement occasionné par la petitesse de l'ouverture à travers de laquelle il s'échappoit. Antiphile consacra son nom par des vers qui se trouvent dans le Recueil des Epigrammes Grecques.

Pline dit que c'est à l'heureux génie de Ctésibius, contemporain de Ptolémée-Philadelphe, qu'on fut redevable des Machines Pneumatiques & Hydrauliques. Il avoit fait une Machine en forme de vase qui se mouvoit par le moyen de l'eau, & qui par ses différens mouvemens partageoit le jour en plusieurs parties. Cette Machine fut déposée dans le Temple d'Arsinoé, sœur de Ptolémée-Philadelphe.

---

(1) Chap. XX. vers. 10, 11.
(2) Diog. Laert.

DU CALENDRIER.

V.

Des Horloges.

Les Horloges, Instrumens qui divisoient le jour en douze portions, qu'on appelloit *heures*, furent d'une invention tardive; les Grecs les tinrent également de l'Orient.

Cependant on a trop retardé le tems où l'on s'en servit dans la Gréce. SAUMAISE entassa erreurs sur erreurs, lorsque dans son Commentaire sur Solin, il prétendit que les heures & les Horloges ne furent connues des Grecs que peu de tems avant Alexandre le Grand ; & que l'éxistence de la division du jour en 24 heures, ne pouvoit se démontrer pour les tems d'Ezéchias & d'Anaximandre, ni par le Cadran solaire du premier, ni par le Gnomon d'Anaximandre.

Ces opinions furent vivement attaquées par BASNAGE (1) & par l'Abbé SALIER (2). Ils prouverent les propositions contraires par un passage d'ANACRÉON, contemporain d'Anaximandre, qui se sert de cette expression, μεσονυκτίοις ποθ'ώραις, *les heures de la nuit* ou *au moment de minuit* (3). D'ailleurs, Diogène Laërce dit positivement, en parlant d'Anaximandre, qu'il inventa le Style.

Ils s'appuyerent aussi d'un passage d'Hérodote (4) qui assure que les Grecs durent aux Babyloniens l'usage du Pole, du Style ou Gnomon, & la division du jour en douze parties.

L'Abbé Salier adopte même l'idée de SCALIGER qui prouva (5) que le mot *Pole* dont se sert ici Hérodote, signifie la même chose qu'Horloge. POLLUX le dit positivement, & Saumaise est forcé d'en convenir. « *Pole*, dit-il, est un vase » en forme de cercle, duquel s'éleve un Style qui par le moyen de l'ombre » marque les heures

La première Horloge qu'aient eu les Romains, leur fut apportée de Sicile

---

(1) Hist. des Juifs Liv. V. Chap. X. 1707.
(2) Recherches sur les Horloges des Anciens. *Mém. des Inscr.* T. V. in-12 en 1716.
(3) Ode III.
(4) Liv. II.
(5) Notes sur Manilius.

par Valérius Meſſala après la priſe de Catane, l'an 491. Elle fut miſe dans la Place publique.

Les Anciens avoient des Horloges pour le jour ; ils en avoient pour la nuit & pour les tems les plus noirs. Ce n'étoit donc pas des Cadrans ; mais des Machines à reſſorts, ſi fort perfectionnées dans nos Horloges, nos Montres & nos Pendules.

Le nom d'Horloge vient du Latin & du Grec H O R A qui eut en Grec trois ſignifications ſucceſſives.

1°. SAISON, une portion de l'année.

2°. Une partie déterminée du jour, un moment, *Hôra deipnou*, le moment du dîner.

3°. Et lorſqu'on eut diviſé le jour en douze parties, le mot *heure* fut encore appliqué à cette diviſion.

Ces diverſes ſignifications ont ſouvent été cauſe qu'on s'eſt quelquefois trompé ſur le ſens du mot Grec H O R A, & qu'on a appliqué aux heures, ce qui ne convenoit qu'aux ſaiſons.

Le mot H O R A lui-même vint de l'Orient avec les Inſtrumens à meſurer le tems. C'eſt le mot Oriental אור, *A U R*, *H O R*, qui déſigne le jour, la lumière, le tems par excellence.

LIVRE II.

LIVRE SECOND.

HISTOIRE RELIGIEUSE DU CALENDRIER,
ou
FÊTES ANCIENNES.

SECTION PREMIERE.

Des Fêtes en général.

I.

Caufes des Fêtes.

L'Homme eft fait pour travailler, pour fe donner de la peine ; mais il ne peut pas toujours travailler ; il faut même qu'il fe repofe avant que fes forces foient épuifées, crainte qu'il ne pût les recouvrer : c'eft fur-tout lorfque les travaux auront été les plus grands , que le repos fera & plus néceffaire & marqué d'une maniere plus fenfible. On vit donc naître naturellement dans les Sociétés Agricoles, des tems de ceffation de travail, des tems de repos: la plûpart étoient indiqués par la Terre même qui fe refufoit à tout travail ; d'autres par la diminution des forces dans les aides du travail. Ces jours de

Hift. du Cal.   D d

repos étoient fréquens, on voulut les mettre à profit, on en fit des jours de Fêtes, des jours d'assemblée & de réjouissance.

Ces jours étoient le triomphe de l'Agriculture. Que la scène qu'ils offroient étoit différente de celle qu'offrent ces Contrées disgraciées où l'on n'entendit jamais les cris de joie du Moissonneur, où ne regnerent que les courses silentieuses & inquiettes de quelques hordes sauvages qui erroient à l'aventure, comme les loups dans les forêts ! Qu'on se représente tous les Habitans d'un Canton qu'ils ont mis en valeur & qui promet, ou même qui a déja donné de superbes récoltes, espérance de leurs familles ; tous ces Habitans, dis-je, réunis autour d'un Autel dans le centre de leurs habitations, pour témoigner à la Divinité leur vive reconnoissance des biens dont elle les comble, & pour y recevoir une instruction relative à leurs travaux & à leurs devoirs : ces Habitans répandus ensuite dans le bois sacré sanctuaire de la Divinité qu'on y adore, ou dispersés sur une vaste prairie le long de ce fleuve qui arrose leurs possessions & qui les vivifie ; & où ils offrent les spectacles les plus variés & les plus agréables. Ici des groupes de vieillards qui s'entretiennent du bonheur public, des objets de leurs travaux & de leur commerce, du soin de leurs familles : là, de jeunes gens qui s'exercent à mille jeux, & qui disputent à l'envi à qui montrera plus d'adresse & de force ; ailleurs une brillante jeunesse plus tranquille, couverte de fleurs, qui joue à des jeux moins vifs, ou qui sourit au vainqueur : par-tout la joie & la sérénité empreintes sur toutes les physionomies, & publiant que là est le bonheur.

Qu'on se représente toutes ces choses, & l'on n'aura qu'une foible idée des Fêtes des Egyptiens, des Grecs, des Romains, de ces anciens Peuples qui savoient que sans émulation il n'y a rien à attendre des hommes, que sans elle rien n'existe ou tout languit.

Toutes ces Nations célébrerent des Fêtes, devenues fameuses, soit par la réputation de ceux qui les célébroient, soit par la pompe qui accompagnoit ces solemnités, soit par leur rapport intime avec la Religion & avec l'Histoire des Dieux qui en étoient l'objet : aussi tiennent-elles un rang considérable dans la connoissance de l'Antiquité ; comme elles en tiennent un très-distingué dans les Calendriers, où l'on indiquoit avec soin les Fêtes de l'année, afin que chaque famille se mît en état de les observer au tems où elles avoient lieu ; & que les unes ne travaillassent pas, tandis que toutes les autres se délassoient par la solemnité publique, de leurs fatigues passées.

DU CALENDRIER.

II.

Savans qui se sont exercés sur cet objet.

Divers Savans se sont occupés du soin de rassembler ce qui se trouve épars sur les Fêtes dans les Ouvrages des Anciens ; & ils en ont donné des Catalogues plus ou moins étendus, plus ou moins complets. Tels FASOLD (1), *Pierre* CHATELAIN (2), *Jean* JONSTON (3), MEURSIUS (4), Jean POTTER (5), *Edouard* CORSINI (6), &c. tous ceux-ci pour les Grecs. *Lélio Grégorio*-GYRALDI (7), pour les Latins : l'Abbé BANIER (8) pour les uns & les autres.

Divers Auteurs ont traité des Fêtes des Hébreux, JONSTON que nous avons déja nommé (0), *Augustin* PFEIFFER (10), *Theodore* THUMMIUS (11), *Mathias* DESSER (12), *Rodolphe* HOSPINIEN (13), *Jean* MAYER (14), Thomas LEWIS (15), *David* JENNINGS (16), & en général tous ceux qui ont traité des Antiquités Judaïques.

Entre les Anciens, PLUTARQUE seul a transmis quelques-unes des Fêtes des Egyptiens : & OVIDE a chanté dans ses Fastes, les Fêtes des six premiers mois du Calendrier Romain.

---

(1) Fêtes des anciens Grecs en XII. Decades.
(2) Fêtes des Grecs par ordre alphabétique. 1617.
(3) Fêtes des Grecs en VIII. Chapitres pour les Dieux & en VI. pour les Déesses.
(4) *Græcia Feriata*, ou la Grèce en Féries, *par ordre alphabétique*.
   Ces 4 Ouvrages ont été réunis dans le VIII. Vol. des Antiq. Grecq.
(5) Dans son Arkhéologie Grecque, Leyde, 1702. in-folio.
(6) Dans ses Fastes Attiques T. II. in-4°.
(7) Hist. des Dieux, dans le Recueil de ses Ouvrages.
(8) Mytholog. Tom. 1.
(9) Des Fêtes des Hébreux & des Grecs, Jena 1670. in-12.
(10) Diss. des Fêtes des Juifs, Witteb. 1666.
(11) Des Fêtes des Juifs, des Chrétiens & des Payens. Tubing. 1624. in-4°.
(12) Des Fêtes des Chrétiens, des Juifs, & des Payens. Leips. 1593. in-8°.
(13) Des Fêtes, Gen. 1669. in-fol.
(14) De l'Origine & des causes des Fêtes des Juifs, Amst. 1698. in 8°.
   Tous ces Ouvrages en Latin, les deux suivans sont en Anglois.
(15) Origines hébraïques, Lond. 1724. 4 vol. 8°.
(16) Antiquités Judaïques, Lond. 1766. 2 vol. 8°.

HISTOIRE RELIGIEUSE

III.

Fêtes anciennes, peu connues cependant, & pourquoi.

Malgré ces secours, rien de moins connu que la plûpart des Fêtes anciennes : nous n'avons aucun Ouvrage sur ce sujet en François ; & dans aucun de ceux que nous venons de citer, on ne trouve les éclaircissemens qu'on auroit droit d'en attendre sur les vrais motifs de ces Fêtes, & sur leurs rapports avec les besoins des hommes : on diroit que les Savans Modernes ont été effrayés du cahos qu'elles offrent, lorsqu'on ne sait pas les ramener à quelques points fixes : & tandis qu'un Traité des Fêtes devroit piquer la curiosité, tous sont réduits à demander pardon à leur Lecteur de la sécheresse & de l'ennui qu'offre cette partie de leurs Ouvrages.

On ne voit en effet dans la plûpart de ces Traités sur les Fêtes des Anciens, que de longues listes de noms plus barbares les uns que les autres, qui ne présentent que des idées vagues, absolument étrangeres les unes aux autres. On diroit que chaque Peuple institua des Fêtes à tout hazard, les fixa à certains jours sans autre motif que parce qu'il falloit leur en assigner un, & ne chercha en cela qu'à flatter la superstition des uns, l'avarice des autres, le libertinage de la plûpart.

N'en soyons pas étonnés : on a peu de secours sur les Fêtes de l'Antiquité ; souvent il n'en existe que le nom : souvent on ignore & le tems où elles se célébroient, & la maniere dont on les solemnisoit, & les motifs de leur établissement. Celles qui sont le mieux connues, n'offrent presque toujours qu'un entassement de fables & d'extravagances, des faits isolés, nuls pour perfectionner les Sciences & les Arts, & même pour connoître l'Antiquité.

Ajoutez à tous ces désavantages, qu'on n'apperçoit presqu'aucun rapport entre les Fêtes de chaque Peuple ; on diroit que les Nations ont été encore plus isolées à l'égard de cet objet que sur tout autre.

Afin de dissiper cette obscurité, & de lier ces Fêtes avec l'Antiquité entiere, il falloit trouver leur véritable motif, découvrir pourquoi on les célébroit dans telle saison plutôt que dans telle autre, & pourquoi elles étoient consacrées à telle Divinité plutôt qu'à toute autre. Il falloit de plus démêler l'analogie qui regne entre les Fêtes des divers Peuples, malgré la différence des noms, malgré les divers motifs fabuleux qu'on leur prête dans chaque contrée : montrer ainsi les rapports des Fêtes avec le Calendrier, avec les Dieux allégoriques, avec l'année, avec les besoins de la société, & avec les arts qui pourvoyent à ces besoins. Les principes du Monde Primitif pouvoient seuls répandre du jour sur ces objets.

On s'en convaincra en considérant les motifs auxquels jusques ici on attribuoit l'établissement des Fêtes anciennes.

IV.

Motifs des Fêtes.

Ils ont été recueillis par un des Savans que nous avons nommés (1), & qui les réduit à ces quatre.

1. Le premier motif, dit-il, qui fit établir les Fêtes, fut le désir d'honorer les Dieux, soit pour les remercier de quelque faveur signalée dont on croyoit leur être redevable, d'une victoire par exemple remportée sur les ennemis de l'Etat, ou de quelqu'autre avantage.

2. On en établit également dans la vue de se rendre les Dieux agréables, & pour détourner leur colere ou les maux auxquels on pouvoit être exposé, ou qu'on redoutoit, tels que les famines, les pestes, les guerres, les inondations, les gelées, les sauterelles, &c. On avoit même soin dans ces occasions importantes de consulter les Oracles, afin d'en apprendre les moyens de rendre ces institutions plus agréables aux Dieux, & par-là même plus efficaces.

3. On instituoit des Fêtes & des Jeux à l'honneur de ceux qui avoient répandu leur sang & sacrifié leur vie pour la défense de la Patrie ; ou pour conserver la mémoire d'Amis respectables & chers ; ou par reconnoissance pour ceux qui s'étoient rendus illustres par leurs bienfaits envers le genre humain ; & pour inspirer ainsi une vive émulation à ceux qui étoient capables de marcher sur les traces de ces grands hommes, & de les remplacer.

4. On établit, enfin, dit-il, des Fêtes ou des jours de repos, afin que les gens de travail pussent jouir de quelque douceur ; que leurs peines fussent suspendues ; & qu'en respirant, ils pussent amasser de nouvelles forces pour soutenir jusqu'à la fin les travaux auxquels ils étoient appellés.

Tous ces motifs sont vrais ; il y eut des Fêtes établies par toutes ces raisons ; mais il s'en faut de beaucoup que ces motifs puissent expliquer le plus grand nombre de Fêtes, celles qui furent communes à tous les Peuples

---

(1) POTTER col. 344.

agricoles, & qui furent attachées constamment à certaines saisons. Ces motifs, excellens pour des Fêtes locales, s'anéantissent pour ces Fêtes généralement observées, & antérieures à tous ces motifs.

V.

Objets des Fêtes.

Telles sont cependant les Fêtes dont nous nous proposons de traiter. Nous ferons voir que dès les premiers instans, les Nations agricoles eurent des Fêtes fixes; qu'elles seules purent en avoir; que ces Fêtes leur furent données par la Nature elle-même; qu'elles furent par conséquent les mêmes chez toutes ces Nations, parce qu'elles eurent toutes le même intérêt à célébrer les révolutions du tems, qui ramenoient constamment les mêmes travaux, les mêmes besoins, les mêmes ressources: que ces Fêtes se lient ainsi avec l'Histoire entière de l'Antiquité, avec ses Arts, ses Dieux, ses Fables.

La simple inspection du Calendrier suffira pour cet effet: nous verrons les Fêtes qu'eurent les Anciens par celles qu'ils durent avoir: nous verrons qu'ils en eurent pour tous les tems de l'année, parce qu'aucun tems n'en put être exempt: que leurs travaux furent toujours liés avec ces Fêtes, parce que ces Fêtes avoient été instituées pour ces travaux: que les Dieux qu'on y honoroit étoient eux-mêmes relatifs à ces Fêtes & aux saisons dans lesquelles elles avoient lieu; qu'à cet égard, il n'y a nulle différence entre les Égyptiens, les Grecs, les Romains, &c: que dans toutes, on célébroit les mêmes objets.

Nous verrons que ces objets ne pouvoient être plus grands; qu'ils étoient relatifs aux révolutions du Soleil, à cet Astre, source de la vie, qui se rapproche & s'éloigne alternativement de nous, & dont on célébroit les vicissitudes comme une mort & comme une naissance, comme des états de force & de foiblesse.

Nous verrons aussi qu'il y avoit des Fêtes établies pour tous les objets suivans.

Le commencement & la fin de chaque année.

Le commencement de chaque mois, où la Lune reprenant son ancien éclat, amène un nouvel ordre de choses.

Les Equinoxes & les Solstices qui marquent les gradations de l'année & les diverses Saisons dont elles sont composées.

Le tems des Semailles & des Labours, ou les divers travaux de l'année.

Le tems des Récoltes & du repos.

Motifs antérieurs à tous ceux qu'on appercevoit, vrais, immuables, pris dans la Nature, dignes des hommes, propres à exciter toute leur reconnoissance, & à devenir à jamais le sujet de Fêtes augustes & solemnelles.

VI.

Voile dont elles étoient couvertes.

Cependant, dira-t-on, on n'apperçoit point ces objets dans les Fêtes des Anciens : nulle part il n'est question chez eux de Fêtes physiques : celles qu'ils célébrent, sont toujours, selon eux, des Fêtes historiques : c'est l'Histoire des Dieux dont on y rappelle le souvenir : ce sont leurs Actions glorieuses qu'on célébre ; leurs combats contre les Géans, causes du malheur des hommes ; les Victoires qui en furent la suite, source des plus grands avantages ; la naissance de ces Dieux, leur mort même, & leurs métamorphoses.

Mais il falloit bien que ces choses fussent marquées au coin de l'Antiquité de qui nous les tenons : chez elle, tout est allégorique, nous l'avons vû : toutes ses Instructions étoient autant d'emblêmes ; pourquoi auroit-elle changé de méthode à l'égard de ses Fêtes, qui y prêtoient si fort ? Ces Fêtes destinées sans cesse à rappeller des objets qu'on avoit allégorisés, devinrent nécessairement autant d'allégories ; mais le voile se levoit, en considérant le tems dans lequel arrivoient ces Fêtes, & la nature des objets ou des actions allégoriques qu'on y célébroit.

L'Histoire Civile du Calendrier est donc la clef des Fêtes antiques : & cette clef confirmera tout ce que nous avons déja dit sur la Mythologie. En voyant le parfait accord de l'Antiquité avec elle-même, dans tout ce qui constitue ses usages, on sera assuré qu'on l'apperçoit enfin sous sa véritable face. Tout prouvera ce grand principe, que le hazard ne produisit jamais rien ; & qu'on peut ramener l'Antiquité à un point d'unité simple & vrai, qui la montre sous un point de vue aussi agréable & aussi raisonnable, qu'elle paroissoit extravagante & inconcevable.

Quelques Philosophes avoient apperçu que les Fêtes commencerent nécessairement par ces grands objets, si précieux pour les Nations agricoles : mais eux-mêmes n'avoient su tirer parti de ce bel apperçu, soit qu'ils fussent déroutés par des Allégories dont ils avoient perdu le fil, soit qu'ils craignissent de parler trop clairement.

HISTOIRE RELIGIEUSE

Aristote, dans sa Morale adressée à Nicomaque (1), dit que les Anciens n'avoient qu'un petit nombre de Fêtes, & qu'on les célébroit après la moisson & la vendange : qu'alors on se rassembloit à des jours & dans des lieux fixes ; qu'on mangeoit & qu'on buvoit ensemble ces fruits nouveaux : que c'est par cette raison qu'on offroit aux Dieux les prémices des biens qu'on leur devoit ; & que c'est par la même raison qu'on appelloit ces jours sacrés, Θοιναι, *Thoinai*, c'est-à-dire jours où l'on boit à l'honneur des Dieux.

L'Allégorie seule put faire perdre de vue cette origine, faire attribuer un autre motif aux Fêtes ; en substituer de métaphysiques à ceux que fournissoit la Nature. C'est ainsi que tout s'altère insensiblement, & que la vérité disparoît.

Observons que telle est cette cause primitive des Fêtes, à laquelle nous remontons, qu'elle renferme également toutes celles qu'on a prises jusqu'ici pour les causes uniques des Fêtes de l'Antiquité.

Ces jours de Fêtes donnés par la Nature, étoient effectivement des jours de repos pour les hommes & pour les animaux de travail. Ils étoient autant de jours d'actions de graces envers les Dieux pour les biens dont on jouissoit sous leur protection ; & autant de jours de triomphe pour la Victoire qu'on remportoit par le travail sur les ennemis du genre humain, sur la faim, sur la soif, la misere, &c. Maux comparés à autant de Géans soulevés contre le Ciel pour faire périr la race humaine, le plus précieux de ses Ouvrages ; ils étoient des jours de bénédiction pour les Fondateurs des Sociétés, & pour la conservation de ces Sociétés & de leurs Chefs.

Ils étoient enfin des jours consacrés à instruire les hommes de leurs devoirs, à leur inspirer l'amour du travail, de la justice & de la vertu ; à les confirmer dans la pratique de tout ce qui éléve une Société, & la rend véritablement respectable.

« On recherche, dit un des plus Beaux-Esprits de ce siécle (2), on recherche
» l'origine des anciennes Fêtes. La plus antique & la plus belle est celle des
» Empereurs de la Chine qui labourent & qui sément avec les premiers Mandarins. La seconde, est celle des Thesmophories d'Athènes. Célébrer à la fois
» l'Agriculture & la Justice ; montrer aux hommes combien l'une & l'autre
» sont nécessaires ; joindre le frein des Loix à l'Art qui est la source de toutes

---

(1) Liv. VIII. Chap. IX.
(2) Quest. sur l'Enc. T. I. pag. 346. Antiquité des usages.

les

DU CALENDRIER.

» les richesses, rien n'est plus sage, plus pieux, & plus utile.

» Il y a de vieilles Fêtes allégoriques qu'on retrouve par-tout, comme celles
» du renouvellement des Saisons : il n'est pas nécessaire qu'une Nation soit ve-
» nue de loin enseigner à une autre qu'on peut donner des marques de joie &
» d'amitié à ses voisins le Jour de l'An. Cette coutume étoit celle de tous
» les Peuples. Les Saturnales des Romains sont plus connues que celles des
» Allobroges & des Pictes, parce qu'il nous est resté beaucoup d'écrits & de
» Monumens Romains, & que nous n'en avons aucun des autres Peuples de
» l'Europe Occidentale.

» La Fête de Saturne étoit celle du tems ; il avoit quatre aîles ; le tems va
» vite. Ses deux visages figuroient évidemment l'année finie & l'année recom-
» mencée : les Grecs disoient qu'il avoit dévoré son pere, & qu'il dévoreroit ses
» enfans ; il n'y a point d'Allégorie plus sensible ; le tems dévore le passé & le
» présent, & dévorera l'avenir.

» Pourquoi chercher de vaines & tristes explications d'une Fête si universel-
» le, si gaie & si connue ? A bien examiner l'Antiquité, je ne vois pas une Fête
» annuelle triste ; ou du moins si elles commencent par des lamentations, elles
» finissent par danser, rire & boire. Si on pleure *Adoni* ou *Adonaï*, que nous
» nommons *Adonis*, il ressuscite bientôt, & on se réjouit : il en est de même
» aux Fêtes d'*Isis*, d'*Osiris* & d'*Horus*. Les Grecs en font autant pour *Cérès*
» & pour *Proserpine*. On célébroit avec gaieté la mort du serpent *Python*.
» Jour de Fête & jour de joie étoit la même chose. Cette joie n'étoit que trop
» emportée aux Fêtes de Bacchus.

» Je ne vois pas une commémoration générale d'un événement malheu-
» reux. Les Instituteurs des Fêtes n'auroient pas eu le sens commun s'ils avoient
» établi dans Athènes la célébration de la bataille perdue à Cheronée (*Khe-
» ronée*) & à Rome, celle de la bataille de Cannes.

» On perpétuoit le souvenir de tout ce qui pouvoit encourager les hommes,
» & non de ce qui pouvoit leur inspirer la lâcheté du désespoir. Cela est si vrai,
» qu'on imaginoit des Fables pour le plaisir d'instituer des Fêtes. *Castor & Pollux*
» n'avoient pas combattu pour les Romains auprès du Lac Régile : mais des
» Prêtres le disoient au bout de trois ou quatre cents ans, & tout le Peuple
» dansoit ».

Tel est le passage de cet Auteur, qui au milieu de quelques erreurs, a très-
bien vu que les Fêtes étoient données par la Nature, qu'il en existoit d'allégoriques, & qu'on s'en servoit pour rendre les hommes meilleurs.

Quant à ce qu'il dit, qu'il ne voit aucune Fête en commémoration d'une bataille perdue ou de quelqu'événement malheureux, c'est contre le système d'un Auteur célebre qui voyoit dans presque toutes les Fêtes, la commémoration du Déluge ; mais il va trop loin en niant qu'il existât aucune Fête en mémoire d'un événement malheureux. Sans doute, on ne put jamais se réjouir d'un malheur : mais on pouvoit marquer dans le Calendrier un jour comme un jour flétri par quelque grand malheur, comme un jour où l'on devoit plutôt s'affliger que se réjouir : tels furent les jours de jeûnes établis par diverses Nations : tel le 17 d'Athyr, célebre chez les Egyptiens, comme nous l'avons vu, par le malheur d'Osiris renfermé dans l'Arche : tel le 17 de Juillet marqué dans le Calendrier Romain en commémoration de la malheureuse bataille d'Allia.

VII.

Du Nom des Fêtes.

Les Noms les plus communs sont quelquefois les plus difficiles à expliquer : ils remontent à une si haute Antiquité, ou ils se sont si fort altérés par l'usage de plusieurs siécles, qu'ils semblent avoir survécu à tous les élémens ou à toutes les Familles dont ils furent tirés. Cette remarque qui a lieu en tant d'occasions, s'applique également aux noms donnés aux jours de Fêtes.

Le mot FÊTE n'est point d'origine Françoise ; nous le tenons des Latins : ils le prononçoient *Festum* : nos Ancêtres le prononcerent eux-mêmes *Feste* ; ils en firent *festoyer* & *festin*.

Le mot *Festum* étoit lui-même étranger aux Romains : il leur vint, ainsi qu'une multitude d'autres, des Colonies Grecques & Orientales qui passerent successivement en Italie, & qui contribuerent à la Population & à la Langue de Rome. *Festum* fut ainsi un dérivé du mot primitif *Hest*, ou *Hesh*, qui signifia *feu, feu sacré, foyer* ; dont on fit *Vesta*, Déesse du feu ; le Grec *Estia*, feu : notre mot Est ou le côté où se leve le feu céleste, le Soleil. Ne soyons pas étonnés de cette étymologie. Les Fêtes se célébrerent toujours autour de l'Autel sur lequel brûloit le feu sacré, ce feu qui servoit de point de ralliement à toutes les Familles Agricoles du canton, comme encore aujourd'hui le clocher de la Paroisse ; ce feu, dis-je, qui étoit regardé comme le Palladium, comme la Sauvegarde de la contrée. C'est-là qu'on apportoit les offrandes sacrées, qu'on rendoit graces aux Dieux de leurs bienfaits, qu'on resserroit les nœuds qui lioient toutes ces Familles, en se réjouissant ensemble, & en mangeant le pain de la concorde & de la fraternité.

Souvent encore, deux ou trois Peuples se réunissoient pour célébrer la même Fête autour d'un Autel ou dans un Temple élevé sur la frontière commune : usage admirable, quoique les ambitieux & les méchans en abusassent quelquefois pour faire tomber ces Peuples sous leur domination. C'est dans des occasions pareilles, que naquit la cruelle guerre des Lacédémoniens & des Messéniens, qui finit par la ruine totale de ces derniers. C'est dans une semblable occasion, s'il en faut croire l'Histoire, que les Sabines furent enlevées par Romulus & par sa Troupe.

Les Grecs appellerent les Fêtes HEORTÉ dans le Dialecte Athénien ; c'est une altération de l'Ionien *Horté* qui signifie Fête. Ce mot ne tient également en apparence à aucune Famille Grecque, & jusqu'à présent personne n'a pu en donner l'étymologie : il n'est cependant pas difficile d'en découvrir l'origine chez les Grecs même, au moyen de la racine primitive HOR qui désigne le *tems*, le *jour*, & qui a formé nombre de mots Grecs. *Horté* est ainsi un composé des deux mots Grecs, *Hor*, jour, tems ; & *rété*, fixe, prescrit, solemnel, dont on fit le mot *Hor-rété*, tems solemnel & sacré, qui dégénéra aisément en *Horté*. Il est inutile d'ailleurs de faire observer la justesse de ce nom.

Les Egyptiens, selon Plutarque, appelloient les Fêtes *Sarei*. Ce mot doit appartenir à la même Famille que l'Hébreu שירה, *Seiré* ou *Siré*, qui signifie *Chanson*, *Cantique*, *Hymne* ; dont on fit *Sirène* & *Serin*.

VIII.

Annonces des Fêtes.

Les Fêtes s'annoncerent toujours avec un aparat digne d'elles, sur-tout dans ces tems reculés où l'on n'avoit pas les mêmes facilités que nous, pour en instruire tous les individus, & où l'on se contente de les annoncer la veille par le son des cloches, & quelquefois au bruit du canon.

Les Orientaux les faisoient annoncer par le son du cor : c'est une expression très-commune dans les Livres des Prophêtes Hébreux : *Sonnez du Cor en Sion*, disent-ils sans cesse, lorsqu'ils ont quelque chose à annoncer au Peuple Hébreu.

Chez les Grecs, on ne se contentoit pas d'annoncer une Fête dans l'enceinte de la Ville où elle devoit se célébrer : comme on vouloit en rendre participant toutes les Républiques Grecques, on envoyoit dans toutes des Hérauts, chargés non-seulement de notifier le tems de la Fête, mais encore celui auquel devoient commencer les Trèves sacrées qui accompagnoient toutes ces Fêtes, & pendant lesquelles ceux qui s'y rendoient & ceux qui y assistoient, ne pouvoient être attaqués, lorsqu'elles avoient été solemnellement dénoncées, sans encourir une excommunication qui duroit jusqu'au payement d'une forte amende applicable en partie au trésor du Dieu dont on avoit violé la trève, & en partie au fisc de la Ville qui avoit l'intendance de la Fête. PINDARE fait mention de cette publication des trèves: il donne aux Hérauts qui annonçoient la Fête d'Olympie, le nom de *Kórycee Hôran*, les Hérauts des Saisons : & *Spondophoroi Zénos Kronida*, ceux qui portent les trèves de Jupiter (1).

Ainsi, ces Fêtes procuroient un très-grand bien aux Grecs qui conserverent constamment, de leur ancienne férocité, la manie d'être sans cesse en guerre les uns avec les autres: ils respiroient du moins pendant ce tems-là. Nous voyons à peu-près la même chose chez nos Ancêtres dans le tems où la France étant divisée en Grands-Fiefs, ses diverses contrées étoient sans cesse dans un état de guerre les unes envers les autres.

On voit dans THUCYDIDE (2), ce qui arriva aux Lacédémoniens pour avoir violé la trève de la Fête d'Iou Olympien, dans une année ordinaire & différente de celle où on célébroit les Jeux Olympiques. Lorsqu'ils se présenterent à ceux de la XC^e. Olympiade, les Habitans d'Elis déclarerent que les Lacédémoniens, en s'emparant de la Ville de *Lepreum*, pendant la Fête de Jupiter, avoient encouru la peine portée par la Loi d'Olympie; qu'ils devoient payer deux mines d'amende pour chaque soldat, & qu'ils ne pouvoient être admis même aux Sacrifices. Cette invasion étoit de l'année précédente. Les Lacédémoniens soutenoient que les trèves n'avoient point été dénoncées à Sparte, & qu'ils étoient en droit de les ignorer. C'étoit une mauvaise chicane, puisqu'il s'agissoit d'une ancienne Fête dont personne ne pouvoit ignorer le tems. Les Eléens répondoient qu'il suffisoit que les trèves eussent été dénoncées dans toute l'Elide, parce que c'étoit sur cette assurance qu'ils avoient désarmé : ce qui les avoit mis hors d'état de résister à l'invasion. Ils offroient de remettre aux Lacédémoniens une partie de l'amende, & de payer l'autre pour eux au Temple d'Iou, moyennant la restitution de *Lepreum*. Les Lacédémoniens refusant cette pro-

---

(1) Frèr. Mém. de l'Acad. des Insc. Tom. XLIV. in-12, p. 104, & suiv.
(2) Liv. V. 49.

position, les Eléens offrirent de se contenter d'une promesse solemnelle de payer la taxe; mais les Lacédémoniens préférerent de se retirer à Sparte, où ils firent leurs Sacrifices séparément, & il en naquit une guerre qui dura quelques années.

Il est digne de remarque qu'au moyen de ces trèves, les Eléens jouissoient d'un tranquillité si constante, qu'ils s'adonnerent à l'Agriculture plus qu'aucun autre Peuple de la Gréce, labourant leurs champs sans la moindre crainte, parce qu'ils étoient considérés comme les Ministres de Jupiter Olympien.

IX.

Travail défendu pendant les Fêtes.

Ajoutons que tout travail étoit défendu pendant la durée des Fêtes publiques: qu'il n'étoit pas permis, ces jours-là, de lever des Troupes, de les faire mettre en marche, de livrer bataille, de se marier, d'entreprendre des voyages, en un mot aucune affaire publique ou particuliere, crainte d'un mauvais succès. Les Grammairiens Latins nous apprennent que les Pontifes faisoient publier par des Officiers appellés *Præcias* & *Præclamitatores* qui précédoient les Flamines ou les Grands-Prêtres d'Iou, de Quirinus ou Romulus, & de Mars, qu'on eût à s'abstenir pendant les Féries de tout travail, de crainte, leur fait dire Festus, si le Pontife appercevoit quelqu'un occupé à travailler, que la majesté de la Religion & du Sacrifice n'en fût souillée.

Cet usage ou ce respect pour les Cérémonies sacrées, fut donc commun aux Payens avec les Chrétiens & avec les Juifs. Ceux-ci s'abstiennent de tout travail pendant le Sabath; & personne n'ignore que Jérusalem fut prise une fois parce que ses habitans n'osoient se défendre les jours de Sabath, prenant au pied de la lettre ce que la Loi exigeoit d'eux pour le jour du repos, ou attendant peut-être en leur faveur un miracle que rien ne leur promettoit.

X.

Hymnes, Foires, Processions, &c. en usage pendant les Fêtes.

Les Fêtes des Anciens étoient accompagnées d'Hymnes composées à l'honneur des Dieux, & sur-tout pour la Divinité du jour. Telles furent les Hymnes d'ORPHÉE & celles qui existent sous son nom, & qu'on attribue à ONOMACRITE, mais dont ce dernier ne fit certainement que rafraîchir le style: telles encore les Hymnes d'HOMÈRE ; celles de CALLIMAQUE, Poëte Grec qui vivoit à la Cour des Ptolomées : l'Ode d'HORACE pour l'année séculaire.

Les Egyptiens en avoient montré l'exemple : rien de si célébre que leurs Hymnes sacrées à sept voyelles dont nous avons parlé, & au sujet desquelles nous avons dit que ces sept voyelles désignoient les caractères dont on se servoit pour noter le Chant.

Les Hébreux eurent aussi des Hymnes sacrées dans des tems très-reculés, & qui respirent la Poësie la plus sublime. Les Peuples modernes n'ont peut être rien à leur opposer en ce genre.

Toutes les Fêtes étoient accompagnées de Sacrifices qui varioient suivant la Divinité pour qui on célébroit la Fête. Au Dieu Mars, on offroit un *Cheval* ; au Soleil, un *Bœuf* ; à Cerès, une *Truie*, &c. Ces Sacrifices exigeoient un Clergé très-nombreux. L'Auteur de la Description du Temple d'Hiérapolis en Sirye, dit que pour les Sacrifices seuls on y comptoit 300 Prêtres, sans parler d'une multitude de gens qui servoient aux cérémonies, tels que des joueurs de flûtes, de chalumeaux, de cymbales, &c. ; des Prêtres mendians ou Galles, des Devineresses ou Prophétesses, &c.

Ces Fêtes étoient encore accompagnées de Processions aussi distinguées par la multitude des Officians, que par celles des assistans qui y accouroient de tous les environs ; & souvent de Provinces très-éloignées : elles n'étoient pas moins remarquables par les richesses qu'on y étaloit, par la pompe des objets qu'on y exposoit à la vénération du Public, par la variété des chœurs composés des jeunes gens des deux sexes qui y portoient les Corbeilles & les Vases sacrés. On y exposoit, sur-tout, les Symboles relatifs à l'histoire de la Divinité qu'on honoroit.

L'éclat de ces Processions étoit quelquefois relevé par le grand nombre & par la variété des Masques qu'on y voyoit. Un savant Religieux, le P. CARMELI, qui a fait l'Histoire de divers Usages, tant Sacrés que Profanes (1), cherchant l'origine de l'usage des Masques (2), ne manque pas de l'attribuer au désir de se livrer sans honte aux désordres & à la licence effrénée qui accompagnoient ces Fêtes : il seroit superflu, dit-il, d'en chercher ailleurs l'origine.

Il se peut qu'on ait quelquefois abusé du masque dont on étoit couvert,

---

(1) En Ital. 2 vol. in-8°.
(2) Vol. 2. ch. III.

DU CALENDRIER.

pour se livrer à des excès qu'on n'auroit osé commettre sans cela ; mais avancer que les masques ne furent introduits dans les Fêtes de l'Antiquité que pour favoriser le vice, c'est manquer non-seulement à cette Antiquité, mais à l'humanité même. Jamais aucun Législateur, aucun Chef de Religion n'eut pour but d'autoriser la licence, & l'on n'eût jamais souffert les masques dans les Fêtes & dans les Cérémonies, s'ils n'avoient servi qu'à violer les loix de la décence & de la vertu.

C'est chez les sages Egyptiens que commença l'usage des masques. Leurs Monumens sont remplis de personnages à tête de Chien, de Loup, de Chat, d'Epervier, de Lion, d'Ibis, &c. & ces personnages paroissoient dans les Fêtes solemnelles. Mais c'étoient autant d'Acteurs allégoriques qui représentoient les Divinités de l'Egypte, leurs symboles, leurs actions ou les effets admirables de la nature, source du bonheur des hommes, tels que les récoltes fertiles, l'inondation du Nil, les vents salutaires, &c.

Il est vrai que dans la suite des tems & chez d'autres Nations, on se masqua dans des circonstances peu ou point relatives à la Religion ; mais ce ne fut que lorsqu'on eut séparé de la Religion les réjouissances publiques, qui en faisoient toujours partie dans les commencemens ; parce que dans l'établissement des sociétés, on sentoit vivement le besoin de rapporter tout à la Divinité.

Presque toutes ces Fêtes étoient accompagnées de danses, de festins, de jeux : plusieurs duroient un grand nombre de jours, souvent l'octave entiere.

Il y en avoit dans lesquelles on distribuoit des prix, non-seulement pour des exercices du corps, mais aussi pour des piéces de Poésie : ces derniers prix remontent même à une haute antiquité, puisqu'Hésiode en remporta il y a plus de 2600 ans ; & sûrement, ils étoient établis avant lui dans la Grèce à peine civilisée.

Les Comédies de Terence furent composées pour des Fêtes publiques.

Tout concours de monde, sur-tout s'il dure quelques jours, est nécessairement suivi d'un grand nombre de Marchands ou de Vendeurs de tout ce qui est nécessaire à la vie : aussi les Fêtes étoient accompagnées de Marchés & de Foires où l'on trouvoit d'autant plus tout ce qu'on pouvoit désirer, qu'on y jouissoit de toute sorte de franchises. On y faisoit sur-tout un débit considérable des objets relatifs à la Divinité dont on célébroit la Fête, & qui faisoit subsister une multitude de personnes occupées toute l'année à ces Ouvrages. Tel étoit l'Ephésien *Démétrius*, dont il est parlé dans les Actes (1), qui faisoit des modèles en argent du Temple de Diane, & soudoyoit par-là une multitude d'Ouvriers.

XI.

Rituels & Liturgies.

Enfin, on lisoit dans ces Fêtes la Liturgie de la Divinité, & le Rituel de la célébration de sa Fête. Ces Liturgies & ces Rituels n'existent plus : les Chrétiens les jettoient dans le feu avec autant d'ardeur qu'on les y jettoit eux-mêmes. Il n'en existe que quelques fragmens conservés dans des Ouvrages où l'on ne les alloit pas chercher ; ou gravés sur des Monumens qui échappèrent à leur zèle.

Telles sont les TABLES EUGUBINES, Monumens en cuivre, gravés en langue Etrusque antérieure à celle des Romains, & la plûpart même avec les caractères primitifs de cette langue : & qui ont été heureusement déchiffrés par le savant PASSERI (2) ; ce sont des formules pour les sacrifices & pour les prieres dont ils étoient accompagnés.

Quelques-uns de ces Rituels, sur-tout ceux qui contenoient les noms des Dieux ou les Hymnes qui n'étoient qu'un assemblage de ces noms, telles que les Hymnes d'Orphée, s'appelloient *Indigitamenti*. SERVIUS en fait mention dans ses Commentaires sur Virgile (3). « On donne, dit-il, ce nom aux Li- » vres Pontificaux, parce qu'on y *indique* les noms des Dieux, & les causes de » ces noms.

Quelquefois même les Hymnes qu'on y chantoit étoient des impromptus, comme les prédications de quelques Sectes. Voici ce que dit l'Auteur déja cité de la Dissertation sur le Temple d'Hiérapolis.

« La plus grande Fête que j'y ai vue se célèbre au commencement du
» Printems.... On y accourt, tant de la Syrie que des Provinces voisines,
» & chacun y apporte ses Dieux. On s'assemble pendant quelques jours dans le
» Temple, où plusieurs de ceux qui sont attachés à son service, se fustigent
» les uns les autres sur les épaules, après s'être tiré du sang des coudes. Pen-
» dant ce tems-là on joue de la flûte, & on bat du tambour. On chante en

---

(1) Act. des Apôt. ch. XIX. 24.
(2.) Lettere Roncagliese.
(3) Sur les Georg. Liv. I. vers. 21.

» même

» même tems des Hymnes & des Cantiques qui font infpirés fur le champ ;
» mais cela fe fait hors du Temple, & ceux qui le font ne peuvent y entrer ».

Il nous apprend auffi ce qu'on exigeoit de ceux qui fe rendoient pour la premiere fois à cette Fête.

« Ceux qui arrivent, dit-il, pour la premiere fois à cette Fête, fe font
» rafer la tête & les fourcils ; & après avoir facrifié une Brebis, ils l'aprêtent &
» la mangent : étendant enfuite fa peau, ils s'agenouillent deffus, & fe cou-
» vrant la tête, des pieds & de la tête de la victime, ils prient les Dieux d'a-
» voir leur facrifice pour agréable, & ils en promettent de plus confidérables en-
» core. Ils fe couronnent enfuite de fleurs & en diftribuent à tous ceux qu'ils
» rencontrent. Mais depuis le moment qu'ils font hors de chez eux jufques à
» celui de leur retour, ils ne fe lavent & ne fe défaltèrent qu'avec de l'eau fraî-
» che, & ils ne couchent que fur la terre.

XII.

Multiplication des Fêtes.

Les Fêtes, en petit nombre d'abord, fe multiplierent infenfiblement par diverfes caufes. Une fur-tout qu'on n'a point remarquée, & qui en doubla & tripla plufieurs, confifte dans les fréquens changemens du Calendrier : nombre de Fêtes furent obligées de fuivre ces changemens ; mais alors elles fe doublerent, elles fe triplerent même, &c. car on en établit de nouvelles à l'imitation des anciennes pour fe conformer à ces changemens, & l'on ne fupprima pas les anciennes. C'eft ainfi que les Romains célébroient deux fois la Fête des cinq jours ajoutés aux 360 jours de l'année primitive : au Solftice d'Été, parce qu'il y eut un tems où leur année finiffoit à cette époque ; & à l'Equinoxe du Printems, parce que leur année fe termina, long-tems après, à cet Équinoxe. On ne vouloit rien perdre.

Cependant les Fêtes devenoient fi nombreufes, qu'il ne reftoit plus affez de tems pour les affaires publiques & particulieres : CICERON s'en plaignoit vivement dans fes harangues contre Verrès.

Auffi AUGUSTE devenu Maître de l'Empire, & voulant réformer ces abus, fupprima trente Fêtes à la fois.

L'Empereur ANTONIN le Philofophe en fupprima également plufieurs : il ordonna qu'il y auroit 230 jours dans l'année pour plaider les Caufes, & pour expédier les Affaires : il en refta donc 135 pour les Fêtes ; c'étoit plus du tiers de l'année, ou quatre mois & demi.

Hift. du Cal.   F f

Les Empereurs Chrétiens bornerent ce nombre à 125, comprenant les Dimanches, la quinzaine de Pâques, 30 jours de moissons, 30 jours de vendanges, 3 jours pour le nouvel An. Ils ordonnerent en même tems que pendant ces Fêtes, tous les Jeux & tout les Spectacles seroient fermés : c'étoit prendre l'inverse du Paganisme : c'est qu'on regardoit les Spectacles comme des inventions payennes indignes des Chrétiens. Les Fêtes furent ainsi réduites à la pompe & aux cérémonies que les Prêtres conserverent dans le service Divin, mais qui n'eurent plus rien de national.

Il résulta de très-grands avantages de cette diminution, comme il arrivera toujours en pareil cas : ceux qui vivent de leur travail, furent moins détournés & beaucoup mieux en état de subsister eux & leurs familles : les fêtes elles-mêmes étant moins communes, en furent plus respectées, & célébrées avec plus de zèle & de ferveur. L'humanité, la bonne politique, la religion, tout exigeoit cette barriere à la trop grande multiplication des Fêtes.

SECTION II.

FÊTES RELATIVES A DE GRANDES ÉPOQUES.

CHAPITRE PREMIER.

DE LA VICTOIRE REMPORTÉE SUR LES GÉANS, ou FÊTES relatives aux révolutions physiques de l'Univers.

§. I.

Histoire de la Guerre des GÉANS.

Lorsque l'année commençoit, on venoit de célébrer la VICTOIRE remportée sur les Géans. Comme ces faits, quoiqu'intéressans, sont peu connus, en-sorte qu'on les a sans cesse séparés les uns des autres, qu'on n'a pas vu que la Victoire célébrée à la fin de l'année se rapportoit à la défaite des Géans, & qu'on a toujours été embarrassé à expliquer la guerre de ces Géans, nous entrerons dans quelque détail sur ces divers objets.

Les Géans, résolus de détrôner Iou, dit *Hésiode* dans sa Théogonie, entreprirent de l'assiéger dans l'Olympe ; ils entassèrent pour cela le mont Ossa sur le Pelion. Iou effrayé, fait venir à son secours les Dieux & les Déesses : la Déesse Styx, fille de l'Océan & de Tethys accourut la premiere avec ses enfans, la VICTOIRE, la Puissance, l'Émulation & la Force. Aussi Iou ordonna que les sermens au nom du Styx seroient inviolables.

Selon APOLLODORE (1), ces Géans, enfans du Ciel & de la Terre, étoient d'une taille monstrueuse & d'une force proportionnée à cette prodigieuse hauteur. Ils avoient le regard farouche & effrayant, de longs cheveux, une grande barbe ; ils paroissoient avoir des jambes & des pieds de Serpens. Leur demeure ordinaire étoit aux Champs Phlegréens, ces Campagnes brû-

---

(1) Biblioth. des Dieux, Liv. I.

lées par le Vésuve. Dans l'assaut qu'ils donnerent au Ciel, ils lançoient des rochers, des chênes, & d'autres arbres enflammés Les plus redoutables d'entr'eux étoient *Porphyrion* & *Alcyonée*.

Hercule étant venu au secours d'Iou., Porphyrion attaqua à la fois & Hercule & Junon : celle-ci alloit succomber, lorsqu'Hercule à coups de flèches, & Iou avec ses foudres, lui ôterent la vie.

Ephialte & *Otus* son frere, fils de Neptune & d'Iphimedie femme du Géant Aloeus, & par cette raison appellés les *Aloïdes*, n'étoient pas moins redoutables : ils attaquerent sur-tout le Dieu Mars : mais le premier eut l'œil gauche crevé par les traits d'Apollon ; & le droit, par les flèches d'Hercule.

Eurytus qui attaqua ce Héros fut tué avec une branche de chêne, pendant qu'Hercule ou plûtot Vulcain terrassa *Clytius* avec une masse de fer rouge.

Encelade voyant les Dieux victorieux, prenoit la fuite ; mais Minerve l'arrêta en lui opposant l'Isle de Sicile.

Polybotes poursuivi par Neptune & fuyant à travers les flots de la mer, arriva à l'Isle de Cos : mais Neptune ayant arraché une partie de cette Isle, en couvrit le corps de ce Géant, & de-là vint l'Isle Nisyros.

Minerve de son côté ayant vaincu le Géant *Pallas*, l'écorcha, s'arma de sa peau, & en porta le nom.

Mercure couvert du Casque de Pluton, tua le Géant *Hippolyte* ; & Diane, *Gration*. *Agrius* & *Thaon* périrent de la main des Parques.

§. II.

Histoire de Typhon.

La Terre irritée de la ruine de ses enfans, fit sortir de son sein le terrible TYPHON, qui donna plus de peine aux Dieux que tous les autres Géans ensemble.

Il avoit, nous dit Apollodore, cent têtes ; & de ses cent bouches sortoient des flâmes dévorantes, & des hurlemens effroyables. Son corps, dont la partie supérieure étoit couverte de plumes, & l'extrémité entortillée de serpens, étoit si grand qu'il touchoit le Ciel de sa tête. Il eut pour femme Echidna, & pour enfans la Gorgone, Geryon, le Chien Cerbere, l'Hydre de Lerne, le Sphinx, l'Aigle ou le Vautour de Promethée. Apeine eut-il déclaré la guerre aux Dieux, qu'ils s'enfuirent tous en Égypte, & s'y cacherent sous la figure de divers animaux. *Iou* se métamorphosa en Bélier. *Osiris*, en Épervier. *Junon* ou *Isis*, en Vache. *Diane*, en Chate. *Vénus*, en Poisson. *Mercure*, en Cygne. *Apollon*, en Corbeau. *Bacchus*, en Bouc, &c. (1). Selon d'autres (2), les Dieux se contenterent de jetter leurs Couronnes.

Cependant Jupiter poursuivit Typhon à coups de foudre jusques au fond de l'Arabie, de-là en Thrace où ce Géant ayant déraciné une montagne, la lança contre Jupiter qui la repoussa sur lui : le sang dont elle fut couverte, la fit appeller le Mont *Hæmus*. Typhon s'étant enfin retiré en Sicile, y fut accablé sous le Mont Etna.

Les Poëtes Latins ont tous suivi cette tradition. C'est Typhon lui-même qui vomit de sa bouche les feux de l'Etna, selon OVIDE (3). SILIUS ITALICUS donne même le nom de *Typhon* au Mont Etna (4).

Les Egyptiens qui le faisoient frere d'Osiris & son ennemi déclaré, l'appelloient aussi *Seth* (5), c'est-à-dire, selon Plutarque, le violent, & *qui a le pouvoir de forcer & d'entraîner* : mais ce mot signifie littéralement *l'adversaire, l'ennemi, le tentateur* : prononcé *sath*, c'est le même mot que l'Hébreu SATAN qui signifie mot à mot *l'infernal*, & qui offre exactement toutes ces idées.

Selon les Égyptiens, Typhon se tenoit caché dans le Lac Serbonide (6), ou plûtôt il y périt par les foudres des Dieux pour venger Osiris qu'il avoit tant persécuté ; & c'est par cette raison que la Ville d'Heropolis, située près du Lac, s'appelloit la *Ville du sang* (7).

Ajoutons que le Crocodile, animal le plus féroce de l'Égypte, étoit son symbole, de même que l'Ane à cause de sa couleur rousse, ou couleur de feu, qui étoit celle, disoit-on, des cheveux de ce Monstre.

Homère fait périr Typhon (8) dans le pays des Arimes, c'est-à-dire, en Syrie, appellée dans l'Orient *pays d'Aram*. Strabon (9) ajoute que ce fut près d'Antioche, & que du lieu où ce Géant fut précipité sous terre par la foudre,

---

(1) Métam. Liv. V. Manilius, Liv. III.
(2) Athen. Liv. XV. ch. X. Hellanicus, Hist. Egypt.
(3) Métam. Liv. V. & Fast. Liv. IV.
(4) Liv. XIV.
(5) Plut. d'Isis & Osir. n°. 41.
(6) Herod. Liv. III.
(7) Etienne de Bizance.
(8) Iliad. VI.
(9) Liv. V.

il en sortit le fleuve *Orontes*, qui s'appelloit dans l'origine *Typhon*.

Nombre d'autres placent son séjour dans une Caverne du Mont Taurus en Cilicie; Nigidius, dans son Traité de la Sphère composé du tems de Jules César; & Solin (1).

Selon les Egyptiens, tandis qu'Osiris combloit de biens l'Ethiopie, son frere Typhon aidé de LXXII. ou plûtot LXXIV. complices, & de la Reine *Aso* qui régnoit sur les Ethiopiens, se révolta contre lui, & lui tendit des piéges : il le fit entrer par surprise dans une Arche le 17 du mois d'Athyr, & l'y ayant renfermé, il le précipita dans le Nil. Isis ayant ramené en Égypte le corps d'Osiris, Typhon s'en rendit maître par surprise & le partagea en XIV. ou en XXVIII. morceaux (2) qu'Isis rassembla, à un près qu'avoient dévoré les poissons du Nil.

Hercule avoit été également persécuté & mis à mort par Typhon. Eudoxe de Cnide rapporte dans son premier Livre du Tour de la Terre (3), que les Phéniciens sacrifient des Cailles à Hercule, fils d'Iou & d'Asterie, parce que cet Hercule étant arrivé dans la Lybie y fut mis à mort par Typhon, & rendu à la vie par Iolas qui lui fit sentir pour cet effet une Caille.

Les Égyptiens ajoutent qu'enfin Typhon périt par la main d'Horus fils d'Osiris & d'Isis qu'il avoit cherché également à faire mourir, & auquel il avoit livré divers combats. Ils représentoient cette victoire d'Horus, en peignant ce Héros avec une tête d'Epervier, & perçant d'un Javelot *l'Hippopotame*, emblême de Typhon. Cette peinture hiéroglyphique se voyoit sur les murs du Temple d'Horus à *Apollinople*, Ville d'Egypte (4). Dans celle d'Hermopolis c'étoit un Epervier, qui à cheval sur un Hippopotame, se battoit contre un Serpent (5).

La figure de l'Hippopotame étoit aussi tracée sur les gâteaux qu'on offroit à Isis le jour de sa fête, pour désigner la même victoire.

Nephthys est le nom que les Egyptiens donnoient à la femme de Typhon, & l'un & l'autre donnoient leurs noms au 3e. & au 5e. des cinq derniers jours de l'année, appellés *Epagomènes*.

---

(1) Chap. XXXVIII.
(2) Diod. Liv. I. dit XXVI. Mais ce nombre est fautif, les nombres malheureux étant 14, 28, 56, 74.
(3) Athen. Liv. IX. ch. XV.
(4) Euseb. Prep. Ev. Liv. III. ch. XIII.
(5) Plut. Traité d'Isis & Osiris.

DU CALENDRIER.

Les Géans, ennemis des Dieux, n'étoient pas moins célebres dans toutes ses autres contrées. L'Histoire des Indiens est remplie d'aventures pareilles; on récite chez eux chaque jour aux sacrifices du matin, des prieres en faveur du Soleil, & contre les Géans qui lui font la guerre (1).

Rien de plus célebre dans l'Histoire Orientale des Perses, que les guerres de *Dahak* le méchant, le cruel, avec *Giemshid* le second & le plus excellent des Rois de Perse.

§. III.

Fêtes relatives à la DÉFAITE *des Géans.*

La défaite de ces Géans étoit célebrée chez tous les Peuples, par un jour de fête, comme nous l'avons dit. Afin qu'elle fît plus d'impression, on promenoit ce jour-là des figures énormes en osier, qu'on frappoit de coups & qu'on jettoit ensuite ou dans l'eau ou dans le feu.

C'est à cet usage que se rapportent quelques faits qu'on a méconnus.

Diodore de Sicile nous apprend que chaque année les Prêtres d'Osiris accabloient de coups, pendant les sacrifices, des figures énormes qui représentoient les anciens Géans ennemis des Dieux (2). Et HERODOTE (3), qu'ils battoient de verges un de leurs Dieux. Les Égyptiens étoient convaincus que Typhon ne pouvoit résister au bruit des Sistres, & qu'il s'enfuyoit dès qu'il l'entendoit.

A Rome, toutes les années le 15 de Mai & à la Fête de Mercure; que les Egyptiens ont souvent représenté foulant aux pieds Typhon sous la figure d'un Crocodile, à Rome, dis-je, on promenoit ce jour-là en procession XXX. figures gigantesques d'osier appellées *les Argéens*; on se rendoit ensuite sur un des Ponts du Tybre; & de-là, une Vestale les précipitoit dans le Fleuve, en présence des autres Vestales, des Pontifes, du Sénat & du Peuple Romain.

A Anvers on promene également de tems en tems des figures gigantesques qui représentoient, dit-on, d'anciens Rois de la Contrée, le cruel Druon-Antigone & ses fils. Ce Géant, dont on montre encore le colosse, qui jette sur la grande Place un regard épouvantable, regnoit sur ces contrées qu'il tyrannisoit, lorsqu'il fut vaincu par Brabo, gendre de César. Ce fut pour

---

(1) Relations des Missionn. Dan. Continuat. XLVI.
(2) Diod. L. I.
(3) Liv. II.

célébrer cette Victoire, ajoute-t-on, que César fonda la Ville d'Anvers, & lui donna pour armoiries le Château & les mains du Géant, & qu'il accorda aux Habitans de sa nouvelle Ville le domaine de la moitié de la riviere, parce que Brabo avoit jetté jusques-là la main du Tyran. Cette Histoire célebre dans les Chroniques de Flandres, se trouve nommément dans les Ouvrages de JEAN, Moine de Stavelo, qui vivoit il y a 300 ans. GRAMMAYE, qui mourut à Lubeck en 1635, & à qui nous devons ces faits tirés de ses *Antiquités Belgiques* (1), cite une Chronique composée il y a environ 500 ans, qui rapporte qu'on avoit découvert une Urne remplie de mains desséchées, & qu'on fut généralement persuadé que ces mains étoient du nombre de celles que Druon avoit coupées à une infinité de malheureux : on ajoute qu'on voyoit encore ses ossemens d'une grandeur extraordinaire.

On proméne également des figures de Géans dans la plûpart des Villes de Flandres, à Dunkerque, à Bruxelles, à Gand, à Malines, à Louvain, &c. mais dans des circonstances extraordinaires, & pour des Entrées de Souverains.

Les figures colossales de Dunkerque sont en osier, & consistent en une Géante haute de 18 à 20 pieds, un Géant haut de 24 à 25 pieds, habillé à l'ancienne mode des Pays-Bas, avec un chapeau à grande forme, armé d'un sabre & d'une hallebarde, & un Géant à cheval représentant un Guerrier armé de toutes piéces & de la même hauteur. Ils sont précédés de différens Chars de Triomphe donnés par la Ville & par les Corps de Métiers, & des Confréries des Arbalêtriers, des Arquebusiers, des Archers, &c. On y voit aussi un Dauphin sur lequel est assis un enfant représentant Arion, & une petite Frégate où des enfans exécutent toutes les manœuvres qui se font dans les grands Vaisseaux.

Le grand Géant d'Anvers a 24 pieds de haut : il fut fait l'an 1534 en papier mâché ; il représente MARS, & est de *Van* HELST ; il fut retouché par RUBENS. La Géante est aussi de carton & de la même hauteur : elle fut faite en 1765 par HERRYNS. Les petits Géans ont six pieds de haut.

En 1719 il y eut à Bruges une Procession qui ne se fait que tous les cent ans, & à la suite de laquelle il y a beaucoup de chars & de figures colossales.

En 1767 il y en eut une à Gand au mois de Juin à l'occasion d'un Jubilé relatif à Saint-Macaire ; elle étoit également suivie de superbes Chars de

---

(1) Louvain, 1708. in-fol.

triomphe, de Cavalcades, d'Animaux, &c. On avoit élevé dans différens quartiers de la Ville une vingtaine d'Arcs de triomphe sous lesquels passoit la Procession. Il y eut aussi pendant quinze jours diverses Fêtes, des Combats ou Tournois, des Joutes, des Tirages d'Oiseaux, des Spectacles, des Bals parés & masqués, des Feux d'Artifice, des Illuminations, &c. (†).

§. IV.

Ce que désignent ces GÉANS, & leurs Guerres & leurs défaites.

Tous ces Géans redoutables, ces Tyrans, ces Statues, ces Colosses Persans, Indiens, Grecs, Egyptiens, Romains, Flamands, &c. si célèbres par leur audace, par leur taille, par la multitude de leurs bras & de leurs mains, par les meurtres qu'ils commettent, par la vengeance qu'en tirerent les Dieux, &c. sont autant d'êtres allégoriques qui peignent les maux physiques de toute espèces, les volcans, les exhalaisons pestilentielles, les inondations, &c. auxquels sont exposés une multitude de Pays; de même que les rigueurs de l'Hyver & l'éloignement du Soleil dans cette saison, ainsi que le mauvais Principe, le Principe du mal, le Génie tentateur, ou le Démon auquel on attribuoit tous ces maux.

Ce sont ces Géans que domptent *Iou, Osiris, Hercule, Mercure, Brabon, Feridoun*, &c. lorsqu'ils enseignent à élever des digues contre les eaux, à desfécher les Marais, à creuser des Canaux, à cultiver la Terre, à couvrir d'habitations & de récoltes, des contrées auparavant désertes & pestiférées.

1°. On ne peut douter que les Volcans n'ayent été représentés par ces Géans, puisqu'on disoit qu'ils avoient été ensevelis par les Dieux sous les Montagnes qui vomissent du feu, & que ce feu sortoit de leur bouche en fureur. L'Abbé Banier a été forcé d'en convenir malgré tout son zèle pour l'explication historique des Fables. ,, Ceux des Anciens, dit-il (1), qui n'ont pas regardé la Si-
,, cile & le Mont Etna comme le tombeau de Typhon, ne s'éloignent pas du
,, moins de la même tradition, puisqu'ils ont toujours choisi pour cela des
,, lieux sulphureux & connus par les feux souterrains & les tremblemens de

---

(†) Nous devons ces divers détails aux avis de M. le Colonel de SAINT-LEU, & à M. TAVERNE DE NIEPE, fils de M. le Subdélégué de Dunkerque.
(1) Tom. II, p. 326, & suiv.

Hist. du Cal.

» terre ; comme dans la Campanie, ou plûtot près du Vésuve , ainſi que le
» prétend Diodore, ou dans les Champs Phlégréens, comme le raconte Strabon,
» &c. En un mot dans toutes les Montagnes & tous les autres lieux où il y
» avoit des exhalaiſons , comme l'a fort bien remarqué l'ancien Scholiaſte de
» Pindare ſur la premiere Ode Pythique , qui dit, d'après l'Hiſtorien Artemon,
» que *toute Montagne qui jette du feu, accable le malheureux Typhon* qui y
» eſt dévoré pas les flammes ». Et là étoit toujours la bouche des Enfers.

En effet , qu'eſt-ce qui repréſentoit mieux les feux infernaux, que le ſpectacle effrayant d'une Montagne mugiſſante qui ébranle la terre, qui vomit des torrens de feu, qui lance à une hauteur prodigieuſe, & à une diſtance incroyable des rochers énormes, & qui occaſionne une pluie de cendres qui s'étend quelquefois à plus de 50 lieues ? Dans ces momens où la Nature en travail paroît ſe bouleverſer & menacer l'Univers d'une ruine entiere, pouvoit-on s'empêcher de dire que l'Enfer entier paroiſſoit ſoulevé contre le Ciel, & vouloir détruire ſon ouvrage ?

2°. En Egypte, où il n'y avoit point de Volcans, mais où l'on étoit déſolé par les vents brûlans du Midi, & par les vapeurs peſtilentielles du Lac, ou plûtot des Marais Serbonides placés entre l'Egypte, la Méditerranée & la Paleſtine, Typhon étoit enſeveli dans ce Lac ; ces vapeurs étoient l'ouvrage de ce malin Génie ; les vents étoient ſes complices, ainſi qu'*Azo*, Reine d'Ethiopie, parce que ce nom ſignifie le *Midi*, en langue Egyptienne.

Si Typhon fait du corps d'Oſiris 28 morceaux, c'eſt que 28 eſt un nombre malheureux, & par conſéquent celui du mois de Février conſacré aux morts ; & s'il a 74 complices, c'eſt que ce nombre ſe rapporte aux 74 Rhumbs ou Vents qu'on lui donne avec raiſon pour complices, puiſque des vents naiſſent les orages, les tempêtes, les tourbillons, les grêles.

Ajoutons que la Contrée dans laquelle étoit le Lac Serbonis, s'appelloit *Sethroïs*, des mots Egyptiens *ſeth* qui déſigne l'Eſprit infernal, & *ros* qui ſignifie *roux*, couleur qu'on attribuoit à Typhon. De-là l'*Imprécipitation* des Vaches rouſſes, en uſage dans l'Egypte pour éloigner les fâcheux effets de ces ennemis redoutables, & qui fut preſcrite aux Hébreux comme un Symbole de l'éloignement du vice, & de la pureté qu'il falloit contracter pour plaire à la Divinité. De-là encore, les mauvais traitemens qu'on faiſoit eſſuyer à Typhon dans le tems des calamités publiques.

3°. L'Hyver étoit repréſenté par ces Géans : ce ſont des Géans qui dans la Mythologie Perſane cauſent les frimats : rien de plus célebre dans la Mytholo-

DU CALENDRIER. 235

gie Scandinave ou dans l'Edda, que les Géans de la gelée. C'est à la même idée que sont dues la fable d'Hercule tué par Typhon en Lybie & qu'une Caille ressuscite ; & la guerre d'Horus avec Typhon ; & celle de Dahac avec Pheridoun, &c.

Toutes ces guerres & ces meurtres désignent l'Hyver qui fait périr les fruits de la terre, & pendant lequel le Soleil s'éloigne & meurt en quelque sorte.

En effet Hercule est le Soleil, nous l'avons prouvé ; il meurt en Afrique ou dans la Lybie, car c'est dans ces Contrées qu'il se retire en Hyver, & une Caille le fait revenir, parce qu'il revient avec les Cailles, en sorte que cet Oiseau est l'emblême du retour du Soleil.

Horus ou l'Univers, au Printems est aussi en guerre avec Typhon, puisque le Printems n'arrive que par la ruine de l'Hyver, ou par sa défaite.

Dahac meurtrier de *Giemshid* qui signifie le Soleil brillant, & vaincu à son tour par *Pheridoun* ou le Prince de l'abondance, est encore l'Hyver; car le mot *Dahac* דעך signifie *l'obscurité*, la *nuit*, ou *l'Hyver* empire de la nuit. Ainsi il est tour à tour vainqueur & vaincu.

C'est dans le tems qu'il est victorieux, dans le tems où Typhon regne, que les Dieux abandonnent leurs Couronnes, & qu'ils semblent fuir de toute part, puisqu'en Hyver il n'y a plus de fleurs, plus de verdure, plus d'épis ou de grappes, vraies couronnes des Dieux, symbole de leur puissance.

Alors ils se changent en animaux ; mais dans les animaux qui leur sont consacrés, puisqu'il ne reste plus qu'eux dont on puisse se servir comme symboles des Dieux.

4°. C'est avec raison que Mercure foule aux pieds le Crocodile, & qu'Horus tue l'Hippopodame & l'Ane au moyen du Cheval : car Mercure & Horus sont l'emblême du travail, des Arts & de l'Agriculture : tandis que le Crocodile & l'Hippopodame, animaux inutiles à tout bien, & l'Ane emblême de la paresse, sont les symboles de l'Hyver, saison vorace & paresseuse, ou de Typhon Auteur de tout ce qui est funeste.

5°. C'est donc avec beaucoup de raison que les Romains précipitoient dans le Tybre leurs 30 Géans, le jour de la Fête de Mercure, Dieu des Arts & de l'Industrie, & qu'ils appelloient ces Géans les *Argéens*, c'est-à-dire, les *paresseux*, les *oisifs*, puisqu'ils étoient l'emblême de tout ce qui est l'ennemi du travail, & sur-tout de l'Hyver, saison, comme nous venons de voir, paresseuse & oisive, où la Nature entiere est plongée dans la langueur & dans l'inaction. S'il y en avoit 30, c'étoit sans doute comme un compte malheureux.

Cet usage si énergique dans un Monde allégorique, fut à la longue un usage muet pour les Romains : ils ne pouvoient plus, du tems d'Ovide, en découvrir le vrai motif, & ils lui en substituoient de plus frivoles les uns que les autres.

« C'est ce jour-là, nous dit Ovide (1), ou le 15 de Mai, qu'une Vier-
» ge (2) jette du Pont de bois les Statues de jonc d'anciens Héros. Ceux qui
» croyent qu'on exterminoit les personnes âgées de soixante ans, attribuent à
» nos ancêtres un crime atroce. Selon la tradition ancienne, un vieux Devin
» prononça cet Arrêt, lorsqu'on appella cette Contrée, la Terre de Saturne ».

Peuples précipités en faveur du Vieillard qui est armé de la faulx, deux personnages consacrés, qui soient entraînés par les eaux du Fleuve.

« Et toutes les années, on célébra cette déplorable cérémonie à la manie-
» re de Leucade jusqu'à l'arrivée du Tirynthien (*Hercule*). Ce Héros ordon-
» na que l'on ne jetteroit désormais dans l'eau que des hommes de paille.
» Quelques autres pensent que les jeunes gens, pour avoir seuls le droit de
» suffrage, jettoient ainsi les Vieillards dans la riviere ».

Pour démêler la vérité au milieu de tant de traditions fabuleuses, ce Poëte s'adresse au Fleuve lui-même. Le Fleuve lui répond, que lorsque ses rives n'étoient encore que des bois ou des pâturages, Hercule & Evandre y vinrent former des établissemens : mais que les étrangers qu'ils y avoient amenés, soupirant toujours après leur ancienne patrie, ordonnerent qu'on les jettât après leur mort dans le Tybre, afin qu'il les ramenât aux rives de la Grèce : & que par humanité, on aima mieux les remplacer par des hommes de paille.

Telle étoit la maniere ridicule dont les Romains étoient obligés d'expliquer leurs cérémonies & leurs usages anciens : il en étoit de même des Grecs : tous avoient perdu de vue leurs origines & ils se voyoient réduits à les remplacer par des fictions de cette espéce.

Il en est de même de l'Antigone Flamand & de ses fils. Ce Géant auquel on coupe les mains qu'on jette ensuite dans le milieu du Fleuve, désigne les inondations d'un Fleuve que rien n'arrête, & dont on repousse ensuite les eaux au milieu du Fleuve, en lui coupant ces mains ou ces bras, au moyen desquels il se répandoit par-tout. Nul doute que les noms qu'on lui donne ne soient significatifs. *Ant-goon* signifie en Flamand même *ennemi des Dieux*. Druon tient à des familles de mots qui désignent la férocité, la cruauté, ou des eaux impétueuses & débordées.

---

(1) Fast. Liv. V. v. 261. & suiv.
(2) En lisant *virgo* au lieu de *vulgo*.

DU CALENDRIER.

Tel fut également le nom de Typhon. Un Savant très-versé dans la Langue Egyptienne ou Copte (1), le dérive de trois mots Egyptiens ; *theu*, qui signifie *esprit*, *soufle*, ou *vent* : *ph*, qui est l'article *le* ; & *hou*, qui signifie *méchant*, *mauvais*. Il étoit ainsi chez les Egyptiens de nom & d'effet, le mauvais Principe si célebre dans toutes les anciennes Cosmogonies, & Auteur de tout ce qui arrivoit de mal sur la terre. Ils lui attribuoient sur-tout les maladies qui faisoient tant de ravages en Egypte avant l'inondation du Nil pendant 50 jours ; & les Typhons ou vents brûlans qui causent de si grands ravages dans ces Contrées, & qu'on peut dire être dans un combat perpétuel avec le Soleil, parce qu'ils souflent la nuit avec beaucoup de violence, & qu'ils s'appaisent à mesure que cet astre devient plus fort.

Les Voyageurs modernes, tels que Thevenot & Chardin, se sont fort étendus sur les terribles effets de ces vents brûlans, qui traînent la mort avec eux, & qu'on appelle à cause de cela, *vents de mort*.

On appelloit aussi Typhon *Aphophïs* ou *Epaphus*, d'un mot Egyptien, ⲁⲫⲱⲫ, qui signifie un *Géant* (2), mot synonyme au mauvais Principe. Les Orientaux appellent les lieux infernaux, *l'assemblée des Géans*.

Le nom du Lac Serbon, où, selon les Egytiens, Typhon avoit été précipité, n'étoit pas moins expressif : composé du mot *ser*, qui signifia en Egyptien comme en Latin, *semer*, *disperser*, & du mot *bôn*, opposé de *bon*, & qui signifie *puant*, *fétide*, ce nom désignoit très-bien les vapeurs pestilentielles qui s'élevoient de ce Lac (3).

§. V.

Fêtes de la VICTOIRE.

En attendant que nous présentions le détail des diverses Fêtes qui en résulterent chez la plûpart des Peuples anciens, disons que les Egyptiens & les Romains célebroient également la Fête de la Victoire : les premiers, au dernier de leurs jours Epagomènes, dont les Grecs traduisirent le nom Egyptien par celui de Niké, Victoire : les Romains, le premier jour de Décembre : *c'est la Fête de la VICTOIRE*, dit leur Calendrier, *parce qu'en ce jour, la Guerre fut terminée*. Sans doute, la Guerre ; mais quelle Guerre ? Quel évenement mé-

---

(1) Jablonsky, Liv. V. ch. II. §. 13.
(2) Ib. p. 100.
(3) Ib. p. 107.

rita d'être appellé dans le Calendrier, de ce nom générique & par excellence, si ce n'est la Guerre d'Hercule, ou du Laboureur : Guerre contre les Élemens, & qui est suivie en effet de la *Victoire* la plus consolante & la plus satisfaisante : Victoire qui n'a couté la vie à personne, qui n'a point fait répandre de pleurs, qui n'a point dévasté de Campagnes & de Villes ; qui a produit, au contraire, des effets diamétralement opposés ?

Par cette Victoire, les Campagnes deviennent fertiles, les Villes se munissent en abondance de tout ce qui est nécessaire à la vie ; la population se soutient & s'accroît sans cesse ; tout est dans la joie, tout prospere & fleurit.

Pouvoit-on terminer le Calendrier par un trait plus agréable aux hommes, & plus digne de la sagesse de ceux qui les premiers donnerent un Calendrier aux Nations éparses, afin de diriger les opérations de la Guerre qu'ils leur enseignoient à soutenir ?

A ces Fêtes de la Victoire, l'Eglise Chrétienne a substitué dans ses Fastes le nom de trois Saints ou Saintes, qui, placés également au dernier mois de l'année, rappellent aux Chrétiens une Victoire plus sublime, celle qu'ils doivent remporter sur leurs passions vicieuses & criminelles. Saint NICOLAS, Sainte NICAISE, & Sainte VICTOIRE. Les deux premiers de ces noms sont composés du mot *Niké*, Victoire, que nous venons de voir. Heureux celui qui peut se dire alors qu'il a triomphé de toutes les tentations de nuire, ou de se venger, & que tous ses jours ont été des jours de bienfaisance, utiles aux autres ou à lui-même ?

§. VI.

Fêtes d'OSIRIS & d'HIACYNTHE &c. relatives aux mêmes objets.

La Fête de la Victoire n'étoit pas la seule qu'on célébroit à la fin de l'année. On en célébroit aussi une relative à l'éloignement & au retour du Soleil, qui finissoit l'année & qui en ramenoit une nouvelle. En Egypte c'étoit la Fête *d'Osiris* mort & retrouvé, fête qui duroit trois jours, & qui après avoir commencé par des pleurs, finissoit par des cris de joie, parce qu'on avoit trouvé, disoit-on, celui dont on pleuroit la perte.

Les Syriens, les Chypriens, les femmes d'Argos (1), les Athéniens, les Phéniciens, &c. célébroient également & de la même maniere la Fête d'Ado-

---

(1) Pausan. in Argol.

nis ou de Thamuz tué par un Sanglier : pleuré d'abord, & enfuite fêté avec des cris de joie, parce qu'on le retrouvoit. A Argos on célébroit fa fête dans une Chapelle près du Tombeau de Danaüs. Saint Jérôme parle de cette fête, & dit qu'elle fe célébroit en Juin, & qu'elle étoit l'imitation d'une fête Egyptienne.

Plutarque dit que le départ d'Alcibiade & de la Flotte Athénienne pour la conquête de la Sicile, arriva au tems de cette fête, qu'on célébroit à la pleine Lune, & où l'on promenoit auffi des figures de paille repréfentant des femmes qui n'étoient plus.

Divers Savans ont déja apperçu les rapports de ces fêtes entr'elles & avec l'année : mais on célébroit à Lacédémone une fête folemnelle dont on n'avoit pas foupçonné la caufe, & qui eft exactement la même fous d'autres noms. C'eft la fête d'*Hyacinthe*, favori d'Apollon & tué d'un coup de palet. ATHENÉE nous en a confervé la defcription tirée d'un Ouvrage de Didyme le Grammairien, d'après une defcription de la Laconie par Polycrates (1).

Les Lacédémoniens, dit-il, célebrent pendant trois jours la fête d'Hyacinthe. Le premier jour ils font plongés dans la plus grande triftefſe à caufe de la mort d'Hyacinthe : ils ne portent point de couronnes, ne chantent point d'hymnes, ne mangent point de pain.

Le fecond jour, la fcène change. On ne refpire que la joie, par-tout font ouverts les Jeux & les Spectacles ; les jeunes gens fe promènent, les uns en jouant des inftrumens, d'autres à Cheval même fur les Théâtres : on trouve à chaque pas des troupes de Chanteurs & de Danfeurs : les jeunes Dames promènent par-tout leurs charmes dans des Voitures magnifiquement ornées.

Le lendemain on célebre des Saturnales ; les Maîtres & les Domeftiques mangent à la même table. Des Maîtres de cérémonies étoient chargés de diriger cette fête, qui fe célébroit auffi à Amyclée.

Cette fête fi fortement caractérifée par la triftefſe & par la joie, & célébrée à l'honneur d'Apollon, eft la même que celle d'Ofiris, d'Adonis, de Thamuz, d'Hercule mort & reffufcité; la fête du Soleil à la fin de l'année, qui paroît perdu, & qui revient avec un nouvel éclat.

Hyacinthe, qui eft le nom d'une fleur & d'une couleur, défigne la beauté de l'année qui fe flétrit & s'évanouit par un coup du palet d'Apollon, c'eft-à-

---

(1). Athen. Liv. IV, ch. IV.

dire, par le difque du Soleil qui, en s'approchant du pole du Midi, fait évanouir tout l'éclat de la Nature.

Ce font ces événemens phyſiques liés à l'Agriculture & au bonheur des peuples, qui purent ſeuls être célébrés chez tous les Peuples agricoles avec cet éclat, cette pompe, cette régularité admirable, & juſques à préſent trop méconnus, parce qu'on n'y voyoit que des objets locaux, trop peu intéreſſans pour qu'on daignât s'en occuper.

Les Argiens célébroient également la fin de l'année ſous le nom de Victoire; ils avoient établi dans cette vue une Fête à l'honneur de VÉNUS NICEPHORE, c'eſt-à-dire, *Vénus qui donne la Victoire*. C'étoit en mémoire de ce qu'Hypermneſtre, fille de Danaüs, n'avoit pas fait mourir ſon époux Lyncée; & de ce qu'elle avoit été abſoute de cette déſobéiſſance envers ſon pere, par les Argiens auxquels il en avoit appellé.

Cet événement avoit auſſi, diſoient-ils, donné lieu à leur fête *des Flambeaux*. Car, ſelon eux, Lyncée étant arrivé à la ville de Lyrcée, & Hypermneſtre à la Citadelle de Lariſſe, ils éleverent chacun de leur côté un flambeau pour s'avertir réciproquement qu'ils étoient en lieu de ſureté; & qu'en mémoire de ce ſignal & de cette délivrance, on fonda la Fête des Flambeaux.

CHAPITRE II.

Fêtes relatives au JOUR DE L'AN chez les Orientaux.

DANS tout l'Univers, on célébra par des Fêtes le renouvellement des années: il étoit ſi agréable d'avoir ſurvécu à toutes les révolutions précédentes & à toutes les cauſes meurtrieres qui emportent ſans ceſſe une partie des Humains, qu'on ne pouvoit que ſe féliciter les uns les autres d'être encore au nombre des vivans, & ſe ſouhaiter mutuellement une année exempte de calamités, féconde en avantages & en proſpérités de toute eſpéce.

On offroit donc en ce jour-là des Sacrifices aux Dieux pour le ſalut de la Patrie, pour les Chefs de l'Etat, pour tous les Particuliers qui le compoſoient.

Tous les Parens, tous les Amis ſe rendoient les uns chez les autres pour exprimer leurs ſentimens mutuels. Les Palais des Grands étoient remplis de tous leurs Cliens, qui s'empreſſoient à leur offrir leurs vœux.

Ainſi

Ainsi se resserroient les nœuds qui les lioient les uns aux autres : & ces vœux mutuels étoient autant d'engagemens pour ne pas se nuire, & pour travailler au bonheur commun.

A cela s'ajoutoient des présens, variés suivant les facultés & les relations de chacun ; mais les œufs, & sur-tout les œufs rouges, en faisoient la base, du moins dans les contrées où le Nouvel An arrivoit à l'Equinoxe du Printems. On finissoit la journée par des danses & des festins.

Ajoutons que chez la plûpart des Peuples, les Lieux publics, les Fontaines sur-tout, étoient magnifiquement ornés, & qu'on se faisoit une fête de puiser dans celles-ci la premiere eau de l'année au moment de minuit, comme un présage assuré de bonheur.

§. I.

Fêtes du Nouvel An chez les anciens PERSES.

Ce jour occasionnoit chez les anciens Rois de Perse une Cérémonie des plus intéressantes & très-propre à établir la plus grande harmonie entre les divers Ordres de l'Etat ; sur-tout à faire fleurir l'Agriculture, base fondamentale de toute Société.

Ces Rois, si fiers de leur puissance, & qui s'appelloient les Enfans du Ciel, les Freres du Soleil & de la Lune, les Rois des Rois, revêtus d'habits blancs, dépouillés de leur diadême & de cette pompe fastueuse qui les environnoit sans cesse, se laissoient aborder en ce jour par tous leurs Sujets ; ils donnoient ensuite un grand repas aux Laboureurs, & leur disoient : « Nous sommes d'entre vous : » le Monde ne peut subsister sans l'Agriculture qui consiste dans vos bras : » cultivez donc la Terre pour affermir l'Empire. Nous ne pouvons exister les » uns sans les autres ; conduisons-nous donc comme des Freres (1). ».

§. II.

Fête du Nouvel An chez les HÉBREUX.

Les Hébreux célébrerent également cette Fête ; mais elle étoit pour eux un tems de jeûne : c'étoit la Fête des EXPIATIONS : elle duroit les dix premiers jours de leur année civile.

---

(1) Pococke, Notes sur Abulpharage, p. 202. 203.

Hist. du Cal.

Cette Fête leur avoit été prescrite par la Loi (1). Elle s'ouvroit par le son des trompettes. Le premier jour, ils bénissoient Dieu de leur conservation; ils le prioient de se souvenir de son alliance ; ils se souhaitoient une heureuse année, & se faisoient des présens de miel & d'autres choses agréables, comme un heureux présage pour l'année. Les huit jours suivans étoient des jours de retraite & de pénitence.

Le dernier jour, ou le dixiéme, étoit le grand jour des Expiations; le seul jour de l'année où le Grand-Prêtre pût entrer dans le Sanctuaire, & où Dieu se manifestoit d'une maniere plus particuliere. L'entrée dans le Sanctuaire étoit précédée de Sacrifices offerts par le Grand-Prêtre pour lui-même, pour sa Famille & pour tout le Peuple ; il faisoit une confession publique de toutes ses fautes, & de celles du Peuple ; & il les expioit par diverses Cérémonies. Telle étoit celle par laquelle on tiroit au sort deux boucs dont l'un étoit sacrifié à Dieu ; & l'autre, chargé des iniquités de la Nation, étoit traîné au désert, & précipité d'une Montagne. C'étoit le bouc *Azazel*; Cérémonie non moins allégorique que la Fête entiere.

Les Juifs modernes célébrent encore cette Fête en partie ; ils veillent toute la nuit dans leurs Synagogues, revêtus pour la plûpart de draps & d'habits mortuaires, se frapant la poitrine, & se pardonnant réciproquement leurs offenses, comme s'ils étoient près de la fin du Monde. La joie succede à ce ton lugubre ; on change les habits mortuaires pour des habits blancs, & on se prépare à célébrer la Fête des Tabernacles.

§. III.

Fête du Nouvel An chez les ARABES *& chez les* TURCS.

Les Arabes, antérieurs à Mahomet, célébroient également les dix premiers jours de l'année, au mois *Moharram*. Les dix premieres nuits de ce mois sont réputées très-saintes. Dans l'Alcoran, au chapitre de *l'Aurore*, Dieu jure par ces dix nuits, comme Jupiter par le Styx.

Les Turcs les consacrent aussi au jeûne & à la priere ; & les regardent comme un tems redoutable auquel Dieu exerce ses Jugemens.

Eux, les Arabes & les Persans sont tous dans l'idée que c'est au dernier de ces

---

(1) Lévit. XXIII. 24. Nomb. XXIX. 1.

dix jours que commença le Déluge ; ils l'appellent *l'éruption du four de Cupha*, Ville d'Arabie, parce qu'ils prétendent que les eaux commencerent à sortir par le four d'une pauvre Veuve.

Cette Fête d'ailleurs est appellée Aschour, c'est-à-dire *les* dix *jours*.

§. IV.

Chez les Persans *modernes.*

Les Persans modernes célebrent la même Fête de dix jours, qui leur est venue ainsi d'une haute Antiquité, & qui étoit la même que celle d'Osiris, d'Adonis, de Thamuz, &c. Mais en conservant les figures de morts, les cercueils, les reposoirs funébres, les bannieres, les lamentations, les jeûnes, les austérités qui composoient ces anciennes Fêtes, ils les ont rajeunies en leur donnant des noms nouveaux, ou en les confondant avec de nouvelles Fêtes : ce qui avoit totalement fait perdre de vue le rapport de cette Fête avec les anciennes.

Nous mettrons ici un Extrait étendu de ce qu'en dit Chardin pour tenir lieu des descriptions des anciennes Fêtes qu'elle a remplacé, après avoir observé que les Persans ont deux Fêtes du Nouvel An dans la même année. La Fête du Nouvel An Solaire, lorsque le Soleil entre au signe du Bélier ; & la Fête du Nouvel An Lunaire au mois *Moharram*. Nous ne dirons qu'un mot sur la premiere.

Elle est célébrée par les décharges du canon & par le son des Instrumens de Musique ; & elle continue tout le jour au milieu des cris de joie. Les Gouverneurs des Provinces régalent les Officiers & les Personnes de considération, après avoir reçu leurs complimens & leurs présens. « Car, en ce jour, dit Char- » din (1), nul ne peut voir les Grands sans leur faire des présens en les appro- » chant. Les Chefs du Commerce des Compagnies Européennes furent aussi » souhaiter, ajoute-t-il, une heureuse Année au Gouverneur de Bender-Abassi » où il se trouvoit, & lui envoyerent des présens ». Ce savant Voyageur observe à ce sujet que cette Fête est la plus solemnelle qu'il y ait en Perse, & qu'on célebre ce jour comme le renouvellement de la Nature, chaque chose reprenant une nouvelle vie par l'approche du Soleil.

Quant au premier jour de leur Année Lunaire, le premier jour de Moharram

---

(1) Voyag. de Pers. T. IX. p. 158.

est une Fête de deuil & de tristesse, parfaitement semblable, comme nous venons de le dire, à celle d'Osiris mis à mort par Typhon, & à celle des dix jours des Arabes & des Turcs ; mais sous le nom de *Fête du meurtre*, en mémoire, disent-ils, de la mort d'IMAM-HOSSEIN, fils d'Aly & de Fatmé fille de Mahomet. Ce petit-fils de Mahomet fut défait par Yézid, Calife de Damas, en combattant pour l'Empire, le premier jour de ce mois. S'étant enfui à Kerbela dans un désert voisin de Babylone, il y fut poursuivi pendant dix jours ; & étant enfin tombé entre les mains des ennemis, il mourut percé de coups en combattant vaillamment. Cette Fête dure donc dix jours, & elle en porte le nom, d'autant plus que c'est pendant ces dix jours que l'Alcoran fut envoyé à Mahomet. Pendant ce tems-là, on ne sonne point des trompettes & des timbales. Les dévots ne se rasent point, ni ne se baignent & ne se mettent point en voyage. Plusieurs s'habillent de noir & de violet, couleurs de deuil : tous affectent une contenance & un visage triste. Les rues sont remplies de troupes de gens de la lie du Peuple, presque nuds, barbouillés de noir ou de sang : d'autres, armés de pied en cap, & l'épée à la main. On en voit qui courent en frappant de deux cailloux l'un contre l'autre, faisant mille contorsions, criant de toute leur force, *Hossein* ! *Hassen* ! nom du frere aîné d'Hossein qui périt aussi dans la même guerre. Tous demandent l'aumône, & personne ne leur refuse ; mais ils se font bien payer des Juifs, des Arméniens, ou des Indiens Gentils, en les accusant d'avoir fait tuer le Prophète. Sur-tout on y maudit Omar.

Durant ces jours de deuil, on voit au coin des grandes rues, aux carrefours, & dans les Places, des manieres de reposoirs, avec une chaire, & beaucoup de bancs à l'entour, le tout de brocard ; les côtés sont tendus du haut en bas, de boucliers, d'armes à feu & à pointe de toute sorte, de tambours, de timbales, de trompettes, d'enseignes, de guidons, de peaux de Lion & de Tigre, d'armures d'acier pour des hommes & pour des chevaux. On croiroit qu'on se trouve dans quelque salle d'Arsenal. Tout cela est entremêlé de lanternes de crystal & de papier, de lampes & de chandeliers en quantité, que l'on allume à une heure de nuit. Le menu Peuple s'y rend en Procession, & aussi-tôt quelque *Souffy*, ou autre homme grave & dévot, se met à entretenir le Peuple sur le sujet de la Fête, jusqu'à ce que le Prédicateur vienne, qui commence son action par la lecture d'un chapitre du Livre intitulé ELKATEL, c'est-à-dire, *Traité du meurtre*, qui contient la vie & la mort d'*Hossein*, en dix chapitres pour les dix jours de la Fête ; & puis il prêche sur le sujet pendant deux heures, excitant le Peuple à gémir. Chardin parle d'un Prédicateur qui disoit, entr'au-

DU CALENDRIER.

tres choses, qu'une *larme versée durant cette Fête, efface un tas de péchés aussi gros que le Mont-Sina*; & qui animoit en même tems le Peuple contre les ennemis du Saint, & contre leurs adhérens. « Je n'aurois jamais cru, dit-il, la
» douleur que le Peuple fait paroître. Elle est inconcevable. Ils se battent la
» poitrine: ils font des cris & des hurlemens; les femmes sur-tout se déchirent,
» & pleurent à chaudes larmes. Je me suis trouvé à ces sermons, & j'admirois
» l'attention de l'Auditoire, qui ne pouvoit venir que d'une vive dévotion,
» quoique le Prédicateur fût fort pathétique. Ses sermons étoient comme les
» Panégyriques d'Italie, pleins de fabuleuses Légendes. Par exemple, le pre-
» mier jour de la Dixaine on y montroit la naissance d'*Hossein*. On rapportoit,
» entr'autres, que l'Ange Gabriel en vint féliciter *Mahomet*; mais qu'en même
» tems, il lui prédit le martyre de cet enfant, le jour & le lieu; & que cela
» arriveroit par un fils de *Mahuvié* son proche parent. Sur quoi le pere de
» ce *Mahuvié* étant venu voir *Mahomet* avec sa femme, pour lui faire compli-
» ment sur l'accouchement de sa fille, *Mahomet* lui dit: *Il est vrai que ma joie
» est grande que ma fille ait un fils. Elle en aura encore un; mais vous en au-
» rez un, vous deux, dont les descendans feront massacrer toute ma Race*. *Ma-
» huvié*, prenant la parole, dit: *Il vaut mieux que je me rende Eunuque*. *Non*,
» répondit *Mahomet*; *Dieu l'a ordonné de cette sorte; il faut que cela soit*. Le
» dernier jour de la Fête le sermon rouloit sur le dévouement volontaire d'*Hos-
» sein* à la mort. Le Prédicateur disoit que *quatre mille Anges vinrent lui offrir
» leur service, mais qu'il les remercia, & que, prêt d'expirer de soif, plus que
» de ses blessures, un Ange, en figure d'Hermite, lui apporta un pot d'eau: mais
» *Hossein* lui dit, je n'en veux point. Si j'en eusse voulu, j'en aurois eu à
» ruisseaux; & qu'en disant cela, il toucha la terre du bout de son doigt, d'où il
» saillit un grand jet d'eau. Mais*, dit-il, *il est ordonné que je meure ainsi dans
» les souffrances*. J'ai rapporté ces passages par cette raison, entr'autres, que j'ai
» observé en cent rencontres que les Légendes des Mahométans avoient été
» composées sur nos Histoires saintes, comme les Métamorphoses sur les Livres
» sacrés de Moyse.

» Le Sermon fini, tout le Peuple se met à crier de toute sa force, *Hossein!*
» *Hassein!* jusqu'à ce que la voix & les poumons leur manquent. Leurs cris se
» font au son de petits tambours mêlés avec cet instrument qu'on appelle *tin-
» tinnabula*, qui fait une musique lugubre; car les cris sont lents, bas & plain-
» tifs. Ces gueux tout noircis, dont l'on a parlé, qui frappent de deux cailloux
» l'un contre l'autre, rendent cette harmonie encore plus sombre & plus étrange;
» & tout cela a je ne sais quoi de fort horrible la premiere fois qu'on le voit.

» Quand l'assemblée n'en peut plus de crier, chacun s'en retourne chez soi,
» toujours en criant : *Hossein ! Hassein !*

» C'est-là ce que fait le menu Peuple. Les Grands, chacun chez soi, font
» la Fête avec plus de modestie. Ils y invitent beaucoup de gens d'Eglise ha-
» biles, de leur connoissance, qui s'y rendent chaque jour sur les quatre heures
» après-midi. L'entretien roule sur le sujet présent, chacun rapportant les plus
» beaux endroits des Auteurs avec les pensées qui lui naissent sur cette matiere.
» A sept heures on se met à lire le chapitre du jour, sur lequel les plus doctes
» de la Compagnie font des remarques ; & sur les neuf ou dix heures on
» traite l'assemblée, & puis on la congédie jusqu'au lendemain : & ainsi de
» suite jusqu'au dernier jour qui est la grande Fête que l'on passe la nuit en
» prieres. Je l'ai vue sept ou huit fois en Perse ; mais la plus solemnelle fut
» celle que je vis l'an 1667.

» Le Roi étoit nouvellement monté sur le Trône, ce qui vaut autant à dire
» que nouvellement venu au monde, n'ayant jamais sorti du Serrail durant
» la vie de son pere qui étoit mort vers la fin de l'année précédente. Ainsi
» n'ayant jamais vu cette Fête, il ordonna qu'elle fût célébrée pompeusement:
» voici comment la chose se passa : c'étoit au mois de Juin.

» Le Roi, avec toute la Cour, se rendoit tous les soirs à six heures dans un
» grand Sallon qu'on appelle *le Sallon de l'Ecurie*, où il peut bien tenir cinq
» cens personnes, ouvert sur un beau jardin dont le milieu est un grand par-
» terre sablé, où il en peut tenir plus de deux mille, sans parler de ce qui peut
» tenir sur le derriere du Sallon & aux côtés. Le Sallon étoit éclairé de haut en
» bas, & on avoit accommodé une infinité de lampes & de lanternes dans le
» jardin, de sorte que sur les huit heures du soir, il y faisoit une bien plus
» grande clarté que durant le jour. On avoit dressé dans le parterre, proche de
» l'endroit du Sallon où le Roi étoit assis, une chaire de sept marches, couverte
» de toile noire.

» Dès que le Roi l'ordonnoit, on faisoit entrer les Processions ; chaque
» quartier de la Ville avoit la sienne, composée de cinq à six cens hommes,
» gens de boutique & de métier, tous armés jusqu'aux dents, les uns avec des
» casques & des cottes-de-maille, d'autres avec des brassars & des cuirasses.
» Il y en avoit qui étoient nuds, le corps peint à la façon des Lutteurs & des
» Gladiateurs. Ils avoient presque tous une peau de tigre sur le dos, & un bou-
» clier par-dessus ; les uns portoient l'épée nue à la main ; d'autres portoient
» des lances ou des piques, des haches ou des masses d'armes. Au milieu de
» la Procession on voyoit un homme nud, couvert de sang, avec des bouts

DU CALENDRIER.

» de flèches & des morceaux de lances attachés sur la peau, comme s'ils
» eussent traversé le corps. C'est celui-là qui représente le *Saint de la Fête*. Les
» Enseignes de la Troupe marchoient à la tête ; elles étoient faites de satin ou de
» brocard d'argent, aux chiffres d'*Aly* d'un côté, avec le hiéroglyphe de Perse
» de l'autre. Après suivoient les tambours & les trompettes ; puis les gens qui
» battent des cailloux, lesquels s'en servoient comme de castagnettes ; puis une
» foule de petits garçons entonnant les noms de *Hassen* & de *Hossein*, & puis
» marchoient les gens armés. Il y avoit tous les soirs dix Processions semblables ;
» elles entroient dans le Palais d'un pas précipité & avec de grands mouvemens,
» & des cliquetis d'armes.

» Il faut savoir que tout cela est mystérieux ; car c'est pour représenter la fureur
» avec laquelle l'armée d'*Hossein* combattit l'armée d'*Yezid*. Quand ces Pro-
» cessions étoient entrées, on commençoit la dévotion de la manière que je
» l'ai représentée : mais le grand jour de la Fête, ces Processions étoient tout
» autrement pompeuses.

» D'abord marchoient à la tête de chacune vingt Enseignes, plusieurs Gui-
» dons, des Croissans & des mains d'acier, avec les chiffres de *Mahomet* & d'*Aly*,
» attachés à de longues piques. C'étoient-là les étendards sacrés des Mahomé-
» tans, dans leurs premieres guerres, qu'ils faisoient porter au milieu de leurs
» armées, comme les Romains leurs aigles. Encore aujourd'hui on les porte à
» la guerre ; mais on n'y a plus tant de foi qu'auparavant. Quand on les por-
» te en procession, on les couvre d'une gaze bleue claire, pour dire qu'il ne
» s'agit pas de combattre tout de bon. Après venoient plusieurs beaux chevaux
» de main, richement enharnachés, portant toutes sortes d'armes blanches,
» attachées à la selle, telles que des armures d'acier, des boucliers, & beau-
» coup d'autres, dont il y en avoit de rehaussées d'or, & d'autres ornées de
» pierreries. Après venoient des joueurs d'instrumens, puis des hommes
» teints, les uns de noir, les autres de sang, frappant des cailloux ; puis de
» ces gens couverts de sang & de flèches ; puis les machines qui font le grand
» ornement de la pompe funèbre. Ce sont premierement des manieres de
» châsses, couvertes de toile bleue, & ornées de pieces de brocard, & de
» mille babioles pendues à l'entour, selon le caprice des gens qui les font :
» puis des bieres couvertes aussi de velours ou de brocard noir, ou de cou-
» leur, comme il se rencontre, avec un turban au haut, & des armes attachées
» dessus & aux côtés. Les hommes qui portent ces machines sautent & tour-
» nent au milieu de la procession fort légérement. Après venoit la grande
» châsse, portée par huit hommes, où étoit la représentation d'*Hossein* ; les

» unes ressemblant à un lit de parade, où *Hossein* & son frere sont représen-
» tés par deux petits garçons qui se disent l'un à l'autre, *Hossein ! Hassein !*
» D'autres, ressemblant à un cabinet d'armes, étant garnis dedans & dehors
» d'arcs & de flèches, d'épées, de boucliers, de poignards, de masses d'ar-
» mes, avec un garçon au milieu, armé de toutes piéces, prêt à combattre;
» tout cela brillant d'or & d'argent, car ces châsses sont faites aux frais & par
» les soins de tout le quartier : d'autres châsses représentoient des mausolées ;
» en d'autres, on voyoit un homme étendu avec ses habits ensanglantés,
» hérissés de flèches, la tête en sang, représentant le Saint en état de mort.
» On portoit autour de toutes ces machines des branchages d'arbres, pour
» les préserver du soleil.

« Après ces châsses, venoient des hommes aussi tout en sang, qu'on sou-
» tenoit sur des chevaux poudreux, pour représenter les *Soldats* de ce Prince:
» puis suivoit en foule le peuple, faisant un bruit horrible à crier *Hossein !*
» *Hassein !* La plûpart sont armés de gros bâtons, & ils courent au lieu de
» marcher. Ils s'arrêtent de tems en tems, pour donner le tems à leurs
» machines d'avancer; & alors ils sautent, tournent, se démenent comme des
» furieux & des possédés, s'étourdissant eux-mêmes, à force de crier toujours
» ces noms si souvent répétés.

» Outre ces Processions, il y en avoit deux extraordinaires pour l'amour du
» Roi. L'une des *Spuffis*, qui sont les Gardes-du-Corps du Roi & de son
» Palais, qu'on tient pour les plus exemplaires dévots de tous les Mahomé-
» tans, & qui sont fort illustres dans la Secte *Imanique*. Ce qu'il y avoit de
» particulier en leur procession, étoient deux hommes étendus chacun sur une
» planche fort étroite, tout en sang, qui contrefaisoient fort bien les morts ;
» & dix ânes, portant chacun trois petits garçons, qui récitoient les Vers de
» la Fête. L'autre Procession étoit celle des Indiens Mahométans de la Secte
» *d'Aly*; & c'étoit la plus belle de toutes. Elle commençoit par cinq Eléphans,
» avec de petites tours dessus, dans lesquelles il y avoit des enfans chantant
» les louanges *d'Hossein*, & par six Chevaux de main, de grand prix, avec des
» harnois d'or & de pierreries. Leur châsse étoit un lit de parade, de huit
» pieds en quarré, porté par douze hommes. Il étoit de brocard d'or, à
» grandes crépines d'or. Il ne se peut rien voir de plus beau en pareille occa-
» sion. Au milieu du lit il y avoit deux tombeaux, couverts de draps en bro-
» derie d'or, & quatre enfans aux coins, deux chantant les louanges de
» *Hassen*, de *Hossein*, & deux chassant les mouches avec des éventails de
» plumes. Derriere la châsse on voyoit deux Machines tirées par des bœufs,

dont

DU CALENDRIER.

» dont l'une représentoit la Mosquée de la *Mecque*, l'autre celle de *Médine*.

» Toutes ces processions passerent au milieu de la Place Royale, sous les
» yeux du Roi, qui étoit dans le Sallon bâti sur le grand Portail. Le Grand-
» Prevôt étoit au milieu de la place, avec trente Gardes à cheval, & autant de
» Valets à pied, pour empêcher le désordre : car comme la ville d'Ispahan est
» d'ancienneté partagée en factions, il arrive souvent qu'en de pareils jours,
» les quartiers se battent de bonne façon l'un contre l'autre ; & alors c'est un fu-
» rieux désordre pour la Fête.

» Je n'aurois jamais fait, si j'en voulois rapporter toutes les particularités.
» Je remarquerai seulement qu'à cette fête-ci, où étoit le Roi, il se rendit le
» dernier jour au Sallon, sur les sept heures du matin, & entendit d'abord le
» Sermon du jour, fait par le Prédicateur qui avoit prêché devant lui les au-
» tres jours. La Chaire étoit sur une grande plate-forme qui joint le Sallon, la-
» quelle étoit couverte d'une riche tente. Grand nombre d'Ecclésiastiques
» étoient à l'entour. Les Souffis étoient derriere. Après le Sermon, on chanta
» une Hymne à la louange de Hossein & de sa race. Il fut chanté à deux par-
» ties, chacun chantant de toute sa force ; & après on entendit retentir la pla-
» ce & les environs de malédictions sur Yezid & sur ses adhérens, & puis
» de bénédictions pour le Roi.

» A la fin de l'action, on donna aux Ecclésiastiques quarante habits, &
» au Prédicateur trois cens écus ; mais comme ces habits étoient donnés par
» aumône, & non par honneur, ceux qui les reçurent n'allerent pas baiser
» les *pieds* du Roi, comme c'est la coutume.

» Je ne dois pas oublier que durant cette Fête, les Persans font beau-
» coup d'aumônes : ils croyent que c'est alors un crime que de refuser ce
» qu'on peut donner. Les gens riches font mettre devant la porte de grands
» vases d'eau à la glace, avec une tasse dedans, afin que personne ne souffre
» de ce mal, dont Hossein mourut, qui est la soif ; car ils content que man-
» quant particulierement d'eau, il alla de désespoir se jetter sur les ennemis
» dont il étoit assiégé. Il y a aussi des porteurs d'eau qui vont par les rues avec
» un gros outre sur le dos, qui présentent à boire à la glace dans de grandes
» tasses, à tout le monde. Ils ont coutume de crier en la donnant, *que celui*
» *qui payera cette eau, soit béni jusqu'à la quarantiéme génération.*

» Le Roi faisoit donner à souper durant les dix jours de cette Fête à toutes
» ces processions, où il y a plus de quatre mille personnes, & outre cela en-
» voyoit tous les jours douze cens livres de pain, cinquante plats de viande,

Hist. du Cal.

« & cinquante francs d'argent à la grande Mosquée pour être distribués aux
» pauvres.
  » Au reste ces Processions n'ont nul air de dévotion, & ressemblent pro-
» prement à une mascarade de lutins, ou de gens possédés de fureur & de
» rage ; & leurs chants & leurs cris finissent toujours par des imprécations
» contre les ennemis de leur Religion. Les Ecclésiastiques les poussent à cette
» fureur, enseignant, comme je l'ai déja observé, qu'il y a un très-grand
» mérite à maudire les Princes Arabes qui tinrent l'Empire Mahométan, au
» lieu de le céder aux descendans de Mahomet par sa fille Fatmé ».
  » Trente-quatre jours après, ils célèbrent une autre Fête à l'honneur du
» même Hossein, en mémoire de ce que sa tête rejoignit son corps quand
» l'un & l'autre eurent été portés à Damas au Calife Yezid. «

On ne peut méconnoître dans ces usages, les lamentations des anciens sur Osiris & sur Adonis, &c. : les cercueils qu'on portoit dans les Fêtes de ces Divinités ; les armes dont on y étoit revêtu, les peaux de loup, de lion, de tigre dont on s'y déguisoit, les malédictions dont on y accabloit Typhon, Dahac, & tous les autres ennemis du genre humain. Ce sont toujours les mêmes Fêtes, le nom seul est changé. Il seroit impossible d'expliquer sans cela comment il seroit arrivé que les Turcs & les Persans pleurassent pour la même Fête, & que tandis que les Persans déplorent leur défaite, les Turcs se lamentent également au lieu de chanter leur victoire. Hossein & Hassein peuvent avoir été tués dans le tems de cette Fête ; alors elle aura pris chez les Persans une forme un peu différente ; on y aura ajouté une dose plus forte de malédictions contre les Turcs, leurs ennemis de tout tems : mais c'étoit toujours la Fête ancienne.

CHAPITRE III.

De l'usage de donner des œufs dans les Fêtes du Nouvel An & de Pâques, & son origine.

§. I.

Antiquité & étendue de cet usage.

C'ÉTOIT un usage commun à tous les Peuples agricoles d'Europe & d'Asie, de célébrer la fête du Nouvel An en mangeant des œufs; & les œufs faisoient partie des présens qu'on s'envoyoit ce jour-là. On avoit même soin de les teindre en plusieurs couleurs, sur-tout en rouge, couleur favorite des anciens Peuples, & des Celtes en particulier.

Mais la Fête du Nouvel An se célébroit, comme nous l'avons vu, à l'Equinoxe du Printems, c'est-à-dire, au tems où les Chrétiens ne célebrent plus que la Fête de Paques, tandis qu'ils ont transporté le Nouvel An au Solstice d'Hyver. Il est arrivé de-là que la Fête des œufs a été attachée chez eux à la Pâques, & qu'on n'en a plus donné au Nouvel An.

Cependant ce ne fut pas le simple effet de l'habitude; mais parce qu'on attachoit à la Fête de Paques les mêmes prérogatives qu'au Nouvel An, celles d'être un renouvellement de toutes choses, comme chez les Persans; & celles d'être d'abord le triomphe du Soleil physique, & ensuite celui du Soleil de justice, du Sauveur du Monde, sur la mort, par sa résurrection.

Ainsi tout ce que nous aurons à dire sur cet usage, aura également pour objet, & la Pâques & le nouvel An, ces Fêtes s'étant presque toujours confondues, & pour le tems, & pour les motifs.

Nous voyons, par exemple, dans les Voyages de Corneille le BRUYN (1), que le 20 Mars 1704 les Perses célébrerent la Fête du Nouvel An solaire, qui dura, selon lui, plusieurs jours, en se donnant entr'autres choses des œufs colorés. Il ajoute qu'on célébroit aussi dans le même tems une VICTOIRE remportée autrefois, disent les Perses, sur les Tartares d'Usbeck, mais au vrai

---

(1) Tom. I, in-fol. p. 191.

contre les Géans du Nord, ou les frimats du Nord vaincus dans ce moment par l'entrée du Soleil dans le signe du Bélier; & représentée chez les Grecs par la Victoire d'Hercule sur les Amazonnes, & par la conquête de leur ceinture.

Le même Voyageur s'étoit trouvé à Moscou deux années auparavant, au tems où l'on célébroit la même Fête. « Le 5 Avril 1702, dit-il (1), on so‑
» lemnisa la Fête de Pâques. Les cloches ne cessent pas de sonner pendant
» toute la nuit qui précéde cette Fête, le jour même & le lendemain. Ils com‑
» mencent à se donner des *œufs de Pâques*, & cela dure pendant 15 jours.
» Cette coutume se pratique parmi les grands & les petits, les vieux & les
» jeunes, qui s'en donnent mutuellement; les Boutiques en sont remplies de
» tous côtés, qui sont teints & bouillis. La couleur la plus ordinaire est celle
» d'une prune bleue: il s'en trouve cependant qui sont teints de verd & de
» blanc.... Plusieurs sur lesquels on trouve ces paroles, Christos wos
» Chrest, *Christ est ressuscité*. Les personnes de distinction en ont chez eux
» qu'ils distribuent à ceux qui leur rendent visite, & les baisent à la bouche
» en leur disant les mêmes paroles, *Christos wos Chrest*; à quoi celui qui le
» reçoit répond, Woistino wos Chrest, *il est véritablement ressuscité*. Les
» gens d'un rang médiocre se les donnent dans la rue... Les Domestiques en
» portent aussi à leurs Maîtres, dont ils reçoivent un présent qu'ils nomment
» *Praesnik*... Autrefois, ajoute ce Voyageur, on se faisoit une affaire très‑
» sérieuse de ces présens; mais cela est bien changé depuis quelque tems,
» comme tout le reste ».

Le P. Carmeli, dans son Histoire des Usages, rapporte divers faits rela‑
tifs à celui-ci. « Pendant les Fêtes de Pâques, dit-il, & les jours suivans, on
» mange ordinairement des œufs durs qu'on peint en différentes couleurs,
» mais principalement en rouge. En Italie, en Espagne & en Provence où
» l'on a conservé presque toutes les superstitions anciennes, on fait dans les
» places publiques certains jeux avec des œufs ».

Il ajoute que cet usage vient des Juifs ou des Payens; qu'on trouve du moins cet usage chez les uns & chez les autres.

Les femmes Juives plaçoient à la Fête de Pâques, sur une table préparée pour cela, des œufs durs, symbole d'un oiseau appelé *ziz* sur lequel les Rabbins ont débité mille fables.

---

(1) Ibid. p. 33.

PLINE (1), dit que chez les Romains, les jeunes gens peignoient les œufs en rouge, & les employoient à différens jeux.

On les faisoit entrer aussi dans diverses cérémonies, & sur-tout dans celles des expiations, comme on le voit dans JUVENAL (2), & dans OVIDE (3). Ce dernier peint une vieille qui d'une main tremblante fait des lustrations avec du soufre & des œufs : le premier nous apprend qu'on faisoit des expiations avec cent œufs à l'Equinoxe d'Automne, pour échapper aux ravages de cette saison & des vents du Midi.

§. II.

Motifs de cet Usage.

PLUTARQUE, dans ses Propos de Table, au Chap. *quel des deux a été le premier, de la poule ou de l'œuf* (4), nous apprend la cause de l'usage dont nous parlons ici : c'est que l'œuf représentoit l'Auteur de la Nature, qui produit tout, & qui renferme en soi toutes choses. Il raconte qu'ayant fait vœu de s'abstenir de manger des œufs, il en fut plaisanté dans un festin que donnoit Sossius Senecion ; qu'on lui reprocha d'imiter les superstitions d'Orphée & de Pythagore qui s'abstenoient des œufs ; & Alexandre, Philosophe de la secte d'Epicure, ayant attaqué cette doctrine, Firmus, son gendre, de lui Plutarque, entra dans un grand détail pour faire voir que l'œuf étoit l'origine de tout, & que c'étoit donc avec raison qu'il faisoit partie des *saintes cérémonies de Bacchus*, comme une représentation de l'Auteur de la Nature qui produit tout, & qui renferme tout en soi.

§. III.

Il fut l'effet de la Théologie & de la Philosophie des Anciens.

Cet usage étoit donc un emblême qui tenoit à tout ce que la Philosophie & la Théologie des Peuples primitifs avoient de plus respectable ; à la Théologie des Egyptiens, des Perses, des Gaulois, des Grecs, des Latins, &c.

---

(1) Hist. Nat. Liv. XIX, ch. 7. & Liv. XXIV, ch. 11.
(2) Satyr. VI.
(3) Ars amandi.
(4) Liv. II, quest. III.

HISTOIRE RELIGIEUSE

Chez tous ces Peuples, l'œuf étoit l'emblême de l'Univers, ouvrage de la Divinité suprême.

Les Egyptiens, comme l'a fort bien vu M. l'Abbé Batteux (1), avoient deux grandes Divinités ou deux Principes de toutes choses, l'un passif & l'autre actif. On voit « assez clairement, dit-il, que les ténèbres divinisées sous le nom
» de Vénus, & caractérisées sous l'emblême d'une Vache, étoient dans le
» commencement honorées en Egypte comme un des principes originaires &
» universels, comme le lieu, la matiere & la mere des êtres. On les chantoit
» dans les Cantiques sacrés, on en répétoit trois fois le nom : *O Nuit ! Nuit*
» *sacrée ! Nuit mere de tout* ! C'est Damascius qui nous l'apprend dans son
» Livre des Principes.

» A cette premiere Divinité, les Egyptiens en joignoient une autre, qu'ils
» nommoient *Kneph*, ou *Emeph*, mot qui dans leur langue signifioit *bon, bien-*
» *faisant*, & dont ils faisoient le Principe de l'ordre, la cause artiste de l'U-
» nivers, éternelle & immortelle. Ce Dieu avoit son Temple dans l'Isle Elé-
» phantine, où il en subsiste encore des restes. On le peignoit sous la forme
» humaine pour marquer son intelligence ; Andro-gyne pour signifier son in-
» dépendance absolue dans ses productions : ayant sur la tête un Epervier pour
» désigner son activité, avec un Œuf sortant de sa bouche pour indiquer sa fé-
» condité. De cet œuf étoit sorti *Phthas*, ou le Feu, d'où les Grecs forme-
» rent leur Vulcain ou Ephaïste. Ce mot signifioit & signifie encore en Copte,
» *celui qui fait, qui dirige, qui ordonne* (†). C'étoit à ce même Phthas qu'on
» prétend que s'adressoit sous un autre nom (sous le nom de *Vulcain*) la
» fameuse inscription du Temple de Saïs, qui se terminoit par ces mots, *le*
» *fruit que j'ai produit est le Soleil* ».

Orphée porta cette doctrine dans la Grèce ; nous l'apprenons de l'Auteur des *Récognitions Clémentines*, ouvrage d'un Chrétien de l'Eglise primitive (2). « Selon Orphée, dit-il, exista d'abord le cahos éternel, immense, non en-
» gendré, & d'où sont nées toutes choses. Il n'étoit ni ténèbres, ni lumiere, ni
» humide, ni sec, ni chaud, ni froid ; mais tout cela ensemble, & un tout
» sans forme, ou plûtot ayant la forme d'un *œuf* immense. Il sortit ensuite

---

(1) Hist. des Causes premieres, p. 54.

(†) La Croze a remarqué que ce nom étoit synonyme de celui de צבאות, *Tsebaoth*; qu'on a rendu mal à propos par *Dieu des Armées*.

(2) Dans le Recueil des PP. par Coutelier, T. I. p. 589.

» de lui-même un Être aux deux sexes, qui fut le principe de tout, & qui
» commença par séparer les quatre élémens ; qui forma ensuite avec deux
» de ces élemens, le Ciel ; & avec les autres, la Terre ; & par la participa-
» tion de qui naquirent tous les êtres ».

C'est-à-dire, comme le développe fort bien Jablonsky dans son Panthéon Egyptien (1), que de tout tems la Divinité animant la matiere & l'ayant laissée en un immense cahos, la réunit peu à peu sous la forme d'un œuf ; & l'ayant remplie de sa vertu, en sépara les élémens, & s'en servit pour former l'Univers : & que la Divinité réunissoit ainsi en elle tous les principes de la Nature, les actifs & les passifs, les fécondés & les fécondans. Ce qui s'accorde avec ce que nous dit Moyse, que *l'Esprit de Dieu fécondoit les eaux*, étant sur leur surface comme la poule sur son œuf. C'est-là cet œuf Orphique si célèbre dans toute l'Antiquité.

Les Perses avoient aussi adopté cette maniere de peindre l'Univers. » Oro-
» maze, disoient-ils (2), né de la lumiere la plus pure, & Arimane, des
» ténébres, se font mutuellement la guerre. Le premier a engendré six Dieux,
» la Bienveuillance, la Vérité, le Bon-Ordre, la Sagesse, la Richesse, la Joie
» vertueuse. Le second en a de même engendré six, contraires aux premiers.
» Oromaze s'étant fait ensuite trois fois plus grand, s'est élevé au-dessus du
» Soleil, autant que le Soleil est au-dessus de la Terre, & il a orné le Ciel
» d'Etoiles, dont une entr'autres (Sirius ou la Canicule) avoit été établie
» comme la sentinelle des Cieux, ou la garde avancée des astres. Il fit outre
» cela vingt-quatre autres Dieux qui furent mis dans un œuf. Ceux qui furent
» produits par Arimane, aussi au nombre de vingt-quatre, percerent l'œuf &
» mêlerent ainsi les maux avec les biens : mais, ajoutoient-ils, il viendra un
» tems marqué par les Destins, où Arimane après avoir amené la peste & la
» famine, sera lui-même entierement détruit : alors la Terre sans aucune
» inégalité, sera le séjour des hommes, tous heureux, parlant la même
» langue, vivant sous la même loi.

C'est ainsi que les anciens Philosophes chercherent à expliquer l'origine de l'Univers & à donner une légère idée du moment de la Création, de ce moment où la solitude fit place aux Etres les plus nombreux & les plus variés ; où la matiere se mut, se vivifia, se colora, où elle offrit le spectacle le plus étonnant.

---

(1) Tom. I. p. 42.
(2) Plut. d'Isis & Osir, traduction de M. l'Abbé Batteux.

Au commencement, disoient-ils, rien n'existoit hors la Divinité. Tout ce qu'éclaire la lumiere du jour étoit *Nuit :* elle régnoit sur cet espace où sont contenus tous les Etres. Enfin un œuf parut : la *Nuit* le couvre de ses ailes ; l'*Amour*, le fils aîné du Pere de toutes choses, seconde ses soins : l'*Œuf* est fécondé, il s'ouvre : le *Soleil*, la *Lune*, en sortent, ils vont régner au haut de l'Empyrée : les corps plus pésans s'abaissent, ils forment la Terre & toutes ses dépendances. Alors la Nuit éternelle fait place à la lumiere ; elle se retire au-delà des régions de la lumiere, & chaque soir elle en revient pour couvrir de ses ailes ténébreuses tout ce qui respire, pour réparer les forces des mortels, pour donner naissance à de nouvelles générations.

Cette nuit, cet œuf, sa fécondation, le Soleil, la Lune qui en sortent, ne s'effacerent jamais de l'esprit des Peuples primitifs & sur-tout des Peuples agricoles ; ils en firent l'objet de leurs chansons sacrées ; ils en conserverent le souvenir par ces œufs colorés qui accompagnoient leurs Fêtes ; par ceux qui étoient sculptés dans les Cirques où ils célébroient leurs jeux, dans ces Cirques qui étoient eux-mêmes, comme nous le verrons quelque jour, l'emblême de l'Univers & de ses révolutions.

§. IV.

Fables qui en naquirent.

Cet Œuf devint encore la base d'une multitude de Fables allégoriques, absurdes & révoltantes lorsqu'on ne les rapproche pas de leur modéle ; mais très-ingénieuses lorsqu'on en a la clef.

C'est à ces allégories qu'appartient celle d'Hercule né dans une Nuit triple.

Celle des Dioscures Phéniciens, tous deux fils de Jou & nés d'un œuf.

Celle des enfans de *Léda* ou des Dioscures Grecs, nés également d'un œuf.

L'histoire de l'Amour qui présida à la naissance du Monde.

Celle de Vénus, née du sein des Eaux.

Celle de Sémiramis, née d'un œuf sorti des Eaux & que couva une Colombe.

Celle de cette même Sémiramis & celle d'Hélene, chacune femme successivement de deux époux vivans.

Celle de Remus & Romulus, gemeaux comme les Dioscures, enfans de Rhéa nourris par une Louve, dont l'un tue l'autre & lui offre ensuite un sacrifice à la fin de l'année.

CHAPITRE

CHAPITRE IV.

Histoire des Dioscures Grecs, ou de Castor & de Pollux nés d'un œuf.

LÉs Dioscures Grecs ne sont qu'une imitation de deux Personnages célèbres dans les Allégories Phéniciennes : les Grecs qui emprunterent des Orientaux l'Histoire de Castor & de Pollux, ne firent que l'altérer pour se l'approprier, au point que les Mythologistes ont cru que les Dioscures Grecs & les Dioscures Phéniciens n'avoient aucun rapport entr'eux, tel l'Abbé Banier (1).

§. I.

Histoire & Généalogie des Dioscures Grecs.

Iou changé en Cygne & poursuivi par *Vénus* métamorphosée en *Aigle*, se réfugie dans les bras de *Léda*. Cette Princesse, épouse de Tyndare, devient mere de deux œufs. L'immortel *Pollux* & *Helene* naissent de l'un ; *Castor* sujet à la mort & *Clytemnestre*, naissent de l'autre.

Ces deux Freres sont appellés tantôt Cabires, tantôt Dioscures.

Ils sont du nombre des Argonautes.

Ils se font initier aux mystères de Samothrace.

Ils président à la navigation & aux barrieres du Cirque.

On les peint montés sur des Chevaux blancs, revêtus d'une tunique blanche & d'un habit de pourpre : & ils ont sur la tête un bonnet qui à la figure de la moitié d'un œuf & qui est surmonté d'une étoile.

Ils avoient un Oncle, *Leucippe*, frere de Tyndare ; & cet Oncle avoit deux filles, *Phœbé* & *Hilare*. Celles-ci sont recherchées en mariage par *Lyncée* & par *Idas* ; mais les Dioscures enlevent leurs cousines à ces rivaux, qui veulent en avoir raison. Dans ce combat, Castor tue Lyncée ; mais Idas tue Castor, & il est tué à son tour par Pollux. Pollux resté seul, prie son Pere Iou de rendre la vie à son frere, ou de lui ôter à lui-même son immortalité. Iou touché de cette amitié fraternelle, permet que Castor & Pollux vivent & meurent alternativement.

---

(1) Mythol. Tom. VII.

HISTOIRE RELIGIEUSE

§. II.

Histoire & Généalogie des Dioscures Phéniciens.

Telle est l'histoire des Dioscures Grecs : voici celle des Dioscures Phéniciens (1).

Ils étoient fils de Iou, nés d'un œuf, couverts d'un chapeau blanc.

Ils étoient protecteurs des Vaisseaux ; & toujours peints ou sculptés à la poupe des vaisseaux (†).

On célébroit leurs mystères dans l'Isle de Samothrace, & dans une langue étrangere, restes de la primitive.

On les voit aussi sur la plupart des Médailles Phéniciennes.

Hérodote en parle (2) ; & les fait fils de Vulcain.

§. III.

Les Messéniens avoient aussi leurs Dioscures ; ils prétendoient que les fils de Tyndare avoient pris naissance chez eux ; & dans leur Temple de Cérès à Ithome, ils les avoient représentés dans le moment où ils enlevent les filles de Leucippe (3). Cette tradition, à laquelle on n'a jamais fait attention, démontre que les Grecs eux-mêmes ne prenoient pas au pied de la lettre l'Histoire des Dioscures Lacédémoniens, & qu'ils étoient des Divinités de tous les Peuples, & auxquels chacun donnoit pour patrie son propre pays.

§. IV.

Conformité de ces deux Récits.

En comparant la Fable des Dioscures Phéniciens avec celle des Dioscures Grecs, on voit manifestement qu'elles roulent sur un même objet : qu'on y peint deux frères sous des caractères parfaitement semblables, nés d'un œuf,

---

(1) Dissert. de M. Elsner dans les Mém. de Berlin, ann. 1746.

(†) Le texte d'Hérodote dit, à la proue ; mais Banier l'a fort bien relevé, Tom. III. p. 144.

(2) Liv. III. p. 37.

(3) Pausan. Voyag. de Messénie.

DU CALENDRIER.

protecteurs de la navigation, en faveur de qui avoient été établis les myſtères de Samothrace.

Il n'y a d'autre différence entre ces deux récits que celle qu'on obſerve entre toutes les fables communes aux Grecs & aux Phéniciens : c'eſt que les Grecs ont toujours renchéri ſur les Phéniciens : qu'à un fond commun, ils ont toujours ajouté une broderie, qui le fait diſparoître pour peu qu'on ne ſoit pas ſur ſes gardes.

Ces récits cependant ne peuvent être pris à la lettre : en vain l'hiſtoire de Caſtor & de Pollux & de leurs sœurs Hélene & Clytemneſtre eſt liée à celle d'Agamemnon, de Ménélas, de Pâris, de Priam & d'Achille; on ne peut voir qu'une allégorie dans cet œuf dont ils naiſſent, dans cette calotte qui les couvre, dans ces myſtères de Samothrace où on les honore, dans cette mortalité & cette immortalité qu'ils partagent, dans cette protection tutélaire qu'ils accordent aux vaiſſeaux, dans cette *gémellité* qui les caractériſe & qui en a fait le ſigne des Gémeaux qui diſtingue le mois de Mai.

§. V.

Les Dioſcures communs à d'autres Peuples.

Ajoutons que les Phéniciens & les Grecs ne ſont pas les ſeuls qui chantaſſent les exploits ou les infortunes de deux Gémeaux. Les Egyptiens avoient les leurs, *Horus & Harpocrate*, d'une naiſſance auſſi illuſtre, fils d'Oſiris & d'Iſis, & petits-fils de Vulcain & de Rhéa.

Les Romains eurent auſſi des freres Gémeaux, enfans de Vulcain ou de Mars & de Rhéa; & leurs ſacrifices ſe célébroient auſſi au mois de Mai.

Les Arabes en avoient auſſi, qui ont fait place à *Hoſſein* & à *Huſſen*, ces petits-fils de Mahomet dont nous avons déjà parlé.

Tous ces Gémeaux ne peuvent être des Perſonnages hiſtoriques : cette multitude de conformités qu'ils offrent ſeroit un prodige qui ne peut exiſter.

Ce ne ſont cependant pas de pures fables : tant de Peuples ne pourroient s'être rencontrés à imaginer les mêmes rêveries; & les objets des myſtères anciens n'étoient pas fabuleux.

HISTOIRE RELIGIEUSE

§. VI.

Explication de l'Allégorie contenue dans l'Histoire des Dioscures.

Quels peuvent être ces deux Gémeaux, fils du Dieu suprême ou de la lumiere, qui vivent & meurent tour à tour, & dont la fête se célebre au mois de Mai, le dernier de l'année ancienne, si ce n'est les deux Soleils qui se partagent l'année, le *Soleil d'hyver* foible & éteint, le *Soleil d'été* brillant & plein de force.

Aucun des caracteres sous lesquels sont peints les Dioscures ou ces illustres Gémeaux, qui ne s'expliquent parfaitement au moyen de cette clé.

Si ces Gémeaux vivent & meurent tour à tour, en sorte que lorsqu'un renaît, l'autre meurt aussi-tôt, c'est que le Soleil d'hyver & le Soleil d'été se remplacent sans cesse l'un par l'autre : c'est que lorsqu'un est, l'autre n'est plus. Ce point trouvé, tous les autres suivent sans peine.

Ils sont nés d'un œuf; & cela est vrai dans la Théologie ancienne ; l'œuf dont ils naissent, est cet œuf primitif qu'offroit le cahos & duquel l'Etre suprême tira l'Univers, dont le Soleil est la gloire.

Ils sont couronnés d'une calotte qui a la forme de la moitié d'un œuf, & cette calotte est bleue : rien de plus vrai : cette calotte est la voûte des Cieux, & cette voûte n'est-elle pas bleue?

Cette calotte est surmontée d'étoiles, & n'est-ce pas encore une peinture exacte, & prise dans la Nature?

Ils président à la Navigation ; ceci est encore vrai dans la Théologie ancienne, où l'on se représentoit le Soleil & la Lune nageant dans une mer éthérée, & où l'on disoit le *vaisseau* ou la *coupe* du Soleil, tout comme nous disons aujourd'hui son *char* & ses *chevaux*.

On les célebre dans les mysteres de Samothrace, ou, ils y sont initiés, puisque les mysteres de l'Antiquité étoient une représentation de la Nature bienfaisante, qui éclate dans les avantages que le Soleil procure aux hommes réunis en sociétés agricoles.

Ils ont chacun une sœur, *Hélène* qui naît avec Pollux l'immortel, & *Clytemnestre* qui naît avec Castor mortel. Mais le Soleil n'a-t-il pas une sœur, & cette sœur n'est-elle pas la Lune? & la Lune n'est-elle pas née, comme le Soleil, & en même tems que le Soleil, de l'œuf primitif? & cette Lune n'offre-t-elle pas deux apparences singulieres? N'a-t-elle pas, comme le Soleil, une alternative encore mieux caractérisée, une alternative de lumiere & de ténébres pendant lesquelles elle naît & elle meurt tour à tour ? *Hélène* sera la Lune brillante ; *Clytemnestre* mortelle, sera la Lune qui n'éclaire plus, qui est morte, éteinte.

LÉDA est leur mere ; mais *Léda* vient d'un mot Oriental, Egyptien, Hébreu, Grec, Latin, &c. qui signifie *cacher, couvrir* ; mais qu'est-ce qui enveloppe l'œuf primitif, l'Univers, suivant la Théologie ancienne ? Qu'est-ce qui étoit avant que la lumière fût, avant que le Soleil & la Lune fussent sortis du cahos ? si ce n'est la *nuit* éternelle, cette nuit appellée Vénus, & qui fut la mere de tous les Etres, qui désira de féconder l'œuf qu'elle couvroit de ses ailes, & qui nous couvre encore de ces mêmes ailes, lorsque le Soleil disparoît ?

C'est cette *Léda*, cette nuit dont les Grecs firent la mere d'Apollon & de Diane, c'est-à-dire du Soleil & de la Lune, sous le nom de *Léto* ou *Lato* en Dorien, dont nous avons fait *Latone* ; & qui est plus rapproché du mot primitif que *Léda*. Les Anciens avoient très-bien vu que *Létho* désignoit la nuit ; & que ce mot appartenoit à la même famille que *Léthé* ou le fameux Fleuve d'Oubli.

Plutarque s'exprimoit ainsi dans son Livre de la Fête de Dédale chez les Platéens, & dont Eusébe nous a conservé ce fragment : « *Létho* est la nuit, car » ceux qui se livrent au sommeil, se plongent en même tems dans le *Léthé* ou » l'oubli de toutes choses. PHURNUTUS dit également, *Létho* vient de *Léthé*, ou-» bli ; car ceux qui dorment, semblent avoir tout oublié. »

L'ancien Scholiaste d'Hésiode dit sur la Théogonie, « *Létho* est *Léthé* ou l'ou-» bli & la nuit. » EUSTATHE, sur le I. Livre de l'Iliade, s'explique également ainsi à ce sujet : « Apollon est appellé fils de *Létho*, c'est-à-dire fils de la nuit ; car le » Soleil paroît en être issu comme d'une mere, conformément à ce que dit So-» PHOCLE dans les Trachiniennes :

» C'est à toi que je m'adresse, *Soleil*, fils de la Nuit étoilée ;
» Toi que tour à tour elle fait paroître & disparoître.

» Or la nuit est appellée *Létho*, à cause de l'oubli, ou *Léthé* qu'Euripides ap-» pelle *sacrée & vénérable*, parce que tandis que nous dormons, nous oublions » toutes choses ».

Aussi NATALIS COMES applique au cahos primitif tout ce qui regarde Latone (1) ; & Vossius est du même sentiment (2). « Jupiter, dit-il, pere d'A-

---

(1) Mythol. Liv. III. ch. 17.
(2) Orig. Idol. Lib. II. cap. 12.

» pollon & de Diane, est le créateur de l'Univers. Latone est la matiere uni-
» verselle qui enveloppoit & couvroit tout avant que la lumiere fût, ou parce
» que la masse du Monde, informe & grossiere, fut enveloppée de ténebres,
» comme le disent les Platoniciens, pendant une longue suite de siécles,
» jusqu'à ce que le constructeur de l'Univers eût donné à chaque partie sa
» forme & son lustre ».

Léda est femme de Tyndare, puisque le nom de Tyndare étant composé du mot *tin* ou *tan*, qui signifie *feu*, *lumiere*, & du mot *daros*, δαρος, qui signifie *permanent*, désigne très-bien la lumiere, principe du Soleil & de la Lune.

Leucippe est son frere; mais ce mot signifie en Grec *Chevaux blancs*; c'est un emblême de la lumiere.

Ce Leucippe a deux filles, *Phœbé* & *Hilaré*; mais *Phœbé* est Diane ou la Lune, sœur de Phœbus ou d'Apollon; & ce nom signifie *l'éclatante*: c'est la Lune en son plein. *Hilaré* signifie *celle qui réjouit*, & c'est la nouvelle Lune qui revient éclairer & réjouir les mortels.

Castor & *Pollux* aiment *Phœbé* & *Hilaré*: le Soleil & la Lune ont toujours été regardés comme s'aimant.

Mais *Lyncée* & *Idas* disputent à ces Héros leurs cousines. L'un est tué par Castor, & Castor est tué par Idas qui périt à son tour par les mains de Pollux: mais Idas est formé du mot primitif Id qui signifie Tems, & dont les Latins firent le nom des Ides. Le tems accompli tue Castor, le Soleil de la fin de l'année ou d'hyver: & ce tems est détruit par le Soleil d'été ou de l'année renouvellée, qui amene un nouvel ordre de choses.

On ne sera donc pas étonné que les noms des quatre enfans de Léda soient significatifs.

Castor & Pollux sont des noms orientaux: כחש, *cash*, signifie dépérir, éteindre: *tsor* ou *tor*, צור, signifie la lumiere. *Castor* est en effet la lumiere qui s'éteint, le Soleil qui meurt & expire.

Pollux est composé du mot *bol* ou *pol* qui signifie *Soleil*, & du mot *lux* qui signifie *lumiere*. C'est le *Soleil lumineux*, ou dans tout son éclat, dans toute sa beauté. Il est vrai qu'en Grec le nom du frere de Castor est *Poludexes*, ou *Pol-deuces*; mais ils auront, suivant leur coutume, changé la seconde *l* en *d*.

Hélène est le nom primitif de la Lune, comme celui du Soleil étoit Hélios. Les Grecs le changerent ensuite en *Séléne*. C'est elle qu'ils invoquoient dans les Fêtes d'Eleusis, en lui disant: *Nous nous adressons à toi, brillante Séléne*. Ainsi Hélène est digne de marcher de pair avec Pollux.

Clytemnestre est composé du mot *cly* ou *klei* qui signifie fermer, cacher; &

du mot *méné* qui signifie la Lune. C'est la Lune cachée, ou dans son dernier quartier, comme nous l'avons dit.

On les appelle *Dios-Kures*, c'est-à-dire, Enfans de Jupiter ou de la lumiere, & leur pere ressemble au cygne, parce que la couleur de la lumiere est un blanc éclatant.

Ils sont appelés en grec *les Rois-Enfans*, Paides Anactes ; *Rois*, parce qu'ils régnent sur toute la Nature : *Enfans*, parce qu'on les représentoit, comme l'Amour, toujours jeunes. Aussi *Apollon* étoit-il toujours peint jeune & sans barbe ; tandis qu'Esculape son fils étoit représenté avec une grande barbe ; ce qu'on trouvoit fort ridicule en le prenant à la lettre, mais qui étoit très-ingénieux dans le style énigmatique des Allégories anciennes.

De-là le nom de *Pataiques* que les Phéniciens donnerent aux Dioscures, & qui signifie *petit*, *jeune* : de-là encore la figure enfantine qu'ils leur donnoient sur leurs Vaisseaux, & par laquelle ils ressembloient à des marmouzets.

Ajoutons, pour dernier trait, que les Romains dans la Fête de Castor & de Pollux faisoient paroître leurs deux chevaux, mais avec un seul cavalier.

N'omettons pas d'observer que nous ne nions ici l'existence ni de Tyndare, ni de Léda, ni de leurs enfans : que notre but a été d'expliquer les récits allégoriques qu'on a mis sur leur compte, parce que leurs noms s'y prêtoient de la maniere la plus favorable.

CHAPITRE V.

Histoire des Gémeaux Romains RÉMUS & ROMULUS ; & 1º. Fête de Rémus ou les LEMURALES.

LEs Romains eurent aussi leurs Allégories sur le double Soleil successif de l'année : ils l'appliquerent à leur *Rémus* & à leur *Romulus*, & ils en firent la fête des Lémures dont ensuite ils prirent le nom pour une altération de *Rémures*, comme qui diroit *Fête à l'honneur de Rémus*.

HISTOIRE RELIGIEUSE

§. I.

Histoire allégorique de Romulus & de Rémus.

RÉMUS & ROMULUS, disent-ils, étoient fils de Mars & de Rhéa Sylvia ; une Louve fut leur nourrice : devenus grands, ils voulurent bâtir une Ville ; & ils se disputerent l'honneur de la nommer : on s'en remit au sort, à qui appercevroit le premier un plus grand nombre de vautours. Rémus, l'aîné, n'en vit que six ; Romulus en vit douze : celui-ci donne donc son nom à la Ville ; mais Rémus indigné en franchit les fossés, & il meurt à l'instant de la main de *Celer*. Mais pour appaiser ses Mânes, Romulus institue une Fête en son honneur, & cette Fête se célebre au mois de Mai, & s'appelle *Remures* ou *Lemures*, & c'est la Fête des Morts.

Tous ces noms sont allégoriques, & tous relatifs à l'année. On retrouve d'abord dans *Mars* & dans *Rhéa*, les Ancêtres que les Egyptiens donnoient aux Dioscures ou aux Gémeaux. Leur ayeule étoit *Rhéa*, & leur ayeul *Vulcain* dont le nom Egyptien *Phtha* offre les mêmes fonctions que celles qu'on attribue à Mars.

Quant à Sylvia, c'est une épithète qui équivaut au mot *Royale* ou *Princesse* du Sang Royal, puisque le nom de la Famille Royale des Albains étoit *Sylvius* : ce qui fit dire que *Rhéa Sylvia* descendoit des Rois d'Albe.

Ses enfans sont nourris par une Louve, en grec *Lycé* ; mais ce mot signifie également *lumiere* & *année*.

Rémus, qui meurt le premier, n'apperçut que six vautours, parce qu'il meurt au bout des six premiers mois de l'année : Romulus en vit douze, parce qu'il régna sur les six autres mois.

Rémus franchit les fossés de la Ville, car il meurt, & ainsi il n'est plus dans la Ville.

Céler le tue ; mais *Céler* signifie *celui qui va vite, celui qui se hâte* ; c'est-à-dire le *Tems*, ce même Personnage qui sous son nom propre & oriental *Id*, tue Castor.

§. II.

Fête de Rémus.

On célebre sa fête au mois de Mai ; mais ce mois est le mois des Gémeaux, & le dernier mois de l'année primitive des Grecs & des Latins. C'est le mois

des

des *Mai-ores* ou des Ancêtres, & où se rencontrent par conséquent les deux Soleils, l'un expirant, & l'autre prenant sa place.

Ovide a chanté cette Fête, & en a décrit les Cérémonies. Comme elles appartiennent à une Fête antique & très-respectable, & qui subsiste encore avec éclat dans la Chine, la Fête des Ancêtres, nous en allons donner le précis (1).

« Déja, dans ce tems-là, (avant Numa Pompilius, & le 9 de Mai,) on faisoit des présens aux cendres éteintes; déja le petit-fils purifioit les bustes de ses ayeux embaumés. C'étoit au mois de Mai, qui prend son nom des Ancêtres (*Mai-ores*) & qui offre encore des vestiges de cet ancien usage. A minuit, lorsque tout est plongé dans le silence, que les chiens & les oiseaux ne troublent pas même le repos des mortels, le petit-fils, plein de respect pour les anciens Rites, & craignant de déplaire aux Dieux, se léve : ses pieds sont sans gêne, ses doigts joints, avec le pouce au milieu, afin qu'aucune ombre ne vienne à la traverse. Il lave ensuite ses mains dans une eau vive, & prenant des féves noires, il les met dans sa bouche, & il les jette ensuite derriere lui, en disant, *par ces féves que je jette, je me rachete moi & les miens*. Il prononce ces paroles neuf fois de suite sans regarder en arriere ; car on suppose que l'ombre ramasse les féves, & qu'elle ne veut pas qu'on cherche à la voir. Il lave de nouveau ses mains, & il frappe sur des vases d'airain, demandant que l'ombre abandonne sa maison. Lorsqu'il a dit neuf fois, *sortez d'ici, mânes paternels*, il regarde autour de lui, & il se flatte d'avoir rempli tout ce qu'exige la Religion ».

Le Poëte demande ensuite quelle est la cause de cette Fête, & l'origine de son nom. Il invoque pour cet effet Mercure ; mais ce n'est qu'un Mercure Romain, qui ne peut lui apprendre que les traditions Romaines. Il raconte donc la mort infortunée de Rémus, & suppose que son ombre apparut ensuite à Faustulus & à sa femme, & qu'elle leur ordonna de conjurer Romulus d'établir cette Fête en son honneur ; de-là, les Lémurales, Fête des *Ames des morts* : il ajoute qu'en ces jours-là, les anciens fermoient les Temples, comme ils faisoient encore de son tems au mois de Février, dans les jours destinés à la Fête des Morts.

Cette Fête étoit établie en effet en faveur de Rémus, mais de Rémus nom du Soleil d'Hyver, mourant au solstice d'Eté ; & elle étoit consacrée en même tems aux mânes des ancêtres & des morts en général.

---

(1) Fast. Liv. V.

Hist. du Cal.

C'est même ce que signifie en Oriental le nom de *Lemures*, mot dont les Latins ne surent jamais l'origine, parce qu'ils ne la cherchoient que dans leur langue. C'est un composé des deux mots, *ur* ou *or*, qui signifie lumiere, jour ; & *lem* ou *lhem*, qui signifie *guerre, carnage*, mot à mot, *le jour du carnage* ou *de la mort*, comme la Fête de *Hoffein* & de *Haffen*, & comme toutes les Fêtes pareilles.

Ajoutons que cette Fête des Lemures est la même que celle que les Grecs célébroient sous le nom de *Nekyfia*, & qui se célébroit également chez les Bithyniens (1). On voit par Pollux (2) qu'elle se rapportoit aux Ancêtres. C'est ainsi la même Fête que les Chinois célebrent encore en faveur des Ancêtres.

Quant à notre Fête des Morts, elle fut placée avec plus de raison dans ce mois où la Nature entiere semble expirer, & qu'on appelloit déja le *mois du carnage* : dans ce tems qui rappelle que tout est périssable, & qu'il ne reste que le souvenir du bien ou du mal qu'on a fait.

§. III.

Fêtes de Romulus.

Nous venons de voir l'Histoire de Rémus ou du Soleil d'Hyver, honoré comme un Héros ; nous allons voir son frere Romulus mis au rang des Dieux, & recevoir, comme Hercule, les honneurs de l'Apothéose.

---

(1) Eustathe, sur le Liv. X. de l'Odyssée ; il y cite *Arrien*.
(2) Liv. III. ch. XIX.

CHAPITRE VI.

Apothéose de Romulus, ou les CAPROTINES.

§. I.

De la Fête appellée CAPROTINES.

Les CAPROTINES étoient une Fête qui se célébroit à Rome le 7 de Juillet, le jour même des Nones. Elle étoit consacrée à Junon, qu'on appelloit à cause de cela *Junon Caprotine*. Ce même jour étoit la Fête des *Servantes* : & l'on disoit que c'étoit le jour où Romulus avoit disparu à Caprée, & où JULUS à qui il avoit apparu, engagea les Romains à le mettre au rang des Dieux.

Le nom & l'objet de cette Fête sont des plus obscurs ; nous ne trouvons rien de satisfaisant dans les Anciens à ce sujet. VARRON dit que cette Fête s'appella *Caprotine*, parce que les femmes de *Caprée* venoient ce jour-là dans le Latium pour y offrir des sacrifices. Selon PLUTARQUE, c'est parce qu'on y portoit des branches de figuier sauvage appellé *caprificus* en Latin. L'un ne paroît pas mieux fondé que l'autre ; mais pour l'éclaircir, commençons par ce qui regarde l'enlevement & l'Apothéose de Romulus.

§. II.

De l'enlevement & de l'Apothéose de Romulus.

Nous avons vu au Chapitre précédent que Romulus étoit le Soleil ; que tout le prouvoit ; le nom de sa mere, celui de son pere, la louve qui le nourrit, son frere, la mort de ce frere, son propre nom, &c. Nous en avons ici de nouvelles preuves.

A la fin de l'année, on disoit chez tous les Peuples, en parlant du personnage qui étoit le symbole du Soleil, qu'il avoit disparu, & qu'il venoit d'être mis au rang des Dieux. Mais ce qu'exprimoient à cet égard les Grecs par l'Apothéose d'Hercule, les Romains l'exprimerent par l'Apothéose de Romulus. L'Histoire de ce Héros auroit donc été incomplette s'il n'eût pas également disparu & s'il n'eût pas été mis ensuite au rang des Dieux : mais c'est précisément ce qui est arrivé à son égard : il disparoît à Caprée, & on le met au rang des Dieux.

Cette Histoire allégorique est donc précisément comme la mort & l'Apothéose d'Hercule : ou plûtôt, c'est la même Histoire racontée en Grèce & à Rome sous deux formes différentes, & adaptée à chacun de ces Peuples.

Cependant voici deux rapports communs à ces deux Peuples. Dans l'Histoire d'Hercule, ce Héros vient de traverser un *fleuve* lorsqu'il est ravi aux hommes, & c'est son neveu *Iulus* qui lui rend la vie, au signe du Capricorne.

Dans celle de Romulus, c'est sur les bords d'un Lac ou d'un Marais qu'il disparoît aux yeux des hommes, & c'est *Iulus* qui est cause de son Apothéose. C'est donc des deux côtés, le même fond d'Histoire.

Cette mort arrivoit toujours au solstice ; & celle de Romulus ou sa disparition est placée aux Nones du mois, qui commence au solstice d'Eté. Ne soyons donc pas surpris de voir le Peuple Romain adorer Romulus sur la parole d'Iulus, puisque le discours qu'on prête à celui-ci, n'est qu'une allégorie fondée sur l'adoration même de Romulus.

Quant au mot *Caprotines*, nom de cette Fête, & au mot *Caprée*, nom du Marais où Romulus disparut, ils viennent certainement de la même source. *Capra* signifie en latin une *Chévre* ; c'est de ce mot qu'on a fait celui de *Capricorne*, nom du signe où le Soleil renaît & retourne sur ses pas au solstice d'Hyver.

Le Soleil au solstice fut donc comparé à la *Chévre* & surnommé le grimpant. De-là le nom de Junon *Caprotine*, donné au mois, à la Lune qui commence d'abord après le solstice d'Eté : de même qu'on appella *Caprotines*, chez les Romains, les Nymphes sous la protection desquelles étoient les Chévres, par la même raison qu'on les appelloit en Grec *Aigoliques*.

De-là encore le nom de Lac ou de Marais de *Caprée*, donné au moment où l'année finit, & où le Soleil revient sur ses pas.

Tout le reste & le discours de Romulus à Iulus, n'est qu'une légende embellie.

Quant à la Fête des Servantes qui jouoient aux champs, tandis que leurs Maîtresses festoyoient sous des figuiers sauvages, c'est une Fête relative au solstice d'Eté, comme les Saturnales étoient relatives au solstice d'Hyver.

Ce que PLUTARQUE en dit dans la Vie de Romulus, & que Macrobe a répété, est de la légende tout pur, comme ils en conviennent eux-mêmes, en ajoutant qu'il n'y a nul fondement aux récits qu'on faisoit à ce sujet. On disoit donc que du tems de Camille les Latins vinrent assiéger Rome, deman-

DU CALENDRIER.

dant qu'on leur donnât des Romaines en mariage, tout comme Romulus avoit enlevé des Sabines : qu'alors les Servantes offrirent de prendre les robes de leurs Maîtresses & de passer au Camp des Latins, ayant *Philotis* ou *Tutola* à leur tête ; que la nuit elles éleveroient un flambeau, & que les Romains feroient une sortie où ils égorgeroient les Latins endormis : ce qui réussit à souhait ; & qu'en mémoire de cet événement on institua cette Fête. Mais ce récit, de l'aveu même des Romains, n'étoit qu'un conte fait à plaisir. Les noms même de *Philotis* qui en Grec signifie *favorable*, & de *Tutola* qui en Latin signifie *protectrice*, sont trop significatifs pour être des noms propres.

§. III.

Du nom de Quirinus.

Ce que nous disons ici de Romulus est confirmé par le Calendrier même, qui place quelques jours après le solstice d'Eté, au 28 Juin, la Fête de son Temple sous le nom de Quirinus, mot qui signifie le *Dieu de la Ville* ; tout comme Quirites, nom qu'on donnoit aux Romains assemblés, signifioit *Habitans*, *Citoyens*. On célébroit également à la pleine Lune de ce mois ou le jour des Ides, la Fête de Castor & de Pollux, symbole des Soleils d'un solstice à l'autre ; ce qui s'accorde parfaitement avec ce que nous venons d'avancer.

Enfin le nom même de *Quirinus*, qui est la traduction littérale du nom de *Melcarthe* ou de *Melicerte*, que portoit Hercule chez les Tyriens, est une autre preuve qu'on regardoit Romulus comme le Soleil. Ajoutons que ce nom de *Quirinus* étoit donné à *Janus*, comme nous l'allons voir au Chapitre suivant ; qu'il fut ainsi antérieur aux Romains, & qu'en l'appliquant à Romulus, ils prouverent manifestement qu'ils le regardoient comme le Soleil, comme leur Dieu tutélaire, ainsi qu'il étoit celui de la plûpart des Villes anciennes.

CHAPITRE VII.

Fêtes relatives au Nouvel An chez les Romains; & 1°. Fête de JANUS.

§. I.

Janus antérieur aux Romains.

LE mois de Janvier étoit consacré à JANUS & il en portoit le nom. Cette Divinité n'étoit pas particuliere aux Romains : ils en emprunterent le nom & le culte des anciens peuples d'Italie. A Laurentum & à Albe, Janus avoit des Temples qui remontoient à une haute antiquité. VIRGILE y a fait allusion dans le VIIe. Livre de l'Enéide. On y voit que les villes de l'ancien Latium avoient déjà, avant la fondation de la ville d'Albe, des Temples de Janus dont on fermoit les portes en tems de paix & qu'on ouvroit en tems de guerre.

SERVIUS, qui a cru que Virgile se trompoit, s'est trompé lui-même en attribuant à Numa Pompilius la fondation du Temple de Janus à Rome. Il existoit déjà avant ce Prince. Tite-Live en parle sous le regne de Romulus, comme un ouvrage de ce premier Roi de Rome.

OVIDE a consacré 300 vers dans ses Fastes à chanter cette Divinité & à expliquer son origine & ses attributs : ce morceau de poésie est intéressant par les faits qu'il renferme ; mais les explications que le Poëte y joint sont si ténébreuses, qu'on voit dès les premiers pas que les Romains avoient entierement perdu de vue toutes leurs origines ; & que les Fastes d'Ovide, où ce Poëte traite des Fêtes Romaines, ne sont utiles que comme des monumens à expliquer.

§. II.

Histoire de Janus.

Ovide nous apprend que le premier jour de l'Année on brûloit sur les Autels des plantes aromatiques & de l'encens : que le peuple se rendoit ce jour-là au Capitole en robe neuve : qu'on offroit en sacrifice de jeunes taureaux, engraissés dans les campagnes des Falisques.

DU CALENDRIER. 271

Il nous apprend encore que Janus étoit représenté à deux têtes, tenant un bâton de la main droite & une clé de la main gauche : que les Anciens l'appelloient le *Cahos* : que tout ce qui existe, le Ciel, la Terre, les mers, sont ouverts & fermés de sa main : qu'il est l'Auteur de toutes les révolutions : qu'à sa volonté, la paix & la guerre regnent tour à tour : qu'il préside aux portes du Ciel avec les saisons agréables : que c'est par lui que Jupiter lui-même retourne en sa place : que le Prêtre de Cérès lui offroit des libations & des gâteaux de froment au sel, & qu'il l'appelloit *Patulce*, celui qui ouvre ; *Clusius*, celui qui ferme : que les sacrifices commençoient toujours par une offrande d'encens & de vin pur à son honneur : qu'on lui offroit aussi le jour de sa Fête des dattes, des figues ridées & du miel renfermé dans un vaisseau neuf : qu'on y ajoutoit une piéce de monnoie, de cuivre dans l'origine, d'or dans la suite & lorsque Rome fut devenue plus riche ; que sur cette monnoie, étoit d'un côté une figure à deux visages, & de l'autre la figure d'un vaisseau, & que ce vaisseau étoit celui avec lequel Saturne étoit venu se cacher dans le pays de Rome qui en fut appellé *Latium*, c'est-à-dire *Cachette*, & que c'est Janus qui lui accorda cet asyle.

Ajoutons que dans la ville de Falere, il y avoit une très-ancienne Statue de Janus à quatre visages que les Romains transporterent à Rome, & qui fut placée dans une chapelle entre quatre portes.

Les Prêtres Saliens l'appelloient déja le Dieu des Dieux (1), & surement avant la fondation de Rome. On lui consacroit les portes & les chemins. On lui avoit élevé, comme au Gouverneur de l'année, douze autels, & on y sacrifioit tour à tour chaque mois de l'année (2).

Outre les noms de *Patulcius* & de *Clusius*, on lui donnoit ceux de *Geminus*, le double ou les Gémeaux, *Pater* & *Consivius*, ou le Pere de la Nature. On lui donnoit aussi le nom de *Quirinus* (3).

Selon Matrobe, sa Statue montroit de la main droite le nombre 300, & de la gauche le nombre 65, pour marquer le nombre de jours dont l'année étoit composée.

Les Romains s'étrennoient les uns les autres le jour de sa Fête ; ils s'envoyoient des dattes, des figues, du miel, des raisins secs ; on donnoit aux jeunes gens de la monnoie.

---

(1) Macrob. L. I. ch. IX.
(2) Varron, Lib. V. Rer. Human.
(3) Macrob. Sat. Liv. I. ch. IX.

Cette Fête se terminoit le 9e. jour par celle des AGONALES à l'honneur également de Janus: on y immoloit un Bélier, & on y célébroit des jeux, qu'on faisoit remonter aux tems de l'arrivée d'Hercule & de ses compagnons en Italie.

Voilà tout ce que l'Antiquité nous apprend sur Janus & sur sa Fête: il s'agit maintenant de découvrir quel être on peignoit dans Janus, & quel événement on célébroit alors.

§. III.

Explication de l'histoire de Janus & de ses noms.

Janus qui ouvre & qui ferme tout, qui est le Pere de la Nature, qui préside au Ciel avec les Saisons, qui montre 365 jours, qui porte une clé, qui a deux visages, même quatre, auquel l'année entiere est consacrée, dont la Fête ouvre l'année, & qui reçoit Saturne en Italie, est le Soleil. Tous ces caractères lui conviennent parfaitement.

Commençons par ses deux & quatre visages. Le Soleil éclaire & voit l'Univers entier: il étoit donc impossible de le peindre exactement avec un simple visage; on le peignit donc avec deux faces qui contemplent l'Orient & l'Occident, qui voyent devant & derriere, pour qui il n'y a ni devant ni derriere. Quand on le peignoit avec quatre visages, on représentoit les quatre côtés du Monde éclairés tout à la fois par le Soleil.

On l'appelle JANUS, d'un mot primitif qui signifie éclairer: & parce que le Soleil est comme le portier du Ciel, qu'il ferme les années & qu'il en ouvre de nouvelles, son nom devint synonyme d'*ouvrir*, & il fut donné aux Portes.

Tel étoit également chez les Grecs le nom d'Apollon ou de Soleil, lorsqu'ils l'appelloient THYRŒUS ou le *Portier*. C'étoit Janus armé de la clé des Cieux.

Si Janus porta, comme Romulus, le nom de QUIRINUS, c'étoit, disoit-on, pour désigner sa valeur dans les combats; ce qui s'applique très-bien au Soleil appellé *vaillant Athléte & Hercule aux XII. combats*. Ce nom ne convient pas moins aussi à Janus qu'à Romulus, comme n'étant tous les deux que le *Dieu tutélaire* de Rome en qualité de Soleil, ce que signifie le nom de Quirinus, comme nous l'avons dit au Chapitre précédent. D'ailleurs l'idée d'un Dieu tutélaire & celle d'un Dieu vainqueur dans les combats, sont inséparables: que seroit un Dieu tutélaire qui ne seroit pas toujours victorieux?

Janus étoit le Pere de la Nature, puisqu'elle n'existeroit pas sans le Soleil: s'il a une clé, c'est pour désigner non-seulement qu'il ouvre & ferme les années,

années, mais aussi pour marquer sa puissance sur toute la Nature, la clé n'appartenant qu'au Maître.

Il reçoit Saturne ou le Laboureur, qui ne seroit rien sans le Soleil : & s'il le reçoit dans le *Latium*, c'est que *Lat*, qui se prononce *Land* chez quelques Peuples, signifie *Pays*, *Terre*, la Terre par excellence ou la *Terre cultivée*, mise en rapport, que Janus ou le Soleil regarde avec complaisance, qu'il prend sous sa protection.

C'est sa tête qui est sur les monnoies anciennes de l'Italie, parce qu'on ne mit dans l'origine sur les monnoies que les portraits des Dieux ; ainsi on mit sur celles d'Italie le portrait du *Soleil* ou de *Janus* qui étoit le plus grand des anciens Dieux de l'Italie, comme il étoit le premier dans tout l'Orient sous le nom de Bel ou d'Osiris, &c.

Si de l'autre côté de cette monnoie, on voyoit un vaisseau, c'étoit 1°. parce que les Anciens faisoient voyager le Soleil dans un vaisseau.

2°. Parce qu'un vaisseau étoit l'emblême de l'ancienne Rome bâtie sur le Tybre & même dans une Isle, dans celle qu'on appelle aujourd'hui l'Isle de St. Barthelemi.

§. IV.

Des Etrennes & des Agonales.

Quant au nom des *Etrennes* qui nous est venu des Latins, & sur l'origine duquel on a hazardé nombre de conjectures, le dérivant les uns de la forêt *Strenia* où l'on alloit couper des rameaux pour ce jour-là ; les autres, du Grec *Strennumi*, ou du Latin *Strenuo*, fortifier (1) ; des troisièmes, du mot *tres*, trois (2), nombre heureux ou parce qu'on donne afin qu'un troisième en fasse de même; ce nom, dis-je, paroît composé de trois mots Latins qui se seroient légerement altérés, *est ære anni*, qui sont relatifs à la piéce de cuivre qu'on se donnoit à la fête de Janus, & qui formoient une formule semblable à celle-ci, *que ce cuivre soit d'un heureux présage pour l'année*. Peut-être ce nom étoit-il relatif à un usage qui subsiste encore dans quelques contrées du Nord : on y couvre les planchers, de paille à la fin de l'année ; ce qui s'appelle en Latin *Sternere*, d'où on a pu faire *Sterna*, & puis *Strena*, comme qui diroit *l'argent qu'on donne pour se procurer la paille nécessaire pour la Fête* (3).

---

(1) Nonius Marcellus.   (2) Festus.
(3) On peut consulter l'Ouvrage de *Jérôme* Bossius, intitulé *Janotatius sive de Strena*, imprimé à Milan en 1615. & réimprimé dans le II. vol. de Sallengre. Il cite un Poëme de Metellus sur les Etrennes.

Par rapport à la Fête des Agonales, *Ovide* dit qu'on la célébroit pour appaiser Janus & se le rendre favorable : c'étoit donc une fête semblable à celle des Expiations. Quant au nom même, dont les Latins ont donné nombre d'Etymologies fabuleuses, il peut venir du mot *agon* qui désigne les jeux qu'on célébroit dans les Fêtes : mais ce mot lui-même doit venir de l'Oriental גן, *Gon*, qui signifie le *Tems*, & qui convenoit très-bien aux Fêtes de Janus & à toutes celles qui étoient relatives au Soleil.

CHAPITRE VIII.

Fête d'Anna Perenna.

§ I.

Description de cette Fête.

AU nombre des Fêtes Romaines du nouvel An, mettons la Fête d'ANNA PERENNA qui se célébroit au tems de l'Equinoxe du Printems, le 15 de Mars, & que les Savans conviennent avoir été célébrée long-tems avant les Romains par les Peuples Latins; aussi ANNA PERENNA avoit-elle un Temple près de la forêt d'Aricine & de la caverne de Diane dans le Latium.

Ovide décrit la manière dont on solemnisoit cette Fête; on croit voir une Fête des Porcherons ou de la Courtille. » Le Peuple, dit-il, accourt de
» toutes parts ; il se répand sur l'herbe verte ; les uns restent en plein air,
» d'autres dressent des tentes, quelques-uns se font des cabanes avec des bran-
» ches d'arbres. On en voit qui plantent des joncs en terre & qui étendent
» leurs manteaux par-dessus; le Soleil les échauffe en dehors & Bacchus en de-
» dans. Ils font des vœux pour vivre autant d'années qu'ils boivent de verres :
» on y voit des hommes qui vivroient autant que Nestor, & des femmes au-
» tant que les Sibylles, si leurs années répondoient au nombre des coups qu'ils
» boivent. Ils chantent pendant ce tems-là tout ce qu'ils ont appris aux spec-
» tacles, & ils s'accompagnent des gestes de leurs mains avec une souplesse admi-
» rable. Ils dansent ensuite des danses rustiques où brillent les femmes avec
» leurs cheveux épars. Au retour, chacun chancelle, l'on se rassemble pour les voir
» passer, tandis que la populace leur donne le nom de Fortunés. Cette Farce

„ vient de se célébrer: chaque vieille yvre traînoit après elle un vieillard plus
„ yvre encore. Quant aux jeunes filles, elles s'y rassemblent aussi entr'elles &
„ elles chantent des chansons de Carnaval. „

§. II.

Raisons que les Romains donnoient de cette Fête.

Ovide cherche ensuite par quelle raison cette Fête fut appellée *Anna Perenna*, & pourquoi on y chantoit des chansons si libres. Avec tous les Mythologistes, il prend le nom d'*Anna Perenna* pour celui d'une femme, & il répete après eux toutes les conjectures auxquelles on s'étoit livré à son sujet. C'est, selon lui, la Princesse *Anne*, sœur de Didon, qu'Hiarbas chasse de Carthage après la mort infortunée de Didon. Anne se réfugie à Malte, Isle fertile, où elle est reçue par Battus, Prince riche & bienfaisant: obligée d'abandonner cette retraite où Battus craint qu'elle ne soit poursuivie par son frere Pygmalion qui déclare la guerre à quiconque lui donnera un asyle, elle se rembarque, & après une navigation très-périlleuse, son vaisseau se brise contre le rivage de Laurentum en Italie. Enée la reconnoit, l'admet dans son Palais & la recommande à son épouse Lavinie. Une nuit cependant Didon apparoit à sa sœur & l'assure qu'on en veut à ses jours. Anne saisie d'effroi, saute par la fenêtre & disparoit pour toujours; mais le bruit se répand que les eaux du fleuve Numice l'ont reçue dans son sein. On court sur ses pas, on la cherche par-tout avec effroi; enfin le fleuve suspend le cours de ses eaux, & on entend sortir de ses ondes une voix qui dit;
„ je suis devenue la Nymphe du tranquille Numice: cachée pour jamais dans
„ ce fleuve *Perenne* (qui dure à jamais) je m'appelle maintenant (*Anna Pe-*
„ *renna*) Anne l'immortelle, (ou qui dure à jamais). „ Aussi-tôt ceux qui la cherchoient, charmés de l'avoir trouvée, sautent de joie & font grand-chere; sur-tout, ils n'épargnent pas le vin.

Après ce long Roman qui contient plus de cent vers, le Poëte qui se voit bien éloigné de la vérité, puisqu'Anne est une Princesse factice qui ne fut pas plus réellement en Italie que le sage Enée, rapporte d'autres traditions à ce sujet. „ Selon quelques autres, dit-il, Anne est la Lune, parce qu'elle ac-
„ complit l'Année avec ses mois: d'autres pensent qu'elle est Thémis, ou la
„ Vache Io fille d'Inachus. Il en est aussi qui croyent qu'elle est la Nymphe
„ *Maïa*, fille d'Atlas; & d'autres, qu'elle est la premiere nourrice qu'ait eu
„ Jupiter. „

Il finit par une autre tradition qui paroîtra moins raisonnable que ces dernieres : selon cette tradition, *Anne* étoit une vieille du fauxbourg de Bouilles, pauvre, mais d'une adresse & d'une propreté sans pareille; qui, dans le tems où le Peuple Romain s'étoit réfugié sur le Mont-Sacré, lui portoit le matin des gâteaux qu'elle avoit paîtris de sa propre main. Un secours venu aussi à propos fut si agréable au Peuple, que lorsque la paix eut été faite, il institua cette Fête en faveur de sa libératrice & pour en conserver la mémoire.

Quant à l'origine des chansons de Carnaval qu'on y chantoit, Ovide nous apprend que peu de tems après l'Apothéose d'Anna Perenna, Mars la supplia de lui obtenir les faveurs de Minerve : qu'Anna l'assura peu de tems après que Minerve s'étoit laissée toucher par ses vœux & qu'il ne restoit qu'à choisir un jour : qu'alors Anna voilée comme une jeune Mariée fut conduite à Mars, qui ne trouvant que sa vieille au lieu de Minerve, se retira fort confus, en admirant qu'une Divinité de si fraîche date eût joué un Dieu aussi redoutable; mais avouant que rien ne pouvoit être plus agréable à Vénus. De-là, les railleries & les bons mots usités dans cette Fête : chacun se réjouit de ce qu'un Dieu aussi terrible a été attrapé.

§. III.

Explication de cette Fête.

Si l'on regarde *Anna Perenna* comme une femme, il est impossible de rendre raison de sa Fête. En supposant que les Romains eussent voulu célébrer la Fête de quelque Princesse ou de quelque femme respectable par ses vertus & par ses bienfaits, auroient-ils donc été réduits à une étrangere, à une inconnue : & quel rapport entre la prétendue sœur de Didon & l'Equinoxe du Printems? Pourquoi encore la faire précipiter dans un fleuve, & ne l'adorer que lorsqu'elle n'est plus? Tout cela est si déraisonnable qu'il ne vaut pas la peine de le réfuter ; & que ceux qui veulent s'en contenter, ne méritent guères d'être éclairés.

Cependant, dès qu'on regarde *Anna Perenna* comme un nom allégorique relatif à l'Equinoxe où l'on célébroit sa Fête, on voit la plus vive lumiere se lever ; tout s'explique ; & son nom, & ses courses, & sa disparition dans un fleuve, & la Fête qu'on célébre en son honneur : on y voit même les sources de nombre d'autres Fêtes célébrées en divers lieux & jusques dans la Chine en faveur de filles, de femmes, d'hommes qui ont également disparu dans des fleuves, sans que leur histoire en soit mieux connue.

La Fête d'Anna Perenna se célébroit à l'Equinoxe du Printems, & on se

DU CALENDRIER.

souhaitoit alors mutuellement une vie longue & heureuse, ANNOS PERENNES, des *années toujours fraîches & vigoureuses.*

Anna Perenna n'est donc que l'Année qui se renouvelloit à l'Equinoxe de Mars & qui y prenoit de nouvelles forces: c'est comme si nous disions, l'*An rajeuni.*

Mais, c'est le tems où l'on s'adresse des vœux mutuels : la Fête d'Anna Perenna étoit donc une Fête de vœux réciproques, & où l'on buvoit à la santé les uns des autres : cette Fête se célébroit à la Campagne, parce qu'en Italie, au mois de Mars, on jouit déjà de tous les agrémens de la Campagne.

On mettoit cette Fête sur le compte d'Anne sœur de Didon, par plaisanterie & pour donner le change : supposer qu'Anne étoit une femme, & non l'année, c'est être dupe de la plaisanterie, & ne pas faire usage de son jugement ; ce qui est très-tolérable sur des objets de cette Nature.

Anne s'étoit précipitée dans un fleuve où on l'alloit chercher, & on finissoit par des ris & des quolibets lorsqu'on l'avoit trouvée. Elle parloit donc du fond des eaux : c'est tout aussi vrai qu'il étoit vrai qu'elle s'y étoit précipitée.

La fin de l'année étoit regardée comme le passage du Fleuve. C'est ainsi qu'Hercule meurt après avoir traversé l'*Evene.*

Le Tems ou la Nature, étoient eux-mêmes regardés, comme un grand fleuve qui s'écoule perpétuellement & qui reçoit sans cesse de nouvelles eaux. Anne qui se précipite dans le fleuve est donc l'emblême de l'année finie & précipitée dans l'Océan ou dans le fleuve immense des Tems.

D'ailleurs, au nouvel An on alloit toujours puiser de l'eau aux Fontaines & aux Rivieres : on appelloit cela *aller chercher la perdue,* l'année qui n'étoit plus. On la retrouvoit puisqu'une autre commençoit, parfaitement semblable à celle-là : cependant la premiere restoit éternellement au fond des eaux puisqu'elle ne revient plus.

Aussi ces Romains voyoient très-bien, qui disoient, suivant Ovide, qu'*Anna Perenna* étoit la Lune ou la Vache *Io,* symbole de la Lune. En effet, avec l'année, la Lune recommence son cours ; & c'est autant sa Fête qu'on célébre alors, que celle du Tems : mais puisqu'*Anna* est la Lune, ce n'est donc pas une femme.

L'explication qu'on donnoit d'*Anna Perenna* en disant que c'étoit une vieille du fauxbourg de Bouilles qui fournissoit de gâteaux le Peuple Romain, est une autre allégorie qui confirme ce que nous venons de dire. *Bouilles* est un mot Grec qui signifie *plein* ; Anna Perenna représentée comme une vieille, est l'ancienne année, l'année qui vient de finir & qui est remplie, pleine, révolue: elle fournit au Peuple Romain des gâteaux qu'elle a préparés la veille, parce qu'au jour de l'an, au matin de la nouvelle année, on se régaloit de gâteaux préparés la veille par la vieille année.

Vers la fin de la République, cette Fête étoit presqu'entièrement abandonnée à la populace; c'est que depuis long-tems on avoit transporté le nouvel An au Solstice d'hyver: les Gens distingués se souhaittoient alors une vie longue & heureuse; mais la populace recommençoit à l'Equinoxe pour ne pas perdre l'ancien usage, & pour avoir une nouvelle occasion de boire du vin, dans le moment où il devenoit potable: c'est ainsi qu'on célébre encore aujourd'hui des Fêtes d'habitude, dans des jours où il s'en célébroit autrefois qui ont été transportées à d'autres tems.

Macrobe observe cependant (1) que le jour d'*Anna Perenna*, on offroit des sacrifices publics & particuliers, afin d'obtenir des Dieux une année heureuse suivie de plusieurs autres; afin qu'on pût heureusement *annare perennare*.

CHAPITRE IX.

*De quelques Fêtes relatives à celle d'*ANNA PERENNA.

1°. *A la Chine.*

Nous avons dit que la Fête d'Anna Perenna servoit à en expliquer d'autres; toutes celles où l'on alloit à la mer ou à des fleuves chercher des personnages perdus, Héros cependant de la Fête; telles étoient les Fêtes d'Osiris, d'Adonis, &c. Telle est la Fête des Eaux qui se célébre encore aujourd'hui au Pégu, à la Chine, au Japon.

Cette Fête se célébre dans ces deux Empires vers le Solstice d'Eté. Les maisons, depuis les portes jusques aux toits, sont décorées de branches & de fleurs: on se fait réciproquement des visites. La jeunesse monte sur des Barques très-ornées & construites en forme de Gondoles; elle court çà & là sur les fleuves & sur les rivieres, cherchant & appellant à grands cris un personnage appellé *Peirun, Peirun*. On célébre alors des joûtes sur l'eau.

---

(1) Liv. I. ch. XII.

DU CALENDRIER. 279

Les Chinois n'expliquent pas mieux que les anciens Romains l'origine de cette Fête ; ils le font par un conte parfaitement semblable à celui d'Anne.

Sous le regne, disent-ils, de Ugan-Vemg, trente-quatriéme Empereur de la troisiéme Dynastie, un Mandarin de Chang-Cha-Fu, ville de la province de Honan, eut le malheur de se noyer ; tout le monde accourut pour le secourir. On le chercha long-tems ; voyant enfin que ces recherches étoit inutiles, on voulut du moins éterniser sa douleur & la mémoire de ce Mandarin, en courant de même tous les ans sur les rivieres pour le chercher encore & pour l'appeller par son nom. D'autres prétendent que ce ne fut pas le Mandarin qui se noya, mais que ce fut sa Fille qu'il aimoit tendrement : qu'on la chercha sans succès, & que la Fête fut instituée pour consoler ce Pere malheureux.

Les Chinois donnent le même motif à leur fameuse Fête des Lanternes qui arrive le 15e. jour de l'année : c'est en mémoire, disent-ils, de la fille d'un Mandarin qui se noya dans un fleuve, & que son Pere accompagné du Peuple, chercha avec des flambeaux.

Les Chinois célébrent d'ailleurs avec la plus grande solemnité cette Fête qui répond à la Fête des Lanternes de l'ancienne Egypte & de tous les anciens Peuples agricoles, & pendant laquelle la Chine paroît en feu.

Quelques jours avant la fin de l'année toutes les affaires cessent ; les Tribunaux sont fermés, chacun reste chez soi sans recevoir d'étrangers : au nouvel An, on prend des habits neufs, on se visite, on se félicite, & au bout de 15 jours, on célébre la grande veillée ; toutes les Villes s'illuminent, tout le monde court les rues & on se réjouit ; chacun éléve chez soi cette inscription, *au véritable Gouverneur du Ciel.*

C'est ainsi que les Hébreux renvoyoient au 15 leurs Fêtes de Paques & des Tabernacles.

2°. A Argos.

Les Habitans d'Argos célébroient également la Fête des Flambeaux au commencement de l'année, en mémoire, disoient-ils, de ce que Lyncée ayant échappé au carnage ordonné par Danaüs, s'étoit mis en sûreté avec Hypermnestre sa libératrice en s'éclairant d'un flambeau. Allégorie dont nous avons déja parlé dans le premier Volume ; & par laquelle *Lyncée* désigne le jour où l'année finit & se renouvelle, tandis qu'*Hyper - mén - estre* signifie mot-à-mot la nouvelle Lune de l'année qui a surmonté toutes les autres.

Les Egyptiens difoient de leur côté (1) que la Fête des Lanternes étoit deftinée à diffiper les ténébres épaiffes qui couvrirent l'Egypte à la mort d'Ofiris : ce qui eft vrai, puifqu'elle indiquoit le renouvellement du Soleil qui diffipe les ténébres de l'Hyver.

3°. *En Angleterre.*

Dans quelques Provinces d'Angleterre, on allume des feux fur les collines la nuit de la Fête des Rois. Les *Chandelles des Rois* en ufage dans ce Royaume, doivent être une fuite des même ufages, de ces flambeaux allumés pour chercher quelque Perfonnage célébre. Auffi eft-ce à cette époque qu'on a placé le voyage des Mages pour chercher le nouveau Roi de l'Univers : & c'eft leur Fête qu'on célébre fous ce nom de *Fête des Rois.*

Ajoutons que pendant un grand nombre de fiécles, les Conciles ont été occupés à extirper une partie des ufages qu'on avoit confervés en Europe de ces tems anciens : tels que d'orner de lauriers les portes des maifons au jour de l'An; telles encore les mafcarades, les illuminations, les courfes nocturnes qui avoient lieu ce même jour : fur-tout, la Fête *des Foux*, qu'on célébroit le jour de Noël en certains endroits, le jour de l'An ou le jour des Rois en beaucoup d'autres. On y élifoit un Roi, un Pape, un Evêque, des Abbés, &c. pour repréfenter la legiflation de la nouvelle Année.

4°. *Fête des Noces d'Iou & de Junon.*

C'eft au mois de Janvier, premier mois de l'année, que les Romains célébroient la Fête des Noces de Jupiter & de Junon ; ce mois s'appelloit par cette raifon chez les Grecs *Gamelion*, c'eft-à-dire le mois des Noces. Auffi les Béotiens célébroient chaque année, comme les Romains, la Fête des Noces de Jupiter & de Junon, comme Fête du renouvellement de toutes chofes. C'étoit ailleurs la Fête du Soleil & de la Lune, de Janus & de Jana qui fe réuniffent alors au même point du Ciel. Chez nous, le tems de l'Avent eft confacré aux Noces d'une maniere plus particuliere que les autres faifons de l'année. Selon les Rabbins, c'eft au jour de l'An que devinrent enceintes les quatre femmes ftériles dont il eft parlé dans le V. T. & c'eft au retour des Equinoxes & des Solftices que les Egyptiens célébroient la groffeffe & la délivrance d'Ifis. Ainfi

---

(1) Selon Manethon, dans le Syncelle,

la Réligion Chrétienne n'a fait que changer le motif des Fêtes folemnelles en les fpiritualifant & élevant les efpérances des hommes jufques à une autre vie plus heureufe, dont celle-ci n'eft que l'ombre ; comme le Monde phyfique n'eft qu'une ombre du Monde célefte; comme le Corps n'eft qu'une ombre de l'Ame : enforte qu'aux yeux d'un Chrétien, la renaiffance du Soleil phyfique eft l'époque de l'apparition du Soleil de Juftice, qui devoit diffiper les ténébres fpirituelles, de même que celui-là diffipoit les ténébres corporelles.

CHAPITRE X.

Des Néoménies, ou Fête du Renouvellement de la Lune.

Dans ces Tems anciens où l'on n'avoit pas les mêmes fecours que nous avons pour fuppléer à l'abfence de la lumiere, où les rues des villes n'étoient pas éclairées la nuit, où l'ufage des chandelles & des bougies n'étoit pas encore établi, où l'on étoit réduit aux torches & aux brafiers, la lumiere de la Lune étoit infiniment précieufe ; fon abfence plongeoit dans la trifteffe ; fon retour utile & néceffaire combloit de joie. Il n'eft donc pas furprenant que la Fête des *nouvelles Lunes* ait été obfervée chez tous les Peuples de l'Antiquité fans en excepter un feul.

L'obfervation des nouvelles Lunes avoit été ordonnée aux *Hébreux* par la Loi même (1) : & ils les célébroient avec beaucoup de pompe, d'une maniere plus folemnelle que les Sabats. On y offroit en facrifice deux bouveaux mâles, un mouton, fept agneaux d'un an offerts en holocaufte avec leurs gâteaux & leurs afperfions de vin felon la proportion ordonnée ; non compris un bouc offert pour l'expiation des péchés.

Ces facrifices étoient accompagnés du fon des trompettes, de cantiques & de prieres en grand nombre.

Les Néoménies d'ailleurs étoient annoncées la veille par le fon du cor ; & elles étoient obfervées par des Perfonnes prépofées pour cela & qui accouroient pour annoncer le moment où la nouvelle Lune fe montroit ; car ce

---

(1) Nombr. ch. XXVIII. v. 11.

Hift. du Cal.

n'est que du moment de son apparition, & non de l'instant de son renouvellement, qu'on comptoit le premier du mois.

Chez les Grecs, la Néoménie étoit un jour également sacré. Plutarque l'appelle *le jour le plus sacré*. Il étoit consacré à tous les Dieux, sur-tout à Apollon & à Diane. Les Athéniens offroient ce jour-là des sacrifices dans la citadelle d'Athènes, accompagnés de vœux pour la félicité publique pendant le cours du mois, & ils donnoient au Serpent sacré des gâteaux pâtris avec du miel. Les enfans imploroient les Dieux pour leurs Peres. On plaçoit dans les carrefours, des tables couvertes de pains pour les pauvres qui les emportoient, & l'on disoit qu'Hécate les avoit mangés. Dans la nuit qui précédoit la Néoménie, la populace se rendoit dans les carrefours, elle appelloit Hécate sept fois en hurlant, & chantoit des chansons lugubres en mémoire des infortunes de Cérès & de Proserpine.

Hécate qu'on invoquoit ainsi avant la Néoménie, qu'on évoquoit de l'Empire des morts par ces hurlemens, qui étoit regardée comme la Reine des morts & des enfers, comme la Souveraine des enchantemens, des songes, des spectres, de la terreur ; qu'on représentoit avec trois têtes & tenant dans ses mains un flambeau, un fouet, une épée & un serpent, qu'on appelloit enfin *Proserpine* aux enfers ; Hécate, dis-je étoit la Lune ténébreuse, qui avoit disparu depuis quelques jours, qui s'étoit donc réfugiée dans les enfers, où elle regnoit comme elle avoit regné dans les Cieux, & d'où on la rappelloit à grands cris.

Les Phéniciens célébroient la Néoménie à peu près de la même maniere que les Grecs : ils dressoient des Tables sur les terrasses des maisons, aux portes, aux vestibules, aux carrefours, à l'honneur de *Mêné* ou d'*Astarté*, la même que la Lune : & c'est à cet usage que les Romains durent leurs lectisternes, ou l'usage de placer leurs Dieux à table sur des lits. Les Phéniciens & la plûpart des autres Peuples allumoient aussi dans ces occasions, de grands feux, par-dessus lesquels ils sautoient eux & leurs enfans pour se purifier, de même que pour se réjouir & disputer à qui sauteroit mieux.

Ces feux se transmirent également aux Chrétiens, & ils ne s'abolirent insensiblement que par les défenses des Conciles.

Les Romains observoient également les Néoménies ; Horace dit (1) « si » toutes les fois que la Lune se renouvelle, vous élevez au Ciel vos mains sup-

---

(1) Od. XVII. Liv. III.

" pliantes ; fi vous offrez aux Lares de l'encens, des fruits & un porc, vos moif-
" fons, vos vignes & vos troupeaux ne souffriront aucun mal. "

Ils ne célébroient la Néoménie qu'après avoir vu la Lune : c'étoit le second Pontife qui ayant remarqué son renouvellement, l'annonçoit au Roi des sacrifices ; & après avoir fait ensemble le sacrifice de la Néoménie, ils appelloient le Peuple au Capitole & lui annonçoient les Fêtes du mois. La femme du Roi des sacrifices en offroit un de son côté, d'une brebis ou d'une truie, à Junon à qui toutes les Calendes étoient consacrées, comme nous l'avons déja dit. La Néoménie étoit aussi un jour d'assemblée pour le Sénat ; tous les Sénateurs qui se trouvoient à la ville étoient obligés de s'y trouver sous peine d'une amende.

La plûpart des Peuples Sauvages observent diverses cérémonies à cette époque. Les Négres saluent la Lune dès qu'elle paroît & lui demandent que leur bonheur puisse croître avec ses quartiers. D'autres la saluent à genoux & souhaitent que leur vie se renouvelle avec elle.

On assure que les Méxicains, les Péruviens (1), les Caraïbes & d'autres Peuples de l'Amérique, célébroient la nouvelle Lune, & que les Caraïbes le faisoient comme les anciens Romains, en criant, en hurlant, en faisant le plus grand bruit.

On est plus modéré en Asie. Les Javanois poussent des cris de joie en appercevant la nouvelle Lune : ceux du Bengale la reçoivent avec des acclamations & en dansant.

Les Chinois consacrerent les nouvelles & les pleines Lunes à la mémoire des Ancêtres, devant les Images desquels ils font brûler des cierges.

Au Japon, c'est un jour où l'on se visite & où l'on se fait des présens, comme chez nous au nouvel An.

---

(1) Garcilasso, Hist. des Incas.

CHAPITRE XL.

Des pleines Lunes.

LE jour de la pleine Lune étoit également un grand jour de Fête pour la plûpart des Peuples. Les Etrusques alloient en ce jour saluer leurs Rois, & offrir leurs hommages à Jupiter auquel étoient consacrées les *Ides* ou *pleines Lunes*. On immoloit à ce Dieu une brebis blanche, & on ne se marioit pas ce jour-là. Le lendemain étoit un jour noir, de même que le lendemain des Calendes & des Nones, parce qu'ils étoient consacrés aux Dieux infernaux. C'est dans ces lendemains qu'on faisoit commémoration des morts.

Chez les Mages, le quinziéme jour portoit le nom de Dieu lui-même, & c'étoit le jour que les Perses pouvoient se présenter également à leur Monarque & lui faire leur cour.

Les Indiens, les Siamois, les Japonois, observent également ce jour : & les Mandarins y adressent des instructions aux Chinois.

C'est à la pleine Lune que les Grecs commençoient les jeux Olympiques, & nous avons vû que les Lacédémoniens ne se mettoient pas en campagne avant ce jour.

Les Romains plantoient le clou sacré, marque des années, à la pleine Lune ou aux Ides de Septembre.

Les Juifs ne célébrent la Pâques & la Fête des Tabernacles qu'au 15. ou à la pleine Lune; & ils ne recommencent la lecture de la loi que le 15. du premier mois, au lieu de la recommencer avec l'année, » afin, disoient leurs Rabbins (1), de cacher au diable le jour de l'An, & qu'il n'accuse pas les bons » au jugement que Dieu tient en ce jour. »

Ce n'est donc que l'usage ancien qui fut sanctifié par le Législateur Hébreu, & tourné vers de plus grands objets, ou plus propres aux Juifs.

---

(1) Leusd. Philol. Heb. de V. T. p. 39.

CHAPITRE XII.

Fête du 25 Décembre, ou du Solstice.

LE 25 de Décembre, jour du Solstice d'hyver, fut un jour de fête pour la plûpart des anciens Peuples, & il l'est encore chez presque tous. Ce concours unanime n'est point étonnant. C'est de par la Nature qu'il est devenu un jour de solemnité pour tous ces Peuples: alors, les nuits cessent de croître & les jours de diminuer; alors, il y a une fin aux ténébres qui menaçoient de couvrir l'Univers; & le soleil qui nous abandonnoit pour les Peuples du midi, & qui n'avoit plus de force pour nous, commence à revenir vers nos Contrées, & acquiert chaque jour plus de vigueur. On célébra donc ce jour-là comme le jour de la renaissance du Soleil, & comme celui du renouvellement de la Nature, des hommes eux-mêmes que les glaces de cette saison jettent dans cet engourdissement qu'offre la Nature entiere.

§. I.

Chez les Anciens.

Les Perses célébroient alors une des grandes Fêtes de Mythras.

Les Grecs appelloient la nuit du Solstice, la *triple nuit*: c'est à cette nuit qu'ils plaçoient la naissance d'Hercule; & c'étoit certainement pour eux un jour de fête, de même que chez les Egyptiens qui y voyoient le jour de la naissance d'Osiris.

Les Romains consacrerent ce jour au SOLEIL INVINCIBLE. L'Empereur JULIEN nous apprend dans sa IV.e Harangue qu'on célébroit alors des Jeux solemnels à l'honneur de cette Divinité.

Les Peuples du Nord appelloient la nuit du Solstice, la *Mere des nuits*; & ils célébroient ce jour sous le nom de *Iul, Iol, Jule, Yule, Geola*, suivant les diverses prononciations des Contrées où on le célébroit. *Iul* en Danois; *Geol* & *Geola* en ancien Saxon. *Yule* chez les Anglois Septentrionaux (1).

(1.) Hickes, Trés. des Lang. du Nord, T. I.

Les *Savans* du Nord ont été fort embarrassés sur l'origine de ce nom. Les uns l'ont dérivé de Jules-César, d'autres du mot Grec *Ioulos*, nom d'une chanson de Moissonneurs à l'honneur de Cérès : Verelius, d'un mot qui signifie *Fejlins*, *réjouissances*; & Hickes penche pour cette étymologie. *Olaus* Wormius (1) le dérive du Danois *Huile*, qui signifie *repos*, parce qu'alors le Soleil paroît se reposer ; ce qu'il auroit pu appuyer du *repos d'Hercule* fixé chez les Grecs à ce tems.

L'Auteur d'un Ménologe Anglo-Saxon de la Bibliothéque Cottonienne, le tire de la révolution même du Soleil, & l'appuie des Calendriers ou Bâtons Runiques sur lesquels on voit une *roue* à la Fête de Noël : & c'est ce que signifie le mot *hiul*, en Anglo-Saxon *hueol*. M. Ihre dans son Glossaire Sveo-Gothique, le rapporte au mot Gallois *chwyl* qui signifie *conversion*, *retour*.

De-là, le nom des gâteaux qu'on offroit alors dans le Nord, tout comme à Rome & dans la Gréce, & sur lesquels on représentoit des figures d'animaux & de poissons ; on les appelloit Iul-bród, les pains d'Iul.

De-là le mot *Iul-bock*, mascarade en usage ce jour-là, où les jeunes gens couroient dans les rues couverts d'une peau & d'une tête de Bélier. Ce qui étoit également pratiqué dans la Gréce.

C'est très-certainement de la même source que les Grecs firent le nom d'*Iolas*, neveu prétendu d'Hercule, qui rend alors son oncle à la vie, & qui amene ses 50 fils à Sardes.

Quant au Bélier, c'étoit chez les Grecs le symbole de Mercure, Dieu du Calendrier : aussi les Tanagréens, Peuple de Béotie, faisoient promener le jour de sa Fête, autour de leur Ville, un Bélier porté sur les épaules du plus beau de leurs jeunes gens, comme on l'apprend de Pausanias. Nous avons fait aussi graver la Statue d'un Mercure qui porte sur un bassin une tête de Bélier (2).

§. I I.

Chez les Chrétiens.

C'est au même jour que l'Eglise Chrétienne célebre la Naissance de Jesus-Christ, le *Soleil de Justice* invincible & triomphant, & dont un Agneau est le symbole : né ainsi le neuviéme mois après la Fête du 25 Mars où sa naissance

---

(1) Fast. Danois, Liv. I. ch. XIV.
(2) Allégories Orient. Planch. de Mercure.

DU CALENDRIER.

fut annoncée, & où, sous le nom de *bonne nouvelle*, elle remplaça également la Fête physique de ce jour-là célébrée en Egypte sous le même nom.

Aussi les Payens ne balancerent pas à changer leurs Fêtes physiques & défigurées par des symboles devenus inintelligibles, & dont on ne pouvoit plus que rougir, à les changer, dis-je, contre les Fêtes commémoratives & consolantes du Christianisme.

Photius dans sa Bibliothéque (1) nous a conservé un passage d'un Auteur Grec très-volumineux, nommé *Stephanus* Gobarus *Thriteites*, qui assuroit que Jean-Baptiste naquit dans le mois de Novembre, & Jesus-Christ le 25 de Décembre, & non le 5 Janvier: & que la Vierge reçut l'annonce de sa grossesse, non au mois des fruits nouveaux ou en Avril, mais le 25 Mars.

Ce que dit Gobarus du 5 Janvier est relatif à l'usage des Orientaux, surtout des Egyptiens qui célébroient, comme nous l'apprenons de *Clément* d'Alexandrie (2), la Naissance de J. C. & son Baptême le 6 Janvier ou le XI du mois Tybi: ils passoient la veille en prieres & à la lecture de l'Ecriture Sainte. Mais tous les Occidentaux ont toujours célébré sa Naissance le 25 Décembre. On peut néanmoins concilier ces deux calculs: en ce que les Egyptiens auront retardé de 11 jours la Fête de la Naissance de J. C. & l'auront mise au même jour que son Baptême, pour ne pas paroître la confondre avec la Fête du 25 Décembre qui avoit été jusqu'alors la Fête d'Osiris.

Cependant les Egyptiens transporterent eux-mêmes de bonne-heure au 25 Décembre la Fête de la Naissance de J. C. comme il paroît par l'Homélie que Paul d'Emèse prononça devant Cyrille d'Alexandrie; Homélie qui se trouve dans les Actes du Concile d'Ephèse, tenu en 431. & dont ce Concile se servit pour faire adopter le même usage aux Eglises d'Orient, d'autant plus que les Eglises de Syrie, celle d'Antioche en particulier, en avoient déja fait autant.

Les Mahométans eux-mêmes ont admis la Naissance de J. C. au 25 Décembre; & chez eux *la Naissance du Messie* est une expression synonyme *d'une longue nuit*.

---

(1) Cod. GCXXXII.
(2) Stromat. L. I.

HISTOIRE RELIGIEUSE

§. III.

Superstitions du Nord relativement à ce jour.

Les Habitans du Nord attachent plusieurs idées superstitieuses à ce jour ; le détail mérite d'autant plus d'en être joint ici, qu'il tiendra lieu de ce qui nous manque là-dessus relativement à l'Antiquité. Nous le devons à M. Ihre.

Depuis le jour de la Saint Thomas jusqu'à la Fête de Jul, les Paysans de Suède ne s'occupent d'autre chose que des préparatifs en mets & en boissons nécessaires pour la Fête : & pendant ce tems-là, ils plantent des arbres en croix devant leurs portes. La nuit de la Fête, ils allument des chandelles à trois branches : d'autres prennent des chandelles ordinaires qu'ils posent sur une table pour y brûler pendant la nuit ; & si l'une des deux s'éteint d'elle-même, ils en concluent que le Maître ou la Maîtresse mourra dans l'année. Les Domestiques mettent leurs souliers debout contre un mur, & si l'un d'eux trouve le lendemain les siens couchés par terre, c'est une preuve qu'il mourra le premier. Le premier qui rentre chez lui ce jour-là en revenant de l'Eglise, aura le premier renfermé sa récolte dans l'année. Un usage essentiel à cette Fête, & sans lequel on ne croiroit pas l'avoir observée, consiste à couvrir les appartemens de paille ; cette paille étendue ensuite sur les champs, leur fait produire d'abondantes moissons ; mise au pied des arbres, elle leur fait rapporter beaucoup de fruits : si on en fait manger aux Bestiaux avant de les envoyer à la pâture au Printems, elle les garantit de toute maladie, de tout accident ; elle les empêche même en quelque sorte de s'égarer. La veille de ce Jour, plusieurs personnes ne donnent aux chevaux que du grain pur, dans l'idée que c'étoit leur nourriture ordinaire quand ils jouissoient de la parole. On sert aussi ce soir-là sur les Tables le Cochon *Julius*, fait de farine ; on l'accompagne de pain, de jambon, de tout ce qu'on a de meilleur : mais on réserve l'Animal-Gâteau pour le Printems, où on en mêle des parcelles avec les semences pour les faire prospérer, avec l'orge qu'on donne aux Chevaux de labour ; on en régale aussi ceux qui conduisent la charrue, dans l'espérance d'une meilleure moisson.

---

(1) Chancelier de l'Univ. d'Upsal, dans sa Diss. Acad. sur les Superstitions modernes nées du Paganisme, 1750.

CHAPITRE XIII.

Des Saturnales.

§. I.

Origine des Saturnales.

LA Fête des Saturnales, qu'on regarde ordinairement comme une Fête particuliere aux Romains, remonte aux tems les plus reculés, & est aussi ancienne que l'Agriculture ; elle prouve l'humanité de ceux qui l'instituerent.

L'Agriculture dès sa naissance détruisit le peu d'égalité qui regnoit entre les hommes, jusques alors privés de toute propriété particuliere, & qui n'étoient distingués que par leur force & par leur adresse. L'Agriculture, au contraire, donna lieu aux propriétés ; & comme tous ne purent pas être propriétaires, il en résulta diverses classes d'hommes : les uns furent maîtres, les autres furent domestiques ou ouvriers : les uns firent naître les subsistances & les matieres premieres, les autres les mirent en œuvre & les commercerent.

Les uns étoient tout, & les autres n'étoient rien ou presque rien : telle étoit en effet la constitution des Etats primitifs & de toutes les anciennes Républiques, qu'on ne regardoit comme Citoyens que ceux qui étoient propriétaires d'un terrain renfermé dans l'Etat. Eux seuls faisoient partie de l'Etat, parce qu'eux seuls avoient intérêt à sa conservation, & que d'eux seuls dépendoient sa force & sa prospérité : eux seuls tenoient à l'Etat par leurs possessions qui ne pouvoient se déplacer ; tandis que tous les autres pouvoient passer du soir au lendemain là où ils auroient le plus à gagner, & où on leur offriroit le plus d'avantages.

Aussi pendant long-tems n'y eut-il à Rome de Citoyens que ceux de la Campagne ; & lorsqu'on y eut établi des Tribus Citadines, elles furent constamment beaucoup moins estimées que celles des Champs.

Il en étoit de même de la portion commerçante. Cicéron en parle d'une maniere qui souleveroit maintenant tout le monde ; aucun Commerçant n'étoit Citoyen ; il ne voyoit en eux que des gens animés d'un esprit mercenaire incompatible avec cet esprit élevé du Citoyen qui est toujours prêt à faire des sacrifices à la Patrie. Il ne leur trouvoit en quelque sorte du mérite qu'autant qu'ils convertissoient leurs richesses en fonds de terre : & n'est-ce pas le parti que prennent actuellement les Négocians les plus riches ? Selon cet Orateur Romain, rien n'étoit plus excellent, plus fécond, plus agréable, plus digne d'un homme libre que l'Agriculture : cependant cet Orateur Romain connoissoit tous les moyens d'acquérir de la gloire & des richesses. Il en avoit acquis par son éloquence au Barreau, par son génie à la tête de la République, par sa sagesse dans le commandement des Armées : il pouvoit parler d'après sa propre expérience : cependant l'Agriculture étoit pour lui au-dessus de tout : aussi avoit-il toute sa fortune en Champs : son porte-feuille consistoit en un grand nombre de Terres plus belles les unes que les autres, avec autant de Châteaux, dont plusieurs étoient des Palais de marbre, ornés de toutes les commodités possibles en Bains, en Livres, en Statues, en Tableaux, &c. Qu'eût dit ce Romain si on lui avoit proposé de changer la Noblesse en Commerçans. Il n'est pas étonnant qu'avec ces principes, Rome ait conquis Carthage ; la Nation agricole & généreuse devoit nécessairement l'emporter sur la Nation à Facteurs & à Comptoirs ; celle qui sacrifioit tout à la gloire, devoit vaincre celle qui ne pensoit qu'à amasser ; & toute Guerre dans laquelle l'Agriculture sera intéressée, se terminera toujours par le triomphe de celle-ci.

Les Sociétés anciennes étant fondées uniquement sur l'Agriculture, toutes leurs Fêtes furent agricoles, & tout ce qui les constitua eut toujours le plus grand rapport avec la vie champêtre : c'est ce qu'il ne faut jamais perdre de vue ; & qu'aussi-tôt que ces Fêtes furent transportées dans les Villes, elles n'offrirent plus qu'une bigarrure inexplicable, parce qu'on ne vit plus le rapport de leurs cérémonies avec l'objet de leur institution primitive, le rapport du signe avec la chose signifiée. Mais ceci fut sur-tout vrai des Saturnales.

Cette Fête fut établie en réjouissance de ce que les travaux de la Campagne venoient d'être entiérement terminés, de ce que toutes les récoltes étoient faites, & le blé battu & renfermé. Le tems où on les célébroit suffiroit seul pour nous l'apprendre : elles commençoient le 17 de Décembre & duroient jusques au renouvellement de l'année, au Solstice d'Hyver, où elles se confondoient avec les Fêtes appellées avec raison *Juvenales*, puisqu'alors le monde se *rajeunissoit*.

Le motif des Saturnales n'avoit pu échapper aux Anciens. C'est, nous dit MACROBE, parce que Saturne prenoit plaisir aux honneurs qu'on accordoit alors aux Esclaves : c'est, dit PHILOCORE, afin que les Peres de famille goutassent avec tous leurs gens, ces récoltes & ces fruits qu'ils avoient

DU CALENDRIER. 291

fait venir en se livrant tous ensemble aux travaux des Champs (1).

Rien n'étoit donc plus naturel que cette Fête : il étoit très-naturel après avoir soutenu les travaux de l'année entiere, de se livrer à la joie lorsqu'on étoit parvenu à la fin de ces travaux, & qu'on jouissoit de leurs fruits. Rien n'étoit en même tems plus naturel, plus humain, mieux vu que de permettre à tous ceux qui avoient concouru à ces travaux, de se livrer également à la joie, & d'avoir part aux mêmes plaisirs, puisqu'ils avoient eu part aux mêmes peines. D'ailleurs, cette Fête peignoit très-bien l'égalité qui renaissoit en quelque sorte entre les hommes à la fin des travaux, où il n'y avoit plus personne appellé à commander & à être commandé : où l'on renvoyoit en quelque sorte ses soudoyés, où leur bail finissoit pour en recommencer un autre.

§. II.

Description de cette Fête.

Maîtres & Esclaves, tout se réjouissoit donc ; les Romains ne paroissoient plus qu'avec leurs habits de festin ; les Esclaves, habillés comme leurs Maîtres, mangeoient avec eux, & élisoient même un Chef qui étoit regardé comme le Maître de tous, & auquel on donnoit, chez les Orientaux, un habit royal. Les Jeux de hazard défendus en tout autre tems, étoient permis : le Sénat vaquoit, les affaires du Bareau cessoient, les Ecoles étoient fermées, & les enfans couroient les rues en criant *Io Saturnalia* : nous avons rapporté une Médaille (2) sur laquelle on lit ces cris de joie : & la statue de Saturne qui étoit liée pendant toute l'année avec des bandelettes de laine, en étoit débarrassée pendant cette Fête.

Quant aux Cérémonies Religieuses qu'on y observoit, elles consistoient sur-tout dans des prieres à Saturne, Dieu de l'Agriculture & du Tems que l'Agriculture rend si précieux : dans ces prieres on lui rendoit graces des années dont on avoit déjà joui, & on lui demandoit que les tems ne fussent pas encore finis pour ses adorateurs. On lui offroit aussi des figures de forme humaine, comme pour assouvir l'avidité du tems qui dévore tout, afin qu'étant satisfait de ces poupées, il laissât en paix ceux qu'elles représentoient : c'étoient des figures expiatoires.

---

(1) Macrob. Liv. I. ch. X.
(2) Allégor. Orient.

Les Latins faisoient un conte au sujet de ces figures, pareil à cent autres qu'on trouve chez d'autres Peuples. Ils disoient qu'avant Hercule on offroit à Saturne des victimes humaines ; mais que lorsque ce Héros passa en Italie, en revenant d'Espagne avec les Vaches de Géryon qu'il avoit conquises, il détermina les Latins à n'offrir que des figures humaines, & à substituer aux têtes d'hommes des flambeaux de cire. Et faisant de ce Héros un subtil Grammairien, ils disent qu'il leur fit voir que le mot *kephalas*, *têtes*, dont l'Oracle s'étoit servi pour ordonner cette Fête, ne désignoit que des têtes en figures, des bustes : & que le mot *fôtas*, qu'ils prenoient dans le sens *d'hommes*, ne désignoit que des *lumieres*. On offroit effectivement à Saturne des flambeaux de cire, pour tenir lieu des buchers dans lesquels on consumoit les morts.

§. III.

Fêtes semblables dans d'autres Contrées.

On attribuoit l'établissement des Saturnales à Janus ; c'étoit les faire remonter à tout ce que les Occidentaux connoissoient de plus ancien. Il est certain que cette Fête fut portée en Italie par les Colonies qui y vinrent de la Grèce ou de l'Orient, sur-tout par les Pélasges.

Cette Fête se célébroit en effet dans l'Isle de Crète sous le nom d'Hermées ; dans la Grèce, à Athènes, &c. sous le nom de *Cronies* ou Fêtes de Saturne ; dans la Thessalie, sous celui de *Pelories* ; à Babylone, on les appelloit les *Sacées*.

C'est dans Athénée que nous trouvons ce qui regarde les dernieres : il en devoit le détail à Bérose. « Bérose, dit-il (1), écrit dans le premier Livre de » son Histoire Babylonienne qu'on célebre dans la Babylonie pendant cinq » jours (2) une fête appellée *Sacée*, pendant laquelle les Esclaves comman- » dent aux Maîtres, & l'un d'eux est promené en triomphe revêtu d'un Man- » teau Royal, avec le titre de *Zoganes* ». Il ajoute que Ctésias en parle dans son second Livre de l'Histoire de Perse.

Athénée venoit de dire, d'après l'Historien Caryste, que chez les Crétois dans la Fête appellée les *Hermées* ou Fête de Mercure, les Maîtres donnent un grand repas à leurs Esclaves & les servent ; & qu'à Trœzene, dans le mois

---

(1) Deipnosoph. Liv. XIV. ch. XVII.
(2) Le 6 du mois Loüs.

DU CALENDRIER. 293

Geræftion ; on célebre plusieurs jours de Fête, pendant lesquels les Citoyens & les Esclaves jouent ensemble aux dés, & que les Maîtres régalent leurs Esclaves.

Il nous apprend ensuite d'après BATON, Orateur de Sinope, qui avoit fait un discours sur la Thessalie & sur l'Hémonie, que la Fête des Saturnales portoit dans la Thessalie le nom de Pelories ; & il en décrit ainsi l'origine d'après lui. « Tandis que Pelasgus offroit un sacrifice, un nommé Pelore vint lui an-
» honcer qu'après un tremblement de terre arrivé dans l'Hémonie, les Monts
» Tempé avoient été renversés & engloutis, & que les eaux d'un grand Lac
» qu'ils renfermoient s'étoient écoulées dans le Penée, ensorte que tout ce pays
» qui étoit auparavant sous les eaux, étoit à sec & formoit une plaine vaste
» & de la plus grande beauté. Alors Pelasgus fit préparer à Pelore un repas
» magnifique ; chacun s'empressa d'y apporter ce qu'il avoit de meilleur : Pe-
» lasgus & les personnes élevées en dignité servirent elles-mêmes tout le
» monde. Et en mémoire de cette Fête, on établit la coutume de célébrer un
» grand festin à l'honneur de Jupiter Pélorien, d'y recevoir tous les étrangers,
» de briser les fers des Esclaves ; & de les régaler, tandis que les Maîtres ser-
» voient. Et c'est encore aujourd'hui une grande Fête appellée les Pelories ».

On n'a vu dans cette Fête qu'une Fête relative à un écoulement des eaux qu'on a confondu avec le Déluge : rien de plus mal vu. Cette Fête établie en mémoire de la Vallée de Tempé, tendoit sur-tout à en célébrer la culture. C'est la prospérité de cette culture qui faisoit en effet la beauté de cette Vallée délicieuse ; la douceur de son climat, les eaux du fleuve dont elle étoit arrosée, la beauté de ses campagnes couvertes de moissons, de troupeaux & d'habitations, en faisoient un séjour délicieux : aussi les Grecs, malgré le mépris qu'ils avoient pour tout ce qui n'étoit pas eux, ne parlerent jamais de cette Vallée qu'avec admiration ; il passa même en proverbe chez eux de dire, *beau comme la Vallée de Tempé*. Est-il étonnant que dans un lieu pareil on ait célébré des Fêtes telles que les Saturnales, dans un lieu où les Voyageurs modernes voyent se vérifier ce que les Anciens nous content des mœurs & des usages de leurs Bergers ?

Strabon nous apprend (1) qu'on célébroit également les *Sacées* dans la Cappadoce, à l'honneur *d'Anaïtis*, la Vénus ou Diane de ces Peuples : cette Fête, dit-il, étoit accompagnée de grands repas pendant lesquels tous, hom-

---

(1) Liv. XI.

mes & femmes, buvoient fans ménagement. Ils difoient que c'étoit en mémoire de l'expulfion des Saques, peuple Scythe; toujours une Victoire.

§. IV.

Des OPALES, des SIGILLAIRES & des JUVENALES qui fe célébroient en même tems que les Saturnales.

Pendant l'octave des Saturnales on célébroit quelques autres Fêtes ; les OPALES ou les Fêtes d'OPS, furnom de la Terre femme de Saturne ou du Laboureur, & la *Rhéa* des Grecs ; les SIGILLAIRES, pendant lefquelles on vendoit dans la rue Sigillaire, ces petites figures de terre cuite repréfentant des figures humaines appellées *Sigillaires*, d'où vint le nom & de la rue & de la Fête, & qu'on offroit à Pluton ou à Saturne ; on en faifoit même des préfens, comme on donne ailleurs aux enfans dans la même faifon, des fucreries qui repréfentent des enfans au berceau, ou des Bergers & des Bergeres.

Le dernier jour de cette Fête, veille de Noël, fut appellé par Caligula, felon SUÉTONE, les JUVENALES, ou la Fête des jeunes gens, du renouvellement. Suétone dit que ce fut en addition aux Saturnales : il feroit cependant difficile à croire que les Romains, célébrant les Saturnales à la fin de l'année, fe fuffent arrêtés au dernier jour de l'année, & l'euffent laiffé fans aucune cérémonie. Caligula y aura ajouté fans doute quelque rite particulier, fous un nom différent ; ce qui aura fait regarder ce jour comme une nouvelle Fête, en extenfion des Saturnales.

Ajoutons que, felon LUCIEN, une des Loix des Saturnales étoit qu'il feroit permis de railler, pourvu que les railleries fuffent faites délicatement. C'étoit une fuite naturelle de cette Fête, & commune à toutes celles de cette efpèce. Quand il ajoute qu'on pourra pendant les Saturnales donner un ouvrage de fa façon qui traite de chofes agréables & conformes au tems & au lieu, il ufe de la liberté qu'ont tous les Gens de lettres d'écrire fur les circonftances, & de les faire fervir à fatisfaire leur imagination ou leurs paffions.

Le lendemain des Saturnales, c'eft le jour du Solftice ou de la renaiffance.

CHAPITRE XIV.

Des Jeux Séculaires.

§. I.

Annonce de ces Jeux.

UNE des Fêtes, que les Romains célébroient avec le plus de pompe & où se déployoit le plus toute leur magnificence, étoit celle des JEUX SÉCULAIRES, au commencement de chaque siécle & vers le Solstice d'Eté : sa rareté, car elle ne fut célébrée que cinq fois depuis l'expulsion des Rois jusqu'au régne d'Auguste, lui donnoit plus d'éclat.

On annonçoit ces Jeux par des Hérauts qu'on envoyoit dans toutes les Provinces & qui invitoient les Peuples à la célébration d'une Fête qu'ils n'avoient jamais vue & qu'ils ne reverroient jamais, qui étoit le Phénix pour eux. Quelque tems avant la Fête on l'annonçoit également au Peuple assemblé au Capitole, où le souverain Pontife, ou l'Empereur en la même qualité le haranguoit & l'exhortoit à se préparer par la pureté du corps & de l'esprit, à une solemnité aussi respectable.

§. II.

Cérémonies en usage pendant ces Jeux.

Cette Fête duroit trois jours & trois nuits ; le premier jour dans le Champ de Mars ; le second jour, au Capitole ; le troisiéme jour, au Mont Palatin ; & on chantoit chaque jour des Hymnes différentes, relatives au sujet du jour. Ce chant étoit accompagné de musique & de danses, comme l'Opera.

La veille de la Fête, les Consuls, ensuite les Empereurs & les Quindécemvirs gardiens des Livres Sybillins, faisoient distribuer au Peuple les choses nécessaires aux expiations préparatoires, comme des torches, des parfums, du souffre, du bitume ; tout citoyen étoit obligé de faire ces expiations.

Les Consuls ou l'Empereur & les Quindécemvirs se mettoient ensuite à la tête d'une Procession composée du Sénat & du Peuple en habits blancs, des palmes à la main, & des couronnes de fleurs sur la tête : on y voyoit aussi tous les Colléges, ou toutes les Communautés Religieuses : on chantoit, pendant le chemin, des vers faits exprès pour la circonstance, & l'on adoroit en passant, dans les Temples & dans les carrefours, les statues des Dieux (†) exposées sur des lits de parade.

Le Peuple se rendoit ensuite au Temple de Diane sur le Mont Aventin, où l'on offroit aux Parques de l'orge, du froment & des féves : chaque Pere de famille distribuoit à ses enfans une portion de ces grains, afin qu'ils pussent en offrir eux-mêmes & fléchir les Divinités Infernales.

Aux approches de la nuit, & deux heures après le coucher du Soleil, les Chefs de la République se rendoient sur les bords du Tybre, où ils trouvoient trois Autels préparés ; Autels qui restoient toujours en place, mais qu'on couvroit de terre après la Fête.

La cérémonie étoit éclairée d'un grand nombre de lumieres. Des Musiciens, placés sur un lieu élevé, chantoient des Hymnes en l'honneur des Dieux, & l'on finissoit par immoler à Pluton, à Cérès, à Proserpine, aux Parques, & à Lucine, plusieurs victimes noires. On arrosoit ensuite les Autels du sang de ces victimes & on consumoit entierement celles-ci par le feu.

Au commencement du jour, on alloit au Capitole sacrifier à Jupiter & à Junon des victimes blanches ; & l'on revenoit au bord du Tybre, célébrer sur des échaffauds & sur des théâtres préparés exprès, des Jeux en l'honneur d'Apollon & de Diane. On représentoit des comédies au Théâtre; on faisoit des courses à pied, à cheval, & en chariot, dans le Cirque ; les Athlètes faisoient briller leur adresse & leur force ; & l'on donnoit dans l'Amphithéâtre des combats de gladiateurs.

Le second jour, les Dames Romaines alloient à leur tour au Capitole ; elles y offroient des Sacrifices à Junon, & y chantoient des Hymnes pour la prospérité de l'Etat, & pour le succès de leurs accouchemens : tandis que les Chefs de l'Etat offroient des Sacrifices ailleurs, à Jupiter, Junon, Apollon, Diane, Latone & aux Génies.

Le troisiéme jour, vingt-sept ou trois fois neuf jeunes garçons des premieres familles & autant de jeunes filles qui avoient tous leurs peres & leurs meres & qui étoient disposés en deux chœurs de trois bandes chacun, chantoient dans le Temple d'Apollon, des Hymnes & des Cantiques pour rendre les Dieux favorables au Peuple Romain.

(†) Les Romains ne se servoient pas du mot de statues pour désigner ces représentations de leurs Dieux ; ils se servoient du mot *signa*, comme qui diroit *vive image*.

Pendant

Pendant la nuit de ces deux jours, on se rendoit également au bord du Tybre, & on y répétoit sur les trois Autels les Sacrifices aux Dieux infernaux : ce n'étoit plus un taureau noir & une vache noire, comme la premiere nuit ; mais une brebis noire & une chévre de la même couleur : pour la seconde nuit, c'étoit aux Parques auxquelles on immoloit celles-ci : la troisiéme nuit, on immoloit un pourceau à la Terre. Pendant ces trois nuits, Rome étoit tellement illuminée & remplie de feux de joie qu'il n'y regnoit point d'obscurité. C'est ce que CAPITOLIN dit en particulier des Jeux séculaires que fit célébrer Philippe : & pendant le jour, ce n'étoit que jeux, que spectacles, courses, luttes, combats de gladiateurs, &c. ensorte que le Peuple se partageoit entre la joie & la dévotion.

Les Médailles nous apprennent que les Prêtres Saliens se distinguoient dans cette solemnité, par leurs danses allégoriques & guerrieres. On les y voit avec l'inscription LVD. SAEC. *Jeux séculaires*. Après leurs sacrifices, ces Prêtres se promenoient dans les rues, dansant, tantôt ensemble, tantôt seuls, au son de quelques flûtes, frappant leurs boucliers avec leurs baguettes ; ils chantoient en même tems des Hymnes à l'honneur de Janus, de Mars, de Junon & de Minerve ; un chœur de filles habillées comme eux leur répondoit.

Une des cérémonies remarquables de cette Fête, étoit l'ouverture de la porte du Temple, qui représentoit l'entrée du Siécle. Il existe des Médailles sur lesquelles on voit un Empereur qui frappe cette porte avec une baguette.

A la fin de la Fête, l'Empereur donnoit les offrandes aux Officiers qui avoient soin de ces cérémonies ; & ceux-ci en distribuoient une portion au Peuple.

§. III.

Poëme Séculaire d'Horace.

HORACE fut employé par Auguste pour composer des Hymnes propres à être chantées aux Jeux Séculaires. Il leur donna le nom de *Chant séculaire*, & on les voit encore dans ses Œuvres.

Le P. SANADON, en réunissant quelques Odes d'Horace, en a fait une piéce complette composée de trois parties ou Chants, d'un Prologue & d'un Épilogue ; exécutant ainsi ce que le P. Taffin avoit déja proposé à cet égard dans son Ouvrage sur les Jeux Séculaires (1), & dont le P. Sanadon paroît s'attribuer l'honneur de l'invention, peut-être pour avoir eu le courage de l'exécution.

PROLOGUE.

Le Prologue consiste dans ces quatre vers si connus, *Odi profanum vulgus*, &c. « Je hais le Vulgaire profane ; qu'il s'éloigne : silence ! Prêtre des » Muses, je compose pour les Chœurs des jeunes garçons & des jeunes filles, » des chants qu'on n'a pas encore entendus.

PREMIER CHANT.

Ce Prologue est suivi d'une Hymne à Apollon, chantée par les deux Chœurs, qui après l'éloge des actions brillantes de ce Dieu, implorent sa protection pour leurs vers. C'est le premier Chant.

SECOND CHANT.

Dans le second, partagé entre les deux chœurs, ceux-ci s'animent à chanter les louanges d'Apollon & de Diane.

1ᵉʳ. Chœur. Jeunes filles, célébrez par vos chants la fille de Latone.

2ᵉ. Chœur. Jeunes gens, célébrez Phœbus à longue chevelure.

Les 2 Ch. Chantons Latone, chérie du grand Jupiter.

1ᵉʳ. Ch. Chantez la Déesse des Fleuves & des Forêts, de ces Forêts qui couvrent les plus hautes montagnes, la cime du froid Algide, le noir Érymanthe, le Grage verdoyant.

2ᵉ. Ch. Vous qui êtes l'espoir de la Patrie, exaltez dans vos vers la fertile Tempé, Délos où naquit Apollon, la Lyre de ce Dieu, le Carquois qui brille sur ses épaules.

1ᵉʳ. Ch. Qu'à vos prières, elle écarte les ravages de la guerre.

2ᵉ. Ch. Qu'à vos prieres, il écarte les pestes & les famines.

Les 2 Ch. Qu'ils détournent ces maux sur les ennemis de la Patrie, Perses & Bretons.

(1) Part. I. p. 140.

TROISIÈME CHANT.

Vient ensuite l'Hymne à Apollon & à Diane, qui constitue principalement le Poëme Séculaire, & qui est intitulée Pœan.

Les 2 Ch. Gloire du Ciel, brillant flambeau, Phœbus; & toi Diane, Déesse des Forêts, toujours adorables, toujours adorés, exaucez nos prieres dans ces jours sacrés; dans ces jours où, par l'ordre des Vers Sybillins, des Vierges & des Jeunes Gens choisis & purs doivent louer les Dieux protecteurs des sept Collines (1).

1er. Ch. Soleil, ame de la Nature, qui de votre Char lumineux nous donnez & nous ôtez le jour, qui renaissez toujours le même & toujours différent; puissiez-vous ne rien voir qui soit au-dessus de Rome!

2e. Ch. Illythie, Lucine, Genetylle (2), de quelque nom qu'on vous appelle, Déesse qui amenez tout à maturité, protégez nos meres de familles : donnez-nous une nombreuse jeunesse : bénissez les décrets du Sénat en faveur des mariages, qu'ils deviennent une source féconde de Citoyens.

Les 2 Ch. Que de siécle en siécle, on célebre ces Jeux; qu'on chante ces Hymnes pendant trois jours & trois nuits. Parques, qui exécutez les ordres du Destin, Dieu des bornes qui êtes immuable, ajoutez de nouvelles destinées à celle dont nous jouissons : que la Terre fertile en fruits & en troupeaux, couronne sans cesse d'épis la blonde Cérès; que nous respirions toujours un air pur; que rien n'empoisonne nos fontaines.

1er. Ch. Apollon, renfermez vos flèches meurtrieres; prêtez à de jeunes suplians une oreille favorable : laissez-vous toucher par leurs prieres.

2e. Ch. Reine des Cieux dont votre croissant releve la beauté, exaucez de jeunes filles qui vous invoquent.

Les 2 Ch. Puissantes Divinités, si Rome est votre ouvrage; si c'est par vos ordres que les Bandes Troyennes aborderent sur les rivages de l'Etrurie, & changerent heureusement de foyers & de patrie; si vous voulûtes que le pieux Énée s'ouvrît un chemin assuré à travers les flammes d'Ilium, pour acquérir à ses compagnons un Empire infiniment plus vaste; donnez à nos jeunes

---

(1) Rome, fondée sur sept Montagnes.

(2) Surnoms de Diane; le premier vient de l'Hébreu, le second est Latin, le troisiéme est Grec : tous signifient *celle qui préside au moment où l'on voit le jour, où l'on arrive à la lumiere.*

P p ij

gens, de bonnes mœurs ; & à nos vieillards des années tranquilles : accordez au Peuple de Romulus des biens, de la gloire, une féconde jeuneſſe. Que le ſang illuſtre d'Anchiſe & de Vénus, qui vous immole aujourd'hui des Géniſſes blanches, règne long-tems ſur nous (1) ; qu'il triomphe de l'ennemi armé, qu'il reléve l'ennemi abattu.

Que le Mède redoute des armées terribles & ſur terre & ſur mer ; qu'il craigne les haches Romaines. Déjà les Scythes, déjà les fiers Indiens attendent nos ordres. Déjà la Fidélité, la Paix, l'Honneur, l'antique Pudeur, & la Vertu négligée, ne craignent plus de reparoître : déjà l'heureuſe Abondance nous comble de ſes biens.

1ᵉʳ. Cʜ. Phœbus, Chef des Augures, dont l'arc eſt ſi redoutable, & qui êtes ſi cher aux neuf Muſes, qui par votre art ſalutaire ſoulagez nos membres accablés, ſi vous regardez avec complaiſance le Mont Palatin, comblez de biens Rome & le Latium ; faites les proſpérer de luſtre en luſtre, de ſiécle en ſiécle.

2ᵉ. Cʜ. Diane, qui vous plaiſez ſur l'Aventin & ſur l'Algide, exaucez les prieres des Quindecemvirs, & prêtez une oreille propice aux prieres de ces jeunes gens.

Lᴇs 2 Cʜ. Nous rapportons chez nous l'heureuſe certitude que Jupiter & tous les Dieux ont entendu nos prieres ; douce récompenſe des hommages que nous venons de rendre en Chœur à Phœbus & à Diane.

§. IV.

Ces Jeux étoient célébrés en faveur du Soleil & de la Lune, ſous les noms d'Apollon & de Diane.

Ce Poëme, unique en ſon genre, nous donne une idée des Jeux Séculaires, de leur objet & de la maniere dont on les célébroit. On y voit deux Chœurs compoſés d'enfans, comme nos Enfans de Chœur inſtruits au chant ; mais avec cette différence, que de ces Chœurs l'un étoit compoſé de jeunes filles, & l'autre de jeunes garçons : on trouvoit dans cette réunion des deux ſexes plus d'harmonie, ou plus de conformité avec la nature. D'ailleurs comme on y chantoit les louanges d'Apollon & de Diane, il paroiſſoit juſte qu'elles fuſſent chantées par la réunion des Chœurs conſacrés à chacune de ces Divinités.

---

(1) La famille des Céſars ſe diſoit deſcendue d'Iulus, fils d'Enée & petit-fils d'Anchiſe & de Vénus.

DU CALENDRIER.

Si Apollon & Diane n'avoient été que des Divinités semblables aux autres, on ne verroit point de raison pour justifier le choix qu'on auroit fait d'eux pour être les Héros des Jeux Séculaires. Mais dès qu'il est démontré qu'Apollon est le Soleil, & Diane la Lune, qu'ils sont l'un & l'autre la cause des tems, des années & des siécles, il n'est plus étonnant que les Jeux Séculaires leur ayent été consacrés, qu'ils en ayent été les Divinités tutélaires; qu'on leur ait demandé une longue vie, une brillante jeunesse, des mariages féconds, un ciel pur, des jours heureux. Ces prieres sont une nouvelle confirmation de nos principes.

Il est digne de remarque que cette Fête étoit une Fête d'expiation & de pardons, en même tems que de réjouissance : c'est par cette raison qu'on sacrifioit aux Dieux Infernaux trois nuits de suite sur trois Autels, afin qu'on ne fût pas enveloppé dans la ruine des tems, & qu'on pût échapper à la vengeance des Enfers.

§. V.

Origine de ces Jeux, suivant la Légende fabuleuse.

Telle étoit l'origine des Jeux Séculaires selon les Romains. Dans les premiers tems de Rome, vivoit Valerius Volusius, Citoyen d'Eretz, dans le Territoire des Sabins : trois de ses enfans, deux fils & une fille, furent frappés en même tems de la peste ; il reçut à ce sujet un ordre de ses Dieux domestiques, de descendre le Tybre avec ses enfans jusqu'à un lieu nommé Terentum qui étoit au bout du Champ de Mars, & quand il y seroit arrivé, de leur faire boire de l'eau chauffée sur l'Autel de Pluton & de Proserpine. Ayant exécuté toutes ces choses, & ses enfans s'étant endormis après avoir bu de cette eau, ils se trouvèrent parfaitement guéris à leur réveil, & dirent à leur Pere qu'ils avoient vu en songe un homme d'une grandeur & d'un air au-dessus du commun, qui leur avoit ordonné d'offrir des Victimes noires à Pluton & à Proserpine, & de passer trois jours en réjouissances dans ce même lieu.

Le Pere, en actions de graces, offrit au même endroit des Victimes noires aux Divinités Infernales, pendant trois nuits consécutives ; sur un Autel qu'il trouva enfoui dans la terre en ce lieu même, & il dressa aux Dieux des Lits de parade : ce sont ces mêmes Sacrifices qu'on renouvelloit tous les cent ans, & toutes les fois que l'Etat étoit menacé de quelque calamité (1).

---

(1) Zozim, Liv. II.

Ajoutons que ce Sabin, pour conserver le souvenir de cet événement, prit le nom de MANIUS VALERIUS TERENTINUS. *Manius*, à cause, disoit-on, des Divinités Infernales auxquelles il avoit sacrifié. *Valerius*, du verbe *valere*, parce que ses enfans avoient été rétablis : & *Terentinus*, parce que cet événement étoit arrivé à *Terentum*.

Le croira-t-on ? ce Sabin & son Histoire sont une fable comme tout ce que les Anciens ont dit sur les causes de leurs Fêtes : mais fable qui nous sera très-utile pour éclaircir l'origine des Jeux Séculaires.

§. VI.

Motifs de ces Jeux, & en quel tems ils commencerent à Rome.

Le premier exemple qu'on trouve des Jeux séculaires, c'est en 245 de la fondation de Rome, l'année après celle où l'on avoit chassé les Rois de cette Ville. Une peste violente ayant jetté la consternation dans la Ville, Publius Valerius Publicola fit sur le même Autel, sur l'Autel de Terentinus, des Sacrifices à Pluton & à Proserpine, & la contagion cessa. Cet illustre Romain fit ensuite graver cette Inscription sur ce même Autel : « PUBLIUS VALERIUS PUBLICOLA a consa-
» cré le feu du Champ de Mars à PLUTON & à PROSERPINE, & a fait célébrer
» des JEUX en l'honneur de ces mêmes Dieux pour la délivrance du PEUPLE
» ROMAIN ».

Soixante ans après, l'an 305, on réitéra les mêmes Sacrifices par ordre des Prêtres des Sybilles, en y ajoutant les Cérémonies prescrites par les Livres Sybillins ; alors il fut réglé que ces Fêtes se feroient toujours dans la suite à la fin de chaque siécle.

Ce qui résulte de ces deux Epoques des Jeux séculaires, c'est qu'on les renouvelloit non-seulement à chaque fin de siécle, mais aussi dans les grandes calamités, telles qu'une peste dont les ravages semblent amener la fin des siécles.

Si l'on réitéra ces Jeux, soixante ans après qu'ils eurent été célébrés à l'occasion de cette peste, & au commencement du siécle, c'est qu'on étoit déja accoutumé à les célébrer à cette époque; on ne fit que suivre l'usage.

Cet usage étoit même antérieur aux Romains : ils le tinrent d'une Nation étrangere, puisqu'ils l'attribuent eux-mêmes à un Sabin.

L'Autel que trouva Valerius portoit cette inscription : à PLUTON & à PROSERPINE : il avoit été érigé, disoient les Romains, dans une occasion singuliere, &

qui prouve l'antiquité de cette Cérémonie. Pendant la guerre des Romains avec les Albains, à l'instant où leurs armées alloient commencer le combat, on vit tout à coup paroître un homme d'un aspect monstrueux, & habillé de peaux noires, qui crioit à pleine voix que Pluton & Proserpine ordonnoient qu'avant d'en venir aux mains, on eût à leur offrir des Sacrifices sous terre : après quoi il disparut. Les Romains étonnés, construisirent aussi-tôt un Autel sous terre, à vingt pieds de profondeur, & après y avoir fait les Sacrifices qui leur étoient ordonnés, ils le comblerent, afin qu'ils fussent les seuls qui en eussent connoissance.

§. VII.

Explication des Noms donnés à l'Inventeur prétendu de ces Jeux ; & que ces Jeux étoient expiatoires.

Les Noms qu'ils lui donnerent sont très-remarquables : ils sont tous allégoriques, tous relatifs aux révolutions des Siécles. Ce sont des noms tous applicables au Soleil. Lorsqu'un siécle commence, le Soleil s'appelle avec raison *Terentinus*, du mot Sabin *teren*, tendre, nouveau, puisqu'il se renouvelle : *Volusius*, du mot *volutio*, révolution, le Soleil étant le principe des révolutions, des Siécles. *Valerius*, puisqu'il est la source de la prospérité de la Terre & de la santé. *Manius*, puisque *Man* est son nom, le nom ancien du Soleil. *Sabin*, puisque ce mot est une épithète du Soleil, signifiant *élevé*, & son nom même en Oriental & en Ethiopien. C'est lui, lui-seul qui est la cause des Jeux Séculaires, & leur Auteur en quelque façon. S'il demeure près d'*Eretz*, c'est qu'*Eretz* signifie *Terre* en Oriental, & dans toutes les anciennes Langues d'Europe.

Ces Jeux se célébroient sur les bords du Tybre, parce que c'étoient des fêtes expiatoires, & que toutes ces fêtes se célébroient sur les bords des fleuves, parce qu'on se purifioit au moyen de leurs eaux.

C'est en conséquence de cette purification qu'on se flattoit de mener une nouvelle vie ; qu'on annonçoit le retour de la paix, de la fidélité, de la pudeur, de toutes les vertus trop négligées ; qu'on se promettoit félicité & abondance.

HISTOIRE RELIGIEUSE

§. VIII.

Tableau Chronologique des Jeux Séculaires.

Ceux-ci furent célébrés pour la douzième & derniere fois sous le regne d'Honorius, le seul Empereur Chrétien qui les ait fait célébrer, & qui ne put les refuser aux Romains non convertis au Christianisme; mais avec moins de cérémonies qu'à l'ordinaire. Tel est l'ordre chronologique de ces douze Jeux Séculaires, suivant le système de Varron.

L'an 245. de Rome, sous Publicola & Lucretius.
     305. sous Valerius & Horace.
     505. sous Claude & Junius.
     605. sous Censorin & Manilius.
     737. sous Auguste.
     800. sous Claude.
     846. sous Domitien.
     900. sous Antonin le Pieux.
     957. sous Septime Severe.
     1000. sous les deux Philippes.
     1016. ou environ, sous Gallien.
     1157. sous Honorius.

§. IX.

Pouvons-nous mieux terminer ces recherches sur les Jeux Séculaires que par la traduction de l'Oracle des Sybilles, qui prescrivoit la célébration de ces Jeux, & qui forme un morceau de Poësie Grecque de 37 vers (1)?

ORACLE des Sybilles.

» Souvien-toi, Romain, tous les cent dix ans, qui est le temps de la plus
» longue vie des hommes; souvien-toi, dis-je, de faire des sacrifices aux
» Dieux immortels dans le champ qui est arrosé par l'eau du Tybre.
» Lorsque la nuit sera venue, que le Soleil aura caché sa lumiere, alors
» offre des chévres & des moutons aux Parques: fais ensuite des sacrifices con-

---

(1) On peut voir ces vers grecs dans l'Ouvrage du P. Tassin. De Veter. Roman. anno seculari, Part II. in 4°. 1640. p. 85.

venables

DU CALENDRIER.

» venables aux Lucines, qui président aux accouchemens. Puis immole un
» porc & une truie noire à la Terre féconde. Lorsque tu auras achevé ces sa-
» crifices nocturnes, égorge des bœufs blancs sur l'Autel de Jupiter; & que
» cela se fasse de jour, & non pas de nuit; car les sacrifices qui se font pendant
» le jour, plaisent aux Dieux qui habitent le Ciel: tu offriras à Junon par le
» même motif une jeune vache d'un beau poil. Tu feras aussi des sacrifices de
» la même nature à Phœbus-Apollon, fils de Latone, qu'on appelle aussi le
» Soleil.

» Des enfans Latins, des deux sexes, chanteront à haute voix des Hymnes
» dans les Temples sacrés: mais en sorte, que les filles chantent d'un côté, &
» les garçons de l'autre, & que les peres & les meres des uns & des autres
» jouissent de la lumiere du jour. Les femmes mariées, à genoux devant
» l'Autel de Junon, prieront cette Déesse d'exaucer les vœux publics, & les
» leurs en particulier.

» Que chacun selon son pouvoir offre des prémices aux Dieux pour se les
» rendre favorables; que ces prémices soient gardés avec soin, & qu'on se sou-
» vienne d'en distribuer à tous ceux qui auront assisté aux sacrifices : que nuit
» & jour il y ait un grand nombre de personnes aux reposoirs des Dieux, &
» que l'agréable y soit mêlé au sérieux.

» Fais donc, Romain, que ces ordonnances ne sortent jamais de ta mé-
» moire; & que par ce moyen, la terre des Italiens & celle des Latins soit tou-
» jours soumise à ta puissance. »

HISTOIRE RELIGIEUSE

SECTION III.
FÊTES DE CÉRÈS.

CHAPITRE PREMIER.
MYSTÈRES DE CÉRÈS A ÉLEUSIS.

§. I.

Idée qu'on doit se former des Mystères d'Eleusis.

Les Mystères d'Eleusis sont le triomphe de l'Agriculture ; c'est le plus grand hommage que l'antiquité ait pu rendre à cet art nourricier du genre humain, source féconde des Nations. Par cette pompe magnifique & sacrée, les hommes reconnoissoient que tout venoit de l'agriculture, qu'avec elle naquirent les loix, la Religion, les Empires.

Ce n'est point chez un Peuple obscur que nous la verrons établie : pour s'en former une juste idée, on ne sera pas obligé de nous suivre à travers la nuit obscure des Etymologies, chez des Nations dont il faut deviner les monumens : nous la trouvons chez le Peuple le plus illustre par son génie, chez un Peuple qui long-tems servit de flambeau à l'Univers entier ; chez qui les Romains, ces fiers Romains, pour qui tous les Peuples n'étoient que des barbares, accouroient cependant en foule pour en apprendre l'art de parler & celui de gouverner ; & pour se faire initier à ses Mystères.

Ces Mystères, fruit de la liberté & de la propriété qu'assure l'agriculture, long-tems renfermés dans l'enceinte d'un territoire peu étendu, devinrent alors un point de ralliment pour tous les hommes. Enrôlés sous les étendards de Cérès, tous protestoient ainsi hautement contre les funestes suites du désordre qui avoit bouleversé la face du genre humain, contre la folie des gouvernemens répulsifs & qui ne pensent qu'à s'isoler & à se séquestrer, contre les entraves & les bornes mises à la liberté des hommes & des Nations, contre l'Egoïsme des Etats, qui après leur avoir fait anéantir tout ce qui n'est pas eux, est cause qu'ils finissent par se détruire & s'anéantir eux-mêmes ; fin nécessaire de tout principe destructeur & exterminatif.

Aussi, la gloire de ces Mystères ne parut jamais avec plus d'éclat, que lorsque les Romains eurent asservi les Nations sous leur joug, & qu'ils se virent eux-mêmes les esclaves vils & rampans de Monarques insensés. C'est dans ces Mystères que la liberté expirante vint chercher un asyle ; c'est par eux que les hommes se consolerent des maux dont ils étoient accablés : c'est par eux que l'ordre banni de par-tout, chercha à se soutenir, & qu'il fit espérer aux mortels qu'un jour ils le verroient rétabli.

Si l'Egypte eût conservé quelque vestige de son ancienne liberté, si elle n'eût pas gémi elle-même sous le joug de ses Maîtres tyranniques, ç'eût été chez elle que l'ordre aux abois se fût réfugié : les Mystères d'Isis seroient devenus les Fêtes de l'Univers : mais leur gloire étoit flétrie ; ce Peuple esclave avoit perdu tout droit aux prérogatives d'un Peuple libre : la Fête de la liberté universelle ne pouvoit se trouver chez lui.

L'établissement des Fêtes d'Eleusis se confond avec l'époque où les Athéniens arrivés des rives Orientales défricherent l'Attique. Leurs premiers Rois *Cécrops*, *Erechtée*, *Eresichton*, *Triptoleme*, *Celée*, noms illustres, furent leurs premiers Laboureurs.

L'Histoire de ces Héros, jusques ici indéchiffrable, est une suite d'allégories ingénieuses, qui deviennent claires par leurs rapports avec tout ce que nous avons vu jusques ici ; & qui fournissent de nouvelles preuves que tout naquit de l'Agriculture ; & que dans tous les tems on en conserva la mémoire, parce que dans aucun tems on ne put rien faire qui n'y fût relatif.

L'Attique n'étoit pas également propre à l'Agriculture ; le terroir d'Athènes sec & montagneux, fut consacré à la culture des oliviers : tandis que les belles campagnes d'Eleusis, converties en terres labourées, devinrent le grenier de l'Attique. Les Athéniens sentirent aussi-tôt de quelle importance étoient pour eux les campagnes d'Eleusis, & ils ne négligerent rien pour y faire fleurir l'Agriculture. Dans cette vue, ils établirent des Fêtes solemnelles consacrées à cette Agriculture ; & chaque année, immédiatement après la moisson, l'on vit les Athéniens en corps se transporter avec tout l'éclat & toute l'allégresse d'une pompe solemnelle, dans ces riches plaines d'Eleusis, rendre graces aux Dieux des biens qu'ils venoient de leur procurer par l'invention de l'Agriculture, & entretenir avec le Peuple laboureur d'Eleusis, ces liens de fraternité qui faisoient disparoître toute la morgue des Citadins, & sans lesquels ils n'eus sent pu subsister. Ces cérémonies revêtues de tout ce que les Fêtes ont de plus brillant, & la Religion de plus auguste, rendoient le laboureur grand à ses propres yeux, ne lui montroient dans ses Maîtres que des amis & des protecteurs, & l'attachoient à son état. Ses travaux lui devenoient légers, ses peines agréables, sa vie un tissu de douceur & de tranquillité : il ne craignit pas que l'Exacteur vînt lui arracher le plus pur de son sang : jamais on n'y vit une famille éplorée périr de faim & de misere à côté de son champ ; & au bout de deux mille ans, les campagnes d'Eleusis n'avoient rien perdu de leur fertilité primitive.

Qu'on n'en conclue pas que la Religion n'est qu'une invention des Chefs des Sociétés ; ce ne sont point eux qui établirent la crainte des Dieux & l'espérance d'une meilleure vie. L'on n'attendit pas les Décrets d'un Sénat ou les Arrêts d'un Prince pour demander aux Dieux une abondante récolte, & pour danser une danse de joie & d'allégresse autour d'un champ couvert de nombreuses gerbes : les Législateurs & les Princes trouverent ces choses établies : l'homme les avoit déja puisées dans son propre cœur : ils ne firent que diriger vers le plus grand bien ces sentimens ; ils s'en servirent pour fixer le bonheur des hommes. Heureuses les Nations si jamais elles ne se fussent écartées de cet esprit & de cette marche !

A mesure qu'on s'éloigna de la simplicité des premiers âges, la Fête des Laboureurs d'Eleusis se chargea d'un grand nombre de cérémonies qui ont paru absurdes à ceux qui en ont voulu juger sans se transporter dans le tems qui les vit naître, & sans se former une idée précise de l'esprit dans lequel elles furent instituées. Deux emblêmes sur-tout qui ont le plus grand rapport à la fécondité, qu'on envisageoit comme les symboles de la Divinité source de la vie, & qui n'offroient rien que de respectable aux yeux des Peuples primitifs, firent représenter ces Mystères comme des Ecoles d'indécence & de libertinage, lorsqu'on eut perdu de vue leur institution.

§. II.

Communs à plusieurs Peuples.

Ces Mystères n'étoient pas particuliers aux Grecs ; ils leur étoient communs avec les Thraces, les Crétois, les Égyptiens, les Syriens, les Druides : ces derniers célébroient dans une Isle près de la Bretagne, à l'honneur de Cérès & de Proserpine, les mêmes Fêtes que celles qui étoient en usage dans l'

Samothrace (1). On apperçoit le plus grand rapport entre les Cérémonies Égyptiennes des Mystères, & celles des autres peuples. Le silence & le secret observés dans les Mystères, étoient la base des instructions Égyptiennes. L'abstinence du poisson & celle des féves étoient pratiquées en Égypte ; & l'usage de conserver le Rituel des Mystères entre deux tables de pierre, étoit évidemment un usage Égyptien. L'universalité de ces abstinences & de ces usages singuliers tenoit sans doute à des idées religieuses beaucoup plus anciennes, communes à ces Peuples, & dont nous nous occuperons quelque jour.

Les Étrangers & les Esclaves étoient exclus, chez chacun de ces Peuples, de la participation aux Mystères : ce qui a persuadé à WARBURTHON que les Mystères n'avoient été établis que dans des vues politiques & par les Rois eux-mêmes. Ce Savant n'a pas fait attention à deux choses qui détruisent son système : car les Rois dans l'origine & au tems de l'établissement des Mystères, n'étoient que des Chefs de République, & ils ne pouvoient rien sans le concours de la République, ou du Sénat qui la représentoit. D'un autre côté, les Peuples dès l'origine furent toujours isolés, & séparés de tous les autres ; leur sol, leurs mœurs, leurs avantages, leurs loix, leur religion, furent toujours exclusifs, comme tout est exclusif chez les Indiens de nos jours, comme tout l'est chez les Juifs ; esprit funeste aux Arts & aux Sciences, destructeur de la fraternité qui doit régner entre tous les Peuples pour leur avantage commun, & dont il ne reste que trop de traces parmi les Nations Européennes.

§. III.

Leur origine se perd dans la nuit des tems.

L'origine des Mystères d'Eleusis se perd dans l'obscurité des tems, dans cette même obscurité qui enveloppe l'histoire primitive des Athéniens. Ils en attribuoient l'institution à Cérès, fille de Jupiter, Reine de Sicile, qui, désespérée de ce que sa fille avoit été enlevée par Pluton, Dieu des Enfers, courut l'Univers pour la chercher ; & qui étant arrivée dans l'Attique, y enseigna l'Art du Labourage, & y établit la législation. Ils ajoutoient qu'elle avoit appris à Eumolpe, Chef des Eumolpides, tout ce qui regardoit les Mystères d'Eleusis, & qu'Erechtée étoit dans ce tems-là Roi d'Athènes.

---

(1) STRABON, Liv. IV, d'après Artemidore.

Ce récit ne peut certainement pas se prendre au pied de la lettré. Les pélerinages de Cérès & l'enlevement de sa fille ne sont que des allégories relatives à la culture des Terres. Cérès signifie les *Moissons*. C'est la Déesse qui y préside : c'est par cette raison qu'elle est appellée Dê-Mêter, la *Mere-Dé*, ou la *Terre-Mere*. *Proserpine* désigne les semailles, comme nous le verrons dans la suite. Et si Cérès vient de Sicile, c'est que la Sicile étoit si abondante en grains qu'elle fut regardée comme le Royaume de Cérès. Il se peut aussi que ceux qui perfectionnerent dans l'Attique l'Art du Labourage, eussent puisé leurs connoissances en Sicile.

§. IV.

Objet de ces Mystères.

Rien n'étoit plus simple & plus naturel que l'établissement des Mystères d'Eleusis.

Institués dans un pays agricole, ils le furent pour rendre graces à la Divinité des biens dont elle les combloit, & des heureuses suites de l'Agriculture pour la prospérité de l'État. Ils eurent en même tems pour objet d'apprendre aux hommes à faire un bon usage de ces biens, à mériter par-là de nouveaux bienfaits de la part de la Divinité, à éviter sur-tout les châtimens qui attendoient les méchans après cette vie. On y voyoit enfin une ressource admirable pour unir tout le Peuple par les liens les plus étroits de l'amitié & de la concorde, & pour lui faire chérir sa Patrie.

Ce qu'on y recommandoit, c'étoit « d'honorer ses parens ; d'offrir aux Dieux » les premiers fruits de la Terre ; de s'abstenir de cruauté envers les ani- » maux (1) ; de ne pas égorger le bœuf, compagnon en quelque sorte de l'hom- » me dans l'Agriculture ; de ne détruire aucun arbre fruitier ; de ne gâter » aucun puits, aucune source, &c. (2) ».

Vérités & défenses dignes des Fondateurs des Empires, & des hommes auxquels ils les proposoient. Ces vérités & ces loix étoient d'autant plus recommandables qu'elles ne portoient point sur des objets abstraits & métaphysiques ; mais sur des objets sensibles & physiques, sur des objets de première nécessité, auxquels on ne pouvoit manquer sans violer nécessairement ses de-

---

(1) Porphyr. de l'Abstin. Liv. IV.
(2) Plutarq. d'Isis & Osir.

voirs envers la société, & sans porter coup aux effets qu'elle étoit destinée à produire pour le bonheur de tous.

On a prétendu qu'ils avoient été établis pour détruire les idées que le peuple se formoit des Dieux du Paganisme, & pour faire voir que ces Dieux étoient tous des hommes qui avoient été déifiés à cause des services qu'ils avoient rendus au genre humain.

Mais il faudroit pour que cela pût être adopté, qu'on en trouvât de preuves dans l'Antiquité; ce qui est impossible, l'Antiquité n'ayant jamais déifié des hommes : tout ce qu'on a dit à cet égard ne sont que des erreurs occasionnées par l'ignorance dans laquelle on étoit du génie & du langage allégorique des Anciens, dont on prenoit les expressions à la lettre; & parce qu'on vouloit juger de l'Antiquité d'après la conduite que les Romains tenoient à l'égard de leurs Empereurs, lorsqu'ils n'étoient plus.

Aussi quelne fut pas le déchaînement des Payens contre EVHÉMÈRES, lorsqu'il entreprit de faire voir que les Dieux n'étoient que des hommes déifiés ! & à quelles absurdités n'ont pas été réduits les Savans modernes qui ont suivi ses traces, & qui n'ont voulu voir dans les anciennes Fables que des faits Historiques ?

Cicéron peut avoir cru que les Mystères de tous les Peuples tendoient à faire regarder les Dieux comme des « hommes vaillans, fameux ou puissans, » qui obtinrent les honneurs divins après leur mort, & que ces hommes » étoient les Dieux qui faisoient l'objet du culte, des prieres, des adorations ».

Mais Cicéron écrivoit dans un tems où l'on ne pouvoit plus juger sainement de ces objets, parce qu'on avoit perdu le fil des allégories anciennes & de l'Antiquité presqu'entiere.

Si l'on est tombé dans ces erreurs sur le but des Mystères, c'est qu'on s'est laissé séduire par l'idée qu'on attachoit au mot de *Mystères*. On a cru qu'il signifioit une doctrine étonnante, contraire aux vues vulgaires & qui par-là même · & pour cela seul devoit être ensevelie sous le plus profond secret, de peur qu'on ne soulevât le Peuple.

On n'a pas vu qu'on supposoit une chose absurde; qu'il étoit impossible d'admettre, par exemple, dans le Peuple Athénien, qui participoit en entier aux Mystères d'Eleusis, deux Peuples, l'un initié qui ne reconnoissoit qu'un Dieu, & qui ne voyoit dans tous les autres Dieux que des hommes déifiés : l'autre profane, & qui oubliant tout ce qu'il avoit appris comme initié, adoroit ces mêmes hommes comme des Dieux.

Je sais bien que les hommes se font souvent illusion; qu'ils admettent comme vraies des propositions inconciliables : mais ici la contradiction eût été trop grossiere, trop insoutenable. Ce seroit faire des Athéniens, Peuple & Magistrats, autant d'imbécilles.

En effet, les Mystères n'étoient pas à Athènes le partage de quelques privilégiés : ils étoient célébrés par le Peuple entier. Warburthon lui-même en convient : « les Mystères, dit-il, furent bientôt aussi universels par le nombre des
» personnes de toutes sortes de rangs & de conditions qui les embrasserent,
» que par l'étendue des pays où ils pénétrerent. Les hommes, les femmes,
» les enfans, tout fut initié. C'est la description qu'Apulée fait de l'état des
» Mystères en son tems. On diroit que les Payens auroient cru l'initiation
» aussi nécessaire que les Chrétiens croyent le baptême. Il paroît par un passa-
» ge de Térence que c'étoit la coutume générale d'initier les enfans (1) ; &
» ce qu'il y a de singulier, c'est que plusieurs Payens, ainsi qu'on en peut ju-
» ger par un passage de la *Paix*, Comédie d'Aristophane, sur le bon Fer-
» mier Trigée, différoient leur initiation jusqu'à la mort, tombant à cet
» égard dans la même superstition où plusieurs Chrétiens tomberent par rap-
» port au baptême.

Donat, commentant le passage de Térence dont nous venons de parler, observe que dans l'Isle de Samothrace on initioit les enfans en un tems prescrit, à la maniere des Athéniens.

§. V.

Devoirs & récompenses de l'Initié.

Pour être initié, il falloit réunir la pureté des mœurs & l'élévation de l'ame. On s'obligeoit par un engagement solemnel à commencer une vie nouvelle, suivant les régles les plus étroites de la vertu. Mais il est bien apparent que ces promesses dégénérerent souvent en pures grimaces, ou qu'elles ne furent qu'une affaire de mode : sans cela, tous les Initiés ou pour mieux dire tous les Payens auroient été les plus vertueux des hommes : il en étoit comme de l'engagement que prennent les Chrétiens quand ils entrent dans la Religion Chrétienne, & que trop d'entr'eux oublient aussi-tôt qu'ils ont fait serment d'y conformer toute leur vie.

Soumis à des institutions si belles, animés par de si grandes espérances, les Initiés étoient regardés comme les seuls hommes heureux. Aristophane fait

---

(1) Phorm. Act. I. Sc. I.

parle

parler ainsi les Initiés (1). » C'est sur nous seuls que luit l'Astre favorable du
» Jour; nous seuls recevons du plaisir de l'influence de ses rayons, nous qui
» sommes Initiés, & qui exerçons envers le Citoyen & l'Etranger, toutes
» sortes d'actes de justice & de piété ».

Aux seuls Initiés appartenoit la félicité future: ils étoient les seuls dont les
ames s'envoleroient au séjour des Dieux, tandis que celles des Profanes, en
quittant le corps, seroient enfoncées dans la boue & demeureroient ensevelies
dans les ténèbres (2). C'est à ce sujet que Diogènes, pressé par ses amis de se
faire initier avant sa mort afin de n'être pas privé de ce bonheur, leur fit une
réponse digne du *Cynisme* dont il faisoit profession. » Ce seroit une chose ri-
» sible, leur dit-il (3), qu'Agésilas & Epaminondas fussent précipités dans le
» bourbier, tandis que des scélérats seroient admis dans les Isles des Bienheu-
» reux ».

Il n'est donc pas étonnant que tout Athénien voulût être initié; & qu'on
regardât comme des gens suspects ceux qui se distinguoient des autres en ne se
faisant pas initier, tels que Diogènes, Socrate, & Demonax.

Athènes sut même en faire un objet de finance: dans un tems où cette République avoit un besoin pressant d'argent, Aristogiton fit une Loi par laquelle
ceux qui voudroient se faire initier, seroient obligés de donner une somme
d'argent pour leur initiation (4). Auroit-on refusé le bonheur pour une légère
contribution?

§. VI.

Leur Division en Grands & en Petits.

Les Fêtes d'Eleusis se divisoient en grands & en petits Mystères.

Les petits Mystères furent inventés, dit-on, par Eumolpe, lorsqu'Hercule
demanda à être initié avant que de descendre dans les Enfers pour en arracher
le chien Cerbere. Comme étranger, il ne pouvoit recevoir l'initiation Athénienne: il étoit cependant bien dur de la refuser à un personnage aussi illustre;
on imagina donc, pour concilier tout, les petits Mystères; encore fallut-il
pour cela qu'Hercule fût adopté par un Athénien nommé *Pylius*.

---

(1) Chœur des Grenouilles, Act. I.
(2) PLATON, dans le Phædon.
(3) Diog. Laërce, Liv. VI.
(4) Commentair. d'Hermogène.

Il est aisé de s'appercevoir que ce récit est un conte, aussi fabuleux que le chien Cerbere & que la descente d'Hercule aux Enfers pour en arracher ce Monstre terrible : ou plutôt que c'est une allégorie fondée sur la différence essentielle qui régnoit entre ces deux sortes de Mystères ; ceux qu'on appelloit GRANDS se célébrant avec la plus grande pompe, parce qu'ils étoient la cérémonie de l'Etat même.

Mais ce qu'on n'a pas apperçu dans ces Mystères & que nous apprend ce récit, c'est que les Initiés, du moins les Etrangers, étoient présentés par un pere adoptif, tels que les *Parains* dans l'Eglise Chrétienne : & qu'on appelloit ce Parain *Pylius*, nom très-bien imaginé, puisqu'il signifie *Introducteur* ; venant du mot *Pyle*, une porte.

Ajoutons, que quiconque étoit initié, étoit un Hercule qui alloit arracher Cerbere des Enfers, puisque par l'initiation on rendoit l'Enfer inutile, on bravoit son pouvoir, Cerbere n'étoit plus rien, ni les Puissances Infernales ; ensorte qu'elles n'avoient nul besoin de faire garder l'entrée de leur ténébreux & horrible séjour.

Ce seroit peu connoître l'Antiquité que de regarder les fables de la nature de celles-ci comme des faits purement historiques, & de les rejetter ensuite comme des traditions qui n'apprennent rien d'intéressant. Comme événement historique, l'initiation d'Hercule est une fable très-inutile à conserver ; comme allégorie, elle devient infiniment précieuse.

On étoit initié dans les grands Mystères, mais on étoit purifié & préparé dans les PETITS.

CLEMENT d'ALEXANDRIE rapporte qu'après » les lustrations, venoient les » PETITS MYSTERES où l'on jettoit le fondement des doctrines secretes & où » l'on préparoit les Initiés au secret qu'on vouloit leur révéler. Il ajoute que ce » qu'on enseigne dans les grands Mystères concerne l'Univers : c'est la fin, le » comble de toutes les instructions. On y voit les choses telles qu'elles sont, on » y envisage la Nature & ses ouvrages (1) ».

Pythagore reconnoissoit, selon JAMBLIQUE (2), que c'étoit dans les Mystères d'Orphée qui se célébroient en Thrace, qu'il avoit appris l'unité de la Cause Premiere & Universelle, ou, pour employer ses expressions symboliques, qu'il avoit apprisque » la Substance éternelle du Nombre étoit le Principe *intelligent*

(1 Stromat. Liv. V.
(2) Vie de Pythag. §, 146.

DU CALENDRIER.

» de l'Univers, des Cieux, de la Terre & des Etres mixtes ». Et Cudworth a très-bien prouvé que les Egyptiens enseignoient, dans leurs cérémonies secrettes, le dogme de l'unité de Dieu (1).

Plus on s'attachera avec Warburthon à démontrer que tel étoit l'objet des Mystères, d'enseigner l'unité d'un seul Etre Créateur de l'Univers & de lever le voile sur toute la Mythologie, sur Cérès, sur Proserpine & sur tous les autres Dieux secondaires, & plus on prouvera notre grand principe, que la Mythologie entiere étoit allégorique. Sans cela, il eût été impossible que le Paganisme & les Mystères se fussent maintenus en même tems : on auroit vu entr'eux la même guerre qu'entre le Christianisme & le Paganisme. C'est pour n'avoir point apperçu ce point d'union entre les Mystères & le Paganisme, que Warburthon n'a pu, malgré sa profonde érudition, donner de la consistance à son système sur l'objet des Mystères, & en faire un Ouvrage à demeure & triomphant. Il n'est donc pas étonnant ni qu'il ait rejetté l'allégorie, ni qu'après s'être privé de ce secours, il n'ait pu expliquer l'antiquité d'une maniere satisfaisante & propre à applanir toutes les difficultés.

Aussi n'a-t-il fait aucun usage du bel épisode d'Hercule initié avant sa descente aux Enfers : c'est ainsi que la fable est perdue pour ceux qui rejettent l'allégorie : elle n'est pour eux qu'un cadavre, qu'une terre stérile & couverte de ronces.

§. VII.

Eloges donnés par les Anciens à ces Mystères.

Les éloges que les Anciens faisoient de ces Mystères deviennent très-intéressans, d'après ces principes. PLATON fait dire à Socrate (2), » que ceux qui ont » établi les Mystères, quels qu'ils soient, étoient fort habiles dans la connois- » sance de la nature humaine ». SOCRATE dit (3), » que Cérès avoit fait aux » Athéniens deux présens de la plus grande importance, en leur montrant l'i- » mage du blé qui les avoit retirés de la vie sauvage qu'ils menoient ; & en » établissant les Mystères qui enseignoient aux Initiés à former les espérances les » plus agréables touchant la Mort & l'Eternité.

---

(1) Système Intellect. ch. IV. §. 18.
(2) Dans le Phédon.
(3) Panégyriq.

Cicéron les regardoit comme étant de la plus grande utilité pour les Etats, parce qu'on y enseignoit les vrais principes de la vie, & qu'on y apprenoit les moyens d'être heureux dans cette vie, & de mourir avec l'espérance d'une vie plus heureuse; ensorte que dans cette même loi où il proscrivoit les sacrifices nocturnes (1) offerts par les femmes, il exceptoit expressément de cette destruction les sacrifices de la Bonne-Déesse, & les Mystères de Cérès qu'il appelle *augustes & respectables*.

Il ne se dissimule pas qu'ils donnoient lieu à de grands abus, parce qu'ils se célébroient la nuit; & il nous apprend que les Poëtes Comiques de son tems ou de la nouvelle Comédie, dirigeoient ordinairement leurs Piéces contre ces abus; aussi la Scène de leurs Comédies étoit presque toujours le lieu même où se célébroient les Mystères (2): mais il trouvoit sans doute que le bien l'emportoit sur le mal.

L'Empereur ADRIEN chercha à remédier à ces abus; il fit pour cet effet divers Reglemens relatifs à la célébration des Mystères (3): mais comme on continua d'en abuser, ce fut un motif de plus qu'eut Théodose pour ordonner l'extinction totale de ces Mystères, que Valentinien, après les avoir supprimés, avoit rétablis sur les représentations de PRETEXTATUS, Proconsul de Gréce, personnage orné, selon ZOSIME, de toutes les vertus d'un Particulier & d'un Homme d'Etat (4). Il est vrai que Valentinien avoit ordonné qu'on rameneroit les Mystères à leur premier état de pureté & de simplicité: ce qui ne fut peut-être pas exécuté; quoique les Payens étant alors surveillés par les Chrétiens, dussent avoir beaucoup plus de décence, que lorsqu'ils étoient seuls maîtres du Monde.

N'omettons pas un passage de Plutarque qui répand un grand jour sur la haute antiquité des Mystères. « L'opinion, dit-il (5), que l'Univers ne s'est
» pas formé par hazard & sans une Intelligence qui le gouverne dans toutes
» ses révolutions, est très-ancienne : l'Auteur en est inconnu. Les Poëtes &
» les Philosophes la tiennent des anciens Législateurs & Théologiens. La créan-
» ce en est fermement établie, non-seulement dans la tradition & dans l'es-

---

(1) Des Loix, Liv. II. ch. 14.
(2) FABRICIUS, Bibl. Grecq. Liv. II. ch. 22.
(3) *Aurel.* VICTOR, Vie d'Adrien.
(4) Zozime, Liv. IV.
(5) D'Isis & Osiris.

» prit du Vulgaire, mais encore dans les Mystères & dans les Offices sa-
» crés de la Religion, tant parmi les Grecs que parmi les Barbares : elle est ré-
» pandue sur toute la terre ».

Les Mystères ne furent pas établis en effet pour enseigner l'unité d'un Dieu, & les dogmes de la création, de la Providence & d'une vie à venir ; mais pour transmettre ces grandes vérités qu'on avoit reconnues dans tous les tems, & qu'on tenoit, comme dit Platon, de la parole la plus ancienne. Ils furent établis en même tems pour les rappeller sans cesse aux hommes, & pour leur donner un point de réunion qui les fît réfléchir sur les avantages inestimables des sociétés, & qui leur fît sentir combien on seroit malheureux sans les Loix de l'Ordre, de cet Ordre qui n'est point arbitraire, qui ne peut dépendre du caprice d'un Législateur, & qui fut établi dès le moment de sa création, sans lequel même la création n'auroit pu avoir lieu, bien moins encore se soutenir.

C'est sur ce même esprit social qu'est fondée en partie la Communion Chrétienne, dont le but pour cette vie est de faire de tous les hommes un seul corps & un seul esprit par l'amour fraternel qui est la base du Christianisme, & l'effet nécessaire de l'ordre & de la qualité essentielle de l'homme, qui fut plutôt un être social qu'un être raisonnable, sa *raisonnabilité* n'étant qu'un moyen pour perfectionner & pour remplir la sociabilité qui est l'essence du genre humain.

CHAPITRE II.

DES PETITS MYSTÈRES.

§. I.

Cérémonie de Purification sur les bords de l'Ilissus.

L'EAU est l'emblême & la base de toute purification ; il n'est donc pas étonnant que toutes les cérémonies commençassent par l'eau, & auprès des fleuves : l'eau donnoit la pureté du corps, nécessaire pour paroître en société ; & elle devenoit le symbole de cette pureté & de cette candeur, nécessaire pour remplir ce que l'ordre & les devoirs réciproques exigent de tous ceux qui sont unis en société ; & qui étoient nécessaires pour être admis dans la société la plus parfaite.

Aussi la cérémonie de la Purification se faisoit-elle à Agra sur les bords de l'Ilissus, riviere d'Attique : & l'on appelloit ses rives, les *rives mystiques* de l'Ilisse. Ce fleuve est appellé-lui-même θεοποιος, Divin.

On se préparoit à cette espéce de baptême par une longue suite d'observances austères & de cérémonies propres à élever l'ame & à la remplir d'amour pour la vertu.

Dans la cérémonie de la Purification entroient du laurier, du sel, de l'orge, de l'eau de la mer, des couronnes de fleurs ; on passoit même au travers du feu. On étoit enfin plongé dans l'eau ; ce qui faisoit donner au Hierophante chargé de cette fonction le nom d'*Hydranos* ou de *baptiseur*. On finissoit par le sacrifice d'une truie pleine qu'on avoit lavée auparavant. Aristophane appelle souvent le cochon un *animal mystique*, parce qu'il étoit employé dans les cérémonies relatives aux Mystères.

Lorsque toutes ces conditions étoient remplies, on étoit admis aux petits Mystères, sous le nom de *Mystes*, comme si nous disions *voilés* ; & l'on ne pouvoit aller au-delà du Vestibule des Temples. L'on n'entroit dans l'intérieur & l'on ne voyoit tout à découvert que lorsqu'on étoit admis dans les grands Mystères : aussi l'on s'appelloit alors *Epoptes*, c'est-à-dire, qui voit tout à découvert, pour qui il n'y a plus de voile.

On remarque que Démetrius Polyocertes fut le seul qui ait été Epopte en même tems que Myste, c'est-à-dire, pour qui il n'y eut point d'intervalle entre sa réception dans les petits & dans les grands Mystères. Il vouloit conquérir le Ciel, comme il conquéroit les Villes.

Les grands Mystères ne se célébroient que chaque cinquiéme année, tandis que les petits se célébroient tous les ans ; il s'écouloit ainsi au moins une année entre ces deux sortes d'initiations.

L'initiation se faisoit toujours de nuit, & dans une Chapelle ; ce qui n'est pas étonnant, parce que la nuit inspire plus de respect & de crainte religieuse. C'est ainsi qu'on faisoit passer la nuit dans une Chapelle à ceux qu'on devoit armer Chevaliers. Pendant l'initiation, on avoit sur la tête une couronne de myrte ; & lorsqu'on entroit dans le Temple, on prenoit de l'eau sacrée qui étoit à l'entrée.

§. II.

Préliminaires de l'Initiation.

On demandoit à l'Aspirant s'il avoit mangé du fruit de Cérès : il répondoit, comme nous l'apprenons de Clément d'Alexandrie: (1) « j'ai mangé du tambour, j'ai bu de la cymbale, j'ai porté le Kernos, je me suis glissé dans le » lit (†): Εκ τυμπανε εφαγον, εκ κυμβαλε επιον, εκερνοφορησα, υπο τον παςον υπεδυον.

Julius Firmicus (2) rapporte une formule assez semblable à celle-là, mais qu'il semble que prononçoit un mourant pour pouvoir être admis dans le Temple: « j'ai mangé du tambour, j'ai bu de la cymbale: je suis devenu initié ».

Le symbole des Mystères consistoit dans une formule qui avoit beaucoup de rapport à celles-là. On disoit: « j'ai jeûné, j'ai bu du cycéon, j'ai pris de la » corbeille, j'ai mis dans le panier, ayant opéré j'ai remis du panier dans la » corbeille (3) ».

On jeûnoit donc avant cette cérémonie, ensuite on faisoit goûter des fruits renfermés dans une espéce de boëte appellée *tambour*; on buvoit de la liqueur appellée *cycéon*, contenue dans un vase qu'on appelloit *cymbale*, à peu près comme ces grands gobelets de métal appellés *tymbales*. Ce cycéon étoit une mixtion de vin, de miel, d'eau & de farine, comme on l'apprend des Anciens (4); mais on n'y trouve rien qui serve à expliquer les mots *tambour* & *cymbale*; on est réduit à deviner.

Quant au *kernos* qu'on disoit dans l'initiation avoir porté, c'étoit un vase de terre qui contenoit des pavots blancs, du blé, du miel, de l'huile.

La corbeille & le panier renfermoient à peu près les mêmes choses; c'est cette corbeille qu'on voit toujours dans les peintures des Mystères.

Si vous demandez aux Anciens & aux Mythologistes ce que désignoient tous ces symboles, ils répondront que c'étoit un mémorial ou une imitation de tout ce qui étoit arrivé à Cérès: qu'étant parvenue dans l'Attique, après

---

(1) Exhortation aux Gentils, p. 14.

(†) J'ai suivi, pour ces derniers mots, la traduction du Savant Potter, dans sa belle Edition de Clément d'Alex. J'avoue cependant que je n'en suis pas content: il faut que les mots rendus par *lit* & par *se glisser*, ayent quelque sens figuré différent de ceux qu'on leur donne ici. *Paston*, qu'on rend par *lit*, désigne plutôt un lit à manger qu'un lit à coucher; idée que n'offre pas le mot *lit*: on devroit traduire dans ce sens, *je me suis glissé à table*.

(2) Erreur des Religions profanes, ch. XIX.

(3) Clém. d'Alex. ib. p. 18.

(4) Hesychius, art. Κυκεων.

un long jeûne & de longues courses, une femme nommée Baubo l'engagea à manger & à boire, en la faisant rire & se montrant à elle sans aucun voile : « elle but alors avec plaisir & d'un seul trait tout le cycéon », dit un vers d'Orphée cité par ARNOBE (1) :

Perducit totum Cyceonis læta liquorem.

Mais ces explications ne sont qu'un voile de plus ; c'est une allégorie substituée à une autre. Pour découvrir la vraie cause de ces institutions, il faut en considérer le but. Ces Mystères étoient établis pour rappeller les heureux effets de l'invention de l'Agriculture : on mangeoit donc des fruits dont on lui étoit redevable, & on buvoit une boisson dans laquelle entroient ces fruits. On l'avale à longs traits, pour montrer combien cette boisson étoit salutaire, & combien on avoit été à plaindre dans le tems qu'on en étoit privé.

Si on transporte les fruits de Cérès de la corbeille dans le panier, & du panier dans la corbeille, c'étoit un emblème de la circulation continuelle qui se fait dans le labourage, où après avoir mis son grain en terre, on l'en retire par la moisson, pour le rendre de nouveau à la terre par de nouvelles semailles.

§. III.

Introduction de l'Initié dans le Temple.

Après ces questions & ces réponses, les Récipiendaires étoient introduits dans le Sanctuaire du Temple, au milieu de la plus profonde obscurité. Tout-à-coup, le voile se léve, & la plus vive lumiere fait voir la statue de Cérès magnifiquement ornée. Tandis qu'on la considere, la lumiere disparoît & l'on est plongé de nouveau dans la nuit : l'horreur en est augmentée par tout ce que l'industrie humaine peut imaginer de terrible. Le tonnerre gronde de toutes parts, l'éclair brille, la foudre tombe avec fracas, l'air est rempli de figures monstrueuses, le Sanctuaire tremble, la terre mugit. Enfin, le calme succéde à la tempête, au fracas des élémens déchaînés. La scène se déploye & s'étend au loin, le fond du Sanctuaire s'ouvre & on apperçoit une prairie agréable où l'on va danser & se réjouir.

N'omettons pas que chaque Initié étoit obligé de copier les Loix de l'initiation, & qu'il ne pouvoit quitter l'habit qu'il portoit pour cette initiation jus-

---

(1) Liv. V.

qu'à

qu'à ce qu'il fût ufé : quelques-uns en faifoient des bandes pour leurs enfans au maillot.

Le Temple de Cérès à Eleufis où fe donnoient ces fpectacles, étoit très-bien difpofé pour cela : il étoit d'une grandeur immenfe. STRABON dit (1) que le Dôme feul, conftruit par Ictinus, pouvoit contenir un nombre prodigieux de perfonnes. VITRUVE entrant dans un plus grand détail (2), nous apprend « qu'Ictinus conftruifit le Dôme de Proferpine & de Cérès Eleufinienne; que » l'Architecture en étoit Dorique; & fa grandeur, immenfe : mais qu'il étoit » dénué de colonnes extérieures, fi utiles pour les facrifices. Que Philon, dans » le tems que Démétrius de Phalere regnoit à Athènes, fit élever des colon-» nes devant ce Temple, & y forma un Péryftile : que ce portique fut auffi » commode qu'agréable pour les Initiés, & qu'il augmenta de beaucoup la » majefté de cet édifice.

ARISTIDE rapporte comme une chofe merveilleufe & furprenante, que de toutes les affemblées de la Gréce (3), celle-ci étoit la feule qui fe trouvât renfermée dans un feul bâtiment.

Ce Temple devint un des plus riches de la Gréce; & il fut conftamment refpecté, ainfi que le terrein qui en dépendoit, au milieu de toutes les guerres des Grecs entr'eux, & par lefquelles ils fe déchiroient continuellement les uns les autres avec un acharnement indigne d'un Peuple auffi vanté.

STOBÉE nous a confervé dans fon Dictionnaire le paffage d'un Auteur ancien qui peignit d'une maniere très-vive le fpectacle effrayant des initiations.

« L'ame, dit cet Auteur, éprouve à la mort les mêmes paffions qu'elle ref-» fent dans l'initiation; & les mots même répondent aux mots, comme les » chofes répondent aux chofes; *mourir* & *être initié*, s'expriment par des ter-» mes à peu près femblables ». (*Teleutan* & *teleifthai* : ces deux mots viennent également de *tel*, fin; la mort eft la fin de la vie animale. L'initiation eft la fin de la vie profane, c'eft une mort au vice). « Ce n'eft d'abord qu'erreurs » & incertitudes, que courfes laborieufes, que marches pénibles & effrayan-» tes à travers les ténèbres épaiffes de la nuit. Arrivé aux confins de la mort » & de l'initiation, tout fe préfente fous un afpect terrible; ce n'eft qu'horreur, » tremblement, crainte, frayeur. Mais dès que ces objets effrayans font paf-

---

(1) Liv. IX.
(2) De Architect. Præfat. ad Lib. VII.
(3) Eleufin. Oratio.

Hift. du Cal.

» sés, une lumiere miraculeuse & divine frappe les yeux, des plaines brillan-
» tes, des prés émaillés de fleurs se découvrent de toutes parts, des hymnes
» & des chœurs de musique enchantent les oreilles. Les doctrines sublimes
» de la science sacrée y font le sujet des entretiens. Des visions saintes & res-
» pectables tiennent les sens dans l'admiration. Initié & rendu parfait, on est
» désormais libre, on n'est plus asservi à aucune contrainte. Couronné &
» triomphant, on se promene par les régions des Bienheureux, on converse
» avec des hommes saints & vertueux, & l'on célèbre les sacrés Mystères au
» gré de ses désirs ». Tel étoit ce jour qu'on appelloit *régénération, nouvelle
naissance.*

Apulée peignit ainsi son initiation aux Mystères d'Isis (1).

Lorsque le tems en fut arrivé, une nombreuse compagnie de Prêtres le conduisirent au bain : on l'arrosa d'eau lustrale; on le fit entrer dans le Temple où
on le plaça devant la statue de la Déesse : on lui ordonna de jeûner pendant
dix jours, sans manger de viande & sans boire de vin. Ces dix jours écoulés,
le monde court en foule pour le voir & chacun lui fait des présens, suivant l'ancienne coutume. Le monde retiré, on le revêt d'un surplis de lin & on l'introduit dans le *Sanctuaire*. Là, dit-il, je fus ravi jusques aux confins de la
mort, & m'étant avancé jusques sur le seuil de Proserpine, je revins sur mes
pas après avoir été promené par tous les élémens. Au milieu de la nuit, j'apperçus le Soleil étincelant de lumiere; je vis les Dieux des Enfers & des Cieux:
je m'approchai d'eux & les adorai. Il ajoute qu'il ne peut dire ce qui se passa le
reste de la nuit. Quand le jour fut arrivé, il fut placé sur un siége de bois au
milieu du Temple, devant l'image de la Déesse, avec un habit de lin rayé de
blanc, de pourpre, de bleu & d'écarlate ; (couleurs qui désignent, sans doute, les quatre Elémens : le blanc, l'Air ; le bleu, l'Eau ; l'écarlatte, le Feu ; le
pourpre, la Terre caractérisée par le sang des Etres qui l'habitent ; usage qui
vint de l'Orient où la Terre & l'Homme portent le nom d'*Adam* qui signifie
également *sang & rouge*.) Il portoit de plus un Manteau long parsemé de dragons & de griffons, & appellé *Etole Olympiaque*. De la main droite il tenoit
une torche allumée, & avoit sur la tête des palmes blanches arrangées en
forme de rayons. Levant alors les voiles du Temple, on le fit voir à tout le
Peuple ; on célébra ensuite par un festin sa nouvelle naissance : on répéta les

---

(1) Ane. d'Or, Liv. XI.

DU CALENDRIER.

mêmes cérémonies deux jours après, & tout se termina par un repas fait aux Prêtres & aux Initiés, & par un Sacrifice propitiatoire.

Il rapporte ensuite sa priere à Isis, qui contient entr'autres cette phrase: » Les » Dieux célestes vous adorent, les Infernaux vous craignent: vous faites mou- » voir l'Univers & briller le Soleil, vous gouvernez le Monde & vous foulez » l'Enfer à vos pieds ».

Il avoit dit plus haut que l'Enfer & le Ciel sont dans les mains de cette Déesse; qu'elle peut plonger dans le Tartare ou introduire dans les Isles fortunées qui il lui plaît. Son Traducteur que j'ai déja cité I. de *Montlyard*, & qui dédia son Ouvrage à un Conseiller & Aumônier du Roi (1), se sert constamment d'expressions consacrées par la Religion Chrétienne, qui font un singulier effet. » Le *Cloître des Enfers* & la tutelle du *Salut* sont en ses mains, lui » fait-il dire; elle peut *damner*, elle peut *sauver* qui bon lui semble. » Il y trouve les Matines, les Vêpres, les Religieux, les Sacremens, les Reliquaires, &c.

§. IV.

Symbole des Mystères.

N'omettons pas qu'on montroit dans les Cérémonies de l'Initiation le symbole de la Nature fécondante, & celui de la Nature fécondée, comme étant des Symboles de l'Agriculture qui féconde la Terre, & des heureux effets qui en résultent pour la population des Etats, & la prospérité des Sociétés, puisque celles-ci, sans l'Agriculture, n'auroient point de consistance & seroient réduites à quelques peuplades foibles & isolées.

On y prononçoit ces mots barbares venus de l'Orient avec les Mystères même, KONX HOM PAX. Le CLERC tenta de les expliquer; & les dénaturant en *Kots Hamphets* (2), il leur fit signifier *veillez & abstenez-vous (du mal)*. WARBURTHON & M. de VOLTAIRE ont adopté cette explication. M. LARCHER l'a rejettée, & a fait imprimer la Lettre d'un Savant qui assure qu'il est impossible d'expliquer ces mots.

On pourroit y voir cependant trois mots Orientaux *Konx hom patse*, כנס הם פצה , qui signifieroient, *Peuples assemblés, prêtez l'oreille*, ou *silence*. Ce

---

(1) Jean de ROUEN, Seigneur de Heunieres, Conseiller & Aumônier du Roi, Proviseur du Collége des Trésoriers, &c.

(2) Bibl. Univ. Tom. VI.

S s ij

seroit l'équivalent du mot Klythi, *écoutez*, qui revient sans cesse dans les Hymnes d'Orphée.

Eusèbe & Clément d'*Alexandrie* rapportent un fragment d'un de ces Hymnes qu'on chantoit à l'ouverture des Mystères; & propre à en donner une grande idée.

» Je vais, disoit l'Hiérophante, je vais déclarer un secret aux Initiés. Qu'on
» ferme l'entrée de ces lieux aux Profanes. O Musée, toi qui es descendu de la
» brillante *Sélène*, sois attentif à mes accens; je t'annoncerai des vérités im-
» portantes. Ne souffre pas que des préjugés & des affections antérieures t'en-
» levent le bonheur que tu souhaites de puiser dans la connoissance des vérités
» mystérieuses. Considere la Nature Divine, contemple-la sans cesse, régle
» ton esprit & ton cœur; & marchant dans une voie sûre, admires le Maître
» de l'Univers. Il est un, il existe par lui-même; c'est à lui que tous les Etres
» doivent leur existence, il opere en tout & par-tout; invisible aux yeux des
» Mortels, il voit lui-même toutes choses.

Les Etrangers n'étoient pas seuls exclus de la célébration des Mysteres; mais tous les Profanes, les Homicides même involontaires, les Magiciens, les Impies, les Scélérats, &c. C'étoit une espèce d'excommunication: elle résultoit naturellement de la haute idée qu'on avoit des Mysteres & du but qu'on s'étoit proposé en les établissant.

CHAPITRE III.

Des Ministres qui présidoient aux Initiations.

Les Initiations & les Mystères d'Eleusis, étoient dirigés par quatre Ministres, l'Hiérophante ou l'Orateur Sacré, le Dadouque ou le Porte-Flambeau, le Ministre de l'Autel, & le Céryce ou Héraut.

De ces quatre Ministres, le premier représentoit le *Démiurgue* ou le Créateur; le second, le Soleil; le troisième, la Lune; & le quatrieme, Mercure. C'est Eusèbe lui-même qui nous l'apprend (1).

Nous avons donc ici la clé des quatre Divinités qu'on adoroit dans les

---

(1) Prépar. Evang. Liv. III.

DU CALENDRIER.

Myſtères de Samothrace, ſur le nom deſquelles on n'a jamais pu s'accorder ; mais dont on convient que Mercure étoit du nombre, & qu'il étoit appellé CAMILLE. Les trois autres étoient donc le Dieu ſuprême, le Soleil & la Lune ; préciſément les trois Divinités des Laboureurs, dont parle Sanchoniaton (1). Ce qui vient à l'appui de tout ce que nous avons dit à ce ſujet, & fait voir l'accord qui regne entre la Mythologie de tous les Peuples.

L'HIÉROPHANTE étoit le Chef des Myſtères : c'eſt lui qui recevoit les Initiés, & il n'étoit pas permis de dire ſon nom (†). Il portoit les ſymboles du Créateur. Il étoit remarquable par ſes habits, par ſa chevelure, & par ſon diadême ou ſa couronne. Il devoit être Athénien, & ne devoit être attaché à aucune autre Divinité : il étoit à vie & devoit garder une continence perpétuelle, du moins à Athènes ; car chez les Céléens, l'Hiérophante changeoit tous les quatre ans & pouvoit ſe marier : auſſi n'étoit-il pas obligé de faire uſage de cigue (2). Ceux d'Athènes étoient de la race d'Eumolpe ; c'eſt pourquoi on les appelloit *Eumolpides*. L'Hiérophante portoit auſſi le nom de *Myſtagogue*, c'eſt-à-dire, *Conducteur des Initiés*.

Le DADOUQUE, ou Porte-Flambeau, par excellence. Il ſe faiſoit remarquer également par ſa chevelure & ſon diadême. Il étoit à vie & pouvoit ſe marier. Il portoit l'image du Soleil.

Le MINISTRE de L'AUTEL, qu'on place mal-à-propos au quatrieme rang, portoit le ſymbole de la Lune. Euſèbe n'eſt pas le ſeul qui en parle (3). On le retrouve dans la Proceſſion d'Iſis décrite par Apullée dans ſon XI.e Livre.

Le CERYCE, ou Héraut, étoit tiré de la famille des *Ceryces*, dont le Chef étoit, diſoit-on, *Ceryx*, fils de Mercure, & de Pandroſe, fille de Cecrops. Comme *Ceryx* ſignifie auſſi Héraut, la plûpart traduiſent ce mot par *Héraut* : mais il exiſte un Ouvrage dans lequel on ſe propoſa de prouver qu'en parlant des Myſtères d'Eleuſis, on doit conſerver le nom même de *Ceryces* (4) comme étant

---

(1) Allégor. Orient. p. 10. & 63.

(†) C'eſt ainſi qu'il n'eſt pas permis de dire le nom de *Jehovah* chez les Juifs : que la Ville de Rome portoit un nom qui devoit être inconnu : que dans les Myſtères de Samothrace on n'en déſignoit les trois Divinités que par des épithètes.

(2) S. Jérôme contre Jovinien, Liv. I.

(3) Prép. Ev. Liv. III.

(4) Journal Littér. Tom. XX. p. 98. ann. 1733. à l'occaſion du IV. Vol. de l'Hiſt. anc. de M. Rollin.

devenu le nom propre de cette famille, & qu'on ne doit pas le rendre par le mot générique *Héraut*. Le Ceryce étoit armé du Caducée, symbole de Mercure; il écartoit les Profanes & prononçoit les formules.

Quant aux Mystères, ils étoient dirigés par un Prêtre, appellé *le Roi*, & par quatre Inspecteurs qui en relevoient. Il présidoit aux Mystères, & avoit soin qu'on ne manquât à aucune formalité : il étoit le Maître des Cérémonies, lorsque la Procession alloit d'Athènes à Eleusis & qu'elle en revenoit. De ceux qui étoient sous lui, le troisieme devoit être un Eumolpide, & le quatrieme un Ceryce, & tous Citoyens d'Athènes.

Il y avoit enfin dix Personnes préposées pour les Sacrifices, & qui en portoient le nom d'*Hieropœes*.

CHAPITRE IV.

Des Grands Mystères.

§. I.

Description de cette Fête.

Les Grands Mystères se célébroient au mois de Boedromion, & ils commençoient le 15 de ce mois (1), précisément à la pleine Lune, ainsi que toutes les grandes Solemnités Nationales. Ils duroient neuf jours, comme s'en est apperçu Meursius qui nous servira de guide sur leur distribution.

Le premier jour s'appelloit *Agyrme*, c'est-à-dire *Convocation* (2). Il étoit employé aux purifications, aux ablutions, à la réception des Initiés.

Le second jour étoit appellé *Aladé-Mystai*, ou, *Initiés, à la mer*! c'est la formule dont se servoit le Héraut pour avertir les Initiés, que ce jour-là on se rendoit à la mer afin de continuer les purifications commencées. Chabrias & Phocion encouragés par la solemnité du jour dont ils tiroient un bon augure, livrerent ce jour-là un combat naval près de Naxos, qu'ils gagnerent : & toutes les années à pareil jour, Chabrias régaloit les Athéniens en mémoire de cette

---

(1) Plutarq. Vie d'Alexand. & Vie de Camille.
(2) Hesychius.

victoire d'autant plus agréable, qu'elle étoit la premiere que les Athéniens avoient remportée avec leurs seules forces depuis la prise de leur Ville (1).

Le troisieme jour étoit celui des Sacrifices : ils consistoient en farine, en gâteaux & en un Barbeau. On donnoit diverses raisons du choix qu'on faisoit de ce poisson dans cette occasion : aucune n'étoit peut-être la vraie ; d'ailleurs le Barbeau étoit consacré à Cérès ; les Initiés l'adoroient, dit Plutarque (2), & n'en pouvoient manger. La farine, les gâteaux étoient d'ailleurs l'offrande la plus convenable à Cérès.

Le quatrieme jour étoit destiné à la Procession du Panier ou de la Corbeille sacrée, de cette Corbeille qui représentoit celle où Proserpine mettoit les fleurs qu'elle cueilloit lorsqu'elle fut enlevée par Pluton.

Cette Corbeille étoit sur un char tiré par des bœufs, & dont les roues étoient massives en forme de cylindre. Le char étoit suivi de femmes qui crioient par intervalles KHAIRE DÉMÉTER, *Salut*, *Cérès* : elles portoient des Corbeilles mystiques fermées avec des rubans couleur de pourpre, & qui contenoient du sésame ou blé d'Inde, des pyramides, de la laine travaillée, un gâteau, un serpent, du sel, une grenade, du lierre, des pavots, &c. symboles de la vie, & de l'Agriculture qui en est le soutien, ainsi que de la population immense qu'elle produit.

Tandis que le char passoit, personne ne pouvoit le regarder d'en haut, ni des fenêtres, ni des toits, &c.

Le cinquieme jour, on faisoit une Procession de nuit, & aux flambeaux, pour imiter les courses nocturnes de Cérès pendant qu'elle cherchoit sa fille : hommes & femmes y assistoient. Ces flambeaux étoient consacrés à Cérès, & c'étoit à qui en auroit de plus beaux & de plus grands.

Le sixieme jour s'appelloit *Iakkhus*. Ce jour-là, on portoit en Procession, d'Athènes ou du Ceramique à Eleusis, la Statue d'un jeune homme appellé de ce nom, qu'on disoit être fils de Cérès, & qui avoit un Temple à Athènes (3). Il étoit armé d'un flambeau, parce qu'il avoit accompagné sa mere dans ses courses : il avoit, de même que les Initiés, une couronne de myrthe, emblême de la douleur, disoit-on. On l'accompagnoit en chantant & en dansant au son des instrumens d'airain, en offrant des Sacrifices, en remplissant

---

(1) Plutarq. Vie de Phocion.
(2) De solertia anim.
(3) Plut. Vie d'Aristides.

diverses cérémonies sur la route ; & en chantant, selon la traduction d'Amyot, le *sainct Cantique de Iacchus*.

Le chemin que tenoit cette Procession s'appelloit la *Voye sacrée :* elle étoit traversée par le Céphise sur lequel on avoit construit un pont en faveur de la solemnité. Ce pont étoit rempli ce jour-là de personnes qui prenoient plaisir à faire assaut de paroles avec ceux qui passoient : ensorte que du mot *gephyra*, un pont, on fit *gephyrizein*, plaisanter, se moquer.

Cette Procession fournit à Alcibiades une belle occasion de se distinguer. Les Lacédémoniens, maîtres de Décélie, bloquoient par terre les Athéniens, ensorte qu'ils ne pouvoient plus se rendre à Eleusis que par mer, lorsqu'Alcibiades arriva à Athènes, après avoir remporté de très-grands avantages en Asie. Il se mit en tête, comme une action méritoire envers les Dieux & glorieuse envers les Hommes, de faire passer la Procession d'Iakkhus par terre, malgré les troupes Lacédémoniennes ; pensant ou qu'elles n'oseroient l'attaquer, ce qui releveroit sa gloire, ou qu'on les battroit par un effet de la confiance dans les Dieux dont on célébroit la Fête. La Procession traversa donc l'Attique à l'ordinaire, sous l'escorte d'une armée Athénienne conduite par Alcibiades, & qui marchoit en bon ordre & en silence, sans que les Lacédémoniens osassent se montrer. » Ce » qui fut, ajoute Plutarque (1), une conduite d'armée fort vénérable, pleine » de grande saincteté, & en laquelle, si les envieux vouloient confesser la vé- » rité, ils diroient qu'Alcibiades fit autant office de Grand-Prêtre & de Sou- » verain Pontife que de Grand Capitaine.

Le septieme jour étoit consacré à des jeux & à des combats feints dont les prix consistoient en orge. Ces jeux remontoient à la plus haute Antiquité. Ils avoient été institués en mémoire de l'invention du Labourage : mais ils étoient la suite naturelle de toute assemblée champêtre : les jeunes gens y disputeront toujours à qui s'y montrera le plus leste, le plus adroit, le plus agile, le plus fort : de-là toutes les fêtes votives en usage dans diverses provinces, auxquelles il ne manque que des prix pour en faire des jeux semblables à ceux des Grecs.

Le huitieme jour s'appelloit les *Epidauries*. On disoit qu'à pareil jour Esculape étoit venu d'Epidaure à Athènes pour se faire initier ; mais qu'étant arrivé à la fin des Mystères, on les avoit recommencés en sa faveur. Le vrai est que les cérémonies de ce jour étoient consacrées à ceux qui n'avoient pu assis-

_____

(1) Plutarq. Vie d'Alcibiad.

ter à celles des jours précédens. Ce qui étoit très-sagement institué; puisque ces Mystères étant une cérémonie de fraternité, & propre à affermir dans le chemin du bonheur, il eût été trop fâcheux d'être privé entierement de leur participation.

Il n'est pas étonnant d'ailleurs que ce jour fût consacré à Esculape; car l'I-nitiation de ce Dieu n'est qu'un conte qui couvroit une grande vérité: c'est que ce jour étoit un jour de salut pour ceux qui le voyoient & que des indispositions ou d'autres obstacles avoient empêchés d'assister aux cérémonies des jours précédens. Ajoutez à cela que l'Agriculture étoit le salut de l'humanité sur cette terre, & qu'elle devenoit naturellement le symbole du salut de cette même humanité dans la vie à venir. Ovide met dans la bouche d'Ochirroé (1) cette prédiction sur la grandeur future d'Esculape encore enfant:» Crois, enfant » divin, source de salut pour l'Univers: des corps mortels te seront redevables » de la vie; des ames ravies te devront leur rétablissement.... D'un Dieu tu » deviendras un corps sans mouvement; mais tu recouvreras la divinité: deux » fois tu verras changer ta destinée. »

Le neuvieme & dernier jour s'appelloit *Plémokhoé*, du nom d'un grand vase de terre, plus large en haut qu'en bas, & assez profond, à peu près comme ceux qui sont en usage dans les laiteries. Ce jour-là, le dernier de la Fête, comme nous l'apprenons d'ATHÉNÉE d'après un Auteur nommé PAMPHILE (2), on prenoit deux de ces vases & les plaçant, après les avoir remplis d'eau, l'un au Levant & l'autre au Couchant, on se tournoit successivement de leur côté en récitant des prieres; & lorsqu'elles étoient finies, on renversoit l'eau dans une espéce de gouffre, en prononçant ce vœu contenu dans le *Pirithous* d'EURIPIDE: » Puissions-nous renverser, sous les meilleurs auspices, l'eau de » ces vases, dans le gouffre terrestre. »

C'étoit donc ici des libations aux Dieux du Ciel & des Enfers, pour l'heu-reux succès de la célébration des Mystères.

Ainsi se terminoient ces cérémonies, pendant lesquelles il n'étoit permis d'arrêter ni de décreter personne; il étoit juste en effet qu'une Fête établie pour le salut commun, ne fût pas ternie par le malheur particulier.

Il étoit aussi contre l'usage qu'on y parût ou qu'on s'y rendît en voiture, même les Dames: DÉMOSTHÈNES fait un crime à MIDIAS de ce que sa femme

---

(1) Métamorph. Liv. II. Fab. XIV.
(2) Liv. XI. ch. XV.

paroissoit aux Mystères de Sicyone sur un char attelé de deux chevaux blancs.

Quant aux choses nécessaires pour la Fête, elles se transportoient d'Athènes à Eleusis sur des ânes. L'âne passoit ainsi pour l'animal des Mystères. C'est une nouvelle preuve de la haute antiquité des Mystères, établis dans des tems où on ne faisoit pas encore usage de chevaux, sur-tout dans l'Attique, pays montueux plus propre aux ânes qu'aux chevaux.

§. I I.

Objet de ces Fêtes.

Telle étoit cette Fête dans laquelle se déployoit toute la pompe dont la Religion peut être susceptible, & dont le but étoit de rendre graces à la Divinité des biens dont jouissoient les Hommes, & de porter ceux-ci à faire de ces biens le meilleur usage possible, par le sentiment du bonheur qui en seroit la suite sur cette Terre & dans la Vie à venir. Les cérémonies qu'on y pratiquoit n'étoient que des emblêmes & de ce bonheur & des moyens propres à y parvenir, tels que la pureté & la pratique de toutes les vertus.

Rien n'est plus capable que la vue de ces Cérémonies, de donner une haute idée de l'élévation d'ame de ceux qui les premiers les établirent ; qui surent appercevoir leur liaison avec l'ordre nécessaire pour maintenir les Sociétés & pour les faire prospérer ; & qui surent suppléer par ces moyens d'instruction frappans & à la portée de tout le monde, aux difficultés qu'on rencontroit dans les premiers tems pour éclairer les Hommes. Si la lumiere a tant de peine à percer dans ces tems actuels, malgré les ressources infinies qu'on a pour la répandre, avec quelle lenteur ne se seroit-elle pas propagée dans ces premiers tems, si l'on n'eût trouvé ainsi le moyen de la mettre en action & de la rendre agréable à tout le monde ?

C'est ainsi que l'Homme ne se manque jamais au besoin; & que l'on trouvera toujours dans ces mêmes besoins, la raison de tout ce qu'il a fait.

Il est fâcheux qu'on ne nous ait pas transmis les formules des prieres qu'on employoit dans ces occasions; & que le secret dans lequel on les enveloppoit, afin de les rendre plus respectables, joint au mépris dans lequel elles tomberent, les ait fait perdre. A en juger par le fragment de la priere qui en faisoit l'ouverture & que nous avons rapporté ci-dessus, elles donneroient une haute idée des connoissances de ceux qui les établirent, & de cette sagesse profonde avec laquelle ils n'admettoient qu'un seul Dieu, une Providence, une vie à venir pour la punition ou la récompense des Hommes.

Ce seroit encore de nouvelles preuves que des hommes qui pensoient ainsi, ne purent commettre ce qu'on leur impute, d'avoir déifié des hommes, & sur-tout des scélérats qui se seroient rendus coupables des crimes les plus odieux : qu'ainsi tout ce qu'ils disoient à cet égard n'étoit que des emblêmes ; de même que toutes leurs cérémonies & les objets qu'on y présentoit aux Hommes, & qu'on a regardé, mal-à-propos, comme des encouragemens au vice, n'étoient elles-mêmes que des emblêmes de la conduite qu'on devoit tenir, si l'on vouloit être heureux & utile à soi & aux autres.

Tout cela ne devint un mal que lorsqu'on laissa l'objet signifié pour ne voir que le symbole : qu'on ne vit dans toutes ces choses que des cérémonies vaines & frivoles, purement terrestres & corporelles : qu'on crut qu'elles se rapportoient uniquement à des histoires du vieux tems ; en un mot, lorsqu'on les eût totalement dénaturées.

On commença par des jours de lumiere ; on finit par des jours de ténébres & d'obscurité : c'est à nous à dissiper ces ténébres : mais croire que tout a commencé par les ténébres, par ce cahos qu'offrent la Mythologie & les origines de tous les Peuples, c'est s'égarer soi-même ; c'est imiter ceux qui ne voyoient, dans les anciennes cérémonies, rien que de terrestre & d'historique.

§. III.

Préambules de diverses Loix, relatifs à ces Mystères.

La vérité de ce que nous exposons ici, paroîtra dans tout son jour, en la rapprochant des idées que les Anciens se formoient de la Divinité & des cérémonies religieuses. Le préambule des Loix de ZALEUCUS est à cet égard de la plus grande beauté : il tiendra lieu des préceptes & des exhortations dont on accompagnoit les Mystères, & qui n'existent plus : car Zaleucus y parle comme un Initié : ce qui n'est pas étonnant, les Mystères & les Législations ayant toujours été d'accord.

» Tout Habitant, dit ce Législateur, soit de la ville ou de la campagne,
» doit avant tout, être fermement persuadé de l'existence des Dieux ; & il ne
» peut en douter s'il contemple les Cieux, s'il envisage le Monde, s'il consi-
» dere la disposition, l'ordre & l'harmonie de cet Univers, qui ne sçauroit
» être ni l'ouvrage de l'Homme, ni l'effet du hasard aveugle. On doit adorer
» les Dieux comme auteurs de tous les biens dont nous jouissons. Il faut donc
» préparer & disposer son cœur de maniere qu'il soit exempt de toutes sortes de

» souillures; & se persuader que la Divinité n'est point honorée par le culte des
» méchans, qu'elle ne prend aucun plaisir à de pompeuses cérémonies, &
» qu'elle ne se laisse point fléchir, comme les Humains, par des oblations de
» grand prix, mais uniquement par la vertu & par une disposition constante à
» faire de bonnes actions. C'est pourquoi chacun doit travailler autant qu'il
» peut, à devenir honnête & dans ses principes & dans sa conduite : ce qui
» le rendra cher & agréable aux Dieux. Il doit appréhender ce qui conduit au
» deshonneur & à l'infamie, plus que la perte de ses richesses & de ses biens;
» & estimer comme le meilleur Citoyen, celui qui sacrifie tout ce qu'il possè-
» de, plutôt que de renoncer à l'honnêteté & à l'amour de la justice. Mais
» ceux dont les passions sont si violentes, qu'elles les empêchent de goûter
» ces maximes, doivent avoir devant les yeux la crainte des Dieux; réfléchir
» sur leur nature & sur les jugemens terribles qu'ils réservent aux méchans. Ils
» doivent toujours avoir présent à l'esprit le terrible moment de la mort, où tous
» arrivent tôt ou tard ; moment auquel le souvenir des crimes qu'on a com-
» mis, remplit l'ame de remords cruels, accompagnés du regret infructueux
» de n'avoir point réglé leur conduite conformément aux maximes de la jus-
» tice. Que chacun donc veille sur ses démarches, comme si le moment de
» la mort étoit proche & devoit suivre chacune de ses actions. C'est le vrai
» moyen de ne jamais s'écarter des égards dûs aux régles de la justice & de
» l'équité. Mais si le *Mauvais Démon* le harcele, & l'excite au mal, qu'il se ré-
» fugie aux Autels & aux Temples des Dieux, comme au plus sûr asyle con-
» tre ses attaques; qu'il regarde toujours le mal comme le plus dur & le plus
» cruel des tyrans; & qu'il implore l'assistance des Dieux pour l'éloigner de
» lui; que pour cet effet, il ait aussi recours à des personnes estimées à cause
» de leur probité & de leur vertu; qu'il les écoute discourir sur le bonheur
» des gens de bien & sur la vengeance réservée aux méchans (1).

Si ce discours de Zaleucus paroît suspect de fraude pie, en voici un qui ne
le sera pas; c'est le préambule que Ciceron a mis à la tête de son Système sur
les Loix, & où il fait gloire de marcher sur les traces de Zaleucus (2).

» Je crois, dit cet auguste Romain, qu'avant que d'exposer la Loi, il est à
» propos de faire quelque préambule en son honneur, à l'exemple de Platon

---

(1) Sohœm. Serm. XLII. Voyez Differt. sur l'Union de la Religion, de la Morale &
de la Politique. Lond. 1742. Tom. II. p. 169.

(2) De Legib. Lib. 2. ch. 6.

DU CALENDRIER.

« le plus savant & en même tems le plus sage des Philosophes, qui outre son
» Traité de la *République*, le meilleur en ce genre, a écrit un Traité particu-
» lier des Loix. J'observe aussi que cette méthode a été celle de ZALEUCUS & de
» CHARONDAS, qui ont fait des Loix pour leurs Concitoyens, non par esprit
» d'étude ni d'amusement, mais en vue du bien public & pour l'usage de leur
» Patrie. Platon qui les a imités, a cru comme eux qu'il étoit du ressort des
» Loix, de gagner quelquefois les esprits par la persuasion & qu'il ne falloit
» pas toujours employer la force des menaces & des châtimens.

» Les Peuples avant tout doivent être fermement persuadés de la puissance
» & du Gouvernement des Dieux; qu'ils sont les Seigneurs & les Maîtres de
» l'Univers; que tout est dirigé par leur pouvoir, leur volonté, & leur Provi-
» dence, & que le Genre-Humain leur a des obligations infinies. Ils doivent
» être persuadés que les Dieux connoissent intimément l'intérieur d'un chacun,
» ce qu'il fait, ce qu'il pense; avec quels sentimens, avec quelle piété il rem-
» plit les actes de Religion; & qu'ils distinguent l'homme de bien d'avec le
» méchant. Si l'esprit est bien imbu de ces idées, il ne s'écartera jamais ni du
» vrai, ni de l'utile. Comment pourroit-t-on pousser l'ignorance & la stupi-
» dité au point de s'imaginer que l'Homme est pourvu d'esprit & de raison,
» & de croire que le Ciel & le Monde sont dépourvus de tout principe de lu-
» miere & de connoissance, ou que nulle Intelligence ne préside à la direc-
» tion des choses que les plus grands efforts de l'intelligence humaine peuvent
» à peine nous faire concevoir? Peut-on mettre au rang des Humains celui
» que le cours des astres, les vicissitudes du jour & de la nuit, la tempéra-
» ture des saisons & les diverses productions qu'offre la fécondité de la Terre,
» ne peuvent exciter à la reconnoissance? Comme toutes les choses qui sont
» douées de raison, sont sans contredit plus excellentes que celles qui en sont
» dénuées, & qu'il y auroit de l'impiété à dire qu'une partie de la Nature fût
» plus excellente que la Nature entiere, on doit nécessairement reconnoître
» & avouer que la Nature est douée de raison; l'on ne sauroit nier le bien qui
» résulte de ces opinions, si l'on fait réflexion à la stabilité que les sermens
» mettent dans les affaires de la vie & aux effets salutaires qui résultent de la
» nature sacrée des Traités & des Alliances. Combien de personnes ont été
» détournées du crime par la crainte des châtimens divins? Et combien pure
» & sainte doit être la vertu qui régne dans une Société, où les Dieux immor-
» tels interviennent eux-mêmes comme Juges & Témoins? Voilà le préam-
» bule de la Loi; car c'est ainsi que Platon l'appelle. »

Ciceron expose ensuite son Système des Loix, dont la premiere commence ainsi: « Que ceux qui s'approchent des Dieux, soient purs & chastes; qu'ils » soient remplis de piété & exempts de l'ostentation des richesses. Quiconque » fait autrement, Dieu lui-même (*Deus ipse*) s'en fera vengeance. »

Substituez par-tout le nom de *Dieu* à celui de *Dieux*, & vous croirez entendre un Chrétien; mais entre ces Dieux, les Payens en admettoient un Suprême qui étoit au-dessus de tout, & c'est celui que Cicéron fait intervenir comme le Vengeur des crimes.

Ces deux passages sont donc un excellent Commentaire des Mystères d'Eleusis & des vues qu'on s'étoit proposées dans leur établissement.

CHAPITRE V.

DE L'INITIATION D'ÉNÉE AUX MYSTÈRES.

§. I.

Du nom qu'on donnoit à l'Initiation.

Nous ne saurions abandonner les Mystères d'Eleusis, sans parler de l'initiation d'Enée à ces Mystères, ou de sa descente aux Enfers, telle qu'elle a été décrite par Virgile dans le VIe. Livre de l'Enéide, & qu'elle a été expliquée par le Savant Warburthon, qui, malgré son aversion pour les explications allégoriques, a été forcé ici d'allégoriser, & a répandu par-là le plus beau jour sur cette portion de l'Enéide qui paroissoit auparavant aussi bisarre qu'aucune Fable Mythologique.

Ce Savant Anglois pose d'abord pour principe que les Anciens appelloient l'initiation *descente aux Enfers*. Il s'appuie du passage d'Apulée, dont nous avons déja parlé, qui décrivant la veillée de son initiation dit, « je me suis » approché des confins de la mort, & ayant foulé aux pieds le seuil de Proserpine, je suis revenu à travers les élémens ».

Il s'appuie encore d'un passage d'Aristophane qui, dans sa Comédie des *Grenouilles*, introduit Bacchus demandant à Hercule le chemin qu'il avoit tenu pour aller aux Enfers; & qui fait répondre par ce Héros, que les Habitans des Champs Elysées sont les initiés.

Il pense encore que si le Poëme d'Orphée, intitulé *Descente aux Enfers*, s'étoit conservé, on y trouveroit peut-être qu'il contenoit l'Histoire de son Initiation, & que Virgile y a puisé son sixiéme Livre.

Cette initiation d'ailleurs entroit essentiellement dans le plan de Virgile qui ne se proposoit pas de faire d'Énée simplement un Héros, mais de le peindre sur-tout comme un grand Législateur ; or tout Législateur étoit initié & s'occupoit essentiellement de tout ce qui concernoit la Religion.

§. II.

Préliminaires de la Descente aux Enfers.

Tout Initié avoit un Conducteur nommé *Hiérophante*, ou une Conductrice nommée *Melisse*, c'est-à-dire *l'Abeille*, & choisie entre les Prêtresses de Proserpine, Déesse infernale. Ce Conducteur ou cette Conductrice l'instruisoit des cérémonies préparatoires, le conduisoit au Spectacle Mystérieux & lui en expliquoit les diverses parties : aussi Virgile donne à Énée pour Conductrice une Sibylle ; il la nomme indifféremment *Prophétesse, grande Prêtresse, savante Compagne, Vierge & chaste Sibylle*, parce que les Hiérophantes étoient obligés de garder le célibat ; ce qui les faisoit appeler aussi *Abeilles*.

Énée s'adresse à elle, il lui dit : « vous pouvez tout, & ce n'est pas en vain » qu'Hécate (ou Proserpine) vous a confié le soin des bois de l'Averne ». La Sibylle lui répond dans le style des Ministres de Cérès : « puisque vous brûlez » d'un désir si violent, & qu'il faut céder à votre enthousiasme, apprenez avant » toutes choses ce que vous devez faire ».

D'abord, il faut chercher le *Rameau d'or* consacré à Proserpine : ce Rameau est incontestablement la branche de Myrthe dont on couronnoit les Initiés dans la célébration des Mystères. Ce qui le prouve encore, c'est que, selon Virgile, ce Rameau est très-souple, & que ce sont les Colombes de Vénus qui dirigent Énée vers ce Rameau, & qui s'y arrêtent comme sur un arbre qui leur plaît.

Apulée parle de ce Rameau d'or dans la description qu'il fait de la procession d'Isis : « le troisiéme, dit-il, portoit un Rameau dont les feuilles étoient » d'or & artistement arrangées ».

D'ailleurs les Egyptiens portoient toujours un Rameau à la main, lorsqu'ils étoient dans les Temples. Il en étoit de même des Perses ; & ces Rameaux sont de métal chez les Guébres leurs descendans.

Énée armé du Rameau d'or, entre dans la grotte de la Sibylle : de-là, elle le conduit vers l'entrée de la defcente aux Enfers, c'eft-à-dire, vers le Temple des Myftères. C'eft une vafte Caverne entourée d'obfcurité. « Alors la terre » mugit, les fommets des forêts s'ébranlent ; on voit au travers des ombres, » des chiens qui aboyent : la Déeffe arrive. Loin, loin d'ici, profanes, s'écrie » la Prophéteffe, retirez-vous de ce bois ». Tels étoient les fpectacles par lefquels commençoit l'initiation. CLAUDIEN les peint de même, au commencement de fon Poëme intitulé *l'Enlevement de Proferpine*. « Retirez-vous, pro» fanes, s'écrie-t-il, une yvreffe divine s'empare de mon cœur & en bannit » tout fentiment terreftre. Je vois les Temples s'ébranler, la foudre répandre » une lumiere éclatante. Le Dieu annonce fa préfence. Un bruit fourd fe fait » entendre du fond des abîmes de la terre. Le Temple de Cecrops en reten» tit. Eleufine éléve fes torches facrées. Les ferpens de Triptoleme fifflent & » s'hériffent. De loin paroît la triple Hécate, &c. ».

DION CHRYSOSTOME dépeint ce fpectacle dans les mêmes termes. « On » conduit l'Initié, dit-il (1), dans un Dôme Myftique d'une grandeur & d'u» ne magnificence admirables. Une diverfité furprenante de fpectacles myfté» rieux s'offrent à fa vue. La lumiere & les ténébres affectent alternativement » fes fens. Mille autres chofes extraordinaires fe préfentent devant lui ».

PLÉTHON (2) parle auffi des chiens dont Virgile fait mention. « C'eft la cou» tume, dit-il, dans la célébration des Myftères de faire paroître devant les » Initiés, des fantômes fous la figure de chiens, & plufieurs autres fpectres » & vifions monftrueufes ».

La Sibylle avertit donc Énée de s'armer de courage, qu'il aura bientôt à combattre des objets épouvantables. « Magnanime Héros, avancez, dit-elle, » tirez l'épée, armez-vous de courage & de fermeté ». Cependant la peur faifit Énée. Il préfente la pointe de fon épée. Il en étoit ainfi dans l'Initiation. THEMISTE (3) & PROCLUS (4) repréfentent ce moment comme un moment de terreur & d'effroi.

Tous les maux réels & imaginaires de cette vie, de l'efprit & du corps, inveftiffent Énée ; il eft environné de Centaures, de Harpies, de Chimeres, &c.

---

(1) Difcours XII.
(2) Scholies fur les Oracles Magiques de Zoroaftre.
(3) Orat. in Patrem.
(4) In Iaton, Theolog. Lib. III. cap. 18.

§. III.

DU CALENDRIER.

§. III.

Entrée aux Enfers.

Cependant, il avance avec la Sibylle à travers l'obscurité, dans les ténèbres d'une sombre nuit. Arrivés sur les terres de Pluton, une foible lumiere les guide: quand ils sont sur les bords de l'Acheron, il se rassemble autour d'eux une troupe innombrable d'hommes, de femmes, de jeunes gens: la Sibylle apprend à Enée que ce sont les ombres de ceux qui n'ont pas été ensevelis. Dogme introduit pour la sureté des Peuples.

Enée traverse le fleuve infernal dans la Barque de Charon: le premier objet qui le frappe, c'est Cerbere, ce chien qu'Hercule alla arracher des Enfers. La Sibylle, pour appaiser sa rage, jette au monstre un gâteau fait avec du miel & des fruits préparés qui le plongent dans un profond sommeil. Le miel étoit consacré à Proserpine, & le pavot à Cérès; d'ailleurs le pavot endort; c'est donc ce fruit qui entroit dans la composition de ce gâteau soporifique.

Alors Enée pénetre sans peine dans les Enfers: il traverse d'abord une région qu'on rend en françois par le mot *Purgatoire*, comme ayant du rapport avec ce qu'on entend communément par ce mot: là se trouvent tous ceux qui sont plutôt malheureux que méchans: les amoureux extravagans, les guerriers ambitieux, les suicides, les enfans morts ou étouffés en bas âge, ceux qui ont été condamnés injustement, ou pour ne s'être pas garanti des apparences du mal.

On montre ensuite à Enée, mais de loin, le *Tartare*, dont les portes s'ouvrent en roulant sur leurs pivots avec un bruit effroyable. Là sont renfermés & condamnés aux derniers supplices ceux qui ont péché secrettement afin d'éviter la punition du Magistrat, & qui n'ont pas confessé leurs fautes. Les Athées qui se moquent de Dieu & de la Religion. Ceux qui ont violé les loix de l'amitié, du respect filial, de la fraternité, de la charité, &c. Les traîtres, les séditieux, les adulteres, les Magistrats qui ont sacrifié les loix à leurs intérêts. Ceux enfin qui se sont intrus dans les Mystères & qui les ont violés. Là est Thésée répetant sans cesse ces paroles: « effrayés par mon exemple, aimez » la justice & ne méprisés pas les Dieux ».

Thésée & son ami Pirithoüs avoient formé, dit-on, le projet d'enlever Proserpine des Enfers, & de la ramener sur terre: mais ils furent arrêtés dans leur entreprise. Pirithoüs fut mis à mort, & Thésée retenu jusqu'à ce qu'il fût délivré par Hercule.

Hist. du Cal.

On peut défier ici ceux qui ne voyent dans la Fable que des personnages qui ont réellement vécu, de se tirer de cette Histoire. Warburton est donc obligé d'y voir lui-même un sens allégorique, & de dire que Thésée & Pirithoüs avoient voulu s'introduire clandestinement dans les Mystères; que Pirithoüs y périt, & que Thésée resta en prison jusqu'à ce qu'Hercule obtînt sa délivrance, lorsqu'il vint se faire initier.

Mais à qui persuadera-t-on que Thésée, fils d'un Roi d'Athènes, Roi d'Athènes lui-même, & auquel les Athéniens avoient tant d'obligations, sur-tout par la mort du Minotaure, eût été réduit à s'introduire clandestinement dans ces Mystères qu'on célébroit à Athènes, & qu'un Prince aussi sage & aussi magnanime eût commis une pareille étourderie?

C'est d'ailleurs une idée très-ingénieuse, que de voir dans le discours de Thésée une exhortation à ceux qui devoient être initiés, & qu'on faisoit prononcer par quelqu'un de ceux qui représentoient les Habitans du Tartare.

Enée arrive ensuite sur les frontieres des Champs Elysées; là, il se purifie: il entre après cela, dit Virgile, » dans ce lieu délicieux, dans ces Jardins » agréables, dans ces bosquets enchantés, séjour des Bienheureux; l'air y est » pur, le jour toujours serein. On y voit luire un autre Soleil, d'autres » astres. »

C'est-là qu'on voit les Législateurs des Peuples, ceux qui ont établi les loix des sociétés; Orphée est à leur tête: viennent ensuite les bons Citoyens & ceux qui se sont sacrifiés pour leur patrie. Les inventeurs des arts, ceux qui les perfectionnerent, tous ceux qui se sont rendus utiles au genre humain.

Anchise développe ensuite à son fils la doctrine de la Divinité qui a tout fait & qui meut tout. » Dès le commencement, dit-il, l'Esprit pénètre intérieure- » ment le Ciel, la Terre, les Eaux, le globe brillant de la Lune, les Astres » étincelans: cette Intelligence agite l'Univers entier & se répand dans toutes » ses parties: de-là naissent les hommes, les animaux, les habitans de l'air, » ces monstres que renferme la mer dans ses eaux *papillotantes*. » Anchise développe après cela la doctrine de la métempsycose & fait passer en revue à Enée, sa postérité.

Ce Héros sort enfin du Tartare, non par la porte de Corne par laquelle sortent les Visions véritables, mais par la porte d'yvoire par laquelle sortent les Songes, parce qu'en effet toutes ces représentations n'étoient pas l'Enfer lui-même, mais une image de l'enfer, un enfer fantastique, tel que les songes.

§. IV.

Conclusion.

Cette description de la descente d'Enée aux enfers, supplée donc aux Poëmes des Anciens sur le même objet, qui n'existent plus, & aux descriptions incomplettes des Mystères. On voit manifestement d'après ces récits que l'appareil des Mysteres, & que les spectacles étonnans qu'ils offroient, étoient emblématiques : qu'on y représentoit aux hommes l'avantage des sociétés, & la nécessité de suivre les loix qui en découloient : que l'initiation étoit un secours de plus pour y parvenir ; mais qu'elle étoit inutile sans la pureté du cœur, & sans l'exercice de tous ses devoirs. La représentation de l'enfer & des champs Elysées valoit le traité le plus éloquent sur les avantages de la vertu & sur les terribles effets du vice : c'étoit les exhortations les plus pathétiques mises en action ou en tableau.

CHAPITRE VI.

ANTRE D'ÉLEUSIS.

IL ne manquoit pour completter l'objet des Mystères d'Eleusis, que d'en trouver la représentation sur quelques monumens : un Savant Italien, M. BARTOLI, a eu l'avantage d'en trouver un qui est relatif à ces Mystères : il en a donné l'explication dans un ouvrage intitulé l'*Antre d'Eleusine* (1) & dont le Journal des Savans rendit compte en 1762.

Ce Monument est grec & consiste en un bas-relief qui représente une grotte, au-dessus de laquelle paroît un *Vieillard* à longue barbe entre deux béliers qui ont chacun à leur côté un lion. Au-dessous du lion de la droite, on voit le visage d'un autre *Vieillard* à plus longue barbe encore. Dans l'intérieur de la grotte, sur une base légere & un peu élevée, paroît une figure de *femme* en pied, avec une longue tunique qui descend jusqu'aux talons, & par-

---

(1) L'Antro Eleusinio rappresentato in un Greco antico Basso-relievo del Museo Nani e Spiegato, Dissertazione di Giuseppe Bartoli. 1761. in-4°. pag. 55.

deſſus un autre vêtement plus court arrêté par une ceinture. Elle porte de chaque main une eſpéce de torche dont la longueur égale la hauteur de la figure. Le ſol de la grotte préſente ſur la gauche une autre figure de *femme* habillée de la même maniere, mais avec un boiſſeau ſur la tête, & un voile qui paroît en deſcendre, en s'élargiſſant le long du dos juſqu'à mi-jambe. A ſa droite, un *chien* eſt à ſes pieds, & du même côté ſe voit un *jeune garçon* dont la tête, les jambes & les pieds ſont nuds: il porte de la main droite un petit vaſe ou une burette, & ſoulève de l'autre ſa courte tunique; il paroît arriver à l'inſtant dans la grotte & il eſt ſuivi d'un *chien*.

On avoit toujours cru que ce Monument repréſentoit l'antre de Trophonius, lorſque M. Bartoli a compris que c'étoit une alluſion aux Myſtères d'Eleuſis. Dans ces Myſtères, on faiſoit traverſer pluſieurs antres par les initiés : Enée paſſa de l'antre de la Sybille dans celui qui conduit aux enfers; & de-là, dans celui où étoit Cerbere.

La femme qui paroît dans le fond de la caverne eſt *Proſerpine*, repréſentée dans le moment où rendue à ſa mere pour être ſix mois avec elle, elle revient des enfers.

La Déeſſe qui porte un boiſſeau ſur ſa tête, eſt *Cérès* avec le ſymbole des dons qu'elle fit aux mortels.

Le jeune homme qui eſt à ſa droite, eſt *Triptolême*, à qui Cérès apprit l'art de ſemer. Le vaſe qu'il tient fait alluſion aux purifications utiles dans les Myſtères: c'eſt peut-être celui qu'on appelloit *Plemothoé*.

La tête du Vieillard à longue barbe qui eſt du côté droit de la grotte, repréſente un de ces maſques dont on faiſoit uſage dans les Myſtères: & celui-ci eſt peut-être relatif à Muſée.

Enfin le Vieillard aſſis au-deſſus de la grotte eſt *Orphée*, qui le premier, dit-on, civiliſa les hommes; il eſt oiſif & ſans ſa lyre, entre des béliers & des lions; & ces béliers le regardent comme pour implorer ſon ſecours contre les lions. On a voulu repréſenter par cet emblême qu'il faut être ſans ceſſe en garde contre les vices, ſi l'on veut ſe ſoutenir dans le chemin de la vertu.

Quant aux chiens, notre Auteur obſerve qu'ils peuvent déſigner la fidélité, & l'utilité dont ils ſont pour les habitans des campagnes : il rappelle en même tems un paſſage d'Aristote (1) qui obſerva que, ſelon Pindare, les Immortels donnoient au *Pain* le nom de *Chien de la grande Déeſſe*.

---

(2) Rhétoriq. Liv. II.

DU CALENDRIER.

M. Bartoli, a vu dans la descente d'Enée aux enfers, une allusion à l'initiation d'Auguste qui se fit initier aux Mystères d'Eleusis en passant à Athènes après la victoire d'Actium ; & il a cru aller à cet égard fort au-delà de Warburton ; mais celui-ci a eu exactement la même idée ; ce qui lui a fait dire : » Le caractère d'Enée est celui d'un Législateur parfait, & sous le nom du » chef Troyen est désigné l'Empereur Auguste, qui, pour le dire en passant, » avoit été initié à Athènes comme Suétone le rapporte. Virgile a eu ici en » vue son illustre Maître, & son dessein est d'insinuer que la gloire & la réputa- » tion de cet Empereur Romain égaleroient celles des premiers Législateurs de » la Grèce &c. »

CHAPITRE VII.

L'Ane d'Or d'Apulée, ou efficace des Mystères.

L'ANE D'OR D'APULÉE est un Roman Religieux destiné à relever la gloire des Mystères du Paganisme qui crouloient de toutes parts. Apulée, Philosophe né à Madaure en Afrique & descendant par sa Mere du célèbre Plutarque, ne fut cependant pas le premier inventeur d'un Roman sous ce nom : Lucius de Patras, avoit déja composé un conte ou Fable Milésienne sous le même titre ; il y racontoit sa métamorphose en Ane, & les aventures qu'il avoit es- suyées sous cette forme : mais Apulée en fit un ouvrage beaucoup plus étendu qu'il appliqua aux Mystères, & divisé en XI. livres.

Sous le nom de Lucius, il se représente comme un jeune homme qui a un amour immodéré pour les plaisirs, & la plus grande ardeur pour les arts ma- giques. Les désordres & les extravagances où ces passions l'entraînent, le mé- tamorphosèrent bientôt en brute : il éprouve sous cette forme diverses aven- tures qu'il raconte, & qui amenent divers épisodes, tels sont les amours de Psyché & de Cupidon, qui forment le cinquième & le sixième Livres ; & un tableau peu honorable pour les Prêtres de Cybèle, qui occupe le huitième & le neuvième Livres. Le premier de ces épisodes est une allégorie ingénieuse du progrès, que l'ame humaine appellée en grec *Psyché*, fait vers la perfection par le moyen de l'amour divin, fondé sur l'espérance de l'immortalité.

Quant aux Mystères corrompus des Prêtres de Cybèle, ils servent de contraste aux cérémonies épurées d'Isis dont la description & l'éloge finissent la Fable de l'Ane d'or.

Se plongeant de plus en plus dans toutes les miseres de la débauche, Lucius parvient enfin à la derniere crise. Prêt de commettre les abominations les plus horribles, la nature, quoiqu'enfoncée dans l'animalité, se révolte. Il abhorre l'idée du crime qu'il avoit projetté ; il s'échappe de ses gardiens, il court vers le rivage de la mer ; & là dans une solitude, il commence à réfléchir sérieusement sur l'état dont il est déchu, & sur celui dans lequel il est métamorphosé.

La vue de son état déplorable l'oblige d'avoir recours aux Cieux. L'éclat de la Lune qui paroît dans toute sa splendeur, & le silence profond de la nuit, secondent les efforts de la Religion sur son ame & en augmentent les impressions. Il se purifie *sept fois* de la maniere prescrite par Pythagore ; il adresse ensuite ses prieres à la Lune ou à Isis, en l'invoquant par ses différens noms, de Cérès Eleusienne, de Vénus céleste, de Diane, de Proserpine : un doux sommeil assoupit ses sens ; la Déesse lui apparoît en songe ; elle se manifeste à lui par une lumiere éblouissante, semblable à celle qui dans les Mystères représentoit l'image apparente de la Divinité ; & le discours qu'elle lui tient, correspond exactement à l'idée qu'on y donnoit de la nature de Dieu.

» Lucius, je céde à vos prieres, dit-elle ; me voici, source de la nature
» & de toutes choses. Souveraine des Elémens, engendrée de tout tems,
» (*Sæculorum progenies initialis,*) principe de toute puissance, Reine des
» Mânes, chef des habitans des Cieux, portrait uniforme des Dieux & des
» Déesses. Le sommet éclatant du Ciel, le souffle salutaire de la mer, le triste
» silence des enfers, tout est soumis à ma volonté. Tout l'Univers adore ma
» seule & unique Puissance sous des formes variées, sous différens noms,
» avec des cérémonies diverses... Les Egyptiens, fidéles à la doctrine antique,
» m'honorent par des cérémonies pures, & m'appellent la Reine Isis. »

La Déesse lui apprend ensuite les moyens dont il doit se servir pour sa guérison. On célébroit une fête en son honneur le jour suivant, & il devoit y avoir une procession de ses Adorateurs. Elle lui apprend que le Prêtre qui devoit la conduire, tiendroit une guirlande de roses qui auroient la vertu de lui rendre sa premiere forme : & elle l'encourage en ces termes : » Ne craignez
» point qu'il y ait rien de difficile dans ce que je vous prescris ; car dans le
» même moment que je viens à votre secours & que je me présente à vous,
» j'ordonne au Ministre Sacré d'exécuter avec tranquillité ce qui est nécessaire
» pour cette fin ». En retour de la faveur qu'elle lui accorde de le remettre au

DU CALENDRIER.

nombre des hommes, elle exige qu'il lui consacre tout le reste de sa vie; elle lui promet en même tems des jours de prospérité & de gloire en ce monde, & que lorsqu'il en aura terminé le cours, elle le recevra dans les champs Elysées.

Enfin la Procession en l'honneur d'Isis s'exécute (†). Elle est terminée par le Grand-Prêtre qui porte la statue d'Isis. Il tient une guirlande de roses; Lucius s'approche, dévore les roses; & aussi-tôt suivant les promesses de la Déesse, il est rétabli dans son ancienne forme humaine.

Le Grand-Prêtre le couvre alors d'une robe de lin, habillement des Initiés: Apulée en donne lui-même la raison dans son Apologie » La laine, dit-il, est » l'excrément d'un corps pesant & hébeté, la dépouille d'une bête stupide. Or- » phée & Pythagore mirent au rang des choses profanes les vêtemens qui en » sont faits. Le lin, au contraire, est la plus propre de toutes les productions » de la Terre: les Prêtres Egyptiens s'en servent pour leur habillement, & c'est » même l'usage d'en revêtir une robe pendant la célébration des fêtes sacrées.

Le Grand-Prêtre lui adresse alors un discours relatif à la circonstance; il le termine par ces mots: » Accompagnez la pompe de la Déesse Isis, source de » Salut. Que les Impies ouvrent les yeux, qu'ils voyent & qu'ils reconnoissent » leurs erreurs. Dégagé de ses anciennes peines, Lucius triomphe de sa fortune » par la Providence de la Grande Isis.

Lucius se fait ensuite initier aux Mysteres d'Osiris par les Conseils d'Isis; & pour le récompenser de sa piété, elle le comble de bénédictions temporelles. Ainsi finit l'allégorie de l'Ane d'or.

(†) On en verra le détail dans la section suivante, à l'article des Fêtes Egyptiennes.

CHAPITRE VIII.

Du Culte & des Fêtes de Cérès & de Proserpine.

§. I.

Antiquité de ce Culte.

Le Culte & les Fêtes de Cérès & de Proserpine, remontent, comme nous venons de le voir, à la plus haute antiquité, aux premiers tems de la Grèce. Les Athéniens eux-mêmes en attribuent l'établissement chez eux à Erechtée, l'un de leurs premiers Rois. Il étoit déja établi en Sicile, puisqu'ils conviennent que Cérès & Proserpine y faisoient leur séjour: & depuis long-tems en Egypte, puisque Cérès & Isis sont une seule Déesse, de l'aveu même des Anciens, sous deux noms différens: & qu'Osiris & Bacchus, une des Divinités adorées dans les Mystères, sous le nom d'Iacchus, sont aussi le même Dieu.

§. II.

Contrées où il étoit établi.

Il n'est pas surprenant que ce Culte fut établi en Sicile avant qu'il le fût à Athènes; la Sicile devoit, par son sol & sa situation, être habitée & cultivée long-tems avant l'Attique pays sec & montagneux: & les Navigateurs de l'Orient durent s'établir dans la première de ces contrées, long-tems avant de penser à l'autre.

Une fois établi à Athènes, ce Culte dut bientôt se répandre dans le reste de la Grèce, & de-là en Italie : aussi étoit-il connu des Latins long-tems avant que Rome existât ; en particulier des Sabins, qui appelloient déja dans ce tems-là *Cérès* du nom Panis, dont nous avons fait *pain*, comme nous l'apprend Servius (1); & c'est de ceux-ci que les Romains tinrent ce Culte, qu'on appelloit le *Culte des Grandes Déesses*.

---

(1) Sur le I. Liv. des Georg.

DU CALENDRIER. 345

Pausanias nous a conservé l'histoire de l'établissement de ce Culte dans la Messénie : elle mérite d'être rapportée. » Les premiers Rois, dit ce Voyageur » dévot (1), qui ayent régné dans la Messénie, sont *Polycaon*, fils de Lelex, » (le premier Roi de Lacédémone) & *Messene*, femme de Polycaon. Ce fut » même à cette Princesse que Caucon venant d'Eleusis apporta le Culte & les » Cérémonies des Grandes Déesses. Caucon étoit fils de Celenus & petit-fils » de Phlyus. Quant à Phlyus, les Athéniens le disent *fils de la Terre* : ce qui » s'accorde avec l'Hymne que Musée a faite pour les *Lycomedes*, en l'honneur » de Cérès. Plusieurs années après Caucon, Lycus, fils de Pandion, rendit le » Culte des Grandes Déesses beaucoup plus auguste : encore aujourd'hui les » Messéniens ont un bois qu'ils nomment le *Bois de Lycus* & où l'on prétend » qu'il purifia tous ceux qui étoient initiés à ces Mystères. Rhianus de Crète » nous apprend dans ce vers que ce bois subsiste encore dans la Messénie,

Auprès de l'âpre Elée est le bois de Lycus.

» On ne sauroit douter aussi qu'il ne fût fils de Pandion, puisqu'on le voit » dans l'inscription en vers qui est au bas de la Statue de Méthapus. Ce Mé- » thapus avoit réglé tout ce qui concernoit les Cérémonies du Culte de Cérès. » Il étoit Athénien & s'entendoit parfaitement aux choses qui regardent la » Religion. C'est lui qui institua la Religion & les Mystères des Cabires (les » mêmes que les Grandes Déesses) chez les *Thébains*, & qui consacra sa » propre statue dans un lieu affecté à la demeure des *Lycomedes*, avec une » inscription qui renferme nombre de particularités & qui est fort propre à » éclaircir ce que nous disons ici. Cette inscription porte que Méthapus, qui » probablement rapportoit son origine à Mercure, avoit répandu chez les » Grecs le Culte de la Fille aînée de Cérès. Que Messene avoit institué des » Fêtes à l'honneur des Grandes Déesses, suivant le Rit & les Cérémonies » qu'elle tenoit de Caucon, petit-fils de Phlyus. Que Méthapus étant venu » à Andaine avoit été surpris de voir que Lycus, fils du vieux Pandion, eût » transporté ces Mystères d'Athènes en cette ville de Messénie.

Le même Lycus avoit aussi laissé aux Messéniens un Monument qui étoit comme le gage assuré de leur conservation, & de la durée de leur Empire. Ce Monument consistoit dans des lames de plomb sur lesquelles on avoit gravé tout ce qui concernoit le Culte & les Cérémonies des Grandes Déesses. Aussi

---

(1). Voy. de la Messénie.

Hist. du Cal.

peu de tems avant la ruine de Messene par les Lacédémoniens, le vaillant Aristomenes prit de nuit ce précieux Palladium, le porta dans l'endroit le plus désert du Mont Ithome, le cacha sous terre, & s'adressant ensuite aux Dieux tutélaires de ce Royaume, il les pria de ne pas permettre que ce Sacré Dépôt, unique espérance des Messéniens, tombât jamais entre les mains de leurs ennemis.

Ces deux passages de Pausanias renferment des choses dignes d'attention ; on voit que les Anciens avoient des Liturgies dans lesquelles on prescrivoit tout ce qui avoit rapport au Culte : & que l'écriture remontoit chez les Grecs aux premieres époques de leurs Républiques.

On voit encore que les Mystères de Cérès & de Proserpine étoient établis avant même le régne d'Erechtée auquel cependant les Athéniens en attribuoient l'établissement, puisque Lycus, fils de Pandion Prédécesseur d'Erectée, rendit ces Mystères *beaucoup plus augustes*.

Et puisque ce *Lycus* avoit initié les Messéniens dans un bois qui fut appellé de son nom *Lycus*. On y voit encore qu'il existoit un ordre de Prêtres appellés LYCOMEDES.

Rien n'étoit plus commun que le mot de LYCUS & ses dérivés : on en fit *Lycius*, surnom d'Apollon & de Jupiter : les *Lycées*, Fête célèbre des Arcadiens & des Romains : *Lycaon*, premier Roi d'Arcadie qui avoit établi ces Fêtes.

C'est que ce mot qui se prononce *Lucus* & *Lupus* en Latin, se prêtoit à merveille à l'allégorie. Il signifioit le Soleil, la Lumière, *Lux* ; un Bois sacré, *Lucus* ; un Loup, *Lupus*. Il est vrai que jusqu'ici personne n'a vu que le mot *Lukos* désigna la même chose que *Lucus* des Latins : c'est que personne n'avoit pensé à faire ces rapprochemens. Il n'est donc pas étonnant que plusieurs lieux ayent été appellés en Grèce du nom de *Lycus* : le Lycus de Messénie dont il s'agit ici, le *Lycée* d'Athènes, un *Lycus* en Thessalie qui étoit une forêt, &c.

Ce *Lycus* qui purifie les Messéniens dans un Bois sacré appellé *Lycus* ou *Lucus*, a donc l'air de porter un nom allégorique, & d'avoir reçu son nom du Bois sacré plutôt qu'il ne lui donna le sien. Les *Lycomedes* durent certainement aussi leur nom à une fonction pareille. Ce nom signifie *qui a soin du Lycus*, du Bois sacré.

Lycaon changé en loup, est également un jeu de mots.

Ajoutons que celui des personnages qui dans les Mystères représentoit le Soleil, dut être appellé dans l'origine *Lycus* : & que dans la suite des tems on aura regardé comme un nom propre, ce qui n'étoit dans l'origine qu'une épithete

DU CALENDRIER. 347

Hérodote dit (1) que les filles de Danaüs porterent d'Egypte dans le Péloponèse le Culte de Cérès ou les Thesmophories : & qu'il y fut ensuite supprimé par les Doriens, horsmis dans l'Arcadie où il fut conservé constamment. Ses Habitans en furent sans doute redevables à leurs montagnes, dans lesquelles on ne les alla pas poursuivre.

§. III.

Fêtes relatives à Cérès.

Les Romains célébroient une Fête à l'honneur de Cérès le 19 Avril. Denys d'Halycarnasse (2) assure qu'ils emprunterent des Grecs le Culte de cette Déesse.

Ils lui consacrerent le mois d'Août ; ils lui offroient après la moisson, les prémices de leurs fruits, de l'hydromel & du lait.

Ils lui offroient aussi des sacrifices avant la récolte des fruits.

Les Fêtes de Proserpine se célébroient à Rome en même tems que celles de Pluton & en Automne, au tems des semailles.

Diodore de Sicile nous apprend qu'on célébroit en Sicile (3) l'*Enlévement* de Proserpine vers le tems de la récolte, & que la *Recherche* de Cérès se célébroit dans le tems des semailles pendant dix jours entiers. L'appareil en étoit éclatant & magnifique. On y mêloit aussi des propos libres & gais, parce que ce fut par ce moyen qu'on fit rire Cérès affligée de la perte de sa Fille. Cet Historien ajoute que les Siciliens attribuoient à cette Déesse l'établissement des Loix. SALLUSTE le Philosophe appelloit cette Fête de Cérès, la *Descente des Esprits aux Enfers* (4), & il l'oppose aux Fêtes agréables de l'Equinoxe du Printems.

Les Grecs avoient un grand nombre de Fêtes consacrées à ces Déesses ; mais il ne reste de plusieurs que les noms.

Les ALÔÉES ; cette Fête de Cérès duroit plusieurs jours, & se célébroit au mois de Posideon, lorsqu'on étoit occupé à dégager le grain des épis, à battre les gerbes.

Les DEMETRIES ou CÉREALES, Fête où l'on se flagelloit avec des écorces d'arbres.

---

(1) Liv. II. n°. 171.
(2) Liv. I.
(3) Liv. V.
(4) Chap. IV.

Les Thalusies, Fête qui suivoit la récolte & d'actions de graces.

Les Apaturies, Fête de Cérès au mois de Pyanepsion, en Automne : son nom signifie *Ruse*, *Stratagême*. On disoit qu'elle étoit établie en mémoire de la maniere frauduleuse dont Xanthius, Roi de Béotie, fut tué par Melanthius Roi d'Athènes : ce qui ne sauroit être. Son nom vient d'une cause fort différente. Comme dans ce jour, les jeunes Gens étoient mis au nombre des Citoyens, & par conséquent déclarés majeurs, le nom de cette Fête vint de la préposition négative *a* & du mot *pater*; il signifie *la Fête où l'on est hors de la Tutelle des Peres*. Elle duroit trois jours.

Dans le premier, les Personnes d'une même Tribu se rassembloient sur le soir & se régaloient.

Le second jour, on offroit des Sacrifices à Jupiter & à Minerve : ceux qu'on *majorisoit* étoient placés pendant ce tems-là près de l'Autel ; tandis que des hommes habillés magnifiquement & portant des flambeaux qu'ils avoient allumés au feu sacré, couroient autour de l'Autel en chantant des Hymnes à l'honneur de Vulcain inventeur du feu.

Le troisieme jour, on coupoit la chevelure de ces jeunes Gens & on les inscrivoit dans la matricule des Citoyens, après que les Peres avoient fait serment qu'eux-mêmes, Peres de ces Enfans & leurs Femmes, étoient Citoyens & non Etrangers.

Les Lernaies étoient le nom de la Fête de Cérès à Lernaïa.

Les Béotiens l'appelloient Epakhthès, c'est-à-dire, Fête de Deuil & de Tristesse. Plutarque en parle.

Ceux d'Argos l'appelloient Musia. Elle duroit sept jours : pendant le troisieme jour, aucun Etre du sexe masculin ne pouvoit entrer dans son Temple. Le dernier jour, c'étoit entre les Femmes à qui s'agaceroit le plus par des plaisanteries, comme dans un grand nombre d'autres Fêtes.

Les Thessaliens lui donnoient le nom d'Omoloïa, des deux mots, Omou, ensemble ; & Lôion, meilleur, excellent.

Ceux de Pyles l'appelloient les Pylaies.

Les Proêrosies étoient la Fête que les Athéniens célébroient à l'honneur de Cérès avant de labourer leurs Terres, pour en obtenir le plus grand succès. Elle étoit donc très-bien nommée, de *pro*, avant; & *aro*, labourer, changé en *éro* à cause qu'il entre ici dans un mot composé. Le Peuple l'appelloit *Proactouria*, du mot *acté* qui signifie *pain de froment*. On disoit que cette Fête avoit été établie par les Conseils du devin Authias, qui déclara que c'étoit le seul moyen d'appaiser cette Déesse, dans un tems où Athènes & la Grèce étoient défolées par la famine.

§. IV.

Des Thefmophories.

Mais la Fête de Cérès, la plus célèbre dans toute la Grèce, étoit les THES- MOPHORIES, ou Fête de la Légiflation. On y honoroit Cérès comme ayant donné des Loix au Genre-Humain, en même tems qu'elle leur fit préfent de l'Agriculture: & c'étoit avec raifon, puifque l'Agriculture eft la fource de toute propriété fans laquelle il n'y a aucun lieu aux Loix. Cette Fête fe célébroit à Sparte & à Milet pendant trois jours; à Dryme, ville de Phocide, à Thèbes, à Mégare; à Syracufe, où l'on promenoit en Proceffion les fymboles de la Nature fécondée, faits de féfame & de miel, & appellés du même nom que le Barbeau. A Erétrie en Eubée, où l'on ne mangeoit alors que des mets cuits au Soleil, en mémoire des tems malheureux qui avoient précédé l'Agriculture: à Delos, où l'on promenoit en grande pompe de gros pains appellés *Akhaïnés*.

Mais cette Fête ne fe célébroit nulle part avec tant d'éclat qu'à Athènes. Il n'y affiftoit que des femmes libres: à leur tête étoit un Prêtre appellé le *Couronné*, parce qu'il portoit une couronne pendant la durée de fes fonctions: & elles étoient accompagnées de *Vierges* qui, femblables en cela à nos Religieufes, obfervoient une étroite clôture & une difcipline févère, & qui étoient nourries aux frais du tréfor public, dans un lieu appellé *Thefmophorée*. Les Dames Athéniennes étoient habillées de blanc, & obligées, pendant la Fête, ainfi que quelques jours avant & quelques jours après, à la plus grande continence; c'eft pour cet effet, difoit-on, qu'elles couchoient fur l'Agnus caftus & la Pulicaire, fur des Feuilles de Vigne, de Pin, &c. Mais c'étoit plûtôt pour repréfenter la vie fauvage à laquelle on étoit réduit avant l'invention de l'Agriculture. C'eft par cette même raifon que dans toutes ces Fêtes de Cérès, on fe rappelloit, par la nature des alimens & des offrandes, l'indigence des premiers tems: on n'y vivoit que de fruits, ou comme nous venons de le voir, de mets cuits au Soleil. On employoit trois jours en préparatifs. Dès le onzième jour de Pyanepfion, on alloit en Proceffion à Eleufis, en portant fur la tête les Livres qui contenoient les Loix de Cérès; auffi ce jour s'appelloit la *Montée*. La Fête commençoit enfuite & dans Eleufis même le 14 du mois & duroit jufqu'au 17; c'eft-à-dire, quatre jours. Le 16 on jeûnoit & on reftoit affis à terre pour marquer la mortification de l'ame. On y adreffoit des prières à Cérès, à Proserpine, à Pluton, à Calligénia qu'on croit être la nourrice de Cérès (†). On finissoit par un Sacrifice apellé *l'amende* destiné à expier ce en quoi on auroit pu manquer pendant la Fête. Ceux qui n'étoient en prison que pour des fautes légères, étoient mis en liberté dès le commencement de la Fête : & le troisiéme jour, tous les Tribunaux étoient fermés.

Les Anthesphories étoient une Fête que les Siciliens célébroient à l'honneur de Proserpine : son nom fait allusion aux fleurs qu'elle cueilloit lorsque Pluton l'enleva. Ces cérémonies en étoient dirigées par des Vierges.

Ceux de Cyzique célébroient sa Fête sous le nom de *Perephatte*, & lui immoloient une vache noire.

Ajoutons que dans les Fêtes de Cérès les femmes étoient déchaussées, comme on le voit par l'Hymne de Callimaque à l'honneur de Cérès que nous allons rapporter. C'étoit un ordre de Pythagore rapporté par Jamblique (1), qu'on n'adorât & qu'on ne sacrifiât qu'après s'être déchaussé. Les Sénateurs Romains assistoient également nuds pieds aux cérémonies de Cybele, & à la suite de son Char : Henri III. & toute sa Cour n'assistoient que nuds pieds dans les processions de Pénitens blancs, dont ce Prince vouloit établir la mode. Et dans ce siécle n'a-t-on pas vu le fameux P. Bridenne engager le Parlement de Grenoble à assister à une procession nuds pieds? Il en étoit ainsi chez les anciens Hébreux. « Déchausse tes souliers, dit Dieu à Moyse dans le pays » de Madian; car le lieu où tu es est saint ». Mais dans ces contrées Orientales on se déchausse toujours quand on entre dans une maison; on ôte ses souliers, on reste avec des espéces de pantoufles.

§. V.

Hymne à Cérès par Callimaque, en extrait.

Cette Hymne précieuse contient divers détails relatifs aux cérémonies en usage dans les Fêtes de Cérès, & propres à y répandre du jour. Nous avons cru faire plaisir à nos Lecteurs en en traduisant quelques morceaux.

« Femmes, poussez des cris de joie, tandis que la Corbeille Sacrée descend.
» O Cérès, nous vous saluons avec empressement, vous qui nous nourrissez,
» vous qui remplissez nos greniers. Profanes, contentez-vous de regarder de
» terre la Corbeille Sacrée; ne montez pour cet effet ni sur les toits ni sur d'au-

―――――
(†) C'est plutôt un surnom de Cérès, qui signifie, *celle qui fait heureusement germer les semailles.*
(1) Chap. XXIII. de la Vie de Pythagore.

DU CALENDRIER. 351

» tres lieux élevés. Que la vue d'aucun enfant, d'aucune femme, ni de celle
» qui laisse ses cheveux flottans, ni d'aucun de nous tous qui sommes à
» jeun, ne plonge d'en haut sur cette Corbeille. Hesperus seul put la voir du
» haut des nues, Hesperus qui seul put engager Cérès à boire, lorsqu'elle
» cherchoit sa fille qu'on venoit de lui enlever....

 Faisons-nous toujours un plaisir de dire qu'elle donna aux Villes des Loix
» agréables : qu'elle fut la premiere qui abattit les Gerbes Sacrées, & les épis
» de blé, & qui les fit fouler par des bœufs, lorsque Triptoleme en apprit cet
» Art admirable....

» Cérès, nous nous empressons à vous honorer, vous qui nous nourrissez,
» vous qui remplissez nos greniers.

» De la même maniere que quatre jumens blanches menent à leur suite
« la Corbeille sacrée, de même cette grande Déesse, cette Souveraine de mille
» Contrées nous amenera le Printems & l'Eté brillans, l'Hyver & l'Automne,
» & elle nous conservera pour d'autres années. Comme nous marchons dans
» la Ville sans chaussure & sans rubans, qu'ainsi nos pieds & nos têtes soient
» toujours exempts de maux. De même que nos Vierges portent les Corbeilles
» Sacrées pleines d'or, qu'ainsi nous possedions de grandes richesses. Que toutes
» les femmes, celles qui ont moins de soixante ans, & celles qui en ont plus,
» & celles qui invoquent Lucine & celles qui souffrent, suivent la Déesse jusques
» au Prytanée de la Ville, & aussi loin que leurs forces le permettront. Cérès
» les récompensera en les comblant de biens. Déesse, nous vous saluons; main-
» tenez notre patrie dans la concorde & dans le bonheur : faites prospérer nos
» campagnes ; donnez de la pâture à nos bœufs, donnez-en à nos agneaux :
» couvrez nos champs d'épis & de belles moissons : entretenez la paix, & que
» celui qui a semé soit celui qui recueille. Soyez-moi propice, vous qui êtes
» infiniment désirée, vous la grande Reine des Déesses.

§. VI.

Du LYTIERSE, Chanson des Moissonneurs.

Les Moissonneurs avoient une Chanson qui leur étoit particuliere, & dans
laquelle ils célébroient Cérès. On l'appelloit le *Lytierse*, la *Chanson du Lytierse*. Les Philologues Grecs, POLLUX, ATHÉNÉE, SUIDAS, HESYCHIUS, &c. disent que c'étoit une Chanson venue des Phrygiens, & que ceux-ci en étoient
redevables à Lytierse, leur Maître en Agriculture. Ils ajoutent que ce Lytierse

étoit fils de Midas, & Roi de Celene en Phrygie : que c'étoit un Prince qui aimoit extrêmement les travaux de la campagne, & sur-tout la moisson ; & qu'il obligeoit les Etrangers à moissonner avec lui & autant que lui. Que ceux qui n'en avoient pas la force, étoient mis à mort ; mais qu'Hercule les vengea tous, en tuant ce Prince du vivant même de son pere Midas. Mais Pollux, au lieu de dire que le *Lytierse* étoit une Chanson inventée par ce Prince, dit au contraire que c'étoit une Complainte destinée à consoler Midas sur la mort de son fils : & qu'on la chantoit autour de l'aire & des gerbes. Le Poëte SOSITHEUS ou Sosibius, comme le remarque M. DE LA NAUZE (1), est le plus ancien Ecrivain connu qui ait parlé des aventures de Lytierse ; c'est dans une de ses Tragédies où il le représente comme un homme qui mangeoit dans un jour trois charges de pain & buvoit une barrique du meilleur vin. MENANDRE le peignoit chantant au retour de la moisson.

Toute cette Histoire est un conte à la grecque : ce qu'on prend pour le nom d'un Prince, est un mot allégorique relatif à la moisson, composé des mots grecs, *lyt*, délié, détaché, & *ersos*, fruit récent : le Lytierse étoit la chanson de la moisson nouvelle, qu'on détache du chaume, la Chanson du blé qu'on moissonne, du fils de Midas ou du Laboureur qu'on met à mort ; & c'est Hercule ou le Soleil qui tue le fils du Laboureur, puisque cet Astre fait meurir les moissons & les amene à leur fin.

Nous avons un modéle du Lytierse dans la Xe. Idylle de THÉOCRITE, Poëte qui écrivoit à la Cour des Ptolemées. Dans cette Idylle, il introduit deux Moissonneurs qui s'entretiennent ensemble. Ils parlent de leurs amours. L'un chante sa Maîtresse Bombyce ; sa taille est fine, elle est belle : chacun dit, à la vérité, que le Soleil a brûlé son teint ; mais il soutient qu'elle est blonde : d'ailleurs la violette, pour être noire, n'en est pas moins agréable.

Son camarade l'interrompt : « tu nous chantes là de belles chansons, dit-il ! » écoute celle-ci, c'est celle du divin Lytierse.

» Cérès, riche en fruits, riche en épis, que cette moisson soit des plus prospe- » peres, qu'elle soit abondante.

» Vous qui faites les gerbes, ayez soin de les bien lier ; que le passant ne » dise pas : ha ! les mauvais ouvriers ! ils ne gagnent pas leur salaire.

» Que vos gerbes soient tournées vers le Nord ou vers le Couchant : vos » épis gonfleront.

(1) Mém. de l'Acad. des Inscr. T. XIII. in-12. p. 540.

» Vous qui battez le blé, évitez le sommeil du midi : c'est l'heure où le
» grain se détache plus aisément.

» Les Moissonneurs doivent commencer leur travail au réveil de l'Alouet-
» te ; le finir quand elle se couche ; supporter le chaud du jour.

» Enfans, que la Grenouille est heureuse ! elle ne s'embarrasse pas qui lui
» donnera à boire, elle en a toujours en abondance.

» Intendant avare, il vous fait beau voir ne cuire que des lentilles ; vous
» vous blesseriez la main en partageant du cumin.

» Ce sont là, ajoute-t-il, les chansons qui conviennent à ceux qui travail-
» lent à l'ardeur du Soleil. »

Les Grecs avoient d'autres Chansons à l'honneur de Cérès & de Proserpine. ATHENÉE (1) en parle ; on les appelloit *Ules* & *Iules*, du mot grec *Oulos*,
qui signifie une *gerbe*. Cérès elle-même s'appelloit *Ouló*, comme on diroit la
Mere aux gerbes. L'orge s'appelloit *Oulai*. Ce mot vient de l'Oriental אול,
Aul, les biens, les richesses. Le refrein de ces Chansons étoit πλεῖςον ȣλον ἵει,
donnez-nous (*l'Ulus*) *du grain en abondance.*

§. VII.

Des Scolies.

On invoquoit aussi Cérès & Proserpine pendant les repas. Le même Athenée nous a conservé une espéce d'Hymne dans ce genre, du nombre des
Chansons de table qu'on appelloit *Scolies*, & qu'on chantoit à la fin du repas,
après s'être couronné de fleurs.

« Mere de Plutus, dit cet Hymne, céleste Cérès, je vous chante dans ce
» moment où nous sommes couronnés de fleurs. Je vous salue aussi, Proserpi-
» ne, fille de Jupiter : protégez toutes deux cette Ville. »

Le nom de *Scolies*, donné à ces Chansons, signifie *oblique, tortueux*. Tous
les anciens Grecs, Plutarque lui-même, se sont mis l'esprit à la torture pour
découvrir la raison de ce nom : les uns ont dit que c'étoit parce qu'elles étoient
difficiles à chanter ; les autres, parce que celui qui chantoit tenoit une branche
de myrthe à la main, & qu'il la faisoit passer ensuite à qui il vouloit, ensorte
que cette branche alloit & revenoit. Aucun n'a vu que c'étoit une épithete
donnée par plaisanterie aux Chansons de table qu'on ne chantoit qu'à la fin du
repas, comme si on disoit *les Chansons de ceux qui ne peuvent plus marcher
droit*, de ceux qui marchent ou qui chantent de travers.

(1) Liv. XIV. ch. 3.

HISTOIRE RELIGIEUSE

SECTION IV.
FÊTES NATIONALES.

CHAPITRE PREMIER.
FÊTES ÉGYPTIENNES.

Nous avons peu de secours sur les Fêtes Egyptiennes ; ce qui regarde ce Peuple, n'étant parvenu que très-incomplettement jusqu'à nous : cependant le peu qui s'est conservé au sujet de ces Fêtes, est suffisant pour démontrer que les Fêtes anciennes furent entierement relatives aux Saisons & aux biens de la Terre, & non à des actions d'hommes mis au rang des Dieux. Conduite digne des anciens Egyptiens, de ces Egyptiens dont on nous apprend qu'ils assuroient que RIEN DE CE QUI EST MORTEL NE PEUT ÊTRE DIEU, & qu'il n'y avoit qu'UN SEUL DIEU qui ne naquit ni ne mourut (1).

Plutarque ajoute que leurs Cérémonies ne renfermoient rien de fabuleux, de déraisonnable ou de superstitieux : qu'elles étoient toutes morales ou utiles à la vie.

§. I.
Fêtes dont parle Plutarque.

Le premier des Mois Egyptiens étoit celui de Thot ou Mercure : il commençoit dans l'origine avec la Lune qui suit le Solstice d'Eté : mais au tems d'Auguste, il fut fixé vers la fin d'Août.

Dans ce moment se levoit la Canicule, consacrée à Isis, de même que son lever ; & pour le célébrer, on sacrifioit une Caille, comme nous l'apprend THÉON (2). C'est cette Caille qui fit revenir Hercule après que son neveu

---

(1) Plut. d'Isis & d'Osir.
(2) Dans son Comment. sur Aratus.

DU CALENDRIER.

Iolas la lui eût faite flairer. Ce premier jour étoit marqué par Mercure ou par Thot à tête de Chien, & armé du Caducée.

Le 19 de ce Mois, c'est-à-dire quelques jours après la pleine Lune, les Egyptiens célébroient la Fête de Mercure. C'étoit la Fête du jour de l'An. On y mangeoit du *miel* & des *figues*, c'est-à-dire, tout ce qu'on avoit de plus doux, comme chez les Romains à la Fête du Nouvel An, & comme chez tous les Peuples qui ont des Fêtes. Mais on consacroit ce miel & ces figues par une Sentence digne des Egyptiens, & qu'ils regardoient sans doute comme capable d'embrâser l'ame du plus grand amour pour la vertu. Ils disoient donc *douce est la vérité*, ΓΛΥΚΥ Η ΑΛΗΘΕΙΑ. Telle est du moins la manière dont Plutarque a rendu en Grec cette Sentence : mais elle avoit infiniment plus d'énergie dans la Langue Orientale. Le mot, חסיד *hasid*, qui signifie *doux*, signifie en même tems *bonté*, *bienfaisance* : & le mot תמים, *thummim*, qui signifie *vérité*, signifie aussi *perfection*, *vertu*. Ils disoient donc qu'il n'y avoit rien de plus excellent que la Vertu, que la Perfection ; & que les douceurs temporelles ou physiques n'étoient qu'un emblême des douceurs qui sont l'effet de la Vertu.

Le second Mois appellé *Pa-ophi* ou le *Dragon*, donnoit lieu à deux Fêtes, qu'on célébroit le sixiéme & le vingt-troisiéme jour.

C'est le 6 de ce Mois, disoient les Egyptiens (1), qu'Isis commença de porter au cou, à cause de sa grossesse, une espéce de Talisman qu'on appella *voix véritable*, φωνη αληθης, dit Plutarque, mais qu'il faut rendre également par ces mots, *Parole parfaite* ; on diroit en Hébreu, *Kol Thummim*.

Les Egyptiens célébroient donc la grossesse d'Isis, & ils la célébroient en Septembre, dans le tems où la Terre commençoit à produire une nouvelle récolte. Quant au Talisman qui faisoit partie du collier d'Isis, il est relatif à l'image que les Juges Egyptiens portoient au cou comme une marque de leur Dignité, & qu'ils appelloient la *Vérité*. On leur apprenoit par-là que leurs Jugemens devoient être toujours conformes à la vérité.

Le 23 immédiatement après l'Equinoxe d'Automne, ils célébroient la Fête appellée, selon Plutarque (2), *le Bâton du Soleil* ; ils vouloient faire entendre par-là que dans cette Saison le Soleil est dans sa vieillesse & qu'il auroit besoin

---

(1) Plut. Ib. n°. 33 & 35. d'Amyot, n°. 65 & 68 de l'Edit. Angloise de Squire.

(2) Ib. n°. 27 ou n°. 52.

d'un soutien, d'un appui; sa chaleur & sa lumière commençant à diminuer. C'est l'explication qu'en donne Plutarque lui-même.

Dans AMYOT, cette Fête n'arrive que le 28. C'est une erreur. Il y a dans Plutarque, *le 8 du mois finissant*: or les dix derniers jours de chaque mois, & qui formoient le mois finissant, se comptoient comme les jours avant les Calendes, en rétrogradant: ainsi celui de ces jours qu'on appelloit le 10, tomboit sur le 21 du mois, le 9 sur le 22, le 8 sur le 23. M. SQUIRE, Traducteur Anglois de l'Isis & Osiris de Plutarque, & qui place cette Fête au 22, induiroit également en erreur.

Le troisième mois appellé ATHYR ou VÉNUS, étoit un des mois les plus agréables de l'Egypte, parce que la verdure commençoit à paroître. Et c'est par cette raison qu'il fut consacré à Vénus, comme le mois d'Avril chez les Romains.

C'est au 17 de ce mois que commençoit la Fête appellée LA PERTE D'OSIRIS, qu'on disoit que Typhon avoit renfermé dans l'Arche. Pendant quatre jours, on promenoit dans l'Egypte le Bœuf aux cornes dorées, couvert d'une étoffe de lin teinte en noir (1). La nuit du 19ᵉ jour, on descendoit à la Mer, avec l'Arche sacrée que portoient les Prêtres, revêtus de leurs habits de lin. Là on puisoit de l'eau avec un vase d'or, & tous les Assistans s'écrioient, *Osiris est retrouvé*.

L'Editeur Anglois, M. Squire a cru qu'il y avoit ici une faute, & que le jour où on alloit à la Mer étoit le 19 du mois Pachon, huit mois après le deuil d'Osiris, parce qu'alors le Nil recommençoit à inonder l'Egypte. Je ne crois cependant pas qu'on ait besoin de cette correction: on peut présumer ou que le nombre de 19 est fautif, ou que Plutarque a supprimé le détail de ce qui regardoit le quatrième jour de cette Fête.

Aussi-tôt qu'Osiris étoit retrouvé, les Assistans détrempoient de la terre avec de l'eau commune & des eaux de senteur, & ils en faisoient de petites figures en forme de croissant qu'ils revêtoient ensuite d'habits convenables. D'où Plutarque conclut qu'ils regardoient la Terre & l'Eau comme deux Divinités.

On se rappellera d'ailleurs ce que nous avons déjà observé, que Noé entra dans l'Arche le 17 du même mois. Ajoutons que Plutarque (2) nous apprend que les Pythagoriciens avoient en abomination le nombre 17, & qu'ils appelloient le 17ᵉ jour, *Obstruction*.

---

(1) Ib. n°. 8. & 28. ou 39.
(2) Ib. n°. 21.

DU CALENDRIER.

Au Solstice d'Hyver, à Noël, les Egyptiens célébroient la naissance d'Harpocrate, fils d'Isis; c'étoit le tems des premieres fleurs & des premiers germes (1). C'est pourquoi ils lui offroient les prémices de leurs légumes.

Ils célébroient dans le même tems une autre Fête qu'ils appelloient *la Recherche d'Osiris*. On y portoit en Procession une vache avec laquelle on faisoit sept tours autour des Temples, pour désigner, dit-on, les sept mois qui s'écoulent d'un Solstice à l'autre (2). C'étoit Isis qui, selon Plutarque, desiroit le retour d'Osiris.

Quelques jours après, le 7 du mois TYBY, on célébroit la VENUE D'ISIS, & son retour de Phénicie, où elle étoit allée, disoit-on, pour avoir des nouvelles d'Osiris. On lui offroit ce jour-là, des gâteaux sur lesquels étoit représenté un Hippopotame enchaîné, emblême de Typhon vaincu par Isis & par Horus (3). Sur le Calendrier Romain on voit deux Fêtes d'Isis après le Solstice d'Hyver : l'une est indiquée au 3 Janvier, sous le nom de VAISSEAU D'ISIS ; & l'autre au 6 du même mois, sous le nom d'EPIPHANIE, apparition ou VENUE d'Isis.

Le premier du mois de PHAMENOTH ou Néoménie de la Lune de Mars, & peu de tems avant l'Equinoxe du Printems, on célébroit la Fête de l'ENTRÉE d'OSIRIS *en la Lune*, parce que le Soleil & la Lune se réunissent alors sur l'Equateur (4). Ils donnent même à la Lune le nom de *Mere du Monde*, dit Plutarque au même endroit.

Le 25 de ce mois on célébroit, en l'honneur d'Osiris, la Fête des PAMYLIES ; c'est-à-dire, comme l'explique le sçavant JABLONSKY dans son Panthéon Egyptien, l'*Annonce d'une Bonne Nouvelle*. On célébroit ensuite les Couches d'Isis. Mais cette Bonne Nouvelle & ces Couches étoient relatives à la Moisson dont on fixoit alors le jour & dont on offroit les prémices à la Divinité.

Aussi portoit-on dans les Processions de cette Fête le Triple-Phallus, pour annoncer au Peuple combien l'année seroit fertile, & pour l'engager à en témoigner avec plus de ferveur sa reconnoissance aux Dieux. Plutarque dit que cette Fête étoit la même que celle que les Grecs célébroient à l'honneur de Bacchus.

L'Equinoxe du Printems étoit désigné à Thébes en Egypte, par *Memnon*

---

(1) Ib. n°. 33.
(2) Ib. n°. 27.
(3) Plut. ib. n°. 26.
(4) Ib. n°. 22.

dont la statue exiſte encore. On voit par une inſcription que rapporte Jablonſky (1) qu'il étoit regardé comme le ſymbole du Soleil, étant appellé dans cette inſcription *Image du Roi Hélios*, ou du *Soleil*. Le nom qu'il portoit, *Amenophis*, peut auſſi très-bien déſigner cet Equinoxe comme la Fête de la Bonne Nouvelle, ce nom étant compoſé d'*Amé*, ⲁⲙⲉ, *annoncer*, & *noouphy*, ⲛⲟⲩϥⲓ, *bon*.

Des Savans ont également ſoupçonné qu'une Statue auſſi énorme, puiſqu'elle a ſoixante-trois pieds de haut, étoit deſtinée à meſurer les révolutions du Soleil au moyen des inégalités de ſon ombre & qu'elle ſervoit ainſi de Gnomon.

Dans le tems de la moiſſon, au mois Pharmuthi, environ le 20 Avril, on pleuroit ſur les Javelles en invoquant Iſis. A cet égard il eſt digne de remarque que les 19, 20 & 21 Avril étoient des jours de Fête à Rome, la Fête de Cérès & celle de Palés où l'on fêtoit la fondation de Rome. Une Fête de moiſſon étoit bien digne d'être regardée par un Peuple de Laboureurs comme l'aniverſaire du jour de leur réunion & de la fondation de leur Ville.

Dans le dixième mois, appellé Painy, qui finiſſoit vers le Solſtice d'Eté, on offroit, dit Plutarque (2), des Sacrifices & des gâteaux, ſur leſquels on repréſentoit un Ane enchaîné, emblème de Typhon vaincu. C'étoit donc un Sacrifice à Oſiris ou à la Divinité Suprême, Source de tous les biens, dont on jouiſſoit alors; après les récoltes & avec le débordement du Nil, qui commençoit; mettoit fin aux maladies terribles qui affligent dans ce tems-là l'Egypte, par une ſuite de la ſéchereſſe. On diſoit dans cette Fête aux Aſſiſtans, *ne donnez pas à manger à l'Ane*, c'eſt-à-dire, ne faites rien qui puiſſe favoriſer le mauvais Principe, ou qui provoque ſur vous la Vengeance Céleſte. On leur diſoit encore, *ne portez pas ſur vous des bagues d'or*; c'eſt-à-dire, employez plutôt vos richeſſes, ces biens que Dieu vous envoye, à faire du bien, qu'à vous parer: l'or que vous conſacrez à de vains ornemens eſt perdu, & pour la Terre que vous devez mettre en état de produire de nouvelles richeſſes, & pour vos ſemblables qui en profiteroient.

Telles étoient les Leçons laconiques de ce Peuple ſage, & qui paroiſſent plus obſcures que les Oracles, lorſqu'on n'eſt pas au fait du génie des Nations Orientales, & de leurs allégories.

---

(1) Pag. 99. Diſſ. ſur Memnon.
(2) Traité d'Iſis & d'Oſiris.

DU CALENDRIER. 359

§. II.

Fête pour l'Inondation.

C'est dans le même mois, & le 12, selon les Auteurs Arabes, qu'on jettoit dans le Nil, avec une pompe extraordinaire, une Vierge magnifiquement parée & ornée de colliers, afin d'obtenir des Dieux que le Nil parvînt à une juste hauteur, & qu'on eût ainsi une abondante récolte.

Cette Fête se célèbre encore aujourd'hui en Egypte, parce qu'elle tient au local. Dans ce mois, le *Khaly* ou le grand Canal qui traverse le Caire, s'ouvre avec la plus grande solemnité, en présente du Bacha, de ses Officiers, & de tout le Peuple, afin que les eaux du Nil puissent se répandre sur les terres. On peut voir une description de cette Fête dans les Voyages du Capitaine NORDEN.

On dit que ce sont les Turcs qui abolirent le Sacrifice de la Vierge; mais que par malheur cette année-là, la Rivière n'atteignit pas la hauteur ordinaire, ensorte que la récolte fut très-mauvaise. L'année suivante fut plus funeste encore, & le Peuple commença à murmurer : alors le Bacha fit monter tous les Habitans du Caire, Turcs, Juifs, Chrétiens, sans distinction de Religion, sur la Montagne qui est à l'Orient du Caire; & là, après une exhortation pathétique, il conjura tous ceux qui étoient présens de prier Dieu qu'il voulût avoir pitié d'eux; ils passèrent tout le jour & toute la nuit dans cet exercice : vers le matin quelques femmes vinrent annoncer la grande nouvelle que le Nil avoit crû du double : ce qui fut reçu avec des acclamations de joie inexprimables & suivi d'actions de graces envers la Divinité. On éleva ensuite à l'entrée du Canal un Autel de la hauteur de dix pieds, sur lequel on jetta une grande quantité de Fleurs & une branche d'Olivier qui y prit racine, disent-ils, étant une offrande plus agréable à Dieu, ajoutent-ils, que celle qu'on avoit abolie. Toutes les années on construit un pareil Autel, que les eaux emportent avec les Fleurs dont il est couvert.

Quant à la prétendue Vierge que les Egyptiens Payens & Chrétiens jettoient dans le Nil, ce n'étoit qu'une figure de paille semblable à celle qu'on jettoit dans le Tybre & semblable à celles du Mardi-Gras. Il n'est pas étonnant que les Arabes ayent pris au pied de la lettre ce qu'on en dit; ils y trouvoient matière à relever leurs vertus. C'est ainsi qu'il faut également beaucoup rabattre de tout ce qu'on nous a dit des Sacrifices humains en usage chez les Phéniciens & les Carthaginois.

Selon les Egyptiens modernes, il tombe cette même nuit une *goutte de rosée* salutaire. C'est ce que les anciens Egyptiens appelloient les *larmes d'Isis*, & auxquelles ils attribuoient les mêmes vertus, celles de purifier l'air & de chasser toute corruption : avantages dont le pays a le plus grand besoin : le tems qui précede celui-là depuis la moisson, étant si fâcheux & si pestilentiel, qu'il étoit un tems de deuil, & qu'il donna lieu à diverses allégories dont nous aurons occasion de parler dans la suite ; il fut aussi l'occasion d'un Poëme *sur la Guerre* la plus célébre dont on ait jamais fait mention.

§. III.

Autres Fêtes.

Le 30e jour du XIe mois appellé Epiphi, les Egyptiens célébroient la Fête des Yeux d'Horus (1), lorsque le Soleil & la Lune sont directement sur la même ligne. Mais Horus, fils d'Isis & d'Osiris, & vainqueur de Typhon, est l'ame de l'Univers, ou le Monde ; ses yeux sont le Soleil & la Lune. Aussi, dans les Hymnes d'Osiris, ajoute Plutarque, on invoque & on célebre celui-ci comme celui qui se repose dans les bras du Soleil.

Dans le dernier mois de l'année ou Mesori, on célébroit la Fête d'Harpocrate, en lui offrant les prémices des légumes, & en disant à haute voix, langue, FORTUNE ; langue, GÉNIE. En Grec, γλωσσα ΤΥΧΗ, γλωσσα ΔΑΙΜΩΝ. On vouloit dire sans doute que tous les avantages dont l'homme jouit en société, sont une suite du langage & du bon usage qu'il fait de l'art de parler.

Ce qui convenoit fort bien à Harpocrate représenté comme le Dieu du silence, & auquel on consacroit l'arbre appellé *Persea* ou *Pescher*, parce, dit Plutarque, que son fruit étoit en forme de cœur, & sa feuille en forme de langue.

L'Année se terminoit par la Fête des cinq jours Epagomènes, dont le dernier qui finissoit l'année étoit la Fête de la Victoire ou l'Apothéose de Nephtys mise au rang des Dieux ; de la même maniere que chez les Grecs l'Apothéose d'Hercule terminoit l'année.

---

(1) Ib. n°. 17.

DU CALENDRIER.

Le lendemain recommençoit l'année avec la Fête de Mercure & de la Canicule.

L'Eglise Latine a remplacé de bonne-heure ces deux Fêtes remarquables par deux Fêtes Chrétiennes.

§. IV.

Fêtes dont il est parlé dans Hérodote.

Telles sont les Fêtes Egyptiennes dont Plutarque nous a conservé le souvenir. Hérodote parle aussi de diverses Fêtes Egyptiennes, mais sans en indiquer le tems.

Il dit que la veille de la Fête d'Isis, les Egyptiens jeûnoient; & qu'après avoir fait leurs prieres, ils sacrifioient un jeune bœuf dont on avoit ôté les entrailles; que coupant ensuite les pieds, le cou & les épaules de la victime, ils en remplissoient le corps de pain, de miel, de raisins secs, de figues, de myrthe, d'encens, &c. & arrosoient le tout d'huile: & que tandis que la victime étoit sur le feu, ils se frappoient & se donnoient la discipline jusqu'à ce que la victime fût cuite & le sacrifice achevé; & qu'ils finissoient par en manger les restes.

Les Egyptiens, selon le même Hérodote, dans le tems de la pleine Lune, sacrifioient des cochons à la Lune & à Bacchus; c'est-à-dire à Isis & à Osiris: ils en brûloient la graisse dans le feu sacré, & mangeoient le reste à la nouvelle Lune. Ceux qui n'étoient pas assez riches pour offrir des cochons réels, en offroient de pâte, comme nous avons dit plus haut que cela se pratiquoit dans le Nord.

Dans les processions pour les Fêtes d'Osiris, les Dames Egyptiennes portoient des Statues phalliques à ressorts, d'un pied & demi de haut, qui se mouvoient comme nos Marionnetres: précédées de quelques flûtes qui accompagnoient leur voix. Ces Egyptiennes chantoient les Ouvrages du Pere de la Nature féconde.

Hérodote parle aussi d'une Fête pendant laquelle une foule immense d'Egyptiens descendoient le Nil, visitant un grand nombre de Villes célebres par les Divinités qu'on y adoroit.

Les Egyptiens, dit-il, visitoient toutes les années six Villes en forme de pélerinage: *Bubaste*, pour honorer Diane; *Busiris*, en faveur d'Isis; *Saïs*, pour Minerve; *Héliopolis*, où ils adoroient le Soleil; *Bute*, où étoit le Temple de Latone; & *Papremis*, où se célébroit la Fête de Mars.

Pour la Fête de Diane à Bubaste, on s'embarquoit sur le fleuve, qui se couvroit alors d'une multitude de barques, puisqu'il s'y rendoit ordinairement sept cent mille personnes, hommes ou femmes, sans les enfans. Pendant le voyage on dansoit au son de divers instrumens; & dans chaque Ville où l'on s'arrêtoit, ce n'étoit que Fêtes & danses, accompagnées de disputes plaisantes entre les femmes de ces Villes & celles qui cheminoient; comme cela se pratique encore sur les rivieres. Arrivés enfin à Bubaste, on y offroit de nombreux sacrifices.

En passant à Saïs, ces Voyageurs ou Pélerins célébroient la Fête des Lanternes, qui avoit lieu en même tems dans toute l'Egypte, & ils y offroient également des sacrifices. L'huile des lampes dont on se servoit pour cette illumination, étoit mêlée avec du sel, observe Hérodote; l'étoupe surnageoit & brûloit toute la nuit.

A *Héliopolis* & à *Bute* on offroit simplement des sacrifices.

Il n'en étoit pas de même à *Papremis*. Après les cérémonies ordinaires & au coucher du Soleil, un petit nombre de Prêtres environnoient la statue de Mars, pendant que tous les autres se postoient devant les portes du Temple avec des bâtons à la main. D'un autre côté, une compagnie d'hommes qui s'étoit vouée à cela, & dont le nombre montoit quelquefois à plus de mille, armés de la même maniere, se rangeoient en bataille contre les Prêtres qui gardoient les avenues du Temple. L'image de la Divinité, placée dans un Temple portatif de bois doré, & qu'on avoit transportée la veille dans un autre lieu, étoit ramenée au Temple dans un Chariot d'or à quatre roues, par les Prêtres destinés à l'accompagner. Mais ceux qui gardoient l'entrée refusant de les laisser passer, les autres, pour accomplir leur vœu, les attaquoient à grands coups de bâtons qui portoient presque toujours sur la tête.

Le but de cet usage féroce, étoit, selon les Egyptiens, de conserver le souvenir d'un combat qu'avoit livré le Dieu Mars dans cet endroit, un jour qu'ayant trop bu, il voulut y entrer pour jouir de sa Mere; & qu'ayant été repoussé par les domestiques de celle-ci, il rassembla des déterminés avec lesquels il repoussa les déffenseurs de sa Mere & entra par force dans le lieu où elle étoit. Ils vouloient, selon Hérodote, apprendre par-là aux hommes à n'entrer dans les Temples qu'avec la pureté du corps & de l'esprit : ce qui seroit une étrange maniere d'inspirer la modération & la vertu. On rencontrera mieux, en voyant dans cet usage une imitation des mauvais effets que produit la guerre, & un tableau des anciennes guerres des Géans.

§. V.

Fête d'Isis décrite par Apulée.

Apulée nous a conservé de son côté la maniere dont on représentoit Isis chez les Romains, & la description de la Fête que ce Peuple célébroit à son honneur (1): comme l'un & l'autre n'étoient qu'une imitation de ce qui se passoit en Egypte, ce qu'il dit à cet égard tiendra lieu de ce qui nous manque sur les Fêtes de ce dernier Peuple. Isis, dit-il, telle qu'elle lui apparut, avoit des cheveux longs & tressés; une guirlande composée d'un grand nombre de fleurs, couvroit sa tête, & l'un de ces bouquets retomboit sur le front en forme de demi-lune. A droite & à gauche, on voyoit des sillons semblables à des Serpens, & par dessus des épis. Elle avoit une robe de fin lin, avec un manteau flottant d'un noir brillant qui passoit par-dessous le bras droit, revenoit sur la gauche en forme d'écharpe, & descendoit jusques aux pieds, en formant une infinité de plis agréables : le bas de ce manteau étoit brodé; il étoit parsemé d'étoiles & on y voyoit la Lune en son plein. Tout autour de ce manteau, régnoit une bande qui étoit cousue & garnie de fleurs & de fruits. La Déesse portoit d'une main son sistre, de l'autre une gondole ou un vase d'or, dont l'anse représentoit un aspic qui allongeoit la tête & enfloit son cou; ses souliers étoient faits avec des feuilles de palmier.

La procession d'Isis s'ouvroit par plusieurs Personnages propres à amuser le Peuple. Les uns étoient mis en spadassins, d'autres en chasseurs. Il y en avoient qui paroissoient habillés en femmes, magnifiquement parés, ayant des escarpins dorés, une robe de soie, (2) une grande coëffure faite de faux cheveux, & couverts de pierreries. On en voyoit en équipage de gladiateurs, d'autres en Consuls, précédés de Licteurs armés de haches : d'autres mis en Philosophes, ou en pêcheurs. Ici, un Ours apprivoisé étoit porté dans une chaise en habit de femme; là paroissoit un Singe coëffé d'un bonnet en tissu & vêtu d'une robe jaune à la Phrygienne; il tenoit une coupe d'or. Ensuite un Ane auquel on avoit attaché des ailes : suivoit un Vieillard qui avoit peine à marcher.

---

(1) Ane d'or, Liv. XI.

(2) On portoit donc & à Alexandrie & à Rome des robes de soie; elles venoient de la Chine, & on les devoit au commerce; tandis que sous Henry IV. une paire de bas de soie étoit une magnificence royale.

HISTOIRE RELIGIEUSE

Ce cortége étoit accompagné, précédé, & suivi d'une populace immense qui s'en amusoit sérieusement.

Ces Mascarades étoient suivies d'une multitude de femmes en habits blancs, couronnées de fleurs: les unes semoient de verdure & de fleurs le chemin que devoit tenir la Déesse; & répandoient sur la route des eaux de senteur; d'autres portoient des miroirs derriere leur dos, comme pour le service de la Déesse; d'autres, des peignes d'yvoire.

Ces femmes étoient suivies d'une multitude de personnes des deux sexes, armées de cierges, de torches, de flambeaux. Venoient ensuite une foule de Musiciens de toute espéce, suivis d'un chœur nombreux de jeunes Gens, en habits blancs, qui chantoient par reprises des airs de musique très gais, composés par un habile Musicien, à l'honneur de la Déesse. On voyoit à leur suite les Musiciens ordinaires de Serapis, qui avec un cors oblique entonnoient les airs consacrés à ce Dieu; & des Hérauts qui écartoient le Peuple, pour faire passage aux statues des Dieux, & aux objets sacrés, (*les saintes Reliques,* dit un ancien Traducteur (1). Paroissoit alors le Collége d'Isis, ou les Initiés composés de gens de tout sexe, de toute qualité, de tout âge, & en habits de lin.

Les femmes étoient couvertes d'un voile parfumé.

Les hommes avoient la tête rasée; & tous faisoient retentir l'air du bruit aigu de leurs sistres d'airain, d'argent, & même d'or.

Les Chefs des Prêtres, au nombre de six, marchoient ensuite en habits de lin qui descendoient jusqu'aux talons. Le premier portoit un grand flambeau d'or, en forme de navire, qui répandoit une très-grande lumiere.

Le second tenoit à deux mains l'Autel de la Déesse appelé *secours*, emblême de la protection de la Déesse.

Le troisiéme portoit une palme dont les feuilles étoient dorées, & le caducée de Mercure (†).

Le quatriéme portoit l'image de la Justice ou l'Équité, ayant la main gauche ouverte. Il portoit aussi un vase d'or, arrondi en forme de mammelle, avec lequel il faisoit des libations de lait; emblême de la nouvelle vie des Initiés, & de l'innocence qui devoit les caractériser.

---

(1) L'Ane d'or, in-12, Paris 1616.

(†) On voit donc ici trois des Ministres de Cérès, Le *Dadouque* ou Porte-Flambeau représentant le Soleil: *le Ministre de l'Autel*, représentant la Lune; & le Héraut, représentant Mercure. Ces rapports sont très bons à remarquer.

DU CALENDRIER.

Le cinquiéme portoit un van composé de filets d'or.

Le sixiéme, une cruche. On voit ensuite les Dieux qui daignent paroître sous une forme humaine : dans ce nombre, le Messager des Dieux Célestes & Infernaux : il tient de la gauche son caducée ; de la droite, une palme verte. La vache sacrée, symbole de la Déesse, & portée sur l'épaule d'un de ses Ministres qui en étoit tout glorieux. La corbeille des Mystéres étoit portée ensuite par un autre Prêtre. Sur la poitrine du suivant, on voyoit l'image de sa Divinité, qui n'offre la figure ni d'un oiseau, ni d'un animal, ni d'un homme, qui est d'or massif, & qui prouve, dit Apulée, que l'objet de ces Mystéres doit être enseveli dans le silence. On porte ensuite une urne dont le fond est rond, qui est chargée de caractères Egyptiens, & dont le cou très court est accompagné d'un long bec, avec une anse dont s'éleve un aspic au cou enflé & à longs replis. La marche est terminée par le Grand-Prêtre, qui tient un sistre & des couronnes.

La Procession arriva ainsi sur les bords de la mer, où elle trouva le vaisseau d'Isis, très-beau navire orné de figures Egyptiennes : on le purifia avec une torche allumée, des œufs & du soufre. On tendit sa voile de fin lin, sur laquelle on lisoit que le vœu du Vaisseau étoit de faire un heureux & bon voyage. La poupe étoit en forme de croissant, & enrichie de feuillages d'or : on le remplit d'offrandes de toute espéce, & après avoir jetté dans la mer les entrailles des bêtes sacrifiées, on leve l'ancre & l'on abandonne le navire au gré des vents.

Alors la Procession revient au Temple dans le même ordre ; & après quelques prieres dans lesquelles on fait des vœux pour l'Empereur, pour le Sénat, pour les Chevaliers & pour le Peuple Romain, pour les Vaisseaux qui sont en mer, pour tous les Peuples qui dépendent de l'Empire, on congédie l'assemblée en disant en grec, *congé au Peuple* : & celui-ci répond, *à la bonne-heure*, ou *ainsi soit-il*.

CHAPITRE II.

Fêtes des anciens PERSES.

AFIN qu'on puisse se former une juste idée du rapport des Fêtes Persanes avec l'année solaire & agricole, nous observerons que les noms des Mois Persans, tels que nous les allons indiquer, n'ont pas toujours répondu au même mois solaire. Lorsque l'année Persane étoit vague, comme elle l'étoit tandis que les Peuples furent gouvernés par des Princes de leur Nation, leur premier mois appellé *Phervardin* commençoit avec le Solstice d'été ou en Juin; mais après la ruine de cet Empire, GELALEDDIN, de la Dynastie des Selgeucides, rendit l'année Persane fixe & en attacha le commencement à l'Equinoxe de Mars; ainsi le mois Phervardin commença en Mars. Dès-lors une partie des Fêtes Persanes dut nécessairement être déplacée & ne pas répondre aux mêmes mois qu'auparavant.

I.

A l'Equinoxe de Mars étoit la Fête du nouvel An, dont nous avons déja parlé : on l'appelloit NAURUZ ou le *nouveau jour* ; il arrivoit le premier jour du mois *Phervardin*, nom qui signifioit selon Hyde (1) *qui ranime la Religion* : ce mois répond à Avril & au mois DEY des anciens Perses.

Le 6 de ce mois qui répond au jour des Rois, on faisoit des présens aux Rois de Perse. Les trois grands Officiers de la Couronne paroissoient les premiers : c'est-à-dire le Wizir ou Général des armées, le Chef du trésor ou des finances & l'Intendant des Troupes. Les autres Ordres de l'Etat venoient ensuite. Ce jour-là, on délivroit les prisonniers, on accordoit des graces, & on remettoit les fautes. Le Roi assis sur son thrône & regardant le Soleil levant, disoit : » Dieu vous a pardonné ; lavez vos mains avec l'eau pure & ren-
» dez graces à Dieu. »

Le 24 du même mois on célébroit une autre Fête, dont nous avons également dit un mot à l'occasion des Géans, ennemis des Dieux. On y portoit en

---

(1) Rel. vet. Pers. p. 239.

procession la Statue de FERIDOUN, ancien Monarque Perſan, qui avoit délivré le Royaume du joug de *Dehak*, & qui avoit regné ſur tout l'Orient. Le même jour, on plaçoit dans les rues de petites ſtatues auxquelles on rendoit les mêmes honneurs qu'au Roi; après quoi on les briſoit & on les jettoit au feu. C'étoit ſans doute, dit FRERET, l'emblême du déthrônement de Dehak.

Ce déthrônement eſt vrai, mais dans le ſens allégorique. *Dehak* eſt un mot Oriental qui ſignifie *ténèbres, obſcurité*: en hébreu דהך & דהק, *Dhok* & *Zhok*, lu ſans points. *Feridoun*, eſt compoſé de *Feri*, le Soleil chez tous les anciens Orientaux, & de *Doun*, Seigneur, le *Dun* des Celtes & des Grecs.

C'eſt donc le même évenement que les Grecs célèbrent ſous le nom de guerre des Amazones & d'Hercule. *Feridoun* eſt le Soleil du Printems qui déthrône en Perſe, non les Amazones, mais *Dehak*, le Prince de la nuit & de l'hyver. C'eſt alors encore que *Feridoun* eſt ſevré; car à cet Equinoxe du Printems, le Soleil n'eſt plus ſous la tutelle des Nuits.

Ce Prince étoit repréſenté ce jour-là aſſis ſur un taureau (1); ce qui s'accorde très-bien avec les anciens emblêmes du Soleil.

II.

Le IVe mois eſt appellé TIR ou la Flèche; c'eſt le mois de Juin dans l'année Gelaléenne, & le mois d'Octobre dans l'ancienne année. *Tir* eſt également le nom de Mercure, le Meſſager rapide des Dieux. Le 13 de ce mois on célèbre le *Tira-ghân*. Les Perſans diſent que c'eſt à cauſe de la paix qui fut conclue en ce jour entre *Afraſiab* qui avoit envahi la Perſe, & le Roi *Manuſgihar* qu'il avoit aſſiégé dans le Château *Tir-iſtan*, c'eſt-à-dire, *pays des Flèches*. Une des conditions du traité fut qu'un des ſoldats du Roi tireroit une flèche de toute ſa force, & que l'endroit où elle tomberoit ſerviroit de limites aux deux Etats; & qu'elle tomba au-delà de *l'Amu* ou *Oxus*. Ce jour-là, on a coutume de s'arroſer mutuellement avec de l'eau commune & même avec de l'eau-roſe. Les prieres ſont heureuſes en ce jour.

Le 8e jour du VIe. mois on célébroit la Fête des Mages, appellée KHEZAN, ou Fête de l'Automne, en reconnoiſſance des moiſſons qu'on venoit de terminer.

---

1) l. v. p. 253.

III.

Le VIIe mois appellé MIHR, répond, dans l'année Gelaléenne, au mois de Septembre ; mais dans l'ancienne année il répondoit à Janvier. Son nom signifie *Amour, Bienveuillance.* Il devint celui du Soleil, ou le nom de l'Intelligence qui anime le Soleil. L'Ange protecteur de ce mois a dans sa dépendance tout ce qui regarde l'amour & l'amitié : de lui dérive tout calcul & tout nombre ; dans sa main sont les peines & les récompenses. Il jugera tous les hommes avec sa balance, & il les distribuera suivant leur mérite dans les VII Cieux & dans les VII Enfers ou *Gehennes.*

» Les fonctions propres de Mithra, dit M. ANQUETIL, auquel la Théologie Persane doit tant, » les fonctions propres de Mithra sont de combattre con-
» tinuellement Ahriman & l'armée impure des mauvais Génies, qui ne cher-
» chent qu'à répandre dans l'Univers l'effroi & la désolation ; de protéger la
» Nature contre les Démons & leurs productions. Il a pour cela mille oreil-
» les, dix mille yeux, & parcourt l'espace donné entre le Ciel & la Terre, la
» main armée d'une massue. MITHRA DONNE à la Terre la LUMIERE, le So-
» LEIL. Il trace le chemin à l'eau ; il donne aux hommes les grains, les pâtura-
» ges, les enfans ; au monde, les Guerriers, les Rois purs, & y entretient
» l'HARMONIE ; il veille sur la Loi, &c. ».

C'est le 16 de ce mois qu'arrive la plus grande Fête Persane, appellée MIHR-AGAN, Fête de Mihr, & par corruption Fête de *Mithras.*

Les Persans, fort étonnés de trouver cette Fête au mois de Septembre, ont cherché à en rendre raison, & ils n'ont fait que multiplier les Fables. En effet, comment expliquer les causes d'une Fête qui tient aux révolutions solaires, lorsqu'on l'a déplacée ? Cette Fête est celle de la renaissance du Soleil au solstice d'Hyver : & ce n'est qu'en la remettant à sa vraie place, à sa place antique, qu'on peut en appercevoir le motif.

Cependant au milieu des Fables que racontent les Orientaux pour rendre raison de cette Fête, il en est deux qui méritent attention. Suivant l'une, c'est la Fête du Prince de la mort, *Ghan* signifiant Prince, & *Mihr,* mort. Suivant l'autre, le premier Roi mit ce jour-là sur sa tête une Couronne qui représentoit le Soleil, & tous ses successeurs imiterent son exemple.

Cette Fête duroit six jours. On y célébroit la bienveuillance de Dieu envers les hommes par le renouvellement des tems, & par le retour du Soleil qui venoit ranimer toute la Nature.

Une

Une chose digne de remarque, c'est que le culte de Mithra, Divinité qui étoit absolument inconnue à l'Europe avant la fin de la République Romaine, fit les plus grands progrès dans Rome & dans l'Empire Romain, peu de tems après la premiere prédication de l'Evangile. Le plus ancien exemple qu'on en trouve chez les Romains est contenu dans une inscription datée du troisiéme Consulat de Trajan ou de l'an 101 de l'Ere Chrétienne. C'est la dédicace d'un Autel au Soleil sous le nom de Mithra, DEO SOLI MITHRÆ, *au Dieu Soleil Mithra.*

Il n'est pas moins remarquable que ce culte n'avoit pas pénétré en Egypte: Origène traite de fables tout ce que *Celse* en racontoit, & Clément d'Alexandrie n'en dit rien, tandis que tout l'Occident en est rempli.

LAMPRIDE, dans la Vie de l'Empereur Commode; JUSTIN MARTYR, & TERTULLIEN, tous dans le second siécle, en font mention. Ce dernier (1) parle d'une espéce de baptême qui lavoit les Initiés de toutes les souillures que leur ame avoit contractées jusqu'alors; d'une marque qu'on leur imprimoit, d'une offrande de pain, & d'un emblême de la Résurrection qu'il n'explique pas en détail. Dans cette offrande, qui étoit accompagnée d'une certaine formule de prieres, on offroit un vase d'eau avec le pain. Ailleurs le même Tertullien dit (2) qu'on présentoit aux Initiés une Couronne soutenue sur une épée; mais qu'on leur apprenoit à la refuser, en disant: *c'est Mithra qui est ma couronne.* Mais cette Couronne n'étoit que l'emblême de Mithra, comme on le voit par la tradition que nous avons citée il y a un instant.

On peut donc regarder l'extension & les progrès de ce culte de Mithra comme un effort du Paganisme contre la Religion Chrétienne; on pensoit qu'en proposant aux hommes l'adoration de ce Dieu *Soleil de bienveuillance*, on contrebalanceroit, on anéantiroit peut-être plus efficacement que par aucun autre moyen la foi dans le Dieu *Soleil de Justice* qu'adoroient les Chrétiens, & qu'ils regardoient comme une source de *bienveuillance* envers les hommes.

PORPHYRE qui vivoit dans le 3ᵉ. siécle, parle beaucoup de Mithra, dont il attribue l'établissement du culte à Zoroastre. Ce culte se célébroit dans un antre, dans l'antre Mystique d'où le Soleil étoit censé renaître à Noël. Là, Mithra étoit représenté assis sur un taureau qu'il dompte ou qu'il égorge avec le glaive du bélier. Sur des bas-reliefs encore existans, c'est un jeune homme

---

(1) De præscript. c. 40. adversus Marcion; I, 13.
(2) De Corona.

coëffé d'une tiare recourbée en devant comme celle des Rois ; il est vêtu d'une tunique courte avec le haut-de-chausses Persan ; quelquefois il porte un petit manteau. A ses côtés sont deux autres figures humaines, coëffées d'une tiare semblable, mais sans manteau. Ordinairement l'une tient un flambeau élevé, & l'autre un flambeau baissé. Quelquefois on voit au-dessus de l'Antre le char du Soleil & celui de la Lune, & diverses constellations, telles que le Cancer & le Scorpion.

Il ne seroit cependant pas surprenant que Porphyre se fût trompé en faisant de Zoroastre le fondateur de ce culte Mithriaque, tel qu'il étoit observé par les Romains. Le nom de Mithras est Persan à la vérité ; mais ce nom pouvoit être commun aux Assyriens, aux Babyloniens, à tous les *Sabéens* adorateurs des Astres : & ceux-ci peuvent, à la longue, avoir chargé les Fêtes de Mithras de cérémonies inconnues aux Perses.

La Religion Chrétienne l'ayant enfin emporté sur la Religion Payenne, on détruisit à Rome en 378 l'antre qu'on y avoit élevé à Mithras. Il en doit encore rester un dans les Montagnes du Vivarais, sur les bords du Rhône & près du Theil.

Les Prêtres de Mithras étoient appellés *Lions*, & ses Prêtresses *Hyenes*. Les Ministres inférieurs étoient distingués par les noms d'*Aigles*, d'*Eperviers*, de *Corbeaux*,&c. & dans leurs Fêtes ils portoient des masques relatifs à leurs titres, à la maniere Egyptienne, où les Prêtres paroissoient dans les cérémonies avec des masques à tête de lion, de singe, de chien, &c.

Cette Secte n'admettoit personne qu'après des épreuves très-rigoureuses: c'étoit un vrai noviciat : les PP. de l'Eglise parlent d'un jeûne très-austere de 50 jours, d'une retraite de plusieurs jours dans un lieu obscur, d'un tems considérable qu'il falloit passer dans la neige ou dans l'eau froide, & de quinze fustigations, dont chacune duroit deux jours entiers. Le féroce Commode changea plus d'une fois ces emblêmes de mort, en mort réelle.

Ajoutons que sa naissance se célébroit le 25 Décembre, & que le P. Hardouin crut que c'étoit par cette raison que l'Eglise Latine célébra au même jour la naissance de J. C. qu'on disoit aussi en Orient être né dans une caverne.

Il n'est pas étonnant que Mithras fut peint sous l'emblême du lion, puisque c'étoit l'emblême du Soleil : c'est ainsi que les Grecs par un symbole mieux entendu, représenterent toujours Hercule avec une peau de lion.

Quelqu'un a vu dans les trois personnages qui sont sur les bas-reliefs de Mithras, les trois parties du jour. Celui qui tient un flambeau levé est le matin ;

DU CALENDRIER.

celui qui le renverse est le soir, Mithra plein de force est le midi.

Le Poëte Ibn-Tahir dit que cette Fête est celle d'une grande Victoire, la Victoire celle de *Feridoun* sur Dahak, en vengeance du meurtre de son ayeul *Giemshid*.

IV.

Le mois Azer, *Azour, Adour*, mot qui signifie *feu*, répond à notre fin de Février & aux trois quarts de Mars, dans le Calendrier ancien. Gelaleddin en fit le mois de Novembre. C'est le nom de l'Ange qui préside au feu & aux foyers. Le 9 de ce mois, on célébroit la grande Fête de *l'Azour-ghân*, ou Fête du Feu. Ce jour-là on nettoyoit les Pyrées ou Temples du feu, on réparoit les Autels sacrés, tout le pays étoit illuminé. C'étoit un jour de bon augure, où il faisoit bon faire ses ongles & se raser; ce qui désignoit, dit Hyde, la *purification & l'expiation de ses fautes*.

C'est dans ce jour qu'avoit lieu la cavalcade du jeune homme sans barbe : Fête qui se célébroit dans la Babylonie comme dans la Perse. Ce jeune homme se promenoit plusieurs jours de suite sur une mule (1); on lui donnoit des noix, de l'ail, des viandes grasses. D'autres y ajoutoient des boissons chaudes propres à chasser le froid : s'il vouloit les laisser refroidir, on l'arrosoit d'eau froide, & il s'écrioit alors : *gherma, gherma*, du chaud, du chaud. Ce qui faisoit rire, en même tems qu'on le regardoit comme l'annonce du retour du chaud.

D'autres ajoutent que cet homme s'éventoit comme pour se rafraîchir, & qu'alors on le couvroit de glace & de neige : & qu'il renversoit lui-même de l'encre & de la boue sur les habits des Grands qui refusoient de lui faire quelques présens.

V.

Dans le mois *Dey* dont Gelaleddin fit le mois de Décembre, on retrouve chez les Persans la Fête des Lanternes ou des Illuminations, au tems même du Solstice, & dans la nuit la plus longue de l'année. Il n'étoit pas possible, que cette Fête se déplaçât : elle s'est donc maintenue à cette époque, quoique le nom du mois dans lequel elle arrivoit, soit devenu le nom du mois de Septembre.

---

(1) Golius, dans ses Notes sur Alphergan.

Ceci est une nouvelle preuve que la Fête de Mithras qu'Hyde rapporte au mois de *Septembre*, s'est déplacée très-mal à propos par un effet de ce changement de nom. Elle appartient essentiellement au Solstice d'Hyver.

Les cinq derniers jours du dernier mois de l'année, *Février* de Gelaleddin, & *Juin* des anciens, ces cinq jours étoient appellés *Mard-ghirán*, preneuses d'hommes, parce que c'est le tems où l'on avoit coutume de se marier. Et c'est à peu près le tems qui a été consacré chez tous les Peuples au même usage, non par caprice, mais de par la Nature qui ramene alors le Printems, & avec lui de nouvelles générations.

V I.

Les Perses célébroient aussi la Fête des Ancêtres, ou la Fête des Morts, sous le nom d'*Apherina-ghan*, ou *Fête du Repas de Bénédiction*. Elle avoit lieu sur-tout dans les jours Epagomènes, parce qu'on croyoit que dans ces jours-là les ames des morts avoient le pouvoir de revenir sur terre. On a encore dans l'Orient, la coutume de distribuer des aumônes sur le tombeau de ses peres.

CHAPITRE III.

Fêtes ROMAINES, *suivant les mois où elles se célébroient, & 1°. Fêtes du mois de Mars.*

I.

LE premier jour de Mars, les Dames Romaines offroient des sacrifices à Junon Lucine & à Mars, ainsi que le pratiquoient déja les Dames Latines avant la fondation de Rome ; à *Mars*, parce que ce mois portoit son nom ; & à *Junon Lucine*, 1°. parce que toutes les Calendes lui étoient consacrées ; & 2°. parce que sous le nom de *Lucine*, elle étoit la Déesse des grossesses, & qu'elle avoit sous ce titre un Temple sur le Mont Exquilin. C'est au sujet de cette Fête qu'Ovide met ces paroles dans la bouche du Dieu Mars.

» Ma Mere chérit les femmes mariées : c'est par cette raison qu'elles se ren-
» dent en foule dans mon Temple. Les meres de famille ne peuvent rien faire
» qui soit plus digne de leur piété. Présentez des fleurs à la Déesse, elle les

DU CALENDRIER.

» aime ; couronnez sa tête de guirlandes, & dites-lui : Lucine qui nous avez
» donné le jour, (*Lucina Lucem*) exaucez les vœux de celles qui sont en cou-
» che. S'il en est quelqu'une d'enceinte, qu'elle lui adresse ses prieres les che-
» veux flottans, afin qu'elle puisse se délivrer sans douleurs de son précieux
» fardeau (1).

C'est dans le même jour qu'on célébroit la Fête des *Anciles* ou des Boucliers Sacrés faits d'airain qui étoient suspendus au nombre de XII. dans le
Temple de Mars: & que les *Saliens*, ou Prêtres de Mars, promenoient ce jour
même, en formant des danses guerrieres, & en chantant des Hymnes à l'honneur de Mars. Ces courses duroient pendant la premiere quinzaine de Mars,
ne finissant que le 14. Le lendemain, jour des Ides ou de la pleine Lune, on
célébroit la Fête d'Anne Perenna dont nous avons parlé.

Ces Boucliers Romains n'étoient pas de l'invention de Numa ; ce Prince
ne fit qu'en transporter l'usage à Rome. L'un d'eux, disoit-on, étoit tombé du
Ciel, & le sort de Rome lui étoit attaché. Afin qu'on ne pût le reconnoître &
l'enlever, Numa en fit faire XI. pareils.

Telle étoit la tradition légendaire ; comme si on ne pouvoit pas en enlever
XII. comme un ; comme si le Roi d'Egypte *Sesac* n'enleva pas les 200 Boucliers d'or pur dont Salomon avoit orné le Temple de Jérusalem, & que Ro-
boam remplaça par des Boucliers d'airain.

Les Boucliers étoient le symbole de la prospérité des Etats : il étoit incontestable que tandis que les Romains conserveroient ces Boucliers, ils seroient
libres : d'ailleurs, ils faisoient nécessairement partie de l'équipage de Mars &
des danses guerrieres qu'exécutoient ses Prêtres à son honneur, & pour animer un Peuple guerrier.

Ces Boucliers avoient été fabriqués, disoit-on, par VETURIUS MAMU-
RIUS, & c'est à l'honneur de celui-ci qu'étoit consacré le 14.e jour de Mars,
ou le dernier jour de cette Fête, & qu'on appelloit par cette raison *Mamu-
rales* ; ce qui est une nouvelle preuve que ce *Mamurius* n'étoit qu'un personnage allégorique. Quelques-uns rendent ce nom par *ancienne mémoire* : mais
ce nom a trop de rapport à celui de Mamers, nom du Dieu Mars, & qui
signifie le Grand, le *redoutable Mars*, pour n'y pas voir le nom même de ce
Dieu à qui la Fête entiere étoit consacrée. *Veturius* signifie *l'ancien*, *l'éternel*,
épithete digne d'un Dieu qu'on regardoit comme le pere des Romains, com-

_____

(1) Ovid. Fast. Liv. III.

me leur Dieu Tutélaire, & qui étant regardé comme *l'Être-Feu*, comme le *Vulcain* des Egyptiens, étoit effectivement le plus ancien des Êtres.

Dans les Hymnes des Saliens, on célébroit deux autres Divinités relatives au même objet; MANIA, mere des Lares, & LUCIA VOLUMNIA: mais *Mania* n'étoit autre chose que la Lune: & *Lucia Volumnia* signifioit la *Lumiere* ou *l'Année révolue*.

Ces noms, empruntés de la langue primitive des Romains, ne furent plus entendus à mesure que cette langue changea: il n'est donc pas étonnant qu'on ne sût plus vers la fin de la République quelles Divinités on avoit voulu désigner par-là, dans un tems où les Vers Saliens étoient devenus presqu'inintelligibles, même pour les Romains les plus savans.

Quant aux danses des Saliens, elles étoient une peinture des révolutions des Astres, comparées toujours à des danses. Elles étoient destinées à toucher les Dieux & à en obtenir les révolutions les plus heureuses.

Les 14 jours de ces danses terminoient l'année Romaine dans le tems qu'elles furent établies: elles répondoient à 14 jours pareils célébrés dans le Nord. Pendant ce tems-là, il eût été de mauvais augure de se marier: & la femme du Grand-Prêtre de Jupiter ne devoit ni se ceindre ni avoir soin de sa chevelure; sans doute pour mieux exprimer la douleur que causoit la disparition de l'année.

Les SALIENS n'étoient pas une invention de Numa; il ne fit que les établir à Rome. Denys d'Halycarnasse (1) assure que les Saliens étoient pour les Romains ce que les Curetes étoient chez les Grecs: « c'étoit, dit-il, de jeunes » gens qui dans certains tems de l'année couroient par la Ville armés d'une » épée, d'un bouclier & d'une lance, & chantant des Hymnes à l'honneur » des Dieux qui président à la guerre. La cérémonie étoit accompagnée de » sauts, de danses & de gambades que ces jeunes gens exécutoient avec beau- » coup d'adresse & en cadence. La mesure étoit marquée tant par la voix que » par le son de la flûte; & outre cela, par un certain cliquetis qu'ils faisoient en » frappant de leur épée ou de leur lance contre le bouclier ».

Ce bouclier s'appelloit *Ancyle*, parce qu'il étoit échancré des deux côtés, le haut & le bas étant plus larges que le milieu. Tels sont les boucliers qu'on voit sur plusieurs Médailles Grecques, sur celles de Phidon, de Thébes, de

---

(1) Liv. II.

la Béotie, &c. Denys d'Halycarnasse ajoute que les Curetes se servoient de pareils boucliers dans les cérémonies sacrées.

PELLOUTIER (1) assure que cet usage étoit d'origine Celtique, & commun aux anciens Perses & aux Athéniens. Il cite SERVIUS, qui dit qu'il y avoit déja des Prêtres Saliens à Tusculum avant Numa. Il est digne de remarque qu'on s'est toujours donné beaucoup de peine pour éclaircir ce qui regarde les Saliens & leur origine; & qu'on n'avoit jamais pensé à les comparer avec les Curetes, quoique Denys d'Halycarnasse eût mis sur la voie.

II.

Le lendemain quinziéme du mois la joie succédoit à la tristesse, par la Fête d'Anna Perenna.

III.

Celle-ci étoit suivie le 17 d'une Fête à l'honneur de Bacchus surnommé LIBER; ce qui fit appeller cette Fête *Liberalia*. On célébroit à cette époque une Fête à l'honneur de *Bacchus Liber*, parce qu'on défonçoit les tonneaux ou les vases dans lesquels le vin avoit passé l'Hyver: ce qu'on exprimoit en disant que Bacchus étoit devenu libre.

Et parce que cette Fête étoit celle de Bacchus *Liber*, on l'avoit choisie pour faire prendre ce jour-là aux jeunes gens la robe *libera* ou *virile*, cette robe qui étoit le symbole des Citoyens, & qui en faisoit ainsi des hommes faits, des Êtres libres; ensorte qu'ayant été appellés jusques alors *Liberi* enfans, ils étoient appellés dès-lors *liberi*, libres. Ce jour étoit consacré par diverses cérémonies qui le rendoient plus auguste.

Ce mot *liber* étoit même bien choisi, désignant un Être qui fait ce qui lui plaît, *quod libet*: un Être qui est *libre*. Appliqué à la boisson de Bacchus ou à Bacchus, il désignoit qu'elle étoit devenue dans ce moment, agréable à boire; qu'elle plaisoit au cœur qu'on appelloit *lib*, nom resté à la langue Allemande, à l'Hébreu, &c.

Saint AUGUSTIN nous a conservé (d'après Varron) une des cérémonies de cette Fête qui est entierement dans le goût Egyptien, & qui prouve à quel point tout se ressembloit dans les tems les plus reculés.

---

(1). Hist. des Celt. Liv. II. ch. X.

» Dans la Fête de *Liber*, dit-il (1), on exposoit à la vénération du Peuple
» & avec un grand appareil, sur des chariots de parade, les symboles de la fécon-
» dation; on les promenoit dans les champs, & on les conduisoit jusques dans la
» Ville. Dans celle de *Lavinie*, ils étoient exposés un mois entier : & lorsqu'on les
» remettoit en place, la Dame la plus respectable & la plus vertueuse, les cou-
» ronnoit publiquement. » C'étoit honorer la vertu d'une maniere aussi remarquable que solemnelle.

En effet, c'est la vertu & l'honnêteté qui assurent la prospérité & le maintien des familles & des Etats, que ruinent les mauvaises mœurs & le libertinage : on avoit donc sagement institué que l'honnêteté seule auroit le droit de rassurer les hommes sur le succès des Fêtes destinées à obtenir des Dieux une année féconde en toute espèce de biens & en une nouvelle génération qui seroit la gloire de la patrie.

Il en étoit de même à Rome : dès la fin de ce mois, le premier d'Avril, jour de la Fête de Vénus, les Dames Romaines accompagnoient ces symboles en grande pompe jusqu'au Temple de Vénus hors de la porte Colline ; & la Dame de la vertu la plus reconnue les plaçoit dans le sein de Vénus. C'étoit un heureux présage pour les fruits de l'année & pour l'accroissement des Familles.

I V.

DES QUINQUATRES.

Au 19ᵉ Mars commençoit une Fête à l'honneur de Minerve & qu'on appelloit les QUINQUATRES. Cette Fête duroit cinq jours; elle terminoit l'année Solaire qui recommençoit le 25, à l'Equinoxe du Printems. Ce sont les cinq jours qui étoient séparés du reste de l'année dans tout l'Orient, sous le nom d'Epagomènes. Les Romains disoient que Minerve étoit née le premier de ces cinq jours. Mais écoutons Ovide sur cette Fête (2).

» On célèbre (en ce mois) la Fête de Minerve ; & elle doit son nom aux
» cinq jours pendant lesquels elle dure. Au premier, on ne répandit jamais le
» sang, & il est défendu d'y faire usage du fer : c'est le jour de la naissance de
» Minerve. Mais les quatre autres jours sont célébrés par des combats sur
» l'Arène ; cette Déesse guerriere prend alors plaisir aux épées nues. Jeunes

---

(1) Cité de Dieu, Liv. VII. ch. 21.
(2) Fast. Liv. III. v. 809.

» gens

DU CALENDRIER.

« gens de l'un & l'autre sexe, invoquez Minerve; celui qui se la rendra propice
» deviendra savant ; celles qui lui seront agréables, réussiront dans les ouvrages
» en laine & au fuseau … Quiconque n'a pas Minerve pour soi, ne peut se
» promettre aucun succès.

» Le dernier des cinq jours nous avertit qu'il faut purifier les trompetets &
» offrir à la Déesse un sacrifice solemnel. »

Ainsi se terminoit l'année Solaire.

Marcellinus CORRADIN, dans son ancien Latium, est très-persuadé que les Romains tinrent cette Fête des Quinquatres, des Albains & des Latins qui la tenoient eux-mêmes des Troyens dont Minerve étoit la Déesse tutélaire (1). Il ajoute qu'on y représentoit le combat entre Mars & Minerve, dans lequel la Déesse remporta la victoire, ce qui la fit appeller la *Vaillante* (†).

L'Empereur Domitien les fit célébrer avec une pompe inconnue jusqu'alors : il y régaloit pendant la nuit les Sénateurs & les Chevaliers, & il les faisoit ensuite descendre dans l'Arène.

Quant aux trompettes qu'on purifioit à la fin de cette Fête, on le faisoit en sacrifiant une brebis d'un an.

Corradin a très-bien vu encore que la plûpart des Fêtes qui font partie du Calendrier Romain, étoient très-anterieures aux Romains ; qu'ils les tinrent des Latins, des Sabins & des Etrusques, comme en conviennent Strabon (2) & Denys d'Halycarnasse (3).

Le nom des Quinquatres est trop singulier pour qu'on n'en ait pas cherché la raison. On n'eut pas de peine à voir qu'il étoit composé du mot *quinque* qui signifie *cinq* ; mais ce qui arrêtoit, c'est la derniere partie de leur nom *atre*; *ater* en Latin. Les Romains les plus Savans, tels que VARRON & FESTUS, n'ont fait que balbutier là-dessus : ils ont dit que c'étoit l'usage à Tusculum d'appeller de ce nom les jours qui suivent les Ides, & de dire *tria-tre*, *sexatre* &c. pour indiquer le troisiéme & le sixiéme jour après les Ides. Mais pourquoi les Tusculans auroient-ils appellé ces jours-là du mot *ater* ? C'est ce dont on ne se mettoit pas en peine. Suppléons donc à ce que les Romains n'ont pû faire.

---

(1) Vetus Latium profanum, Lib. I. cap. XV.

(†) NERIENNE, du mot *Nero*, vaillant, dont nous avons donné la famille dans l'Origine du Langage & de l'Ecriture.

(2) Liv. V.
(3) Liv. I. & II.

Hist. du Cal.

378 HISTOIRE RELIGIEUSE

Ater signifie *noir* , *fâcheux*; tels étoient les Quinquatres ou les Epagomenes: ils avertissoient que le Soleil étoit à la fin de sa révolution ; qu'on avoit une année de plus ; que les jours s'écouloient comme l'eau d'un fleuve ; qu'il restoit moins de tems à parcourir : on craignoit encore que les Dieux ne fussent irrités du mal qu'on avoit fait pendant l'année entiere ; ces jours furent donc consacrés à les appaiser : ces cinq jours étoient donc des jours de deuil & de priere ; ils furent très-bien nommés, les *cinq noirs*.

Ajoutons que la purification qu'on faisoit des trompettes le dernier de ces jours, étoit relative au lendemain, premier de l'Année. On vouloit que ces trompettes pussent annoncer la nouvelle Année, de la maniere la plus agréable aux Dieux & du plus heureux préfage.

CHAPITRE IV.

Fêtes du mois d'Avril.

I.

CE Mois étoit consacré à VÉNUS, Déesse du Printems & des Amours. C'est en chantant sa puissance, qu'Ovide ouvre le quatriéme Livre de ses Fastes. « Vénus a adouci la férocité des hommes ; elle inventa la parure, la propreté, » & tout ce qui orne une jeune & brillante beauté : elle fut la Mere de la Poë- » sie : c'est un Amant qui le premier imagina de chanter au milieu de la nuit à » la porte de sa Maîtresse , & de charmer par-là ses ennuis : c'est l'Amour qui » rendit les hommes éloquens pour toucher une Belle inexorable ».

Le premier jour de ce mois, les Dames Romaines, couronnées de myrthe, prenoient un bain à l'honneur de Vénus , & lui offroient de l'encens après avoir bu une potion de lait, de miel & de graines de pavot. Elles offroient aussi un Sacrifice à la Fortune virile, qui leur apprenoit à masquer les défauts corporels qu'elles pouvoient avoir.

II.

Le 5. on célébroit les Jeux MÉGALÉSÉENS ou les Grands Jeux à l'honneur de Cybele la grande Déesse. Son Culte & sa Statue étoient venus de Phrygie, vers la fin de la République Romaine : on parloit même d'un prodige arrivé à cette occasion; le vaisseau qui portoit la Statue de la Déesse étant arrivé près de Rome, devient immobile, rien ne peut le faire avancer; lorsqu'en présence de la foule étonnée & du Sénat & des Chevaliers, la Vestale *Claudia*, d'une beauté rare & d'une des plus illustres Familles de Rome, & qui par son goût pour la parure, s'étoit rendue suspecte, ce qui ne l'exposoit pas à moins qu'à être ensevelie toute vive, supplie la Déesse de faire connoître à tout ce Peuple son innocence en lui donnant le pouvoir de faire avancer le vaisseau. Sa priere faite, elle prend d'une main une corde attachée au navire, & il se meut aussi-tôt: ainsi *Claudia* est reconnue la plus pure des Vierges aux acclamations de tout le Peuple.

Le jour de la Fête de Cybele, tous les Tribunaux étoient fermés, & la Statue de la Déesse étoit portée en procession par toute la Ville, accompagnée de ses Prêtres les Galles, moins qu'hommes, qui jouoient de leurs tambours de basque & de leurs Cymbales, & faisoient un grand bruit par leurs cris & par le cliquetis de leurs armes & de leurs épées.

III.

Le 9 étoit la Fête de Cérès: on célébroit ce jour-là les Jeux du Cirque, avec une très-grande pompe. Les Sacrifices à Cérès consistoient en gâteaux de froment saupoudrés de sel, & en grains d'encens: il étoit défendu de lui sacrifier des bœufs; on ne pouvoit lui immoler que des cochons, destructeurs des Champs. On étoit ce jour-là en robe blanche. La couleur noire ne convient pas à Cérès, dit Ovide.

Pendant quelques siécles, on ajouta aux Jeux du Cirque un jour de Fête appellé Instauratitius, ou *renouvellé*; c'étoit à l'honneur de Jupiter pour fléchir sa colere, & en mémoire des cruautés commises par Atronius, surnommé *Maximus* ou le *Géant*; car c'est encore un des Géans mythologiques, travesti à la Romaine.

Les Auteurs Latins, Tite-Live (1), Denys d'Halycarnasse (2), & Macrobe (3), rapportent que l'an de Rome 264, un vieillard aisé, nommé *Titus Latinus*, se fit transporter en litière au Sénat, & dit que Jupiter lui étoit apparu

---

(1) Liv. II, n°. 36.
(2) Antiq. Rom. Liv. VII, ch. 63.
(3) Saturn. Liv. I, ch. 11.

en songe, afin qu'il ordonnât de sa part au Peuple Romain de recommencer les Jeux du Cirque & de les célébrer avec plus d'éclat : qu'ayant négligé cet ordre, son fils étoit mort peu de tems après : qu'ayant eu après cela une seconde fois cette même vision, & l'ayant également négligée, il avoit été attaqué dans tout son corps de douleurs insupportables ; & que ses amis lui avoient conseillé, en conséquence, de se présenter au Sénat : qu'à mesure qu'il s'acquittoit de sa commission, ses douleurs se dissipoient, & qu'il fut en état de retourner à pied chez lui. Ils ajoutent que ce qui avoit irrité Jupiter, c'est qu'avant la célébration des Jeux, Atronius, surnommé le Très-Grand, avoit fait battre de verges & attacher en croix un de ses esclaves, & l'avoit fait promener dans cet état à travers la Place publique, & dans tous les lieux les plus fréquentés de la Ville : qu'en conséquence, le Sénat fit punir cet homme, & ajouta aux Jeux du Cirque un jour qui en prit le nom d'*Instauratitius*.

Un savant Allemand (1) tire l'origine de ce mot, d'*instaurare* qui signifie renouveller, *novare*, comme dit Varron, & comme on le voit en ce sens dans Claudien. Mais ce Savant se trompe, lorsqu'il ajoute que ce mot n'a rien de commun avec le Grec *stauros*, une croix. *Stauros* ne désignoit pas seulement une croix, mais un poteau, un pieu, un *pal*, des *palissades*. *Instaurare* étoit au physique rétablir une palissade dans son premier état ; on prit ensuite ce mot dans un sens figuré, pour dire *rétablir*, *renouveller* un objet quelconque. C'est donc le rapport du mot *instauratitius*, avec le mot *stauros*, croix, qui aura fait inventer le conte de la croix à laquelle Atronius avoit attaché son esclave ; & qui est dans le goût de ceux sur lesquels on fondoit l'établissement des Jeux Séculaires & tant d'autres Fêtes. C'étoit très-certainement une Fête destinée à détourner de dessus les hommes, les maux physiques peints sous l'emblême de Géans, ou en mémoire de l'Hyver : le surnom de *Maximus* s'y rapporte parfaitement, tout comme celui d'Atronius qui se forma d'*atro* qui signifie *noir*, *funeste*, *épouvantable*.

Telle étoit la manière dont on célébroit ces Jeux. On commençoit par promener dans le plus grand des Cirques, les Statues des Dieux qu'on descendoit du Capitole sur des brancarts & sur les chars sacrés destinés à cet usage. Les fils des Magistrats marchoient à la tête de la Procession. Les jeunes gens dont les pères étoient de l'Ordre des Chevaliers, la suivoient à cheval, tous en ordre de bataille : après ceux-ci, on voyoit des conducteurs de Chars, des Cataeol-

---

(1) *Theoph. Ludolph.* Muntreus, dans sa Dissert. sur les *Honneurs rendus aux Esclaves*, inséré dans les *Nov. Misc. Lips.* Tom. V, Pars I, 1743.

leurs, des Athlètes à demi-nuds, des Sauteurs vêtus d'une tunique à la Carthaginoise avec des baudriers d'airain, armés d'épées, de lances & de panaches sur la tête : ensuite des Joueurs de flûte & de lyre dont les instrumens étoient d'yvoire : enfin les Statues des Dieux portées par des hommes sur leurs épaules. Dès que la Procession étoit finie, les Consuls, les Prêtres & les Victimaires offroient les Sacrifices du jour.

Après les Sacrifices commençoient les Combats : 1°. Des Courses de chevaux attelés un à un, deux à deux, quatre à quatre. 2°. Des Courses entre les Cochers eux-mêmes, qui sautant à terre, se disputoient la gloire de parcourir le plutôt la carrière. 3°. Le Pugilat, la Lutte, la Chasse aux bêtes féroces, le Combat naval, &c.

C'étoit une grande gloire pour un Esclave de sortir vainqueur de ces Jeux, où le Sénat dépensoit 12500 onces d'argent (1).

IV.

Le 15, Fête des FORDICIDIES, mot à mot *Immolation d'une Vache pleine.* C'étoit encore une Fête à l'honneur de Cérès ou de la Terre *pleine* de biens. Le mot *forda*, prononcé aussi *horda*, venoit du primitif FER ou FOR qui signifie porter. Pour cette Fête, on arrachoit les veaux du corps de leurs meres, & tandis que les Prêtres faisoient brûler les intestins de celles-ci, après les avoir coupés par morceaux, la plus âgée des Vestales réduisoit en cendres leur fruit pour en purifier le Peuple le jour des Palilies peu éloigné. La Légende disoit que ces Cérémonies avoient été prescrites à Numa, dans un tems où l'on n'avoit point de récoltes en aucun genre.

V.

Le 18, les VULPINALES ; on nomma ainsi cette Fête, parce qu'on y brûloit des Renards, qu'on faisoit courir dans le Cirque après avoir attaché des torches à leurs queues. On paroît attribuer cet usage à une coutume pratiquée à Carséoles, & dont parle OVIDE dans ses Fastes (2) ; il raconte qu'on brûloit dans cette Ville des Renards, en mémoire de ce qu'une fois leur moisson avoit été incendiée par un Renard à la queue duquel un jeune homme avoit attaché un flambeau : il ajoute qu'il ne falloit pas demander aux Habitans de Carséoles s'ils

---

(1) Denys d'Halycarn. Liv. VII. ch. 73.
(2) Liv. IV.

avoient pris un Renard : c'eût été une injure mortelle. Nous avons dit à ce sujet dans les Allégories Orientales (1) que le nom de Carséoles signifioit en Oriental *Ville du Renard.*

M. Mentel, Professeur en Histoire à l'Ecole Royale Militaire, a remarqué dans ses Elémens de l'Histoire Romaine (2) que j'avois placé cette Ville dans le Pays des Pélignes, & qu'elle étoit du Territoire des Sabins.

Bochart & *Frédéric* Mayer (3) virent dans cette Fête un Mémorial des Renards de *Samson* dont l'Histoire s'étoit transmise de proche en proche jusqu'à Rome. Un anonyme (4) a cherché à prouver au contraire que les Vulpinales de Rome n'avoient lieu qu'en mémoire de l'événement de Carséoles. Mais on demandera, à son imitation, comment un événement arrivé à Carséoles, dans le Pays des Sabins, pouvoit-il intéresser Rome ? Il faudroit supposer que les Sabins qui vinrent s'établir à Rome étoient de Carséoles, & qu'ils y porterent cet usage avec eux : cependant cette supposition ne seroit pas des plus satisfaisantes.

Denys d'Halycarnasse (5) rapporte un prodige vû par Enée tandis qu'il bâtissoit Lavinium, & qui lui fit prévoir la grandeur future de sa Colonie malgré tous les ennemis qu'elle avoit & qu'elle auroit à combattre. Le feu s'étant mis de lui-même à une forêt voisine, un Loup emporte avec la gueule une branche séche ; un Aigle survient qui l'embrase par l'agitation de ses ailes ; & un Renard qui avoit trempé sa queue dans le Fleuve, asperge ce feu. On a gardé, ajoute-t-il, pendant long-tems dans Lavinium les figures en bronze de ces animaux.

C'est dans ce conte bleu que les Scholiastes de Denys trouvent l'origine de cette Fête des Renards brûlés, déja établie par les Laviniens, disent-ils, pour punir ces animaux d'avoir voulu étouffer la gloire de leur Ville.

V I.

Les Palilies se célébroient le 21 Avril: c'étoit la Fête des Bergers. Quelques-uns écrivoient & prononçoient *Parilies*, comme si cette Fête étoit rela-

---

(1) Page 243.
(2) Sur la Géogr. anc. de l'Italie, p. 196.
(3) Rec. de Dissert. sur le V. T.
(4) Dissert. sur les Vulpinales, dans la continuation des Mém. de Littér. & d'Hist. T. XI. Part. II. Paris, 1731.
(5) Liv. I.

DU CALENDRIER.

tive aux brebis qui mettent bas, *quæ pariunt*. Elle remontoit à une haute antiquité, & les Romains la tenoient des Latins. C'est à PALÈS, Déesse des Troupeaux, qu'elle étoit consacrée. Ovide fait parler ainsi un Adorateur de cette Déesse : » je vous ai souvent offert en expiation des choses passées au feu, de
» la cendre de veau, de la paille de féve; souvent j'ai sauté trois fois sur des feux
» arrangés avec art, & ai trempé une branche de laurier dans de l'eau lus-
» trale. » C'étoient autant de cérémonies en usage dans cette Fête.

Le Poëte suppose ensuite que Palès prescrit à cet Adorateur tout ce qu'il faut faire pour la célébrer dignement ; ce qui nous vaut la liturgie qu'on lisoit en ce jour. » Allez, dit-elle ; que le Peuple prenne sur l'Autel de Vesta
» ce qui est nécessaire pour les fumigations : vous devrez ainsi à Vesta l'avan-
» tage d'être purifiés. Vous ferez brûler du sang de cheval, la cendre d'un
» veau, & du chaume de féve. Aussi-tôt que le Soleil sera couché, que le
» berger arrose ses brebis d'eau lustrale, & que de sahoulette il balaye la terre
» sur laquelle elles se reposeront pour se sécher ; que les Bergeries soient
» ornées de feuilles & de branches ; que des guirlandes de fleurs couronnent
» leurs portes ; qu'avec du souffre pur, on fasse une fumée bleue, jusqu'à ce que
» les brebis ayent bêlé. Brûlez du romarin, de la résine, de l'herbe sabine ;
» & faites pétiller dans le feu des feuilles de laurier ; offrez aussi des gâteaux
» de millet & des paniers pleins de millet. Cette Déesse rustique s'en fait un
» régal ; ajoutez-y du lait & ses mets ordinaires : adressez-lui ensuite cette
» priere.

» Palès, prenez sous votre protection ce troupeau & ceux auxquels il appar-
» tient. Que le mal n'approche point de mes bergeries, lors même que
» j'aurois mené imprudemment paître mes brebis dans un lieu sacré, ou
» qu'elles auroient touché à quelqu'arbre sacré ou à l'herbe venue sur quelque
» tombe : lors même que je serois entré dans une forêt sacrée, que les
» Nymphes & le Dieu Pan auroient été obligés de fuir loin de mes regards :
» ou qu'avec ma serpe, j'aurois coupé dans un bois sacré quelque branche
» pour en donner les feuilles à une brebis malade. Accordez-moi votre pardon
» pour toutes ces choses ; que je ne sois puni ni pour avoir mis mon troupeau
» à couvert de la grêle dans un Temple formé par la nature, ni pour avoir
» troublé l'eau de nos étangs. Nymphes, pardonnez-nous si quelquefois nos
» brebis ont troublé vos eaux limpides. Déesse, appaisez vous-même pour nous
» les Nymphes des fontaines & les Dieux répandus dans nos forêts ; que nos
» yeux n'apperçoivent jamais les Driades, ni Diane au bain, ni Faune lors-

» qu'il se promene à l'heure du midi (†) : chassez au loin les maladies. Conser-
» vez en bonne santé & les hommes & les troupeaux & les chiens vigilans qui
» les gardent : que je ramene chaque soir toutes mes brebis en bon état ;
» qu'aucune ne tombe sous la dent cruelle du loup ; que nous ayons toujours
» en abondance du fourrage, des feuilles, des eaux pour les abreuver & pour
» les laver. Qu'elles me fournissent en abondance du lait, du fromage, & du petit
» lait. Que le bélier soit vigoureux, qu'il fasse prospérer les brebis ; que
» mes bergeries abondent toujours en agneaux ; que leur laine ne blesse
» point les filles qui la fileront ou qui s'en habilleront. Exaucez nos prieres &
» que chaque année nous puissions faire de grands gâteaux à l'honneur de Pa-
» lès la Souveraine des Bergers.

» C'est ainsi qu'on appaisera cette Déesse. Répétez quatre fois cette priere,
» en vous tournant vers l'Orient ; & lavez vos mains dans une eau vive.
» Buvez ensuite du lait & du vin cuit versés dans un grand vase : & d'un pied
» léger, sautez par-dessus des feux de paille «.

Ovide cherche ensuite par quel motif on a unis dans cette Fête l'eau & le feu ;
il en rapporte diverses raisons : on en trouve une fondée sur la philosophie
ancienne ; c'est que le feu & l'eau étoient les principes de la nature entiere,
que c'est par cette raison qu'on en privoit les bannis, ceux qu'on prive de la
vie civile ; & qu'on en faisoit l'appanage d'une nouvelle mariée.

On trouveroit donc ici le motif qui détermina les Romains à célébrer le
même jour, l'anniversaire de la fondation de Rome. Cette Fête du feu & de
l'eau, sources de la vie & de la nature entiere, ne pouvoit être mieux choisie
pour célébrer l'établissement d'une nouvelle Colonie & pour en tirer le plus
heureux augure. Il valoit mieux l'unir à une Fête déja célebre, qu'affoiblir
l'une & l'autre en les séparant. Ajoutons qu'une Fête pareille dans laquelle on
n'égorgeoit aucune victime, & qui ne tendoit qu'à la prospérité des Campagnes, étoit du plus heureux augure pour un Peuple agriculteur.

(†) Il est parlé dans l'Ecriture Sainte des Génies ou Démons qui se promenent à
l'heure du midi (1). Il est vrai que cette heure est terrible dans les pays brûlans du
Midi : alors personne n'est aux champs ; & tout le monde repose. Le Clerc croyoit
à la vérité qu'on pouvoit rendre ces mots par ceux de *désolation* & de *ruine* (2) : mais
les LXX & les autres Interprètes l'ont rendu d'une maniere plus conforme aux idées de
ces tems anciens.

(1) Ps. XCI. Jer. XV. 9 Soph II. 4.
(2) Bibl. Univ. T. X. pag. 512.

VII.

VII.

Les VINALES : Fête qui se célébroit le 23 à l'honneur de Jupiter & de Vénus : il existoit aussi vers la fin d'Août une Fête du même genre appellée *secondes Vinales*, ou *Vinales rustiques*. C'étoit encore une Fête venue des Latins. Il paroît cependant que de ces deux Fêtes, la premiere étoit consacrée à Vénus, & la seconde à Jupiter. Dans celle-ci, le Prêtre de Jupiter publioit les bans pour la vendange. Dans celle-là, on offroit aux Dieux les prémices du vin, qui étoit alors bon à boire, & on défonçoit les vaisseaux dans lesquels il étoit renfermé. C'étoit la Fête des filles de bonne volonté. Elles offroient ce-jour là à Vénus de l'encens, de la menthe aquatique, du myrte, des roses : le Temple auquel elles avoient le plus de dévotion étoit celui de *Vénus Erycine*, hors de la porte Colline : elles demandoient à la Déesse la beauté & la faveur du Peuple, l'art de plaire & celui de séduire.

VIII.

Les ROBIGALES, au 25 Avril. On célébroit cette Fête en habits blancs & dans un bois consacré à la Déesse *Rubigo*, ou à la rouille des blés. Ovide nous a conservé également la priere que lui adressoit le Prêtre de Quirinus.

« Rouille amere, épargnez les plantes de Cérès ; que ses épis baissent la
» tête au gré des vents ; laissez mûrir avec le tems le plus favorable, les biens
» de la terre. Votre influence est si redoutable, que le Colon regarde comme
» perdus tous les épis que vous avez attaqués : les vents & les pluies ne sont
» pas aussi funestes pour Cérès : la gelée brûlante la pâlit moins. Dès que Titan
» (le Soleil, le Feu de la Terre,) échauffe les épis humides, alors on éprouve
» les redoutables effets de votre colere. Epargnez-nous, nous vous en con-
» jurons : faites que nos moissons ne tachent pas nos mains : ne nuisez pas non
» plus à notre culture : contentez-vous d'en avoir le pouvoir : ménagez nos
» tendres récoltes, mais brisez le fer mal-faisant : perdez quiconque veut perdre
» les autres : déclarez la guerre aux épées & aux flèches meurtrieres ; ces armes
» sont inutiles : que le monde vive dans une profonde paix : que le sarcloir, la
» bêche & le soc soient toujours propres & luisans ; que les armes seules soient
» ternies & rongées : que celui qui voudra tirer l'épée hors du fourreau
» n'en puisse venir à bout qu'avec les plus grands efforts. Ne faites donc
» aucun tort à Cérès ; & qu'en tout tems, le Colon puisse vous rendre ses
» vœux ».

Ovide ajoute qu'après cette priere, le Flamine ou le Prêtre prenoit une serviette dépliée & un coffret plein d'encens; & qu'il faisoit brûler sur l'Autel de l'encens & du vin, les intestins d'une brebis & les entrailles d'un chien.

Par cette derniere victime, on se proposoit d'appaiser la canicule ou le chien céleste, dont les ardeurs brûlantes étoient souvent très-funestes aux moissons.

On disoit que cette Fête avoit été établie par Numa; mais Corradin a très-bien vu que ce Prince l'avoit empruntée des anciens Peuples d'Italie.

Conclusion.

Toutes les Fêtes du mois d'Avril portoient donc une empreinte commune; elles étoient relatives à la Terre, aux biens qu'elle produit, à leur fécondité. On y invoquoit *Vénus*, afin que tout réussît par sa protection. *Cybele*, Déesse de la Terre, pour la prospérité des familles, & sur-tout pour celle des meres de famille; *Cérès* pour la prospérité des moissons. On y célébroit les *Fordicidies* pour la prospérité des vaches: les *Vulpinales* pour celle des récoltes; les *Palilies* pour celle des brebis: les *Robigales* contre les maladies des épis de blé. Les *Vinales* pour la prospérité des vignes & pour celle des amans, & qu'ils fussent en abondance.

CHAPITRE V.

Fêtes du Mois de Mai.

I.

LE mois de Mai s'ouvroit par la Fête des *Lares*. Ce mot de Lares est un de ceux que les Latins tinrent d'une haute antiquité, & dont ils avoient laissé perdre la signification. Il étoit devenu le nom propre des Dieux protecteurs des maisons & des murs des Villes. Les Romains en étoient redevables aux Etrusques chez qui ce mot signifioit *Prince*, *Chef*, Dux. Ceux-ci le tiroient de la langue Celtique dans laquelle ce mot signifioit & signifie encore, *Chef*, *élévation*, *supériorité*, & qui se prononçant également *Lor*, est devenu le *Lord* des Anglois, nom commun des Personnes élevées en autorité & dignité.

DU CALENDRIER.

Il étoit chez les Romains le nom ou le titre commun de plusieurs Divinités. Dans CAPELLA (1), Iou est appellé *Lar Cœlestis*, le Seigneur des Cieux ; & Janus, *Lar Cunctalis*, le Seigneur qui domine sur tout. Dans TITE-LIVE (2) Neptune est appellé *Lar Permarinus*, le Seigneur des Mers. Il devint le titre des Divinités qui n'avoient point de nom propre. Les Dieux des armées étoient appellés *Lares Hostilii* ; ceux des chesnayes, *Lares Querquetulani* (3). Ceux des grands Chemins & des Villages, *Lares* aussi. Ce qui fit appeller les Villages en Grec, *Laura* ou *Labra* (4).

Les Etrusques donnoient ce titre à leurs Princes, & on le voit dans leurs inscriptions employé comme prénom des personnes distinguées.

Les LARES dont on célébroit la Fête dans ce jour, étoient les mêmes que les GÉMEAUX auxquels on avoit consacré ce mois. On en trouve la confirmation dans OVIDE : « les Calendes de Mai, dit ce Poëte (5), virent élever un Autel » à l'honneur des Lares *Præstites*, & les petites statues de ces Dieux. Cet Autel » avoit été élevé par les Curiens ; mais il tomba de vieillesse. Leur nom *Præ-* » *stites* marque qu'ils sont les Dieux tutélaires, sous les yeux de qui tout est en » sûreté ; ils veillent toujours pour nous & pour les murs de nos Villes, & sont » toujours présens. A leur pied est un chien, parce que les uns & les autres » sont des gardiens fideles ; qu'ils aiment les carrefours & qu'ils sont l'effroi » des voleurs ». Il ajoute qu'il chercha « en vain les statues des DIEUX GÉ-» MEAUX, parce qu'elles étoient usées de vieillesse, & que la Ville avoit déja » mille Lares ».

Les statues des Lares étoient des Marmouzets placés ordinairement dans des niches & revêtus de peaux de chiens. Au devant & à deux pieds de terre, on plaçoit un petit Autel avec un creux en dedans de la grandeur de la paume de la main où l'on mettoit du charbon allumé. A côté, étoit en pierre la figure d'un chien qui aboye. Le jour de leur Fête, on couronnoit ces Dieux de feuillages ; on les enduisoit de cire, pour y graver les vœux qu'on leur adressoit. On offroit des fleurs & de l'encens sur leurs Autels : on allumoit des lampes à

---

(1) Liv. I.
(2) Liv. XL. p. 52.
(3) Varron, de Ling. Lat. Lib. IV.
(4) Casaub. sur Athen. Liv. XII. ch. X.
(5) Fast. Liv. V. p. 129. & suiv.

leur honneur ; & les portes des maisons étoient ornées de branches d'arbre ou de ramées (1).

Les Lares & leur culte étoient donc venus de l'Orient dans des tems reculés : ils étoient précisément les mêmes que les Gémeaux ou Dioscures représentés en Egypte & en Phenicie comme des Marmouzets, & placés à l'entrée des Maisons & des Temples Egyptiens, l'un d'un côté de la porte, l'autre de l'autre, chacun avec un masque à tête de chien. Ce sont les mêmes que les Cananéens plaçoient sur leurs murs, comme pour empêcher leurs Villes de tomber sous la main de l'ennemi.

MANIA étoit leur mere ; mais ce nom, le même que celui de la Lune & du Soleil, signifie *lumiere, splendeur*. La splendeur est mere en effet des *Gémeaux* qu'on célébroit en ce jour, puisqu'ils ne sont que le Soleil d'Hyver & le Soleil d'Été.

Leur Fête s'appelloit les COMPITALES ou Fête des Carrefours, parce que ce jour-là on dressoit des Tables à leur honneur dans les rues & dans les carrefours.

Il y avoit une tradition à Rome qui portoit que dans l'origine on leur sacrifioit des enfans, que le premier Brutus changea ces sacrifices en un jour de Fête pour les enfans ; & que ce fut en mémoire de ce changement qu'on représentoit ces Dieux sous une figure enfantine. Mais les Romains n'en savoient pas davantage : & si dans l'antiquité on ne sacrifia pas plus réellement des enfans, qu'il n'y en eut de sacrifiés à Rome pour les Lares, tout ce qu'on nous dit de ces sacrifices prétendus ne sauroit être admis.

II.

On célébroit la Fête de FLORE, les trois premiers jours de ce mois. Cette Déesse étoit commune à plusieurs Peuples. C'est la KHLORIS des Grecs, accoutumés à changer *F* en *Kh*. Elle étoit aussi adorée par les Sabins qui l'appelloient sans doute *Hlore* : ils porterent son culte à Rome, lorsqu'ils passerent dans cette Ville avec leur Roi Tatius. On croit cependant que les Jeux Floraux ne s'établirent à Rome qu'en 513 ; & qu'après avoir été célébrés dans les saisons où l'on craignoit une disette, ils furent fixés au mois de Mai en 580. Mais ces époques ne doivent pas être confondues avec la célébration or-

---

(1) Juvenal, Sat. XII.

dinaire de la Fête de Flore qui se célébroit à Rome, comme ailleurs, dès les premiers tems de la République (1).

Cette Déesse étoit appellée la REINE du mois de Mai; elle se confondoit ainsi avec MAIA, qui passoit pour la mere de Mercure. Ce jour-là, une fille magnifiquement habillée se promenoit sur un Char couronnée de feuilles & de fleurs. On l'appelloit la Reine *Maia*; & ses compagnes arrêtant les passans, leur demandoient de l'argent pour leur Reine.

Cette Fête se célebre encore en Espagne; on y a ce proverbe, *quando las muchachas piden, para la Maya*; quand les jeunes Filles demandent, c'est pour la Maye.

Cette Reine du mois de Mai & ses compagnes s'appellent *Mayenees*, dans le pays de Vaud: elle n'est plus sur un Char, mais elle va de porte en porte avec une couronne de fleurs, & ses compagnes chantent la chanson du mois de Mai. C'est un beau jour pour les enfans.

Dans ces Fêtes, on portoit des robes où brilloient des couleurs variées pour représenter celles dont la terre est émaillée dans cette saison; on se couronnoit de fleurs, on allumoit par-tout des flambeaux, on ornoit les portes de feuillages: on plantoit un arbre devant les maisons distinguées, ou devant la porte de sa Maîtresse avec ses livrées.

IV

Les anciens Celtes & encore aujourd'hui les Irlandois croient que ce *Mai* est une source de bonheur, & que sans lui on auroit infiniment moins de laitage. Nous avons déja vu que ce mois s'appelloit chez les Celtes *Tri-milkhi*, trois fois du lait.

III.

Le 15 étoit la Fête de MERCURE, & par-là même celle des *Marchands* qui avoient choisi Mercure pour leur Patron à cause du rapport des mots Latins, *Mercatores & Mercurius*; tous les deux venant de *Merx*, Marchandise. On célébroit cette Fête dans le Temple de Mercure, près du grand Cirque. Les Marchands alloient aussi ce même jour à une fontaine dans le voisinage de la porte Capene, qui passoit pour avoir de grandes vertus, & en particulier celle de purifier les Marchands & d'effacer les mauvais effets de leurs tromperies & de leurs faux sermens. Ils buvoient de son eau, & ils en remplissoient des cruches pour purifier leurs maisons: ils y trempoient des branches de laurier avec lesquelles

---

(1.) On voit dans les Transact. Philos. n°. 494. Art. I. une Inscription à Flore, gravée sur une lame de cuivre, & consacrée par Ti. Plautius Drosus.

ils aspergeoient ensuite toutes leurs marchandises : ils en aspergeoient aussi leurs cheveux & adressoient, selon Ovide, cette priere à Mercure.

 » Effacez nos anciens parjures, nos tromperies passées, soit que nous vous
 » ayons pris à témoin d'une fausseté, ou que nous ayons juré faussement par
 » le nom de Jupiter ; & que le vent ait emporté nos paroles. Que nous puis-
 » sions nous parjurer sans que les Dieux s'en formalisent : faites que nous ayons
 » du profit, que ce profit nous procure de la satisfaction, & qu'il ne nous
 » arrive point de mal pour avoir donné de bonnes paroles à nos chalands.

IV.

Le 23 étoit la Fête de VULCAIN. On l'appelloit la Lustration ou *Purification des Trompettes* (Tubilustria) parce qu'on les purifioit ce jour-là.

V.

Le 24 étoit encore appellé *Regifuge* ; c'étoit pour marquer aussi la fin de l'année, lorsque le mois de Mai étoit le dernier de l'année.

VI.

Le 25 étoit encore appellé, la Fête de la FORTUNE *publique*.

CHAPITRE VI.

Mois de Juin.

I.

LEs Fêtes de ce mois s'ouvrent par celle de la Déesse CARNE, appellée aussi *Crane*; Déesse très-peu connue, parce qu'on avoit perdu de vue l'origine de sa Fête, qui remontoit aux tems où le mois de Juin ouvroit l'année. La Fête de la Déesse *Carne* étoit celle du renouvellement de l'année, de sa révolution : c'est ce qui fait dire que cette Déesse étoit la femme de Janus ; & qu'elle présidoit aux gonds des portes, puisque sans les gonds aucune porte ne feroit sa révolution ; & comme dans ce premier jour de l'année, on avoit recours à diverses cérémonies pour la conservation des enfans, cette Déesse passoit pour avoir enseigné ces cérémonies aux hommes. Parce que c'étoit la Fête d'un nouveau Soleil, ou celle des révolutions célestes, Brutus choisit ce jour-là pour offrir à la Déesse qui y présidoit, un sacrifice en mémoire de l'expulsion des Rois ; révolution politique, qui se trouvoit ainsi d'accord avec la célébration d'une révolution physique.

La Déesse *Carne* étoit donc la même que Diane ou la Lune, comme Déesse du moment où l'année se renouvelle : son nom se rapporte à cet objet ; il signifie *commencement*, *tête*, *chef*. Elle est femme de Janus, qui étoit lui-même le Soleil. » On la prenoit, dit Ovide (1), pour la sœur d'Apollon, & Diane ne » pouvoit, ajoute-t-il, s'offenser de cette comparaison ; » sans doute, puisque Diane & Carne étoient la même Déesse sous des noms différens. Leur maniere de vivre étoit exactement la même. » Carne, dit Ovide, ne se plaît qu'aux » champs, à la chasse des habitans des forêts ; à leur tendre des pièges dans le » fond des vallées. Elle étoit chaste comme Diane… Et si elle ne put » échapper à Janus, c'est, ajoute-t-il, que ce Dieu voyant également de tous » côtés, ne put être trompé par ses ruses. »

Parce que sa Fête étoit le premier jour de l'année, on y pratiquoit diverses cérémonies expiatoires, pour la conservation des enfans. On frappoit trois fois les postes de la maison avec une branche d'arbousier : trois fois on en traçoit des caracteres sur le seuil. On répandoit ensuite de l'eau sur les avenues, eau de salut & de prospérité : & pendant ces cérémonies, on tenoit en main les entrailles crues d'un cochon femelle de deux mois. On prononçoit ensuite ces paroles : » oiseaux de nuit, épargnez les entrailles de cet enfant : au lieu » de ce petit, acceptez cette petite victime, cœur pour cœur, intestins pour » intestins : nous vous abandonnons cet animal pour un être plus relevé. » Et après les libations, on exposoit à l'air ces intestins. On plaçoit ensuite sur une des fenêtres de la maison une branche d'aubépine, plante consacrée à Janus.

Ce jour-là on se régaloit de lard & d'une bouillie de féves, faite avec de la farine de froment ; emblême, dit Ovide (2), de l'ancienne maniere de se nourrir, avant que le luxe eût amené une foule de mets inconnus jusques alors.

_____

(1) Fast. L. VI. 171.
(2) Ibid. v. 171.

I I.

Le 3 Juin, Fête de BELLONE, la même que NÉRIA, femme de Mars. De-là ses noms & ses qualités. C'étoit la Déesse de la guerre, ce que signifie en effet *Bellone* qui vient de *bellum*, mot qui signifie guerre & qui est l'origine de notre mot *belliqueux*. NÉRIA signifie *force*, *valeur*; c'est un mot à ajouter à la famille NAR ou NER, dont nous avons parlé dans l'Origine du Langage & de l'Ecriture (1). On l'honoroit à Rome dans le Temple que lui avoit bâti Appius Claudius, en conséquence du vœu qu'il en avoit fait, dans un combat contre les Etrusques qui fut très-sanglant & long-tems indécis. C'est de ce Temple qu'on lançoit avec la main un javelot ou une pique, lorsqu'on déclaroit la guerre à quelque Roi ou à quelque Nation: cérémonie qui se faisoit par les Féciaux ou Hérauts, & que les Romains empruntèrent sûrement des anciens Peuples d'Italie.

Les Prêtres de ce Temple s'appelloient *Bellonaires*; & comme il falloit du sang à leur Déesse, ils se déchiquetoient eux-mêmes les bras & les épaules, en courant & en faisant mille extravagances, comme des insensés. LACTANCE, TERTULLIEN, MINUCIUS FELIX &c. parlent de cet usage, de même que TIBULLE, LUCAIN, HORACE, &c. Dans cet état, ils ne prédisoient que ruines d'Empires, que guerres, que dévastations.

On croyoit que par cette effusion de sang des Bellonaires, on détournoit la colère des Dieux.

I I I.

Le 4 & le 5 du mois étoient consacrés au Soleil, voisin du Solstice, sous des noms différens: le 4 sous celui d'HERCULE; le 5 sous celui de *Sanctus* FIDIUS *semi-Pater*. On peut voir ce que nous avons dit de l'un & de l'autre dans nos Allégories Orientales.

I V.

Le 6, le 9 & le 15 étoient relatifs à VESTA, Déesse du feu, à cause des grandes chaleurs qu'on commence de ressentir dans ce tems-là. Numa éleva le premier dans Rome un Temple à cette Déesse; ce Temple étoit rond, &

---

(1) Pag. 157. & 159.

couvert

DU CALENDRIER.

couvert de chaume, ſes murs étoient d'ozier tiſſu. Ce petit édifice, ajoute Ovide (1), étoit cependant *le grand Palais de Numa le chevelu*, double anecdote très-ſinguliere.

Ovide dit auſſi que ſi cette Déeſſe, dont la Fête ſe célébroit le 9, eſt ſervie par des Veſtales, c'eſt parce que le feu eſt toujours Vierge, n'ayant jamais produit aucun Etre.

Ce même jour étoit la Fête des Fours & des Boulangers, puiſqu'ils doivent l'exiſtence à Veſta. On couronnoit ce jour-là de guirlandes de fleurs les Anes, & on les promenoit dans les Villes avec des pains en guiſe de collier : les meules qui écraſoient le blé étoient auſſi couronnées de fleurs.

Le 15 on nettoyoit le Temple de Veſta & on en jettoit les immondices dans le Tybre.

C'eſt ſurement parce que la plus grande partie des quinze premiers jours de ce mois étoient conſacrés à Veſta, qu'on les regardoit comme un tems auquel il n'étoit pas permis de ſe marier. Pendant ce tems, la femme du Prêtre de Jupiter ne pouvoit ni ſe peigner, ni ſe faire les ongles, ni voir ſon mari.

V.

Le 7 de Juin, étoit une Fête où l'on célébroit des jeux ſur le Tybre : c'étoit auſſi la Fête des Pêcheurs.

V I.

Le 8, étoit celle de la Déeſſe appellée Mens ou l'Entendement ; on lui avoit voué cette Fête & un Temple dans le tems où l'on étoit conſterné par les grandes victoires d'Annibal, & où l'on avoit beſoin des conſeils & des meſures les plus ſalutaires.

V I I

Le 10, on célébroit les Matronales, ou la Fête des femmes mariées. Elles offroient ce jour-là des gâteaux ou galettes colorées de ſafran ou de jaune à une Déeſſe appellée Matuta, & que Cicéron nous apprend être la même qu'Ino de Thébes, ſœur de Sémelé. On dit que *Servius Tullius* lui éleva un Temple, dans lequel ne pouvoient entrer que des femmes libres. On diſoit

---

(1) Faſt. Liv. VI. 263.

Hiſt. du Cal.

qu'étant poursuivie par Junon, parce qu'elle nourrissoit Bacchus fils de sa sœur Sémelé, elle avoit été obligée de se précipiter dans la mer avec son fils Melicerte; que Panope & ses sœurs en ayant pitié, leur firent traverser les mers & les amenerent sur les rives du Tybre, où Hercule se trouva fort heureusement pour les secourir contre les Bacchantes soulevées par Junon pour les perdre : que Carmenta, Prêtresse Arcadienne, & qui s'étoit établie au Mont Aventin avec son frere Evandre, les accueillit humainement & leur donna des galettes pour appaiser leur faim. Carmenta prédit ensuite à Ino qu'elle seroit honorée comme une Déesse marine sous le nom de Leucothoé en Grèce, & sous celui de Matuta à Rome; & son fils, comme un Dieu marin sous les noms de Palemon & de Portumne.

Leucothoé signifie en effet dans la langue Grecque la *Déesse blanchissante*; épithète convenable à la mer qui blanchit en se brisant contre le rivage; & *Portumne* signifie le Dieu des Ports. *Matuta* peut venir d'un ancien adjectif Latin *Madutus*, qui auroit signifié *humide, mouillé*, épithète convenable à la Déesse des Eaux.

Si les Servantes n'étoient pas admises dans son Temple, c'est, disoit-on, parce que ses propres Servantes lui avoient rendu de mauvais services auprès de son mari Athamas, en disant qu'elle donnoit aux Laboureurs du grain rôti.

Les Dames Romaines prenoient à cette Fête les enfans de leurs Sœurs dans leurs bras & faisoient des vœux en leur faveur, de préférence à leurs propres enfans, comme pour imiter *Ino* ; usage admirable pour entretenir l'union dans les familles.

Le même jour étoit consacré à la FORTUNE FORTUITE, peut-être aussi par allusion au bonheur imprévu d'Ino ; & parce d'ailleurs, que la plûpart des avantages dont les hommes jouissent sont l'effet d'une fortune imprévue, à laquelle on n'a point lieu de s'attendre. Aussi dit-on, qu'il ne faut jamais vendre sa fortune, puisque les événemens futurs sont incalculables. Servius Tullius, fondateur du Temple dédié à la Fortune Fortuite, l'éprouva bien, lui qu'on regardoit comme le fils d'une captive & du feu sacré: aussi lui dédia-t-il ce Temple dans lequel étoit, disoit-on, sa Statue couverte d'habits; & on assuroit, par forme de prophétie, que le jour que le visage de Servius seroit découvert, toute pudeur seroit perdue.

VIII.

Au 13 ou le jour des Ides, commençoient les PETITS QUINQUATRES ou

DU CALENDRIER.

les cinq jours célébrés comme Epagomènes ou comme les cinq derniers jours de l'année, lorsque l'année finissoit au *Solstice d'Eté*. Ce même jour des Ides étoit la Fête des Trompettes, qui annonçoient le jour de la pleine Lune & la fin de l'année ; & qui se promenoient dans toute la Ville en robes longues ou en habits de femmes ; de même qu'aux *Ides* de Janvier & aux Quinquâtres de Mars. Ils chantoient sur de vieux airs, des paroles très-gaies.

Quoique cette Fête de cinq jours fût consacrée à Minerve, on marquoit encore le 19 du mois comme une Fête de la même Déesse sur le Mont Aventin : effet sans doute de quelque usage particulier.

IX.

Le 20, Fête du Dieu SUMMANUS, regardé, disoit-on, comme le Dieu des Ombres & le Pere de la nuit. Mais comment auroit-on consacré au Dieu de la nuit, les jours où il n'y a presque plus de nuit, & où le Soleil est parvenu à la portion la plus élevée de sa course ? C'est ici un renversement d'idées qui ne peut être conforme à la Nature.

Summanus vient certainement de *Summus* qui signifie *grand*, *élevé*, & qui s'applique aux *sommets*, aux *sommités*, aux *sommes* ou grandes masses, &c. Summanus signifie donc *très-haut*, *très-élevé* : c'étoit une épithète digne du Soleil dans ce moment où il se trouve au plus haut période de sa course.

Si ce Dieu Summanus a été surnommé *Dis*, c'est que *Dis* signifie *Pere du jour* ; ce qui désigne encore très-bien le Soleil.

Si on a ignoré ensuite, du tems même d'Ovide, quelle Divinité désignoit le mot *Summanus*, c'est qu'on avoit perdu de vue & la Nature & la langue ancienne : & si dans cette incertitude, on y vit *Pluton*, c'est que le nom de *Dis*, épithète du jour, fut appliqué également à Pluton Dieu des Enfers, par cette habitude qu'avoient les Anciens de désigner les Dieux infernaux par des épithètes directement opposées à celles qui leur convenoient.

X.

Le 25 étoit la Fête de la FORTUNE FORTUITE, dont nous avons parlé sous le 10 de ce mois. Ce jour-là, le Tybre étoit couvert de barques couronnées, remplies de personnes qui y passoient le jour en divertissemens, à boire & à manger. Ovide en parlant de cette Fête, nous donne un exemple de ces jeux de mots ou *concetti* qu'on a si fort reproché aux Italiens depuis le renouvellement des Lettres. *On y boit*, dit-il, *du vin en abondance au milieu des eaux.*

XI.

Le 27 étoit la Fête des LARES, de ce Castor & de ce Pollux qui se relevoient au Solstice d'Été: & celle de Jupiter STATOR, ou qui s'arrête, puisqu'au Solstice le Soleil s'arrête dans sa course: il n'est plus Castor, il devient Pollux.

XII.

Le 28 & le 30 sont encore des Fêtes relatives au Soleil, l'une sous le nom de QUIRINUS, ou Protecteur de la Ville; l'autre sous celui d'HERCULE, ou du Soleil qui commence à être dans toute sa force.

CHAPITRE VII.

Fêtes du Mois de Juillet.

QUAND nous n'avertirions pas nos Lecteurs que le secours des Fastes d'Ovide nous manque dès ce moment pour les Fêtes des six derniers mois de l'année, ils s'en appercevroient aisément à la sécheresse dont sera leur description. Ovide avoit le talent de tout embellir; il avoit de plus l'avantage précieux de pouvoir mettre en œuvre les cérémonies en usage dans chaque Fête, la portion des Liturgies qui y avoit rapport, les légendes qu'on débitoit sur leur origine & sur leurs causes: au lieu que tout ceci nous manque à la fois. Nous espérons cependant qu'on aura également lieu de s'assurer que toutes les Fêtes Romaines furent toujours relatives aux saisons dans lesquelles elles arrivoient, & aux travaux propres à ces saisons: ce qui est notre principal but.

Le premier Juillet étoit le terme où expiroient les loyers des maisons, & où l'on en changeoit, comme encore de nos jours: on prenoit ainsi pour changer de demeure, le tems où le Soleil changeoit lui-même la direction de sa course; d'ailleurs le tems le plus sec & où les jours sont les plus longs.

DU CALENDRIER.

I.

Il paroît par un passage de Macrobe (1), que le 4 Juillet on célébroit la Fête d'une Déesse peu connue appellée VITULA, qui présidoit à la joie, & qu'on a pris pour la Victoire. Sa Fête tomboit ainsi sur le jour même qui est désigné dans le Calendrier sous le nom de *Retraite du Peuple*. On offroit des fruits à cette Déesse ; & c'est de-là qu'on tiroit son nom, parce que les fruits furent les premiers alimens au moyen desquels les hommes conserverent leur vie, en latin *vita*, d'où on dériva le nom de *Vitula*.

II.

Du 6 au 13 on célébroit les APOLLINAIRES, Fête à l'honneur d'Apollon ou du Soleil, alors dans toute sa force.

III.

Le 21 étoit marqué sur les anciens Calendriers, comme le jour de la naissance du Monde, selon les Prêtres Egyptiens, & l'on y offroit des chiens en sacrifice à la Canicule qui se levoit alors. Les Egyptiens commençoient effectivement leur année dans des tems très-reculés, à cette époque avec le lever de la Canicule ; & ils disoient que c'étoit dans ce tems-là que le Monde avoit été créé ; tout comme ceux qui commençoient l'année à l'Equinoxe d'Automne, prétendoient par le même motif, que cet Equinoxe étoit l'époque de la création, les fruits ayant été créés dans leur maturité.

IV.

Corradinus place au 25 de ce mois la Fête de la Déesse FURINA, nom que Cicéron dit désigner les Euménides ou les Furies (2), vengeresses des crimes.

V.

On place dans ce mois les AMBARVALES, Fête à l'honneur de Cérès : on y faisoit des processions autour des champs & des moissons prêtes à couper ; on

---

(1) Saturn. Liv. III. chap. 3.
(2) Nat. des Dieux, Liv. III.

y faisoit des libations de lait, de vin & de miel, & on y sacrifioit une truie après l'avoir promenée en triomphe autour des blés, en la faisant précéder d'un homme couronné d'une branche de chêne & qui chantoit en dansant les louanges de Cérès, aux acclamations de tout le Peuple. Cette victime s'appelloit *præ-cidanea*, c'est-à-dire *victime qui précede la moisson*, la coupe des blés. La veille, chacun avoit rempli une cérémonie pareille autour de ses possessions particulieres.

Les rits de cette Fête étoient dirigés par un Collége de XII. Prêtres appellés FRERES ARVAUX, du mot *Arva*, les Champs; d'où vint aussi le nom des *Amb-arvales*, qui signifient mot à mot *procession autour des Champs*.

CHAPITRE VIII.

Fêtes du Mois d'Août.

I.

Le 5 de ce mois on offroit des sacrifices au Salut, à l'Espérance & à la Bonne-Foi ou à la Fidélité. Cette derniere Divinité avoit un Temple sur le Mont Palatin, qui doit être beaucoup plus ancien que Rome; & que Numa n'aura fait que réparer. En effet, les Romains attribuoient à ce Prince tout ce dont ils ignoroient l'origine relativement à la Religion & à ses cérémonies.

Le Temple du Salut étoit sur le Mont *Quirinal*, & celui de l'Espérance hors de la Porte Capene (1).

II.

Le 13 étoit consacré à *Diane*: les femmes Latines & Romaines alloient avec des flambeaux lui rendre leurs hommages dans la forêt d'Aricie, célebre dans tous les tems par le culte de cette Déesse. Les Chasseurs lui vouoient aussi ce jour-là leurs chiens; c'étoit pour ceux-ci un jour de repos. Il n'est pas étonnant qu'on célébrât alors la Fête de la Déesse de la chasse, puisque c'est précisément le tems où la chasse s'ouvroit, & aussi-tôt que les moissons ve-

---

(1) Tit. Liv. Decad. III. Liv. V.

noient de se faire. Quiconque eût chassé dans le tems que les moissons étoient sur pied, auroit été sévèrement puni.

Corradinus a soupçonné que dans ce même jour, les Peuples du Latium se rendoient au Temple de Diane sur le Mont Aventin pour y honorer cette Déesse conjointement avec les Romains. Il se fonde sur ce que Denys d'Halycarnasse attribue à Servius Tullius l'établissement de ces Féries Latines, & qu'il les aura placées au tems de sa naissance, qui fut ce même jour.

On dit aussi que c'est parce que Servius naquit ce jour-là & qu'il étoit fils d'une Esclave, que ce jour fut également un jour de Fête pour tous les Domestiques & Esclaves. Mais on en peut donner une meilleure raison : la fin des moissons étoit célébrée par une Fête, & cette Fête étoit nécessairement commune à tous ceux qui avoient contribué à la récolte. De-là cette Fête des Esclaves, à l'époque dont il s'agit. Si on y voit la naissance de *Servius Tullius*, c'est certainement par quelque jeu de mots; tel que le rapport de *Servius* avec *Servare*, & de *Tullius* avec *Tuli*, l'enlevement des biens conservés.

III.

Les PORTUMNALES au 17, Fête de Palemon ou de Portumne, ce fils d'Ino ou de Matuta, dont nous avons déja parlé. Elle se célébroit sur les bords du Tybre, auprès du Pont Emilien. STACE en fait mention (1) comme d'une Fête très-lugubre. Le Temple de ce Dieu étoit dans un bois de pins : on lui offroit des sacrifices sur des Autels tendus de noir, en poussant de grands gémissemens & des soupirs en imitation de ceux d'Ino, lorsque dans son désespoir elle se précipita dans la mer. Cette raison légendaire ne sauroit être la vraie : mais quel étoit l'objet de ces gémissemens ? Sans doute, d'appaiser les fureurs du Dieu de la mer, & de détourner les naufrages qui en sont la suite : sur-tout de demander un heureux succès pour la navigation.

IV.

Le 18 les CONSUALES, ou Fête de Consus, nom de Neptune surnommé l'*Equestre* ou le Cavalier. Cette Fête étoit déja en usage chez les Arcadiens long-tems avant Romulus : ils l'appelloient *Hippocratia*, des mots, *Hippos*,

---

(1) Thébaïde, Chant VI. au commencement.

Cheval, & *Kratos*, Puissance. Ce jour-là les Chevaux, les Mules & les Anes étoient couronnés (1) de fleurs & n'étoient employés à aucun travail. Les Romains empruntèrent cette Fête des Sabins & des Latins, dès le regne de Romulus.

Il est sans doute assez singulier de voir le Dieu des mers changé en Cavalier; & les bêtes de somme ou de bât se reposer le jour de sa fête : aussi Plutarque demandoit (2) si ce repos faisoit allusion à celui qu'avoit procuré à ces animaux la découverte de l'Art de naviguer. On demandoit aussi pourquoi Neptune étoit appellé *Consus* ou le Dieu des Conseils. Mais tout cela étoit le fruit de l'ignorance, dans laquelle on étoit à l'égard de la langue ancienne. Le même mot qui signifioit *cheval*, désigna par métaphore les vaisseaux, au moyen desquels on va aussi vite sur les eaux, qu'avec un cheval sur terre. Il ne faut point oublier que les expressions de terre furent transportées à la langue de mer : c'est ainsi que le mot *vaisseau* qui signifioit un grand édifice de terre, signifia également un édifice flottant sur les eaux. Quant au mot de *Consus*, il n'avoit dans l'origine nul rapport au mot & à l'idée de conseil. Il se forma de la préposition *cum*, qui signifie *avec*, & du verbe *su-o*, qui signifie *coudre*, *assembler*. Les Vaisseaux étoient des assemblages d'ais ou de planches liées étroitement entr'elles : de-là le nom de *rhapsodies* qu'on donna en Grec aux premiers radeaux avec lesquels on se livra à la navigation, & qui signifie encore chez nous au sens figuré des ouvrages faits de morceaux cousus mal-adroitement. Le Dieu *Consus* signifioit donc mot à mot le *Dieu des Bâtimens de mer* : peu à peu on perdit cette origine de vue, & trouvant à ce mot quelque rapport avec le verbe *consulere*, on changea Neptune Dieu des Eaux, en Neptune Dieu des Conseils, & puis on se mit en vain à la torture pour deviner pourquoi on en avoit fait le Dieu des Conseils.

V.

Le 23, les Volcanales, à l'honneur de Vulcain. Varron en parle (3); il dit que ce jour-là le Peuple jettoit au feu des animaux pour sa prospérité. On offroit ce jour-là à Vulcain un veau roux & un verrat, comme il paroît par une inscription de Gruter (4). Cette Fête étoit très-ancienne en Italie; on la

---

(1) Denys d'Halyc. Liv. I.
(2) Probl. ch. XLVII.
(3) Lib. V. de Ling. Lat.
(4) LXI, 3.

célébroit

DU CALENDRIER.

célébroit à Préneste, Ville très-ancienne du Latium : si Rome se donnoit pour fondateur Romulus fils de Mars, Préneste se donnoit pour fondateur *Cæculus* fils de Vulcain ; & d'une maniere bien plus merveilleuse que Romulus.

La Sœur de deux personnages appellés *Dieux*, étant assise auprès du feu sacré, fut frappée d'une étincelle qui s'en détacha ; elle en devint enceinte & en eut un fils, que les Vestales trouverent auprès d'un feu en allant se baigner ; & elles le reconnurent pour le fils de Vulcain. On l'appella *Cæculus* à cause de ses petits yeux, effet ordinaire de la fumée. Devenu grand, il fit le métier de brigand à la tête d'une troupe de bandits : mais ennuyé de ce genre de vie, il bâtit Preneste sur des collines, & ayant invité à des jeux les Peuples voisins, il les exhorta à venir demeurer dans sa Ville, leur y promettant tout le succès qu'ils pouvoient espérer d'un fils de Vulcain. Comme son éloquence & ses prétentions ne les touchoient pas, il pria son Pere de faire voir qu'il étoit son fils : aussi-tôt une flamme environne toute cette multitude, qui ne se refusa plus à demeurer dans la ville de Preneste.

C'est à VIRGILE que nous devons ce récit (1), paraphrasé par son Commentateur SERVIUS. Ce conte ressemble si fort à celui de Romulus & à celui de Servius, qu'on peut dire hardiment qu'ils ont été jettés dans le même moule, & que *Cæculus* n'est ni plus ni moins vrai que *Romulus* ; qu'il est une allégorie relative à la divinité primitive de Preneste, le feu ou Vulcain, emblême de la Divinité suprême, comme nous l'avons déja vu à l'égard des Égyptiens.

Quant aux deux personnages appellés *Dieux*, on ne peut y méconnoître les *Dioscures*, ou le Soleil d'Eté & le Soleil d'Hyver, qui ont la Lune pour sœur.

---

(1) Enéid. Liv. VII. & X.

CHAPITRE IX.

Fêtes du Mois de Septembre.

CE mois étoit consacré, comme nous l'avons déja vu, à Vulcain, chef des Divinités Égyptiennes, adoré à Preneste & chez les Sabins, qui lui éleverent un Temple à Rome sous Titus Tatius, du tems de Romulus (1).

I.

Aux Ides ou à la pleine Lune de ce mois, le Grand-Préteur plantoit au Capitole, dans le Temple de Minerve & à droite de celui de Jupiter, un clou d'airain ; ce qu'on appelloit la cérémonie du clou sacré. C'étoit en conséquence d'une Loi ancienne. Cet usage avoit été emprunté des anciens Habitans de l'Italie. Les Volsiniens plantoient également chaque année un clou sacré dans le Temple de la Déesse *Nortia*.(2) On a cru que ce clou étoit destiné à marquer le nombre des années, & on a regardé cette cérémonie comme une preuve de l'ignorance ou de la barbarie des Romains.

Mais ce clou sacré servoit sur-tout à conjurer les maux qui auroient pu assaillir la République: c'étoit une cérémonie tendante à appaiser la colere des Dieux, & à rendre l'État stable comme ce clou (3).

Le Calendrier Romain marque le départ des hirondelles au même jour 13 Septembre : ce qui est très-singulier ; car elles partent plus tard dans nos con-

---

(1) Denys d'Halyc. Liv. II.

(2) Tit. Liv. Livre VII. ch. 3.

(3.) On peut voir là-dessus M. l'Abbé COUTURE, Mém. des Inscr. T. VIII. in-12. & Journ. Brit. Nov. 1751. où M. MATY rend compte de la dispute élevée à ce sujet entre M. de Beaufort dans son ouvrage sur l'Incertitude de l'Hist. Rom. des cinq premiers siécles, & M. HOOKE dans son Hist. Rom. in-4°. M. Maty accompagne son extrait, de réflexions qui méritent d'être lues. M. de POUILLY dans ce même Volume des Inscr. T. VIII. soutient le même sentiment que M. de Beaufort, & s'appuie également de ce Clou sacré. Mais tous les deux alloient infiniment trop loin à l'égard de l'incertitude de l'Histoire Romaine.

trées bien plus septentrionales que Rome : il faudroit donc que dans ce tems-là, il y a au plus deux mille ans, l'air de Rome fût beaucoup plus froid qu'aujourd'hui : le Tybre geloit en effet fréquemment, ainsi que tous les fleuves de l'Europe. C'étoit l'effet des Marais & des Forêts dont étoit couverte cette partie du Monde.

Il n'est pas moins singulier que le Calendrier Romain place la naissance de Romulus au 20 de Septembre, au tems de l'Equinoxe, & le lendemain de la Fête de *Thot*.

Les Égyptiens célébroient sans doute immédiatement après cette Fête de Thot, celle du Soleil, & le surlendemain celle de la Lune. ROMULUS, nom du Soleil, comme nous l'avons vu, répond parfaitement ainsi au Soleil Egyptien.

II.

La Fête du 25 Septembre est très-remarquable : c'étoit celle de VÉNUS *Génitrice*. Elle se célébroit ce jour-là, parce que la création de l'Univers étoit placée à cette époque ; & que *Vénus*, mere de l'Amour, étoit regardée comme ayant la meilleure part à cette création.

Ajoutons que dans le Systême Oriental, Vénus étoit la même qu'Athyr ou la Nuit, dont l'Empire commence précisément à cette époque, à l'Equinoxe d'Automne, & dure jusques à celui du Printems : sa Fête ne pouvoit donc être mieux placée.

On offroit ce jour-là des colombes à cette Déesse, qu'on regardoit comme son oiseau favori à cause de sa beauté & de sa fécondité.

Le Calendrier marque pour le même jour la Fête de *Saturne* ou du Tems, & de *Manie* ou la Lune ; ce qui s'accordoit encore très-bien avec la saison.

III.

Les MÉDITRINALES se célébroient le dernier Septembre, par les gens de la Campagne, tandis qu'elles ne se célébroient à Rome que le 11 du mois suivant. C'étoit la Fête du vin nouveau. Les Latins ont cherché l'origine de ce nom dans le mot *medeor*, & qui faisoit partie de cette formule qu'on prononçoit ce jour-là ; *vetus novum bibo, veteri novo morbo medeor*, vieux je bois du vin nouveau, je remédie par ce *vin* nouveau à une ancienne maladie. Je croirois plutôt que ce mot vint des anciens Latins qui le tenoient des Grecs eux-mêmes chez qui *methy* signifie *vin*; & *rin*, couler. Cette Fête avoit pour objet d'offrir aux Dieux les prémices des vendanges, comme on leur offroit celles de toutes les autres productions de la terre.

CHAPITRE X.

Fêtes du Mois d'Octobre.

I

Les Vertumnales se célébroient dans ce mois : c'étoit la Fête de *Vertumne*, Dieu des fruits : elle ne pouvoit être mieux placée. Vertumne étoit une Divinité des Sabins & des Latins. Le Calendrier ne place cette Fête qu'au 29 du mois : suivant d'autres, elle arrivoit vers le commencement.

Nous venons de voir à l'article précédent que le 11 de ce mois, on célébroit à Rome la Fête de Bacchus ou de Dionysus.

II

Les Fontinales au 13 Octobre. C'étoit la Fête des Fontaines & de leurs Nymphes. Les Arcadiens, les Celtes même avoient déja regardé long-tems avant les Romains les sources, les fontaines, les fleuves même, comme des Divinités, & ils s'assembloient toutes les années sur les bords de quelque fleuve, de quelque lac ou de quelque fontaine pour leurs Fêtes solemnelles : en effet, les eaux ont déterminé nécessairement les Habitations; qu'iroit-on faire dans des lieux arides & où l'on ne pourroit ni se désaltérer, ni s'abreuver, ni se purifier? Ce jour-là on jettoit des fleurs dans les fontaines, & on couvroit les puits de guirlandes. Tel fut un des plus anciens cultes.

Bien-tôt, on environna d'arbres ces fontaines pour y être à l'abri des chaleurs, &c : de-là le culte des chênes ; & ce fut une seconde espèce de culte, celui des Druides.

Ensuite, à côté de ces fontaines & de ces chênes on éleva des Temples : ce fut le troisième culte, celui des Romains & des Peuples civilisés.

Ce nom des *Fontinales* vint du Celte, *fon*, *von*, *avon*, qui signifie une source, dont les Latins firent *fonte*, & dont nous fîmes *fontaine*. Prononcé *bon*, il est entré dans le nom des sources appellées *Bour-bon*, & dont la Maison Royale de France tire son nom.

Cette fête fut aussi placée avec raison en automne ou dans la saison des pluies, qui rétablit les fontaines desséchées ou considérablement affoiblies par les chaleurs de l'Eté.

III.

Le 15, fête de *Mars*. On sacrifioit à ce Dieu un cheval qu'on appelloit OCTOBRE. Festus & Plutarque parlent de cet usage, & ont tâché de deviner quel avoit pu en être le motif. Ils se sont attachés sur-tout, de même que Corradinus, à l'idée que ce sacrifice avoit pour objet, de venger Troye qui avoit été prise par le stratagème du cheval de bois. Il faut être bien dénué de raisons solides pour en aller chercher une de cette nature. Que faisoit aux Romains l'histoire fabuleuse du cheval de Troye, pour lui sacrifier toutes les années un cheval ? d'ailleurs pourquoi le sacrifier en Octobre, puisque Troye fut prise dans l'Eté & non en Automne ? Mais quoique nous soyons infiniment plus éloignés de ces tems que Festus & que Plutarque, nous découvrirons aisément, en prenant une meilleure route, la vérité qui leur échappa.

MARS, protecteur du mois d'Octobre, correspondoit à Typhon auquel ce même mois étoit consacré en Egypte, & qui étoit le mauvais Principe, le Dieu des dévastations, de même que Mars. Mais ce Typhon avoit été vaincu par Horus au moyen du cheval. C'étoit donc pour vaincre Mars, pour désarmer le mauvais Principe, qu'on offroit en sacrifice un cheval & qu'on l'appelloit *October*, afin de représenter d'une maniere adoucie le Dieu qui présidoit à ce mois, au lieu de l'appeller le *Destructeur*, le *mauvais Principe*, l'*ennemi du genre humain*; mots d'aussi mauvais augure que ceux par lesquels nous désignons les Puissances de l'Enfer. C'est par le même motif qu'on exposoit la tête de ce cheval sacrifié en la clouant aux murs de la Ville, afin qu'elle fût comme un préservatif contre les suites funestes de ce mois.

IV.

Le 19 d'Octobre étoit destiné à la PURIFICATION des ARMES, appellée en latin ARMILUSTRIUM : on sonnoit ce jour-là de la trompette, pendant le sacrifice.

V.

Du 23 au 29, Fête de BACCHUS sous le nom de LIBER. On voit aisément le motif de cette fête dans cette saison, puisque c'étoit celle des vendanges. Il y avoit peu de tems qu'on venoit de la célébrer en Gréce sous le nom de *Dionysiaques* ou Fête *du Dieu Denys* : le climat de la Gréce étoit à cet égard plus avancé que celui d'Italie. FESTUS (1) nous apprend que pendant la vendange on offroit des parfums aux Dieux, & sur-tout à Bacchus, composés de féves & de millet qu'on avoit fait tremper dans du miel. Il dit aussi au mot SACRIMA, qu'on offroit à *Liber* dans ce tems-là du vin doux, afin qu'il conservât le vin & les vases dans lesquels on le mettoit. Les particuliers sacrifioient un petit chien, selon COLUMELLE qui assure (2) que les Anciens ne commençoient aucun des travaux de la Campagne, les semailles, les fenaisons, les moissons, les vendanges, sans un pareil sacrifice.

Cette fête étoit accompagnée de jeux champêtres ; de repas sur la prairie, de danses, de chants à l'honneur de *Liber*; de sauts sur une outre pleine de vent & rendue très-glissante à force d'huile. On suspendoit aussi à des arbres & dans les carrefours à l'honneur du même Dieu, des espèces de marionnettes appellées *oscilla*, couronnées de fleurs & emblêmes de la fécondation. Pour sacrifices publics, on immoloit un bouc, comme l'ennemi des vignes.

C'est cette Fête que voulurent renouveller les Poëtes François connus sous le nom de *Pleyade*, du tems de Henri II. Ces Poëtes qui ne connoissoient que le Grec, dont les vers étoient un assemblage bisarre & informe de mots François & Grecs, & qui déploroient la perte des beaux jours de la Gréce, imaginerent de rétablir du moins ces Fêtes : ils eurent des outres sur lesquelles ils sauterent, du vin qu'ils burent, un bouc qu'ils égorgerent ; & comme il falloit des vers, ils en firent à la gloire de Bacchus qu'ils honorerent du nom de *Dithyrambes*, parce que les Grecs donnoient ce nom à des Hymnes destinés aux louanges de ce Dieu.

---

(1) Liv. XVII.
(2) Des Travaux Rustiq. Liv. II. ch. 22.

CHAPITRE XI.

Fêtes du Mois de Novembre.

I.

La pleine Lune ou les Ides, jour de Fête dans tous les mois à l'honneur de Jupiter, se célébroit dans celui-ci d'une maniere beaucoup plus solemnelle. Jupiter & les autres Dieux étoient placés sur leurs lits de festin, & on leur servoit des tables bien garnies. On se régaloit en même tems dans toutes les familles ; & cet usage subsiste encore, tant est forte l'habitude.

On y étoit conduit par la saison : on venoit de faire ses récoltes & ses semailles. Le tems des féries étoit expiré & chacun de ceux que les vendanges ou les semailles avoient attirés aux champs, revenoient à cette époque en Ville pour y reprendre leurs fonctions, sur-tout les Magistrats, parce que les Tribunaux se rouvroient : il étoit donc naturel de faire de ce tems, un tems de Fête & de réjouissances.

Ces Fêtes étoient donc indépendantes de la Religion ; mais on leur associa dans tous les tems la Religion, afin qu'elles fussent plus décentes, & parce qu'il étoit juste de témoigner sa reconnoissance au Ciel pour les biens dont on jouissoit alors.

Les Prêtres qui présidoient aux cérémonies de cette Fête, s'appelloient Epulones ou *Epolones*, c'est-à-dire *Chefs du festin*. Ils furent d'abord au nombre de trois : on les porta ensuite jusqu'à sept, d'où leur vint le nom de Septem-virs.

II.

Il n'est donc pas étonnant que, dans le même mois, on célébrât Bacchus d'une maniere plus particuliere. On chantoit son hymne le 10 du mois, & le 21 lui étoit aussi consacré. Le 21 étoit en même tems la Fête de Cérès ; car le lendemain 22 on célébroit, comme nous l'avons déja vu, la Fête de Pluton & de Proserpine. Deux jours auparavant, ou le 19, on célébroit la Fête de Cybele la grand'Mere des Dieux. C'étoit en quatre jours, fêter trois Déesses.

CHAPITRE XII.

Fêtes du Mois de Décembre.

I.

Le jour des Nones, ou le 5 Décembre, étoit consacré à FAUNE, Dieu des Campagnes : c'étoit une Fête beaucoup plus ancienne que Rome, & célèbre dans tout le Latium. Les Romains disoient que Faune arrivoit d'Arcadie en Italie le 13 Février & qu'il s'en retournoit le 5 Décembre : ils lui faisoient des sacrifices à son retour & à son départ. Ces dates sont trop remarquables & trop voisines l'une de l'autre, puisqu'elles ne sont éloignées que de 9 semaines, pour n'avoir pas un motif puisé dans la Nature même. Ces deux jours étoient des jours de Fête pour les troupeaux, pour ces troupeaux qui habitent les campagnes & qui étoient ainsi sous la protection de Faune. On peut donc assurer que l'un de ces jours est celui, où les troupeaux reviennent des pâturages éloignés qui ne sont plus praticables à cause du froid, & que le 13 Février est celui où on les ramene dans ces pâturages. La campagne n'étant pas praticable pendant ce tems-là, on disoit en plaisantant que Faune les abandonnoit pour se retirer dans l'Arcadie.

HORACE a composé un Hymne à l'honneur de ce Dieu, & pour la Fête dont nous parlons ici (1).

» Faune, qui aimez les Nymphes timides, traversez mes *fins* (†) & mes
» champs avec un esprit paisible, & ne vous éloignez pas sans avoir fait pros-
» pérer mes foibles nourrissons ; tandis qu'à la fin de chaque année, je vous offre
» en sacrifice un jeune chevreau ; & au compagnon de Vénus, du vin en abon-
» dance ; & que des parfums multipliés brûlent sur votre antique Autel.
» Qu'en ce jour, Nones de Décembre, les troupeaux jouent sur la prairie,

---

(1) Od. Liv. III. Od. XVIII.

(†) *Meos fines*, mot à mot *mes frontières* : mais ce mot se prend ici très-certainement dans un sens inconnu aux faiseurs de Dictionnaires & en usage dans quelques contrées où le territoire est divisé par *fins*, cultivables tour à tour.

» & que tout le Canton soit en Fête tandis que les bœufs reposent. Que
» l'agneau soit en assurance au milieu des loups; qu'on sème vos pas de feuilles,
» & que le vigneron danse de joie sur une terre qu'il arrose si souvent de ses
» sueurs. »

Faune étoit la Divinité du Latium, la plus célèbre par ses oracles; aussi les Romains dérivoient son nom de *Fa-ri*, parler: son nom se trouve écrit dans Marcien Cappella (1), par *Fanus* & *Fonus*: ce mot paroît donc dans ce sens, le même que le mot Hébreu ענה, *Hon* ou *Fon* à la Romaine, signifiant 1°. répondre, 2°. un Enchanteur, un Magicien.

Le 1 & ensuite le 4 on célébroit la Fête de la Fortune Feminine, parce, disoit-on, qu'en ce jour la guerre fut terminée. Quelle guerre? très-certainement, la guerre de l'Agriculteur avec la Nature. Elle seule peut être indiquée sous ce nom générique; ce sont les combats par excellence, les combats d'Hercule ou ses travaux qui sont chacun une victoire particuliere. C'est donc ici une Fête relative à la victoire dont nous avons déja parlé si souvent.

C'est dans ce mois qu'on célébroit les Saturnales & les autres Fêtes relatives à la naissance du Soleil, dont nous avons également parlé.

---

(1) Nupt. Philol. & Merc. Lib. I.

Hist. du Cal.

CHAPITRE XIII.

Fêtes du Mois de Janvier.

Ce mois s'ouvroit par les Fêtes de Janus, le 1 & le 8, suivies des Agonales le 9, & par les Carmentales le 11 & le 15. Les Agonales étoient relatives à Janus; & dans les Carmentales, on honoroit Carmenta mere d'Evandre.

I.

Ovide propose diverses étymologies des AGONALES, pendant lesquelles on offroit à Janus un bélier en sacrifice. Suivant l'une de ces étymologies, ce nom est tiré de la demande que faisoit le Prêtre s'il frapperoit la victime, *ago-ne*, disoit-il, *agirai-je*, ou *frapperai-je* ? Suivant une autre, il vient d'*actu*, contrainte, les victimes n'étant amenées à l'Autel que par force : après en avoir rapporté quelques autres de la même force, il se décide pour *agones*, nom que les Grecs donnoient aux jeux : mais ce dernier mot peut venir, de même que celui d'Agonales, de l'Oriental הנה, *Hona* ou *Gona*, qui signifie *le tems*, *un tems prescrit*, tels qu'étoient les *Jeux* & les *Fêtes*.

II.

Aussi-tôt après les Fêtes de Janus, arrivoient les CARMENTALES, à l'honneur de Carmenta, le 11 & le 15 du mois : mais qu'est-ce que cette Déesse si peu connue? d'où vint son nom? pourquoi ses Fêtes sont-elles placées à cette époque? C'est ce que nous allons tâcher de résoudre, après avoir rapporté ce qu'on raconte de cette Déesse.

CARMENTA étoit une Divinité étrangere aux Latins : Ovide nous apprend (1) qu'elle naquit en Arcadie : qu'elle dut son nom au mot Latin *Carmen*, nom des *vers* & des *oracles* : qu'elle eut pour fils EVANDRE, illustre par son Pere, mais plus illustre encore par sa Mere qui étoit une personne sacrée ; & qui rendoit des Oracles remplis de vérité, aussi-tôt qu'elle étoit animée d'un feu divin.

---

(1) Fast. Liv. I, v. 467. 586.

Elle avoit prédit à son fils qu'il arriveroit de grands troubles à leur égard ; & bientôt il fut chassé avec sa mere. Comme il pleuroit, elle chercha à le consoler, en lui disant qu'il falloit supporter avec courage les effets du destin ; que le crime seul doit causer nos regrets ; que le sort des grands hommes fut toujours d'être persécutés, mais qu'ils trouvent par-tout une patrie : & que s'il éprouve dans ce moment la colere d'un Dieu, elle ne sera pas éternelle & qu'il se prépare pour lui de beaux jours.

Rassuré par ces discours, il s'embarque avec sa Mere ; ils entrent dans le Tybre, ils arrivent vis-vis Terente (†) : alors Carmenta se léve, elle arrête la main de celui qui tient le gouvernail, elle étend les bras vers la rive droite ; elle frappe trois fois le navire d'un pied ferme, & Evandre a peine à l'empêcher de sauter à terre. « Je vous salue, s'écrie-t-elle aussi-tôt, Dieux de ces contrées » si désirées. Terre, qui dois remplir le Ciel de nouvelles Divinités, fleuves & » fontaines qui arrosez ce pays où nous allons trouver un asyle, Nymphes « & Naïades, soyez-nous propices ! »

Ovide lui fait ensuite prédire la gloire future de Rome & l'élévation des Jules.

Ils débarquent ; Evandre bâtit une ville sur l'Aventin ; & devient le plus célèbre Prince de l'Ausonie. Hercule arrive ensuite ; Cacus lui vole ses vaches, mais il perd la vie ; le Héros dresse alors l'Autel appellé *très-grand* dans le quartier aux bœufs, & y offre un sacrifice où il invita Evandre & tous les LABOUREURS de la contrée. Carmenta prédit alors à Hercule que le tems approche où il jouira du fruit de ses travaux ; elle-même fut bientôt après mise au rang des Déesses, en récompense de ses vertus.

Ce Poëte ajoute (1) que le 15 du même mois, on recommençoit les sacrifices à l'honneur de Carmenta, & qu'on y invoquoit PORRIMA & POSTVERTA sœurs ou compagnes de Carmenta, qui annonçoient, l'une ce qui étoit arrivé, l'autre ce qui devoit arriver.

SERVIUS nous apprend (2) qu'Evandre Arcadien tua son Pere par les conseils de Nicostrate sa mere, surnommée *Carmenta*, parce qu'elle prophétisoit en vers : & qu'elle fut tuée à son tour par ce même fils, à l'âge de cent & dix ans.

_____

(†) Cette place sur le bord du Tybre où l'on célébroit les Jeux Séculaires.
(1) Ib. vers. 635. &c.
2 Sur le VIII. Liv. de l'Enéid.

Quant au Pere d'Evandre, on n'en dit rien; selon quelques-uns, Evandre étoit fils de Mercure, Arcadien lui-même comme fils de Maïa; selon d'autres, il n'étoit que petit-fils de ce Dieu; ou petit-fils de Pallas & pere d'une fille qui épousa Hercule & dont naquit un autre Pallas.

N'omettons pas qu'on attribue à Evandre d'avoir porté les lettres en Italie, & que l'Abbé Banier convient que Carmenta étoit appellée THEMIS par les Grecs.

Comprend-t-on quelque chose à cette histoire ? Comment fait-on venir de l'intérieur de la Grèce, une femme avec son fils pour s'établir sur le Mont-Aventin, y bâtir une Ville & être mise au rang des Dieux ? comment fait-on de cette femme, une Prophétesse ? comment se trouve-t-elle triple sous les noms de *Carmenta*, de *Porrima* & de *Post-verta* ? S'il y a quelque chose de fabuleux dans la Mythologie, c'est cette histoire qui ne présente qu'absurdité.

Qu'en pourrons-nous donc faire ? rien, tandis que nous voudrons la considérer comme histoire : mais considérée comme allégorie, elle n'a rien qui ne s'explique & qui ne soit très-intéressant.

CARMENTA n'est pas une femme; EVANDRE ne fut jamais un homme: & ce n'est point en qualité d'Etres humains qu'on célèbre leur fête immédiatement après celles de Janus. Associés en quelque sorte à ce Dieu, ils sont de la même nature que lui.

Janus est le *Soleil*, Carmenta est la *Lune*, Evandre est la *nouvelle Année*, les nouvelles révolutions; prouvons-le.

Comme Soleil, Janus a deux visages.

Comme Lune, Carmenta a deux faces, & on les appelle Porrima ou *Anteverta*, & *Postverta*; *Anteverta*, la face qui regarde en avant; *Post-verta*, la face qui regarde en arriere.

Ces deux faces prédisent; Carmenta elle-même rend des Oracles, puisque tous les prognostics se tiroient de la Lune, & que c'est à elle que se rapportent les Oracles des Almanachs.

Elle s'appelle *Nicostrate*; c'est un nom qui convient à la Lune, à la Souveraine de l'armée céleste. Nico signifie Victoire ou *victorieux*: STRATIE, *Générale*, celle qui préside aux armées; c'étoit le nom de *Minerve* la guerriere; mais Minerve étoit la Lune, toujours victorieuse ou invincible.

Elle s'appelle THEMIS; mais nous avons vu dans les Allégories Orientales que Diane s'appelloit *Themis* & *Artemis*, & que ces noms conviennent parfaitement à la Lune.

EVANDRE, fils de Carmenta, qui fait mourir d'abord son Pere & ensuite sa

DU CALENDRIER.

Mere, est la nouvelle Année, ce tems où l'on crie en signe de joie, *Ev-andre*, bonheur aux hommes! C'est donc avec raison qu'on dit qu'il fit mourir son pere & sa mere. Celle-ci meurt à cent dix ans ; ce qui désigne le siécle ou les Jeux séculaires qui se célébrerent au tems d'Auguste, *cent dix ans* après les précédens, conformément aux Oracles des Sibylles, à ce que disoient les Prêtres qui en étoient les gardiens.

Ces personnages viennent tous d'*Arcadie*, & avec raison, puisque ארך, *arkh*, signifie *voyageur*, & que la Lune est sans cesse en voyage.

Enfin, *Pallas* est pere ou grand-pere d'Evandre, & son-petit fils porte le même nom : mais c'est encore un surnom de Minerve. Et ce nom peut avoir été donné à la Lune par différens motifs.

La Lune ou Isis s'appelloit en Egyptien l'*Ancienne* ; mais c'est ce que signifie PAL-*aia* en Grec. *Palla* signifie en Grec un Globe, une Paume ; ce nom convient encore à la Lune. Comme guerriere, elle étoit armée d'une lance ; la Lune d'ailleurs darde ses traits ; & PALLÔ signifie en Grec *agiter sa lance, lancer un trait*.

III.

Le 11 Janvier, jour de la premiere Fête de Carmenta, étoit encore la Fête de JUTURNE, Fontaine sacrée, voisine du fleuve Numice, & à laquelle les Vestales de Rome, à l'exemple des anciennes Vestales d'Albe, alloient puiser l'eau qu'elles employoient dans le culte de Vesta.

Cette Fête qui tombe sur le commencement de l'année, étoit donc un reste de l'ancienne Religion ; celle où l'on adoroit les Fleuves, les Fontaines, & qu'on véneroit d'une maniere particuliere, comme nous l'avons déja vû, au renouvellement de l'année.

Le nom de cette Fontaine est composé du nom générique des fleuves & fontaines, *Dur*, ou *Tur*, qui subsiste encore dans le nom de plusieurs rivieres, fleuves & fontaines, telles que le *Douro* en Portugal, l'*Adour* en Gascogne, & la *Font-Dure* à Usez.

La premiere syllabe *Ju* ou *Iou* entra dans le nom de *Jupiter*, & désigne l'existence permanente : aussi est-il devenu la racine de *Juventus*, la jeunesse. La fontaine de *Ju-turne* étoit ainsi l'emblême du tems qui se renouvelle sans cesse, comme les eaux d'un fleuve & qui ne tarit jamais.

C'est sans doute d'après ces idées & ce nom même, que les Romains disoient que Jupiter aimoit Juturne (1) & qu'il avoit demandé à tous les fleuves de la contrée de ne pas la recevoir dans leur sein, afin qu'elle ne pût se souftraire à sa tendresse.

IV.

Le 13, jour des Ides & par-là même consacré à JUPITER, on brûloit à l'honneur de ce Dieu les entrailles d'un Bélier qu'on venoit de lui sacrifier (2).

V.

Le 16, Fête de la CONCORDE, à laquelle Furius Camille dédia un Temple de marbre blanc, à cause de ses victoires sur les Etrusques.

VI.

Vers la fin de ce mois, on célébroit les FÉRIES SÉMENTINES, pour obtenir des Cieux la prospérité des Champs ensemencés. Ce jour-là, les animaux de labour étoient couronnés de fleurs; on faisoit des Processions autour des Champs; & des libations sur les Autels rustiques, *focis paganis*: on offroit des gâteaux à Tellus ou à la Terre cultivée & à Cérès, comme meres des moissons.

Ovide nous a conservé la Priere qu'on offroit ce jour-là à ces Déesses. Entiérement relative à l'Agriculture, nous ne saurions l'omettre.

» Déesses, qui d'un commun accord avez adouci les mœurs anciennes &
» qui substituâtes au gland une nourriture excellente, donnez au Laboureur
» avide une abondante moisson, accordez-lui une récompense digne de ses
» travaux. Que nos blés croissent chaque jour; que le froid ne brûle pas cette
» herbe tendre. Lorsque nous semons, faites souffler des vents favorables : lors-
» que nous hersons, envoyez-nous des pluies douces. Que des volées innom-
» brables d'oiseaux ne dévastent pas nos champs: que les fourmis ne les rava-
» gent pas, elles en auront une meilleure part à la moisson. Que nos épis ne
» soient gâtés ni par la rouille ni par la nielle : qu'ils ne périssent ni de mai-
» greur ni par une abondance trop forte : qu'ils soient sans mélange de plantes
» nuisibles ; que nos Terres nous rendent avec usure l'orge; & le seigle & le
» froment qui passe deux fois au feu.

---

(1) Fast. d'Ovid. Liv. II. 585.
(2) Fast. Liv. I. 587.

# DU CALENDRIER. 415

Le Poëte finit par des vœux pour une Paix constante : » la Paix, dit-il, est » la nourrice de Cérès : Cérès est le nourrisson de la Paix. *Pax Cererem nutrix, pacis alumna Ceres.*

C'est ainsi que TIBULLE a dit (1) :

» La Paix a nourri les Vignes, elle a fait prospérer le suc des Grappes. *Pax aluit vites & succos condidit uvæ.*

VII.

C'est de cette Divinité, c'est de la PAIX qu'on célébroit la Fête quelques jours après, le 30 Janvier : aussi le premier Livre des Fastes finit par une répétion des vœux d'Ovide en faveur de la Paix. » Que le Soldat, dit-il, ne porte » les armes que pour réprimer la violence : que la fiere trompette n'entonne » que des chants d'allégresse, qu'elle ne se fasse entendre que dans la pompe » du culte des Dieux ». Vœux que les Empereurs Romains n'auroient jamais du perdre de vue ; & qui devroient être la régle de toutes les Nations. Quelle Nation a intérêt à la guerre ? Ce ne sont que leurs Chefs injustes ou ambitieux : mais que gagnent-ils à satisfaire ces passions meurtrières ? des dettes, des ruines, un nom détesté.

Les sacrifices à la Paix consistoient en encens & en victimes blanches.

CHAPITRE XIV.

Fêtes du Mois de Février.

CE mois étoit destiné aux Purifications expiatoires, qu'on appelloit *Februa* parce qu'elles s'opéroient par le feu. C'est Ovide qui nous l'apprend (1) : » Nos » Peres, dit-il, ont donné le nom de *Februa* aux expiations : & nous pou- » vons encore nous assurer du sens de ce mot par la nature des objets qui le » portent. Les Pontifes demandent au Roi des sacrifices, & au Prêtre de Jupiter » les *laines* (destinées aux cérémonies) qu'on appelloit du même nom. Ce » que le Licteur va prendre dans certaines maisons pour les expiations, des

---

(1) Eleg. Liv. I. Eleg. dern.
(2) Fast. Liv. II. 19.

» gallettes de froment saupoudrées de sel, portent le même nom : il en est de
» même du rameau qui couronne le front des Sacrificateurs : n'avons-nous
» pas vu donner une branche de pin à une Prêtresse Flamine qui demandoit
» les Februa ?

» Cet usage vint des Grecs », ajoute-t-il. Il auroit pu dire, qu'ils le tenoient eux-mêmes de l'Orient ; mais c'étoit beaucoup pour ce Poëte, d'en
rapporter l'invention aux Grecs : l'Orient étoit le néant pour lui, comme il
l'a été également pour nos contrées jusques à ces derniers tems.

I.

Le premier jour de ce mois on offroit à Jupiter des brebis de deux ans en
sacrifice ; on alloit en Pélerinage au *Bois* de l'Asyle ouvert par Romulus, &
on faisoit des vœux dans le Temple de la Déesse Conservatrice de la santé ou
Sospes : cérémonies dignes d'un mois qui étant le dernier de l'année, étoit
regardé comme le mois des morts, comme celui où l'on devoit se dépouiller
de toute impureté, effacer tout ce qu'on avoit fait de mal dans l'année.

Ici le Poëte loue Auguste de la multitude de Temples qu'il avoit réparés
& élevés ; & finit par des vœux pour sa conservation & pour celle de sa famille :
mais cette famille fut exterminée comme par le feu du Ciel ; les brigandages
par lesquels elle s'étoit élevée & maintenue ne méritoit pas d'autre destinée :
elle trouva sa ruine dans ce en quoi elle avoit mis tout son bonheur. Il est
vrai que les Romains devenus les plus lâches des hommes & les plus flatteurs,
ne méritoient pas de meilleurs maîtres. Heureuses les Nations qui n'ont pas
à se reprocher d'avoir encensé des regnes funestes, dont les Poëtes ne se sont
pas flétris par de viles adulations, dont les Guerriers n'ont pas été les exécu-
teurs mercenaires d'ordres à jamais déplorables !

II.

Fête de *Faune*, le 13. Nous l'avions bien conjecturé, que Rome avoit
commencé de se peupler par son Isle. Ovide nous en donne une preuve, en
disant que cette Fête de Faune, Dieu champêtre, se célébroit dans l'endroit
où cette Isle force les eaux du Tybre à se partager en deux. C'est-là qu'étoit
l'Oracle ancien ; & puisqu'on n'adoroit dans cette Isle qu'une Divinité du
pays & nationale, qu'on ne regarda plus dans la suite des tems que comme
une Divinité des champs, il en résulte qu'elle avoit commencé d'être vénérée

en ce lieu dans ces tems où l'on n'avoit d'autres Temples que des forêts, où les Isles servoient de sanctuaire aux Nations, & où l'on menoit une vie Pastorale.

III.

Les LUPERCALES. Tel étoit le nom du troisiéme jour de la Fête de Faune. Ovide est encore notre garant (1). » La troisiéme aurore après les Ides, dit-
» il, voit les Luperques nuds, & l'on célebre en ce jour la Fête de Faune aux
» deux cornes.

§. I.

La Fête de Faune commençoit le jour même des Ides, & duroit donc trois jours en se confondant avec les Lupercales: les Lupercales étoient ainsi la fête même de Faune, puisqu'Ovide attribue leur origine (2) à une expédition de Rémus & de Romulus, au moment où ils venoient d'immoler, *suivant la coutume*. (DE MORE) une Chévre à Faune aux pieds de corne: & puisque ce Poëte demande (3), pourquoi Faune aime d'être sans vêtement.

Faune étoit donc le Héros de la fête; ce qu'il est essentiel de remarquer, afin de pouvoir fixer ses idées sur l'origine & le but de cette fête.

Si on a toujours regardé ces fêtes comme consacrées à Pan, c'est que *Pan* & *Faune* sont la même Divinité sous deux noms différens.

1°. La maniere dont on les peint le prouve, puisqu'elle est exactement la même, tous deux avec des cornes & avec des pieds de bouc: tous deux, Divinités champêtres & protectrices des troupeaux.

2°. Ils étoient également Dieux des eaux; Ovide le dit expressément par rapport à *Pan* (4). » Pan étoit le défenseur des troupeaux, Pan étoit le Dieu
» des eaux ». Virgile le dit également par rapport à Faune, lorsqu'il fait la description du Temple de cette Divinité dans le territoire de Laurentum (5).

» Là étoit l'Olivier de Faune aux feuilles ameres, bois vénerable aux yeux
» des Nautonniers: ceux qui étoient échappés à la fureur des ondes, y sus-

---

(1) Fast. Liv. II. 267.
(2) Ib. vers 361.
(3) Ib. vers 303.
(4) Ib. vers 277.
(5) Eneid. L. XII.

Hist. du Cal.

» pendoient des présens au Dieu de Laurentum; ils y déposoient les habits » qu'ils lui avoient voués. »

3°. Tous les deux furent appellés INUUS.

SERVIUS (1), au sujet des Villes bâties par les Rois Latins, *Pometia*, *Cora*, *Bola*, & *le Camp d'Inuus*, dit qu'en Latin *Inuus* & *Faunus* sont le même : tandis que Macrobe nous apprend (2) que Pan est le même qu'Inuus.

Pan & Faune étoient donc une seule & même Divinité sous deux noms différens, l'un Grec, l'autre Latin; & adorés dans la même contrée, après que le Latium eut reçu des Colonies Grecques, dans des tems fort antérieurs à la Rome de Numa.

L'un & l'autre étoient le Dieu des Peuples de la Gréce & de l'Italie, tandis qu'ils étoient encore livrés à la vie Pastorale, & que l'agriculture leur étoit inconnue. C'est ce qu'il ne faut point perdre de vue non plus, si l'on veut expliquer les cérémonies d'une fête qui paroît aussi bisarre que celle des Lupercales.

Mais l'un & l'autre étoient le Soleil, Ame du Monde & de la Nature universelle. Macrobe est formel là-dessus : après avoir dit que Pan est le même qu'Inuus, il ajoute : » ce Dieu n'est pas simplement le Seigneur des forêts, » il est le Maître de la substance universelle des Etres ; ainsi ses cornes & sa » grande barbe pendante désignent la nature de la lumiere solaire : c'est pour- » quoi les Arcadiens l'ont regardé comme le Soleil, ce qu'ils désignerent par sa » flûte (à sept tuyaux) & par son bâton à pied de Chévre.

Cet Auteur auroit pu confirmer ce qu'il avance ici par l'étymologie du nom même d'*Inuus* qu'on peut tirer du mot primitif *In*, *Ein*, *Ain*, qui est le nom du Soleil dans tout l'Orient : & qui auroit été porté en Italie par les Colonies Orientales qui vinrent également s'y établir.

Son nom d'*Inuus* peut être cependant un mot Latin; il viendroit d'*In-ire*, répandre ses influences ; & tel est encore l'effet du Soleil qui fait fermenter tous les Etres, qui les fait tous produire.

§. 2.

Tels étoient les rits de cette fête. On immoloit des boucs : de leur peau, on faisoit des courroies & des ceintures pour des jeunes gens qui sans autre habit couroient les rues, ces courroies & un poignard à la main, frappant de

---

(1) Sur l'Eneid. L. VI.
(2) Saturn. L. I. ch. XXII.

DU CALENDRIER. 419

droite & de gauche, pour répandre par-tout la bénédiction en purifiant ainsi la Ville & tous ses Habitans. Les femmes qui pouvoient être à la portée de quelqu'un de ces coups, s'estimoient heureuses dans l'espérance d'en avoir une plus belle lignée & d'accoucher sans peine.

Ces jeunes gens formoient deux Confréries ou Collèges, l'un sous le nom de *Fabiens*, & l'autre sous celui de *Quintiliens*, établis, disoit-on, ceux-là par Rémus & ceux-ci par Romulus.

Ovide nous apprend que ce fut un Augure ou Devin d'Etrurie qui introduisit l'usage de faire des courroies de la peau d'un bouc & d'en frapper sur le dos des femmes mariées. C'étoit, ajoute-t-il, en explication d'un Oracle rendu par Junon dans la forêt sacrée sous le Mont Esquilin, lorsque Romulus se plaignoit d'avoir enlevé en vain les Sabines, puisqu'elles étoient stériles: dans le tems que les Romains, & les Sabines devenues leurs femmes, étoient en prieres dans cette sombre forêt, les cîmes des arbres s'agitent & l'on entend cet Oracle:

» Italides Matres, (inquit) Caper Hircus inito.

Qu'un Bouc des Chèvres féconde les Dames d'Italie.

Paroles qui ne firent qu'augmenter l'étonnement; & qui furent heureusement expliquées par cet Augure Etrusque.

§. 3.

Cet Oracle est un trait de lumiere qui nous conduit à la source d'une cérémonie aussi singuliere & qui en développe les motifs, en le liant avec la Théologie & les Cérémonies Egyptiennes, & par-là même avec celles de toutes les anciennes Nations.

Pan étoit adoré à Mendès en Egypte sous la forme d'un Bouc, & l'un & l'autre s'appelloient également *Mendès*. Si on l'adoroit sous cette forme, c'étoit pour apprendre aux hommes que ce Dieu étoit la source de la fécondité, & que sans lui aucun Etre ne se propageroit. C'est ce que signifie son nom même de *Mendès* ou le *Fécond*, comme l'a fort bien prouvé JABLONSKY (1). Il n'est donc plus étonnant que les Dames Egyptiennes au jour de la fête de Pan, allassent visiter maternellement le Bouc sacré, afin d'attirer sur elles

---

1) Pantheon Egypt. Liv. II, ch. VII.

la bénédiction célefte. Il en fut fans doute de même dans la Grèce & très-certainement en Etrurie : c'eft donc le même ufage que fuivirent les Romains, à quelque différence près, dans les mêmes vues, par les mêmes principes & d'après les mêmes idées, à l'égard de Pan ou Faune.

J'ai lu même quelque part, ou entendu dire, que dans un coin de la France Méridionale il exiftoit il n'y a pas long-tems un ufage analogue à celui-là ; les femmes de cette contrée allant en dévotion à un Temple dans lequel étoit une ftatue de Saint qu'elles embraffoient dans l'efpérance de devenir fécondes. PINDARE (1), HÉRODOTE (2), PLUTARQUE (3) parlent de cet ufage Egyptien.

§. 4.

Cette fête étoit appellée *Lupercales*, & fes Prêtres *Luperques*, du mot *Lupa*, louve, de cette louve qui fut la nourrice de Rémus & de Romulus ; mais *louve* allégorique, formée du Grec *Luke* qui fignifie *louve* & *lumiere*, ou le Soleil adoré fous le nom de *Pan*, comme le défignent fes cornes qui ne font qu'un abus de langage pour défigner fes *rayons* ; de la même maniere qu'on peint *Moyfe cornu* pour défigner les rayons de lumiere qui l'environnoient ; *corne* & *rayon* ayant été des mots fynonymes, à caufe de la reffemblance même de ces objets entr'eux. Auffi cette fête s'appelloit-elle dans le Péloponèfe & en Arcadie les Lycées, & Faune étoit le même que le Dieu *Lyceus* des Arcadiens, comme l'a très-bien vu Ovide (4).

On appelloit auffi LUPERCAL l'endroit où fe célébroit cette Fête fur les bords du Tybre, & fous le figuier appellé *Ruminal*. Sur les bords du Tybre, parce que c'étoit une fête expiatoire : fous un figuier, à caufe du lait que donne fon fruit, emblême de la premiere nourriture des hommes. Et parce que cette fête étoit celle de la Lumiere ou de Rémus & de Romulus, on difoit qu'ils avoient été trouvés dans cet endroit & qu'ils y avoient été nourris par une louve.

Il arriva donc ici ce qui eft arrivé prefque toujours : que la fiction a pris la place de l'Hiftoire, & que celle-ci a été regardée comme une fiction.

---

(1) Dans Strabon, Liv. XVII.
(2) Liv. II. 46.
(3) In Gryll.
(4) Faft. Liv. II. v. 424.

DU CALENDRIER.

§. 5.

Mais pourquoi les Prêtres Luperques étoient-ils presque nuds en célébrant cette Fête ? Les Anciens en alléguoient deux motifs, l'un historique, l'autre fabuleux : tous les deux méritent attention.

C'étoit pour représenter les infortunes des tems antérieurs à l'invention de l'Agriculture, de ces tems où les hommes occupés uniquement de la chasse ou du soin des troupeaux, étoient privés de toute industrie & des arts qu'elle méne à sa suite : exposés aux injures de l'air, sans maisons, sans étoffes, à demi-nuds, de vrais sauvages. Tels qu'étoient les Arcadiens dans les premiers tems.

C'est pour désigner cette vie dure & sauvage, que ce Peuple se disoit exister avant que Jupiter fût né & que la Lune éclairât les humains : prétention qu'on a cherché à combattre sérieusement, comme si un Peuple pouvoit se croire antérieur au Soleil & à la Lune. Que vouloient donc dire les Arcadiens par ces expressions emphatiques? si ce n'est qu'ils existoient en corps de Nations avant ces tems heureux dans lesquels l'invention de l'Agriculture fit naître *Jupiter*, ou les cérémonies les plus parfaites de la Religion ; & la *Lune*, ou les observations Astronomiques fondées sur les révolutions de la Lune & base du Calendrier régle des travaux du Laboureur.

Les Lupercales tenoient donc aux tems les plus anciens, à ces tems où l'Agriculture n'existoit pas encore ; il n'est donc pas étonnant que leur origine antique se soit à la fin obscurcie par les révolutions du langage & des usages ; & que le nom allégorique du lieu dans lequel on les célébroit, le *Lupercal*, ait été pris pour un nom historique qui désignoit le lieu où une louve avoit nourri Romulus & Rémus.

Quant au motif mythologique, ou fabuleux, il consistoit en ce que Faune haïssoit les vêtemens parce qu'ils avoient été pour lui la cause d'une méprise cruelle. Un jour Hercule voyageoit avec Omphale ; ils étoient à pied : la belle Méonienne avoit une robe tissue d'or, & Hercule, pour la garantir du Soleil, soutenoit un parasol orné d'une riche broderie. Faune les voit passer ; il descend de sa roche & les suit. Le soir, ils se retirent dans une caverne où couloit un ruisseau. Tandis que les domestiques préparent le repas, Omphale s'amuse à changer d'habit avec Hercule ; mais tout est trop étroit pour le Héros ; il fait sauter ceinture, bracelets, souliers, jupes : Omphale revêt cependant la peau de lion ; les deux amans soupent & vont se coucher. Faune pénétre alors dans la caverne : il rencontre d'abord le lit d'Omphale ; mais à la peau de lion, il croit que c'eſt Hercule : il paſſe à l'autre lit, trouve des habits de femme ; mais c'eſt le Héros qui ſe réveille ; & d'un coup de coude, Faune eſt à terre. Omphale ſe réveille alors elle-même en ſurſaut, elle appelle ſes gens ; on accourt avec de la lumiere ; & chacun rit de l'aventure de Faune qui avoit peine à ſe relever ; il jura qu'il ſeroit ennemi de tout vêtement & qu'il n'admettroit à ſes Autels que des perſonnes ſans habits pour n'être plus trompé. C'eſt ainſi que les Anciens avoient recours à des contes pour rendre raiſon des uſages dont ils ignoroient l'origine & les cauſes.

IV.

Le 18 Février on célébroit la Fête de Romulus ſous le nom de Quirinus, & la fête des Foux. Celle des Morts, en faveur des ames des ancêtres, commençoit ce même jour & duroit onze jours, ou tout le reſte du mois (1).

La fête des Morts, étoit la même que celle des ancêtres à la Chine, & elle étoit relative à la fin de l'année. On offroit à cette occaſion quelques préſens aux Dieux infernaux : & ces préſens étoient peu conſidérables. » Les mânes » ſont peu exigeans, dit Ovide (2) ; la piété leur eſt plus agréable que de » riches dons : les Dieux du Styx ne ſont pas avides. » Sur une brique, on poſoit des couronnes de fleurs, quelques fruits, ou plutôt des légumes, tels que des lentilles & des fèves avec du miel (3), des gallettes ſalées, du pain trempé dans du vin, des violettes détachées. Et ces préſens étoient accompagnés de prieres à côté des feux allumés pour la fête.

Cet uſage n'avoit pas été établi par les Romains : ils le tenoient des Peuples Latins. Enée, diſoient-ils, l'avoit déja pratiqué envers le génie de ſon Pere. Une fois, on l'avoit interrompu ; les ames des morts s'en plaignirent amérement : les fauxbourgs de Rome furent remplis de bûchers à cauſe des maladies peſtilentielles qui furent la ſuite de ces plaintes : il fallut rétablir l'ancien uſage.

Il n'étoit pas permis de ſe marier pendant la durée de cette fête ; & ceux qui étoient mariés devoient ſe conduire comme s'ils ne l'étoient pas. Les Dieux étoient enfermés dans leurs Temples, leurs Autels étoient ſans feu, l'encens ne fumoit plus. Tout étoit noir & lugubre à cauſe de la fin de l'année, tout portoit l'empreinte de ces idées qui faiſoient pleurer l'Orient ſur le ſort d'Oſiris & d'Adonis.

---

(1) Faſt. Liv. II. 568.
(2) Ib. Liv. II. v. 535.
(3) Suetone, Vie de Claude.

DU CALENDRIER.

Cette Fête s'appelloit aussi les *Feralies*, du mot radical *Fer*, qui a formé nos mots *offrir* & *offrandes*, & qui présente les mêmes idées.

V.

Dans le même tems, les jeunes filles ayant à leur tête une vieille femme, offroient des sacrifices à la Déesse du Silence, à *Tacita* ou *Muta*, c'est-à-dire, au silence sombre & effrayant du tombeau. Les cérémonies en étoient dictées par la superstition. La vieille Prêtresse prenoit trois grains d'encens, avec trois doigts, & les mettoit sous le seuil de la porte : elle lioit ensuite des bandelettes enchantées avec du plomb : elle mettoit dans sa bouche sept féves noires : elle faisoit rôtir au feu une figure en forme de tête enduite de poix, percée d'un fil d'archal, enveloppée de feuilles de mente, après avoir versé du vin dessus; elle-même en boit, ainsi que ses compagnes; mais elle en boit plus qu'elles. Enfin se retirant à moitié yvre, elle dit ; *nous avons lié les langues ennemies, les bouches envieuses*.

Cette Fête s'accorde donc avec celle d'Harpocrate dont nous avons déja parlé & qui se célébroit également en Egypte le dernier mois de l'année. Harpocrate étoit le Dieu du Silence : dans cette Fête on lui offroit également des légumes & on disoit LANGUE *fortune*, LANGUE *génie*.

Elle étoit également célébrée par les Grecs, comme nous l'apprenons de CORRADINUS d'après PAUL MARSUS, qui dit qu'elle se célébroit encore de son tems dans la Grèce. Ce Paul Marsus a été un des Commentateurs des Fastes d'Ovide.

Ovide nous a conservé la Fable qu'on avoit imaginée pour rendre raison de l'origine de cette Déesse muette, ou du Silence. *Almon*, fleuve d'Italie, avoit une fille nommée *Lara*, grande babillarde : celle-ci méprisant les avis de son Pere qui lui conseilloit toujours de réprimer sa langue, n'eut pas plûtôt découvert que Jupiter aimoit sa sœur *Juturne*, qu'elle en avertit Junon. Jupiter irrité, la condamne à passer le reste de ses jours aux enfers, privée de la parole. Mercure chargé de cette expédition, devient amoureux en route de la belle muette; & comme elle ne pouvoit l'effaroucher par ses paroles, il en eut les Dieux Lares, ou les deux Gémeaux.

Cette fable absurde comme histoire, a cependant un fondement comme allégorie. *Al-mon* est le Dieu de la lumiere : sa fille, d'abord babillarde, ensuite muette & mere des deux Gémeaux, est l'Année expirante, condamnée au silence, & remplacée par les deux Soleils de l'Année suivante. Et ceux-ci sont les fils de Mercure, puisque Mercure ouvre la nouvelle Année & qu'il est pere de tout ce qui a rapport au Calendrier.

VI.

Mais pourquoi célébre-t-on en même tems la fête de Romulus ou de *Quirinus* ? Rien de plus naturel, dès qu'il est le Soleil.

C'est l'Apothéose d'Hercule à la fin de l'année ; c'est l'Assomption de Nephtys ; c'est l'expiration de l'année.

VII.

En même tems, on célébroit la fête des Foux ; Ovide en cherche la raison ; il n'en peut trouver aucune de satisfaisante. Mais nos lecteurs se rappellent que cette fête s'est maintenue pendant long-tems dans l'Eglise Chrétienne où elle se célébroit également à la fin de l'année, vers Noël. On vouloit marquer qu'il n'y avoit plus d'ordre, plus de régle, que tout finissoit.

VIII.

Le 21, on célébroit les CHARISTIES ou la fête des parens & des amis. Il paroît d'après ce qu'en dit Ovide (1), qu'on en excluoit, ou du moins qu'on déclaroit dignes d'en être exclus, comme excommuniés, ceux qui avoient de la haine pour leurs freres ou pour leurs enfans : ceux à qui un pere ou une mere sembloient vivre trop long-tems ; une belle-mere qui ne pouvoit souffrir sa belle-fille ; ceux qui augmentoient leurs richesses par des crimes. Les Dieux de la famille ne pouvoient agréer des présens, que de la part de ceux qui cherchoient l'avantage de leurs parens.

Ce jour-là, on mangeoit ensemble ; & le soir, en se séparant, on faisoit des libations de vin & on se souhaitoit vie & prospérité.

IX.

Le 22, les TERMINALES ou fête du Dieu TERME, Dieu des Bornes champêtres, & Dieu de la fin de l'année. Ovide en décrit les cérémonies dans ses

---

(1) II. 623. & suiv.

Fastes

Fastes (1). Les particuliers. dont les Terres se touchoient, se rendoient au Terme qui les séparoit ; ils le couronnoient de fleurs , chacun de son côté ; le Chef de la Terre dressoit un Autel, sur lequel les femmes portoient du feu, pris au foyer domestique. On allumoit en même tems un grand brasier dans lequel on jettoit trois sortes de grains portés par les fils du possesseur de la Terre , du miel porté par ses filles, du vin fourni par ses voisins, & tout cela dans le plus profond silence. On arrosoit ensuite le Terme avec le sang d'un Agneau ou d'un Cochon de lait. Tous les assistans, habillés de blanc, célébroient après cela le festin, & on finissoit par chanter l'Hymne à l'honneur de ce Dieu.

« C'est vous, Terme Sacré, qui prescrivez des bornes aux Peuples, aux
» Villes, aux Empires: sans vous, chaque champ seroit une source intarissable
» de procès. Vous êtes sans ambition ; jamais vous ne vous laissâtes corrompre
» par l'or : vous conservez à chacun les Terres qu'il possède légitimement. Si
» vous eussiez autrefois marqué les bornes du territoire de Thyrée (†), trois cens
» personnes n'auroient pas perdu la vie ; Othryades n'auroit pas péri sous le
» poids des armes : que de sang n'a-t-il pas versé pour sa Patrie ! Quoi ! lors-
» qu'on rebâtissoit le Capitole, tous les Dieux ne cédérent-ils pas à Jupiter ?
» vous seul lui résistâtes, & vous habitez avec Jupiter dans le même Temple...
» Il ne vous est donc plus permis de changer : accorderiez-vous aux prieres
» d'un homme, ce que vous refusâtes à Jupiter ? Si l'on vous repousse avec
» des socs ou avec des hoyaux, criez , votre territoire va jusqu'ici, & là com-
» mence celui de votre voisin, &c.

X.

Le 23 Février, lendemain de la fête de Terme & veille des cinq jours épagomenes, ajoutés aux 360 jours de l'année, le 23, dis-je, étoit appellé *Regi-fugium*, Regifuge, *fuite du Roi*. Les Romains y ont vu, comme nous l'avons déjà dit, l'exil de leurs Rois au tems des Tarquins, en vengeance de ce que Lucrèce, femme de Tarquin surnommé Collatin, avoit été violée par Sextus fils de Tarquin dernier Roi de Rome. Mais nous avons vu que si les Rois furent mis en fuite, ce n'est pas dans ce mois (2), & que la fuite dont il est

---

(1) Liv. II. v. 640. & suiv.

(†) C'étoit une Ville de l'Argolide dans le Péloponèse. Hérodote fait mention dans le premier Livre de son Histoire, du combat dont le Poëte parle ici.

(2) Page 156.

queſtion n'eſt autre choſe que l'année qui s'échappe, qui n'eſt plus, un Soleil qui fait place à un autre. Ainſi les Romains n'ont rien entendu à cet endroit de leur Calendrier, en y voyant toute autre choſe que ce qui y étoit.

La fin de l'année a toujours été perſonifiée ſous l'emblême d'une Dame, Reine ou Princeſſe qui eſt enlevée à ſon mari par un amant, ou ſous l'emblême d'une Princeſſe, qui meurt ſans poſtérité. En Chaldée, c'eſt Sémiramis que Ninus enléve à Menon: en Grèce, Hélene que Paris enléve à Ménelas: en Créte, Paſiphaé enlevée à Minos par le Pere du Minotaure. Le même événement a donc pu être déſigné par les anciens Romains ſous le nom d'une Princeſſe ravie à ſon mari par un Etranger; cet événement, être placé au dernier de l'année; cette Princeſſe, être repréſentée comme ayant péri avec l'année; s'être appellée d'un nom qui déſignoit la lumiere, *luce* en Latin; le jour qui ſuivoit la fin de l'année, aura pu être préſenté comme l'Auteur de ſa mort, ou s'appeller *Sextus*, nom du premier des Epagomenes qui eſt en effet le ſixiéme des Calendes de Mars, ou le 24 Février.

Et ſi les Romains poſtérieurs, pour confondre ce fait allégorique avec leur Hiſtoire, ont été forcés de multiplier les jours appellés *Regi-fuge*, & de déplacer l'événement hiſtorique de la retraite de leurs Rois, n'en réſultera-t-il pas un beaucoup plus grand dégré de vraiſemblance en faveur de ce ſoupçon?

On ſait d'ailleurs combien les premiers ſiécles de l'Hiſtoire de Rome ont paru fabuleux, & que d'habiles Gens ont demandé qu'on les retranchât entiérement des Faſtes de l'Hiſtoire, comme le fruit du menſonge: mais n'eſt-il pas plus naturel de les laiſſer ſubſiſter, en ſéparant tout ce qu'on y fit entrer d'allégorique ou de fabuleux?

CHAPITRE XV.

Des Féries Latines.

A La mort de Numitor, dernier Roi des Albains, les Peuples Latins se trouverent libres, ce Prince n'ayant point laissé de fils. Dès ce moment, ces Peuples s'érigerent en autant de Républiques confédérées, qui se réunissoient par leurs Députés toutes les années à Ferentum, dans ce bois sacré au-dessous d'Albe où couloit une fontaine non moins sacrée pour ces anciens Peuples qui avoient une vénération singuliere pour les eaux : là, assistant aux mêmes Sacrifices & aux mêmes repas, ils cimentoient leur union & prenoient les mesures les plus efficaces pour leur conservation & leur prospérité.

Mais si Romulus descendoit du Sang Royal des Albains, s'il étoit petit-fils de Numitor, si celui-ci l'avoit reconnu en cette qualité, comment un Prince si fier, si ambitieux, ne fit-il pas valoir ses droits sur Albe & sur le Latium ? Sa valeur, ses vertus, son génie, l'attachement pour une Famille qui régnoit depuis si long-tems, tout lui promettoit le plus grand succès. Le silence qu'il garde à cet égard, l'indifférence avec laquelle il voit démembrer ce Royaume, celle des Romains eux-mêmes qui n'éleverent jamais sur Albe d'autres prétentions que celles que leur envie & leur ambition leur donnoient sur tous leurs voisins, sont autant de preuves que ce qu'on raconte de la naissance de Romulus étoit un Roman qui n'avoit d'autre fondement que des faits allégoriques auxquels donnoit lieu le nom même de Romulus.

§. II.

FESTUS (1) dit positivement que les Albains, jusqu'à la ruine de leur Ville par le Roi Tullus Hostilius, comme ensuite les Consuls jusqu'à P. Decius Mus, assemblerent les Peuples Latins à la source de Ferentine, *ad caput Ferentinæ*, ou comme Tite-Live la nomme, *ad caput aquæ Frentinæ*.

C'est donc à tort qu'on a supposé, & que M. l'Abbé COUTURE le répete,

---

(1) Liv. XIV.

(1), que Tarquin le Superbe avoit imaginé le premier de raſſembler en ce lieu les Peuples du Latium, pour les unir plus étroitement entr'eux. Ce Prince put donner une nouvelle forme à cette aſſemblée : il put élever en ce lieu un ſuperbe Temple, il put décider que le Préſident ſeroit toujours pris d'entre les Romains, il put changer en ſimple aſſemblée de forme ce qui étoit une aſſemblée d'Etat ; mais il ne fit dans la réalité que ſuivre un uſage qu'il trouvoit établi, qu'il ne pouvoit détruire & qu'il chercha de rendre nul, quant aux délibérations vigoureuſes qu'on y auroit pu prendre.

Feſtus n'eſt pas le ſeul qui parle de ces aſſemblées Latines à la fontaine de Ferente : il en eſt de même de Denys d'Halycarnaſſe. Celui-ci nous apprend (2) que Tullus Hoſtilius ayant demandé à trente Villes qui avoient relevé d'Albe, de le reconnoître pour Roi, puiſque c'étoit lui qui depuis quatorze ans avoit détruit cette Ville, ces trente Villes ſe diſpenſerent de lui répondre chacune en particulier : mais qu'ayant convoqué à Ferentum l'aſſemblée générale de la Nation, il fut décidé qu'on ne céderoit pas aux Romains ; & qu'on nomma deux Généraux, Ancus Publicius de *Cora* & Sp. Vecilius de *Lavinium*, avec plein pouvoir pour la guerre, & pour la paix.

---

(1) Mém. des Inſcr. in-12. T. VIII. p. 316.
(2) Antiq. Rom. Liv. III.

SECTION V.

FÊTES DES GRECS.

Quoique les Fêtes des Grecs soient, en général, beaucoup moins connues que celles des Romains, & que nous n'ayons à leur égard rien de comparable aux Fastes d'Ovide, il reste cependant assez de lumieres sur cette portion du Calendrier, pour être assurés que leurs fêtes étoient relatives aux portions de l'année dans lesquelles elles arrivoient & aux travaux qui avoient lieu dans le même tems. La marche de ce Peuple ingénieux étant à cet égard la même que celle des autres Nations, sera une nouvelle preuve de tout ce que nous avons déja dit sur cet objet.

Nous supposerons toujours que leurs mois commençoient en même tems que les nôtres, afin que le tableau qui en résultera soit moins confus : car dans le fait, chacun d'eux répondoit ordinairement aux derniers jours de nos mois & aux trois quarts du suivant. Le mois, par exemple, de Munykhion qui étoit le premier mois après l'Equinoxe du Printems, commençoit quelquefois avant le premier Avril, quelquefois après, parce qu'il commençoit avec la premiere Lune qui paroissoit après l'Equinoxe : mais ces mois étant devenus fixes sous les Empereurs Romains, ils repondirent dès-lors à ceux des Romains.

CHAPITRE PREMIER.

Fêtes du Mois Elaphébolion, ou Mars.

Le mois d'Elaphébolion étoit celui vers la fin duquel arrivoit l'Equinoxe du Printems ; il répondoit ainsi à la fin de Février & aux trois quarts de Mars. C'est ce qui fait que quelques-uns le prennent pour le mois de Février, ce qui est très-impropre ; au lieu que nous le considérons comme correspondant au mois de Mars.

HISTOIRE RELIGIEUSE

I.

Dans ce mois on célébroit les ELAPHÉBOLIES, Fête qui a échappé à l'infatigable MEURSIUS. ATHENÉE en fait mention (1). Cette Fête se célébroit à l'honneur de Diane *Elaphébole*, c'est-à-dire chasseresse ou *perce-cerf*; & les gâteaux qu'on lui offroit avoient la forme d'un cerf. C'étoit la plus grande fête des Phocéens en particulier. Telle en est l'origine, selon eux.

Les Phocéens avoient une guerre des plus funestes à soutenir contre les Thessaliens, qui vouloient les soumettre à leur Empire. Daïphante leur proposa comme derniere ressource d'élever des bûchers pour leurs femmes, leurs enfans & toutes leurs richesses, & d'y mettre le feu s'ils étoient vaincus, afin que leurs ennemis n'eussent que des cendres. Aussi-tôt, on fait venir les Dames Phocéennes pour leur demander si elles sont de cet avis. Toutes d'une voix l'approuvent & donnent une couronne à Daïphante, en reconnoissance de ce qu'il a bien présumé d'elles. Les enfans appellés à leur tour à l'assemblée, se conduisent de même. Les Phocéens marchent alors aux ennemis, & les attaquent avec tant de fureur & d'impétuosité qu'ils les taillent en piéces : en mémoire de cet événement ils instituerent cette Fête, la plus solemnelle de leur contrée : & de-là ce proverbe, le *désespoir des Phocéens*, pour désigner ceux qui réussissent contre toute espérance.

Mais quel rapport entre cet événement, qui, vrai, ne seroit que local & une Fête qui intéressoit la Gréce entiere & qui avoit donné son nom au mois même dans lequel elle se célébroit. C'étoit donc ici une Fête instituée en mémoire d'une victoire plus relevée : la victoire du Printems sur les frimats de l'hyver & sur les longues nuits qui commençoient à disparoître : victoire semblable à celle d'Hercule sur les Amazones ; & aux défaites des Géans dont nous avons déja parlé. Nous pouvons même ajouter que l'histoire des Phocéens, n'est qu'une allégorie relative à cette victoire. En effet, les froids viennent du Nord ; il n'est pas étonnant que les Phocéens se représentent comme réduits à toute extrémité par les Thessaliens, qui étant à leur nord, représentoient fort bien la nature de leurs ennemis. Ils disent qu'ils mirent toute leur ressource dans des monceaux de bois ; & avec raison, puisque ces ennemis venant du Nord ne se repoussent qu'avec le feu : aussi, femmes & enfans, tous n'eurent qu'un cri d'approbation. C'est ainsi que, si le froid rigoureux de cette année eût duré

---

(1) Liv. XIV.

quelques jours de plus, tous les chantiers étoient brûlés. C'est *Daïphante* qui ouvre cet expédient, & cela est vrai, puisque ce nom signifie *Flambeau brillant*, ou *celui qui a recours au flambeau*.

La Fête des Elaphébolies ou de la victoire étoit donc digne d'ouvrir l'année; & d'être consacrée à Diane chasseresse, victorieuse des cerfs allégoriques.

II.

Les Asclepies ou Fête d'Esculape, se célébroient le 8 de ce mois, dans la plus grande partie de la Grèce; mais nulle part avec autant d'éclat qu'à Epidaure. On voit par le dialogue de Pluton intitulé *Ion*, qu'on y disputoit des prix de poësie, de chant & de musique. On les y appelloit, les *grandes Asclepies*.

La Fête d'Esculape ou du Dieu de la Santé, étoit donc très-bien placée à la rentrée du Printems, lorsque la Nature se renouvelle, que ses forces se rétablissent, que les maladies fuyent, que tout renaît.

III.

On célébroit dans ce mois, pendant trois jours, les 11, 12 & 13, la Fête de Bacchus, appellée les Grandes Dionysiaques. C'est le tems en effet où l'on commence à tailler la vigne, & où elle a le plus à souffrir des intempéries de l'air. Il parut donc digne aux Anciens de faire de ce tems un tems de Fête, afin d'obtenir du Ciel la bénédiction sur leurs travaux dans les vignobles.

Cette Fête fut distinguée des autres Fêtes de Bacchus par le nom de *grandes*, parce qu'elle se célébroit avec plus de pompe. Mais comme il est difficile de dire en quoi elle surpassoit les autres, nous nous contenterons de mettre ici un précis des cérémonies usitées dans ces Fêtes, & d'indiquer ensuite les principales.

Les Fêtes de Bacchus, le même qu'Osiris, porterent indistinctement le nom d'*Orgies* & de *Mystères*. Le premier de ces mots indiquoit l'éclat bruyant de ces Fêtes, l'invocation fréquente de la Divinité Bachique, les courses rapides, les danses, les sauts, les bonds, qui en étoient la suite; les cris de joie sans cesse répétés dont elles étoient accompagnées, tels que *Euoï Saboï, Euoï Bakkhé, Io Bakkhe, Io Bakkhé.*

On y paroissoit avec des peaux de divers animaux, des habits de lin, de grands bonnets ou mitres; on étoit armé de thyrses; on y entendoit le son des flûtes, des trompettes, des tambours de basque; on s'y couronnoit de feuilles de vigne, de lierre, de sapin; on s'y déguisoit en Satyre, en Pan, en Silène ; les uns étoient assis sur des ânes; d'autres conduisoient des boucs ou des chévres, pour les sacrifices. C'étoient de vraies Fêtes de Carnaval & de réjouissances.

On y voyoit des vierges choisies qui portoient les corbeilles sacrées, corbeilles d'or remplies de fruits ; des hommes portant des perches surmontées de phallus ; d'autres avec le van sacré, symbole de Bacchus : on ne s'occupoit en un mot pendant leur durée que de spectacles, de jeux, de festins, & de danses.

Outre ces grandes Dionysies, on avoit les *petites Dionysies* au mois de Posidéon ou de Gamelion : les *anciennes Dionysies* qui se célébroient au mois d'Anthesterion : celles d'*Arcadie* ; celles de *Brauron* dans l'Attique : d'autres qui se célébroient tous les trois ans, &c.

D'ailleurs, les Fêtes de Bacchus se confondoient presque toujours avec celles de Cérès : le pain & le vin pouvoient-ils se séparer ? Dans les Fêtes d'Eleusis, comme nous l'avons vû, il y avoit un jour consacré à *Iakkhus*, le même que Bacchus.

Les *Lernées* étoient autant les Fêtes de Bacchus que de Cérès.

Les *Thalusies* étoient dans le même cas.

Démétrius voulut que les Dionysies portassent le nom de Cérès, c'est-à-dire qu'on les appellât de son nom *Démétries* ; alors, il ne fut presque plus possible de les distinguer.

ARISTOPHANE parlant des danses & des cérémonies des *Thesmophories*, fête de Cérès, dit que Bacchus en est le Chef, le Conducteur, le Maître.

Le même Poëte appelle Cérès la *Reine des Orgies* ; & il donne également le nom d'*Orgies*, mais *vénérables & saintes*, aux Mystères d'Eleusis.

IV.

C'est vers le même tems à peu près que les Messapiens célébroient les *Bisbées*, ou fête de la taille des vignes, afin qu'elle eût un heureux succès. Ils appelloient *Bisbé*, dit Hésychius, l'instrument dont ils se servoient pour cette taille.

V.

Les KHELIDONIES ou fête de l'Hirondelle, étoit une fête de l'Isle de Rhodes.

Rhodes. Athenée en parle (1); il dit qu'elle se célébroit dans le mois *Boedromion*; ce qui ne peut être; car cette fête étoit une fête du printems. Les jeunes gens alloient de porte en porte chantant la chanson de l'hirondelle & annonçant par-là même l'arrivée du printems. Chacun se faisoit un plaisir de leur donner. C'est ainsi que le premier jour de Mai, les jeunes filles vont de maison en maison, dans certains pays, chanter la chanson du printems ou du mois de Mai: on les appelle les *Maies* ou *Mayences*, & chacun leur donne. Il en étoit de même à Rhodes. Voici la Chanson de l'hirondelle.

» Elle arrive, elle arrive l'hirondelle qui amene le printems, & les belles
» années. Elle a le ventre blanc; noir elle a le dos. De votre maison bien pour-
» vue, donnez-lui des figues, du vin, du fromage, du blé. L'hirondelle n'est
» pas dédaigneuse, elle prendra ce que vous voudrez lui donner...... Elle
» est petite & ne vous embarrassera pas. Ouvrez, ouvrez à l'hirondelle; car
» nous ne sommes pas des vieillards, mais de jeunes gens.

Cléobule, de Lindes dans l'Isle de Rhodes, passoit pour avoir composé cette chanson, & pour avoir imaginé cette maniere de se faire donner des étrennes. C'est ce qu'on appelloit *hirondelliser*.

Athenée venoit de rapporter dans le même chapitre une chanson qu'on chantoit de la même maniere à Colophon, & qui étoit en vers Iambes. Dans celle-ci on demandoit l'étrenne au nom d'une Corneille.

» Gens de bien, donnez l'étrenne à la corneille, du blé, du pain, du vin,
» ce que vous voudrez : donnez à la corneille de ce que vous possédez: du
» sel, des liqueurs, elle vit de tout cela..... Filles à marier, donnez des
» figues à la corneille ; vous serez recherchées de tout le monde : vous trou-
» verez un mari beau & magnifique : bientôt vous aurez un fils qui soutien-
» dra son pere, une fille qui jouera sur les genoux de sa mere.

---

(1) Liv. VIII. ch. X.

CHAPITRE II.

Fêtes du Mois MUNYKHION, ou Avril.

LE 6 de ce mois, on célébroit à Egine & en divers autres endroits, les DELPHINIES, à l'honneur d'Apollon : aussi ce mois en prenoit le nom de DELPHINIUS ; on le trouve sur d'anciennes inscriptions rapportées par Meursius.

Pausanias & Plutarque parlent d'un Temple d'Apollon à Athènes qui portoit ce nom là. C'étoit aussi un surnom de Diane.

Personne n'a rendu raison de ce nom ; on a cru sans doute qu'il faisoit allusion au Temple de Delphes dont Apollon étoit la Divinité suprême.

C'est un mot légérement altéré qui peint parfaitement Apollon & Diane. Il est composé de DEL qui signifie *lumiere*, & de *phainô*, prononcé *phéino* & puis *phinô* & qui signifie *manifester*.

Delphinius & *Delphinia* sont, celui & celle qui manifestent la lumière ; Apollon & Diane, la Lune & le Soleil. On ne pouvoit leur donner un nom plus énergique.

Il ne seroit pas difficile de montrer que DELPHES & D'ELOS doivent également leur nom à ce qu'on y adoroit la source de la lumière, Apollon ou le Soleil.

II.

Le 16, fête de DIANE MUNYKHIA. Après avoir célébré la fête du Frere, il étoit bien juste de célébrer celle de la Sœur. C'est ce qu'on faisoit effectivement le 16, immédiatement après la pleine-Lune & lorsque cet Astre est dans tout son éclat. La fête de la Lune suivoit donc de près celle du Soleil ; puisque Diane est la Lune, & que son surnom de Munykhia signifie *Flambeau de la nuit*, comme nous l'avons vu ci-devant. C'étoit, selon Plutarque (1), en mémoire de ce que la Déesse *Panselénos* (Tout-Lune ou Pleine Lune) avoit éclairé la victoire de Salamine. C'est donc encore une fête relative à la victoire du Laboureur.

---

(1) De Gloriâ Atheniens.

On y offroit à la Divinité des gâteaux appellés *Amphiphôtes*, c'est-à-dire, *qui éclairent de tous côtés*, parce qu'on y plaçoit en rond des cierges allumés pour mieux imiter la pleine-Lune.

III.

Le 19, les Diasies, procession à cheval en l'honneur d'Iou (1). Plutarque dit qu'on conduisoit ce jour-là des chevaux à Iou en grande pompe. Les peres faisoient dans cette fête des présens à leurs enfans. Selon l'Etymologicon, ce nom venoit d'*ασι*, *asé*, qui signifie tristesse, dégoût. D'autres le dérivent d'*asa*, mauvaise fortune. Ce n'est rien de tout cela.

On venoit de célébrer la fête du Soleil & de la Lune, à cause du Printems qui étoit dans toute sa force: on célébroit donc le 19 la fête de la chaleur, des jours qui deviennent très-chauds & qui raniment la Nature entière & font éclore tous les êtres. Ce nom vient ainsi de *Di*, Jour, ou *Dio*, l'Air, Jupiter, & de *as*, שא, mot primitif qui signifie *Feu*, *Chaleur*. C'est donc une Fête à l'honneur du Feu. Nous en trouverons une pareille, au mois de Février.

Cette fête des Diasies tira fort à propos d'embarras l'Oracle de Delphes, l'an 599, avant notre Ere. Cylon ayant résolu de se rendre Souverain d'Athènes, fit consulter cet Oracle pour savoir quel tems seroit le plus propre pour l'exécution de ce dessein. L'Oracle répondit: *Quand les Citoyens seront occupés à célébrer la plus grande fête à l'honneur de Jupiter*. Cylon persuadé que les *Jeux Olympiques* sont cette Fête désignée par l'Oracle, parce qu'alors la plûpart des Citoyens étoient absens à cause de ces jeux, se rend maître de la citadelle pendant leur durée; mais les Archontes ayant pris les armes, Cylon & son frere furent obligés de se sauver, abandonnant la plûpart de leurs adhérens qui furent massacrés jusqu'aux pieds des Autels: ceux-là seuls se sauverent qui eurent assez d'argent pour gagner les femmes des Officiers de Justice. Quant à l'Oracle de Delphes dont Cylon se plaignit amérement comme en ayant été trompé, il répondit que c'étoit lui-même qui s'étoit mépris, en croyant que la fête indiquée étoit les Jeux Olympiques, tandis que l'Oracle avoit en vue les Diasies.

---

(1) Plut. Vie de Phocion.

I V.

Les Démétries, ou fêtes de Cérès, le 30 du mois, non celles où on se flagelloit avec un fouet d'écorce, appellé *Morottos*, & dont une Prêtresse de la famille des Pœmenides, dirigeoit les cérémonies ; mais une fête où on honoroit sur-tout Bacchus sous le nom de *Demetrius*. On représentoit ce jour-là sur le théâtre, les voyages de cette Divinité dans la plus grande partie de la Terre (1).

CHAPITRE III.

Fêtes du Mois THARGELION, ou Mai.

I.

Le 6 de ce mois, on célébroit les Thargelies à l'honneur d'Apollon & de Diane ; ou, suivant le Scholiaste d'Aristophane dans les Chevaliers, à l'honneur du Soleil & des Saisons. Il ajoute que les jeunes gens portoient dans cette fête des branches d'Olivier entortillées avec de la laine, d'où pendoient du pain, des herbes, des légumes, des glands, du fruit d'arbousier, des figues, des phallus, des pots. Cette fête duroit deux jours. Le premier étoit un jour d'expiation pour la ville d'Athènes. On conduisoit dans cette vue hors de la ville deux hommes, ou un homme & une femme, pour servir d'expiation, l'un en faveur des hommes, l'autre en faveur des femmes. C'est par cette raison qu'on les appelloit *Pharmakoï*, c'est-à-dire *Guérisseurs*. Ils étoient nourris pour cet effet aux dépens du Public. On leur pendoit au cou ce jour-là, des figues noires pour les hommes, blanches pour les femmes. Si l'on en croit quelques Auteurs, ces deux personnages, après avoir été frappés, battus, soufletés, étoient brûlés sur un bûcher & leurs cendres jettées à la mer.

Les Milésiens célébroient cette fête avec beaucoup de pompe, & en faisant de grands festins.

---

1) Athen. Liv. XII. Plut. Vie de Demetrius.

DU CALENDRIER.

II.

On célébroit dans le même mois, &, à ce qu'on dit, le 6 aussi de ce mois, les KHLOÉES ou fête à l'honneur de CHLOÉ, surnom de Cérès, à cause de la verdure dont la terre se couvre à cette époque, & sur-tout à cause de la beauté des bleds. On sacrifioit un bélier dans le Temple de cette Déesse (1). Cette fête étoit très-gaie, & accompagnée de jeux de toute espèce. SOPHOCLE donne à Cérès le titre d'Eukhloos, *abondante en fruits* (2). Gyraldi a cru que *Chloé* devoit se rendre par *blonde*, la blonde Cérès, de même qu'on l'appelle en Latin *Flava*.

III.

Les DÉLIES, grande fête à l'honneur d'Apollon de Délos, & qui se célébroit toutes les années dans ce mois. *Edouard* CORSINI, dans son Calendrier Grec, n'a pu déterminer le jour auquel elle avoit lieu ; mais FRERET l'a très-bien fixée au 7 de ce mois, d'après divers passages de l'Antiquité qu'il a su rapprocher (3). Cette époque étoit d'autant plus intéressante qu'elle sert à déterminer le tems de la condamnation & de la mort de Socrate.

Platon dit dans le Phédon, que la veille du jugement de Socrate, le Prêtre d'Apollon fit la cérémonie de couronner la poupe du Vaisseau qui conduisoit tous les ans la *Théorie*, ou la visite sacrée à Délos, en conséquence, disoit-on, du vœu de Thésée à son retour de Crète. Ce Philosophe ajoute qu'une ancienne Loi ordonnoit de purifier la ville ce jour-là, le jour où Socrate fut jugé, & que la même Loi défendoit d'exécuter aucun Jugement de mort jusqu'au retour du Vaisseau sacré.

Or, le jour de la purification de la Ville étoit, comme nous venons de le voir, le 6 de ce mois, jour de la naissance de Diane. Le lendemain ou 7 de ce mois étoit regardé, dit Plutarque (4), comme le jour de la naissance d'Apollon. Et c'est dans ce même jour, comme il nous l'apprend aussi, qu'on célébroit & à Lacédémone & à Cyrène, la fête d'Apollon *Carneus*, sur l'Autel où brûloit un feu perpétuel.

Un passage de DENYS le Géographe (5) confirme que cette fête se célébroit » au Printems. » Les Isles, dit-il, qui entourent Délos, & qui portent par

---

(1) Pausanias.
(2) Trag. Œdip. Colon. v. 1671.
(3) Mém. de l'Ac. des Insc. T. XLIV. in-12. pag. 92. & suiv.
(4) Banquet, Liv. VIII. ch. I.
(5) Perieges. v. 526.

» cette raiſon le nom de *Cyclades*, y envoient des Chœurs ſacrés de muſique
» au commencement de l'aimable ſaiſon du Printems, lorſque le roſſignol fait
» retentir les montagnes de ſes chants harmonieux. »

C'eſt au ſujet du vaiſſeau qui tranſportoit à Délos l'Ambaſſade ſacrée des Athéniens, qu'on a mis en queſtion s'il étoit le même qu'au tems de Théſée, quoiqu'on ne l'eût jamais changé, mais parce qu'inſenſiblement toutes les Parties en avoient été entierement renouvellées.

Les *Théores* ou Ambaſſadeurs étoient couronnés de laurier; ils étoient accompagnés de deux Hérauts, & précédés dans leur marche de gens armés de haches, en mémoire, diſoit-on, des brigands exterminés par Théſée. A leur retour, les Athéniens alloient au-devant d'eux & chacun s'empreſſoit de les ſaluer.

THUCYDIDE, perſuadé qu'Homère eſt l'Auteur de l'Hymne d'Apollon qui porte le nom de ce Poëte, ſuppoſe que dès le tems d'Homère, la fête de ce Dieu ſe célébroit à Delos avec un grand appareil; que déja on y célébroit des jeux & on y diſputoit des prix de muſique. Selon une ancienne tradition, cette fête étoit établie dès le tems de Théſée.

IV.

Les CALLYNTERIES, fête du 18 de ce mois. Ce mot vient de *Kallunô*, rendre beau, peigner, balayer, orner, &c. parce que ce jour-là on balayoit les Temples, on en ôtoit la pouſſière, on les rendoit propres & brillans, on nettoyoit leurs ornemens. Et cette fête étoit conſacrée, diſoit-on, à *Aglaure* ou *Agraule*, parce qu'étant Prêtreſſe elle avoit la premiere orné les Temples des Dieux. Mais *Aglaure* ſignifie *ſaiſon brillante*, Agla-ôra. Le mois de Mai étoit une ſaiſon très-favorable pour nettoyer les Temples, les laver, & ôter la pouſſière dont leurs ornemens s'étoient couverts pendant l'hyver.

V.

Les BENDIDIES au 19; fête célébrée par les Thraces à l'honneur de Diane, qu'ils appelloient BENDIS. Les Thraces établis à Athénes obſervoient cette fête avec ſoin, & les Athéniens eux-mêmes l'adopterent inſenſiblement. Les Thraces repréſentoient cette Déeſſe armée de deux lances (1), parce qu'elle avoit eu deux Etats différens en partage, étant *céleſte* & *ſouterraine*; ce qui faiſoit alluſion au tems où la Lune paroît & à celui du texte auquel elle ne

---

(1) Heſych. au mot Διλιγχιτ.

paroît plus, où elle est hors des Cieux & dans les Enfers. Ils ajoutoient qu'elle avoit deux yeux, le sien & celui du Soleil. Cette fête se célébroit au Pyrée. PELLOUTIER se trompa lorsqu'il prit *Bendis* pour la Terre (1). Il n'avoit pas vû le passage d'Hesychius que nous venons de citer: ce n'est que de la Lune, qu'on peut dire qu'elle est tour à tour au Ciel & aux Enfers.

VI.

Les PLYNTYRIES au 25. Cette fête se célébroit également, disoit-on, à l'honneur d'*Aglaure*, ou plutôt de Minerve, comme les Callynteries. Il paroît même que celle-ci n'étoit que l'Octave ou la clôture de celle-là. C'étoient huit jours consacrés à nettoyer & à purifier les Temples: les Callynteries formoient le premier, & les Plyntyries le dernier: le mot *Plynô* signifie aussi *blanchir, laver les vêtemens, les hardes* ; ensorte que la fin de cette fête étoit fort bien désignée. Comme la Déesse étoit ce jour-là sans ses vêtemens & sans ses pierreries, on la voiloit & on la renfermoit; ensorte que ce jour étoit estimé un jour malheureux & dans lequel on n'entreprenoit rien. Aussi lorsqu'on vit arriver en ce même jour Alcibiades à Athènes revenant d'Asie pour se réconcilier avec sa Patrie, plusieurs personnes en tirerent un mauvais augure, comme si la Déesse tutélaire des Athéniens avoit cherché à ne le pas voir & à s'éloigner de lui (2).

Dans la Procession de cette fête, on portoit avec beaucoup de pompe des figues, en mémoire, disoit-on, de ce qu'une meilleure nourriture avoit succédé aux glands lorsque les figues eurent été cultivées. Mais au vrai, parce que les figues étoient déjà alors bonnes à manger: & qu'on s'empressoit d'offrir à la Déesse les prémices des fruits nouveaux, au lieu de ceux de l'année précédente déjà flétris.

AMYOT a cru que cette fête se célébroit dans le mois de Septembre; il n'est pas étonnant qu'il se soit trompé; les connoissances n'étoient alors qu'au berceau: & si je le relève à cet égard, c'est que sa Traduction de Plutarque étant entre les mains de tout le monde, on auroit pû être surpris que je n'eusse rien dit de la différence qui règne sur cet article entre cet Auteur & moi.

(1 Hist. des Celt. Liv. III. ch. VIII.
(2) Plut. Vie d'ALCIBIADE, n°. 21.

CHAPITRE IV.

Fêtes du Mois SKIROPHORION, *ou Juin.*

I.

LES SKIROPHORIES, fête qui donna son nom à ce mois, se célébroient le 12. Ce nom signifie *la fête où l'on porte le Dais*. Ce Dais étoit blanc; il étoit porté par les *Eteobutades*, c'est-à-dire, par les vrais descendans de BUTA (†). C'étoit à l'honneur de Minerve, d'autres disent à l'honneur de Cérès & de Proserpine. On a donné diverses étymologies du nom de cette fête, comme s'il venoit de *Sciron* le Salaminien, ou du Temple de Minerve à Sciros, entre Athènes & Eleusis, &c: mais la vraie est celle que nous avons donnée, relative au Dais même qui la constituoit (1). Cette fête consistoit dans une Procession solemnelle où l'on promenoit sous un Dais la Déesse tutélaire d'Athénes, pour l'exposer aux hommages de tout le Peuple. C'étoit comme la descente de la Reine des Cieux sur la Terre. On sait que chez tous les anciens Peuples, on célébroit une fois l'année la fête de la Divinité principale, & que tous disoient qu'elle descendoit ce jour-là sur Terre pour honorer les mortels de sa présence d'une maniere particuliere. On ne peut donc douter que les *Skirophories* ne fussent pour les Athéniens la grande fête de Minerve, comme visitant ce jour-là son Peuple. Les jeunes gens y portoient des branches de vigne chargées de fruit, & finissoient par les combats appellés à cause de ces branches *Oschophories*.

Cette fête avoit été fixée à ce mois, parce qu'il étoit le dernier de l'année. HARPOCRATION dit que cette Procession du Dais signifioit que la Saison étoit arrivée où l'on pouvoit bâtir: c'est une remarque à la Grecque.

Plutarque dit (2) que la vénération qu'on avoit pour ce jour, acquit un nou-

---

(†) BUTA ou BUTES étoit frere d'Erechtée & avoit été Prêtre de Minerve: ainsi, des deux freres, l'un avoit été Roi ou Législateur, & l'autre Chef de la Religion ou Grand-Prêtre; on l'appelloit le *Héros Butes*. Ce nom ressemble bien au *Budda* ou Mercure des Orientaux.

(1) Pages 99. & 100.
(2) Dans son Traité *de la Gloire des Athéniens.*

DU CALENDRIER.

veau degré de force, lorsque les Athéniens eurent battu ce même jour les Thébains aux portes de Mantinée.

Les Habitans d'Alea en Arcadie célébroient aussi une fête de la même nature, à l'honneur de Bacchus: on le promenoit également sous un Dais. On ajoute que pour obéir à un Oracle de Delphes, on y donnoit la discipline aux femmes.

II.

Les ARREPHORIES ou HERSEPHORIES, se célébroient dans le même mois à l'honneur de Minerve. Les Grecs disoient qu'elles s'appelloient *Arrephories*, parce qu'on y portoit αρρητα, *arrèta*, des choses ineffables: & *Errephories*, ou *Ersephories*, parce qu'elles étoient consacrées à *Ersé* fille de Cécrops. Mais *Arrephories*, *Errephories*, *Ersephories* sont le même mot, altéré peut-être pour le rapprocher d'*Ersé* comme s'il en venoit.

Des jeunes filles de l'âge de sept ans jusques à onze, & au nombre de quatre, portoient dans cette fête les objets sacrés: elles étoient choisies entre les familles les plus distinguées. Leurs habits étoient blancs, brochés d'or. On faisoit pour elles des pains appellés *Nastoï*. Deux étoient préposées pour broder le voile de Minerve, & elles le commençoient le 13 de Pyanepsion, le même jour qu'on célébroit les *Khalkées*.

III.

Les BOUPHONIES, au 14, devoient leur nom aux Sacrifices qu'on offroit ce jour-là & dans lesquels on n'immoloit que des Bœufs.

On disoit que c'étoit pour expier la voracité d'un Bœuf qui avoit avalé un gâteau préparé pour la fête de *Jupiter Polieus*, & qui fut tué à cause de cela à coups de hache par Thaulon, ou, selon d'autres, par Diomus, Prêtre d'Iou. Mais celui qui avoit égorgé le Bœuf fuyoit aussi-tôt, laissant sa hache à côté de l'animal égorgé; & l'on faisoit alors le procès à la hache. C'étoit une cérémonie relative aux tems où il étoit défendu dans l'Attique, comme ailleurs, de mettre à mort les animaux du labourage.

Cette fête s'appelloit également DIIPOLIES, parce qu'elle se célébroit dans le Temple d'*Iou Polieus* ou Protecteur de la Ville. Là, étoit une table d'airain sur laquelle on plaçoit un gâteau. On y amenoit des Bœufs; celui qui en mangeoit étoit aussi-tôt égorgé. Trois familles d'Athènes durent leur nom à cette cérémonie. Les *Kentriades*, chargés d'amener les Bœufs : les *Boutypes*, chargés de les frapper ; les *Daitres*, chargés de les égorger.

IV.

Le 18, fête d'HERCULE à Athènes. C'étoit très-bien vû, puisqu'on étoit au tems du Solstice d'Eté, dans ce tems où Hercule étrangle les deux Dragons & va commencer ses travaux. Cette fête se célébroit aux Champs, horsmis dans les tems où l'on craignoit quelqu'attaque ; car on voit dans DEMOSTHÈNES que les Athéniens ayant appris le 27 de ce mois la défaite des Phocéens par Philippe de Macédoine, ils résolurent de célébrer la fête d'Hercule dans l'intérieur de la Ville & non aux champs.

CHAPITRE V.

Fêtes du Mois HÉCATOMBÉON, ou Juillet.

I.

LE premier de chaque mois étoit consacré à la Lune; mais le premier jour de l'année devoit l'être d'une maniere plus particuliere. On célébroit donc ce jour sous le nom de HÉCATESIES ou Fête de *Hécate*, nom de la Lune infernale & des carrefours. On dressoit ce jour-là des tables à son honneur dans les carrefours & devant les portes des grandes maisons. Ces tables étoient servies aux dépens des riches & abandonnées au Peuple.

II.

Les HÉCATOMBÉES étoient la même Fête célébrée à Argos sous un autre nom. Elle étoit consacrée à *Junon*, Déesse tutelaire d'Argos. On y immoloit, dit-on, cent bœufs qu'on distribuoit ensuite au Peuple : & on célébroit des jeux dont le prix étoit un bouclier d'airain & une couronne de myrte.

DU CALENDRIER.

III.

Le 6, Fête & naissance de DIANE; le sixiéme jour de chaque mois lui étoit consacré par cette raison.

IV.

Le 7, Fête & naissance d'APOLLON; le septiéme jour de chaque mois lui étoit également consacré. Les Athéniens célébroient cette Fête en chantant des hymnes à l'honneur de ce Dieu, & en portant des branches de laurier.

HÉSIODE (1) dit, » le septiéme jour est un jour sacré, parce que Latone mit » alors au monde Apollon à l'épée d'or. »

V.

Le même jour 7, commençoient diverses Fêtes relatives à Thésée. D'abord celle de KONNIDAS, Gouverneur de Thésée. On lui sacrifioit un Bélier, dit Plutarque (2). Ce nom a le plus grand rapport avec celui de CHON *Seigneur*, que les Égyptiens donnoient au Soleil, & qui seroit joint ici au mot IDES, *le Tems*.

VI.

» Le 8, lendemain des Konnidées, étoit la Fête même de Thésée: ce jour-là on donnoit des repas aux pauvres; & on célébroit des jeux. AULU-GELLE parle d'une personne qui fut couronnée à ces jeux (3).

VII.

Le 16, les SUNOIKIES, *Xunoikies* ou *Metoikies*; c'est-à-dire, *Fête de ceux qui habitent ensemble*. Elle fut établie en mémoire de la réunion que Thésée fit des XII. Tribus de l'Attique en une seule République.

VIII.

A ces Fêtes se rapportent encore les ANDROGEONIES, établies, dit-on, en

---

(1) Trav. & jours, v. 768.
(2) Vie de Thésée.
(3) Liv. XV. ch. XX.

HISTOIRE RELIGIEUSE

mémoire du meurtre d'Androgée, fils de Minos, & mis à mort par les Athéniens & les Megaréens. CORSINI a très-bien vu que cette Fête appartenoit au même mois que celles dont nous venons de parler.

Voilà donc à Athènes, au commencement de l'année, plusieurs jours de Fête, relatifs à un Prince étranger mis à mort, à la vengeance que son pere Minos en tira, à la maniere dont les Athéniens furent arrachés à la tyranie de Minos par Thésée. Peut-on y méconnoître les récits mythologiques de tous les autres Peuples à la même époque, qui roulent également sur des guerres étrangeres dissipées ; sur des tyrans, mis à mort ; sur des Peuples, délivrés de grands maux ? nouvelle preuve des méprises des premiers Historiens Grecs, qui recueillirent toutes les traditions anciennes, sans distinguer les allégoriques d'avec les historiques, parce qu'ils n'avoient aucune idée du Génie Allégorique des Anciens.

IX.

On célébroit dans ce mois les PETITES & les GRANDES PANATHENÉES à l'honneur de Minerve ou Athéné Déesse tutélaire d'Athènes ; ces Fêtes furent fondées, dit-on, par Orphée ou par Erichtonius sous le nom d'*Athenées* ; mais elles furent appellées *Panathenées*, lorsque Thésée eut réuni, comme nous l'avons vu les Tribus de l'Attique en une seule République. Ainsi c'étoit autant la Fête de l'établissement d'Athènes que la Fête de la Déesse (1).

Les petites Panathenées se célébroient toutes les années. C'étoit la même Fête que les Quinquatres des Romains. DENYS d'Halycarnasse (2), & PLINE (3) rendent ces deux noms l'un par l'autre. Corsini, à la vérité, place les Panathenées, grandes & petites, dans le même mois, en Juillet ; mais MEURSIUS prouve très-bien que les petites se célébroient en Juin, d'abord après les *Bendidées* : ce qui les rapproche bien plus des Quinquatres Romains, sur-tout des anciens qui se célébroient en Juin ; ce que Meursius paroît avoir ignoré. Les grandes Panathenées se célébroient en Juillet ; le 2 3 du mois, Hécatombéon.

Dans les petites, on distribuoit trois prix ; un pour la course à cheval ; un pour les jeux de force, le dernier étoit un prix de Musique.

La course à cheval avoit lieu le premier jour : dans les commencemens,

---

(1) Meursius, Panathen. in-4°. Lugd. Batav. 1619, p. 48.
(2) Antiq. Rom. Liv. II.
(3) Hist. Nat. Liv. XXXV, ch. XI.

elle se faisoit à pied, & ceux qui couroient portoient des flambeaux allumés.

Le second jour étoit destiné aux jeux gymnastiques, tels que la lutte, &c. sur les bords de l'Ilysse. On croit que c'est ce qu'on appelloit le combat d'*Evandrie*. Ce nom désigne en effet, des combats de *force*, où l'on disputoit à qui se montreroit le *plus homme*, le plus *vaillant*.

Par rapport au prix de Musique, on y donnoit des concerts de flute; & on y chantoit sur la lyre les éloges d'Aristogiton & d'Harmodius, libérateurs de la Patrie; on y joignit dans la suite l'Eloge de Thrasybule qui arracha Athènes à la tyrannie des Lacédémoniens.

On y lisoit des vers formant quatre drames, dont le dernier devoit être satyrique : on y voyoit aussi des *chœurs ronds* qui coûtoient 500 drachmes, ces *chœurs ronds* étoient sans doute des ballets chantans accompagnés de danses rondes, qui auront formé nos anciennes ballades, nos virelais, nos rondeaux.

Quant au drame satyrique qui terminoit les poëmes chantés ou lûs à ces jeux, on peut les comparer à nos farces ou aux petites piéces qui se joüent après les grandes. Le mot SATYRE dans l'origine ne présentoit pas strictement le sens que nous y attachons actuellement; il désignoit des poëmes qui avoient pour objet la campagne, ses beautés, ses travaux, les mœurs de ses habitans, leurs bons mots. C'étoient sans doute des piéces ou poëmes de la même nature que les vers Fescennins des Etrusques que les Romains adopterent & qui firent place à ce qu'ils appellerent *Satures* ou *Satyres*.

M. DACIER, dans sa Dissertation sur la *Satyre*, croyoit qu'il n'y avoit nul rapport entre la satyre des Grecs & celle des Romains; mais ses preuves ne sont nullement décisives. Il se perd aussi en vains raisonnemens sur l'étymologie de ce mot; & ce qu'il dit pour prouver qu'il vient du Latin *saturus* qui signifie *plein, rempli de choses mêlées ensemble*, fait voir que notre mot *farce* n'en est que la traduction; car FARCE est ce qui est *farci*, ou plein de choses hachées & mêlées ensemble.

Les Vainqueurs recevoient un vase rempli d'huile & une couronne d'olivier, de l'espéce dont le fruit s'appelloit *Moria*; nom sur lequel les Anciens ont fait divers contes. N'omettons pas que le Vainqueur regaloit ses rivaux.

Des jeunes Gens y dansoient aussi la Pyrrhique, danse sacrée de Minerve.

Il étoit défendu d'assister à ces jeux avec des habits de couleur, ou *teints*. Sans doute, parce que cette Fête étoit dans l'origine une Fête de deuil relative à la fin de l'année.

Chaque ville de l'Attique étoit tenue d'y amener un bœuf: on les offroit tous en sacrifice & on les distribuoit au Peuple.

DES GRANDES PANATHÉNÉES.

Celles-ci ne se célébroient que tous les cinq ans, à cause des dépenses qu'elles entraînoient, parce qu'elles étoient la clôture du cycle de quatre ans, qui forma les Olympiades. On y menoit en procession le Pe'ple ou voile de Minerve qui étoit brodé chaque fois par de jeunes Vierges choisies appellées *ouvrieres* par excellence, & présidées par deux Arrephories (1). Ce Péple étoit un habit blanc sans manches & broché d'or, sur lequel on représentoit les exploits de Minerve & sur-tout la défaite des Géans. On y voyoit, en broderie aussi, Iou, & les Héros illustres par leurs belles actions. Cet habit étoit suspendu en forme de voile à une espéce de vaisseau qui se mouvoit par des ressorts cachés & qui étoit accompagné d'une multitude prodigieuse de personnes de tout âge & de tout sexe.

Les vieillards y portoient des branches d'olivier.

Ils étoient suivis de jeunes gens armés de lances & de boucliers; & des étrangers qui portoient des vases en forme de navires, pour montrer qu'ils étoient venus d'au-de-là des mers.

Ensuite, les femmes étrangeres, portant des cruches.

Après celles-ci, venoient des jeunes gens en manteaux longs & couronnés; ils chantoient des hymnes à l'honneur de la Déesse. Leur habillement étoit de couleur puce, en mémoire, disoit-on, de la mort de Copréus le Héraut, que les Athéniens avoient tué parce qu'il repoussoit de l'Autel les Heraclides.

C'est donc encore ici une allégorie fondée sur quelque jeu de mots. Copréus signifie l'homme au fumier ou un Scarabée.

Le Scarabée entroit dans les mystères de l'Egypte & dans son langage allégorique; il désignoit le Soleil; on portoit le deuil de celui-ci dans les Fêtes d'Isis, la même que Minerve. C'est sans doute ce à quoi on faisoit allusion. Hérodes Atticus à qui cette couleur déplaisoit, ordonna qu'on aurpit des habits blancs pendant cette fête, sans s'embarrasser de Copréus ni de l'ancien usage.

On voyoit ensuite les Vierges qui portoient les corbeilles sacrées, & choisies dans les familles les plus distinguées. Elles étoient accompagnées de filles prises

---

(1) Voyez ci-dessus pag. 441.

dans les familles étrangeres résidentes à Athènes; ces dernieres portoient des parasols & des siéges pour le service des Vierges Athéniennes.

Des jeunes gens en tunique fermoient la marche.

Cette procession alloit dans cet ordre depuis le quartier du Ceramique jusques à Eleusis.

Elle étoit dirigée par ceux qu'on appelloit *Nomophylaces*, c'est-à-dire gardiens des loix, & dont les marques de dignité étoient des couronnes de rubans blancs.

On délivroit des prisonniers à l'occasion de cette Fête.

CHAPITRE VI.

Fêtes du Mois MÉTAGITNION, *ou d'Août.*

I.

Dans ce mois, on célébroit des fêtes appellées MÉTAGITNIES, à l'honneur d'Apollon Métagitnien (1): cette fête fut portée dans l'Attique par une Colonie venue de Malte : elle étoit donc d'origine Phénicienne ; on sait que le Soleil étoit le Dieu Suprême des Phéniciens.

II.

Les CARNÉES, fête qui se célébroit à l'honneur d'Apollon surnommé CARNEUS, ou le rayonnant, le cornu : ce mot dont les Grecs n'ont jamais sçu l'origine, vient très-certainement de קרן, *Karn*, *Kern*, qui fit le Latin *Cornu* & qui signifie *Corne* & *Rayon*. Les Carnées commençoient le 13 du mois & duroient 9 jours. On élevoit neuf Tentes, dans chacune desquelles se plaçoient neuf hommes qui y vivoient comme dans un camp (2). Chaque Tribu fournissoit trois de ces hommes par Tente. Tout ce qui regarde cette fête est d'ailleurs fort obscur. On y disputoit des prix de Musique. Le premier qu'on distribua fut remporté par TERPANDRE.

(1) Voyez l'explication de ce mot, page 97.
(2) Athen. Liv. IV. ch. IV.

HISTOIRE RELIGIEUSE

III.

Les SATURNALES ou CRONIES, se célébroient à Rhodes le 16 de ce mois (1): on y sacrifioit un Criminel condamné à mort. Le Calendrier Romain place à peu près au même tems, au 13 d'Août, la fête des serviteurs & des servantes, espèce de Saturnales.

Ces *Cronies* & ces *Carnées* sont dans l'ordre des fêtes qu'amenoit naturellement la moisson.

IV.

Dans ce mois, ou peut-être dans le précédent, on offroit en Sacrifice des CHIENS à l'occasion des jours Caniculaires (2). Ces jours Caniculaires commencent dans nos Almanachs le 24 Juillet, & dans le Calendrier Romain, ce Sacrifice est marqué sous le 25 de Juillet. Cette fête s'appelloit *Cynophontes*, c'est-à-dire, *meurtre du Chien*.

CHAPITRE VII.

Fêtes du Mois BOEDROMION, ou Septembre.

I.

LES BOEDROMIES se célébroient dans ce mois en mémoire, dit Plutarque (3), de la victoire remportée par Thésée sur les Amazones. Nous avons vu plus haut (4) que c'étoit une imitation de la victoire d'Hercule sur les Amazones; l'une & l'autre victoire fondées sur ce que l'Equinoxe est désigné par ce nom allégorique.

II.

Fête d'ARIADNE le 2; c'étoit un grand jour pour les Habitans de Naxos. Ils

---

(1 Porphyre dans Theodoret, Lib. VII. Græc. affect.
(2) Athen. Liv. III. ch. X.
(3) Vie de Thésée. (4) Pag. 97.

célébroient deux fêtes à l'honneur d'Ariadne. L'une gaie, à cause de la gaieté que faisoit paroître Ariadne en arrivant à Naxos. L'autre triste & larmoyante, à cause de la douleur qu'avoit ressentie Ariadne en se voyant abandonnée dans cette Isle par Thésée, au moment où elle étoit prête d'accoucher. Pour la mieux représenter, un jeune homme se mettoit au lit, criant comme une femme en travail, & on le servoit comme une accouchée.

Ces deux fêtes s'expliquent très-bien lorsqu'on sait que Naxos étoit un pays de Vignobles, & qu'*Ariadne* signifie un *côteau agréable*, comme nous l'avons vu dans un volume précédent (1). L'*Ariadne gaie*, c'est la fête du Printems à l'occasion de la taille de la Vigne & de sa pousse. L'*Ariadne triste & enceinte*, c'est la fête de l'Automne où l'on dépouille la Vigne de son fruit & où elle est abandonnée par Thésée, par ce Soleil qui l'avoit amenée à Naxos en faisant pousser la Vigne par sa chaleur.

III.

Le 4, les ELEUTHERIES, ou fête de la *liberté*. Il paroît qu'il y avoit en Grèce diverses fêtes de ce nom relatives à divers événemens ou à divers combats, de même qu'à la liberté donnée à des Esclaves par leurs Maîtres.

IV.

Les fêtes d'Eleusis dont nous avons vû plus haut la description, se célébroient dans ce mois, du 15 au 23.

V.

Les CHARISTERIES se célébroient le 12, en mémoire de la délivrance d'Athènes par Thrasybule.

VI.

Les ALIES, fête à l'honneur du Soleil, célébrée dans l'Isle de Rhodes le 25 du mois Gorpiéus, le même que Boedromion. On voit par ce nom que les Rhodiens prononçoient A là où les Grecs prononçoient E; appellant le Soleil *Alios*, tandis que les autres Grecs l'appelloient *Hélios*. C'est ainsi que les Arabes appellent Dieu *AL*, tandis que les Hébreux l'appellent *EL*. Les Rhodiens se disoient la postérité du Soleil; ainsi cette fête étoit pour eux une très-grande

---

(1) Allég. Orient. p. 93. & suiv.

fête. Elle se rapportoit, comme on voit, à l'Equinoxe d'Automne, à cet Equinoxe où l'on croyoit que le monde avoit été formé par le Dieu-Soleil. Ainsi cette fête tenoit à la Théologie ancienne, de même qu'à la prétention des Rhodiens d'être la postérité du Soleil. D'ailleurs ce Peuple disoit qu'après le déluge, le Soleil rendit leur Isle habitable : ce qui étoit physiquement vrai. Les enfans se battoient à cette fête, & les vainqueurs remportoient une couronne de Peuplier.

VII.

Cette fête étoit précédée la veille 24, & dans la même Isle, d'une fête à l'honneur de TLÉPOLEME, qui passoit pour fils d'Hercule, & pour un des anciens Rois de l'Isle de Rhodes qu'il gouverna avec beaucoup de justice & d'équité : il étoit né, disoit-on, à Argos qu'il fut forcé d'abandonner pour avoir tué *Licymnius*, nom sûrement allégorique. Les hommes & les enfans y disputoient également des prix, qui étoient aussi des Couronnes de Peuplier.

CHAPITRE VIII.

Fêtes du Mois MAIMAKTERION, ou Octobre.

I.

ON célébroit dans ce mois, les MAIMAKTERIES à l'honneur de Iou Maimaktès. Mais que signifie ce nom ? Les Grecs eux-mêmes n'étoient pas d'accord à ce sujet : les uns croyoient qu'il signifioit l'*orageux*, le *terrible* ; les autres le rendoient par les mots de *doux & benin* ; c'étoit l'opposé. On y demandoit au Ciel, un Hyver doux & favorable.

II.

On célébroit, à peu près dans le même tems, la fête des PROEROSIES dont nous avons déjà parlé, ou la fête des labours à l'honneur de Cérès.

III.

Celle des PROSKAIRETERIES ou fête de la disparition de Proserpine ; on en fit la fête des Filles qui passent dans la maison d'un Mari.

IV.

La fête des Prokharisteries, ou actions de graces par le corps des Magistrats, pour la premiere apparition des grains levés, se célébroit à peu près dans le même tems, ou le mois suivant. Le Calendrier Romain a placé cette fête au 4 d'Octobre sous ce titre, les *premieres beautés de Cérès se découvrent*.

V.

Les Eleutheries ou les Parentales, c'est-à-dire, la fête des Ancêtres, ou des Libres, se célébroit à Platée le 16 de ce mois. Ici, ce n'étoit qu'à l'occasion de ceux qui avoient péri à Platée pour la défense de la Patrie. Mais ailleurs, c'étoit une fête pour les morts en général. Voici comme on la célébroit dans cette Ville, où elle ne revenoit d'abord que la 5e année, mais où elle fut ensuite annuelle.

Dès la pointe du jour commençoit la Procession : les trompettes ouvroient la marche, suivis de chariots couronnés de myrte, de fleurs & de rubans, & sur l'un desquels étoit un Taureau noir. Des jeunes gens choisis dans les meilleures familles venoient ensuite avec des vases remplis de vin, de lait, d'huile, de parfums : là ne paroissoit aucun esclave.

L'Archonte ou le Chef de la Ville de Platée fermoit la marche, en habit de pourpre & l'épée à la main.

Lorsqu'après avoir traversé toute la Ville, la Procession étoit arrivée aux tombeaux des Héros dont on honoroit la mémoire, on lavoit ces tombeaux avec de l'eau puisée à une fontaine voisine; on les oignoit d'huile : on égorgeoit le Taureau sur un bûcher, & après avoir invoqué Iou & Mercure l'infernal, on invitoit au festin les Mânes des Héros morts pour la défense de la Patrie, & le Chef de la Ville prenant la coupe pleine de vin, disoit ; *je bois à ceux qui ont désiré la mort, pour soutenir la liberté de la Grèce*.

CHAPITRE IX.

Fêtes du Mois de PYANEPSION, *ou Novembre.*

LEs Vendanges s'ouvroient dans la Gréce le premier jour de ce mois, dit Plutarque (1).

I.

Le 7 de ce mois, on célébroit les PYANEPSIES ou la fête des *Féves*. On faisoit cuire ce jour-là des Féves & on les mangeoit enſemble. Cette fête avoit été établie, diſoit-on, par Théſée, lorſqu'à ſon retour de l'Iſle de Créte, il apprit la mort de ſon Pere. C'étoit donc une fête pour les morts. Les Féves étoient le ſymbole des morts; & on en mangeoit dans les repas qui accompagnoient les funérailles; ces repas en prirent même le nom dans diverſes contrées. On portoit à cette fête des branches d'Olivier entortillées de laine qu'on appelloit ERESIONES & auxquelles étoient ſuſpendus toutes ſortes de fruits. On chantoit une Hymne à l'honneur de cette Ereſione, lui demandant de produire en abondance des figues, du pain, du miel, de l'huile, du vin, &c. (2). On ſuſpendoit enſuite ces branches aux portes des maiſons, en guiſe d'Amulettes ou de Taliſmans contre la diſette & la pauvreté.

M. BAUDELOT voyoit la peinture des Pyanepſies dans cette belle Cornaline du Roi qu'on appelle *le Cachet de* MICHEL-ANGE, parce que cet Artiſte la faiſoit ſervir à cet uſage, & qui a été expliquée par M. MOREAU DE MAUTOUR (3) comme repréſentant la naiſſance de Bacchus. La Diſſertation de M. BAUDELOT eſt dans le Journal des Savans de l'an 1712 (4).

II. III. IV.

LES THESMOPHORIES commençoient le 11 de ce mois : nous en avons

---

(1) Dans l'Abbé d'Aubignac, Traité du Théâtre, T. III. p. 106.
(2) Plutarq. Vie de Théſée.
(3) Mém. des Inſcr. T. I. de l'Hiſt. édit. *in-12*.
(4) Edit. in-4°. p. 432 & ſuiv.

DU CALENDRIER.

déjà parlé, de même que des APATURIES & des PROEROSIES qui étoient des fêtes du même mois.

V.

LES KHALCÉES. Cette fête se célébroit le 30. Son nom vient de *khalkos*, mot Grec qui signifie *airain*. On l'appelloit aussi *Pandémon*, parce que les Athéniens la célébroient en corps; & *Athénées*, parce qu'elle étoit consacrée à *Athéné* ou Minerve, comme la Déesse des Arts. Insensiblement cette fête ne fut célébrée que par les Forgerons & par les Ouvriers en cuivre, à l'honneur de Vulcain Dieu des Forges.

CHAPITRE X.
Fêtes du Mois POSIDEON, ou Décembre.

ON célébroit dans ce mois diverses fêtes à l'honneur de Bacchus.

I.

LES ASKOLIES, ou fête de l'Outre. Dans cette fête on s'amusoit à sauter d'un pied sur un Outre rempli d'huile & de vin; celui qui le premier parvenoit à y rester debout, devenoit maître de l'Outre.

II.

LES PETITES DIONYSIES, ou petites fêtes de Bacchus. Elles se célébroient ordinairement aux champs.

III.

LES THÉOINIES, ou fête du Dieu du Vin. C'est le nom que les Habitans de l'Attique donnoient à la même fête.

IV.

LES LÉNÉES, ou fête des Pressoirs : c'est encore la même fête, célébrée sous ce nom chez divers Peuples de la Grèce, en particulier chez les Béotiens qui donnoient le nom même de *Lénéon* à ce mois de Décembre. On y distribuoit des prix aux Poëtes : il falloit qu'ils y luſſent, comme aux Panathénées & aux Dionyſies, quatre Drames de leur façon, dont le dernier fût ſatyrique (1).

V.

On célébroit dans ce mois, comme chez les Romains, les Poſidonies, ou fête de Neptune. Mais quoique cette fête portât le même nom que le mois où elle avoit lieu, on n'en connoît pas mieux le détail.

VI.

Les Aloées, ou fête des Aires, à l'honneur de Cérès. Corſini croit qu'elle appartenoit plutôt au mois Hecatombéon qu'à celui-ci (2). C'étoient des femmes qui y fonctionnoient. » Les Athéniens portoient alors à Eleuſis les pré- » mices des Aires, & ils célébroient cette fête en l'honneur & de Cérès & de » Bacchus (3) ». On voit par la Lettre de Thaïs à Theſſala dans Alciphron, que cette fête duroit pluſieurs jours.

CHAPITRE XI.
Fêtes du Mois GAMÉLION, ou Janvier.

I.

Comme ce mois étoit conſacré aux Noces & à Junon, on y célébroit les Proteléies ; c'eſt-à-dire, les Epouſailles ou Fiancemens, les Cérémonies qui précédent les Noces : car les Noces, *Gamoi*, s'appelloient auſſi *Telos* la fin, la concluſion, ou *le but de la vie*, ainſi que s'exprime le Moine Maxime dans une Lettre de Denys l'Aréopagite (4). On y offroit des Sacrifices aux Nymphes. Les peres & les meres conduiſoient ce jour-là dans la Citadelle d'Athènes, au Temple de

---

(1) Diogen. Laert. ſur Platon, Liv. III.
(2) Tom. II. p. 302.
(3) Euſtath. ſur l'Iliad. I.
(4) A Demophile, Lett. VIII.

Minerve, Patrone des Athéniens, celles de leurs filles dont le mariage étoit arrêté; & ils y offroient des Sacrifices pour leur prospérité: on les mettoit aussi sous la protection de Junon *Télée*, de Diane & des Parques; & ces filles consacroient leur chevelure à ces Déesses. Les filles d'Argos coupoient également dans ces occasions leur chevelure & la consacroient à Minerve. On peut même dire que toute Grecque, en se mariant, coupoit ses cheveux, signe de sa liberté, & les consacroit à quelque Déesse, en la priant de l'excuser, si elle étoit obligée de se mettre sous la sujétion d'un mari.

I I.

Les fêtes de Junon, célébrées avec la plus grande pompe à Argos dont elle étoit la Déesse tutélaire, & dans l'Elide & ailleurs, pourroient se rapporter à ce mois; mais nous les omettons pour abréger, & nous ne parlerons que de la fête lugubre de Junon à Corinthe, où l'on pleuroit la mort des deux fils de Jason, tués, disoit-on, par les Corinthiens, qui, pour se laver de cette tache, donnerent une grosse somme d'argent à EURIPIDES, afin qu'il mît ce meurtre sur le compte de Médée. Cette Ville puissante auroit trouvé dans nos Principes les vrais moyens de sa justification. Les morts qu'ils pleuroient étoient ceux dont presque toute la terre pleuroit en même tems la perte, & dont les cercueils étoient portés aux fêtes d'Osiris & d'Adonis & à celles des Arabes & des Syriens. Il est très-intéressant de les retrouver à Corinthe, où on en avoit dénaturé l'objet par l'Histoire de Jason & de Médée qu'on prenoit à la lettre, & qui est très-certainement allégorique.

CHAPITRE XII.

Fêtes du Mois ANTHESTERION, ou Février.

ON a beaucoup agité la question si ce mois répondoit à celui de Novembre ou à celui de Février. L'autorité de CORSINI nous a déterminé à le regarder comme correspondant au mois de Février, comme le dernier de l'année, lorsqu'on eut transporté le commencement de l'année à l'Equinoxe du Printems.

Ce mois étant le dernier de l'année Martiale, doit donc nous offrir les mêmes phénomènes, les mêmes fêtes que le mois de Février chez les Romains ; des fêtes d'expiations & des fêtes de morts. Il en étoit de même lorsqu'il répondoit au mois de Novembre consacré aussi à la fête des morts, mois dans lequel avoit commencé le déluge, dont nous allons voir qu'on y faisoit la commémoration.

L

Le premier jour de ce mois, on célébroit les HYDROPHORIES. Dans cette fête, dont le nom signifie *l'action de porter de l'eau*, les Athéniens portoient en pompe de l'eau dans des vases. C'étoit une fête lugubre, dit HÉSYCHIUS. On la célébroit en mémoire de ceux qui avoient été submergés par les eaux du déluge. On alloit ensuite verser cette eau dans une ouverture ou gouffre d'environ une coudée de large, dit PAUSANIAS, qui se trouvoit auprès du Temple d'Iou ; parce, disoit-on, que les eaux s'étoient écoulées par-là, & que Deucalion y avoit élevé un Autel qu'il avoit dédié à Iou Sauveur. C'est ainsi que Noé éleva après le déluge un Autel à *Jeov* ou *Jehovah* Sauveur. Quant au gouffre, c'étoit un emblême de la maniere dont les eaux du déluge s'étoient retirées ; & à la longue, on le prit au pied de la lettre. D'autres Peuples montroient de pareils gouffres & y versoient de l'eau, avec la même solemnité & dans les mêmes vues.

Les Athéniens jettoient ensuite dans ce gouffre un gâteau de farine & de miel (1), comme une offrande pour appaiser les Dieux infernaux.

Cette fête se célébroit à Egine, avec des Jeux Gymnastiques à l'honneur d'Apollon ou du Soleil.

A Hiérapolis, Ville de Syrie, célèbre par un Temple où l'on se rendoit de toute l'Asie, on alloit à la mer puiser de l'eau, & on la répandoit dans le Temple d'où elle s'écouloit dans un abîme ou gouffre, semblable à celui d'Athènes & par la même raison. Quelque grand que soit le rapport de ce culte avec celui des Athéniens, les cérémonies & le culte d'Hiérapolis en offrent de beaucoup plus grands avec les cérémonies & le Temple de Jérusalem.

Les Hébreux célébroient une fête des eaux; ils l'appelloient *Nisuc Ha maim*, effusion des eaux. Les Prêtres, suivis de tout le Peuple, alloient le matin, au Soleil levant, puiser avec un vase, de l'eau à la Fontaine de Siloé, & ils la répandoient au pied de l'Autel des holocaustes, avec un autre vase plein de vin. Cette effusion se faisoit pendant sept jours : au dernier, le Parvis étoit illuminé,

---

(1) Pausan. Liv. I.

&

& remplis d'échaffauds d'où le Peuple voyoit les danses sacrées & les sauts de personnages graves, qui avoient chacun un flambeau à la main. On chantoit en même tems des Hymnes relatives à cette fête, dont les Rabbins disoient que ceux qui *n'avoient pas vu la joie de cette fête, n'avoient point connu la joie.* Les Paraphrastes Chaldaïques ont rendu par ces mots *Cantiques de la montée de l'abîme*, le titre des quinze Pseaumes qu'on y chantoit, & qui sont appellés dans le texte Hébreu *Pseaumes des Dégrés*. Le Pseaume XXVIII. paroît également relatif au déluge.

Les Habitans d'Ithome en Messenie, au jour de la fête d'Iou Protecteur de leur Ville, alloient puiser de l'eau à une fontaine appellée *Clepsydre*, c'est-à-dire *eau cachée*, & la répandoient dans le Temple d'Iou, en mémoire de ce que ce Dieu encore enfant avoit été confié aux Nymphes de la Messenie, afin qu'il ne fût pas dévoré par Saturne, & qu'il fût élevé en secret près de cette fontaine qui servoit à le laver. Cette fête s'appelloit les *Ithómées*, & on y distribuoit des prix de Musique (1).

Les Habitans d'Argos avoient une tradition semblable. Selon eux, Neptune & Junon eurent une dispute pour la Souveraineté de leur contrée ; Inachus qu'ils prirent pour Juge, décida en faveur de Junon : Neptune irrité, voulant s'emparer par force de ce qu'on venoit de lui refuser, submergea toute la contrée ; mais s'étant laissé appaiser par Junon & par les Sacrifices d'Inachus, il ordonna aux eaux de se retirer par une ouverture souterraine, sur laquelle on éleva un Temple à Neptune *Proclystius*, c'est-à-dire *qui fait retirer les eaux*. Près de ce Temple étoit en effet une ouverture, par où on disoit que Pluton étoit descendu aux Enfers avec Proserpine. Les Argiens y jettoient des torches allumées.

On se rappelle ici ce que nous avons dit de la fête des Mahometans, relative au déluge, qui sortit, disent-ils, du four de la Vieille de Cupha.

II.

Les 11, 12 & 13 de ce mois, on célébroit les ANTHESTERIES, ou la fête

---

(1) Le Poëte EUMELUS y faisoit allusion dans une Hymne qu'il envoya à Delos & dont PAUSANIAS a conservé un Passage traduit ainsi par l'Abbé GEDOYN
 » De nos Chansons la sainte liberté
 » Au Dieu d'Ithome eut toujours l'heur de plaire.

des *Fleurs*, consacrée à Bacchus. Le premier jour s'appelloit *Pythégies*, parce qu'on mettoit le vin nouveau en perce, & qu'on le goûtoit. On ne pouvoit ce jour-là, après le Sacrifice, refuser du vin à personne, pas même aux esclaves.

Le second jour s'appelloit *Khoes* : on célébroit des festins au son des trompettes, & l'on donnoit un Outre de vin & une Couronne de Fleurs à celui qui avoit bu le premier une certaine quantité de vin. Ce même jour on offroit des Sacrifices à Mercure Dieu des morts ; on faisoit des libations & des effusions funébres pour les Ancêtres.

Le Temple de Bacchus, fermé toute l'année, s'ouvroit en ce jour-là ; mais les femmes seules pouvoient y entrer ; elles y célébroient des Mystères sous la conduite de la femme de l'Archonte Roi.

Le troisième jour de la fête s'appelloit *Khytres* ou les *Pots*. Il étoit consacré & à Bacchus & à Mercure. On leur offroit toutes sortes de légumes qu'on faisoit cuire dans de grandes marmites. C'étoit un mémorial des personnes qui avoient péri dans les eaux du déluge. On appelloit d'ailleurs ces cérémonies *Nekhysies*, funérailles & *Thanatousies*, fête des morts.

III.

Le 30 de ce mois, on célébroit les Diasies, à l'honneur d'Iou *Milichius*, c'est-à-dire le *doux*, le *bienfaisant*, si ce nom est Grec : le *Roi*, s'il est Oriental. Cette fête se célébroit hors de la Ville. On y adressoit des vœux à *Iou*, sans doute à cause de la fin de l'année. C'étoit aussi le jour d'une Foire célébre, dans laquelle on vendoit toutes sortes de marchandises. C'étoit ainsi une foire de Printems, comme il en existe tant d'autres encore aujourd'hui.

LIVRE TROISIÉME.
HISTOIRE ALLÉGORIQUE DU CALENDRIER.

SECTION PREMIERE.
ALLÉGORIES RELATIVES A LA LUMIERE, & aux diverses Parties du TEMS ou du CALENDRIER.

CHAPITRE PREMIER.
Toutes les portions du Calendrier personifiées.

LEs mêmes objets qui se sont présentés à nous jusques ici dans l'Histoire du Calendrier, vont reparoître sous une nouvelle forme. Le jour, la nuit, les saisons, le Soleil, la Lune, les moissons, &c. ne seront plus considérés comme des Etres physiques ; ce seront des Etres personifiés, des Héros, des Divinités dans lesquelles nous appercevrons les mêmes attributs, les mêmes traits que nous avons déja remarqués dans ces objets : Héros, Divinités qui formerent la masse presque entiere de la Religion Payenne.

L'Histoire du Calendrier ancien seroit donc incomplette si nous n'y ajoutions ce qui regarde tous ces Etres perſonifiés, & ſi nous n'expliquions les allégories renfermées ſous les noms & ſous l'hiſtoire de ces illuſtres perſonnages : ſi nous ne faiſions voir quels étoient relatifs au jour, quels à la nuit, aux ſaiſons, aux mois, ou au Soleil, & à la Lune, &c. Ainſi ſe développera de plus en plus la connoiſſance de l'Antiquité ; ainſi ſon Génie allégorique ſe manifeſtera mieux ; il en aquerra plus d'éclat & plus d'utilité.

Déja on avoit apperçu ces vérités ; déja on avoit cherché à ramener au Calendrier, cette multitude d'Etres qui n'en étoient que des perſonifications ; mais les ouvrages qui rouloient ſur ces grands objets, avoient eu moins de ſuccès qu'on n'en devoit attendre de leurs ſavans & ingénieux Auteurs, parce qu'ils n'étoient pas appuyés ſur une baſe propre à perſuader & à entraîner tous les ſuffrages.

Il étoit bien difficile de croire en effet que les hommes avoient changé inſenſiblement en autant de Divinités, de ſimples emblêmes ; des figures, qui n'auroient été tracées que pour leur apprendre les fonctions & les travaux qu'ils auroient à remplir chaque jour, chaque ſemaine, chaque mois.

Il eſt plus naturel, plus conforme au génie de l'homme, & à celui de l'Antiquité, de voir dans la plûpart de ces Etres perſonifiés, autant de repréſentations allégoriques d'Intelligences céleſtes auxquelles la Divinité ſuprême avoit confié le gouvernement de toutes les portions de la Nature.

Les ſept Dieux Planetaires ſeroient ainſi ſept Intelligences céleſtes ou les ſept Conſeillers de la Divinité, qui préſidoient ſous elle à la direction de ces globes ſuperbes qui roulent ſur nos têtes : les ſemailles, les moiſſons, le jour, la nuit, les ſemaines, les mois ſeroient dirigés par autant d'Etres, auxquels on devroit ces révolutions & les heureux effets des ſaiſons.

Avec le tems, ſans doute, on dut abuſer de ce principe ; & perſonifier en poéſie, des êtres phyſiques qui n'étoient préſidés en particulier par aucune Intelligence céleſte : mais le premier pas étoit fait, l'exemple étoit donné ; il étoit donc bien plus aiſé de le tranſporter à des cas auxquels il n'étoit pas réellement appliquable, que de changer en Divinités des figures qui n'auroient été deſtinées qu'à tracer aux yeux des hommes, les travaux dont ils devoient s'occuper, ou les aſſemblées auxquelles ils devoient ſe réunir.

Ainſi, la Religion Payenne auroit été l'altération de ces deux principes, qu'entre l'homme & la Divinité, exiſtoit une multitude de Génies céleſtes & que ces Génies étoient des gouverneurs de la Nature entiere. Les erreurs des Nations anciennes en deviennent plus aiſées à concevoir & à expliquer : l'humanité en eſt infiniment moins dégradée ; elle ſe trouve grande, juſques dans ſes fautes.

CHAPITRE II.

Emblêmes de la NUIT & du JOUR

§. I.

LA Nuit avoit précedé la lumiere ou la création, & de son sein étoient sortis tous les êtres: mais ce tems est un tems de crainte, d'horreur; de-là naquirent divers emblêmes.

Les Anciens représentoient cette portion du tems considérée sous son aspect le plus simple, comme une Déesse de couleur brune, dont la tête étoit surmontée d'un voile flottant, & qui portoit une robe parsemée d'étoiles : plus souvent, elle étoit représentée en Diane, avec un croissant sur la tête & deux flambeaux à la main.

Euripides la représente couverte d'un grand voile noir, parsemée d'étoiles, parcourant sur un char attelé de deux chevaux, la vaste étendue des Cieux : & c'est la maniere la plus ordinaire de la peindre.

Une inscription trouvée à Brest (1) sur une statue, représente un Dieu de la Nuit, NUCTULIUS, sous la figure d'un jeune homme, qui éteint son flambeau & qui est accompagné d'une chouette.

Le JOUR étoit représenté au contraire sous la figure d'un jeune homme rayonnant de gloire & de couleur blonde. Ce fut Apollon ou le blond Phœbus dont la tête est environnée de rayons, comme Soleil pere du jour & armé de la lyre, emblême de l'harmonie céleste qui régle les saisons & les jours.

§. II.

Peinture de deux enfans sur le coffre de Cypsele.

CYPSELE de Corinthe, donna au Temple d'Iou à Olympie un coffre d'argent couvert de bas-reliefs, dont PAUSANIAS nous a conservé la description (2). » On y voit entr'autres, dit-il, une femme qui tient deux enfans dans ses bras,

---

(1) Abbé Banier, Myth. in-12. Tom. V. p. 162.
(2) Voyag. de l'Elid.

» l'un d'un côté, l'autre de l'autre; l'un blanc, l'autre noir; l'un qui dort,
» l'autre qui semble dormir: tous les deux ont les pieds contrefaits. »

Pausanias vit très-bien que cette femme étoit la nuit; mais il se trompa, en croyant que ses deux enfans étoient le sommeil & la mort. Où alloit-il chercher la mort? étoit-ce dans l'enfant qui dort? c'est donc le sommeil qui semble dormir & qui ne dort pas. Etoit-ce dans l'enfant qui semble dormir? Mais ce caractère ne convient ni au sommeil ni à la mort.

Cette femme est la nuit sans doute, mais la nuit éternelle & céleste, antérieure à la création: elle eut deux enfans, l'un blanc & l'autre noir, c'est-à-dire le *jour* & la *nuit* dont les révolutions forment les années.

L'un *dort*, & c'est l'enfant noir, la nuit, qui est pour les hommes, le tems du sommeil.

L'autre ne dort pas; c'est l'enfant blanc; & il semble dormir, parce qu'il ferme les yeux à moitié, qu'il cligne; mais ce clignement n'est pas celui du sommeil; c'est l'effet de la lumiere resplendissante du jour qu'on ne peut soutenir, qui force à tenir les yeux fermés à moitié; pouvoit-on mieux peindre le jour? Comment Pausanias environné du génie de la Grèce, put-il s'y tromper?

Ces enfans ont les pieds contrefaits, ou pour mieux dire, contournés, faits en forme de serpent: c'étoit un caractère auquel on devoit encore moins se tromper: le serpent & la forme serpentine marquent le tems infini, éternel; ils entroient nécessairement dans la peinture du tems.

§. III.

D'ATHYR, *symbole de la Nuit.*

Les Egyptiens appelloient la Nuit ATHYR: ils en firent, comme l'a si bien vu M. l'Abbé BATTEUX (1), un personnage symbolique, une Divinité mere de tous les Etres: elle répondoit ainsi à la Vénus céleste ou Uranie des Grecs, à Lucine ou Illythie, à Junon, & elle renfermoit dans son immense sein tous les êtres dont l'assemblage & les rapports forment l'Univers. Ce même nom d'Athyr fut donné & à la Vache mystique qui représentoit *Athyr* ou Vénus, & au Mois de Novembre où les nuits deviennent si longues.

---

(1) Cauf. prem. pag. 52.

DU CALENDRIER.

§. IV.

De LATONE & de LEDA & de leurs Enfans.

La Nuit s'appelloit aussi LATH, ou LETH, suivant les dialectes, c'est-à-dire, *cachée*, *obscure*. On n'eut donc aucune peine à en faire LATONE mere du Jour & de la Nuit, ou d'APOLLON & de DIANE; l'un blond & l'autre blanc; l'un, le *Soleil*; l'autre, la *Lune*.

Pendant que la Grèce, à l'imitation des Orientaux, imaginoit l'allégorie de Latone & de ses enfans, le Péloponèse ou Sparte en imaginoit une autre dans le même goût, mais un peu plus compliquée. De *Leth*, nom de la nuit, ils firent LÉDA, Reine de Sparte. Elle étoit brune; OVIDE dit qu'elle avoit de très-beaux cheveux noirs : c'étoit ainsi un caractère essentiel à Léda.

» Leda fuit nigra conspicienda coma » (1).

De *Léda* ou de sa nuit vinrent deux œufs, l'un relatif au jour, l'autre à la nuit. Castor & Pollux, ou le Soleil d'été & le Soleil d'hyver, sortirent de l'un; Héléne & Clytemnestre, ou la Lune visible & la Lune invisible, sortirent de l'autre; aussi HÉLÉNE étoit blanche.

Le Phrygien DARÈS fait ce portrait d'Héléne. » Héléne, dit-il, ressembloit » à ses freres; elle étoit fort belle, d'une humeur douce & naïve » &c. CEDRENE ajoute » qu'elle avoit la gorge belle, le teint *blanc* comme neige, de grands cheveux blonds. »

Voilà donc la mere noire & la fille blanche avec des enfans blonds.

---

(1) Ovid. Eleg. IV. Lib. II. Amorum.

CHAPITRE III.

LUMIERE & TÉNÈBRES.

DANS le langage moderne, les *œuvres de ténèbres* sont opposées aux *œuvres de lumiere*. Ce sont des expressions figurées par lesquelles on désigne la *vertu* & le *vice*; le *vice* qui se plaît dans l'obscurité & qui emprunte le plus qu'il peut le masque de la vertu; & celle-ci qui ne craint pas de paroître au grand jour. Mais les Anciens allerent plus loin : les ténèbres & la lumiere furent à leurs yeux l'emblême de deux Divinités, dont l'une étoit la source de tout bien, & l'autre la source de tout mal. Ces deux Intelligences gouvernoient l'Univers entier, sous les ordres du Dieu suprême : l'une faisoit tout pour le bien, l'autre ne cessoit de déranger ce bien; l'une n'aimoit qu'à nuire, tandis que l'autre ne s'occupoit qu'à protéger.

De-là, le dogme des deux Principes qui fut la base de la Religion de tous les anciens Peuples & par lesquels ils croyoient rendre raison du bien & du mal qui regne sur la terre. C'est ce dogme dont M. l'Abbé BATTEUX a développé d'une maniere si satisfaisante l'origine, les causes & les progrès dans son Histoire des Causes premieres. Ces deux Principes étoient célèbres en Egypte sous les noms d'*Osiris* & de *Typhon*, & en Perse sous ceux d'*Oromaze* & d'*Ahriman*.

§. I.

Du bon Principe.

OSIRIS étoit le bon Principe chez les Egyptiens : on le peignoit avec une robe lumineuse sans ombres & sans mélange de couleurs : tandis qu'Isis son épouse, avoit une robe nuancée de toutes les couleurs qui existent dans la Nature; elle étoit elle-même la Nature, animée, réchauffée, fécondée par la lumiere.

OROMAZE étoit pour les Perses ce qu'Osiris fut pour les Egyptiens : il étoit lumiere & l'Auteur de tout ce qu'il y a de lumineux & de bien sur la terre : il fut le pere des Vertus ou de ces six Dieux, la Bienveuillance, la Vérité, le Bon-ordre, la Sagesse, la Richesse, la Joie vertueuse; & il sema le Ciel d'étoiles.

DU CALENDRIER.

§. II.

Du mauvais Principe.

TYPHON étoit, en Egypte, le nom du mauvais Principe; on l'appelloit également l'*Adverſaire*, le *Deſtructeur*, SETH, le même que *Satan*. Tout ce qu'on peut imaginer de vicieux, de dépravé, de funeſte, étoit réuni en lui; il étoit Loup, Crocodile, Hippopotame; il vomiſſoit la flamme; en naiſſant, il déchira les flancs de ſa mere; il ne ceſſa de perſécuter ſon frere Oſiris; il l'enferma dans un coffre, il le coupa par morceaux: il avoit des compagnons auſſi méchans que lui.

AHRIMAN étoit également chez les Perſes le Prince des Ténébres: il avoit déclaré une guerre éternelle à Oromaze; il gâtoit, altéroit, défiguroit ſans ceſſe les ouvrages de celui-ci: il n'étoit occupé que du mal.

Dans la Geneſe, l'Auteur du mal, le Prince des Ténébres, le Séducteur, eſt appelé d'un nom ſemblable à celui-là, *Ahrym*, ערם. On rend ce mot par celui de *nud*, de même que par ceux de *fin*, *ruſé*, &c. Il étoit donc bien nommé; car la nudité, la ſolitude, la dévaſtation, ainſi que la ruſe & la malice, ſont les compagnes ou l'apanage du mauvais Génie.

CHAPITRE IV.

Le Tems & l'Année.

§. I.

LE TEMS étoit repréſenté ſous la forme d'un Vieillard à grande barbe, armé d'une faulx meurtriere avec laquelle il moiſſonnoit tout. C'eſt SATURNE, le même que le Laboureur, parce que les moiſſons forment la vraie meſure du tems. S'il ſe nourrit de ſes enfans, c'eſt que le Laboureur vit de ce qu'il cultive; s'il eſt homicide de ſon Pere, c'eſt que le tems conſume & les inſtans qui l'ont produit & les inſtans qu'il produit.

§. II.

L'ANNÉE & le TEMS étoient auſſi repréſentés par un Serpent qui mord ſa queue. » Dans la vaste caverne des siécles, dit Claudien (1), habite la Mere décrépite des siécles : inaccessible à notre esprit, à peine est-elle connue des Dieux. De son sein sortent les Tems, pour y rentrer sans cesse. Un Serpent renferme cet antre dans ses immenses tours ; & par ses influences insensibles, il consume tout. Cependant, il ne vieillit jamais ; & rongeant sa queue qu'il ramene dans sa gueule, il rajeunit toutes choses dans le silence de la caducité ». C'est sous cet emblême que les Égyptiens peignoient l'année.

Dans la célébre Procession de Ptolémée Philadelphe Roi d'Egypte, un Géant de six pieds & une Géante de même taille représentoient l'année & le lustre.

L'Année étoit également peinte, en Caractères Hiéroglyphiques, sous la forme d'un Palmier à douze branches.

ÉOLE.

Eole est un personnage allégorique relatif à l'année. Voici la peinture qu'en fait Homère (2).

« Nous arrivâmes heureusement, fait-il dire à Ulysse, dans l'Isle d'Eolie où régnoit Eole fils d'Hippotés & favori des Dieux. C'est une Isle flottante, ceinte d'une muraille d'airain & bordée de rochers escarpés. Ce Roi a douze enfans, six fils & six filles.... qu'il a mariés ensemble.... Le fils de Saturne l'a fait dispensateur & guide des Vents.

Eole est le mot Grec *Aiolos*, qui signifie *varié* ; rien de plus varié que l'année. Ce Roi a douze enfans ; les douze mois de l'année. La moitié sont d'un sexe, la moitié de l'autre ; c'est ainsi que des douze mois, six étoient sous la protection de six Dieux, & six sous celle de six Déesses. Ces enfans étoient mariés entr'eux ; les mois de l'année sont-ils portion de quelqu'autre famille ?

Son Isle est flottante ; telle est l'année, toujours ondoyante, toujours roulante, jamais stable. Cette Isle est ceinte d'un mur d'airain & bordée de rochers escarpés ; elle est donc inabordable. En effet, cherchez le tems, où le trouve-t-on ?

CIRCÉ.

Il semble qu'Homère ait également voulu peindre l'année dans le même

---

(1) Panégyr. du prem. Consulat de Stilicon, Liv. II. v. 424.
(2) Odyss. Liv. X.

Livre sous l'emblême de Circé, de ses quatre Nymphes & de son Trône à cloux d'argent.

Circé est un mot Grec qui signifie, *cercle*, *anneau*, & qui est par conséquent l'emblême de l'année. Son Trône est parsemé de cloux d'argent, & il a un marche-pied : mais tel fut le Trône d'Isis : sur la table d'Isis, il a un marche-pied, & vingt-cinq cloux de chaque côté qui représentent les cinquante semaines.

Cette Divinité est servie par quatre Nymphes dignes des vœux des mortels, & qui ont soin du Palais de la Déesse. Ce sont les quatre Saisons : on diroit que les fonctions dont elles s'acquittent dans l'Odyssée, ont été tracées d'après un Tableau des quatre Saisons.

La premiere ou le Printems, étend un tapis admirable; la seconde ou l'Eté, porte des corbeilles d'or ; la troisiéme verse le vin ; la quatriéme allume le feu ; & comme pour nous donner le mot de l'Enigme, le Poëte nous assure qu'Ulysse demeura dans cette Isle une année entière, & qu'il n'en partit que lorsque les quatre Saisons furent révolues.

CHAPITRE V.

Des Saisons.

LEs Saisons furent considérées comme autant de Déesses auxquelles on offroit les prémices des fruits de chaque portion de l'année. Les Athéniens leur demandoient d'éloigner les chaleurs excessives, les sécheresses, les froids rigoureux, les intempéries de l'air ; qu'elles donnassent des Etés tempérés & des pluies convenables. Elles eurent donc des Autels, des Statues, des Temples, un Poëme ou Fable Mythologique.

Nous avons déjà vû que leur nom en Grec étoit le même que celui que nous donnons aux *Heures* : & Plutarque nous apprend dans son banquet, que ce même mot ou *Horus*, signifioit également *Année*, dans l'ancienne langue des Grecs.

Les Saisons n'étoient dans l'Orient qu'au nombre de trois ; elles étoient ainsi de quatre mois chacune. Les Grecs & les Romains les porterent au nombre de quatre, de trois mois chacune, & ce fut les quatre Tems. C'est qu'en

Europe, le tems est plus variable que dans l'Asie méridionale; & que les gradations du froid & du chaud y sont beaucoup plus sensibles.

Les Saisons servoient de Cimier à la couronne de Junon Patrone d'Argos. Pausanias nous apprend que cette couronne étoit surmontée des Graces & des Saisons (& non des *Heures*, comme on le traduit mal-à-propos).

Les trois Filles de Cécrops.

Cécrops, Roi d'Athènes, à deux faces, étoit pere de trois filles, *Aglaure*, *Hersé* & *Pandrose*. Ces trois sœurs furent adorées à Athènes comme des Divinités. La fête d'Aglaure se célébroit au mois Boedromion, & elle étoit accompagnée d'Initiations & de Mystères. Elle étoit également honorée en Chypre, où Cécrops fit bâtir en son honneur la Ville de Coronis ou de Salamine; & là, toutes les années, pour s'attirer la protection d'Aglaure, on lui sacrifioit une victime humaine; usage que Dephyle, Roi de Chypre, changea, dit-on, du tems de Séleucus, dans le sacrifice d'un Bœuf.

Pandrose étoit également honorée par les Athéniens, conjointement avec une Saison nommée *Thallo*. Elle avoit un Temple près de celui de Minerve.

Hérodote assure qu'Hersé fut également honorée comme une Divinité.

Mais à quel titre ces trois sœurs, filles d'un simple Roi, & qui n'avoient rien fait qui méritât qu'elles fussent mises au rang des Dieux, purent-elles obtenir un honneur pareil? Leur pere, avec ses deux visages, qu'est-il lui-même?

Rien de tout ce qu'on avoit cru : ce sont des personnages allégoriques. Les trois sœurs sont les trois Saisons; & leur pere aux deux faces, semblable en cela à Janus, est le Janus des Athéniens, le Soleil, pere des trois Saisons.

Le nom de Cécrops est lui-même très-énergique; composé de trois mots Grecs, GÉ - GeR - OPS, mot-à-mot, *l'œil rond* (ou *rayonnant*) *de la Terre*.

Et s'il est le premier Roi d'Athènes, c'est que chez tous les Peuples, le Soleil fut regardé comme le premier Monarque de la Nation, ainsi que nous en avons déja vu quelques exemples, & que nous allons le voir dans un instant.

Le nom des trois filles de Cécrops n'est pas moins bien assorti aux fonctions que nous leur attribuons; tous sont allégoriques. Hersé, Ερση, signifie rosée, tendre comme la rosée; Aglaure, la *saison brillante*; Pand-rose, *tout coloré*. Ce sont donc ces trois Saisons, le Printems, l'Eté & l'Automne.

ERICHTONIUS.

C'eſt à Aglaure que Minerve confia une corbeille, où elle ne trouva qu'un enfant avec des jambes de Serpent: mais cet enfant monſtrueux étoit le blé, toujours repréſenté ſous l'emblême d'un Serpent. C'eſt à Aglaure qu'il eſt confié, puiſqu'Aglaure étant l'Eté, eſt la Saiſon des moiſſons.

Cet enfant s'appelloit ERICHTONIUS, il naquit de la Terre lorſque Vulcain pourſuivoit Minerve: traits également allégoriques. *Erichtonius* ne ſignifie pas *conteſtation pour la Terre*, comme on l'a cru, en diſant que ce Prince avoit diſputé le Royaume d'Athènes à Amphiction; mais il ſignifie *Terre labourée*, venant de *Khton*, la Terre, & de *Hro* pour *Aro*, labourer. Or le blé vient d'une Terre labourée; il naît de la recherche que Vulcain fait de Minerve, puiſque le Dieu du feu & de la charrue étant Vulcain, & Minerve la Déeſſe de l'Induſtrie & des Arts, rien ne peut avoir lieu ſur la Terre ſans leur concours.

Si ce perſonnage enfin a des pieds de Serpent, c'eſt qu'on repréſentoit les moiſſons ſous cet emblême.

Junon aux trois Ages.

Junon ayant été, dit-on, élevée à Stymphale par Témenus, ſe vit ériger dans le même lieu & par ce Roi trois Temples, qui lui furent conſacrés ſous les noms de Junon *vierge*, Junon *femme* ou adulte, & Junon *veuve* ou décrépite. Ce ſont donc ici les trois Saiſons de l'année, jeune au Printems, en maturité l'Eté, & vieille ou ſtérile en Hyver. Quant au nom de Témenus, il paroît compoſé des deux mots Orientaux, *Tem-Ain*, פין-םת, qui ſignifient Soleil accompli.

Noms des ſaiſons perſoniſiées.

Pauſanias (1) nous a conſervé le nom d'une autre ſaiſon, outre celui de *Thallo* dont nous venons de faire mention. » CARPO, dit-il au même endroit, » eſt le nom d'une ſaiſon de l'année, & nullement d'une Grace. » C'eſt qu'on confondoit ſans doute le nom des Graces avec celui des Saiſons. Mais ces noms de *Carpo* & de *Thallo*, ne pouvoient être mieux choiſis. *Thallo* ſignifie fleurir;

---

(1) Voy. de Béotie.

Carpo, fruit. L'une est la saison des fleurs ou le Printems ; l'autre est la saison des fruits ou l'Automne.

Diodore de Sicile (1) met les saisons au rang des filles de Jupiter : il les appelle avec l'Antiquité *Eunomie, Dicé & Iréne.* » Chacune de celles-ci, ajoute-» t-il, est chargée des différens tems de la vie de l'homme, & elles l'avertissent » par leurs trois noms, que rien ne peut la lui procurer heureuse que *l'ordre,* » la *justice* & la *paix.* » Nous aurons occasion d'en parler de nouveau dans la suite, au sujet d'un monument où elles sont représentées.

La Chimère.

La Chimère, selon Homère (2), étoit d'une race divine : elle avoit la tête d'un lion, la queue d'un dragon & le corps d'une chévre ; de sa gueule béante, elle vomissoit des tourbillons de flammes & de feu : on dit que Bellerophon attaqua ce monstre par ordre d'Iobate, Roi de Lycie ; qu'il le tua, & qu'afin de récompenser sa valeur, ce Roi lui fit épouser sa fille.

Cette Chimère a mis à la torture tous les Savans Mythologistes : ils y ont vu des montagnes, des torrens, des armées, trois Généraux, un Prince & deux Princesses, &c. Pour nous, nous n'y appercevons qu'un emblême de l'année aux trois saisons. Le Lion est l'Eté ; la chévre ou le Capricorne, l'Automne ; le Dragon, le Printems où l'année se renouvelle.

Ce Monstre est en *Lycie*, puisque ce mot signifie lumiere.

Iobate est Roi de cette contrée, puisqu'*Ioh* désigne la lumiere & *bat*, ce qui s'avance, qui va.

Bellerophon qui subjugue la Chimère, est le Soleil qui triomphe des années : on sait que Bel est le nom oriental de cet Astre : Ro signifie *Roi* dans les mêmes langues ; & Phan, *lumiere*. Le Soleil ne pouvoit être mieux désigné.

Monstre à trois têtes.

La Chimère nous rappelle un autre emblême que nous ne devons pas omettre ; c'est un Monstre à trois têtes, qu'on appelloit *Hercule*. La tête du milieu étoit celle d'un *Lion* ; à gauche, étoit une tête de *Loup* ; & à droite, celle d'un *Chien*. C'étoit l'emblême du Tems. Le Lion désigne le *présent*, qui

---

(1) Liv. V.
(2) Iliad. VI.

s'élance avec rapidité & nous échappe de même. Le Loup désigne le *tems passé*, qui dévore tout. Le Chien, marque le *tems futur*, qui nous charme par ses espérances flatteuses.

On peignoit aussi le Tems d'une manière un peu différente, & qui se rapproche de la peinture de la Chimère. C'étoit un corps de Dragon avec trois têtes, tête de Dragon, tête de Lion, & au milieu tête divine appellée *Hercule* ou le Tems. On trouve la description de celle-ci dans l'Apologie d'ATHÉNAGORE en faveur des Chrétiens.

Saisons personifiées en Egypte.

Les Egyptiens personifioient également les trois saisons, donnant au Soleil des noms relatifs aux saisons.

HARPOCRATE enfant, étoit le Soleil renaissant ou l'hyver.

OSIRIS, homme fait, peignoit le Soleil dans toute sa force ou l'Eté.

SERAPIS, vieillard courbé sous le poids d'une corbeille chargée de fruits, marquoit l'Automne, & le tems où le Soleil perd sa force (1).

CHAPITRE VI.

Les Mois.

LE Mois étoit représenté avec le bonnet Phrygien sur la tête, le croissant au cou, un coq à ses pieds, & une Victoire qui le couronnoit : on l'appelloit le Dieu *Lunus*. MAFFEI en a fait graver une Statue qui le représentoit dans cet équipage, debout, en habit militaire, une pique à la main droite.

Spartien dit, que ce Dieu étoit honoré à Carrhes en Mésopotamie ; & que l'Empereur Caracalla fit le voyage de la Mésopotamie pour visiter cette Divinité.

Les Mois furent personifiés, lorsqu'on les distribua, comme nous l'avons vu ci-dessus, entre les XII. grands Dieux : ce fut un effet des plus remarquables du goût pour l'Allégorie, & des progrès du Paganisme.

(1) Macrob. Saturn. Liv. I. ch. 8.

CHAPITRE VII.

Des Semaines.

LEs Semaines étoient perſonifiées ſous le nom de cinquante fils ou filles de Héros ou de Déeſſe.

Les 50 Fils d'Hercule.

Nous avons vu dans les Allégories Orientales, qu'elles étoient appellées les 50 filles de Theſtius; & qu'Hercule en eut 50 fils, qu'il mit ſous la direction de ſon neveu Iolas. Pauſanias en fait mention (1). Il ajoute cette particularité remarquable, que la plus jeune des ſœurs ne voulut pas condeſcendre aux vœux du Héros, & qu'il la condamna à reſter vierge toute ſa vie. En effet, terminant l'année, elle étoit regardée dans le ſtyle allégorique comme une vierge.

Pauſanias remarque fort ſagement, que cette hiſtoire des cinquante ſœurs eſt contre toute vraiſemblance; & qu'Hercule étoit trop ennemi des injuſtices pour corrompre les filles de ſon ami. Mais il ne voyoit pas que ce n'étoit qu'une allégorie.

Il ajoute que le Temple que les Theſpiens avoient conſacré à Hercule, étoit trop vieux pour avoir été conſtruit à l'honneur d'Hercule le Thébain: qu'il fut ſans doute conſacré à Hercule chef des Dactyles Idéens, auquel les Tyriens & les Erythréens d'Ionie élevoient des Temples. Il dit de plus que les Béotiens connoiſſoient cet Hercule ancien, puiſque c'eſt à lui qu'ils diſoient qu'avoit été confiée la garde du Temple de Cérès de Mycale.

Ce ſont autant de preuves qui confirment ce que nous avons déja dit d'Hercule, que celui de Thèbes ne fut qu'une imitation de celui de Tyr, & que ſon hiſtoire entiere n'eſt qu'une allégorie.

Endymion & ſes 50 Filles.

Si, de 50 ſœurs, Hercule eut 50 fils; ENDYMION eut 50 filles de Diane,

---

(1) Voy. de Béotie.

de cette Déesse qui venoit le voir pendant son sommeil. Mais si Diane est la Lune, Endymion est le Soleil, qui semble passer la nuit dans le sommeil. Son nom présente deux mots Orientaux très-énergiques; *En*, י"י, le Soleil; & *dym*, ou *dum*, silence, repos : mot à mot *le Soleil dans le repos, dans le silence* de la nuit. Ce mot Oriental *dum*, silence, repos, subsiste dans l'Anglois DUMB, *qui garde le silence, muet*.

Cette allégorie est très-ingénieuse : la Lune n'a en effet par elle-même que quatre filles ou quatre semaines. C'est par son alliance avec le Soleil qu'elle en a 50.

Les 50 Pallantides.

Les Athéniens désignoient à leur tour les semaines, par les 50 PALLANTIDES, cousins de Thésée, enfans de Pallas frere de son pere Egée. Ces 50 Pallantides sont représentés comme ayant été sans cesse en guerre avec Thésée, & on ajoute que dans cette guerre ils étoient tantôt vainqueurs, tantôt vaincus. On sait que *Pallas* est un nom de Minerve. Les 50 Pallantides seront ses 50 fils ; ou les 50 semaines de nuit. Thésée seroit donc l'astre opposé à leur Mere. Il est certain que la plus grande portion de l'histoire de Thésée, ne peut être prise que dans un sens allégorique & relatif au Soleil.

Thésée offre un autre rapport bien singulier avec une époque de 50 ans. Ce Héros, dit-on, âgé de cinquante ans, enleva *Hélène* qui n'en avoit que sept & qui fut délivrée par ses freres. Mais le Jubilé se célébroit tous les 50 ans, & il étoit composé de cycles de 7 ans : il revenoit au bout de sept cycles, ou de sept fois sept ans. Ainsi, il enlevoit Hélène ou la Lune de sept ans ; en donnant lieu à une nouvelle révolution.

Les 50 filles de Danaüs & les 50 fils d'Egyptus, sont une autre allégorie relative au même objet.

Les Argonautes.

Il en est certainement de même des 50 ou 52 Héros, qui s'embarquerent sur le vaisseau Argos & qui en prirent le nom d'ARGONAUTES. Cette expédition de 50 Héros pour la conquête du Bélier céleste ou de la Toison d'or, renferme incontestablement nombre d'objets allégoriques.

Enfans de Priam.

Entre les traits allégoriques que renferme l'histoire de la guerre de Troye, on peut mettre le nombre des enfans de PRIAM ; il alloit à *cinquante*.

Hist. du Cal.   O o o

CHAPITRE VIII.

Les Jours de l'Année & de la Semaine.

Les jours de l'Année étoient désignés allégoriquement par un nombre de 360 Objets de la même espéce.

Les Egyptiens disoient qu'à Acanthe, vers la Lybie, à 120 stades de Memphis, étoit un tonneau percé dans lequel 360 Prêtres versoient tous les jours de l'eau apportée du Nil (1). C'est le pendant du tonneau des Danaïdes.

Ils disoient aussi, que dans un de leurs Temples, il y avoit 360 urnes, qu'on remplissoit d'eau successivement chaque jour de l'année.

Les Anciens Arabes, dit-on, avoient élevé autour de la Kaaba, Temple de la Mecque, 360 Statues. On a été tenté de les regarder comme autant de Dieux ; mais on ne peut y voir que les 360 jours de l'Année.

Les sept jours de la Semaine.

Il étoit juste que les sept jours de la Semaine fussent aussi personifiés : ils sont souvent représentés dans une même barque, & sous la forme des Dieux protecteurs des Planettes dont les jours portoient le nom. Le *Samedi* est représenté par Saturne avec sa faulx ; le *Dimanche*, par Osiris ou Apollon ; le *Lundi*, par Diane au croissant ; *Mardi*, par Mars ; *Mécredi* (autrefois *Mercre-di*), par Mercure ; *Jeudi*, par Jupiter ; *Vendredi*, par Vénus.

Sur des antiques, on voit Jupiter entre Mercure & Vénus, environnés des XII signes. On voulut peut-être, représenter par-là trois jours de la semaine, le *Mercredi*, le *Jeudi* & le *Vendredi*.

(1) Diod. de Sic. Liv. I.

CHAPITRE IX.

Le dernier Jour de l'Année.

Chaque jour de l'année étoit regardé comme le pere du jour suivant; & comme le meurtrier du jour précédent. De-là naquirent divers Etres allégoriques.

Chez les Egyptiens, le dernier jour de l'année, le dernier des Epagomènes étoit appellé Nephtys, sœur & femme de Typhon. Ce nom signifioit la *fin*; il étoit porté & par le dernier jour de l'année & par les frontières de l'Egypte qui en étoient également la *fin*. Nephtys étoit regardée avec raison comme *stérile*, puisque la *fin* termine tout, qu'elle ne continue point la race, qu'elle détruit au lieu de produire.

C'est par la même raison que la plus jeune des Amazones tuée par Hercule, ou la derniere des nuits de l'Hyver, mourut vierge, puisqu'elle fut la derniere de son espèce, la derniere de sa race.

Creusa & Xiphée.

Les Grecs formèrent sur cette Epithéte du dernier jour de l'année, l'Histoire suivante.

Creusa étoit fille d'Erechtée Roi d'Athènes, & d'une grande beauté: elle fut surprise par Apollon & elle en eut un fils qu'on éleva à Delphes. Son pere Erechtée qui ignoroit cette aventure, donna sa fille en mariage à *Xiphée*. Ce mariage ne fut pas heureux, il n'en vint point d'enfans. L'époux affligé de ce malheur, consulte l'Oracle de Delphes; l'Oracle ordonne qu'il ait à adopter le premier enfant qu'il rencontrera le lendemain: & cet enfant, fut *Janus* fils d'Apollon & de Creusa. Des Savans ont rapporté sérieusement ce conte, comme une preuve que Janus étoit petit-fils d'Erechtée par sa mere Creusa. Mais ce n'est qu'une allégorie; & elle n'est pas difficile à saisir.

Creusa est le mot Oriental חרש, Khreus, ou *Koresh* qui signifie *splendeur*; les Grecs en firent *Khrusos*, l'or; & les Latins *Coru-sco* briller, étinceller. Apollon la surprend, mais Apollon est le Soleil, Creusa est donc la Lune: tous les deux mettent au monde *Janus*, qui fut adopté par Xiphée, mais

Janus est le premier jour de l'année, Xiphée qui l'adopte est donc le dernier. Xiph signifie en effet dans les Langues Orientales סוף, *fin*, *terme*, *cessation*. Or ce dernier jour est sans enfans ; il n'en produit point qui continue sa race. Janus qui en recommence une autre le lendemain, ne peut passer par conséquent que pour son enfant adoptif.

CHAPITRE X.

Du LOUP, *Symbole de la Lumiere & du Soleil.*

Dès l'antiquité la plus reculée, chaque Divinité étoit désignée par un animal particulier qui en étoit le Symbole. Hercule ou le Soleil d'Eté, par le LION ; la Lune ou Isis, par la Vache. La COLOMBE étoit l'emblême de Vénus ; & la CHOUETTE, celui de Minerve.

Ces Symboles étoient fondés sur les rapports qu'on observoit entre ces animaux & les qualités des Dieux dont ils étoient l'emblême. Les Egyptiens exprimoient ces rapports d'une maniere allégorique, en disant que dans la guerre des Géans contre les Dieux, ceux-ci saisis de frayeur s'étoient métamorphosés en ces mêmes animaux.

Mais de tous ces Symboles, celui qui a donné lieu à un plus grand nombre de Fables & qui est cependant le moins connu, c'est celui par lequel Apollon ou le Soleil étoit désigné ; le LOUP.

Les Anciens & les Modernes n'ont rien dit de satisfaisant sur le choix d'un animal aussi odieux, pour désigner un Astre aussi bienfaisant ; on est réduit à deviner.

On a dit que le Loup avoit la vue étincellante ; que ses yeux brilloient la nuit comme deux Astres ; que la chaleur du Soleil consume tout, qu'elle est vorace comme le Loup. Pausanias, fort surpris de ce qu'on avoit donné à Diane le surnom de *Lycea* ou de *Louve*, & de ce qu'elle étoit adorée sous ce nom à Corinthe dans un Temple que lui avoit élevé Hippolyte, se demande d'où vint ce surnom ? C'est, ajoute-t-il, ce qu'aucun Savant n'a pû me dire. » Pour moi, continue-t-il, je crois qu'il vient ou de ce qu'Hippolyte avoit » purgé le Pays des Loups dont il étoit infesté, ou de ce que par sa Mere, il » descendoit des Amazones qui avoient dans leur Pays un Temple consacré à » Diane sous le même nom ».

DU CALENDRIER.

Chacun sent la foiblesse de toutes ces explications : mais il falloit que ce Symbole fût d'une antiquité bien reculée, puisque les Grecs eux-mêmes n'en connoissoient pas la raison. N'en soyons pas étonnés ; ce Symbole étoit né du génie allégorique, dont ces Grecs avoient perdu la langue.

Dans ce langage, les Astres ou le Ciel étoilé étoient comparés à des Troupeaux de moutons ou de brebis : aussi le nom de ces troupeaux étoit dans l'Orient le même que celui des constellations. עשתרת, *Asteroth*, désignoit les Troupeaux de brebis & les Troupeaux d'Etoiles ou Constellations. Ce mot étoit très-bien choisi, étant formé de עש, As (ous) *assemblage* ; & de תור, Tur ou Tor, *rond*, *tour*, *ordre*. Oth est la terminaison plurielle feminine.

Mais le Soleil, ou la lumiere, fait disparoître ces Troupeaux lumineux, comme les troupeaux de brebis disparoissent de devant un Loup ; le Soleil fut donc le Loup des Etoiles, & la Lune en fut la Louve.

Cette comparaison étoit si simple, si naturelle & en même tems si énergique, qu'il n'est point étonnant qu'elle ait fait partie du langage allégorique des Anciens ; & qu'on y ait fait sans cesse allusion. Mais dès ce moment, on voit s'expliquer nombre de points obscurs de l'ancienne Mythologie.

On n'est plus surpris que dans diverses langues anciennes, le nom du Loup & celui du Soleil ayent été le même, ou presque le même. Qu'en Orient, le Soleil ait été appellé Sab, & le Loup Zab : qu'en Gréce, Luk-os ait signifié également la *lumiere* & un *Loup* : qu'il en fut de même chez les Latins, avant qu'ils en eussent fait deux mots différens, en changeant le c du mot Luc-*e*, *lumiere*, en p dans Lup-*us*, *Loup*.

On n'est également plus surpris que Diane ait été appellée Lycea, la Louve, ou la lumineuse : ni qu'Apollon ait été appellé Lyceius, le Loup, ou le lumineux ; & ses fêtes, les Lycœies.

Et qu'en suivant la même analogie, on ait donné dans Rome le nom de *Lupercal* au lieu où se célébroient ces fêtes ; & qu'elles en ayent été appellées les *Lupercales*.

La Louve de Remus & de Romulus n'offre rien dès-lors qui ne soit parfaitement conforme à ce génie allégorique. Il en est de même du combat de Danaüs avec Gelanor & de la victoire qui en fut la suite.

Danaüs vainqueur de Gelanor ; ou combat du LOUP & du TAUREAU.

Danaüs, nous l'avons déja vu, étoit un personnage allégorique désignant l'Année : il n'est donc pas surprenant qu'il eut pour Symbole un *Loup* & qu'il fut Roi d'*Argos*. Mais on difoit, que par la plus noire ingratitude, il avoit enlevé ce Royaume à Gelanor qui en étoit poffeffeur & qui lui avoit donné fort humainement un afyle dans fes Etats, lorfqu'il fuyoit loin de fon frere Egyptus. On ajoute que pendant le combat entre ces deux Princes, les Dieux firent connoître par un figne que Gélanor, dont le Symbole étoit un Taureau, feroit vaincu; car pendant ce tems-là, un Loup dévora un Taureau: & qu'en mémoire de cet événement, Danaüs confacra un Temple à Apollon fous le nom de *Lycius*, comme ayant envoyé le *Loup* à fon fecours.

Et devant ce Temple, ajoute Paufanias, on voit fur une efpèce de marchepied la repréfentation du combat du Loup & du Taureau.

Cette portion de la vie de Danaüs n'eft pas moins allégorique, que tout ce qu'on en rapporte: le combat entre le Loup & le Taureau, eft le mot de cette nouvelle énigme. Le *Loup* eft ici le Symbole du jour; le *Taureau* eft le Symbole de la nuit, à laquelle préfide la Lune dont le Symbole eft le Taureau. GELANOR ou *Kelan-or* fignifie mot-à-mot *tems noir*, *tems de la nuit*. DANAUS, comme nous l'avons déja dit, fignifie *lumiere*, *jour*.

On repréfente donc ici le combat entre la nuit & le jour: & ce conte fut occafionné par les fymboles des deux Divinités, qu'on adoroit à Argos; la *Lune*, fous le nom d'*Ioh* ou *Junon*, dont le fymbole étoit la *Vache*; & le *Soleil*, fous le nom d'*Apollon Lycius*, dont le fymbole étoit le *Loup*.

SECTION II.

Personnages Allégoriques relatifs au Soleil & à la Lune dont les révolutions règlent le Calendrier.

CHAPITRE PREMIER.

Personnages allégoriques relatifs au SOLEIL.

LE Soleil & la Lune étoient trop essentiels aux hommes, pour ne pas faire partie de ce langage allégorique qui s'étendoit sur la Nature entiere. Ces deux flambeaux du Monde qui par leurs noms offroient l'idée, l'un d'un *Homme*, l'autre d'une *Femme*, furent aisément représentés comme deux Personnages unis par des rapports étroits ; & leurs révolutions, ainsi que leurs divers aspects & leurs influences variées, ne donnerent pas moins lieu à une foule d'allégories qui multiplioient à l'infini les Personnages allégoriques dont on se servoit pour les représenter ; & dès que ce langage eut été perdu de vue, on dut prendre nécessairement pour autant de Personnages, pour autant de Rois ou de Reines, tous ces Etres allégoriques nés uniquement du Soleil ou de la Lune.

C'est ainsi que ces deux Luminaires du Monde furent représentés tantôt comme frere & sœur ; tantôt comme amans ; souvent comme unis par les liens du mariage ; presque toujours comme Roi & Reine : & ces Personnages étoient toujours accompagnés d'une Généalogie & d'une Histoire étendue.

L'Histoire de *Phœbus* & de *Phœbé*, & celle d'*Apollon* & de *Diane*, se rapportent au Soleil & à la Lune, considérés comme frere & sœur, comme enfans de Latone & de Jou.

Les amours de *Vénus* & d'*Adonis*, chez les Syriens ; de *Cybele* & d'*Attys*, chez les Phrygiens ; de *Diane* & d'*Endymion*, chez les Grecs, offrent le Soleil & la Lune comme épris d'un amour mutuel.

Isis & *Osiris* en Egypte, *Hélene* & *Ménélas* en Gréce, *Pasiphaé* & *Minos* dans l'Isle de Créte, *Sémiramis* & *Menon* ainsi que *Ninus* chez les Chaldéens, sont l'Histoire des mêmes Astres considérés comme unis par le mariage.

Enfin le Soleil & la Lune furent toujours représentés comme Roi & Reine, au point qu'il n'existe peut-être aucun ancien Catalogue de Rois, à la tête duquel on ne reconnoisse le *Soleil* présenté comme le *premier Roi du Pays*, sous un nom ou sous un autre.

C'est ce que nous allons développer à l'égard d'un très-grand nombre de Peuples; d'autant plus qu'on n'a aucune idée de ce genre d'allégories, & qu'il est tems de débarrasser l'Histoire & la Chronologie ancienne, d'une multitude de Personnages qui s'y étoient glissés mal-à-propos, & qui en embarrassoient la marche de la manière la plus étrange.

MAN, MENÈS, ACMON, &c.

Nous avons vu que *Man*, *Men*, *Mon*, &c. étoit un des noms du Soleil; & *Méné*, *Mana*, *Moun*, &c. celui de la Lune. Il ne seroit donc pas surprenant de voir des personnages allégoriques appellés de ce nom-là, & qu'on ait représenté ces personnages comme les premiers Rois des contrées dans lesquelles ils étoient connus; puisque le Soleil fut toujours regardé comme le Roi des Cieux & de la Terre.

Tel fut AC-MON, Chef des Phrygiens. Ce Prince, fils de *Phanès*, fut Pere d'*Uranus* & de *Titée*; & ayeul des Titans, *Saturne, Rhéa, Hyppérion, Océan*, &c. Il conquit la Cappadoce, la Phrygie, la Phénicie, la Syrie, &c. Et après sa mort, il fut mis au rang des Dieux sous le nom d'*Hypsistos*, ou le *Très-Haut*.

Mais nous avons déja vu qu'*Uranus*, *Saturne*, *Rhéa*, &c. fils & petits-fils d'Ac-mon, étoient autant de personnages allégoriques. Le Chef de cette famille, n'en seroit-il pas lui-même un ? Peut-on le méconnoître, dès qu'on dit qu'à sa mort il fut mis au rang des Dieux, sous le nom d'*Hypsistos* ou le *Très-Haut*, sous ce nom que nous avons également vu désigner *Elion* ou le Soleil, dont le nom Oriental *Mon*, fait partie du nom même du Prince Phrygien.

D'ailleurs, nous verrons constamment que le Personnage allégorique *Soleil*, est toujours représenté comme un grand Conquérant ; & avec raison, puisqu'il parcourt l'Univers entier.

Le nom même du Pere d'*Ac-mon*, n'est pas moins allégorique : c'est

Phanès,

Phanès le plus ancien des Dieux par conséquent ; mais *Phanès* signifie manifestation, *lumiere*. C'est le *Créateur*, qui a mis en évidence tout ce qui existe, & qui produit la *lumiere* avant tout ; c'est ce *Phanès* si célèbre dans la Philosophie d'Orphée, auquel on attribue tout ce qui est.

Quant à la syllabe Ac, qui fait partie du nom du Prince Phrygien dont nous parlons, elle peut être le mot Oriental אך, *Akh*, qui signifie *feu, foyer*: ainsi le nom entier seroit le *Feu-Soleil*, ou *Feu-Conducteur*.

MANNUS, premier Roi de Germanie, & adoré comme une Divinité ;

MÉNÈS, premier Roi des Egyptiens ;

MINOS, Roi de Crète,

ont eux-mêmes de trop grands rapports avec ce que nous venons de dire d'*Ac-mon*, pour qu'on doive hésiter à les regarder comme autant de noms relatifs au Soleil. On n'en doutera point à l'égard de Minos, lorsqu'on aura lu ce que nous en disons plus bas.

Quant à Ménès, outre le rapport de son nom avec celui du Soleil, outre qu'il est à la tête des Rois d'Egypte, la plûpart des Savans ont déja vu en lui le même personnage qu'Osiris ; en particulier les Abbés SEVIN & BANIER : ce dernier ajoute (1), que le bœuf MNÉVIS, consacré au Soleil dont Osiris est le symbole, est appellé par Elien *Ménès* : » ce qui ne laisse, dit-il, aucun lieu de » douter qu'il portoit le nom auquel il étoit consacré ; & ce Roi étant Osiris, » comme tout le monde en convient, il est évident qu'Osiris & Ménès ne sont » qu'une même personne ». Disons mieux, qu'un même personnage allégorique, le Soleil représenté sous l'idée d'un Roi.

BÉLUS.

BÉLUS, premier Roi des Assyriens & des Babyloniens ; n'est également que le Soleil, puisque l'on convient que ce Prince fut mis au rang des Dieux ; & que c'est un fait incontestable, que dans tout l'Orient le Soleil s'appelloit BAL ou BEL ; l'Abbé Banier l'avoue lui-même (2). Bélus n'est donc pas un homme qu'on ait mis au rang des Dieux ; mais une Divinité qu'on prit insensiblement pour un homme ou pour un Roi.

Ajoutons que les Chaldéens reconnoissoient Bélus, pour la Divinité qui avoit formé l'Univers. BEROSE, leur Historien, rapporte (3) qu'il forma la terre

---

(1) Tome II. p. 316.
(2) Tome III. p. 26. & suiv.
(3) Dans le Syncelle, Banier, T. I. 140.

& le Ciel, & que partageant les ténébres & détruisant les animaux qui ne pouvoient soutenir l'éclat de la lumiere, il forma du plus pur de son sang les êtres animés. Il ajoute que sur le Temple de Bel on avoit représenté un grand nombre d'Etres monstrueux, des hommes à deux aîles, même à quatre; des hommes à deux têtes, l'une d'homme & l'autre de femme; d'autres avec des jambes, des pieds & des cornes de chévres; d'autres avec un corps de cheval, ou de taureau.

Ce passage singulier, & du plus grand prix pour l'Antiquité allégorique, avoit été absolument négligé & perdu pour le développement de cette antiquité, parce que Berose en avoit donné une explication fausse; telle que la donnoient les Prêtres Chaldéens, pour embarrasser davantage ceux à qui on proposoit ces allégories, & pour les dérouter s'ils n'étoient pas fermes dans leurs principes. Ces monstres, disoient-ils, ressembloient à ceux que le cahos produisoit, avant que la Divinité eût donné à l'Univers la forme réguliere & harmonique qu'on y admire. On en concluoit aussi-tôt, que ces peintures monstrueuses n'avoient pour objet que de représenter cet état de cahos.

Telles sont les idées ténébreuses dont on s'enveloppe, lorsque l'on n'a pas saisi le fil de la vérité: & de quoi auroit servi la peinture de ces chimères sur les murs des Temples? Et comment peut-on s'imaginer qu'une Nation entiere, que des personnages aussi éclairés que les Prêtres Philosophes des Chaldéens, se fussent amusés à n'offrir aux Peuples assemblés, que de pareils barbouillages?

Disons-le hardiment; tous ces personnages monstrueux servoient à représenter la Théologie & la Cosmogonie Chaldéenne; & cette Théologie & cette Cosmogonie étoient les mêmes que celles des Egyptiens, des Grecs, des Peuples d'Italie, &c: c'étoit par-tout des allégories & des peintures de la même espéce.

Ces hommes à deux têtes, sont les mêmes que *Janus* d'Italie & *Cecrops* l'Athénien. Ceux à corps de cheval ou de taureau, sont les Centaures, les Hippocentaures, les Minotaures, &c. des mêmes Peuples. Ceux à deux & à quatre aîles, sont les personnages aîlés qu'offrent ces mêmes antiquités, Egyptiennes, Grecques, Etrusques, *Saturne* à quatre aîles, la *Victoire* à deux aîles, *Pégase*. A leurs pieds de chévre & à leurs cornes de bouc, peut-on méconnoître *Pan*, *Faune*, les *Satyres* des Grecs & des Romains & toutes leurs Divinités champêtres?

On demandoit l'origine de toutes ces choses: & les voilà consignées dès la plus haute antiquité dans le Temple de Bel, dans le plus ancien Temple connu, dans ce Temple ou plûtôt cet édifice à huit Temples l'un sur l'autre & qui est le même que la Tour de Babel si célébre. Et peut-être y furent-elles consignée & peintes dans le moment même de cette fondation ; car dans ce tems-là, on connoissoit les premiers développemens des Arts, & déja étoit né le langage allégorique.

Quoi qu'il en soit, ce passage étonnant nous apprend l'accord parfait des Chaldéens à cet égard, avec tous les Peuples : il dissipe ainsi l'ignorance totale dans laquelle nous étions sur ces objets relativement aux habitans de la Chaldée : cependant tout cela existoit dans ce passage, & on le négligeoit, & on n'y faisoit aucune attention ; parce qu'il étoit enveloppé des ténébres du cahos. Il existe peut-être une foule de passages pareils, qui deviendroient une source de lumiere, si on savoit les rapprocher des passages qui pourroient en donner la clé.

Ajoutons que *Bel* étoit la Divinité suprême des Cananéens, des Moabites, des Ammonites, des Phéniciens, des Carthaginois, &c. de tous ces Peuples dont la Religion étoit le Sabéisme ou le culte du Soleil.

Nous retrouvons BÉLUS dans l'Egypte & dans la Grèce. C'étoit, selon les Grecs, le même qu'Egyptus & le frere de Danaüs ; aussi les Rois d'Argos s'appellerent-ils BELIDES, ou descendans du Soleil, de Belus, parce, disoit-on, qu'ils descendoient de Danaüs.

Les Savans conviennent également que les Egyptiens regardoient BÉL-us comme une de leurs plus anciennes Divinités.

Les Gaulois adoroient également *Bélus* ; ils l'appelloient *Belin* & *Belenus*, le même qu'Apollon.

Ils adoroient aussi la Lune ou Minerve, sous le même nom, l'appellant BELI-SAMA ; nom composé des deux mots Orientaux, *Bel*, Souverain, & *Sama*, le Ciel. C'étoit mot à mot, la *Souveraine des Cieux*.

Les Tyriens comptoient aussi Bélus au nombre de leurs premiers Rois. BÉLUS, disoient-ils, étoit Pere d'Agenor ; grand-Pere de Cadmus, de Phenix & d'Europe ; petit-fils de Jupiter.

Si jamais généalogie fut allégorique, c'est certainement celle-ci : aucun personnage de ceux qui la composent qui ait existé sur la terre.

Bélus, est le Soleil,

Agenor, la lumiere éclatante du jour.

Europe, la Lune.

Phenix, les révolutions des Astres, ou les Cycles.

P p p ij

Cadmus.

CADMUS lui-même, frere de la Lune ou d'Europe & fondateur de cette Thébes dont les sept portes sont désignées par le nom des Plannettes, & dont l'histoire est si fabuleuse, Cadmus, dis-je, est également le Soleil sous le nom d'*Oriental* קדם; tandis qu'*Europe*; ערב, signifie l'*Occidentale*.

Janus, Cecrops, Romulus.

JANUS & CECROPS aux deux têtes, répetés ainsi sur les murs du Temple de Bel, sont également des êtres allégoriques, comme nous l'avons déja fait voir.

Nous l'avons déja montré aussi à l'égard du ROMULUS allégorique de Rome.

Enée.

Que dirons-nous du fondateur de Lavinie, du Chef des Rois d'Albe, de cet ENÉE qu'on regarda comme le fils de Vénus, qu'on prétendoit avoir vécu à Troye, & dont on racontoit qu'après de longues aventures il avoit fondé un Royaume en Italie & avoit été le prédécesseur des Romains; tandis que des Savans on démontré qu'il n'avoit jamais été en Italie? On peut bien être assuré qu'en l'examinant de près, on découvrira qu'il n'est autre chose que le Soleil. Et quoi! le Soleil par-tout? Sans doute, s'il a été pour chaque Peuple l'origine de tout.

Pourquoi les *Albains* n'auroient-ils pas eu leur *Soleil-Roi* comme toutes les autres Nations?

L'Histoire d'Enée fait partie des Tems allégoriques: fils d'une Déesse, il fut lui-même adoré après sa mort comme un Dieu sous le nom de *Jou* ou *Jupiter Indigete*; & il se noya, dit-on, après un combat, dans le fleuve Numice, dans ce même fleuve où s'étoit noyée *Anna Perenna*, que nous avons vu n'être autre chose que l'Année renouvellée.

Ne sont-ce pas là autant de caractères allégoriques fortement exprimés, auxquels on ne peut se méprendre, & qui démontrent que les Albains, à l'imitation de tous les Peuples, mirent le *Soleil* au nombre de leurs Rois, sous le nom d'ENÉE LE TROYEN? D'ailleurs le mot *En*, *Ain*, &c. est le nom même du Soleil dans les langues Orientales; & s'il exista un Personnage quelconque appellé *Enée*, son nom prêtoit merveilleusement à l'allégorie.

PHARNACE.

N'omettons pas un DOUZIÈME Roi qui ne fut également qu'un Etre allégorique, PHARNACE, le Chef des Rois de Cappadoce & adoré comme un Dieu : nous avons vû plus haut qu'il fut le même que le Dieu Lunus ; & que son nom *Phar-nak*, signifie *flambeau de la nuit*.

APIS.

La Tragédie des SUPPLIANTES d'ESCHYLE nous en offre un autre exemple des plus remarquables. Ce Poëte fait parler ainsi Pélasgus Roi d'*Argos* (1). « La contrée que j'habite a porté autrefois le nom d'APIS, célèbre dans l'Art » de guérir les maux, & Devin habile. Ce fils d'Apollon vint de Naupacte ; » il délivra ces lieux, d'animaux qui en dévoroient les Habitans. La Terre, » souillée de sang, avoit engendré ces troupes monstrueuses de Serpens & de » Dragons. Apis étant parvenu à les détruire, fut un objet de vénération pour » les Argiens, qui donnerent à ce Pays le nom de leur Libérateur ».

Le Savant Traducteur demande avec raison, quel est cet *Apis*?

Ce Libérateur adoré par les Argiens sous le nom d'Apis, & dont le Péloponèse fut appellé *Apia* ; qui étoit un Devin habile, qui avoit l'Art de guérir les animaux, qui fit périr les Serpens dont le Pays étoit infecté, n'est autre que le *Soleil*, premier Dieu de tous les Peuples, & auquel on attribuoit toutes les qualités réunies ici dans *Apis*. Ce mot d'ailleurs signifie *Pere*. S'il vint de *Naupacte*, c'est que Naupacte étoit le Port de Mer le plus célèbre de ce canton & où débarqua sans doute la Colonie qui vint peupler le Péloponèse & qui y porta avec elle le culte du Soleil.

On ne pouvoit donc mieux désigner cet Astre & ses heureuses influences que par les traits sous lesquels le représente ici Pélasgus, ou plutôt Eschyle : mais comment arriva-t-il, qu'*Apis* fut regardé comme le fils d'Apollon & non comme Apollon lui-même ? Sans doute par une équivoque du langage. *Apis* étoit appellé fils *de la lumiere*, & on aura pris *lumiere* pour le nom d'*Apollon* Dieu de la lumiere. D'ailleurs, les Grecs avoient multiplié, sans fin

---

(1) Act. II. Sc. Traduction de M. LE FRANC DE POMPIGNAN.

toutes ces Généalogies allégoriques, comme nous le verrons à l'article d'*Io*, fille également du premier Roi d'Argos.

Ne doutons pas qu'en ouvrant les Faſtes des anciennes Nations, on ne trouvât une foule d'exemples de cette nature ; & nombre de Perſonnages à retrancher du Catalogue des Princes qui ont régné ſur la Terre, qui déſignoient également le Soleil, & que l'ignorance du langage primitif a fait prendre pour des hommes.

CHAPITRE II.

Perſonnages allégoriques relatifs à la LUNE.

CEt Aſtre donna également lieu à un grand nombre de Perſonnages allégoriques, qu'on a ſouvent confondus avec des Perſonnages hiſtoriques. S'il n'eſt pas difficile de les diſtinguer, il l'eſt peut-être de ſe perſuader que des Etres qu'on a toujours cru appartenir à l'Hiſtoire, n'appartiennent qu'à l'allégorie : mais obſervons les faits, & les conſéquences qui en réſultent n'auront point de peine à ſe faire adopter.

I. *Les* GORGONES *&* MÉDUSE.

De toutes les Fables Mythologiques, la plus difficile à expliquer eſt peut-être celle des Gorgones & de Méduſe. L'Abbé BANIER lui a conſacré trente pages (1) ; il montre qu'on a vû dans les Gorgones des Héroïnes, des animaux ſauvages & féroces, des filles économes & laborieuſes, des prodiges de beauté, des monſtres de laideur, des Courtiſannes ſcandaleuſes, des Jumens. Lui-même en fait une expédition maritime. Voilà au moins huit opinions différentes, qui n'ont nul rapport entr'elles, qui n'en ont aucun ni avec le reſte de la Mythologie, ni avec le langage allégorique ; ce langage, qu'il ne faut jamais perdre de vue ſi on veut entendre les tableaux Mythologiques, dont l'intelligence dépend néceſſairement de l'enſemble. Telle eſt l'Hiſtoire des Gorgones.

---

(1) Tome VI. p. 171. &c.

» Phorcus fut pere des GORGONES, dit HÉSIODE (1): elles demeurent au-
» delà de l'Océan, à l'extrémité du Monde, près du séjour de la nuit.... Leurs
» noms sont *Stheno, Euryale*, & *Méduse* si célebre par ses malheurs: elle étoit
» mortelle, au lieu que ses deux sœurs n'étoient sujettes ni à la vieillesse ni à
» la mort.... Persée coupa la tête à Méduse, & du sang qui en sortit naquirent
» le Héros Chrysaor & le Cheval Pégase. Chrysaor tira son nom d'une épée
» d'or qu'il tenoit à la main au moment de sa naissance. Dans la suite, il de-
» vint amoureux de Calirrhoé fille de l'Océan, & il en eut Géryon, ce fameux
» Géant à trois têtes. Pégase fut ainsi nommé, parce qu'il étoit né près des
» sources de l'Océan: il quitta la terre aussi-tôt & s'envola vers le séjour des
» Immortels. C'est-là qu'il habite dans le Palais même de Jupiter, dont il por-
» te les éclairs & le tonnerre.

D'autres Auteurs ajoutent à ces circonstances, qu'elles n'avoient qu'un
œil dont elles se servoient l'une après l'autre; qu'elles avoient des Serpens pour
cheveux, & que de leur seul regard elles tuoient les hommes. On dit de plus
que Persée surprit l'œil des Gorgones dans le tems qu'elles se l'envoyoient mutuellement; que la tête de Méduse étoit sculptée sur l'Egide & sur la Cui-
rasse de Minerve; & que le Cheval Pégase servit à Bellerophon pour aller
combattre la Chimère.

Chercher dans ce conte de Fées, des faits historiques, c'est vouloir s'égarer de gaieté de cœur: aussi, tous les efforts qu'on a faits pour y parvenir,
ont toujours été en pure perte. Il ne reste de ressources pour l'explication de
cette Fable singuliere, que celles qu'on peut trouver dans le style allégorique
de l'antiquité.

Trois sœurs, qui demeurent à l'Occident, qui n'ont qu'un œil, & dont
deux sont immortelles tandis que la plus jeune est mortelle, ne peuvent
peindre que les états successifs d'un même objet qui recommence sans cesse
ses révolutions; qui les commence à l'Occident; & qui, dans chaque révolution, éprouvant trois états différens, semble au troisième expirer, cesser
d'être.

Cet objet d'ailleurs est rond & lumineux, puisque ces trois prétendus
Personnages ont un œil & que cet œil sert pour tous les trois; & cet objet est
un objet nocturne, puisqu'il tue les hommes d'un seul regard: c'est-à-dire,
puisque dès qu'il paroît, les hommes paroissent comme morts, étant alors

---

(2) Bouclier d'Hercule.

HISTOIRE ALLÉGORIQUE

ensevelis dans un profond sommeil. Celui qui tue à leur tour ces trois Personnages, doit être le jour, la lumière, le Soleil qui les fait disparoître lui-même par son éclat.

Qui n'apperçoit maintenant que cet œil toujours à l'Occident & pendant le regard duquel les hommes sont ensevelis dans le sommeil comme s'ils avoient été tués par ce regard, est la Lune dont les révolutions commencent toujours à l'Occident; que ses trois états, sont ses quartiers différens; que de ces trois états appellés *Gorgones*, les deux premiers sont au rang des Immortels, parce qu'alors la Lune est toujours brillante: que la troisiéme Gorgone est mortelle, parce qu'elle désigne la Lune qui a cessé d'être visible : & si Persée met cette derniere à mort, c'est qu'il est le Soleil, dont l'arrivée fait disparoître la Lune?

Ceci acquerra un plus grand dégré de certitude, si on observe que les Anciens appelloient la Lune *Gorgonion*, comme nous l'apprenons de CLEMENT d'Aléxandrie (1), d'après le Traité d'EPIGENES sur Orphée: & que ses quartiers s'appelloient *Moerai*, ou les Parques; tout comme on donnoit le nom de *Leukostoloi* à ceux qui sont en robe blanche ou éclatante, & comme on appelloit la nuit *Argis* ou l'Oisive.

Du sang de Méduse naquit le Héros Chrysaor & le Cheval Pégase. Le premier tira son nom, à ce qu'on dit, d'une épée d'or qu'il tenoit à la main au moment de sa naissance: il devint amoureux de Callirrhoé, fille de l'Océan, & il en eut Geryon, ce fameux Géant à trois têtes. Ces personnages ne seront pas difficiles à expliquer.

CHRYSA-OR est composé d'*Or* ou *Orus*, nom d'Apollon; & de *Chrysa*, le Blond. Ce mot étoit donc une épithète d'Apollon; nous la trouvons employée de même dans l'Hymne à Apollon, attribuée à Homère:

Οὐδ' ἄρ Ἀπόλλωνα ΧΡΥΣΑΟΡΑ θήσατο Μήτηρ.

Apollon Chrysaor ne fut pas allaité par sa Mere.

Ce qui trompa les Grecs qui expliquoient ce nom par *épée d'or*, c'est que le mot Grec *Aor* signifie en effet une épée. Dans ce sens, il s'appliquera également à Apollon, puisque ses rayons peuvent être regardés comme des lames acérées qui percent & pénetrent.

---

(1) Strom. p. 675. de l'édit. de POTTER.

DU CALENDRIER. 489

Apollon épouse CALIR-RHOÉ, mais ce mot composé signifie *mouvement parfait* ou *sans interruption* ; il désigne la succession constante des tems.

De ce mariage naît GERION à trois têtes : mais nous avons vu dans la Grammaire Universelle que GER signifie *révolution, cercle*. Cette révolution à trois têtes n'est donc que l'*Année aux trois Saisons*, fille du Soleil & du Tems qui se meut sans cesse. Et c'est de Geryon qu'Hercule conquit les Vaches, puisqu'au Cultivateur de la Terre appartient l'abondance annuelle qu'il fait naître.

Le Cheval PEGASE naît aussi de ce mariage ; c'est un symbole énergique du Soleil & du Tems qui fuyent au grand galop ; ce que désigne פגס, PeGaS, mot oriental qui signifie *celui qui vient au devant, qui arrive* : telle est l'occasion, le *tems* qu'on ne peut saisir que par devant.

Enfin, PERSÉE est un mot qui signifie dans tout l'Orient un Cavalier : c'est de ce mot qui s'est aussi prononcé *Phers* & *Fars*, qu'est venu l'Allemand *Pferd*, un Cheval. De ce mot vint aussi, à ce qu'on croit, le nom du Royaume de *Fars* ou de *Perse* ; ses Habitans ayant toujours été réputés bons hommes de Cheval, excellens Cavaliers, tels que les *Parthes*, dont le nom fut le même.

On ne peut entendre par-là que la lumiere du Soleil, qui produit Apollon ou l'Harmonie & le Tems, l'Année & les Saisons, & qui s'élance avec la rapidité d'un Cavalier.

II. HÉLÈNE.

La Lune s'appelle en Grec *Sélene*, mais ce mot n'est qu'une prononciation adoucie du nom primitif de la Lune dans la même langue ; c'étoit *Hélène*, le féminin de *Hélios*, Soleil, venus l'un & l'autre du primitif HEL, *éclat, lumiere*. Les Grecs en firent *eleñé* ; un flambeau ; *Helè* & *Heilè*, la chaleur du Soleil ; *Selaô*, briller ; *Selas*, lumiere, splendeur. Ces mots en *Hel* & en *Sel*, peignant tous l'idée de lumiere, sont deux portions d'une seule & même famille, dont quelques mots se sont adoucis, tandis que d'autres ont conservé l'aspiration primitive.

C'est cette HELENE céleste qu'on adoroit à Lacédémone & à Athènes & en faveur de laquelle on célébroit des fêtes, appellées *Elenies* dans la premiere de ces villes, & *Elénophories* dans la seconde. Les Éléniés se célébroient dans le Temple même d'Héléne ; les jeunes filles formoient ce jour-là, dit Hésychius, une Procession où elles paroissoient sur des Mules ou dans des Chars faits de roseaux ou de joncs tissus.

Dans les Elénophories, on se servoit de vases également de roseaux ou de joncs pour porter les Mystères de la Déesse.

Hist. du Cal. Qqq

Mais seroit-ce l'*Héléne*, femme de Ménélas, Maitresse de Pâris, la cause de la ruine & des Grecs & des Troyens, qu'on auroit adorée dans Lacédémone, à laquelle on auroit élevé des Temples, que les Vierges auroient invoquée, pour en apprendre, quoi ! à être infidéles à leurs maris, à se plonger dans l'adultere, à incendier leur Patrie ?

Que l'on convienne donc que les Grecs eux-mêmes reconnurent une Divinité appellé *Héléne*, & que cette Héléne n'est pas celle de la guerre de Troye; ou plutôt que cette derniere n'est qu'une allégorie relative à la vraie Héléne, à la Reine des Cieux & femme successivement de deux maris, du Soleil d'Hyver & du Soleil d'Eté ; l'un vieux & cassé, *Ménélás* ; l'autre jeune & brillant, *Páris*. Nous exposerons quelque jour les allégories qu'Homère fit entrer dans son Iliade ; en attendant, personne ne contestera que tout ce qu'on a dit sur le Berger *Páris* & sur la sentence par laquelle il adjugea la pomme à Vénus, sont autant d'allégories ingénieuses & qu'on ne sauroit prendre à la lettre.

III. *EUROPE*.

L'enlevement d'EUROPE sœur de Cadmus, est aussi une allégorie relative à la Lune ; ce nom signifiant l'*Occidentale*, tandis que Cadmus signifie l'*Oriental*. Comme nous en avons traité ailleurs dans un grand détail (1), nous nous contenterons d'ajouter ici en preuve, qu'Europe étoit fêtée dans l'Isle de Créte sous le nom d'*Ellôtie*, mot qui est également un dérivé du mot *Hel* & qui désigne cette Déesse comme une source de lumiere. Dans cette fête, on promenoit le cercueil d'Europe surmonté d'un bouquet ou couronne de myrte dont la circonférence étoit de dix coudées.

Les Habitans de Corinthe célébroient la même fête à l'honneur de Minerve & sous le même nom d'*Helloties* ; ce qui n'est point surprenant, puisque Minerve est la même que la Lune. Dans celle-ci, les jeunes gens couroient avec des flambeaux allumés.

IV. *BASILÉE*.

Les Peuples d'Afrique appellés Atlantes, avoient également imaginé des allégories relatives au Soleil & à la Lune. Selon eux, *Uranus* & *Titée*, ou le Ciel & la Terre, qui reçurent après leur mort des honneurs divins, sous le nom du *Ciel*, ou du *Roi éternel*, & sous celui de la *Terre*, eurent deux filles nom-

---

1 Alléz. Orient. p. 248. & suiv.

DU CALENDRIER. 491

mées BASILÉE ou la REINE par excellence, & *Rhéa* ou *Pandore*, & un fils appellé *Hypérion*.

Ce fils & la premiere de ses sœurs se marierent ensemble & ils eurent une fille & un fils appellés *Séléne* & *Hélion*, admirables par leur beauté & par leur vertu. Ce dernier fut jetté dans l'Eridan par ses oncles qui venoient de massacrer son pere; & *Séléne*, de désespoir se précipita du haut de son Palais. Vivement affligée de ces événemens tragiques, Basilée court sur les bords du fleuve pour chercher son fils: elle s'y assoupit par l'excès de la fatigue & de la douleur : alors Hélion lui apparoît, & lui prédit que les Titans seront punis de leur cruauté ; qu'elle & ses enfans seront mis au rang des Dieux ; que le flambeau céleste ou le feu sacré qui éclaire les hommes s'appelleroit désormais *Hélion* ; & que la Planette qui se nommoit auparavant *Méné*, prendroit le nom de *Séléne*.

Basilée, à son réveil, raconte son rêve, ordonne qu'on rende à ses enfans des honneurs divins; & prenant en main les jouets de sa fille, elle parcourt l'Univers, courant avec ses cheveux épars & dansant au son des cymbales, au grand étonnement de ses sujets, qui voulurent l'arrêter par compassion pour son état; mais dès qu'on l'eut touchée, malgré ses ordres, le Ciel paroît en feu, il tombe une pluie affreuse mêlée d'horribles coups de tonnerre, & Basilée disparoît aussi-tôt.

Alors les Peuples la mettent au rang des Déesses sous le nom de la *grande Mere des Dieux*. Ils lui offrent des Sacrifices, au bruit des Tambours & des Cymbales, & ils adorent ses enfans, *Hélion* & *Séléne*, comme étant les flambeaux de l'Univers.

Est-il difficile de voir que ce récit est une allégorie, & qu'elle est relative au Soleil & à la Lune?

Uranus signifie le Ciel, ou le Dieu Suprême, le Roi éternel; *Titée*, la Terre; *Rhéa*, la Terre cultivée, ou *Pan-dore*, source de tous les dons, de tous les biens?

Basilée est la Reine; la Reine des Cieux, ou la Lune.

Hypérion est le Très-Haut, ou le Soleil: tandis qu'*Hélion* est également le Soleil; & que *Mené* ou *Séléne* est la Lune.

Ne soyons pas surpris de voir ici deux générations en quatre noms, même six, qui ne désignent que deux objets.

Hypérion, *Hélion* & *Ménès* se rapportent tous trois au *Soleil*; & *Basilée*, *Méné* & *Séléne*, à la Lune, la grande Reine des Cieux, la grand-Mere des Dieux.

Qqq ij

Mais d'où provient cette multiplicité de générations pour déligner le même objet ? Uniquement, des différens noms que portoient la Lune & le Soleil chez divers Peuples.

En Phénicien, ils s'appelloient *Aſtarté* & *El* ou Hypérion, c'eſt-à-dire, la *Reine* des Aſtres & le Très-Haut. En ancien Grec, Mènès & Mènè. En Gréce, *Séléne* & *Hélion*.

On diſoit donc que les deux premiers avoient produit les ſuivans. C'eſt comme ſi nous diſions, que *Sol* & *Luna* ſont le pere & la mere des Etres que nous appellons le *Soleil* & la *Lune*.

Les Titans conſpirent contre *Hypérion* & *Hélion*, & ceci eſt vrai ; car les *Titans* ou les *Princes du feu* ſont les conſtellations, qui par leur arrivée font diſparoître le Soleil ; & à ſa ſuite, ſe précipite du haut de ſon Palais Séléne ou la Lune, puiſqu'elle ſe couche après le Soleil ; & que les conſtellations ou *Titans*, ne peuvent briller que lorſque ces deux Aſtres ne ſont plus.

Les courſes de Baſilée auprès du fleuve dans lequel avoit été noyé ſon fils, & les danſes & les jeux qui accompagnoient ces courſes, ſont une répétition des Fables par leſquelles on repréſentoit l'éloignement du Soleil, ou les révolutions des années ſous l'emblême d'un perſonnage noyé dans un fleuve.

De cette même famille naquirent *Heſperus* ou la Planette de Vénus, & les ſept *Atlantides* ou les Pleyades : il étoit bien juſte que les conſtellations qui ſervoient de baſe au Calendrier, entraſſent dans les allégories aſtronomiques, & fiſſent partie de la Famille d'Uranus.

V. Io ou Ioh.

Io étoit, ſelon les Grecs, fille d'Inachus premier Roi d'Argos : elle fut enlevée par Jupiter qui l'emmena en Créte, & en eut un fils nommé *Epaphus* qui fut Roi d'Egypte & pere de Lybie : Io, paſſa enſuite en Egypte, où elle épouſa Oſiris ; & celui-ci, ſelon pluſieurs Mythologiſtes, étoit le même qu'Apis fils de Phoronée ſecond Roi d'Argos, & qui ayant laiſſé le Royaume à ſon frere Egialée, alla s'établir en Egypte.

Mais Io, avant ſon établiſſement dans cette contrée, eut beaucoup à ſouffrir de Junon, qui la mit ſous la garde d'Argus aux cent yeux, après l'avoir changée en vache, & lui avoir fait parcourir tout l'Univers.

Eſchyle s'étendit ſur cette Hiſtoire d'Io dans deux de ſes Tragédies, les *Suppliantes* & *Prométhée*.

DU CALENDRIER.

Voici le précis de ce qu'il en dit dans la premiere de ces piéces (1). Io, fille d'Inachus, raconte à Prométhée que pour obéir à un Oracle, elle fut obligée d'abandonner la maison paternelle; qu'aussi-tôt elle est changée en vache; qu'un insecte la poursuit par-tout & la désole par ses piquures. Elle demande en même tems à Prométhée, jusques à quand elle doit souffrir. Celui-ci lui fait la description des contrées qu'elle doit parcourir, & lui annonce que lorsqu'elle sera arrivée en Egypte, elle y fondera pour elle & pour ses enfans une nombreuse Colonie: qu'elle aura pour fils le noir Epaphus qui sera Roi d'Egypte & de qui sortiront les 50 Danaïdes, dont il prédit en même tems les aventures.

Ce Poëte répéte à peu près la même chose dans les Suppliantes, mais d'une maniere beaucoup plus abrégée.

Cette Histoire de la métamorphose d'Io en vache & de ses courses vagabondes, n'est qu'une allégorie relative à la maniere symbolique dont on peignoit la Lune en Egypte. Ioh est le nom Egyptien de la Lune, & si on la suppose changée, c'est parce que la vache étoit son Symbole, comme nous l'avons vû tant de fois. On suppose qu'Io fut obligée de parcourir l'Univers, parce que la Lune est sans cesse occupée à ce voyage; on la suppose surveillée par Argus aux cent yeux, parce que ce mot désigne le Ciel étoilé: elle est elle-même fille d'un Roi d'Argos, puisque ce nom signifie le *brillant*, *l'éclatant*. D'elle naissent Egyptus & Danaüs qui ont 50 enfans chacun, puisque les 50 semaines, & de nuit & de jour, sont l'effet des révolutions de la Lune.

VI. SEMIRAMIS.

SÉMIRAMIS étoit Reine d'Assyrie & belle-fille de Bélus, ayant épousé son fils Ninus. On raconte & du mari & de la femme, des choses étonnantes. Ninus, dit-on, avoit à ses ordres une armée immense composée de toute la jeunesse de son Royaume. Avec son secours, il fit la conquête de Babylone, de l'Arabie, de l'Egypte, de la Phénicie, de la Célé-Syrie, de la Pamphylie, de la Lydie, de la Carie, de la Phrygie, de l'Asie mineure entiere, de tous les Pays situés sur les bords de la mer noire, jusqu'au Tanaïs, de la Médie, de l'Hyrcanie, de la Susiane, de la Perse, de la Parthie.

Malheureusement cette armée conquérante alla échouer contre les Bactriens: elle étoit composée cependant de dix-sept cens mille hommes de pied,

_____

(1) Les Suppliant, Act. II. Sc. I.

de deux cens mille Cavaliers, & de seize cens chariots armés de faulx. C'est-à-à-dire, de deux ou trois millions d'hommes.

Ninus étoit prêt à renoncer honteusement à son entreprise & à voir sa gloire s'anéantir devant une forteresse, lorsque la femme du Chef de son Conseil, Sémiramis, trouva moyen de s'emparer de cette forteresse, & de terminer ainsi cette funeste guerre.

Il étoit juste que la naissance de cette Héroïne fût surnaturelle; sa mere Derceto ou Atergatis étoit la Déesse des Poissons. Honteuse de la foiblesse qui l'avoit rendue mere, elle exposa sa fille, dès qu'elle fut née : heureusement, des Colombes plus compâtissantes, en prennent soin : elles la nourrissent, avec le lait qu'elles trouvoient dans les cabanes voisines, & quand il fallut une nourriture plus solide, elles entament les fromages de ces cabanes. A ces fromages entamés, des Bergers la reconnoissent : *Simma*, Roi du Pays, l'adopte pour sa fille ; & le Chef de son Conseil, *Ménon*, touché de sa beauté extraordinaire, l'épouse (1).

Cependant Ninus plein de reconnoissance pour le service important que Sémiramis vient de lui rendre, & peut-être plus sensible encore à sa beauté, lui offre sa main & sa couronne : mais Sémiramis a un mari. Ninus propose à celui-ci en échange sa fille *Sosanna*, ou fleur de Lys. *Ménon* préfère de se pendre. Sosanna, Sémiramis, le Conseil dont il est Chef, l'amour de la vie, rien ne peut le retenir. Il meurt, tandis que son rival revient de la Bactriane rayonnant de gloire, yvre d'amour, & possesseur d'immenses trésors, en or & en argent.

Ajoutons qu'à sa mort, Sémiramis fut changée en Colombe ; & que c'est par cette raison que cet oiseau fut sacré pour les Assyriens, & qu'il devint leurs Armes Nationales.

Laisserons-nous l'Histoire en possession paisible de ce brillant recit ? Mais déja les Historiens sensés ne le rejettent-ils pas comme fabuleux ? Déja n'a-t-on pas vu que ces événemens ne pouvoient être arrivés ni au tems où on les place, ni de la maniere dont on les raconte ? Et que chaque Peuple, les Egyptiens sur-tout, attribuoient à des Héros tout aussi fabuleux, des exploits exactement de la même nature & des combats contre les Bactriens, qui n'étoient pas plus réels ?

---

(1) Diod. de Sic. Liv. II.

DU CALENDRIER.

C'est donc ici une Allégorie Orientale, d'autant plus précieuse, qu'elle vient des Syriens ou des Babyloniens, Peuple dont il reste si peu de monumens.

Il se peut qu'il ait existé dans l'Orient une Princesse nommée *Sémiramis*, & que cette Princesse ait fait de grandes choses ; mais ce n'est pas celle qui fut nourrie par des Colombes, adoptée par Simma, mariée d'abord à Ménon, puis à Ninus, & victorieuse des Bactriens. Celle-ci n'existe que dans l'allégorie : c'est une énigme dont le mot est *Sémiramis* & qui n'est pas difficile à expliquer.

La Déesse des Poissons étoit VÉNUS, née du sein des eaux, Symbole de l'eau premier principe de toutes choses & de la Nature Universelle, Mere de tous les Etres.

Quelle est la fille par excellence de cette Mere universelle ? *Sémiramis*, qu'on reconnoit à une forme ronde & entamée, qui est adoptée par *Simma*, qui devient épouse de *Ménon*, puis de *Ninus*, &c.

Mais *Simma* est le mot Oriental qui signifie le Ciel. Simma a un Conseil: mais le Conseil, l'assemblée des Cieux, sont les Astres ; leur Chef est le Soleil ou *Menon*, puisque le Soleil, comme nous l'avons vu, portoit ce nom chez la plûpart des Peuples & sur-tout dans les allégories.

Mais l'épouse du Soleil est la Lune : Sémiramis & la Lune sont donc une seule & même chose. Son nom le dit: *Sémi* est le Ciel; *Ra* ou *Ran* signifie Reine : la Lune est en effet la Reine des Cieux. *Yram* signifie merveille; *Semiram-is* signifieroit donc aussi, la merveille des Cieux : c'est à choisir.

C'est à une forme ronde entamée qu'on la reconnoit ; & n'est-ce pas le *Croissant* ?

Lorsque *Menon* n'est plus, Sémiramis épouse *Ninus*: & cela, tandis que vit *Sosanna* ou Fleur de Lys fille de *Ninus* : & tout ceci est vrai. *Menon* est le Soleil d'Hyver: *Ninus* signifie jeune, & c'est le Soleil du Printems, Soleil qui reparoît avec les graces de la jeunesse & qui renouvelle la Nature entière. Sémiramis ou la Lune est la femme successive de ces deux personnages : c'est *Hélène*, enlevée au vieux MEN-*elas* par le jeune *Páris*.

Sosanna, fille de Ninus, vient de *Sos* qui signifie *six*. Ce sont les six mois pendant lesquels domine Ninus : & si ce mot devint le nom des fleurs de Lys, c'est qu'elles sont à *six* feuilles.

C'est à la guerre contre les Bactriens que se rencontrent Ninus & Sémiramis: c'est donc une guerre comme celle d'Hercule contre les Amazones; le nom seul est changé. *Ktre* ou *Ktar* signifie la nuit ; *Be* ou *Ve* est l'article Oriental. Les Bactriens sont donc ceux qui demeurent dans l'Empire de la nuit, dont *Ninus*, le Soleil du Printems, triomphe avec le secours de la Lune ou de *Sémiramis*, qui devient sa femme, & cesse d'être celle de *Menon*, Soleil d'Hyver.

C'est un enlévement dans le goût de celui d'Héléne par Pâris; tous deux désignent le même objet; mais le récit Chaldéen paroît plus motivé que le récit des Grecs.

Sémiramis fut à sa mort changée en Colombe, & la Colombe devint par cette raison l'Oiseau sacré des Assyriens qui l'adopterent pour leurs Armes. Aucun de nos Lecteurs ne prendra cette métamorphose au pied de la lettre. On en conclura simplement que la Colombe étoit chez les Orientaux le Symbole des Assyriens & de la Reine des Cieux, de même qu'il désigna chez les Grecs *Vénus* qui a tant de rapport à la Lune.

La *Colombe* fut ainsi dans toute l'antiquité le Symbole du principe fécondé qui fait une portion si considérable de la Nature, tandis que la *Croix* ou le *Thau phallisé* désignoit le principe fécondant: l'un étoit la Lune, l'autre le Soleil, *Isis* & *Osiris*. Ces Symboles devinrent des marques d'honneur, de dignité, de croyance. Les Prêtres Egyptiens étoient armés de la Croix; les Assyriens portoient sur leurs Enseignes la Colombe.

Des Symboles pareils subsistoient dans l'Occident; ils y subsistent encore avec éclat: les femmes les portent en forme de collier, & divers Ordres s'en honorent.

VII. PASIPHAÉ, MINOS & THÉSÉE.

Autant MINOS, Roi de Créte, est célébre par sa sagesse, autant fut-il infortuné par ses malheurs domestiques. Son fils aîné ANDROGÉE, périt dans l'Attique, où il étoit allé pour assister aux Panathenées; & où il fut assassiné par Egée qui redoutoit ses liaisons avec ses neveux les 50 Pallantides. Et sa femme, PASIPHAÉ, lui devint infidelle par la plus étrange des passions. D'un Taureau blanc que Neptune, dit-on, avoit fait sortir de la mer, elle a un fils à tête de taureau qu'on appelle MINO-TAURE; & ce monstre, au lieu d'être étouffé, est enfermé avec soin par Minos dans un bâtiment merveilleux, le célébre labyrinthe de Créte, où tous les sept ans on livre à ce monstre sept jeunes garçons & sept jeunes filles d'Athènes que cette République est forcée de donner en tribut à Minos, parce que ce Prince, en vengeance de la mort de son fils, avoit déclaré la guerre à ce Peuple, avoit pris la ville de Megare, où regnoit Nysus, frere d'Egée, qui y fut tué & changé en épervier, & se seroit rendu maître d'Athènes, si par une paix honteuse cette ville n'eût prévenu sa propre perte.

Déja

DU CALENDRIER.

Déja, pour la quatriéme fois étoit payé ce tribut odieux, lorsque Thesée, que son courage & sa vertu avoient fait mettre au nombre des jeunes gens qu'on livroit au Roi de Créte, tua le Minotaure & se délivra avec tous ses compagnons d'infortune, en sortant du labyrinthe au moyen du fil que lui avoit donné pour cet effet Ariadne, propre fille du sage Minos, mais que l'amour força de trahir son Pere, sa Mere & sa Patrie. Cette Princesse eut cependant le malheur de n'obliger qu'un ingrat, ayant été abandonnée dans l'Isle de Naxos par celui qu'elle aimoit & auquel elle avoit tout sacrifié : heureusement, Bacchus qui parcouroit l'Univers la rencontre dans cette Isle, en devient amoureux & l'épouse : ainsi finit cette longue suite à jamais mémorable des malheurs de Minos & de sa famille.

Le premier Auteur de cette cruelle guerre, Egée, ne fut pas plus heureux; Thesée lui avoit promis, s'il revenoit vainqueur, de mettre des voiles blanches à son vaisseau; enyvré de joie, il oublie sa promesse, & son pere appercevant de loin ce vaisseau avec ses voiles de deuil, se précipite de désespoir dans la mer d'Athènes qui s'appella dès-lors Mer-Egée.

Enfin cette tragédie se termine par trois établissemens remarquables qu'institua Thesée, en mémoire de ces événemens étranges. Ce Prince ordonna donc qu'on célébreroit toutes les Années une Fête dans laquelle on exécuteroit la danse appellée la Grue, qui imitoit les entrelacemens du labyrinthe : qu'à l'avenir, il y auroit une monnoie qui porteroit l'empreinte d'un taureau & qu'on appelleroit Bœuf ; & que toutes les Années, on envetroit un Vaisseau à Delos pour offrir des sacrifices aux Divinités de cette Isle, Apollon & Diane, en reconnoissance de cette victoire & pour accomplir le vœu qu'en avoit fait Thesée lorsqu'il entra dans le labyrinthe : c'est ce Vaisseau qu'on appelloit Théorie ou *visite des Dieux*.

Verrons-nous dans ce récit étrange, une suite d'événemens historiques, défigurés par l'ignorance de quelques mots ? Ou l'altérant nous-mêmes, ne verrons-nous dans le Minotaure qu'un enfant ordinaire, &c. Croirons nous qu'un Roi de Créte, ayant à se plaindre de l'infidélité de sa femme, fit un Dieu de l'enfant qui en naquit, le renferma dans un Labyrinthe, édifice étonnant par sa beauté & par son étendue, le fit servir pendant vingt-huit ans par quatorze Athéniens des deux sexes ? Que le fils d'un Roi d'Athènes fut obligé d'aller égorger ce monstre ; & qu'il paya d'ingratitude sa libératrice & fut cause par son imprudence de la mort de son Pere ? En vain même on voudra distinguer deux Minos ; soutenir que celui dont il s'agit, n'est pas le Minos si célébre par sa sagesse ; on ne fera que s'embrouiller de plus en plus, sans répandre la moindre lumiere sur ces objets. Le seul moyen de les éclaircir, c'est de n'en rien suprimer, de ne les altérer en rien, de considérer l'ensemble en le comparant avec le Génie Allégorique de l'Antiquité.

Explication de cette Histoire, & 1°. du Minotaure.

Commençons par le MINO-TAURE. Ce mot est composé du nom de *Minos* & du mot *Taureau* : c'est mot-à-mot, le *Taureau de Minos*.

MINOS lui-même est un des noms du Soleil ; le *Mino-Taure* est donc le TAUREAU DU SOLEIL, le Taureau consacré au Soleil, tel qu'on en consacroit dans ces tems anciens à cet Astre.

Minos étoit fils de Jupiter, & le Soleil n'est-il pas un ouvrage de la Divinité & un des plus admirables ?

PASIPHAÉ est sa femme, mais ce mot est composé de ces deux mots Grecs *Pasi phaé*, Πασι φαη, qui signifient, *Flambeau pour tous* ; & qui peut être la femme de Minos ou du Soleil, si ce n'est celle qui sert de flambeau à tout l'Univers, Pasiphaé ou la Lune ?

Pasiphaé aime le Taureau blanc sorti des eaux: mais ce Taureau blanc n'est-il pas le Soleil lui-même sorti du sein des eaux au tems du cahos ? n'est-ce pas un de ses noms les plus communs dans l'Antiquité Allégorique ? comme nous le verrons plus en détail dans la Section suivante.

D'ailleurs, la Lune étoit elle-même, comme nous venons de le voir à l'article *Io*, représentée sous le symbole d'une Vache ; ainsi au lieu de dire que la Lune aimoit le Soleil, on disoit que *Pasiphaé* ou *Io* Vache, aimoit le Taureau blanc. On ajoutoit que le *Veau sacré* ou *Mino-taure*, étoit le fruit de ces amours: rien de plus conforme au génie de l'Antiquité. L'expliquer autrement, c'est gâter, estropier cette Antiquité : c'est la mutiler.

Le *Minotaure* étoit donc une statue semblable à celle du Veau d'or, consacrée au Soleil, & relative au culte qu'on rendoit à cet Astre.

Il n'est pas étonnant que ce culte Egyptien se trouvât dans l'Isle de Créte ; cette Isle avoit été une des premieres contrées de la Grèce qui se peuplerent de colonies orientales & qui en reçurent le culte du Taureau ou de la Vache.

Le Minotaure est renfermé dans le labyrinthe ; mais le labyrinthe étoit le Palais du Soleil; c'est le Temple dans lequel on l'adoroit ; c'est donc là où devoit être nécessairement son symbole.

Et c'est ce que signifie ce mot, composé de ces trois mots Orientaux, *la*, le ; *byr*, Palais ; *Inthe*, du Soleil ou Solaire ; mot à mot le *Palais du Soleil*. Ces mots

DU CALENDRIER.

se trouvent dans les langues de deux Peuples très-éloignés, les Hébreux & les Peruviens.

En hébreu *Ain* ou *In* signifie *Soleil*, & בירה, *Biré*, un Palais. Les Peruviens appelloient le Soleil IN-*ti* (le grand-œil); leurs Empereurs, IN-*cas*, mot à mot *Enfans* du Soleil, comme les Rois d'Argos s'appelloient *Bel-ides*, Enfans de Belus ou du Soleil; & le Palais de leurs Incas s'appelloit IN-*ca* PIR-*ca* (1). Ce ne sont pas les seuls mots Peruviens qui soient Orientaux.

Ajoutons que ce Minotaure, étoit représenté dans le goût Egyptien, en homme à tête de taureau; on le voit sous cette forme sur deux Médailles Athéniennes, qui représentent le combat de Thésée avec ce monstre, & qui sont dans le beau Recueil de M. PELLERIN (2).

Du Tribut des Athéniens.

Tous les sept ans, les Athéniens envoyoient à ce Minotaure sept jeunes garçons & sept jeunes filles. On ne peut méconnoître ici un culte religieux, qui revenoit comme les Jubilés Hébreux, tous les sept ans, & qui étoit relatif au Soleil comme Chef de l'harmonie céleste, composée dans l'ordre septenaire.

Les sept jeunes garçons, les sept jeunes filles étoient les deux chœurs qui chantoient les hymnes à l'honneur de Minos & de Pasiphaé, ou du Soleil & de la Lune, d'Apollon & de Diane : ils étoient envoyés en effet tous les sept ans, à chaque fin de Cycle.

Du Vaisseau noir.

Le Vaisseau qui conduisit Thésée & les autres jeunes gens qu'Athènes envoyoit au Minotaure, étoit tendu de noir; à cause, disoit-on, de l'affliction que causoit aux Athéniens un pareil envoi; & Egée avoit fait promettre à son fils de mettre des voiles blanches à son vaisseau, s'il revenoit vainqueur du Minotaure.

Ne voyons point ici un usage particulier, effet de la douleur que causoit le sort malheureux de Thésée & de ses compagnons d'infortune. Ce n'est qu'une allusion à un usage religieux des Anciens.

Dans les cérémonies expiatoires, tout étoit noir & lugubre jusqu'aux habits

---

(1) M. de la Condamine dans son Mém. sur les anciens Monumens du Pérou, Mém. e Berlin pour l'année 1746.

(2) Médail. d'Europe, Planch. XXII. num. 6 & 7.

HISTOIRE ALLEGORIQUE

lemens, afin de marquer la triftefse dont on étoit pénétré pour avoir déplu à la Divinité fuprême : l'envoi du Vaiſſeau Athénien étant relatif à une pareille cérémonie, étoit donc néceſſairement tendu de noir.

On trouve dans Homère une alluſion à ces cérémonies & l'envoi également d'un vaiſſeau noir : c'eſt au ſujet de la fille de Chryſès, Prêtre d'Apollon, que les Grecs firent ramener à ſon Pere afin d'appaiſer la colere d'Apollon & d'en obtenir la délivrance de cette peſte cruelle qui ravageoit leur armée. Ce Poëte fait parler ainſi Agamemnon (1).

» Mettons ſans différer le Vaiſſeau noir en mer ; plaçons-y l'élite de nos ra-
» meurs ; chargeons-le de nos offrandes.... Qu'il ſoit conduit par un de nos
» Chefs les plus diſtingués.... afin que s'acquittant des cérémonies ſacrées, il
» appaiſe à notre égard HECAERGE » (Apollon dont les influences ſe font ſentir au loin).

Ce nom d'*Hecaerge* eſt celui qu'on donnoit à Apollon dans les Fêtes d'expiation. Il étoit commun à ce Dieu avec ſa ſœur Diane ; mais on le prononçoit pour celle-ci *Hecaergé*. Il n'eſt donc pas étonnant que ce nom ſe trouve dans l'Hymne de Callimaque, au ſujet de la Fête d'expiation qu'on célébroit toutes les années dans l'Iſle de Delos. Les Peuples Hyperboréens, diſoit-on, envoyoient toutes les années des préſens dans l'Iſle de Delos : la premiere fois ils y furent portés par trois Vierges du Sang Royal & Sacerdotal, & ces trois Vierges s'appelloient, ſelon Callimaque, OUPIS, LOXOS & HECAERGÉ. Ces noms ont été barbares pour tous les Savans : mais on ne peut y méconnoître une alluſion aux trois Divinités de Delos, LATONE, APOLLON & DIANE.

OUPIS, la même qu'Opis ou Rhéa, eſt la même que Latone. HECAERGÉ eſt Diane, ſœur d'*Hecaerge*, & réunis dans une Hymne dont Clément d'Alexandrie nous a conſervé ce vers (1) :

Μέλπετε, ὦ παῖδες, Ἑκαίργον καὶ Ἑκαίργην.
Jeunes Gens, chantez Hecaerge & Hecaergé.

Loxos ſignifie l'oblique & déſigne parfaitement Apollon ou le Soleil dont le cours eſt oblique.

Il n'eſt donc pas étonnant qu'Homère ait employé ce nom dans cette occa-

---

(1) Iliad. Chant I. 141. &c.
(2) Stromat. Liv. V.

DU CALENDRIER.

sion & qu'il l'ait répeté en parlant des cérémonies qui suivirent l'expiation. » La Jeunesse Grecque, dit-il, passa la journée à chanter pour appaiser la Divi- » nité ; ils chanterent un joyeux *Péan* (nom des Hymnes d'Apollon), en » célébrant Hecaerge. »

Ajoutons que ce Poëte fait purifier l'armée entiere par Agamemnon lors du départ du Vaisseau ; & qu'il dit qu'après les purifications, on jetta dans la mer tout ce dont on s'étoit servi pour cette cérémonie ; ensorte qu'on voit ici une peinture de ce qui se passoit à Athènes au moment du départ du Vaisseau sacré pour Delos.

N'omettons pas qu'il dit qu'en revenant à l'armée , le Vaisseau arbora des voiles blanches.

Voyages du Vaisseau sacré à Delos substitués à ceux qu'il faisoit dans l'Isle de Créte.

Thesée détruisit le Minotaure; & en conséquence le Vaisseau sacré des Athé- niens fit toutes les années le voyage de Delos, pour en rendre graces à Apollon & à Diane. Mais cette guerre est une guerre allégorique , qui rend raison en effet du voyage annuel à Delos. C'est que Thesée , qui changea la face de l'Attique, fit cesser les voyages septenaires d'Athènes à l'Isle de Créte , & y substitua le voyage annuel à l'Isle de Delos, plus commode sans doute & plus favorable aux changemens qu'il avoit introduits dans ses Etats : ainsi, il fit périr en un sens le Minotaure de Créte , puisqu'il en abolit le culte.

D'Ariadne.

Thesée emmena en même tems Ariadne hors de Créte , & puis il la laissa dans l'Isle de Naxos où elle épousa Bacchus.

Mais c'est encore une allégorie très-ingénieuse. ARIADNE signifie un vignoble, un côteau délicieux. On dit qu'elle épousa Bacchus dans l'Isle de Naxos, parce que cette Isle étoit couverte de vignobles qui produisoient d'excellens vins : aussi , les Naxiens disoient que Bacchus étoit né chez eux ; & une grappe de raisin formoit leurs Armoiries.

ATHENÉE , parlant du vin de Naxos, se compare au nectar ; & le Temple que les Naxiens avoient élevé à Bacchus , étoit renommé dans toute l'Anti- quité.

Ces Naxiens fonderent en Sicile une colonie du même nom, célébre également par ses vins.

Si Théfée laissa Ariadne à Naxos, c'est qu'il y transplanta les premiers seps de vigne qui y aient été établis ; aussi les deux enfans qu'on disoit qu'il avoit eus d'Ariadne s'appelloient STAPHYLÉ & ŒNOPION, *raisin mûr & vin bon à boire*.

De Nisus & d'Androgée.

EGÉE, qui se jette dans la mer Egée & qui lui donne son nom, n'est qu'une étymologie à la Grecque.

NISUS son frere, changé en Epervier, est encore une allégorie relative au nom même de *Nisus*, qui signifie en effet un *Epervier* dans les langues d'Orient : il désigne sans doute ici le *vent du Nord* que les Egyptiens peignoient sous la figure d'un Epervier ; & qui empêchant qu'on pût aller de l'Isle de Créte à Athènes, conduisoit très-bien d'Athènes en Créte. Ainsi, les flottes de Créte ne pouvoient faire ce voyage, qu'après s'être rendu maîtresses de *Nisus*.

Ajoutons que l'Epervier peignit les vents du Nord, parce qu'au retour du Printems, & lorsqu'il mue, il s'avance vers le midi, tenant ses aîles étendues & regardant d'où vient le vent chaud. C'est par cette même raison qu'on fait demander à Job par la Divinité (1), » est-ce par un effort de votre industrie, » que l'EPERVIER secoue ses vieilles plumes pour s'en délivrer, & qu'il étend » ses aîles en regardant le côté du midi ? »

ANDROGÉE, fils d'Egée, portoit un nom très-favorable pour le sens que nous donnons à cette allégorie entiere : il signifie *Mari de la Terre* ; c'est le nom du Laboureur. Qu'eût fait le Laboureur à Athènes, pays montagneux ? aussi le Pere d'Androgée ne prit-il que *Megare* pays de blés.

---

(1) Chap. XXXIX. v. 29.

SECTION III.

Personnages Allégoriques relatifs aux Productions de l'Année.

CHAPITRE PREMIER.

Histoire d'Osiris.

ARTICLE PREMIER.

Récits des Anciens touchant Osiris.

Deux Anciens nous ont laissé une Histoire fort étendue d'Osiris, Plutarque & Diodore; celui-ci, dans son Histoire Universelle; celui-là, dans son Traité d'Isis & d'Osiris, dédié à une Dame nommée Cléa qui étoit à la tête du Collége des Prêtresses de Delphes, & à laquelle il avoit dédié également son Traité des *Vertus des femmes.* » En vous attachant ainsi, dit-il à cette Da- » me, à vous former de justes notions de la Divinité, vous lui serez plus agréa- » ble que par les sacrifices & par les hommages extérieurs : & vous vous » préserverez de la superstition qui n'est pas moins funeste que l'athéisme ». Un pareil langage vis-à-vis une personne chargée de présider aux Sacrifices & au détail des dévotions populaires, est le plus grand éloge qu'on en pût faire.

Nous réunirons en un seul récit, ce que ces deux Auteurs nous apprennent à l'égard d'Osiris : le premier s'étend davantage sur ses malheurs, & le second sur les Arts qu'il inventa pour le bonheur du genre humain : l'un s'attache plus à l'Histoire ; l'autre, à la Cosmogonie ou Théologie des Egyptiens.

Tous deux disent qu'Osiris naquit le premier des jours épagomènes. Au tems de sa naissance, assure Plutarque, on entendit une voix qui prononça ses paroles, *le Seigneur de toutes choses est venu au monde.* Selon d'autres, un

Perſonnage nommé *Pamyles* allant chercher de l'eau au Temple de Jou dans Thébes, entendit une voix qui lui ordonnoit d'annoncer que *le Bienfaiſant & le grand Roi Oſiris étoit né* ; qu'en conſéquence, Saturne confia à cet homme l'éducation de ſon fils : & que c'eſt en mémoire de cet événement que furent inſtituées les *Pamylies*, fête dont nous avons parlé, & qui eſt parfaitement ſemblable aux *Phallephories* de la Gréce.

„ Oſiris, ajoute Plutarque, étant devenu Roi d'Egypte, s'appliqua à civili-
„ ſer ſes ſujets, en les retirant de la vie miſérable & barbare dans laquelle ils
„ étoient plongés ; il leur enſeigna à cultiver & à perfectionner les fruits
„ de la terre ; il leur donna un corps de loix propres à les conduire. Il leur
„ enſeigna de quels ſentimens ils devoient être pénétrés envers la Di-
„ vinité, & comment ils devoient les manifeſter. C'eſt avec ces excel-
„ lentes diſpoſitions au bien, qu'il parcourut le reſte de l'Univers, enga-
„ geant les Peuples à ſe ſoumettre à ſes inſtitutions, non par la force des ar-
„ mes, mais par la force de ſes raiſons, préſentées de la maniere la plus
„ agréable ; c'étoit par des Hymnes & par des Chanſons, accompagnées
„ d'une muſique raviſſante ; auſſi les Grecs en concluent qu'il eſt le même
„ que *Dionyſus*, (le *Bacchus* des Latins).

Diodore eſt beaucoup plus circonſtancié ſur cette portion de l'Hiſtoire d'Oſiris. „ Osiris, dit-il, a été appellé *Bacchus*, & Iſis *Cérès*. *Oſiris* ayant épouſé
„ *Iſis*, il fit pluſieurs choſes utiles ; il abolit la coutume qu'avoient les hom-
„ mes de ſe manger les uns les autres, & établit en place la culture des fruits.
„ Iſis, de ſon côté, leur donna l'uſage du froment & de l'orge.

„ Dans le tems de la moiſſon, les Egyptiens mettent debout une gerbe
„ autour de laquelle ils pleurent en invoquant Iſis, & célébrent ainſi, dans le
„ tems le plus convenable, la mémoire de ſa découverte. Outre cela, il y a
„ quelques Villes où dans les fêtes d'Iſis, on porte des épis de blé en recon-
„ noiſſance de ce grand bienfait. On dit de plus qu'Iſis a donné les premieres
„ Loix aux hommes & leur a enſeigné à ſe rendre juſtice les uns aux autres &
„ à bannir d'entr'eux la violence, par la crainte du châtiment. C'eſt pour cela
„ que les Grecs ont donné à Cérès le nom de *Theſmophore* ou légiſlatrice......

„ Oſiris aima l'*Agriculture*, parce qu'il avoit été élevé à *Nyſe*, Ville où
„ cet Art étoit en honneur. Du nom de Jou ſon pere, joint au nom de cette
„ Ville, les Grecs l'ont appellé *Dionyſus*.

„ On dit auſſi qu'il obſerva le premier la Vigne, dans le territoire de Ny-
„ ſe ; & qu'ayant trouvé le ſecret de la cultiver, il but le premier du vin, &
„ apprit aux hommes la maniere de le faire & de le conſerver.

„ Il

DU CALENDRIER.

» Il honora Hermès (ou Mercure,) parce qu'il le vit doué d'un talent ex-
» traordinaire pour tout ce qui peut contribuer au bien de la société....

» Osiris étoit né bienfaisant & plein d'amour pour la gloire : il assembla,
» dit-on, une grande armée dans le dessein de parcourir la Terre, pour ré-
» pandre par-tout ses découvertes, sur-tout l'usage du blé & du vin...... Avant
» de partir, il laissa à Isis l'administration de son Etat; il lui donna pour Con-
» seiller & pour Ministre, Hermès, le plus sage & le plus fidèle de ses amis ;
» pour Général, *Hercule* qui tenoit à lui par la naissance, homme d'une va-
» leur & d'une force de corps prodigieuse. Il établit *Busiris* & *Antée* pour
» Gouverneurs, l'un des pays voisins de Phénicie, l'autre des frontières de
» l'Ethiopie & de la Lybie....

» Il emmena avec lui son frere, que les Grecs nomment *Apollon*. Ce-
» lui-ci trouva le *laurier* que tous les Peuples lui ont consacré. Quant au *lierre*,
» les Egyptiens en attribuent la découverte à Osiris & l'appellent *Plante d'O-*
» *siris*. Ils le portent dans les fêtes qu'ils célébrent en son honneur, comme les
» Grecs dans celle de Bacchus. Ils le préférent même à la vigne..... parce qu'il
» demeure toujours verd...

» Il fut accompagné de deux de ses fils, *Anubis* & *Macedon* ; tous deux pleins
» de courage & de valeur ; & équipés, le premier d'une peau de *Chien*, & le
» second d'une peau de *Loup*. Il prit avec lui *Pan*, en l'honneur de qui il bâ-
» tit la Ville de *Chemmis* ou *Chemmo* qui signifie en Egyptien *Ville de Pan*.

» Il se fit suivre enfin par deux hommes experts en agriculture, l'un nommé
» *Maron* qui s'entendoit parfaitement à la culture de la vigne, & l'autre nommé
» TRIPTOLEME qui savoit tout ce qui regarde les blés & le labourage.

» En passant par l'Ethiopie, on lui présenta des *Satyres*, espèce d'hommes
» velus par-tout le corps.....

» Il avoit toujours avec lui une troupe de Musiciens, entre lesquels neuf
» filles instruites dans tous les arts relatifs à la musique ; c'est pourquoi les
» Grecs les appellerent les NEUF MUSES. Elles étoient conduites par Apollon
» frere du Roi.

» Osiris voyant ainsi que les Satyres étoient propres à chanter, à danser,
» & à faire toutes sortes de sauts & de jeux, il les retint à sa suite : car d'ail-
» leurs il n'eut pas besoin de vaquer beaucoup aux exercices militaires, ni de
» l'exposer à de grands périls, parce qu'on le recevoit par-tout comme un Dieu
» qui portoit avec lui l'abondance & la félicité.

» Mais au lever de la CANICULE, le Nil rompit ses digues & se déborda d'une
» maniere si furieuse qu'il submergea presque toute l'Egypte, & sur-tout cette

Hist. du Cal.

» partie dont Prométhée étoit Gouverneur, de sorte que peu d'hommes échap-
» perent à ce déluge. L'impétuosité de ce fleuve lui fit donner le nom d'*Aigle*.
» Prométhée voulut se tuer de désespoir ; mais Hercule se surpassant lui-même,
» entreprit de réparer ces brèches & de faire rentrer le Nil dans son lit.... Osi-
» ris fit border ce fleuve de puissantes digues & d'écluses qu'il fit faire avec beau-
» coup d'art.

» Aux *Indes*, il bâtit de grandes Villes, entr'autres Nysa. Il y planta le
» *lierre* qui dans les Indes ne croît encore qu'aux environs de cette Ville.

» En *Europe*, il tua Lycurgue qui s'opposoit à ses desseins, & donna ses
» Etats à Maron, pour y maintenir les loix & les connoissances qu'il leur avoit
» apportées. Il laissa Macedon son fils, pour être Roi de cette Province qui
» a pris le nom de Macédoine ; & chargea Triptolème de cultiver tout le
» territoire de l'Attique.

» En faveur des Peuples dont le territoire n'est pas propre à la vigne, il in-
» venta une *boisson* faite avec de l'orge, & qui pour l'odeur & la force n'est
» guères différente du vin.....

» Revenu en Egypte, il fit part à ses Peuples d'une infinité de choses curieu-
» ses & utiles qu'il rapportoit de ses longs voyages..... »

Meurtre d'Osiris & ses suites, selon Diodore.

Diodore de Sicile feignant, d'après les récits mythologiques, que les Prêtres
avoient caché long-tems la mort d'Osiris & la cause de cette mort, mais qu'elle
se divulgua à la fin, la raconte de cette maniere.

» On assure donc, dit-il, que dans le tems où Osiris régnoit avec le plus
» d'équité, il fut tué par son frere Typhon, homme violent & injuste ; & qu'il
» partagea le corps de son frere en 26 parties qu'il distribua à ses 26 compli-
» ces... Mais Isis aidée de son fils Horus, poursuivit la vengeance de cet atten-
» tat, & ayant fait mourir Typhon & ses complices, elle monta elle-même sur
» le trône. Il s'étoit auparavant donné un combat contre ce malheureux parti,
» du côté de l'Arabie, près du village d'Antée, ainsi nommé d'Antée qu'Hercu-
» le y avoit tué du tems d'Osiris. La victoire étant demeurée à Isis, elle re-
» couvra toutes les parties du corps de son mari, hors celles du sexe. Pour ca-
» cher la maniere dont elle vouloit l'ensevelir, elle fit faire autant de figures de
» cire, mêlées d'aromates & de la grandeur d'Osiris, qu'elle avoit trouvé de
» parties de son corps. Elle mit une de ces parties en chaque figure, & appellant
» en particulier chaque société de Prêtres, elle leur fit jurer de garder ce secret ;

» qu'elle les avoit préférés à tous les autres pour être dépositaires du corps en-
» tier d'Osiris ; qu'ainsi c'étoit à eux de le porter dans le lieu qu'ils desservoient
» & de se charger de son culte ; leur enjoignant de choisir un *Animal*, tel qu'ils
» voudroient, afin qu'il représentât Osiris, auquel on rendroit pendant sa vie
» les mêmes respects qu'à ce Prince & qu'on enseveliroit après sa mort avec
» les mêmes honneurs.

» Elle leur donna de plus le *tiers* de l'Egypte en propre, pour leur entretien
» & pour les frais des Sacrifices....

» Aussi chaque Collége sacerdotal nourrit, en mémoire d'Osiris, un ani-
» mal sacré.... Cependant les Taureaux sacrés, sur-tout les deux qu'on appelle
» *Apis* & *Mnévis*, sont particulierement en vénération, parce qu'ils ont servi
» plus que tous les autres à celui qu'ils croient avoir trouvé l'usage du blé.

» A l'égard de cette partie du corps d'Osiris qu'Isis ne put retrouver, on
» dit que Typhon l'avoit jettée dans la mer, parce qu'aucun de ses complices
» n'avoit voulu s'en charger : qu'Isis en fit faire une représentation ; qu'elle la
» fit honorer comme les autres & lui attribua un culte & des Sacrifices de la
» part des Initiés : de-là, le PHALLUS, en usage aux mystères de Bacchus....

Il ajoute : » les uns ont surnommé Isis, *Cerès*, *Thesmophore*, *Junon*, *Lune*,
» ou tout cela à-la-fois. Osiris a été surnommé *Serapis*, *Dionysus*, *Pluton*,
» *Ammon*, *Iou*, *Pan*.

A l'occasion du *Tombeau* d'Osiris, il nous apprend ces deux particularités.
» Dans une Isle près de l'Ethiopie, nommée le *champ sacré*, est un TOMBEAU
» superbe élevé à Osiris, remarquable par 360 Urnes qui l'environnent. Les
» Prêtres du lieu remplissent, chaque jour, ces urnes, de lait & se rangeant
» autour, ils font des lamentations & prononcent les noms de ces Dieux.

» Il n'est permis qu'aux Prêtres d'entrer dans cette Isle, & tous les Peuples
» de la Thébaïde, les plus anciens de l'Egypte, regardent comme inviolable
» le serment qui se fait en attestant le Tombeau d'Osiris aux rochers de Phy-
» les (montagnes qui séparent l'Egypte & l'Ethiopie).

Diodore termine cette longue Histoire par deux faits que nous ne saurions
omettre, quoiqu'ils n'ayent pas directement Osiris pour objet.

» Les Egyptiens, dit-il, prétendent qu'Isis a inventé plusieurs remédes très-
» salutaires ; qu'elle avoit une parfaite connoissance de la MEDECINE, & qu'elle
» guérit beaucoup de malades, même par la simple confiance qu'ils ont en
» elle.

» Il paroît qu'Orus est le dernier Roi participant de la divinité, qui ait
» gouverné l'Egypte. On dit qu'il est *Apollon*, qui ayant été instruit de l'art

» de la Médecine & de celui de la divination par sa Mere Isis, employa l'un &
» l'autre à l'avantage des hommes, exerçant le second par ses Oracles, & le
» premier par ses cures merveilleuses.

Tel est le récit de Diodore; voici celui de Plutarque sur les malheurs d'Osiris
& sur les suites qu'ils eurent (1).

Récit de Plutarque sur les malheurs d'Osiris.

» Pendant l'absence d'Osiris, Typhon ne put occasionner aucun trouble
» dans ses Etats à cause de l'extrême vigilance d'Isis; mais à son retour,
» Typhon ayant persuadé à 72 personnes de se joindre à lui pour faire
» périr Osiris & ayant mis aussi dans son parti une certaine Reine d'Ethiopie
» nommée Aso, qui se trouva dans ce tems-là en Egypte, il eut recours à
» ce stratagême pour exécuter son perfide dessein. Ayant pris la mesure
» d'Osiris, il fit faire un coffre exactement de la même grandeur, mais le plus
» magnifique qu'il put & chargé d'ornemens de toute espéce. L'ayant ensuite
» fait paroître au milieu d'un grand festin, il dit, pendant que tout le
» monde l'admiroit, qu'il en feroit présent à celui à la taille de qui il con-
» viendroit le mieux. On accepte la proposition: tous essayent le coffre;
» Osiris y entre à son tour; aussi-tôt on ferme le couvercle sur lui, on verse
» à l'instant du plomb fondu sur ce coffre: on l'embarque sur le fleuve, & on
» le transporte par l'embouchure Tanitique jusqu'à la mer où on le jetta.
» C'est par cette raison que ce bras du Nil étoit en horreur aux Egyptiens
» & qu'ils ne prononçoient son nom qu'avec des malédictions. Cet événement
» malheureux arriva, disent-ils, le 17e jour du mois d'Athyr, lorsque le
» Soleil est au signe du Scorpion, la 28e année du regne d'Osiris, ou, selon
» d'autres, la 28e année de sa vie.

» Les premiers qui découvrirent l'accident arrivé à leur Roi, furent les
» *Pans* & les *Satyres* qui demeuroient dans la contrée aux environs de
» *Chemmis*; la maniere effrayante dont ils en instruisirent à l'instant les hom-
» mes, fit qu'on appella depuis *terreur panique*, tout ce qui effraye à l'instant
» la multitude.

» Dès qu'Isis eut appris cette funeste nouvelle, elle coupa une boucle de ses
» cheveux, & prenant des habits de deuil, elle abandonna sur le champ la
» ville de Coptos, mot qui signifie, selon les uns, *ville de deuil*, & selon d'au-

_____
(1) Traité d'Isis & d'Osiris.

» tres, *dévastation*. Elle parcourut ensuite toute la contrée cherchant le coffre
» avec la plus vive inquiétude, en demandant des nouvelles à tous ceux
» qu'elle rencontroit, aux enfans mêmes. Ce furent des enfans en effet qui
» lui apprirent qu'ils avoient vu des complices de Typhon avec le corps &
» qui lui indiquerent par quelle embouchure du Nil ils l'avoient porté en mer.
» C'est par cette raison que les Egyptiens croient que les enfans sont doués
» de facultés surnaturelles, & que ce qu'ils disent entr'eux au milieu de leurs
» divertissemens & sur-tout dans les places sacrées, forme des présages & des
» augures.

» Dans cet intervalle, Isis ayant été informée qu'Osiris trompé par sa sœur
» Nepthys qui l'aimoit éperdument, avoit eu avec elle un commerce invo-
» lontaire, comme elle le reconnut à sa guirlande de mélilot qu'il avoit
» laissée auprès d'elle, elle se mit en devoir de chercher l'enfant qui en étoit
» provenu & que sa sœur avoit exposé, parce qu'elle appréhendoit la fureur
» de son mari Typhon. Après bien de peines & de difficultés, elle le trouva
» par le secours de quelques chiens qu'elle avoit pris avec elle, & elle l'éleva ;
» il devint, avec le tems, son compagnon & sa garde fidèle : ce qui lui valut le
» nom d'ANUBIS, comme prenant soin des Dieux & veillant pour eux de la
» même maniere que les chiens veillent pour les humains.

» Enfin, elle eut des nouvelles positives du coffre : elle sut que les vagues
» de la mer l'avoient poussé sur la côte de Byblos ; que sans se briser, il s'étoit
» arrêté dans les branches d'un Genêt, qui en peu de tems devint un grand
» arbre, qui poussant des branches de tous côtés, l'environna si parfaitement
» qu'on ne le voyoit plus : on lui apprit encore que le Roi du pays, étonné de
» ce prodige, avoit fait abattre l'arbre & qu'il avoit fait faire, du tronc dans
» lequel étoit enfermé le coffre, une colomne qui suportoit le faîte de son
» Palais. Instruite de toutes ces choses, d'une maniere extraordinaire, par des
» Génies, elle se transporta aussi-tôt à Byblos : là, se plaçant au bord d'une
» fontaine, elle refusa de parler à tous ceux qui passerent par-là horsmis aux
» femmes de la Reine. Quant à celles-ci, elle les salua & leur fit les caresses les
» plus engageantes, tressant leurs cheveux & les pénétrant des plus douces essen-
» ces qui ne l'abandonnoient jamais elle-même. La Reine eut le plus vif désir
» de voir une étrangere qui avoit le pouvoir de pénétrer les autres d'une odeur
» aussi agréable. Elle la fit venir à sa Cour, & après quelques entretiens elle en
» fit la nourrice d'un de ses fils. Le nom du Prince qui régnoit alors à Byblos,
» étoit MELCARTHE ; & le nom de la Reine, ASTARTÉ. Selon d'autres, le
» Roi s'appelloit SAOSIS, & la Reine NEMANOUN, mot qui répond au nom
» Grec *Athenaïs*.

» Isis nourrit cet enfant en lui donnant son doigt à sucer. Chaque nuit,
» elle le plaçoit dans le feu pour consumer sa partie mortelle, tandis qu'elle-
» même transformée en hirondelle, voloit autour de la colonne & déploroit
» son triste sort. Ce genre de vie continua quelque tems, jusqu'à ce que la
» Reine, poussée par sa curiosité, voyant son fils dans les flammes, poussa un
» cri perçant qui priva cet enfant d'une immortalité qu'il auroit eu sans cela.
» Alors la Déesse se faisant connoître, elle demanda que la colonne qui sup-
» portoit le faîte, lui fût donnée : ce qui lui fut aussi-tôt accordé. Elle la fit
» ouvrir, & en tirant ce qu'elle désiroit, elle enveloppa le reste du tronc, de
» bandelettes de fin lin, y versa de l'huile odoriférante & le remit au Roi & à
» la Reine. C'est ce bois sacré que l'on conserve encore dans le Temple d'Isis
» & que l'on adore à Byblos. Se jettant ensuite sur le coffre, elle poussa un cri
» lamentable si lugubre & si terrible que le plus jeune des fils du Roi en
» mourut d'effroi. Ensuite elle prit l'aîné avec elle, & fit voile pour l'Egypte :
» mais elle sécha la riviere de *Phédre*, parce qu'elle avoit été fort incommodée
» d'un vent violent venu de son embouchure.

» Etant parvenue dans un lieu desert où elle se crut seule, elle ouvrit le
» coffre, embrassa le corps de son mari & pleura amerement : mais apperce-
» vant alors derriere elle le fils du Roi, elle lui lança un regard si terrible qu'il
» en mourut d'effroi ; selon d'autres, il se jetta dans la mer, & reçut après sa
» mort les honneurs divins : ils ajoutent que ce *Maneros*, que les Egyptiens
» invoquent si fréquemment dans leurs festins, n'est autre chose que ce jeune
» homme. Cependant ceci est encore contredit par ceux qui disent que le
» vrai nom de cet enfant est *Palestine* ou *Péluse* : que c'est en sa mémoire
» que cette Déesse bâtit cette ville : on ajoute qu'il est honoré par les Egyptiens
» dans leurs Fêtes, parce qu'il inventa la musique. Selon d'autres, Maneros
» n'est point le nom d'un homme, mais un usage, un compliment ordinaire
» en Egypte dans leurs plus grandes Fêtes, & qui se réduit à souhaiter qu'ils
» soient fortunés & heureux : que c'est le vrai sens de ce mot. Ils ajoutent que
» le squélette que les Egyptiens apportent dans une boëte & qu'ils montrent à
» tous les convives au moment où le plaisir est le plus vif, ne représente point
» les infortunes d'Osiris ; mais leur rappelle qu'ils sont mortels ; & qu'ainsi, ils
» doivent librement user de tous les biens qui leur sont offerts, avant qu'ils
» deviennent semblables à l'objet présenté.

» Isis ayant résolu de visiter son fils Orus qui étoit à Butus, elle laissa son
» coffre dans un endroit peu fréquenté ; mais Typhon chassant une nuit au
» clair de la Lune, le trouva par hazard, & reconnoissant le corps qui y étoit

DU CALENDRIER.

» renfermé, il le coupa en quatorze quartiers, qu'il dispersa dans toutes les
» contrées.

» Isis instruite de ce nouveau malheur, se mit à la quête de toutes ces
» parties; & afin de pouvoir traverser les lieux les plus bas & les plus maréca-
» geux, elle se fit faire une barque de Papyrus. Par cette raison, disent-ils, les
» Crocodiles n'attaquent jamais ceux qui voyagent dans ces sortes de vais-
» seaux, soit par crainte pour la Déesse, soit par le respect qu'ils lui portent.
» Ils ajoutent, que s'il y a en Egypte un si grand nombre de tombeaux
» d'Osiris, c'est que par-tout où Isis rencontroit quelques débris du corps de
» son mari, elle l'y enterroit. D'autres disent, que ce fut une politique de
» cette Reine, qui au lieu du corps réel de ce Prince, en envoya le portrait
» dans chaque ville, non-seulement afin qu'en chaque lieu on pût honorer sa
» mémoire, mais sur-tout pour rendre inutiles les recherches funestes de Typhon;
» & que ne sachant où trouver le corps d'Osiris, il ne pensât plus à le chercher.
» On ajoute que malgré tous ses soins, Isis ne put trouver quelques-unes
» des parties d'Osiris, parce qu'elles furent jettées dans la mer & dévorées
» aussi-tôt par le *Lepidot*, le *Phagre*, & l'*Oxyrinque*, poissons que les Egyptiens
» ont à cause de cela en aversion par-dessus tous les autres. Pour remplacer
» cette perte, Isis consacra le Phallus qui les imitoit; & institua, en leur mé-
» moire, une Fête qui s'observe encore aujourd'hui en Egypte.

» Après ces choses, Osiris revenant de l'autre Monde, apparut à son fils Orus,
» l'encouragea au combat & l'instruisit dans le maniement des armes. Il lui de-
» manda, quelle étoit l'action la plus glorieuse par laquelle un homme pût se
» distinguer ? En vengeant, répondit Orus, les injures de son Pere & de sa
» Mere. Il lui demanda ensuite, quel animal étoit le plus utile à un Soldat ? Il
» lui répondit, le cheval. Osiris agréablement surpris de cette réponse, lui de-
» manda encore pourquoi il préféroit le cheval au lion ? Parce, reprit Orus,
» que si le lion est plus utile à celui qui a besoin de secours, le cheval l'est
» beaucoup plus lorsqu'il s'agit de poursuivre & de tailler en piéces un ennemi
» qui fuit. Osiris vit avec plaisir par ces réponses, que son fils étoit suffisamment
» disposé à livrer bataille à son ennemi.

» Entre le grand nombre de ceux qui abandonnoient continuellement le
» parti de Typhon, on vit sa concubine THUERIS : un serpent la poursuivir; mais
» il fut tué par les Soldats d'Orus. Pour en conserver la mémoire, ils jettent
» au milieu de leurs assemblées, une corde & ils la mettent en morceaux. Ils
» en vinrent ensuite aux mains; le combat dura plusieurs jours; mais la vic-
» toire demeura enfin du côté d'Orus, & Typhon fut fait prisonnier. Cepen-

» dant Isis, à la garde de qui il avoit été confié, au lieu de le faire mourir,
» rompit ses liens & le mit en liberté. Cette action irrita si fort Orus, qu'il
» arracha à sa Mere l'Enseigne Royale qu'elle avoit en mains ; Hermès lui
» donna en place un Casque fait en forme de tête de bœuf. Typhon accusa
» ensuite Orus de bâtardise ; mais par le secours d'Hermès, sa légitimité fut
» reconnue par la sentence même des Dieux. Il y eut encore deux batailles
» entr'eux dans lesquelles Typhon eut le dessous.

» Enfin, Isis ayant eu une visite d'Osiris après sa mort, elle en eut un fils
« nommé HARPOCRATE, qui vint au monde avant le tems & qui étoit estro-
» pié des jambes. »

ARTICLE II.

L'Histoire d'Osiris ne peut être envisagée que comme une Allégorie.

Le récit de la vie d'Osiris, tel que nous venons de l'exposer en transcrivant ce qu'en ont dit les Anciens, ne peut convenir à aucun Prince : c'est un ensemble si absurde, si disparate, si monstrueux, qu'il est impossible de l'envisager comme l'histoire d'une personne quelconque : bien moins encore, y trouve-t-on aucune trace du tems où ces événemens étranges seroient arrivés.

Non-seulement, on ne sauroit les rapporter à aucune époque historique, mais ils portent avec eux les preuves les plus frappantes que ceux qui les rédigerent n'avoient en vue que de présenter d'une maniere allégorique leurs idées sur les divers Principes qui présidoient au maintien de l'Univers, & sur les biens & les maux qui en étoient la suite ; sur-tout, relativement aux Arts de premiere nécessité pour la subsistance des hommes & pour la conservation & la prospérité des Empires.

Ces Auteurs font sentir eux-mêmes qu'on ne doit pas prendre ces objets à la lettre ; ils vont jusqu'à donner la clé de leurs allégories énigmatiques, en disant qu'*Isis* est la Lune & *Osiris* le Soleil ; de même que dans les Allégories Orientales nous avons vu qu'on disoit qu'*Elion* étoit le Très-Haut ; *Uranus*, le Ciel ; *Ghé*, la Terre.

Les uns, dit Diodore, ont surnommé Isis, *Cérès*, *Thesmophore*, *Junon*, LUNE, ou tout cela à la fois. Osiris, ajoute-t-il, a été surnommé *Serapis*, *Dionysus*, *Pluton*, *Ammon*, *Iou*, *Pan* ; le *Soleil*, pouvoit-il ajouter, puisqu'Isis est la Lune, puisque tous ces personnages étoient le Soleil relativement aux diverses saisons.

On

DU CALENDRIER.

On ne peut donc méconnoître ici l'histoire du Soleil, de cet Astre bienfaisant, symbole du bon Principe, base de l'Agriculture, & de toutes les inventions humaines.

Les travaux d'Osiris se rapportent au Soleil considéré comme base de l'Agriculture qui n'est rien sans lui.

Le meurtre d'Osiris se rapporte au Soleil, comme le symbole du *bon Principe*, en guerre avec le *mauvais*, appellé *Typhon*; & aux révolutions Solaires, pendant lesquelles cet astre est tantôt foible, tantôt plein de force.

En partant de ce point de vue, on a donc pu donner diverses explications de l'histoire d'Osiris ; & toutes ces explications auront été vraies, parce qu'elles n'auront été qu'une portion du vaste ensemble que renfermoit l'idée générale d'Osiris.

Si l'Histoire d'Osiris s'applique aux Génies bienfaisans, c'est que le Soleil est l'emblême de ceux-ci qui sont *lumiere & vérité* ; tandis que Typhon est l'emblême des Génies malfaisans, qui sont *ténèbres & mensonge*.

Si l'Histoire d'Osiris s'applique à tout principe d'humidité, & en particulier au fleuve du Nil, c'est que le Soleil, principe de la fécondité, ne peut agir que par le moyen de l'eau qu'il féconde ; & qu'en Egypte, le Nil débordé étoit la premiere cause de la fertilité des campagnes.

Si cette Histoire s'applique enfin à la guerre contre Typhon, c'est que tous les effets de la Nature dont le Soleil est le premier agent, ne s'operent que sur la Matiere, dont les qualités sont absolument différentes de celles du Soleil ; c'est que les effets de cet Astre sont sans cesse contrebalancés & variés par les révolutions successives des Saisons : & qu'étant l'emblême du bon Principe, on a peint sous son nom l'histoire entiere de ce Principe & de ses opérations.

On a enfin mis sur le compte du Soleil ou d'Osiris, l'histoire allégorique de l'Agriculture, parce que l'Agriculture repose en entier sur le Soleil ; que cet astre est la régle de toutes ses opérations ; & que le Calendrier qui sert à les diriger, n'est que l'exposé des révolutions du Soleil, & peut être regardé comme l'histoire d'Isis & d'Osiris, ou de la Lune & du Soleil.

Ce n'est même qu'en réunissant tous ces objets, qu'on peut donner une explication complette de cette histoire singuliere : ceux qui ne se sont attachés qu'à quelqu'un d'eux n'ont pu réussir à l'expliquer en entier ; & ceux qui ont cru y appercevoir des événemens historiques défigurés par des fables ou par des mots mal entendus, manquoient totalement la vérité.

L'Histoire d'Osiris nous fait donc rentrer dans les Allégories Orientales; c'est le même fond que l'Histoire de Saturne ; les noms & la forme ont seulement changé, ainsi que la scène des événemens. Il étoit très-naturel en effet que chaque Peuple s'attribuât ces récits, puisqu'aucun d'eux ne désignant des faits historiques, ils appartenoient à tous les Peuples. Ainsi l'Egypte chanta Osiris & Isis, tandis que la Phénicie chantoit Ilus ou Saturne & Astarté, & que la Gréce avec la Sicile chantoient Bacchus & Cérès ou *Dé-mètr*, la Terre-Mere. A cet égard, l'Histoire d'Osiris est une allégorie agricole ou ECONOMIQUE ; elle est une allégorie COSMOGONIQUE ou Théologique, à l'égard des deux Principes de l'univers, le bon & le mauvais : elle est ASTRONOMIQUE, à l'égard des jours de la naissance d'Osiris & de celle de ses freres & de ses sœurs.

En effet, loin que toutes les Fables s'expliquent par un seul principe, une même Fable doit souvent s'expliquer par plusieurs ; mais tous doivent rentrer dans le grand principe de l'utilité & du besoin, qui a toujours été la régle des hommes & sur-tout celle des Nations.

ARTICLE III.

Allégorie Agricole ou Economique renfermée dans l'Histoire d'Osiris & d'Isis.

§. I.

Osiris inventeur de l'Agriculture.

OSIRIS & ISIS sont l'emblême des Arts de premier besoin, indispensables pour former des sociétés : tout ce qu'on leur attribue, le démontre.

Osiris aima l'agriculture, dit Diodore ; il abolit la coutume qu'avoient les hommes de se manger les uns les autres ; il établit en place la culture des fruits : Isis leur donna l'usage du froment & de l'orge.

Si Osiris aima l'agriculture, c'est, ajoute-t-on, parce qu'il avoit été élevé à *Nyse*, Ville d'Arabie où cet art étoit en honneur.

Ce trait n'est ajouté au tableau que pour rendre l'allégorie plus difficile à développer, en la rapprochant de l'Histoire. Ici paroit le nom d'une Ville, comme si Osiris y avoit été élevé & en avoit pris son surnom de Dionysus, & comme s'il y avoit été instruit dans l'agriculture. Il n'auroit donc pas inventé cet Art, comme on le prétend ; il n'auroit fait que le transporter d'Arabie en Egypte : ce qui détruiroit tout ce qu'on dit de ce Héros.

Ce n'est point parce qu'il a été élevé à Nysa, qu'Osiris aime l'agriculture ; mais c'est parce qu'il aime l'agriculture, qu'on l'appelle le *Nyséen* ou l'homme de *Nysa*. Ce mot est Oriental, il subsiste dans l'Hébreu & le Chaldéen ניץ, *Nyz*, qui signifie *fleur, germe, production*, & d'où vint le verbe *Nyza*, germer, croître, se développer.

C'est encore de ce même mot, qu'on fit le nom qu'Osiris portoit chez les Grecs, *Dio-nysus*, qui peut venir des deux mots Orientaux *Di* & *nyz*, plante d'abondance: ou des deux mots Grecs *Dio* & *nossos*, fils d'Iou, c'est-à-dire, *fils excellent, production excellente & divine*.

Son nom d'*Osiris* paroît tenir aux mêmes idées. *Ser* en Egyptien & en Arabe signifie *Semer*. Les Latins en firent *Sero*.

Delà-le mot Oriental עשיר, *Osir*, qui signifie *riche, puissant, qui a tout en abondance*: le nom du Laboureur dut devenir dès les premiers tems synonyme de riche & de puissant. De-là, le mot Latin *locuples*, riche, qui signifie mot-à-mot *qui a abondance de Champs, de Terre, de fonds*. De-là, le nom d'*Elohim* ou les Dieux, les Puissans, donné aux Laboureurs par Sanchoniaton.

Le Nil s'appella également *Ser*, sans doute parce qu'il est la source de l'abondance de l'Egypte: il est vrai qu'on traduit en Grec ce nom du Nil par le mot *Mélas*, noir, comme s'il venoit de l'Hébreu שחר, *Seher*, qui signifie *noir, obscur*; mais l'autre étymologie n'est pas moins naturelle.

Quoi qu'il en soit, le mot *Sir* ou *Sior* signifia *Maître, Propriétaire, Seigneur*, en Ethiopien, en Egyptien, en Lacédémonien, &c. Parce que le Laboureur est véritablement Maître, Propriétaire, Seigneur. C'est de-là que paroissent être venus nos mots *Sieur, Sire, Messire*, &c.

§. 2. *Succès d'Osiris*.

Tous les Peuples se soumirent à ses institutions, parce qu'il les faisoit embrasser, non par la force des armes, mais par la force de ses raisons, présentées de la maniere la plus agréable & la plus séduisante, accompagnées d'Hymnes, de chansons, & d'une musique ravissante.

Telles sont en effet les heureuses suites de l'agriculture & de l'abondance qu'elle fait naître: les plaisirs, la joie, les danses, sont ses compagnes assurées: c'est l'âge d'or qu'elle produit. D'ailleurs, toutes les instructions anciennes & sur-tout les instructions publiques, étoient accompagnées de danses & de musique; elles étoient toujours elles-mêmes écrites en vers, ensorte qu'on les chantoit, au lieu de les réciter: elles en devenoient plus vives, plus intéressantes.

Osiris fut appellé avec raison le *bienfaisant*, le *Roi* de toutes choses; ces noms lui convinrent & comme étant le Soleil & comme inventeur de l'agriculture. Le Soleil est Roi de l'univers & c'est un astre bienfaisant. L'agriculteur est le Roi du monde, puisque lui seul possède la Terre, que lui seul en fait sa propriété par son travail & par ses avances de toute espèce.

Osiris enseigna aussi aux hommes de quels sentimens ils devoient être pénétrés envers la Divinité & comment ils devoient les manifester. L'agriculture en effet est amie du Ciel; elle conduit à l'amour de la Religion & de la Divinité. L'agriculteur qui voit les avantages inestimables dont il est redevable à tous les élémens, aux révolutions du Soleil & des astres, à la Terre, à l'eau, au feu, à l'air même qu'il respire, à la régularité de ses moissons, à la bienfaisance de cette Terre dont il ouvre le sein chaque année & qui récompense ses travaux par les récoltes les plus précieuses; l'Agriculteur, pénétré de toutes ces choses, remonte à une cause premiere qui les a produites, qui a mis entr'elles cet ordre admirable qui les maintient dans le même état, ensorte que chaque année la Terre produit les mêmes richesses; il en rend donc ses actions de graces à cet Etre suprême : il tâche de mériter ses faveurs & de se le rendre de plus en plus favorable. Il aime mieux penser qu'il dépend d'un Etre infiniment bon & puissant, que de se croire libre ou entraîné par un hazard aveugle dont il n'a aucune idée ; c'est l'amour & la reconnoissance qui conduisit les Agriculteurs, les Osiris anciens, à l'idée de la Divinité : ce fut l'effusion d'un cœur transporté de joie à la vue des biens de toute espèce dont il étoit le possesseur, dont il sentoit qu'il n'étoit pas la seule cause & qu'il dédaignoit devoir à cette matiere qu'il fouloit aux pieds & qu'il voyoit lui être si inférieure.

§. 3. *Osiris enseigne à cultiver la Vigne.*

A la culture des champs, Osiris joignit celle des côteaux : ceux-là lui donnoient une nourriture solide, ceux-ci une boisson salutaire : ainsi la Terre entière étoit mise à profit ; & les côteaux déjà si précieux par leurs avantages naturels, le devinrent beaucoup plus par cette nouvelle culture.

La Vigne a besoin de soutien : elle eut donc pour symbole allégorique le *lierre*, qui lui-même ne se développe qu'autant qu'il peut s'étayer de quelqu'arbre qui lui sert comme de dégré pour s'élever. Aussi est-il appellé la *plante d'Osiris*, à l'imitation de la Vigne.

C'est la *vigne*, & non le lierre, qui étoit réellement la plante d'Osiris : ce n'est pas le lierre qu'il se seroit amusé à planter. C'est de la Vigne dont un

DU CALENDRIER.

Pseaume fait mention sous le nom de CHEN (1), mot Egyptien qui signifie la *vigne* ou la *plante* par excellence. Ce mot qui a formé celui du lierre appellé *Chenofyris*, avoit arrêté les Interprêtes, jusqu'à ce que BOCHART eût prouvé dans son Phaleg qu'il désignoit la vigne & qu'il falloit traduire ainsi ce verset, *Seigneur, visite cette vigne, cette plante que ta droite avoit plantée.*

JABLONSKY, le savant Jablonsky a nié qu'Osiris eût enseigné la culture de la vigne, parce, dit-il, que les Prêtres & les Sages de l'Orient s'abstenoient du vin & en défendoient l'usage; & qu'en Egypte, on disoit que la vigne étoit née du sang des Dieux.

Mais qu'est-ce que Jablonsky a prétendu nier par-là ? que la culture de la vigne fût enseignée par un Roi Egyptien; ou qu'on cultivât la vigne en Egypte: mais au premier égard, il se seroit trompé en regardant Osiris comme un personnage Egyptien non allégorique: il ne se seroit pas moins trompé au second égard, puisqu'il y avoit en Egypte un canton appellé la MARÉOTE, célébre par ses vins (2); & puisqu'Hérodote parle de fêtes Egyptiennes, dans lesquelles on faisoit une grande consommation de vin.

Si le vin est appellé le *sang des Dieux*, ce n'étoit point par haine pour le vin, ni pour donner à entendre qu'il étoit né du sang des Dieux mis à mort par des Géans; mais on voulut indiquer par-là combien cette liqueur étoit délicieuse; car le sang des Dieux étoit d'une qualité infiniment au-dessus du sang des hommes, tout nectar & ambroisie. D'ailleurs *sang* signifioit *liqueur*: comme si on avoit dit *liqueur divine*; & ne disons-nous pas *c'est du Nectar*, pour désigner l'excellence d'un vin ? ACHILLES TATIUS & les LXX. eux-mêmes (3) appellent le vin, *Aima staphylés*, le sang du raisin.

§. 4. *Compagnons d'Osiris.*

Lorsqu'Osiris fut résolu à entreprendre ses voyages, il établit Isis régente de ses Etats: il lui donna *Hermès* ou Mercure pour Conseiller & Hercule pour Général.

C'est par ce trait, que nous avons commencé le développement des Allégories Orientales. *Isis* est la Lune, la même que la Reine Astarté dans Sancho-

---

(1) Ps. LXXX. 16.
(2) Horat. Od. Liv. I. Od. 37.
(3) Genes. XLIX. 11. Deut. XXXII. 14.

niaton ; *Hermès*, le constructeur de l'Almanach ou du Calendrier ; *Hercule*, celui qui préside aux travaux de l'Agriculture.

Ces trois personnages sont allégoriques, comme nous l'avons vu ; celui qui les établit seroit-il d'une nature différente ? Dans Sanchoniaton, *El* ou *Saturne* est l'ame de ces allégories; chez les Egyptiens, c'est *Osiris*. Osiris & El ou Saturne sont donc la même allégorie sous des noms différens & avec quelques modifications, variées suivant la scène où on les place.

On la retrouve en Grèce, sous le nom de Bacchus appellé également *Dionysus*; & on attribue à celui-ci les mêmes voyages & les mêmes compagnons qu'à Osiris, comme nous le verrons au Chapitre suivant.

Entre les compagnons d'Osiris sont *Triptolème* & *Maron*.

De Triptoleme & d'*Athéné*.

On dit de Triptolème, qu'il étoit instruit de tout ce qui regarde les blés & le labourage; & qu'Osiris le chargea de cultiver le territoire de l'Attique.

Triptolème est un mot Oriental inventé pour peindre le Laboureur. *Trip*, שרע signifie *nourriture*, & *Talem* םלת un *Sillon*. Triptolème est donc mot-à-mot *celui qui tire sa nourriture des sillons*.

Ceci explique donc l'allégorie de Baubo dont nous avons déja parlé & qui se découvre pour engager Cérès à manger. *Baubo* n'est point une femme. Ce mot signifie *production, revenu* : il est formé de *Bau-bo* אוב venir (1). C'est la Terre qui ouvrant son sein & produisant des moissons, fournit à *Cérès*, emblême des Laboureurs, les choses nécessaires à leur nourriture & les détermine à vivre de ces biens qu'elle leur montre : elle seule peut faire rire cette Déesse, elle seule peut l'engager à manger.

Mais comment l'Attique se trouve-t-elle dans une Allégorie Egyptienne ? *Athéné*, elle-même, revient souvent dans les Fables Egyptiennes. Est-ce que les Prêtres Egyptiens avoient une prédilection particuliere pour cette Ville ? Ne seroit-ce pas que les Grecs appliquerent à Athènes & à l'Attique, des récits qui n'avoient pour objet qu'une Athène ou qu'une Attique allégoriques? De même que dans Sanchoniaton, *El* ou Saturne donne l'Attique à sa fille *Athéné*.

Dans le Traité d'Isis & d'Osiris de Plutarque, on trouve le nom d'Athéné ou

---

(1) En répetant la syllabe *bo*, comme cela a lieu dans une multitude de mots: pa-pa, bon-bon, fan-fan, &c. Tur-tur, ou tour-ter-elle.

DU CALENDRIER. 519

de Minerve comme synonyme du nom d'Astarté ou de la Lune Reine des Cieux.

» Dans ce tems-là, dit-il, regnoit à Biblos *Melcarthe*; son épouse s'appel-
» loit *Astarté*. Selon d'autres, ajoute-t-il, le Roi s'appelloit *Saosis* & la Reine
» *Nemanoun*, mot qui répond au Grec *Athénaïs* ».

Et ces noms précieux ont été négligés par tous les Mythologues, & par tous les Critiques.

Nous avons vû dans l'Histoire de Saturne que la Reine *Astarté* est la Lune; & que son époux *Melcarthe* ou *Melicerte* est le même que le Soleil, Roi du Monde, ou de la Terre.

On les appelle aussi, selon le même Plutarque, *Saosis* & *Nemanoun*. Ceci est exactement vrai: il venoit de les nommer suivant les Phéniciens de Tyr; il les nomme maintenant à la maniere des Hébreux ou de quelqu'autre Peuple qui leur donnoit le même nom que les Hébreux, les Chaldéens sans doute, avec de très-légéres altérations dans l'orthographe.

La Lune s'appelloit en hébreu *Lebanoun*, c'est-à-dire *la blanche*, ou *l'Argentée*, *Argentine*. De Lebanoun, on fit très-aisément *Nemanoun*, changement qui empêchoit de reconnoître la valeur & l'origine de ce mot.

Saosis est le nom Chaldéen *Saos*, qui signifia le *Soleil* & qui entra dans le nom du Roi *Saosduchin*; ou c'est une altération du mot *Sams-is* qui en Hébreu & en Chaldéen signifie également le Soleil.

Le nom d'*Astarté*, selon le même Auteur, correspond aussi à celui d'*Athénaïs*: mais celui-ci est le même qu'*Athéné*. Athéné ou Minerve, est donc également la Lune, la même qu'*Astarté*: ce nom est en effet le féminin d'*Adonis* & signifie Dame, Souveraine, comme nous l'avons déja dit dans les Allégories Orientales (1). Les Etrusques en avoient fait le mot *Thana*, Dame.

MARON.

Ce compagnon d'Osiris s'entendoit parfaitement à la culture de la vigne; & c'est à celui-ci que ce Héros donna la *Thrace*, pour y maintenir les loix & les connoissances qu'il avoit apportées dans ce pays-là, malgré Lycurgue, Roi du Pays, qui ayant voulu s'opposer aux projets de l'Egyptien, fut tué dans le combat.

---

(1) Pag. 220.

Ce Personnage dont l'Abbé Banier & l'Abbé Pluche ont dédaigné de parler, étoit illustre dans l'Antiquité. La ville de *Maronée* dans la Grèce, le reconnoissoit pour son fondateur & le représentoit dans ses monnoies ou sur ses médailles, armé du thyrse & couvert à moitié d'une peau de cerf (1).

Selon quelques-uns, il étoit fils d'Evan-the, petit-fils d'Oenopion, arriere petit-fils de Bacchus : selon d'autres, il menoit le char de ce Dieu, c'étoit son cocher. Mais d'une maniere ou d'une autre, c'est un personnage allégorique entierement relatif aux vignobles & aux vendanges.

MAR signifie côteau, pays élevé, & tels sont les vignobles, sur-tout ceux qui sont renommés par leurs vins. Ce mot est primitif, & chef d'une famille immense en toute langue, signifiant dans son acception la plus simple, *élévation*, toute idée relative à un objet considéré comme élevé, au physique, au moral, au civil, au simple, au figuré, &c. Aussi plusieurs pays de vignobles furent appellés de ce nom, tels la *Maréote* en Egypte & *Maronée* dans la Grèce. Ce nom fut également donné à des pays uniquement parce qu'ils étoient élevés ; ou à des Peuples, parce qu'ils habitoient des pays élevés, tels les *Marses* en Italie & les *Maronites* du Mont-Liban, sur le nom desquels on a débité bien des fables.

Il n'est donc pas étonnant qu'on ait dit qu'Osiris avoit donné la Thrace à Maron pour y maintenir ses loix, parce que la Thrace est un pays de côteaux qui produisent du vin ; & parce que les Thraces, hommes & femmes, étoient renommés par leur passion pour le vin. « Ils étoient puissans à boire, & faisoient « consister leur gloire & leur félicité à boire du vin pur (2). » Nous verrons dans la suite un passage d'Horace, qui dit la même chose.

L'établissement des vignes dans la Thrace couta la vie à *Lycurgue*, Roi du Pays. Avant qu'un côteau soit en culture, il est couvert de forêts, qu'il faut commencer par défricher : tel étoit le cas de la Thrace, avant qu'on y eût planté des vignes ; on n'y voyoit que des forêts : il fallut les abattre pour changer le terrain en vignobles ; & c'est ce que signifie le nom de Lycurgue, composé de *Lycus* ou *Lucus*, qui en Latin & en Grec signifie *forêt*, comme il seroit aisé de le prouver pour cette derniere langue, & du mot *argos*, oisif, mot qui appliqué aux terrains, les désigne comme incultes, comme n'étant d'aucun rapport.

---

(1) Cl. SEGUIN & GOLTZIUS cités dans le Tome II. des Ant. Grecq.
(2) PLATON, des Loix, Liv. I. ATHEN. Liv. X. 12. &c.

C'est

DU CALENDRIER.

C'est de *Maron*, qu'on faisoit le cocher de Bacchus. Nonnus dit de lui (1) ; « Maron, ô Bromius (surnom de Bacchus), a reçu en partage ton char ; de » son fouet, il pousse en avant les animaux qui le traînent ; & il les dirige avec » des rênes couvertes de pierreries. » Le même Nonnus le met au nombre de ceux qui combattirent (2) dans les jeux que Bacchus fit célébrer au sujet de la mort de Botrus (*grape de raisin*) : il lui fait danser la danse des Echansons ou l'Histoire de Ganymede & d'Hébé ; & il lui fait donner en récompense, une coupe pleine d'excellent vin.

Apollon & les Muses.

Neuf sœurs accompagnent Osiris : on les appelle les Muses : ce sont elles qui ont inventé tous les arts relatifs à la musique ; elles étoient conduites par Apollon frere du Roi.

APOLLON étoit en effet représenté comme le Chef des Muses, & on le regardoit comme le même que le Soleil : son nom est Grec ; mais cette Divinité avec ses neuf Eléves ou Compagnes vint de l'Orient. Apollon n'est pas ici le Soleil en général, mais le Soleil considéré comme Chef de l'harmonie, & de l'harmonie céleste en particulier. On les considere, lui & les Muses, comme les Chefs de l'harmonie que l'homme doit observer dans ses travaux, pour les faire correspondre au cours de la Nature & aux révolutions des astres.

Si on a fixé le nombre des Muses à neuf, c'est, comme nous l'avons déja dit, parce qu'elles désignent les travaux harmoniques de l'homme ou du laboureur, qui duroient en Egypte pendant neuf mois de l'Année.

D'ailleurs, comme nous l'avons vu, la Musique & l'Agriculture furent des compagnes naturelles l'une de l'autre ; c'est par cette raison que le même mot. SER, que nous avons déja vu signifier *propriétaire, chef des travaux agricoles*, désigna en second lieu les chansons & les hymnes chantées dans les Fêtes agricoles, & qu'il devint le nom des Musiciens. Ainsi, tandis qu'en Hébreu, *Ser* signifie Seigneur, Prince : SIR, שיר, signifia *Cantique*, & *sur*, chanter. Aussi le nom primitif & Oriental de la ville de Tarente qui étoit *Sir-is*, signifioit non seulement *Cantique*, comme l'a fort bien vu MAZOCCHI (3), mais de plus *un terrain exquis pour le labourage*, tel qu'étoit le territoire de Tarente, & qui rendit cette ville si florissante.

---

(1) Liv. XI.
(2) Liv. XIX.
(3) Monument d'Héraclée.

De-là vint encore le nom des Sirènes, musiciennes si renommées dans la fable, & qui peignoient les *passions* enchanteresses, par lesquelles on se laisse si aisément séduire.

De-là également le nom des *Serins*, de ces oiseaux si distingués par leur chant.

C'est encore par le même motif qu'en Hébreu זמר, *Zimrah*, signifia également *fruit exquis* & *Harmonie* ou *Musique*.

SATYRES.

Ces Satyres à cornes & à pieds de bœuf, toujours prêts à chanter, à danser & à rire, sont également des êtres allégoriques, très-bien caractérisés. Il ne faut les aller chercher ni dans les forêts, ni parmi les singes, ni dans des êtres dont l'espèce est entierement perdue. Ils existent encore, & c'est dans les campagnes qu'on les trouvera.

Les Satyres sont dans la même classe que les Centaures, mais d'une forme moins compliquée & sans doute d'une invention plus reculée. Ce sont les Laboureurs, les maîtres des champs; on les reconnoît à leurs cornes & à leurs pieds de bœuf, puisqu'ils ne sont rien sans leurs bœufs.

L'autre caractère distinctif des Satyres, n'étoit pas moins énergique. Ils étoient toujours prêts à chanter, à danser, à rire; & où habitera la joie, le contentement, si ce n'est dans la cabane du Laboureur, de cet homme qui se procure par ses travaux une subsistance abondante pour lui, pour sa famille, pour tous ceux qui sont à ses ordres; & qui est toujours tranquille sur le lendemain?

Leur nom n'étoit pas moins énergique. SATYRE, en ancien latin *Satura*, tient à *Satur* ou *Sator*, Pere, producteur; & à l'oriental *Satar*, renfermer, cacher, enfouir; d'où vint le nom de *Saturne*, le laboureur ou l'enfouisseur.

De-là se formerent les mots Latins, *Saturus* rassasié, comblé de biens; & *Satura*, prononcé ensuite *Satyra*, ou Satyre; d'abord, nom des bons mots & des plaisanteries des gens de la campagne, sur-tout dans les tems de moissons & de vendanges; plaisanteries presque toujours mêlées de traits mordans & satyriques; & ensuite, nom des piéces de Poësie écrites dans le même esprit.

PAN.

Dans le nombre des compagnons d'Osiris étoit *Pan*, ce Dieu peu connu, que les Grecs peignoient comme les Satyres avec des cornes & des pieds de bouc & ayant en main la flûte à fept tuyaux, dont on lui attribuoit l'invention. L'Allégorie ajoute qu'Ofiris lui donna la ville de Chemmis & qu'il fut le premier, avec fes Satyres, qui s'apperçut des malheurs d'Ofiris. On le repréfentoit d'ailleurs comme un Etre toujours porté à l'amour, de même que les Satyres.

Ce n'eft pas fans raifon qu'on donne *Pan* à Ofiris pour compagnon de voyage; qu'on prête à ce même Pan la flûte à fept tuyaux; qu'on lui attribue des cornes & des pieds de bouc : c'étoient autant de caractères auxquels on ne pouvoit fe méprendre.

C'eft la fertilité, la fécondité de la Nature univerfelle qu'on perfonifia fous le nom de Pan. Pan ou la Nature féconde, étoit donc le compagnon fidelle & inféparable d'Ofiris ou de l'Agriculteur. Il s'appelle *Pan* ou *Tout*, parce que rien n'exifte fans lui. Son nom devint celui du pain, parce que cette nourriture étoit la nourriture par excellence, le Tout de l'agriculture. Il eft porté à l'amour, puifqu'il eft la caufe, le principe de toute fécondité ; & c'eft par cette même raifon qu'il eft peint avec des cornes & des pieds de bouc, animal ardent à l'amour.

Ofiris donne à Pan la ville de *Chemmis*, placée dans la haute Egypte & une des plus éloignées vers le midi. C'eft que cette ville étoit confacrée à *Pan* & qu'elle en portoit le nom. Ce nom fubfifte encore dans celui d'*Akmin*, que porte actuellement cette ville.

Le nom de *Chemmis*, donné au Dieu Pan, fe prononçoit *Ifchmin*; mais ce nom fignifie *Huit* dans les langues Orientales, il fut porté par le Dieu *Pan*, non-feulement parce qu'il étoit du nombre des VIII. Grands-Dieux primitifs de l'Egypte, comme l'a vu Jablonski (1), mais parce qu'il préfidoit, comme Apollon, à l'Octave ou harmonie célefte ; ce qu'indique de la maniere la plus fenfible fa flûte à fept tuyaux. On dérive ordinairement de fon nom, celui des *terreurs paniques* ; mais ces noms n'ont de commun que d'être venus de la même racine, du Grec *Pan*, qui fignifie tout. Le Dieu *Pan* défigne l'Univers, le Tout : les *terreurs paniques* font les terreurs qui faififfent la multitude entiere, & dont on ne peut rendre raifon. Plutarque l'indique affez nettement.

Anubis & Macedo.

Enfin, Ofiris avoit avec lui fes deux fils *Anubis & Macedo*, perfonnages

(1) Liv. II. ch. VII. p. 300.

remplis de courage & de valeur : ils étoient revêtus, le premier d'une peau de chien, le second d'une peau de loup. Ce dernier reçut de son Pere la Macédoine en partage, mais dans le même sens qu'Osiris avoit donné la Thrace à *Maro*; dans un sens allégorique, qui fait allusion aux têtes de *chien* & de *loup*, si communes parmi les Divinités Egyptiennes.

Le Chien ou Anubis représentoit dans un sens la Canicule, ou le commencement de l'Année ; & dans un autre, l'horizon ou le lever & le coucher du Soleil : il étoit ainsi le portier des Cieux ; & l'origine des Dieux Lares ou gardiens des maisons. On peut voir ces idées développées très au long dans Jablonski (1) : nous nous contenterons de dire avec lui que dans la Langue Copte ⲛⲟⲩⲃ, *nub*, signifie *or*, & ⲉⲛⲛⲟⲩⲃ, *doré*.

Ce personnage joue un grand rôle dans la Théologie Egyptienne, tandis qu'il n'y est jamais question de Macedo : ce qui est une forte présomption que ce dernier nom fut une altération de quelqu'ancien mot Oriental que les Grecs auront corrompu ; & que le meilleur moyen de déterminer l'idée qu'on doit se faire de ce personnage, c'est de considérer la maniere dont il est peint.

C'est sous la forme, ou avec une peau de loup : mais le *loup* désigne la lumiere, Apollon, le Soleil, comme nous l'avons déja prouvé. *Macedo* à peau de loup, opposé à *Anubis* qui désigne le Soleil à l'horizon, matin & soir, doit donc désigner le moment de la plus grande lumiere, l'heure du midi. L'un & l'autre sont en effet les compagnons inséparables d'Osiris, considéré comme symbole du Soleil. *Macedo* auroit été très-bien nommé ; *Mac* signifiant grand, & *es*, *ed*, lumiere, feu.

ARTICLE III.

Explication des malheurs d'Osiris.

§. I.

PROMETHÉE.

Chaque année le Nil couvroit de ses eaux les campagnes Egyptiennes : il ne faisoit qu'une vaste mer, de ces fertiles plaines que le Laboureur avoit embellies avec tant de soin. Quelles ne durent pas être sa surprise & sa douleur, la

---

(1) Liv. V, chap. I.

première fois qu'il se vit exposé à une inondation, qui par-tout ailleurs auroit traîné à sa suite la famine & la désolation !

C'est ce qu'on exprima si ingénieusement par l'histoire de Promethée & par les cruautés de Typhon envers Osiris.

» On recevoit Osiris par-tout, nous dit Diodore, comme un Dieu qui
» portoit avec lui l'abondance & la félicité ; mais au lever de la Canicule, le
» Nil rompit ses digues & se déborda d'une maniere si furieuse, qu'il submergea
» presque toute l'Egypte & sur-tout cette partie dont Promethée étoit Gouver-
» neur, de sorte que peu d'hommes échapperent à ce déluge. L'impétuosité
» de ce fleuve lui fit donner le nom d'Aigle. Promethée voulut se tuer de déses-
» poir ; mais Hercule se surpassant lui-même, entreprit de réparer ces brêches
» & de faire rentrer le Nil dans son lit.... Osiris fit border ce fleuve de puis-
» santes digues & d'écluses, qu'il fit faire avec beaucoup d'art. »

Cette tradition est bien différente de celles des Grecs, qui prétendoient que Promethée avoit été attaché par Jupiter sur le Mont Cau-case ; pour avoir dérobé le feu du Ciel ; & qu'un aigle ou un vautour venoit lui manger le foie qui renaissoit sans cesse, jusqu'à ce qu'il fût délivré par Hercule.

Cependant ces deux traditions s'appuyent & s'expliquent merveilleusement l'une par l'autre ; elles forment une très-belle allégorie fondée sur cette inondation réguliere & étonnante de l'Egypte.

Prométhée signifie *celui qui prévoit l'avenir, qui y pourvoit*. Tel est le Laboureur ; il sait que sans l'agriculture il manquera du nécessaire ; qu'avec elle il aura tout en abondance ; & il y pourvoit. Il est Gouverneur de l'Egypte au tems d'Osiris inventeur du labourage, puisque le vrai gouverneur d'une terre, son vrai propriétaire, celui qui la dirige à sa volonté, c'est le Laboureur, c'est celui qui la met en valeur, qui lui fait produire en abondance les plantes ou les fruits les plus convenables à ce sol.

Promethée est l'inventeur de tous les Arts, puisque les arts ne peuvent subsister sans l'Agriculture, qu'ils lui sont indispensables ; & qu'ils se multiplient & se développent à mesure qu'une riche & vaste Agriculture donne lieu à une plus grande population, à plus de bras, à plus de besoins.

Il vole le feu du Ciel, non le feu terrestre qu'on trouve suffisamment sur la terre sans l'aller chercher dans les Cieux, mais le génie créateur ; ce feu sublime qui embrâse l'homme, qui le remplit d'enthousiasme, qui fait qu'il ne trouve rien au-dessus de lui, qu'il s'élance au-delà des limites dans lesquelles il sembloit placé, qu'il arrache à la Nature son secret, au Ciel sa puissance & ses lumieres ; sans doute, les connoissances les plus sublimes, & telles celles qui sont les plus utiles : qu'est la sublimité sans utilité ? Les connoissances vraiment dignes de ce nom, sont un feu du Ciel; elles sont une inspiration divine : c'est le Ciel qui forma ces génies créateurs qui portent la lumiere avec eux, qui éclairent les hommes sur leurs plus grands intérêts, qui répandent au milieu d'eux les talens, les arts, les instructions, les ressources de toute espéce : Dieu les donne aux Nations pour leur bonheur : il les leur ôte pour les punir.

Tandis que Prométhée changeoit ainsi la face de l'Egypte, qu'il faisoit naître des moissons & des Peuples dans des lieux jusques alors incultes & sauvages, le Nil, au moment de la Canicule, vient couvrir toute la contrée, & semble renverser tous ses travaux. Prométhée est obligé de s'enfuir sur les montagnes; Jupiter l'attache au Caucase : un aigle ronge son cœur & cet aigle est le fleuve ; son cœur est donc ces campagnes pour lesquelles il s'étoit sacrifié, où il avoit mis tous ses soins ; qui avoient reçu toutes ses avances pour être en état de culture.

Mais ce Caucase, n'est pas celui de l'Asie ou de la Scythie, comme on sembloit l'insinuer pour rendre l'allégorie moins aisée à développer. Ce nom désigne toute montagne qui est aux confins de la terre qu'on habite. *Cau* ou *Cav* est le nom de toute *Montagne* : & *Case* ou *Casius*, une Montagne qui sert de borne ; tels les deux Monts *Casius* dont l'un servoit de borne entre l'Egypte & la Palestine ; & l'autre, entre la Palestine & la Syrie, comme nous l'avons déja dit dans les Allégories Orientales.

Toutes les années, le cœur de Prométhée se renouvelle, & toutes les années il est rongé de nouveau par le vautour, puisque chaque année l'inondation recommence.

Cependant, Prométhée est délivré par Hercule, puisqu'Hercule est le Soleil qui desséchant promptement la terre après l'inondation, donne à Prométhée le moyen de descendre de ses montagnes & de recommencer ses travaux salutaires.

Ces mêmes événemens furent peints aussi comme une guerre de Typhon contre Osiris.

§. 2. *Conspiration de Typhon.*

Pendant l'absence d'Osiris, disoit-on, Typhon ne put occasionner aucun trouble dans ses Etats à cause de l'extrême vigilance d'Isis ; mais à son retour, Typhon ayant persuadé à 72 personnes de se joindre à lui pour faire périr Osiris, & ayant mis aussi dans son parti une certaine Reine d'Ethiopie nommée Aso, qui se trouva dans ce tems-là en Egypte, il eut recours à un stratagême :

DU CALENDRIER.

& ce ftratagême confifta à enfermer Ofiris dans un coffre & à le jetter dans la mer; mais Ifis ayant recouvré le corps de fon Mari, alors Typhon le mit en piéces, le coupant en quatorze quartiers, felon Plutarque; en vingt-fix, felon Diodore, & il les difperfa dans toute la contrée.

D'Afo & de Thueris.

Commençons par l'explication d'Afo Reine d'Ethiopie, qui fe trouve tranfportée en Egypte comme par enchantement, & qui entre dans l'Hiftoire d'Ofiris, fans qu'on en apperçoive aucune raifon.

Afo eft un mot Copte qui fignifie *habitant d'Ethiopie*, un *Ethiopien*. Il eft en ufage dans la Thébaïde, & employé dans la verfion Copte des Actes des Apôtres (1). L'Ethiopie étoit ainfi très-bien nommée; le mot *Af* ou *Ef* qui fignifie *feu*, *chaleur*, étoit très-propre à défigner les pays brûlans, tels que l'Ethiopie.

Afo fignifie donc ici l'*Ethiopienne*; c'eft la Reine d'Ethiopie, non au fens propre, mais dans le fens figuré: & ce fens figuré, Plutarque l'explique d'une maniere très-bien affortie à nos vues. « La Reine d'Ethiopie, dit-il (2), qui vient au fecours de Typhon, eft le vent du midi, » (qui vient en Egypte de l'Ethiopie). C'eft ce vent du midi qui arrêtant les vents Etéfiens ou du nord, rend l'air brûlant & fait que Typhon confume tout.

Cette Afo eft Reine de l'Ethiopie, parce que c'eft-là que *regne* en effet le vent brûlant du midi. Elle eft la même que THUERIS, défignée dans la même hiftoire comme une des femmes de Typhon. Ce nom n'eft pas moins expreffif: on le voit employé dans la verfion Copte du Nouveau Teftament, pour défigner ces mêmes vents du midi, & il y eft écrit ⲐⲞⲨⲢⲎⲤ, *Thoou-rès*. Ce font deux mots Egyptiens dont le premier fignifie *vent*, & le fecond *le midi*, proprement le *Soleil du midi*; auffi la Thébaïde eft-elle appellée par JEREMIE (3), *terre de* PATHROS, ce que les LXX ont écrit *Pa-thou-rès*, & qui eft exactement le même nom que celui de *Thoueris* joint à l'article Egyptien *Pa*.

Ces vents du midi font appellés actuellement en Egypte par les Arabes *Hamfim* ou les *Cinquante*, parce qu'ils fouflent pendant les 50 jours qui s'écou-

---

(1) Jablonsky, Liv. V. ch. III. p. 126.
(2) Traité d'Ifis & Ofir.
(3) Chap. XLIV.

lent de Pâques à la Pentecôte. On les appelle aussi *Merissi*. Les descriptions de l'Egypte sont remplies des funestes effets & des maladies terribles que produisent ces vents, dans cet espace de tems. Ils transportent par-tout des monceaux de sable qui rendent les chemins impraticables & qui pénétrent jusques dans les villes : ils portent avec eux une chaleur suffocante, qui fait périr nombre de personnes; on compte alors plus de malades & de morts, que dans tout le reste de l'année : les maladies les plus communes sont les fiévres & les dyssenteries ; & tous ces maux s'évanouissent, aussi-tôt que les vents Etésiens commencent à souffler.

Des LXXII Conjurés.

Typhon fit périr Osiris, avec le secours de soixante & douze personnes qu'il mit dans son parti : JABLONSKI a cherché la cause de ce nombre; d'abord il a cru qu'il tenoit à quelque idée mystique des Egyptiens sur les nombres (1); il soupçonna ensuite qu'on avoit voulu indiquer par-là le nombre des vents, & que tandis que nous n'en comptons que 32, qui doublés sont 64, les Egyptiens en avoient augmenté le nombre, parce qu'ils divisoient la terre en 72 plages (2). Or les vents sont autant d'Etres conjurés contre la terre.

Ceci, vrai quant au fond, pourroit ne pas l'être quant au nombre. Les nombres 70 & 72 étoient sans doute une façon de parler proverbiale pour désigner un très-grand nombre. De-là les LXXII Interprétes, auxquels on attribua la traduction Grecque du V. T.

Des XIV morceaux que Typhon fit d'Osiris.

Si Typhon coupe le corps d'Osiris en quatorze morceaux, c'est une allusion sans doute aux quatorze coudées du Nil, dans le tems de l'inondation. Ces deux nombres sont trop ressemblans, pour n'être pas les mêmes. Nous avons vu ces XIV. coudées mises en allégories dans l'Histoire des XIV enfans de Latone. Il est inutile sans doute d'ajouter ici que l'élévation du Nil la plus salutaire, est précisément celle dont il s'agit ici.

Selon d'autres, Osiris fut coupé en 56 morceaux, mais c'est le nombre 14 qui étant doublé, donne d'abord 28 & ensuite 56, en doublant 28. C'est donc

---

(1) Liv. V. ch. II. §. 9.
(2) Liv. V. ch. III. §. 7.

28 qu'il faut lire dans Diodore qui ne fait monter qu'à 26 le nombre de piéces que Typhon fit d'Osiris ; ces divers nombres doivent être analogues entr'eux.

Isis recouvra les diverses parties du corps d'Osiris, à l'exception d'une seule qu'avoient dévorée les poissons du Nil : c'est la même, dont on dit que Saturne avoit privé son Pere Uranus près des fontaines & dont naquit Vénus. Nous avons donc ici la même allégorie, les noms seuls ont changé. On désignoit par celle-ci, l'extrême fécondité que le Nil procuroit à l'Egypte par son inondation; fécondité qui changeoit en source de plaisirs & de joie, un événement qui avoit d'abord paru un sujet de tristesse & d'effroi.

De la colonne dans laquelle fut renfermée l'Arche d'Osiris.

Cette colonne dans laquelle fut renfermée l'Arche d'Osiris par le Roi de Byblos, qu'il fit couvrir d'un toit, autour de laquelle voloit Isis nuit & jour sous la forme d'une hirondelle, est essentielle à l'allégorie d'Osiris. Nous venons de voir que l'histoire des maux que lui fit souffrir Typhon & du morcellement de son corps en quatorze piéces, est relative à l'inondation du Nil : mais l'histoire de cette inondation tient essentiellement à celle d'une colonne qu'on contemple nuit & jour & qui est effectivement sous un toit, étant renfermée par un très-bel édifice.

Cette colonne est celle qui sert à mesurer les divers accroissemens du Nil ; & qui est renfermée par un édifice qu'on appelle MIKIAS ; nom qui doit signifier *eaux vivifiantes* ou *de vie*, paroissant composé des mots מי, *Mi*, eaux, & חיה, *o'hia*, vie, existence.

C'est dans le même édifice, consacré d'abord à Isis, puis à Serapis, qu'étoit également le tombeau du Bœuf Apis, emblème de celui d'Osiris : aussi sur la table d'Isis, où l'on voit deux fois la figure de cette colonne, elle est accompagnée chaque fois du Bœuf Apis. Tous les deux étoient promenés sur le Nil pendant les trois mois d'inondation & portés pour cet effet par le *Baris*, vaisseau sacré de la Déesse Isis. Ils étoient ensuite renfermés dans ce Temple, comme dans un tombeau, pendant les neuf autres mois de l'année.

Ne soyons pas étonnés que les Egyptiens pésent sur ces objets dans leurs Allégories. De la juste hauteur de l'inondation du Nil, dépendoit leur bonheur ; il falloit que ses eaux montassent à quatorze coudées ; & tel étoit l'objet de leurs vœux. On voit encore cette priere dans les anciennes Liturgies des Egyptiens devenus Chrétiens : » ô Dieu, versez dans le fleuve la pléni-

» tude des eaux, bénissez-les; qu'elles parviennent à leur juste mesure. » C'étoit demander le pain quotidien. Encore aujourd'hui des Crieurs publics annoncent chaque jour la hauteur à laquelle le fleuve est parvenu, afin de rassurer & de réjouir le Peuple dont toutes les espérances sont fondées sur cette inondation.

Ces événemens se passent à *Byblos*; mais *Byblos* est en Grec le nom du *Papyrus*, plante qui ne croissoit qu'en Egypte: ensorte que sous ce nom-là, on reconnoissoit aussi sûrement l'Egypte qu'on reconnoît la Palestine au palmier & Athènes à l'olivier.

§. 3. *De Maneros.*

A l'occasion du voyage d'Isis à Byblos pour chercher Osiris, Plutarque rapporte une anecdote très-singuliere: c'est que les Egyptiens, dans leurs festins & lorsque la joie étoit la plus vive, faisoient paroître une cassette, d'où l'on sortoit une tête de mort qu'on montroit à tous les convives, non pour leur rappeller les malheurs d'Osiris, comme le croyoient les ignorans; mais pour leur dire, qu'ils eussent à se réjouir tandis qu'ils en avoient encore la liberté. Cette Fête s'appelloit MANEROS. On imagina que ce Maneros étoit le nom d'un homme; on en fit un fils du Roi de Byblos; & l'on prétendit qu'il étoit mort de frayeur, à cause du regard menaçant qu'Isis lui lança.

Hérodote (1) nous a transmis la même aventure, mais accompagnée de quelques faits intéressans. » Les Egyptiens, dit-il, ont plusieurs usages remar-
» quables; en particulier, celui de la chanson LINOS, qui est célèbre en Phé-
» nicie, en Chypre & ailleurs. Elle changea de nom, suivant la différence des
» Peuples; mais on convient que par-tout elle est la même que celle que les
» Grecs chantent sous le nom de Linos. Si je suis surpris de plusieurs singularités
» de l'Egypte, je le suis sur-tout du Linos, ne sachant d'où il a tiré son nom;
» il paroît qu'on a chanté cette chanson dans tous les tems: au reste, le Linos
» s'appelle chez les Egyptiens *Maneros*; ils prétendent qu'il a été le fils unique
» de leur premier Roi, & qu'ayant été enlevé par une mort prématurée, ils
» honorerent sa mémoire par cette espèce de chant lugubre, qui ne doit son
» origine qu'à eux seuls. »

Ce fait, singulier en ce qu'il nous apprend que tous ces anciens Peuples avoient une chanson commune qui remontoit aux premiers tems, qu'on appelloit *Linos* chez les Grecs, *Maneros* chez les Egyptiens, mais que les uns & les

---

(1) Liv. II.

autres ignoroient la valeur de ces mots ; ce fait, dis-je, prouveroit seul combien nous sommes plus près de l'Antiquité que Plutarque & Hérodote.

Maneros est composé de deux mots Orientaux qui signifient *tête de mort*. L'un s'est conservé dans notre langue où le mot *Manes* désigne les morts; l'autre mot, ou *rosh*, signifie *tête, pointe*; & subsiste également dans notre mot *roche*, qui présente une partie de ces idées.

ATHENÉE parle de la chanson *Linos* (1); il dit qu'on l'appelloit aussi *Ailinos*; & que, selon Euripide, elle servoit également dans des occasions de joie, comme dans la tristesse, ἐν πένθεσιν καὶ ἐπ' εὐτυχεῖ, dans le deuil & dans la prospérité. C'est le הילל, EILIL des Hébreux, qui signifie *chant lugubre*.

Trimalcion fait allusion dans PÉTRONE à cet usage de présenter le *Maneros* dans les festins.

>   Heu ! heu ! nos miseros ! quam totus homuncio nil est.
>   Sic erimus cuncti postquam nos auferet Orcus.
>   Ergo vivamus, dum licet esse, bene.

» Hélas ! que nous sommes infortunés : lorsque la Parque infernale nous entraînera, nous deviendrons semblables à cette figure : vivons donc heureux, tandis qu'il nous est permis de l'être. »

Dans ce moment, on venoit de montrer aux convives livrés à la plus grande joie, un masque d'argent, représentant une tête de mort, si artistement faite que toutes ses parties se mouvoient.

C'est ce que Plutarque appelle dans le banquet des sept sages, le squelette Egyptien.

Ces observations répandent le plus grand jour sur la fameuse épitaphe de Sardanapale en Cilicie & dont le sens étoit, qu'il *faut boire & manger, car demain on ne sera plus*. Epitaphe sur laquelle se sont exercés divers Savans (2); & qu'on a pris dans un très-mauvais sens, comme le discours d'un Epicurien ou d'un homme sans principes. Cependant elles se trouvent conformes à la sagesse des Egyptiens & aux usages de l'Antiquité ; & elles forment une sentence philosophique & morale d'un grand sens ; enseignant qu'il ne faut ni trop s'attacher à la vie, ni être trop en souci du lendemain ; mais sentence qui

---

(1) Liv. XIV. ch. VI.
(2) MM. FOURMONT & FRÉRET, en particulier, dans les Mém. de l'Académ. des Inscr. & Bel. Lett.

devenoit inintelligible, dès qu'on la séparoit de l'esprit des siécles pour lesquels elle fut faite.

Plutarque ajoute que *Maneros* étoit aussi appellé *Palestinus* & *Pelusius*; noms allégoriques qui semblent en faire un habitant de la Palestine ou de Peluse ; mais qui viennent des mots Orientaux פלץ, *Paleist*, frayeur, figure effrayante; פלש *Palash*, être dans le deuil, se rouler dans la cendre.

Quant à la chanson du *Linos*, qui remontoit à la plus haute antiquité, c'étoit sans doute une de ces chansons agricoles dans lesquelles on déploroit le sort des hommes privés des ressources inestimables de l'agriculture, en même tems qu'on célébroit le bonheur qui avoit été la suite de cette invention.

ARTICLE IV.

H O R U S, *fils & vengeur d'Osiris.*

Horus est le fils & le vengeur d'Osiris & d'Isis : il fait périr Typhon & il répare les maux qu'il avoit causés au genre humain. Nous l'avons déja vu, Horus marche à la suite du bon & du mauvais Principe, & il est regardé comme le sauveur de l'Egypte. Aussi cet Horus appartient à l'allégorie Egyptienne telle qu'elle est rapportée par Plutarque, & différente à plusieurs égards de ce que Diodore nous apprend sur Osiris.

Mais de quelle maniere Horus parvient-il à venger Osiris & Isis ? *Typhon*, comme nous l'avons dit, & ses *complices*, désignoient les obstacles que rencontroit l'agriculture en Egypte ; les maladies & les inondations auxquelles étoit exposé ce pays ; & les désordres qu'entraînoit ces inondations, en comblant les travaux du laboureur & en le forçant de se retirer sur les hauteurs. Horus venge donc son Pere par ses précautions efficaces pour prévenir les mauvais effets de ces inondations, en distribuant les eaux de maniere qu'elles fussent utiles à toute la contrée, en facilitant leur écoulement par des canaux qui les empêchassent de croupir & d'empoisonner l'air ; en mettant à profit le limon qu'elles deposoient, en rendant par ces moyens les terres plus fécondes.

Horus est donc le laboureur, qui répare en Egypte les désordres des inondations représentées sous l'emblême de Typhon & de ses fureurs : & c'est avec raison qu'Elien assure (1) qu'Horus étoit regardé comme le principal Auteur

---

(1) Hist. des Anim. Liv. XI. ch. X.

de l'abondance & de la fertilité. C'eſt ce qu'a très-bien vu l'Auteur de l'Hiſtoire du Ciel (1).

Horus, ſelon lui, étoit l'emblême des travaux agricoles, ou l'Année ruſtique.

» Comme l'induſtrie, dit-il, ou le travail de l'homme, & ſur-tout le
» labourage, ne peut rien opérer de bon que dépendamment du con-
» cours d'Oſiris & d'Iſis (le Soleil & la Terre), après avoir marqué le Soleil
» par la figure d'un homme ou d'un gouverneur, & la Terre ſous la forme
» d'une femme ou d'une mere féconde, les Egyptiens déſignerent le travail
» par la figure d'un enfant qu'Oſiris & Iſis affectionnent, d'un fils bien aimé
» qu'ils ſe plaiſent à combler de biens. Enſuite, par les différentes formes qu'ils
» faiſoient prendre à cet enfant, tantôt en le peignant comme un homme fait,
» ou bien en lui donnant les aîles de certains vents, les cornes des animaux
» céléſtes, une maſſue, une flèche & telles autres parures ou inſtrumens ſigni-
» ficatifs, ils exprimoient ingénieuſement la conduite, les opérations ſuc-
» ceſſives, les traverſes & les ſuccès du labourage....

» Tantôt nous le voyons enfant ſur les genoux de ſa mere, parce que
» l'homme n'eſt que foibleſſe & doit tout à la fécondité que la Providence
» accorde pour lui à la terre; ce qui eſt ſpécialement caractériſé par le *cercle*
» qu'on voit ſur la tête de la mere & de l'enfant. Tantôt nous le voyons de-
» venu fort & armé d'une maſſue qu'Oſiris & Iſis lui mettent en main. C'eſt le
» travail encouragé par le concours du Soleil & de la Terre, à ſe délivrer des
» ennemis qui traverſent ſes efforts ».

Serpent tué par Horus.

Entre les caractères de la victoire remportée par Horus ſur Typhon, on voit qu'il mit en piéces le SERPENT qui pourſuivoit *Thueris*, une des femmes de Typhon, lorſqu'elle ſe rangea du parti d'Horus. Le Serpent déſignoit, entr'autres choſes, la fange marécageuſe dont la terre ſe couvre après les inondations. Mais à la ſuite de l'inondation du Nil, ſoufloient les vents du midi dont l'action ſe faiſoit ſentir dans le tems que l'Egypte étoit couverte de cette fange : ces vents du midi s'appelloient *Thueris*, comme nous l'avons vu ; on feignoit donc qu'un ſerpent lâché par Typhon pourſuivoit cette femme, pour la punir de ce qu'elle prenoit le parti d'Horus : mais celui-ci tuoit le ſerpent à coups de flèches, en deſſéchant les marais.

---

(1) Tom. I, p. 81, & ſuiv.

C'est par le moyen du cheval qu'Horus venge son Pere ; mais ce cheval appellé en Orient *Persée* est surement le Soleil, dont les rayons secondent merveilleusement les efforts d'Horus ou du Laboureur pour faire disparoître les restes de l'inondation.

Cette fable est donc de la même nature que celle d'Apollon qui tua le serpent Python à coups de flèches, lorsqu'il poursuivoit sa mere Latone. Je dis de la même nature & non la même, comme le crut mal à propos l'Auteur de l'Histoire du Ciel, qui ne voyoit dans la Mythologie Grecque, qu'une altération de la Mythologie Egyptienne.

Latone est la Terre submergée : le Serpent qui la poursuit désigne les restes de l'inondation : il s'appelle *Python*, du mot Oriental פתן, *Pethen*, serpent : Apollon le tue de ses flèches, parce que ce Dieu est le Soleil dont les rayons, appellés constamment *flèches*, dessèchent les terres. Cette victoire d'Apollon se rapporte au déluge, celle d'Horus se borne à l'inondation annuelle de l'Egypte.

ARTICLE V.

Guerre d'Osiris & de Typhon considérés comme le bon & le mauvais Principe.

Jusques-ici, nous n'avons considéré Osiris que relativement à l'invention de l'Agriculture & aux phénomènes qu'offre l'Egypte à cet égard. Mais il est un point de vue infiniment plus élevé & plus vaste, sous lequel on ne peut se dispenser de considérer ces deux freres, ennemis par essence l'un de l'autre, & qui se livrent une guerre mortelle.

» Les premiers hommes reconnurent un *Etre-lumiere*, » source de tout ce » qui existe & auquel ils attacherent tous les attributs qui appartiennent à la » Divinité. Il est éternel, tout-puissant, infiniment sage, infiniment bon ; » c'étoit lui qui, par un choix libre de sa volonté, avoit formé le Monde ; » c'étoit lui qui le gouvernoit par ses décrets.

» Le spectacle des maux qui affligent la nature & dont le sentiment est si » vif dans tous les hommes, leur fit bientôt chercher un second Principe au- » teur de ces maux. Comment attribuer à un Etre infiniment bon, tant de » choses qui semblent mal dans l'ordre physique & qui le sont en effet dans » l'ordre moral ?

» Les *Ténèbres*, qui par elles-mêmes inspiroient l'horreur & la crainte, & » dont par conséquent la notion est mêlée de puissance & de malignité, leur » parut un dénouement aussi heureux que simple. Comme ils avoient attaché

DU CALENDRIER. 535

» à l'*Etre-lumiere* toutes les notions du bon, ils attacherent à *l'Etre-ténébres*
» toutes les notions du mauvais.

» Cette duplicité de principes métaphysiques sembla se confirmer par ce
» qu'il y a de plus sensible dans toute la nature, par le jour & par la
» nuit. »

Les Egyptiens s'emparerent de cette doctrine; ils recourerent également à
deux principes pour rendre raison de ce qui se passe dans l'Univers, du bien
& du mal qui y prennent sans cesse le dessus l'un sur l'autre. C'est ce qu'a
très-bien vû M. l'Abbé BATTEUX dans son précieux ouvrage sur les *Causes premieres*, dont nous avons tiré ce qu'on vient de lire sur les deux Principes.

Ce Savant Académicien s'appuie de Plutarque, qui dit que cette opinion
est de toute antiquité: que des Théologiens & des Législateurs, elle passa aux
Poëtes & aux Philosophes: que l'Auteur n'en est pas connu, mais qu'elle est
constatée par les traditions du genre humain, & consacrée par les mystères
& par les sacrifices chez les Grecs & chez les Barbares.

Osiris étoit la cause du bien: tout ce qui est stable & sain, par rapport aux
tems, aux retours périodiques, aux combinaisons des Elémens, étoit l'effet
de sa puissance: tout ce qui est passionné, rébelle, désordonné, déraisonnable,
est Typhon, l'auteur du mal.

Ce que nous avons déja dit dans ce volume relativement à ce dernier, le
présente suffisamment comme celui auquel on attribuoit tous les désordres de
cet Univers, & nous dispense d'entrer ici dans un plus grand détail. Il en est
de même de la remarque que nous avons faite qu'il présidoit au mois d'Octobre sous le signe du Scorpion comme mauvais principe, & à la suite du bon
principe qui présidoit au mois de Septembre. Aussi est-il dit dans Plutarque que
Typhon tua Osiris au mois d'Athyr & au signe du *Scorpion*: date qui n'est
point historique, mais cependant très-vraie comme allégorie.

» Typhon épousa Nephthys, c'est-à-dire la *fin*, la *destruction*. Osiris l'épousa
» aussi, mais secrettement, emblême de ce bas monde où tout naît, croît,
» périt; où les élémens sont victorieux & vaincus tour à tour. C'est-là que
» Typhon regne avec empire; & par lui, la destruction & la mort. Osiris
» y a néanmoins quelque pouvoir, mais moindre que celui de Typhon, parce
» qu'il semble qu'il y a dans ce monde plus de mal que de bien: de-là, les
» combats d'Osiris & de Typhon; & la victoire de celui-ci sur l'autre. »

» Dans la Nature, dit Plutarque, Isis tient lieu de l'épouse; c'est elle qui
reçoit l'action du principe qui engendre; c'est le récipient universel, la
Déesse aux mille noms, parce qu'elle prend toutes les formes & tous les ca-

ractères spécifiques. La *Raison suprême* imprime en elle un amour inaltérable du souverain bien : elle le desire, le poursuit sans cesse.... Elle se présente à lui pour recevoir l'impression de ses idées.. Car la génération des êtres n'est autre chose que l'image de l'essence éternelle, empreinte sur la matiere ; & l'être formé n'est autre chose que l'impression de l'Etre toujours Etre, rendue *par la matiere*.

» Ce n'est donc pas sans raison, continue-t-il, que les fables Egyptiennes ont dit que l'ame d'Osiris étoit immortelle ; que son corps étoit déchiré & ses membres dispersés par Typhon ; & qu'Isis errante ne s'occupoit qu'à recueillir ces membres, pour les remettre en place. L'Etre par excellence, l'intelligent, le bon, ajoute-t-il, est incorruptible & immuable ; mais les êtres sensibles & corporels, qui reçoivent les idées de ce premier être, comme la cire reçoit l'empreinte d'une figure, ne sont point permanens, parce que le sujet qui les reçoit est désordonné, chassé du Ciel en ces bas lieux, où il combat contre Horus qu'Isis a engendré comme l'expression sensible du Monde intelligible.

» En un mot, conclut M. l'Abbé Batteux, dans le langage de la Philoso-
» phie moderne, Osiris seroit Dieu ; Typhon, la matiere animée par elle-
» même, de laquelle seroient sortis les quatre élémens avec leurs qualités
» contraires ; Aroueris, seroit la pensée de Dieu songeant à former le monde ;
» Isis, la Nature, ou, pour expliquer ce mot, la loi fondamentale de l'Uni-
» vers, établie pour la formation, la perfection, pour la mesure & la durée
» des êtres, chacun dans leur espèce. Orus seroit le monde sensible, compre-
» nant le Ciel & la Terre ; & Nephthys, le Monde sublunaire : c'est à quoi se
» réduit en derniers termes la Cosmologie Mystique des Egyptiens. »

Ce Savant Auteur finit cette explication par observer qu'il n'est point étonnant que cette doctrine ait un si grand rapport avec celle de Platon, puisque ce Philosophe & ses Maîtres avoient puisé leurs connoissances en Egypte. Remarque très-précieuse & dont il peut résulter de très-belles conséquences.

Rappellons ici une observation que nous avons déja faite quelque part & que confirment les divers points de vue sous lesquels on peut considérer l'Histoire d'Osiris ; c'est que l'allégorie a l'avantage de se prêter aux objets les plus variés, dès qu'ils ont des rapports communs ; & qu'elle s'explique de plusieurs manieres différentes, dès que chacune de ces explications en saisit également l'ensemble. L'allégorie renfermoit ainsi toutes les beautés du langage, qui se prête tout à la fois au sens propre & aux divers sens figurés dont celui-ci peut être susceptible.

Ainsi Osiris *Soleil*, Osiris emblème de l'*Agriculture*, Osiris *bon Principe*,

sourfont une feule & même allégorie, envifagée fous trois points de vue différens fans doute ; mais qui ne fe contredifent pas, qui fe concilient parfaitement bien entr'eux, qui tiennent étroitement l'un à l'autre comme des caufes correfpondantes & dont les effets falutaires font également la fuite. L'allégorie ne fera donc complette, on ne la faifira même parfaitement que lorfqu'on aura réuni de cette façon tous les objets auxquels elle fut appliquable.

En effet, le *Soleil*, l'*Agriculture* & le *bon Principe*, font trois objets qu'on ne put féparer dès que l'Agriculture exifta. On fentit avec tranfport combien cet art étoit précieux, combien fon inventeur étoit admirable, que fa connoiffance pouvoit être regardée comme une infpiration du bon Principe qui étoit cenfé préfider à l'Univers ; & que le Soleil, fans lequel il n'y auroit point d'Agriculture, étoit le fymbole le plus parfait de ce bon Principe, & l'un de fes ouvrages les plus admirables.

ARTICLE VI.

Famille & Généalogie d'Ofiris.

§. I.

Des Freres & des Sœurs d'Ofiris, &c.

Ofiris étoit fils de Rhéa & il avoit pour pere le *Soleil*; non le Soleil phyfique, mais le Soleil créateur de l'Univers, Feu & Lumiere, ou Vulcain. On lui donnoit, comme nous l'avons vû, deux freres & deux fœurs, tous enfans d'une même Mere, mais de trois Peres différens. Ils étoient tous cinq les Dieux tutélaires des cinq jours Epagomènes dans lefquels on les difoit nés.

Ofiris & *Aroueris* naquirent les premiers ; ils étoient fils du Soleil.

Ifis, qui préfidoit au quatriéme jour, étoit fille d'Hermès ou Mercure: *Typhon* & *Nephtys* furent enfans de Saturne.

Nous avons déja vu plufieurs Déeffes à deux maris ; en voici une qui en a trois, qui les a tous trois à la fois, & qui de tous les trois a dans le même tems cinq enfans ; & ces cinq enfans deviennent autant de Dieux & de Déeffes. Dira-t-on que cette fable eft hiftorique, ou qu'elle n'eft qu'une altération de l'hiftoire ?

Ofiris étant le bon Principe & Typhon le mauvais, ils ne pouvoient avoir le même Pere ; l'un étoit donc né de la Divinité fuprême ; l'autre, du Tems qui dénature tout : ils avoient eu cependant la même Mere, la Nature Univerfelle, dans le fein de laquelle tout avoit pris naiffance. Ifis leur fœur reconnoiſſoit elle-même un autre Pere ; puiſqu'étant le Monde viſible , qui ſubſiſte avec les deux Principes , elle eſt l'effet de l'harmonie & de l'ordre déſignés par Mercure & par ſa lyre.

M. l'Abbé Batteux a développé avec tant de goût & de clarté l'allégorie renfermée dans les trois maris de Rhéa , que nous transcrirons ce qu'il en dit.

» On ne s'aviſera pas, dit-il (1), de chercher dans l'Hiſtoire aucun trait
» auquel on puiſſe adapter la groſſeſſe de Rhéa , portant à la fois dans ſon ſein
» cinq enfans... On voit clairement que cette fable ne peut avoir de ſens que
» dans la Mythologie, & en ſuppoſant que Rhéa repréſentoit l'état primitif des
» êtres. Les Egyptiens ne connoiſſoient pas Rhéa, mais ils connoiſſoient
» Athyr, à qui ils donnoient tous les attributs de Rhéa.

» Les époux de Rhéa ont des caractères ſymboliques qui s'accordent
» avec le ſien. Saturne eſt le premier. Si Rhéa eſt la maſſe élémentaire,
» que peut être Saturne, ſinon le Tems fatal qui engendre & fait éclore
» les différens êtres, qui marque les momens du débrouillement & de la
» combinaiſon des principes ?

» Le ſecond époux de Rhéa eſt le Soleil ou le Feu, principe univerſel
» d'activité, ſans lequel la matiere & le Tems n'auroient rien produit....

» Qu'auroient produit le Tems & le Feu, ſi Mercure, Dieu artiſte, n'eût
» été le troiſième époux de Rhéa, s'il ne ſe fût joint à Saturne & au Soleil,
» pour deſſiner & organiſer la lyre du Monde & faire naître l'harmonie à la
» douce voix ? C'eſt donc lui qui a déterminé les formes ſymmétriques des
» êtres, chacune dans leurs eſpéces. »

§. 2. *Rapports des cinq enfans de Rhéa avec les cinq jours Epagomènes.*

Le rapport des cinq enfans de Rhéa, avec la Fête des cinq jours Epagomènes, n'étoit pas moins ſenſible. Ces cinq jours étoient pour les Egyptiens la Fête des Saturnales : on y repréſentoit les mêmes objets ; & ces objets étoient relatifs aux travaux de l'Agriculture.

Le premier jour étoit celui d'*Oſiris*, l'inventeur de l'Agriculture, dont on célébroit ce jour-là les avantages. Le ſecond jour étoit celui de l'ancien *Horus*, ou de l'état du Monde avant l'invention du labourage, état triſte & fâcheux.

---

(1) Ibid. p. 72. & ſuiv.

Typhon présidoit au troisiéme jour, parce qu'en ce jour on offroit des prieres & des sacrifices, pour détourner les fléaux toujours prêts de tomber sur les campagnes & sur leurs cultivateurs.

Au quatriéme jour, étoit née Isis dans des lieux humides & marécageux: mais Isis étoit la même que Cérès: on célébroit donc en ce jour les heureux effets de l'inondation du Nil, relativement aux riches productions de la terre.

Enfin, le cinquiéme & dernier jour étoit consacré à Nephtys ou à la victoire, par les mêmes raisons que nous avons indiquées & qui rendirent cette Fête commune à tous les Peuples agricoles. Aussi donnoit-on à Nephtys le surnom de *Nicé* ou de *Victoire*, parce qu'en ce jour-là l'Agriculteur ou Hercule étoit venu à bout de ses travaux. Elle fut également surnommée *Teleuté* ou la derniere, parce qu'elle terminoit l'année.

Jablonsky a très-bien expliqué une fable relative à Nephtys. Les Egyptiens disoient qu'Osiris avoit manqué de fidélité à Isis en faveur de Nephtys, & qu'Isis s'en apperçut, parce qu'elle trouva auprès de sa rivale la couronne de mélilot qu'Osiris avoit oubliée auprès d'elle. Ici Nephtys désigne les contrées les plus reculées de l'Egypte, qui ne profitoient que par artifice de l'inondation du Nil; il falloit que le Laboureur y conduisît par des canaux les eaux du fleuve: & comme le mélilot croissoit dans ces eaux, on disoit qu'Isis découvrit par le moyen de cette plante, l'infidélité d'Osiris.

§. 3. *D'ANUBIS fils d'Osiris.*

Nephtys eut donc d'Osiris, qui la prenoit pour Isis, un fils nommé *Anubis*, & elle l'exposa; mais Isis qui en fut informée, chercha cet enfant, le trouva au moyen de quelques chiens & l'ayant élevé, il devint son compagnon & sa garde fidéle.

Anubis est le même que Thot ou Mercure qui ouvre l'année; il passe pour fils de Nephtys qui termine l'année; mais elle ne le reconnoit pas pour son fils, puisque le premier jour de l'année n'a nul rapport avec le dernier de la précédente. Isis le trouve au moyen de quelques chiens, puisqu'il ouvre l'année avec la canicule ou le chien céleste, & qu'il est représenté par cette raison avec une tête de chien: & s'il devint le gardien fidéle d'Isis, c'est qu'ouvrant l'année, il devenoit le portier des Cieux, dont Isis étoit la Reine. C'est à lui que MARCIEN CAPELLA, dans le second Livre de son *Satyricon*, attribue fort ingénieusement le rétablissement d'Osiris, considéré comme le Soleil Pere de l'Agriculture.

> Qui fata succidentis
> Separat libens Osiridis
> Sationibus gravari
> Genitalibus repertis.

Ce qu'on peut paraphraser ainsi :

> Osiris, par ses soins, délivré du Tombeau,
> Recommence aussitôt sa course vagabonde,
> Eclairant les Mortels de son divin flambeau,
> Et couvrant de ses biens la Terre qu'il féconde.

§. 4. *Casque d'Isis à tête de Taureau.*

L'Histoire des malheurs d'Osiris offre un trait que nous ne saurions passer sous silence. Horus avoit arraché à Isis son Enseigne Royale, pour se venger de ce qu'elle n'avoit pas fait périr Typhon; mais le conseiller fidèle de cette Reine, Thot ou Mercure, lui donna pour remplacer cette perte, un casque fait d'une tête de Taureau. A cette occasion, on se rappelle sans doute que Sanchoniaton dit également qu'Astarté mit sur sa tête une tête de Taureau pour marquer sa Souveraineté.

Isis & Astarté, sont deux noms différens d'une seule & même Divinité, de la Reine des Cieux : mais quel est le caractère auquel on la reconnoît, si ce n'est le *Croissant*, & ce Croissant ne fut-il pas comparé à la tête d'un Taureau ? Et n'est-ce pas sous la forme du Croissant que la Lune est désignée dans tous les Calendriers ?

Isis étoit donc la Lune en même tems qu'elle étoit la Nature fécondée. Ainsi l'allégorie, toujours semblable à elle-même, se soutenoit & embrassoit tout l'Univers. Le Soleil étoit l'emblême de la Nature fécondante; & la Lune, Reine des Astres, l'emblême de la Nature fécondée.

Isis regnoit ainsi sur l'année entière : mais lorsque les Grecs & les Latins eurent partagé les mois de l'année entre le Soleil & la Lune, & qu'ils eurent fait du Soleil six grands Dieux & de la Lune six grandes Déesses, les attributs que les Egyptiens appercevoient dans Isis, furent partagés entre six grandes Déesses : ainsi Isis devint *Diane, Cérès, Junon, Vesta, Minerve & Venus.*

§. 5. D'*HARPOCRATE fils posthume d'Osiris.*

Enfin Isis met au monde HARPOCRATE, après la mort d'Osiris ; c'est un

DU CALENDRIER.

enfant foible, boiteux, & ordinairement courbé sous le poids de vases remplis de liqueurs ou de corbeilles de fruits. Mais cet enfant est la peinture de l'hyver, pendant lequel le Soleil est presqu'éteint, la nature engourdie, l'Agriculteur dans l'inaction & consumant le fruit de ses travaux.

   Hyems ignava, *dit Virgile* (1), Colono
   Frigoribus parto agricolæ plerumque fruuntur.

» L'hyver sans force procure au Laboureur le repos qui est le but de ses » soins: il y jouit tranquillement du fruit de ses peines. »

Telle étoit la fin de l'année du Laboureur; & telle, la fin de cette longue & brillante allégorie Egyptienne.

CHAPITRE II.

Histoire de Bacchus.

Tout n'est dans ce Monde qu'inconstance & vicissitude: les Dieux l'éprouverent comme les hommes. Bacchus, qui ne fut pour les derniers Grecs que le fils de Semelé & l'inventeur ou le Dieu du vin, le Dieu de l'yvresse, avoit été pour les Grecs primitifs le fils d'Iou & de Proserpine, l'inventeur des choses les plus utiles à la vie, le Dieu du labourage & des vignes, le même qu'Osiris des Egyptiens ; & pour les Disciples d'Orphée, dans les tems de la Religion allégorique, il avoit été le même que le *Soleil*, l'Astre brillant du jour, sans lequel il n'y a ni récoltes, ni vendanges, ni population, ni Empires.

Si l'on ne distingue pas ces différentes gradations dans les idées que les Anciens se formerent de Bacchus, son Histoire ne paroîtra qu'un cahos : il n'est donc pas étonnant que jusques-ici cette histoire n'ait présenté qu'obscurité & que confusion ; & qu'on n'en ait pas retiré les lumieres qui en devoient résulter. Nous allons essayer d'y suppléer, en faisant voir 1°. que dans l'origine Bacchus n'étoit qu'un être allégorique, qui représentoit les influences du

---

(1) Georg.

Soleil rélativement aux productions artificielles de la terre, le bled & le vin : 2°. qu'il fut considéré dans la suite comme un personnage illustre, auquel on devoit ces productions : 3°. qu'il ne fut enfin envisagé simplement comme le Dieu de la vigne, que lorsqu'on eut distribué les diverses productions de la terre, à autant de Dieux différens.

ARTICLE I.

Bacchus fut d'abord un symbole du Soleil.

Dans l'origine, Bacchus fut le même que le Soleil, considéré comme celui qui faisoit mûrir les moissons & les raisins. Il ne sera pas difficile de le prouver.

§. 1. *Bacchus surnommé* MISÉS.

Entre les hymnes d'ORPHÉE, il en est une très-remarquable, adressée à Bacchus, sous le nom de *Misés* (1); on y voit que ce Dieu étoit regardé comme le Pere de la Nature féconde, comme le Soleil lui-même, & non comme un simple Héros ou comme le simple fils de Semelé.

Il y est appellé » Dionysus, Législateur, porte-feu, fils du bon Conseiller, » mâle & femelle, à deux visages, Iackhus, Misés chaste & pure, Reine inef- » fable qu'on adore à Eleusis, en Phrygie, en Cypre &c. »

Ces expressions, ces épithètes aussi singulieres que sublimes, ne peuvent convenir qu'au Soleil, considéré comme le Dieu de la lumiere. La lumiere céleste peut seule être la source d'une saine législation ; le Soleil est le vrai *Porte-feu* de l'Univers ; il est vraiment le fruit d'un excellent conseil ; il est à deux visages, n'y ayant en lui aucune ombre, & découvrant tout.

Enfin, c'est le Soleil qui portoit avec la Lune le titre de *mâle & femelle*, parce qu'ils renfermoient en eux, selon les Anciens, tous les principes fécondans & fécondés de la Nature entiere, dont ils étoient les symboles ; tandis qu'aucun de ces titres ne peut convenir, en aucune maniere, au Bacchus des Grecs fils de Semelé & Dieu des vendanges.

Si on l'appelle Misés, nom qui a paru inexplicable à la plûpart des Savans Mythologistes, c'est encore une preuve que *Dionysus* n'est autre que le Soleil. Nous avons déja vû que les sept Planettes formoient, selon les Anciens,

---

(1) Hymn. XLI.

une octave : mais le Soleil étant placé au milieu des sept Planettes ou de l'octave céléste, se trouvoit entre deux quartes, donc l'une commençoit par la Lune & finissoit par le Soleil, & dont l'autre commençoit par le Soleil & finissoit par Saturne : il étoit ainsi le terme moyen entre ces deux octaves; le Médiateur de l'harmonie céléste, le MESE en langue Grecque.

§. 2. *Bacchus surnommé* TAUREAU.

PLUTARQUE nous fournit des preuves d'un autre genre, pour démontrer que Bacchus étoit le même que le Soleil. C'est qu'il présidoit aux eaux, & qu'on le peignoit en conséquence sous la forme d'un Taureau.

» Plusieurs Peuples de la Grèce, dit-il (1), peignent Bacchus avec une
» tête de Taureau ; & lorsque les femmes de l'Elide l'invoquent, elles le
» prient de venir à leur secours avec ses pieds de bœuf. Les Peuples d'Argos
» lui donnent le nom de *Bougenes* ou *fils de Vache* : ils l'invitent au son de leurs
» trompettes à sortir de l'eau, & comme pour l'y engager, ils jettent dans
» l'abîme un agneau pour le Portier.... L'on voit, ajoute-t-il, par le passage
» suivant de PINDARE, qu'on ne reconnoît pas seulement Bacchus comme le
» Dieu du vin, mais aussi comme celui de tout l'élément humide : »

Δενδρέων δέ νόμον Διόνυσος πολυγαθὴς αὐξάνοι, ἁγνὸν φέγγος ὀπώρας.

» Bacchus, source de biens, gloire des Saisons fertiles, faites prospérer les
» arbres de mes vergers. »

Le cantique des femmes d'Elide auquel Plutarque fait allusion, est trop remarquable pour que nous ne rapportions pas ici le peu qui s'en est conservé.
» Venez, disoient-elles, venez, illustre Héros, Dionysus, venez dans votre
» Temple des eaux ; accourez dans votre Temple sacré : que les Graces vous
» accompagnent, vous qui marchez d'un pied de bœuf, très-digne Taureau,
» Taureau digne de nos hommages. »

On est peu accoutumé à un langage de cette nature, à entendre désigner Bacchus comme un Dieu Taureau, aux pieds de bœuf, dont les eaux forment le Temple & que les Graces accompagnent : mais c'est qu'on connoît peu la Mythologie Orientale, antérieure aux Grecs, & que ceux-ci bornerent insensiblement Bacchus à n'être que le Dieu des vignobles.

Le Taureau étoit un animal symbolique qui peignoit la fécondité; & par-

---

(1) Traité d'Isis & d'Osir.

là même, d'un côté, le *labourage*, qui s'exécutoit au moyen des bœufs; & d'un autre côté, les *eaux* & les fleuves qui font une source essentielle de la fécondité.

Tous les Mythologistes conviennent que le Taureau étoit un symbole des eaux: l'Abbé Banier lui-même, au sujet du combat d'Hercule avec Acheloüs, qui ayant le dessous, s'étoit métamorphosé en Taureau, & à qui Hercule arracha une corne qu'on appella la *corne d'abondance*. L'Acheloüs étoit un fleuve qui se divisoit en plusieurs bras, qu'on regardoit comme autant de cornes: Hercule réduisit un de ces bras & en fit servir les eaux à la fertilité des campagnes qu'il traversoit.

Ajoutons ce que nous avons déja eu occasion de dire, que le Soleil étoit censé nager dans l'élément humide; & qu'il n'opéroit que par le moyen de l'eau. Bacchus Taureau & dont le Temple domine sur l'élément liquide, est donc le Soleil, source de la fécondité, pere des moissons & des vendanges.

La priere des femmes de l'Elide, traduite dans un langage simple & dépouillé de toute allégorie, revient par conséquent à ceci: » Illustre Bacchus, » Héros célebre, venez, accourez dans votre Temple qui domine sur les » eaux, dans votre demeure sacrée; venez accompagné des Graces & de ces » biens qui marchent à votre suite, vous Pere de l'abondance, protecteur » de nos semailles & de nos récoltes, sans qui la terre stérile se refuseroit à » nos soins, & laisseroit nos travaux sans succès: vous en un mot, digne de » tous nos hommages. »

Ajoutons que ce même Dieu étoit également adoré à Cyzique & en Thrace, sous la forme & avec l'équipage d'un bœuf.

§. 3. *Hymne au Soleil, sous le nom de Bacchus.*

L'Hymne au Soleil que nous a conservée MARCIEN CAPELLA(1), ne laisse enfin aucun doute à cet égard. Comme elle est peu connue, & qu'elle renferme un précis de la Théologie Egyptienne & Pythagoricienne à l'égard du Soleil, nous avons cru devoir la mettre sous les yeux de nos Lecteurs, en l'accompagnant d'un essai de traduction & de quelques observations.

IGNOTI vis celsa patris vel prima propago,
Fomes sensificus, mentis fons, lucis origo;
Regnum naturæ, decus atque assertio Divûm,
Mundanusque oculus, fulgor splendentis Olympi.

(1) Noces de la Philologie & de Mercure.

Ultra

DU CALENDRIER.

Ultra mundanum fas est cui cernere Patrem:
Et magnum spectare Deum, cui circulus Æthræ
Paret & immensis moderaris raptibus orbes:
Nam medium tu curris iter, dans solus amicam
Temperiem Superis, compellens atque coercens
Sidera sacra Deûm cum legem cursibus addis.
Hinc quod est quarto jus est decurrere circo,
Ut tibi perfectâ numerus ratione probetur.
Nonne à principio geminum tu das Tetrachordon.
Solem te Latium vocitat, quod solus honore
Post Patrem sis lucis apex, radiisque sacratum
Bis senis perhibent caput aurea lumina ferre.
Quod totidem menses, totidem quod conficis Horas;
Quatuor alipedes dicunt te flectere habenis.
Quod solus domites, quam dant Elementa quadrigam;
Nam tenebras prohibens, retegis quod cærula lucet.
Hinc Phœbum perhibent prodentem occulta futuri.
Vel quia dissolvis nocturna admissa Lyæum;
Te Serapim, Nilus; Memphis veneratur Osirim;
Dissona sacra Mithram, Ditemque, ferumque Typhonem,
Atys pulcher item, curvi & puer almus Aratri.
Ammon & arentis Libyes, & Biblus Adonis.
Sic vario cunctus Te nomine convocat Orbis.
Salve vera Deûm facies, vultusque Paterne
Octo & sexcentis *numeris*, cui littera Trina
Conformat sacrum Nomen, Cognomen & Omen.
Da Pater Æthereos Mentis conscendere cœtus:
Astrigerumque, sacro sub numine, noscere Cœlum.

» Force suprême du Pere inconnu, son premier né, principe du sentiment
» & de l'intelligence, source de lumiere, regne de la nature, gloire des
» Dieux, preuve de leur existence, œil du Monde; éclat de l'Olympe resplen-
» dissant, auquel seul il est permis de voir le Pere placé au-delà du Monde
» & de considérer le grand Dieu; vous qui dans vos immenses tours gouver-
» nez l'Univers & ses révolutions: car vous en parcourez le milieu, donnant
» seul aux Mondes supérieurs une chaleur tempérée, & dictant vos loix aux
» Astres sacrés des Dieux, parce que vous êtes placé dans le quatrième orbite;
» & que votre *nombre* vous a été assigné par la droite raison, ensorte que dès
» le commencement, vous nous donnez un double tetrachorde.

Hist. du Cal.

» Le Latium vous appelle Soleil, parce que seul vous êtes après le Pere,
» la source de la lumiere. Douze rayons couronnent votre tête sacrée, parce
» que vous formez autant d'heures. Quatre Coursiers sont attelés à votre
» char, parce que seul vous domptez le quadrille formé par les Elémens.
» Comme en dissipant les ténébres, vous manifestez la lumiere des Cieux, on
» vous appelle Phœbus qui découvre les secrets de l'avenir; & Lyéus, parce
» que vous dissipez les mystères de la nuit. Le Nil vous adore sous le nom de
» Serapis; Memphis, sous celui d'Osiris. Dans les Fêtes d'Hyver vous êtes
» appellé Mithras, Pluton, le barbare Typhon. On vous revére aussi sous
» les noms du bel Atys, de l'Enfant chéri de la charrue. Dans la brûlante
» Lybie, vous êtes Ammon; & à Biblos, Adonis. Ainsi l'Univers entier vous
» invoque sous des noms différens.

» Je vous salue, véritable face des Dieux, image de votre Pere, vous dont
» trois lettres qui valent en nombre six cent huit, forment le nom sacré, le sur-
» nom & le présage. Accordez-nous, ô Pere, de monter dans les assemblées
» éthérées de l'Esprit; & de contempler, à la faveur de votre nom sacré, le
» Ciel étincelant de flambeaux. »

§. 4. *Observations.*

Cette hymne, composée dans le goût de celles d'Orphée, est d'autant plus
remarquable, qu'on y trouve l'exposition des idées que les Anciens se formoient du Soleil & de son Auteur. Son Pere étoit » le Grand Dieu, le Pere
» inconnu, qui habitoit au-delà du Monde sensible; il en étoit le premier
» né, son image la plus parfaite, l'œil du Monde, la source des connoissan-
» ces & de toute lumiere. Dirigeant tout le Monde sensible, il en occupoit le
» milieu, & formoit ainsi le double tetrachorde ou les deux quartes, dont
nous avons déja parlé, qu'on représente ici comme une double lyre, & qui
valut au Soleil le nom de *Misés.*

On y voit aussi la confirmation de ce que nous avons avancé, que le Soleil
étoit le Dieu suprême de toutes les Nations, & qu'elles ne différoient à cet
égard que dans le nom qu'elles lui donnoient, étant appellé *Osiris* par les
Habitans de Memphis, *Serapis* par ceux d'une autre partie de l'Egypte, *Ammon* en Lybie, *Adonis* en Syrie, *Atys* en Phrygie, *Phœbus* en Grèce, &c.

On y voit également qu'on lui donnoit deux noms différens relativement
à l'Eté & à l'Hyver; que ceux de *Mythras*, de *Pluton*, de *Typhon*, étoient
relatifs au Soleil d'Hyver; & que le Soleil est le même que Bacchus; car ces

Astre est appellé ici *Lyéus*, ce qui étoit un nom absolument propre à Bacchus comme étant le seul qui dissipât les ténèbres & le noir chagrin.

D'ailleurs Plutarque assuroit (1) qu'Adonis, qui est ici un des noms du Soleil, étoit le même que Bacchus, & l'on ne peut en douter lorsqu'on jette les yeux sur l'hymne d'Orphée à Adonis (2), qui y est appellé »l'excellent » Génie aux noms multipliés ; mâle & femelle (Κύρη καὶ Κόρη) ; aux deux » cornes ; qui meurt & se rallume avec les années, qui tantôt habite le Tarta- » re, tantôt se retrouve dans les Cieux ; qui fait porter à la terre des fruits abon- » dans, qui se plaît à la chasse & dont Proserpine à la belle chevelure fut la » Mere. »

Commençons par ce dernier caractère. Si *Adonis* est appellé le fils de Proserpine à la belle chevelure, c'est une qualité qui lui est commune avec Bacchus l'ancien ; nous verrons plus bas en donnant le précis du Poëme de Nonnus sur Bacchus, que celui-ci étoit fils de Proserpine & d'Iou.

Nous y verrons aussi qu'il s'appelloit *Zagreus* : mais ce mot dont on n'avoit pu jusques à présent découvrir l'origine, est parfaitement conforme à une des épithètes précédentes d'Adonis, & qui le peint comme se plaisant à la chasse. *Zagreus*, pour *Za-agreus*, signifie un *grand*, un *vaillant chasseur*.

L'Epithète *aux deux cornes*, répond à celle de *Taureau* donnée à Bacchus ; il en est de même de celle de *mâle & femelle*.

Quant aux noms par lesquels Adonis est représenté comme mourant & ressuscitant avec les années ; comme étant tantôt aux Enfers, tantôt dans les Cieux ; & comme faisant rapporter à la terre des fruits abondans, ils prouvent évidemment qu'Adonis étoit le même que le Soleil, que c'étoit son nom en qualité de *Seigneur* de l'Univers.

Bacchus paroît dans cette même hymne, sous un autre caractère que je n'ai vu expliqué nulle part ; il est désigné par ces mots :

» Curvi & puer almus aratri «
Le fils chéri de la charrue.

Ce fils chéri, c'est celui qu'on invoquoit dans les Mystères de Cérès sous le nom d'Iackus & qui étoit regardé comme le fils de Jupiter & de Proserpine, ou de Cérès elle-même, selon d'autres. Là, il étoit représenté comme enfant, avec un van, emblême de l'Agriculture.

---

(1) Symposiaq. ou Banquet, Liv. IV.
(2) Hymn. LV.

§. 5. *Bacchus Hyes.*

Enfin cette hymne préfente un caractère énigmatique du Soleil, qui s'explique parfaitement par un des noms de Bacchus, celui de ϒΗΣ ou *Hyes*, comme l'a fort bien vu GRANDIS ou *le Grand* (1).

Ce nom n'eft compofé que de trois lettres, & elles valent en effet 608 : ϒ vaut 400 ; H, huit ; Σ, 200.

Mais ce nom qui fignifie *pluvieux*, eft donc une épithète, un furnom, qui convient au Soleil-Bacchus comme le Maître & le modérateur de la Nature humide.

Il offre aufsi l'idée de *préfage*, parce qu'on tire des préfages de la pluie, d'une année pluvieufe, & qu'on en a donné le nom aux *Hyades*, qui formoient une conftellation pluvieufe & qui étoient regardées par cette raifon comme les nourrices de Bacchus.

ARTICLE II.

Bacchus regardé comme un Héros & le même qu'Ofiris.

Les Anciens étoient perfuadés qu'Ofiris & Bacchus n'étoient qu'un feul & même perfonnage. Diodore s'exprime ainfi à ce fujet : » les Egyptiens pré-
» tendent que leur Ofiris eft le Bacchus des Grecs ; que c'eft lui qui a par-
» couru toute la Terre, qui enfeigna aux hommes à planter la vigne & à faire
» du vin ; enfin, que c'eft en reconnoiffance de ce bienfait, que d'un commun
» confentement, on l'a mis au rang des Immortels.

» Bacchus, dit-il encore (2), voyagea dans les Indes ; le lieu où il campa
» s'appelloit *Meros* ; de-là, la fable qu'il eft forti de la cuiffe de Jupiter. On
» dit qu'il enfeigna aux Indiens la culture des fruits, qu'il leur donna l'inven-
» tion du vin & leur communiqua d'autres fecrets néceffaires & utiles. Il y
« bâtit des villes confidérables .... leur enfeigna le culte des Dieux, leur
» donna des loix, établit la juftice parmi eux, & par tous ces bienfaits mérita
» le nom de Dieu & les honneurs divins. »

Après avoir rapporté la naiffance de Bacchus fils de Semelé de la manière

---

(1) Fr. GRANDIS ad ill. vir. BALZAC, 1657, in-4°.
(2) Liv. II.

dont les Grecs la racontent, il passe à son éducation, à ses exploits, à ses voyages.

» Il fut élevé, dit-il, à *Nyse*, d'où vint son nom de *Dionysus*; il étoit d'une
» rare beauté; il passa sa jeunesse dans les festins, les danses & les plaisirs: il
» parcourut ensuite l'Univers avec une nombreuse bande de femmes, qu'il
» arma de *Thyrses*. Par-tout il établit les *Mystères*; mais il n'initioit que des
» hommes pieux & dont la vie étoit irréprochable : il institua aussi des Fêtes
» publiques & des prix de Musique; & au lieu des guerres qui régnoient aupa-
» ravant, il fit fleurir la *paix*.

» *Lycurgue* seul s'opposa à ses desseins: mais il fit mourir ce Roi de Thrace;
» & il donna son Royaume à *Tharops* qui l'avoit averti des desseins de Lycur-
» gue. Œagre, fils de Tharops, en reçut avec ses Etats, les sacrés Mystères,
» auxquels il initia son fils Orphée.

» Bacchus employa trois ans à son expédition des Indes : c'est pour cette
» raison que les Grecs appellent ses Fêtes *Trieterides* ou *Triennales*. »

Ajoutons que MARON étoit représenté comme le Cocher de Bacchus (1)
& le fondateur de la ville de Maronée.

Ces rapports entre Bacchus & Osiris ne pouvoient donc être plus grands :
tous deux nés à Nysa, tous deux conquérans, tous deux ayant voyagé aux
Indes, tous deux ayant fait périr Lycurgue, & ayant inventé l'usage de la
biere & du vin; le lierre leur est consacré à l'un & à l'autre; les Pans & les
Satyres sont leurs Compagnons : le Phallus, emblême de la fécondité & de la
population, effets de leurs inventions, est leur symbole commun.

Il est vrai qu'Osiris nous est beaucoup plus connu par ses malheurs que par
ses inventions, par ses conquêtes & par ses voyages; & que nous ne voyons
rien de pareil dans Bacchus : mais cette différence ne prouveroit rien contre
leur identité : tous deux étoient le Soleil. Or les malheurs d'Osiris ne sont
qu'une représentation allégorique des révolutions de cet Astre : ainsi les Egyptiens n'auroient fait en cela que donner à l'Histoire d'Osiris, plus d'extension
que les Grecs n'en donnoient à celle de Bacchus : mais on voit, en lisant les
Anciens, que même à cet égard, il y avoit de très-grands rapports entre ces
deux personnages : ensorte que l'omission dans laquelle sont tombés tous les
modernes sur cet article, est seule cause de la différence que nous appercevons
entre Osiris & Bacchus.

PLUTARQUE nous est garant des rapports qui régnoient entre ces deux per-

___

(1) Nonnus, Chant XI.

fonnages relativement à leurs aventures tragiques : & il en prend à témoin la Dame à laquelle il adreſſa ſon Traité d'Iſis & Oſiris.

« Qu'Oſiris ſoit le même que Bacchus, dit-il, qui doit le ſavoir mieux que
» vous, CLÉA, vous qui êtes à la tête des Thyades de Delphes, & qui dès votre
» enfance fûtes conſacrée par votre Pere & votre Mere aux Myſtères d'Oſiris ?
» Mais comme on n'en eſt pas généralement perſuadé, diſons ici en preuve de
» cette vérité & ſans dévoiler le ſecret des myſtères, que les cérémonies qui
» ſont uſitées par les Prêtres dans les obſèques d'Apis, après qu'on a placé ſon
» corps ſur un radeau, ne différent en rien de celles qui ont lieu dans les Fêtes
» de Bacchus. Ils y paroiſſent avec des peaux de cerf, armés de Thyrſes, s'a-
» gitant & pouſſant de grands cris, préciſément comme ceux qui célèbrent les
» orgies de Dionyſus ....

» Ce qu'on pratique dans les FÊTES de Bacchus appellées TITANIQUES &
» NYKTELIES, s'accorde parfaitement auſſi avec le *déchirement* d'Oſiris & avec
» ſon *retour* à la vie. Il en eſt de même de leurs tombeaux. Les Egyptiens mon-
» trent pluſieurs Tombeaux d'Oſiris, comme nous l'avons dit ; & les Habitans
» de Delphes croient que les reſtes de Bacchus ſont placés auprès de leur
» ſanctuaire ; ils leur offrent un ſacrifice dans le Temple d'Apollon, lorſque les
» Thyades réveillent l'homme au van. »

ARTICLE III.

Bacchus regardé uniquement comme le Dieu des vendanges.

§. 1. *Des divers Bacchus.*

Enfin Bacchus ne fut regardé dans la Grèce & après les tems héroïques que comme le Dieu des vendanges ou du vin : c'eſt ce qui fit croire qu'il étoit différent des Bacchus Egyptien & Indien, & de ce Bacchus-Zagreus fils de Cérès & de Proſerpine ; qu'il n'étoit ainſi qu'un troiſiéme Bacchus auquel on attribua mal à propos les exploits & les aventures de ſes prédéceſſeurs du même nom.

DIODORE ſera encore notre garant, comme nous venons de le voir.

» Des Mythologiſtes, dit-il, prétendent qu'il y a eu trois Bacchus qui ont
» tous vécu en différens tems, & ils attribuent à chacun d'eux des actions par-
» ticulières : ils aſſurent que le plus ancien étoit Indien de Nation .... Qu'il
» s'aviſa le premier d'écraſer des grapes de raiſin & montra ainſi aux hommes
» l'uſage du vin : après cela, il apporta beaucoup d'attention à cultiver les

» figuiers & les autres arbres qui portent du fruit : enfin, il fut très-expérimenté
» dans tout ce qui concernoit les productions de la terre....

» Suivant ces Mythologistes, le second Bacchus naquit de Jupiter & de
» Proserpine ou de Cérès : ce fut lui qui le premier attela des bœufs à la char-
» rue.... Il inventa plusieurs choses utiles à l'Agriculture.... Les Peintres
» & les Sculpteurs donnent à celui-ci des cornes pour le distinguer du premier
» & pour marquer de quelle utilité a été aux hommes l'invention de faire
» servir le bœuf au labourage.

» Le troisiéme, disent-ils, naquit à Thébes en Béotie, de Jupiter & de
» Semelé fille de Cadmus (1).»

» Il dit ailleurs (2) : » quelques-uns assurent qu'il y a eu un autre Bacchus
» beaucoup plus ancien que celui *des Grecs*: on prétend qu'il naquit de Jupi-
» ter & de Proserpine ; & certains Auteurs lui donnent le nom de SABAZIUS.
» On ne lui offre des sacrifices & on ne lui rend aucun culte que la nuit....
» Ce fut lui qui le premier attela des bœufs à la charrue & facilita les semailles
» par ce moyen.»

Un autre motif qu'on eut de croire qu'il y avoit du moins deux Bacchus
différens, c'est que les Orientaux peignoient le leur avec une grande barbe,
pour désigner sans doute la sagesse d'une législation qui avoit été si utile au
genre humain ; ce qui le fit appeller *Catapogon* ou le *barbu* ; tandis que les
Grecs peignoient le leur comme un jeune homme beau & bienfait, rayonnant de santé & d'embonpoint. Aussi Diodore s'y trompa-t-il : il ne pouvoit
se persuader que deux figures aussi différentes fussent le portrait d'un même
personnage. Cet Historien nous fournit cependant lui-même un motif très-
puissant, tiré des anciennes mythologies, pour prouver que Bacchus étoit plus
ancien que la Ville de Thébes. » Entre les autres preuves, dit-il, qu'on
» allégue pour démontrer qu'il y a eu plusieurs Bacchus, celle qu'on tire de
» la guerre des Titans me paroît de la plus grande force. Tout le monde
» avoue que Bacchus fut d'un grand secours à Jupiter dans cette guerre : or,
» il n'est pas raisonnable de placer la naissance des Titans à l'époque où vivoit
» Semelé, & de faire Cadmus, fils d'Agenor, & pere de Semelé, plus ancien
» que les Dieux. »

On en peut ajouter une autre d'une grande force. C'est que le culte de
Bacchus fut établi à Athènes long-tems avant Cadmus le Thébain, par Am-

(1) Diod. de Sic. Tom. I. traduct. de l'Abbé Terrasson.
(2) Tom. II. pag. 7.

phyction, fils de Deucalion & gendre de Cranaüs : il le fit adorer sous le nom de *Bacchus droit*, & lui éleva un Autel dans le Temple des Saisons, parce qu'il avoit enseigné aux hommes à tremper le vin ou à ne pas le boire pur. On ajoute que Bacchus avoit été reçu à Athènes par *Sémakh* (1), & qu'en reconnoissance, il donna à sa fille la peau d'un poulain. C'est encore ici quelque fait allégorique : cette peau désigne l'initiation aux Mystères de Bacchus dans lesquels on étoit couvert de peaux d'animaux ; *Sémakh* paroît être le nom Oriental du Soleil prononcé *Shemsh* en Hébreu.

Telle étoit l'Histoire du Bacchus des Grecs.

§. 2. *Histoire de Bacchus, selon les Grecs.*

BACCHUS ou Dionysus, chanté par les Grecs, étoit, selon eux, fils d'Iou & de Sémelé, une des filles de Cadmus fondateur de Thébes. Sa mere périt avant de l'avoir mis au monde, par l'effet d'une curiosité semblable à celle qui causa les malheurs de Psyché & excitée également par la jalousie d'une rivale. Junon, épouse d'Iou, voulant se venger de son infidélité, prend la forme de Beroé nourrice de Sémelé, & se présentant à celle-ci, lui dit que sans doute ce n'est pas le Chef des Dieux qui lui donne des preuves de sa tendresse ; qu'un Dieu ne prendroit pas la figure d'un mortel : qu'il lui est cependant très-important de s'en assurer ; que pour cet effet, elle doit prier son amant de se présenter à elle avec la même majesté avec laquelle il paroissoit devant Junon. L'imprudente Semelé avale à long-traits ce discours perfide ; elle exige d'Iou cette complaisance ; mais au moment où il entre dans le Palais de Semelé avec ses foudres & avec l'éclat de sa majesté, la Belle & le Palais sont consumés. On vient à bout cependant de sauver le fils qu'elle portoit depuis sept mois dans son sein ; & Iou, selon les uns, le porte les deux autres mois dans sa cuisse ; selon d'autres, Mercure le transporte dans les antres du Mont Nysa en Arabie, où il est élevé par Nysus.

Nombre d'autres Peuples se disputoient l'honneur de la naissance & de l'éducation de Bacchus ; tels étoient les Eléens, les Naxiens, les Teiens, les habitans d'Eleuthere, les Cretois.

Bacchus devenu grand, fit la conquête des Indes avec une armée d'hommes & de femmes, dont les armes étoient des Thyrses ou des piques environnées de lierre & de pampres ou feuilles de vignes : il employa trois

___

(1) Meursius, Hist. des Rois d'Athènes.

DU CALENDRIER. 553

années à cette conquête ; & mérita d'être honoré comme un Dieu, parce qu'il enseigna aux humains l'art de planter la vigne.

La Grèce lui rendit les mêmes honneurs ; elle le vénéroit par des Fêtes où l'on portoit le Phallus comme symbole de ce Dieu, de même que dans les Fêtes d'Osiris.

Bacchus épousa Ariadne que Thesée avoit abandonnée dans l'Isle de Naxos ; & il fit périr Lycurgue, Roi de Thrace, qui s'opposoit à ses vues.

Tels sont à peu près les événemens qui composent l'Histoire de Bacchus, dans les recueils de Mythologie.

Dans tous on a négligé un Poëme ancien, qui roule uniquement sur les exploits de Bacchus : ce sont les DIONYSIAQUES de NONNUS. Pour réparer cette négligence, & parce que ce Poëme étoit fait à l'imitation d'autres Poëmes d'une très-haute antiquité qui ne sont plus & dont il tient lieu, nous en allons donner une légere idée à nos Lecteurs. On s'assurera d'ailleurs par cette lecture que les Anciens eux-mêmes étoient convaincus que l'Histoire de Bacchus n'étoit qu'une allégorie.

§. 3. *Esquisse des* DIONYSIAQUES *de Nonnus.*

C'est la foudre qui fit accoucher Semelé, que le Poëte veut chanter ; c'est Bacchus né deux fois : il demande pour cet effet le thyrse de Dionysus, & que les Muses le secondent avec leurs cymbales.

Le Poëte entre en matiere, en racontant l'enlevement d'Europe par Jou sous la forme d'un Taureau, & les courses de Cadmus pour chercher sa sœur. Cependant Typhon ou Typhœe vole les foudres d'Iou, il attaque le Ciel & la mer ; Cadmus l'enchante par l'harmonie de son chalumeau, & il en obtient les foudres d'Iou.

Typhon, quoique privé de la foudre, continue de déclarer la guerre aux Dieux ; par-tout il répand l'épouvante : mais la victoire vole au secours d'Iou. Typhon est vaincu & consumé ; la paix est rendue au Ciel. Iou dit alors à Cadmus, que pour le récompenser d'avoir contribué à la défaite de Typhon & de la discorde, il fait de ses freres autant de Rois, donnant à Cephée l'Ethiopie, à Thase l'Isle de Thase, à Cilix la Cilicie, à Phinée la Thrace ; que lui-même épousera la fille de Mars & de Vénus & qu'il bâtira ensuite une ville qui deviendra la Capitale d'un Royaume.

Cadmus s'embarque ; il arrive au Palais d'Electre, dans la Thrace. Là étoient peints une multitude d'événemens merveilleux ; tels que les amours

Hist. du Cal. Aaaa

d'Hiacynthe & d'Apollon. A peine Cadmus a-t-il raconté ses aventures à Electre, que Mercure lui apparoît & l'instruit du mariage que Jou a résolu entre sa fille Harmonie & Cadmus, pour récompenser celui-ci de ses vertus & des services qu'il a rendus aux Dieux.

Harmonie instruite de ces vues, ne peut se résoudre à épouser Cadmus: Vénus, pour l'y déterminer, prend la figure de son amie Pisinoé, feint d'aimer Cadmus, & de vouloir l'épouser, célèbre ses louanges, vante sa beauté. Ce stratagême réussit; les noces se font, & les époux s'embarquent; ils arrivent dans la Grèce où Cadmus apporte les Lettres, les Mystères, l'Astronomie. Une vache se présente à lui, il la suit; elle s'arrête en Béotie, il l'offre en sacrifice.

Vainqueur des Peuples qui s'opposoient à son établissement, il fonde la ville de Thèbes aux sept portes. Les noms qu'il leur donne sont ceux des sept Planettes (†). Il célèbre ensuite ses noces avec Harmonie; les Dieux & les Déesses y assistent; & tous font des présens aux nouveaux époux. De ce mariage naissent quatre filles, Authonoé, Ino, Agavé; Semelé est la plus jeune: d'elle doit naître un nouveau Bacchus.

Il y en eut donc un ancien. On l'appelloit Zagreus; il fut fils d'Iou & de Proserpine. Mis à mort par les Titans à la sollicitation de Junon, Jou venge son fils en noyant la terre par un déluge qui couvre les plus hautes montagnes. Deucalion échappé sur un vaisseau, repeuple heureusement la terre.

Mais on y étoit réduit à ne boire que de l'eau: Æon, qui tient dans ses mains les clés du Tems & des Générations, adresse à ce sujet une vive prière à Jou; il se plaint sur-tout de la mal-adresse de Prométhée qui auroit dû voler le nectar plutôt que le feu. Jou répond qu'il faut laisser le nectar aux Dieux, mais qu'il va donner aux hommes un fils qui leur procurera le remede qu'éxigent leurs maux; une liqueur dans laquelle ils noyeront leurs soucis: que Cérès a inventé le pain, mais que Bacchus inventera le vin, qu'il sera le Dieu des vignes & des seps. Bientôt après Jou voit Semelé au bain & en devient amoureux. Tels sont les VII premiers Chants: tous antérieurs à la naissance de Bacchus.

Junon, animée par l'envie, se transporte dans le Palais de la Tromperie chez les Crétois toujours menteurs; celle-ci lui prête sa ceinture: par son

---

(†) Par l'arrangement que leur donne Nonnus, on voit la confirmation de ce que nous avons dit plus haut, que chez les Egyptiens la Planette de Vénus étoit celle que nous appellons Mercure; & Mercure, celle que nous appellons Vénus.

moyen, Junon séduit Semelé sous la forme de sa nourrice : Semelé demande à voir son amant dans toute sa gloire ; elle en est consumée.

Bacchus est sauvé, Jou le renferme dans sa cuisse jusqu'à ce que les neuf mois soient accomplis : à sa naissance, les Saisons le couronnent de lierre, & on le confie à Mercure, qui le porte aux Nymphes filles du fleuve Lamus ; mais Junon leur fait perdre l'esprit. Mercure confie alors Bacchus à sa tante Ino : ce qui attire une foule de maux sur la famille d'Io poursuivie jusqu'à la fin par Junon.

Cependant Bacchus élevé en Lydie, s'attache au jeune AMPELE ; il fait célébrer des jeux à son honneur. Ampele remporte le premier prix : LENÉE, le second ; CISSUS, le troisiéme.

Ampele, malgré les prieres de Bacchus de ne pas s'exposer au péril, se laisse persuader par ATÉ de monter sur un fier Taureau : il brave la Lune, qui envoye un Taon contre le Taureau. En vain Ampele veut adoucir le Taureau, il tombe du haut des rochers & périt. Cupidon vient consoler Bacchus ; tandis que les Saisons se transportent au Palais du Soleil, pour demander que l'Automne produise du raisin.

Le Soleil les introduit dans le lieu où les destinées sont peintes sur les quatre Tableaux d'Harmonie : conformément à une de ces prédictions, Ampele change de forme, il devient une plante qui se marie aux arbres & les couvre de ses raisins. Ces raisins mûrissent ; Bacchus invente le pressoir ; foule la grape, en fait du vin, le goûte & préfere son invention à toute autre. Eloge du vin & folies des Satyres qui se sont enyvrés. Fin du XIIᵉ Chant.

Expédition de Bacchus dans les Indes : elle occupe tous les Chants qui suivent jusqu'au XLI. Jou envoye Iris à Bacchus pour lui ordonner de faire la guerre à DERIADES Roi des Indes, afin d'enseigner à ces Peuples les orgies dans lesquelles on danse de nuit & pour leur donner le fruit de la vigne d'où vient le vin.

Rhéa ordonne à Pyrrichus, Chef des Corybantes, de lever des troupes pour cette expédition. Là sont les Telchines, les Pans, les Satyres, Silene, Maron, Lenée, les Melies, les Bassarides, &c. Bacchus se met à leur tête ; des mulets marchent à sa suite chargés de vin, & dans le bagage on ne voit que coupes d'or & d'argent. Junon, de son côté, souléve les Indiens & les anime à se défendre. Premier combat dans lequel ils sont défaits ; le fleuve Astacus est teint de sang ; Bacchus change ses eaux en vin ; étonnement des Indiens.

Ils s'enyvrent & s'endorment : Bacchus les fait prisonniers ; de ce nombre la belle NICÉE, qui n'aimoit que la chasse ; mais elle boit & s'endort : Bacchus en profite : quand Nicée s'apperçoit qu'elle est prête d'accoucher, elle se pend de douleur : on sauve sa fille TELETHE, & Bacchus bâtit à son honneur la ville de NICÉE. Caractère enjoué de Telethe.

Oronte, un des Rois des Indiens, attaque avec vigueur l'armée de Bacchus, en recommandant aux siens de ne pas boire de l'eau colorée. Il se bat seul à seul avec Bacchus : ne pouvant le vaincre, il se tue, & est changé en fleuve. Pan entonne le chant de la victoire.

La Renommée porte le bruit de ces exploits chez STAPHYLE Roi des Assyriens, dont la femme est la belle METHÉ, & qui ont pour fils BOTRYS. Ils invitent Bacchus à venir chez eux ; ils s'enyvrent ; Staphyle meurt.

Bacchus promet de changer *Staphyle* en sep, *Botrys* en grappe ; il fait célébrer des jeux sur le tombeau de Staphyle. Œagre, Pere d'Orphée, obtient le prix de la Poësie & du Chant. MARON, cocher de Bacchus, s'y distingue par ses danses allégoriques : Bacchus lui-même y remporte le prix de la gloire sur Aristée, qui exaltoit sa découverte du miel.

Festin qui suit la célébration de ces jeux : Bacchus s'endort ; ERIS ou la Discorde lui apparoît & l'excite au combat : Methé & Botrys le suivent : il métamorphose le vieillard PITHUS en tonneau. Il passe ensuite dans l'Arabie & à Nysa. Là étoit LYCURGUE, fils de Mars, qui abhorroit le *vin* & massacroit les étrangers en les vouant à Iou. Iris envoyée par Junon, l'engage à prendre les armes contre Bacchus : elle passe ensuite vers celui-ci pour lui persuader de surprendre Lycurgue. Bacchus laisse son armée près du CARMEL & se rend au Palais de Lycurgue. Ils s'attaquent mutuellement : Junon effraye Bacchus ; il se précipite dans la mer rouge. Thetis le reçoit & Nerée le console. Lycurgue menace Nerée & veut fouetter la mer.

Il poursuit les Bassarides, & fait prisonniere AMBROISIE : elle implore le secours de la Terre qui la change en vigne ; elle entrelasse Lycurgue, le vainc, & il est fouetté par Phlius : il ordonne pour se venger qu'on mette le feu aux vignes ; mais Iou le prive de la vue. Bacchus envoye Scelmus au Roi des Indes. Celui-ci répond fiérement, qu'il ne connoît d'autre boisson que la liqueur dorée de l'Hydaspe ; & d'autres Divinités, que la Terre & l'Eau.

Combats sur les rives de l'Hydaspe à l'avantage de Bacchus.

Autre combat dans lequel l'Hydaspe lui-même prend parti & inonde le camp de Bacchus : mais Bacchus consume ses eaux : l'Océan veut venger le fleuve.

Iou appaise & l'Océan & Bacchus : l'Hydaspe demande grace ; Bacchus éteint son flambeau, traverse le fleuve & régale son armée. Leucus de

DU CALENDRIER.

Lesbos chante alors la guerre des Titans & la Romance de Vénus, qui voulut faire une toile pour Mars ; mais qui, tandis qu'elle imite Minerve très-mal adroitement, en faisant du très-mauvais ouvrage, oublie le soin de féconder l'Univers ; & le Monde alloit finir. Plaintes de Minerve à Iou de ce que Vénus court sur ses brisées & veut la surpasser. Les Dieux s'assemblent pour voir ce travail : ils sont étonnés de ses défauts. Mercure en raille Vénus, les Dieux en rient, Vénus abandonne sa toile & vole en Chypre.

Le XXVe Chant commence par une invocation du Poëte à sa Muse, pour chanter la septiéme & derniere année de la guerre des Indes où périt la Nation des Indiens-Rouges ou Erythréens, de même qu'Homère ne chanta que la derniere année de la guerre de Troye : mais il y ajoutera la Romance ou le Poëme de Thébes aux sept portes. Le Soleil lui-même admire les exploits de Bacchus. Celui-ci est au-dessus de Persée. Il put seul dompter les enfans de la Terre.

Description du bouclier de Bacchus, ouvrage admirable de Vulcain. Le Soleil y est peint en or & la Lune en argent : on y voit Thébes & Ganymede & Hebé : la guerre du Dragon mâle avec Damasene, le grand pourfendeur des Dragons, & puis contre Tylus, frere de Moria, & leur résurrection au moyen de la plante d'Iou (la *vigne*, qu'on appelloit plante d'Osiris ou d'Iou).

Minerve anime Deriades à recommencer le combat. Généalogie de ce Roi.

Harangues de Deriades & de Bacchus à leurs troupes. Jou fait entrer Minerve, Apollon & Vulcain dans le parti de Bacchus, & Junon enrôle dans celui de l'Indien, Mars, Hydaspes & Cérès.

Bataille sanglante qui donne lieu à de grands exploits des deux côtés.

Deriades recommence le combat. Les deux Cabires fils de Vulcain se distinguent. Rhéa envoye Morphée en songe à Mars pour lui faire abandonner le champ de bataille, en lui montrant *Vénus* couchée avec Vulcain.

Junon vient au secours des Indiens affoiblis par la retraite de Mars. Bacchus est obligé de fuir ; mais Minerve l'arrête par sa chevelure & le ramene au combat.

Junon va chercher Mégere aux enfers pour la seconder contre Bacchus : en quatre sauts, les deux Déesses sont sur le bord du Gange. La premiere ordonne ensuite à Iris d'aller chercher le sommeil pour endormir Jou : épisode sur le sommeil. Junon de son côté, va demander à Vénus sa ceinture : elle craint que les Dieux n'abandonnent le nectar pour le vin.

Toilette de Junon : cette Déesse se présente à Jou, & l'enyvre d'amour, tandis que Mégere trouble l'esprit de Bacchus, & que son armée est défaite.

Diverses aventures, pendant lesquelles Bacchus est blessé. Jou se réveille & oblige Junon de donner le sein à Bacchus pour le guérir.

Bacchus rétabli, recommence le combat : les Dieux y prennent parti les uns contre les autres. Junon blesse Diane, & Apollon la transporte hors du champ de bataille. Mercure rétablit la paix entre ces Divinités. Bacchus pressé par Deriades, prend diverses formes & fait naître un sep dans le char de son ennemi. On prépare l'armée navale. Trève de trois mois.

On ensevelit les morts; mais Bacchus fait élever un bûcher de cent pieds en quarré pour les funérailles d'OPHELTES : on verse du *vin* sur son bûcher, qu'on éteignit aussi avec du *vin* : on met ses cendres dans un superbe tombeau avec une épitaphe ; & Bacchus fait célébrer des jeux en son honneur, avec un grand nombre de prix. Cinq pour la course des chars ; deux pour le ceste ; trois pour la course à pied ; quatre pour le disque ; deux pour *tirer à l'oiseau*. C'étoit une colombe placée au haut d'un grand mât : celui qui l'abattoit, devoit avoir un mulet pour prix ; & celui qui en approcheroit le plus, une coupe. (1) Il y avoit enfin deux prix pour la lutte.

La trève expire: le Devin *Idmon* de Phrygie, conclut de divers prodiges que les Indiens seront vaincus. Histoire de Phaëton & de sa chûte ; cause de ces prodiges, racontée à Bacchus par Mercure.

Combat naval, pendant lequel Jou excite une tempête violente contre les Indiens & embrâse leurs vaisseaux, ensorte que Bacchus remporte une victoire complette.

Deriades périt de la propre main de ce Héros & tombe dans les eaux de l'Hydaspes son pere. Chant de triomphe de Bacchus qui congédie son armée & revient dans l'Arabie. Création du Monde: invention des vaisseaux, en imitant les poissons.

Au chant XLI commence l'Histoire de Beroé ou de Beryte, dont nous avons parlé dans nos Allégories Orientales & qui renferme les deux Chants suivans.

Au Chant XLIV Bacchus reprend le chemin de la Grèce, Penthée lui résiste.

Bacchus changé en enfant, est fait prisonnier par des Pyrates Thyrréniens, qu'il change en Dauphins.

---

(1) On aime à retrouver dans l'Egypte grécisée un usage qu'on a vu pratiquer dans sa jeunesse, auquel on s'est exercé soi-même & dont on ignoroit la haute antiquité. Aucun autre Auteur ancien, que je sache, n'en fait mention.

Penthée est mis en piéces par les Bacchantes ; douleur d'Agave & de la maison de Cadmus.

Bacchus arrive à Athènes : les Habitans de cette ville reçoivent ses orgies. Icare l'admet chez lui : malheurs qui l'accablent, lui & sa famille. Bacchus rencontre ARIADNE endormie : elle se réveille : ses plaintes; Bacchus les entend, & l'aime; il lui adresse ses vœux, ils s'épousent. Ils quittent Naxos & arrivent à Argos ; on ne veut pas les y recevoir : Persée à la tête des Argiens attaque Bacchus ; il change Ariadne en ROCHER ; & en auroit fait peut-être autant à Bacchus, si Mercure ne fût venu à son secours. On les réconcilie, & les Argiens adoptent les orgies.

Bacchus passe ensuite dans la Thrace ; Junon souléve les Géans contre lui : mais ils sont vaincus & exterminés. Bacchus arrive en Phrygie, voit la belle Pallene ; elle lutte contre lui ; son pere *Pithon* vient à son secours ; mais il est tué par Bacchus qui épouse sa fille & la console. Bacchus se rend ensuite auprès de Rhéa : en chemin, il apperçoit une des Nymphes de Diane, AURA, endormie ; il profite de ce sommeil ; elle devient enceinte, accouche de deux enfans ; elle en tue un & se précipite dans un fleuve : elle est métamorphosée en fontaine. Diane radoucie, prend soin de l'enfant qu'a laissé Aura ; c'est ERECHTÉE : il est établi Chef des Mystères de Bacchus à Eleusis. Les Athéniens célèbrent alors les Fêtes de Bacchus, qui, après les premieres libations, est transporté au Ciel, à côté d'Apollon & de Mercure. Ainsi finit le XLVIIIe Chant & le Poëme de Nonnus.

§. 4. *De quelques anciens Poëmes sur Bacchus.*

Nous nous sommes étendus d'autant plus volontiers sur les Dionysiaques de Nonnus, que ce Poëme tient lieu d'autres Poëmes d'une très-haute antiquité, qu'on avoit composés sur le même objet & qui n'existent plus ; & parce que l'allégorie y perce de toutes parts.

Les Anciens nous apprennent, que LINUS avoit écrit les actions de Bacchus en *caractères pélasgiques* : & qu'il en étoit de même d'ORPHÉE ; de PRONAPIDÉS, le Précepteur d'Homère, & excellent Musicien, & de THYMOETES, fils d'un Lacédémonien du même nom, contemporain d'Orphée. Toutes ces vies avoient été écrites dans ces mêmes caractères pélasgiques, antérieurs à l'alphabet de XXII lettres. Diodore de Sicile parle d'un *Dionysus*, qui dans son recueil de Mythologie étoit entré dans un grand détail sur les actions de Bacchus (1).

---

(1) Diod. Tom. I.

Le Poëme de Thymoetes étoit remarquable non-seulement par ce genre d'écriture, mais par l'ancienneté du Dialecte dans lequel il étoit écrit ; sans doute, la langue primitive des Grecs, le vieux Dorien ou Eolien, qui ne fut plus entendu à la longue ; ce qui fit que tous les Poëmes antérieurs à Homère disparurent insensiblement, n'y ayant point dans ce tems-là de bibliothéque publique chargée de les conserver.

Ce Poëme étoit intitulé LA PHRYGIE. L'Auteur racontoit qu'étant arrivé sur les côtes Occidentales d'Afrique, il entra dans une ville nommée *Nysa*, dont les Habitans lui dirent qu'ils avoient élevé Bacchus ; & qu'ils l'instruisirent de la plus grande partie des actions de ce Dieu : ce sont ces récits qu'il consacra dans son ouvrage.

Le nom de ce Poëme paroîtra lui-même très-singulier : qu'avoient de commun, dira-t'on, la *Phrygie* & *Bacchus*, pour qu'on donnât le nom de ce pays à l'histoire de Bacchus ? Elle ne pouvoit être cependant mieux nommée ; le mot Phrygie signifioit CÔTEAU, *vignoble*, des lieux secs & brûlés par la chaleur du Soleil & absolument nécessaires pour la vigne. Ce mot offre tous ces sens dans la langue Grecque, où la famille *Phrug*, *Phryg*, réunit ces significations : 1°. *sec*, brûlé, torréfié ; 2°. *élevé* ; 3°. lieu où l'on se met en *sentinelle* pour découvrir au loin : 4°. lieu d'où l'on donne des signaux ; 5°. les *signaux* eux-mêmes, toujours placés sur des lieux élevés.

Les Phrygiens purent eux-mêmes en tirer leur nom : les TAURI, Peuple dont on a mêlé l'histoire avec celle de Bacchus, durent du moins leur nom à leur situation sur des côteaux. C'est d'eux que DENYS le Periegete : dit (1).

Ταῦροι δ'οἳ γαίησιν ἀχιλλῆος δόμον αἰπύν.

Les Tauri habitent la demeure élevée d'Achilles.

Sur quoi son Commentateur Eustathe avance que ce Peuple dut son nom à ce qu'Osiris ou Bacchus leur avoit appris à labourer avec des bœufs ; mais on ne laboure pas les côteaux.

TOR, signifie une montagne ; de-là le Mont TAUR-*us*, & nombre d'autres, comme on le verra dans notre Dictionnaire Etymologique Géographique. Il n'est donc pas étonnant qu'on ait donné le nom de TAURI à des Peuples qui habitoient un côteau ; & que l'histoire de ce Peuple se trouve mêlée avec celle d'Osiris ou de Bacchus, Pere ou Dieu des côteaux.

---

(1) Descr. du Monde, vers. 153.

D'ailleurs,

D'ailleurs, nous avons déja vu que chacune de ces Divinités fut également appellée *Taurus*, Taureau, & peinte avec une tête & avec des pieds de bœuf.

§. 5. *Allégories contenues dans les Dionysiaques.*

L'Allégorie perce de toutes parts dans les Dionysiaques : jamais on n'y prétendit faire l'histoire d'un Mortel, ou d'un Héros mis ensuite au rang des Dieux ; mais l'histoire des révolutions du Monde, & sur-tout l'histoire allégorique de l'invention du VIN, supplément, sous le nom de Bacchus, à l'allégorie de l'Agriculture.

On y voit d'abord la guerre des Géans contre les Dieux, terminée par la Victoire : c'est-à-dire les funestes effets des élémens sur lesquels l'Agriculture remporte la victoire, comme nous l'avons vû dans le second Livre. Cette victoire est affermie par le mariage de Cadmus avec Harmonie, d'où résulte Thèbes à sept portes dont les noms sont ceux des sept Planettes : & ceci est vrai, puisque CADMUS, קדם, est le Soleil, l'Orient, source de l'harmonie céleste composée des *sept* Planettes. Cette harmonie est interrompue par le déluge ; Deucalion repeuple : mais les hommes sont réduits au pain & à l'eau. Jou leur promet un fils, qui leur donnera une liqueur comparable au nectar.

On ne sauroit prendre au sens propre les amours de Jupiter & de Semelé ; le désir de celle-ci de voir son Amant dans toute sa gloire ; l'embrâsement de Semelé & de son Palais ; le moyen par lequel Jupiter sauve Bacchus. Ce sont autant d'allégories relatives à la maniere dont la vigne croît & se propage ; le nom de Semelé lui-même est allégorique, comme nous le verrons plus bas.

Ampele, favori de Bacchus & changé en vigne, est le nom de la vigne en Grec. *Lenée* & *Cissus*, auxquels Bacchus distribue des prix, sont les noms des *Pressoirs* & du *lierre*.

La guerre de Bacchus avec les Indiens est certainement une allégorie. Le nom de *Deriades* Roi des ces Peuples, signifie le *disputeur*, l'*adversaire*. Celui des *Indiens* est également allégorique ; mais on ne trouve rien dans la langue Grecque qui puisse l'expliquer ; il doit être venu des Orientaux. חנט, *Hent*, qui s'est écrit חטה, *Heite*, signifie blé, froment ; c'est le Celte *Ed*, l'Anglois *Wete*. Le blé croît dans les plaines, la *vigne* sur les côteaux ; les plaines sont ennemies du vin, les côteaux le sont du blé : on a donc supposé des guerres entre les Laboureurs & les Vignerons, entre Cérès & Bacchus.

Si Bacchus laisse son armée au Mont *Carmel*, c'est que כרם, KARM, signi-

Hist. du Cal. Bbbb

fie *vigne* ; El, élevé, divin. De *Carm*, nous avons fait Sarm-ent, nom des branches ou jets de la vigne.

Nicée est la victoire ; elle est surprise par Bacchus : *Teleté* signifie *fin* ; elle est fille de Bacchus & de Nicée, parce qu'après la victoire, la *fin* de la guerre. On voit sensiblement que c'est une allégorie, ainsi que la fondation de Nicée. (Chant XVI).

L'épisode du Roi des Assyriens (Ch. XVIII.) est entierement allégorique ; il s'appelle *Staphyle*, Raisin : sa femme, *Methé*, liqueur : leur fils, *Botrys*, grape de raisin. *Pithus*, leur Ecuyer, est changé en tonneau, & c'est précisément ce que signifie son nom en Grec.

Lycurgue, ennemi de Bacchus & fils de Mars, est encore un personnage allégorique. Nous avons dit que ce nom désignoit un habitant des forêts, un chasseur. Les côteaux sont ordinairement couverts de forêts : on n'y peut planter la vigne qu'en abattant ces forêts ; il étoit donc naturel que ceux qui en vivoient, fussent fâchés de voir qu'on les détruisît & voulussent les défendre. Le nom de *Dryas* pere de Lycurgue, confirme cette explication : il étoit fils de *Dryas* ; mais *Drus* signifie un chêne, & une forêt de chêne. Il en est de même de la scéne de cette guerre ; car si les uns la placent en Thrace, d'autres la placent en Arabie ; des troisiémes, ailleurs. Homère en parle ; il trouva le moyen d'en mettre le récit dans la bouche de Diomede, lorsqu'étant prêt à combattre contre Glaucus, il désira de savoir auparavant qui il étoit.

» Qui es-tu ? Le plus vaillant des hommes, lui fait-il dire : car je ne t'ai
» pas encore rencontré dans nos combats à jamais mémorables : ton audace
» est sans pareille, puisque tu te présentes à mon épée redoutable : les infortunés
» seuls s'exposent à ses coups. Serois-tu un des immortels descendu des Cieux !
» je ne me mesure point avec eux. Le vaillant fils de Dryas, Lycurgue, ne
» vécut pas long-tems, parce qu'il brava les Dieux. Un jour, il poursuivit sur
» le sacré Mont de Nysa les nourrices de Bacchus, ce Dieu de l'yvresse :
» toutes ensemble frappées par l'*aiguillon* de l'homicide Lycurgue, elles
» jettent à terre leurs thyrses. Dionysus en est lui-même épouvanté ; il se jette
» dans les flots de la mer : Thétis le reçut dans son sein, encore saisi de l'effroi
» que venoit de lui causer cet homme. Les Dieux ne pardonnerent pas à Lycur-
» gue ; le fils de Saturne lui ôta la vue ; & il cessa de vivre, parce qu'il étoit
» devenu odieux aux Immortels (1). »

---

(1) Iliad. Chant VI.

DU CALENDRIER.

Lycurgue armé de l'*aiguillon*, ressemble beaucoup au Laboureur.

Mais dans quelque sens qu'on le prenne, cet épisode doit avoir fait, dès les commencemens, partie de l'histoire de Bacchus, & être venu de l'Orient avec les Colonies Grecques.

Les Dieux prennent parti dans la guerre des Indes, comme ils avoient fait dans la guerre de Troye. NEPTUNE & HYDASPE sont contre Bacchus, c'est-à-dire l'*eau* contre le *vin*, puisque l'un est la mer & l'autre un fleuve : ce qui est une allégorie très-ingénieuse. CÉRÈS est aussi contre lui, puisqu'elle est la Déesse du pain. *Mars* est de leur côté, puisqu'il désigne la *fureur insensée* de la guerre. Du côté de Bacchus sont au contraire *Minerve*, *Diane*, *Apollon*, & *Vulcain*, les Dieux des arts & du feu.

Il est très-naturel que Bacchus épouse Ariadne & qu'il la perde dans sa guerre contre Persée par qui elle est changée en ROCHER, puisqu'ARIADNE signifie un *côteau*.

Le Poëme finit par l'établissement des Mystères de Bacchus à Eleusis : c'est la victoire complette de Bacchus ; le but de ses travaux, accompli : dès ce moment donc, il monte au Ciel. Ce qui est particulier au Poëme, c'est de faire du Roi *Erecthée* un fils de Bacchus ; & c'est encore une allégorie.

Quant à l'Episode d'*Icare* l'Athénien, il avoit déja été chanté par Ovide, & sans doute par d'autres Poëtes Grecs de qui Ovide l'emprunta.

§. 5. *Autres observations qui prouvent que l'Histoire de Bacchus n'est qu'une allégorie.*

Diodore nous apprend (1), que plusieurs Mythologistes ne voyoient qu'une allégorie dans l'Histoire de Bacchus. » Selon eux, dit-il, ce Dieu n'a
» jamais paru sous la figure d'un homme, & ils veulent que par le mot
» *Bacchus*, on entende seulement le vin… Ils disent que la terre, entr'autres
» fruits, produisit d'elle-même la vigne qui n'avoit point encore été semée.
» Leur raison est qu'on trouve dans des lieux abandonnés, des vignes sau-
» vages qui rapportent un fruit semblable à celui des vignes cultivées : ils
» prétendent que Bacchus a été nommé *Dimeter* par les Anciens, c'est-à-dire
» qui a deux meres, parce qu'il naît pour la première fois lorsque la vigne
» sort de terre ; & pour la seconde, lorsque le raisin sort de la vigne. Quelques

---

(1) Tom. I. de la Trad. Franç.

» Mythologistes lui attribuent une troisiéme naissance ; car ils racontent qu'é-
» tant né de Jupiter & de Cérès, les hommes le mirent en piéces & le firent
» bouillir ; mais que Cérès ayant ramassé ses membres, lui rendit la vie. On
» donne une interprétation physique de ces fictions, en disant que Bacchus, fils
» de Jupiter & de Cérès signifie, que la vigne étant venue à son point de
» maturité par le moyen de Cérès, qui est la terre, & de Jupiter qui est la pluie,
» produit le fruit qui fournit le vin. Bacchus mis en piéces dans sa jeunesse
» par les hommes, marque la vendange où l'on foule le raisin ; ses membres
» qu'on a fait cuire, indiquent la coutume de faire cuire le vin pour le rendre
» plus fort & d'un goût plus agréable ; ce qui se pratique chez plusieurs Peu-
» ples. Son retour à la vie & à son premier état par les soins de Cérès, exprime
» qu'après qu'on a dépouillé la vigne de son fruit & qu'on l'a taillée, la Terre
» la remet en état de repousser dans son tems.... Enfin, on remarque que ce
» que ces Mythologistes avancent est entierement conforme à ce qu'en disent
» les Poëmes d'Orphée & aux particularités qu'on en découvre dans les sacrés
» Mystères, qu'il n'est pas permis de révéler à ceux qui n'y sont pas initiés.

» C'est aussi par une raison physique, que d'autres pensent que Bacchus
» est fils de *Sémelé* ; car ils disent que la Terre fut nommée par les Anciens
» Sémelé & Thyoné : Sémelé, à cause de la vénération qu'on portoit à
» cette Déesse ; & Thyoné, à cause des sacrifices qu'on lui faisoit.

» Il naquit deux fois de Jupiter, selon eux, parce que le Déluge de Deu-
» calion ayant fait périr la vigne, ainsi que tous les autres arbres, les raisins
» furent bientôt reproduits à l'aide de la pluie. Ce Dieu s'étant montré ainsi
» aux hommes une seconde fois, on dit qu'il avoit été gardé dans la cuisse
» de Jupiter. Voilà quels sont les sentimens de ceux qui n'entendent par
» Bacchus que l'invention ou la découverte du vin ».

Du mot MÉROS.

Les Anciens étoient donc convaincus que l'Histoire de Bacchus étoit une allégorie, & ils osoient le dire, & on ne leur en faisoit point de crime. La maniere
dont ils expliquoient celle-ci étoit très heureuse, sur-tout l'explication du nom
de *Sémelé*, la vénérable, & qui étoit un surnom de Cérès ou de la Terre.

Ils n'ont pas expliqué d'une maniere aussi satisfaisante ce qui regarde la
cuisse de Jupiter dont Bacchus naquit une seconde fois. Cette prétendue naissance fut l'effet d'une équivoque, occasionnée par un mot à double sens.
Le mot Grec ΜΗΡΟΣ, *Méros*, qui signifie *cuisse*, désignoit aussi les montagnes,

DU CALENDRIER.

les côteaux, & par-là même les vignobles qui ne réussissent parfaitement que sur les côteaux & qui en ont pris leur nom. Ce mot s'étendit aussi jusques au *bois* de la vigne, aux seps. HESYCHIUS nous en est garant: ce qu'il dit à ce sujet est trop essentiel & trop peu connu pour le suprimer. Voici comme il s'exprime :

ΜΗΡΟΣ, τοπος ἀμπέλου καὶ ξύλου καὶ τὸ τῆς παλάμης κωλον καὶ ὄρος. » *Méros*, dit-il, signifie la place & le bois de la vigne, une portion de roseau, » & une montagne. » Tandis que dans le langage ordinaire des Grecs, ce mot signifioit une *cuisse*. Ce qui s'accorde avec ce qu'a dit Diodore, que ce fut parce que Bacchus avoit campé au lieu appellé Méros, qu'on avança qu'il étoit sorti de la cuisse de Jupiter.

Ce mot n'est donc autre chose que l'adoucissement du mot MAR qui signifie élevé, & dont nous avons déja parlé comme étant devenu le nom de divers vignobles & celui du cocher de Bacchus ou MARO. Ce mot s'adoucissant, devint *Méros* qui signifia une montagne, un côteau; & qui s'étant confondu dès ce moment avec un mot semblable, mais qui signifioit *cuisse*, donna lieu à l'équivoque que nous relevons.

Bacchus croît en effet sur les côteaux, & ces côteaux sont appellés *côteaux de Jupiter*, c'est-à-dire côteaux divins, à cause de l'excellence de leurs productions & pour les distinguer des autres montagnes.

A toutes ces preuves, que l'Histoire de Bacchus n'est qu'une allégorie, ajoutons celle-ci, tirée des Fêtes Triennales consacrées à ce Dieu.

§. 6. *Fêtes Triennales de Bacchus.*

LES FÊTES TRIENNALES que célébroient les Grecs en mémoire de la conquête des Indes, ou plutôt de l'expédition de Bacchus dans cette contrée, prouvent incontestablement que cette expédition n'est qu'une allégorie. Qu'importoit aux Grecs cette expédition, pour la consacrer à jamais par ces Fêtes solemnelles? C'est comme si nous célébrions des Fêtes pour la conquête de la Chine par les Mantchéoux; ou pour la découverte du Pérou par les Espagnols : nous n'en célébrons pas même pour les conquêtes de Clovis. Du moins, si le Conquérant de l'Inde avoit été un Grec; mais les Grecs conviennent que leur Bacchus ne sortit jamais de leur contrée; & que celui qui fit la conquête de l'Inde étoit l'ancien Bacchus, l'Oriental. Il faut donc que cette prétendue expédition soit une allégorie relative à quelqu'événement mémorable pour tout le genre humain ; aux inventions admirables attribuées à Bacchus & base des Empires.

Il n'est donc pas étonnant que dans les Orgies ou Fêtes de Bacchus, on portât en pompe un coffret mystérieux qui contenoit le Phallus, des graines de sésame, des têtes de pavots, des pommes de grenade, des tiges séches, des gâteaux faits avec des farines de différens blés, du sel, de la laine cardée, des tourtes de miel & de fromage ; un enfant, un serpent, un van.

Les pavots, les grenades, le phallus marquoient l'accroissement prodigieux du genre humain, résulté de l'invention de ces arts admirables ; les *gâteaux*, la nourriture salutaire & agréable qui en étoit la suite ; la *laine cardée*, les étoffes dont on jouit dès ce moment ; le *serpent*, la durée des Empires fondés par ce moyen sur une base inébranlable ; l'*enfant*, l'héritier assuré des possessions ; le *van*, un des symboles du Laboureur. On faisoit peut-être aussi allusion en cela à l'usage des Athéniens, de placer les nouveaux-nés sur un van avec un serpent d'or à ses côtés, comme le présage d'une vie longue & heureuse.

Le fond de ces allégories se retrouve dans une Ode d'Horace ; il y chante les Pans & les Satyres de Bacchus, son Thyrse, ses Bacchantes, la mort de Penthée, celle de Lycurgue, la défaite des Géans ; les cornes de Bacchus : voici une traduction que nous hazardons de cette piéce remplie de feu & de choses.

§. 7. *Ode* (XIX Liv. II.) *d'Horace. Dithyrambe.*

» Sur des rochers élevés j'ai vu Bacchus, je l'ai vu, croyez-le, races futures ; il instruisoit en vers les Nymphes attentives, les Pans & les Satyres aux pieds de chévre. Evoé ! J'en suis encore saisi de frayeur. Plein de son yvresse, mon cœur est agité d'étonnement & de joie. Evoé ! Pardonne-moi, Dieu du vin, maître du redoutable Thyrse ; pardonne moi. Permets que je chante les Thyiades fougueuses, les sources du vin, les fontaines de lait, le miel qu'on tire des arbres creux. Permets que je célébre ton épouse admise au rang des astres, la ruine effrayante du Palais de Penthée, la funeste mort de Lycurgue.

» Les fleuves t'obéissent ; une mer étrangere éprouva ta puissance. Par ton jus divin, tu entraînes sur les montagnes escarpées les Thraciennes dont les cheveux sont entrelacés avec des Serpens. Lorsque la bande impie des Géans escalada la demeure céleste de tes Peres, tu repoussas Rhœcus avec tes griffes de lion, avec des dents meurtrieres.

» On t'appelle le Roi des danses, des ris & des jeux ; cependant tu te montras un Héros dans les combats, aussi propre à la guerre qu'à la paix. Dès que Cer-

DU CALENDRIER.

bère apperçut tes cornes dorées, sa férocité s'évanouit, il te caressa; & lorsque tu voulus te retirer, de sa triple langue il te lécha les jambes & les pieds.»

§. 8. *Notice des Hymnes d'*ORPHÉE *relatives à Bacchus.*

Dans le recueil des Hymnes attribuées à Orphée, on en trouve plusieurs qui s'adressent à Bacchus, chacune sous un nom différent, tels sont ces titres: Bacchus *Lenæus* ou du pressoir; *Liknites* ou le Vaneur, l'homme au van; *Bassareus* ou le Vendangeur; *Dionysus* ou *Denis*; Bacchus aux *Colonnes*; Sabazius, le Triennal, l'Annuel, *Misés* ou le Médiateur (1).

§. 9. *Explication de divers Noms de Bacchus.*

Dans l'Histoire & dans les noms de Bacchus, on trouve des mots qui sont incontestablement Orientaux.

Les repas qu'on prenoit aux Fêtes de Bacchus s'appelloient MAZONES; c'est l'Hébreu מזון, *Mazon*, qui signifie *repas, festin*.

BASSAREUS est un des surnoms de Bacchus; on en chercheroit inutilement l'origine dans la Langue Grecque: en Hébreu בצר, BaTSaR est un *vendangeur*.

MIMALLONIDES est un surnom des Bacchantes: peut-on y méconnoître le mot ממל, MiMaL, *Pressoir*?

Les Fêtes de Bacchus s'appelloient en général des ORGIES: ce nom s'est pris à la longue en mauvaise part; mais dans l'origine, il se prenoit nécessairement en bonne part, comme désignant des cérémonies sacrées. L'étymologie n'en est pas incertaine. Le mot *orgas* désigne en Grec, 1°. un lieu sacré, une vigne, un champ labourable: 2° tout ce qui croît & prospère, qui abonde en embonpoint: 3°. comme verbe, ORGAÔ, il signifie *désirer avec ardeur*. Ce mot est Oriental; ערג, ORG signifie, 1°: un sillon: 2°. un terrain renfermé par des sillons: 3°. désirer avec ardeur. Les ORGIES signifioient donc, mot-à-mot, les Fêtes où l'on célébroit les bienfaits du Dieu des sillons & des vignes, les biens les plus précieux.

Un des cris usité dans ces Orgies étoit EVOÉ. Horace l'employe deux fois dans l'Ode sur Bacchus que nous avons rapportée. Ce mot doit être

---

(1) Ces Hymnes sont renfermées entre la XLI & la LII.

Oriental & relatif au Serpent des Orgies. Hevé signifie en Orient la *vie* & un *Serpent*; *Hevoé*, comme nom de Bacchus, signifieroit donc celui qui est la source de la vie, & dont par cette raison un serpent est le symbole: comme cri, c'est une priere à Bacchus pour qu'il accorde la santé & les biens qui la prolongent.

Saboi, étoit un autre cri usité dans les Fêtes de Bacchus; les Grecs en firent le verbe *Sabazó*, crier, & se démener comme les Bacchantes. Mais ce cri a trop de rapport avec le mot Oriental יבס, *Suba*, vin pur, & avec le verbe סבא, *Saba*, boire, 2° s'enyvrer, pour n'en être pas venu.

Adoneus, un des surnoms de Bacchus, paroît être de la même nature que le nom d'*Adonis*; il signifieroit également le *Seigneur*.

Les Latins l'appelloient Liber, soit parce qu'on le représente constamment comme un enfant de bonne mine, soit parce que le vin réjouit le cœur & délivre du noir chagrin & des soucis.

Quant au nom d'Atta qu'on lui donnoit aussi, c'est un mot Grec qui signifie *Pere* & qui est commun à un grand nombre de Nations.

§. 10. *De la Secte des Bacchiques ou Orphiques.*

Nous ne saurions mieux terminer l'Histoire de Bacchus, qu'en donnant une légere idée d'une Secte célèbre dans l'Antiquité, qui avoit choisi ce Dieu pour son Patron. On en appelloit les membres *Orphiques* ou *Bacchiques*. Orphiques, parce qu'ils prétendoient suivre la doctrine d'Orphée. Bacchiques, du nom de leur Divinité. Freret sera ici notre guide.

On trouve dans les Mémoires de l'Académie des Inscriptions (1), une dissertation de ce Savant sur le culte de Bacchus parmi les Grecs, qui renferme des choses très-bien vues. Il y expose d'abord son sentiment sur l'explication des Fables par l'Histoire. » J'ai beaucoup étudié ce système, dit-il, & cet examen » m'a convaincu de sa fausseté absolue. »

Il observe avec Hérodote que les premiers Grecs n'avoient pas distribué l'administration de l'Univers entre différens Dieux; qu'ils ne le firent que lorsqu'ils eurent reçu au milieu d'eux des Colonies Orientales; que ce fut Cadmus qui apporta avec lui le culte de Bacchus dans la Grèce, & que ce Dieu n'étoit pas différent d'*Osiris*: que le Devin Melampe, fils d'Amythaon, répan-

---

(1) Tom. XXIII. in-4°. & XXXVIII. in-12.

DU CALENDRIER.

dit ce culte parmi les Grecs & substitua le simple Phallus à la statue *Itiphallique* des Egyptiens. Peu de tems auparavant, Persée s'étoit opposé, selon Pausanias (1), à l'introduction de ce culte dans le Péloponèse; il avoit livré un combat au Prêtre de Bacchus & à ses Ménades, & plusieurs de celles ci avoient été tuées : on montroit encore leurs tombeaux au tems de Pausanias; cependant, ajoute-t-il, Persée & Bacchus se réconcilièrent.

Freret dit ensuite qu'il ne s'arrêtera pas à examiner ce qu'on trouve dans Diodore & dans le Poëte Nonnus, au sujet des guerres de Bacchus dans l'Inde & de la conquête qu'il fit du Monde connu; parce que ce n'étoit qu'un Roman, dont les fictions n'avoient pas plus de réalité historique que celles de la fable des Amadis.

Il pense que l'Histoire de Bacchus n'est qu'une allégorie relative à la culture & à la propagation de la vigne, ainsi qu'à l'art de faire du vin. » Le nom de » Bacchus vient de l'Eolien *Backhoa*, qui signifie *une grape de raisin*. Il na- » quit avant terme pendant un tonnerre violent; on sait que ce sont les » orages qui font tourner le raisin. Mais pour achever de le mûrir, il a besoin » d'être grossi par les pluies : ce sont les Hyades ou Nymphes pluvieuses, qu'on » donne pour nourrices à Bacchus. La double naissance de ce Dieu a sans » doute rapport à l'art de provigner la vigne; on couche & on enterre les jets » auxquels on veut faire prendre racine, avant que de les couper & de les re- » planter; car alors ces branches ont pour ainsi dire deux meres, dont l'une » est le sep d'où elles sont sorties, & l'autre est la terre où elles ont pris racine » avant que d'être détachées du sep. »

Les plus grands changemens à ce culte, se firent par ceux de la Secte des Orphiques ou Bacchiques dont parle Hérodote; » & il faut remarquer, ajoute » notre Auteur, que cette Secte fit des progrès incroyables dans les premiers » siécles du Christianisme; & que tous les défenseurs du Paganisme, soi disans » Pythagoriciens & Platoniciens, n'étoient au fond que de véritables Orphi- » ques. »

» Voici de quelle maniere Hérodote parle d'eux. Après avoir dit que les » Egyptiens n'entrent jamais dans les Temples & n'enterrent point leurs morts » avec des habits de laine, mais avec des vêtemens de toile, il ajoute : La » même coutume s'observe (2) par ceux que nous appellons *Orphiques* ou » *Bacchiques* & qui suivent les dogmes des Egyptiens & des Pythagoriciens;

---

(1) Liv. II.
(2) Hérodote, Liv. II. 81.

» car ils penfent que ce feroit une impiété d'enterrer dans des vêtemens de
» laine ceux qui font initiés à leurs Orgies.

» Ce paffage d'Hérodote nous apprend.... que les Orphiques étoient fin-
» gulierement dévoués au culte de Bacchus ; qu'ils formoient une branche
» de la Secte Pythagoricienne ; qu'ils avoient adopté plufieurs pratiques Egyp-
» tiennes ; enfin , qu'ils formoient un corps de gens unis par des pratiques
» religieufes , & par la participation aux mêmes Myftères.

» Les Difciples de Pythagore voulant être tolérés, ... s'attacherent à la
» Religion de Bacchus , *qui les favorifoit parce qu'elle* n'avoit point de centre
» commun , qu'on n'obfervoit point les mêmes cérémonies par-tout ; on avoit
» même des opinions différentes fur le fond du dogme religieux & fur la
» nature du Dieu ... Ces Orphiques enfeignerent une nouvelle doctrine à *la*
» *faveur de cette union* ; & ils affujettirent les Parfaits à des pratiques Egyp-
» tiennes , à ne vivre que de fruits & de plantes & à s'abftenir des facrifices
» fanglans ...

» PLATON dépeint les Orphiques (1) comme des Charlatans , qui vont ,
» chargés de leurs livres attribués à Orphée & à Mufée , frapper à la porte
» des Grands pour leur offrir de les purifier des crimes dont eux ou leurs An-
» cêtres pouvoient être fouillés , ou même de faire tomber le courroux des
» Dieux fur leurs ennemis ; & le tout, au moyen de quelques facrifices & de
» quelques cérémonies religieufes. Platon ajoute , que ce n'étoit pas feulement
» les particuliers qui ajoutoient foi à leurs promeffes , mais que fouvent ils
» venoient à bout de féduire les Villes & les Républiques.

» THÉOPHRASTE, Difciple d'Ariftote , parle de ces Charlatans dans le carac-
» tère du fuperftitieux , qui ne manque jamais , dit-il , d'aller tous les mois fe
» faire expier chez les *Orphéoteleftes* (†), & d'y conduire fa femme , &
» même fes enfans entre les bras de leur nourrice. Plutarque rapporte (2)
» qu'un de ces Orphiques voulant exciter la libéralité d'un Lacédémonien ,
» lui vantoit le bonheur deftiné dans l'autre vie aux Prêtres & aux Initiés de
» fa Secte; fur quoi le Lacédémonien lui répondit : que ne te hâtes-tu de mourir,
» pour en aller jouir ? »

Le Savant Académicien convient enfuite que dans les Poëfies Orphiques ,

---

(1) Des Loix , Liv. II.

(†) C'eft-à-dire les Orphiques parfaits.

(2) Apophthegmes des Lacédémoniens.

on maintint toujours l'ancienne doctrine sur Bacchus, & qu'ils le regarderent comme étant le même que Jupiter, que Pluton, que le Soleil, &c : & que c'étoit lui qu'on adoroit sous ces noms différens. Ils enseignoient aussi qu'il viendroit un tems où, sous le nom de Bacchus, il regneroit sur tout l'Univers.

On peut voir aussi dans cette Dissertation, comment les Orphiques justifioient l'adoration des Idoles, l'habitation d'une Divinité, la vertu des formules magiques capables de faire obéir les Génies, en admettant une multitude d'Intelligences supérieures à l'homme & de divers ordres.

CHAPITRE III.

Histoire de CÉRÈS & de ses Courses.

ARTICLE I.

HERCULE fut célébre par ses travaux : Cérès le fut par ses courses. Ce Héros obéissoit aux ordres d'Eurysthée ; & Cérès se trouva forcée à ces courses par l'enlevement de sa fille : ainsi les Allégories réunissoient toujours le piquant du contraste & du merveilleux.

§. 1. *Description des Etats de Cérès.*

CÉRÈS, disoit-on, étoit une Reine de Sicile : elle avoit fixé sa demeure dans la contrée la plus délicieuse de ce pays admirable, dans les vallées d'ENNA, abondantes en prairies, arrosées de fontaines d'eaux vives. La Ville étoit sur un côteau d'où sortoient en abondance des sources & des ruisseaux qui se répandoient en serpentant dans ces superbes campagnes. Là régnoit un printems perpétuel ; la terre y étoit sans cesse couverte de violettes & de fleurs de toute espèce, qui charmoient à la fois la vue & l'odorat. L'air en étoit si parfumé que, selon DIODORE, qui étoit lui-même de Sicile, les chiens de chasse perdoient la piste des animaux qu'ils poursuivoient. CICERON fit dans la sixiéme de ses Harangues contre Verrès, une brillante description de ces contrées : aussi avoit-on élevé à Enna un magnifique Temple à Cérès.

§. 2. *Enlevement de Proserpine fille de Cérès.*

C'est dans ces riantes vallées, dit la Mythologie, que se promenoit PROSERpine fille de Cérès & qu'elle s'occupoit avec ses compagnes à cueillir des fleurs & à faire des guirlandes, lorsque Pluton, Souverain des Enfers, la vit & la trouva si fort à son gré qu'il l'enleva, la fit entrer dans son char à quatre chevaux & l'emmena dans son Palais infernal, sans être touché des représentations de Minerve & des oppositions de la Nymphe Cyane, qui en versa des larmes si abondantes & si amères, que les Dieux touchés de compassion, la changerent en une fontaine, sur les bords de laquelle on offroit des sacrifices toutes les années en mémoire de ces événemens.

Cependant Cérès ne sachant ce que sa fille est devenue, s'arme de deux flambeaux & la cherche nuit & jour. Ces deux flambeaux étoient deux arbres que Cérès avoit arrachés sur le Mont Etna & qui lui servoient de torches. Ovide appelle ces arbres *Teda*; c'est encore aujourd'hui le nom d'une espéce d'arbres qu'on ne voit que sur l'Etna & qui produisent une grande quantité de résine (1). Une des cavernes de cette montagne porte encore le nom de Proserpine; on disoit que c'étoit par-là que Pluton l'avoit transportée dans les Enfers.

La Nymphe de la rivière Aréthuse qui coule en Sicile & dont les eaux se mêloient, assuroit-on, avec celles du fleuve Alphée qui coule en Grèce, fut la premiere qui pût donner à Cérès des nouvelles de sa Fille: elle apprit à cette Mere infortunée, que Proserpine étoit devenue Reine des Enfers.

Cérès monte aussi-tôt sur l'Olympe: elle se plaint à Jou de l'enlevement de sa fille, & elle implore son puissant secours. Le Pere des Dieux la console par le rang que sa fille vient d'acquerir, & il lui promet qu'elle lui sera rendue, si depuis son enlevement elle n'a rien mangé.

Malheureusement, Proserpine, en se promenant dans les champs Elysées, avoit cueilli une grenade & en avoit mangé six grains. Ascalaphe s'en étoit apperçu & l'avoit rapporté à son Maître pour lui faire sa cour; tout ce que put faire Jou, fut d'ordonner que Proserpine demeureroit Six Mois aux Enfers & Six Mois sur la Terre. Cependant Cérès changea Ascalaphe en lézard, pour le punir d'avoir trop parlé.

§. 3. *Cérès à Eleusis.*

Après de longues courses, Cérès arrive à Eleusis dans l'Attique, & s'y repose au bord du puits *Callichore* sur une pierre qui en fut appellée *A-gelaste*,

---

(1) Voyage de Sicile & de Malte, par M. Brydone.

DU CALENDRIER.

la triste, qui ne rit point. Les Habitans de ce Pays s'empressent de rendre visite à l'Étrangere; selon un vers d'Homere cité par Pausanias, ce furent Celée, Triptoléme, Eumolpe & Dioclès : mais au premier & au dernier, Clément d'Alexandrie substitue *Dysaules* & *Eubulée*. Avec eux vint une femme nommée BAUBO.

Celle-ci pria Cérès de se rendre chez elle, & lui offrit des fruits & du *Cyceon*, breuvage composé de miel, d'eau & de vin. Cérès accablée de douleur, ne vouloit ni boire ni manger : Baubo fâchée, se découvre; Cérès en rit & accepte ces rafraîchissemens : ce fut la premiere marque de joie qu'elle donna depuis l'enlevement de sa fille : elle mangea aussi des graines de pavot qui lui rendirent le repos dont elle n'avoit pas joui depuis si long-tems : & c'est par ce motif que le *pavot* lui étoit consacré.

Remplie de reconnoissance pour *Celée* & pour sa femme appellée *Néera*, elle enseigna l'Agriculture à leur fils TRIPTOLÉME; : elle l'avoit nourri de son propre lait; la nuit, elle le mettoit dans le feu pour le purifier, le jour elle l'instruisoit. Devenu grand, elle lui fit présent de son char attelé de Dragons, afin d'aller enseigner l'Agriculture à tous les Peuples.

C'est lui qui sur l'Autel de Cérès immola le cochon, pour punir cet animal de ce qu'il arrachoit le blé qu'il avoit semé avec tant de soin.

§. 4. *Symboles de Cérès.*

On représentoit Cérès avec une couronne d'épis, tenant en main une poignée de pavots & avec le sein d'une nourrice : on lui offroit les prémices des fruits, & on lui immoloit une truie. C'est elle qui pour civiliser ses sujets, leur donna avec le blé, des loix dignes d'admiration & institua la PROPRIÉTÉ des TERRES, afin, disoit-on, que chacun pût jouir sans crainte du fruit de ses travaux (1); elle fit ainsi aux hommes, ajoute Diodore, les deux plus beaux présens qu'il fût possible, en leur fournissant les moyens de *vivre* & en leur apprenant à *bien vivre*.

§. 5. *Des Fils de Cérès.*

Cérès eut deux fils dont l'Histoire mérite d'être rapportée.

JASION, fils de Jupiter & d'Electre, frere de Dardanus & d'Harmonie qu'épousa Cadmus, fut aimé lui-même de Cérès; des sillons servirent de lit nuptial : il en naquit deux fils, selon PETELLIDES ancien Historien de Gnosse,

---

(1) Porphyr. de l'abstinence, Liv. IV. ch. 22.

ville de Crète, dont ce fragment a été conservé par Hygin. Ces deux fils furent appellés Philomele & Plutus. Héfiode parle de ce dernier. « Cérès, dit-il, accorda fes faveurs dans l'Ifle de Crète à Jafion fur un » champ labouré trois fois : il en naquit Plutus qui fe promene fur la » terre & fur les vaftes plaines de la mer, diftribuant le bonheur & les ri-» cheffes à ceux qui fe rencontrent fous fa main.

ARTICLE II.

Explication des Allégories que renferme cette Hiftoire.

Peut-on méconnoître dans cette Hiftoire, une brillante allégorie relative à la culture du blé ? C'eft dans la Sicile, & dans les campagnes d'Eleufis, où fe paffent ces événemens, c'eft-à-dire dans les contrées de l'Europe les plus célébres dans l'antiquité par leur riche agriculture ; c'eft-là que les Colonies Orientales trouverent un Ciel riant, un climat doux, des faifons réglées, un fol où le froment croiffoit de lui-même, où des terres imprégnées de fels falutaires répondoient abondamment aux foins du Laboureur ; on y eut donc dès le commencement des chanfons agricoles, & ces chanfons étoient des allégories, ou l'Hiftoire de l'Agriculture perfonifiée. Les Anciens eux-mêmes nous en donnent la clé lorfqu'ils difent que Cérès inftitua la propriété des terres, enfeigna aux hommes l'art de fubfifter, envoya Triptoléme pour inftruire l'Univers dans cet art.

Prendre Cérès pour une Reine qui court comme une infenfée après fa fille, qui fe trouve à Eleufis fans favoir pourquoi, qui monte au Ciel pour fe plaindre à Jupiter, qui change en lézard celui qui déclare que fa fille a mangé fix grains de grenade, qui devient mere de Plutus & belle-fœur de Cadmus ; vouloir affigner à cet événement une époque hiftorique ; métamorphofer Pluton en un Prince d'Epire, ou de quelqu'autre lieu, & Proferpine en une Princeffe qui fut enlevée par ce Prince ; c'eft faire de la fable un galimathias fi étrange, qu'il eft furprenant que de favans Auteurs ayent pû en avoir feulement conçu l'idée : auffi qu'eft-il réfulté de leurs recherches & de leurs explications féches & frivoles ? La fable n'a pas été expliquée & l'Antiquité a été méconnue.

Cérès.

L'Hiftoire de Cérès eft la même que celle d'Ifis; comme l'hiftoire de

Bacchus est la même que celle d'Osiris, avec cette différence, qu'Isis cherche son Mari, & que Cérès cherche sa fille. Les Anciens assuroient que Cérès & Isis étoient la même Divinité, & ils avoient raison : toutes les deux étoient la Nature fécondée, en particulier la Terre mise en état de rapport.

Que Cérès soit chez les Grecs l'allégorie de l'Agriculture, c'est ce dont on ne peut douter en voyant qu'on en fait la Reine de la Sicile, pays si fertile en blé ; l'institutrice de l'Agriculture à Eleusis ; & qu'on lui attribue positivement l'invention de cet art & des Loix qu'il amena nécessairement à sa suite. D'ailleurs l'ensemble de son histoire s'accorde parfaitement avec cette maniere de l'entendre.

Ovide lui a consacré deux cent vers dans ses Fastes(1). « Cérès, dit-il, nous » est assez connue, sans que nous ayons besoin de recourir aux Dieux pour savoir » ce qu'elle est : ses présens & son mérite se font connoître d'eux-mêmes.... » Cérès fit ses délices de la paix. » Il décrit ensuite les plaines délicieuses d'Enna, les promenades de Proserpine & de ses compagnes, pour cueillir des fleurs ; une fleur plus belle que les autres attire la jeune Princesse loin de ses amies ; aussi-tôt elle tombe entre les mains de Pluton. On entend ses cris, ceux de ses compagnes, les gémissemens de Cérès ; on suit celle-ci dans toutes ses courses, & jusqu'à Eleusis, où sous la figure d'une bonne vieille elle est reçue par Célée....Enfin, Cérès reprend sa couronne d'épis ; les moissons les plus abondantes reviennent dans les champs abandonnés, les granges peuvent à peine contenir ces nouvelles richesses ; & avec des robes blanches, on célébre ses Fêtes ; car le noir ne plaît point à Cérès.

Dans les Hymnes d'Orphée, il y en a une adressée à Cérès sous le nom de *De-meter*, ou Mere-Dé, & une sous le nom de Mere *Antée*. Elle est donc appellée dans les deux Hymnes, du nom de *Mere*. De est pour *Ghé*: Mere Dé, est donc la *Terre-Mere*. *Antée* signifie *Favorable*, *qui vient au-devant*, *qui prévient*.

La premiere de ces Hymnes commence par ces épithetes, *Déó Pamméteira.... Dé-Méter... Pluto-doteira*, qui se retrouvent dans ce passage de Diodore de Sicile (2) : *Ghé Métér Pantón*, *Déméter Pluto-doteira*. Ici *Déó* répond à *Ghé* & signifie TERRE; *Pamméteira*, ou *Méter Pantón* signi-

---

(1) Liv. IV. p. 415--615.
(2) Liv. I.

fient également *Mere univerfelle. Pluto-Doteira*, vous qui êtes la fource des richeffes. Le Poëte Liturgique ajoute qu'elle eft amie de la paix & des travaux laborieux, qu'elle fut la premiere qui attela des bœufs à la charrue pefante, & dont le Char fut tiré par des ferpens ; qu'elle fe plaît à manier les faucilles. « Accourez, lui dit-il, accompagnée du bonheur, char- » gée des fruits de l'été, & conduifant à votre fuite la paix, les loix ai- » mables, les richeffes précieufes, la fanté, Reine de tous les biens.

Les Fils de Cérès.

Cérès affifta, comme les autres Dieux, aux noces d'Harmonie femme de Cadmus ; comme eux, elle leur fit des préfens ; on devine aifément en quoi ils confifterent ; ce fut du blé en abondance : là elle vit Jafion, frere d'Harmonie : ils s'aimerent, & fur un fillon labouré trois fois, ils devinrent Peres de deux enfans, *Plutus* & *Philomele*.

Cette fable eft une allégorie ingénieufe relative aux idées qu'on fe formoit de Cérès. *Jafion* défigne le falut, la profpérité ; *Plutus*, les richeffes ; *Philomele*, celui qui aime les troupeaux : ce dernier fe contenta, dit-on, de cultiver fes champs.

Philo-mele feroit donc mieux traduit par *celui qui aime les travaux*. Alors le mot Grec *méla*, offriroit la même équivoque que le mot Hébreu *melakt* qui fignifie également *travaux* & *animaux*, comme nous l'avons vu au commencement des Allégories Orientales.

Jafion ou le falut ne peut aller fans Cérès ; les *richeffes* & l'*Agriculture* font les enfans de celle-ci : ils naiffent d'un fillon labouré trois fois, puifque c'eft ici la vraie maniere de cultiver la terre : & Cérès affifte aux noces d'Harmonie, puifque fans l'Agriculture, la Terre n'offriroit que défordre, & qu'on ne verroit par-tout qu'eaux croupiffantes, ou immenfes forêts, repaires de ferpens & d'animaux féroces.

Noms de Cérès.

De-meter ou *Terre-Mere* étoit en Grec le nom de Cérès, de même qu'on appelloit le Souverain des Dieux *Ju-piter*, le pere Jou, ou le Pere Célefte.

Cérès, nom de cette Déeffe en Latin, paroît ne tenir à aucun mot Latin, enforte que fon origine en eft plus difficile à connoître : fi ce nom vint des Latins,

DU CALENDRIER.

Latins, il faut qu'il se soit altéré sensiblement. En ancien Latin, *Cerus* signifioit Créateur; & *Cero*, créer; c'est le *kar-d* des Perses & des Indiens, qui signifie *faire*. Le nom de Cérès qui crée les moissons, peut donc venir de cette famille, d'où vint peut-être également le verbe Latin *gerere* produire, anciennement *cerere*, d'où les Romains dérivoient le nom de Cérès.

On voit dans Hesychius qu'en Grec Cérès s'appelloit *Kyrus*; ce peut être le même mot.

En Hébreu חרש, Kars-*a*, signifie *faire*, *forger*, *labourer*: tous ces mots doivent venir d'une racine commune.

Les Grecs l'appelloient aussi Sit-*os*. Mais ce mot signifie *blé*, *pain*, *provision*; *Siteuo*, nourrir; *Siton*, Terre en froment: *Sitonia*, commerce de blé.

C'est l'Hébreu ציד, *sid*, nourriture, vivres, subsistance: en Egyptien Sit signifioit *graines*, *semences*.

Son nom de Deio, paroît tenir à l'Hébreu די, *Di*, ou *Dei*, qui désigne *l'abondance*.

On l'appelloit Simalis dans la Sicile; Semelé en Béotie. Les Anciens ont rendu ce nom par le mot Terre; il tiendroit donc à nos mots *Sem-er*, *Sem-ence*; en Latin *Sem-en*, *Sem-ino*, mettre en terre.

Famille de Célée.

La famille à laquelle Cérès s'adressa, à qui elle donna les premieres leçons d'Agriculture, offre des noms allégoriques auxquels on ne peut se méprendre, & qui prouvent que toute cette Histoire est d'origine Phénicienne.

Nous avons déja vû que le nom de *Triptolême* est formé de deux mots Orientaux, dont la réunion avec l'article terminatif *os*, signifie *celui qui tire sa subsistance des sillons*.

Son Pere est *Celeus* & sa mere *Néera*: mais ניר, *Nir*, est un sillon, & קלע, Qe*LU* ou Qe*LO*, un homme qui fait des incisions, qui trace des sillons. Les Latins en firent le verbe *cœlo*.

Du nom de quelques autres Personnages qui appartiennent à cette Histoire.

Puisque la plûpart de ces noms s'expliquent parfaitement par les langues Orientales, il est apparent qu'il en est de même des autres; en particulier du nom d'*Arethuse* qui la premiere donne à Cérès des nouvelles de sa fille, & d'*Ascalaphe* qui empêche son retour parce qu'il dit qu'elle a commencé de manger.

ARETH signifie la Terre, & תעה, *tuhé*, errer, aller çà & là : ARÉTHUSE seroit donc la Terre sur laquelle le sillonneur est *allé & revenu*. C'est elle qui peut donner des nouvelles du grain semé, & dire *qu'il a pris racine* : *Ascalaphe* tient à l'Hébreu כלף, KaLPH, qui désigne une massue, & d'où vint l'Allemand *Kolbe*, massue, & l'Anglois *Club* : on voulut donc peut-être par-là désigner ces instrumens avec lesquels on casse les mottes des sillons pour rendre la terre plus menue.

Hymne d'Orphée à Pluton.

Entre les Hymnes d'Orphée, on en trouve une à Pluton sous le nom de TYPHON ; c'est que Pluton des Grecs étoit chargé du même rôle que *Typhon* des Egyptiens dans l'allégorie de l'Agriculture ; & à ce titre étranger, on reconnoît l'antiquité & l'authenticité de cette piéce de Poësie (1). En voici les principaux traits.

« O vous, Roi généreux, qui habitez les demeures souterraines, au milieu » des étangs du noir Tartare, Iou, Prince de la Terre.... PLUTON, qui possé- » dez les clés de notre globe.... qui chaque année enrichissez les Mortels de » vos fruits ; à qui, par un triple partage, échut l'Empire de la Terre, de cette » Terre qui sert de marchepied aux Immortels, & de base inébranlable aux » hommes ; qui avez établi votre trône sur les régions ténébreuses.... sur le » bleuâtre Acheron, possesseur des racines de la Terre : qui acquérez les mor- » tels à la faveur de la mort... qui épousâtes la fille de Cérès en l'entraînant » avec votre char à quatre chevaux dans l'antre d'Atthis.... là où sont les » portes de l'Enfer.... »

On voit ici une allégorie perpétuelle entre Pluton, considéré comme le Dieu du Tartare & de l'Enfer, & Pluton considéré comme le ravisseur de Proserpine & comme le destructeur des moissons, ou comme le tems qui succéde à la moisson & où les hommes sans rien produire vivent de ce qu'ils ont déja fait produire à la terre, & que Pluton a enlevé à Cérès au moyen de sa faulx meurtriere. Ces deux phrases sur-tout qui paroissent si disparates, *vous qui chaque année enrichissez les mortels de vos fruits... vous qui acquerez les mortels à la faveur de la mort*, sont des allusions très-heureuses à la subsistance des hommes, due à la mort allégorique des moissons fille de Cérès.

---

(1) Hymn. XVII.

C'est ainsi qu'après avoir allégorisé les actions les plus ordinaires & toutes les branches de l'Agriculture, on transporta ces nouveaux êtres à des objets différens; mais qui se trouvoient également peints par ces allégories.

Ce double emploi les rendoit encore plus piquantes & en faisoit une des principales beautés.

Les deux vies de Proserpine.

Proserpine obligée de passer six mois sous terre, n'est autre que le blé semé, qui est six mois en terre.

Cochon consacré à Cérès, & nom des Sillons.

Le Cochon étoit consacré à Cérès comme Déesse de l'Agriculture, non-seulement parce que c'est un animal très-fécond, mais aussi parce qu'il laboure lui-même la terre & que la charrue a la même forme que son groin & produit le même effet. Aussi les mêmes mots qui désignent un cochon ou sa femelle, ont en diverses langues désigné les *Sillons*. Tel, le Latin *Porca*.

La Langue Grecque offre à cet égard des analogies très-remarquables, & bien conformes au Génie de l'Antiquité, où tout ce qui regarde l'Agriculture fut appellé des mêmes noms que tout ce qui regarde le mariage.

Lorsqu'Hérodote paroît dire que les Egyptiens labourent leurs terres avec des cochons, il se pourroit qu'on attachât également à ce mot de *cochons* l'idée de *charrue*.

Symboles de Cérès.

Les Symboles de Cérès, par lesquels nous finirons cet article, ne sont pas moins relatifs à la culture de la terre. Elle tient en main des *épis*, signe des moissons auxquelles elle préside; & des *pavots* ainsi que des *grenades*, parce que la multitude prodigieuse de graines qu'on trouve dans ces fruits, sont un emblême très-naturel de la population immense qui résulte d'une Agriculture bien entendue. Nous avons vû plus haut que la physionomie qu'on lui donnoit étoit parfaitement analogue aux fonctions qu'on lui attribuoit.

HISTOIRE ALLÉGORIQUE

EXPLICATION
DES PLANCHES.

FRONTISPICE.

La Planche qui repréſente Hercule & ſes travaux, ſert de Frontiſpice au Calendrier Allégorique.

C'eſt ici ſa vraie place; on y a corrigé la faute qui s'étoit gliſſée dans l'arrangement de deux de ſes travaux: on s'appercevra aiſément que la perſonne qui l'a gravée a fait de grands progrès depuis que nous avons donné les Allégories. Nous lui avons une autre obligation; c'eſt qu'elle s'eſt prêtée avec une généroſité qui a peu d'exemple, à la gravure de toutes les Planches de ce Volume, à l'exception de la IVe. gravée avec les Planches du Volume qui précéde celui-ci.

Ajoutons ici que les travaux d'Hercule n'avoient pas été peints ſeulement par les Phéniciens, mais que les Grecs étoient également dans l'uſage de les peindre ſur les murs des Temples. Ils étoient repréſentés en ſculpture, comme nous l'apprend Pauſanias, à la voute du Temple d'Hercule à Thébes en Béotie. C'étoit un ouvrage de PRAXITELE. Mais ici le combat avec Antée, remplaçoit les Oiſeaux de Stymphale & les étables d'Augias. Dans ce même Temple étoit une ſtatue coloſſale de ce Héros, par ALCAMENE. On voit dans ce même paſſage qu'HERCULE & MINERVE étoient les Divinités tutélaires des Thébains: c'eſt-à-dire, le *Soleil* & la *Lune*, comme chez tous les autres Peuples.

Ce voyageur avoit déja obſervé (1) que dans l'Achaïe, on donnoit au Soleil les ſurnoms de *Conſervateur* & d'HERCULE.

VIGNETTE DU Ier. LIVRE, *pag.* 1.

Cette Vignette eſt priſe d'un Monument antique qui fut trouvé en Suiſſe

---

(1) Voyage d'Achaïe.

dans le dernier siécle. C'étoit un Sympule d'argent à manche, qu'on déterra dans un bois peu éloigné de Wettingen, le 22 Août 1633. On y trouva en même tems huit plats d'argent & un gobelet, pésant tous ensemble quatorze marcs & deux onces (1).

Autour de ce sympule étoient en bas-relief les figures qui sont dans la Vignette, & dans lesquelles on ne peut méconnoître le Soleil ou Apollon, la Lune ou Diane, Mars, Mercure, Jou, Vénus & Saturne.

On avoit donc réuni ici les Dieux qui président aux sept Planettes & aux sept jours de la semaine.

Le Soleil a la tête environnée de rayons, & tient un fouet de la main droite, c'est un symbole Egyptien de la souveraineté, de même que le globe posé sur un piédestal, & qui est placé à côté du Soleil. Il est habillé à la Gauloise : le vase qu'on voit en face du Soleil, a rapport aux Fêtes d'Isis.

Diane ou la Lune se reconnoît au croissant, à son flambeau & à son voile. Elle s'appuie sur une colonne ronde.

Mars est contre une colonne de la même espéce & sur laquelle est une oie; il s'appuie sur un bouclier Gaulois de forme ovale.

On ne peut méconnoître Mercure à ses aîles, son caducée, sa bourse & son coq.

Jou est caractérisé par sa foudre & par son aigle : Vénus par sa pomme & ses colombes. Comme celles-ci sont occupées à manger, on les avoit prises pour les deux corbeaux dont les Gaulois se servoient dans les augures, & auxquels les Romains substituerent les poulets.

En face de Vénus est une espéce de bouteille, qu'on prendroit pour un phallus.

Entr'elle & Saturne, on remarque une colonne haute & étroite surmontée d'une de ces pierres en forme de nombril sous lesquelles on honoroit Vénus.

Saturne se reconnoît à sa faucille & à sa barbe antique. Comme on lui a mis en main une branche de gui & qu'on l'a habillé à la Gauloise, on le prenoit pour un Druide ; ce qui avoit empêché jusques ici de saisir l'ensemble qu'offrent ces figures. Mais le Gui de chêne qu'on cueilloit toujours au nouvel An, & dont le nom servoit à annoncer ce jour, étoit un très-bel emblême de Saturne.

Ajoutons que sur le manche du Sympule on avoit représenté un Mercure

---

(1) BOCHAT, Mém. sur l'Hist. de la Suisse, in-4°. Tom. II, p. 402.

aux pieds duquel sont un coq, une tortue & un bélier, ou un bouc: qu'il est surmonté d'une Victoire, & que celle-ci tient d'une main une palme & de l'autre une couronne.

VIGNETTE DU LIVRE II.

Cette Vignette représente Rémus & Romulus nourris par la Louve sur les bords du Tybre. D'un côté est le Dieu du fleuve ; de l'autre côté, mais à une plus grande distance, on voit Faustulus & sa femme, avec leur troupeau ; & dans le lointain paroît une des montagnes de Rome.

VIGNETTE DU LIVRE III.

Un Génie arrache à l'Allégorie le masque dont elle couvroit les connoissances anciennes.

PLANCHE Ire.

TABLE HÉLIAQUE OU DU SOLEIL.

Cette Planche est une copie de la célébre TABLE DU SOLEIL ou HÉLIAQUE, trouvée à Rome & publiée pour la premiere fois par ALÉANDRE le jeune, avec un savant Commentaire (1). C'est un bas-relief en marbre blanc de trois pieds & demi de hauteur & autant en largeur.

Ce Monument précieux représente le Soleil avec tous ses attributs; avec ces attributs qui le firent nommer Apollon, Hercule, Bacchus & Mercure.

On reconnoit Apollon au carquois & à l'arc: Hercule, à la massue & à la peau de lion ; Bacchus, à la guirlande de fruits & à la coupe qui soutient la lyre : Mercure, à la lyre, au caducée, & aux monceaux de pierre.

Le carquois, l'arc & les flêches faisoient un symbole essentiel des deux enfans de Latone, Apollon & Diane : nous avons déja vu dans ce Volume que Diane étoit toujours représentée en chasseresse. Apollon n'étoit pas moins célébre à cet égard : c'est lui qui tua le serpent Python à coups de flêches. Homère le représente toujours comme un excellent chasseur dont les flêches sont

---

(1) Paris 1617, in-4°.

DU CALENDRIER.

lancées au loin : & c'est à ces flèches qu'il attribue les maux qui fondirent sur l'armée des Grecs, au Siège de Troye.

Les monceaux de pierre étoient consacrés à Mercure comme Protecteur des chemins. Mercure avoit en effet cette derniere qualité, parce que les routes étoient désignées par des *marques* qui étoient autant de Mercures ; & on lui consacroit les monceaux de pierre, parce que c'étoit un mérite d'ôter toutes les pierres qui embarrassoient les routes & d'en faire des monceaux qui fussent autant de marques du chemin & autant de trophées à l'honneur de Mercure.

Les autres attributs de la Table Héliaque ayant déja été expliqués dans nos morceaux allégoriques, nous ne nous y arrêterons point ici.

Ajoutons que l'ensemble de ces attributs, paroît offrir tout à la fois les quatre Arts qu'on attribuoit à Apollon, les quatre Elémens & les quatre Saisons.

Apollon étoit Archer ou Tireur d'arc, Devin, Médecin & Musicien. Le premier de ces arts est désigné par l'arc ; le second par la coupe, suivant le proverbe, *dans le vin, la vérité* : le troisiéme par la massue, qui fit donner & à Hercule & à Apollon le nom d'ALEXI-KAKOS, *qui chasse le mal* ; & le nom de PEAN ou *le frappeur*, l'assommeur : la lyre offre enfin Apollon sous sa qualité de Musicien.

Les quatre Elémens sont désignés par les flèches, par le caducée aîlé, par la coupe & par la massue. Les flèches étant la même chose que les rayons du Soleil, désignent le feu ; les aîles, l'air ; la coupe, l'élément humide ; & la massue avec les pierres, la Terre.

Enfin on y apperçoit les quatre Saisons, puisqu'Apollon est le Printems ; Hercule, l'Eté ; Bacchus, l'Automne ; & Mercure avec son harmonie, l'Hyver.

PLANCHE II.

Cette Planche & la suivante offrent les MÉDAILLES frappées sous le regne de Domitien au sujet des Jeux séculaires que fit célébrer cet Empereur. Elles furent publiées & expliquées par RAINSSANT en 1684.

Dans la premiere, Domitien harangue le Peuple à genoux & lui annonce la célébration prochaine des Jeux séculaires.

Dans la IIe, l'Empereur distribue les parfums renfermés dans les vases qui sont à ses côtés. C'est ce que désigne l'inscription SUF. P. D. *Suffimenta Populo data*, parfums donnés au Peuple.

Dans la IIIe. deux Romains renverſent aux pieds de l'Empereur, un boiſſeau plein de fruits nouveaux, deſtinés à la ſolemnité.

La IVe. eſt relative à la proceſſion qui ouvroit les Jeux ſéculaires. Trois perſonnes, chacune avec une palme, paſſent devant l'Empereur qui eſt debout ſur une eſtrade, & ſuivi du Préfet du Prétoire.

Dans la Ve. l'Empereur renverſe une patere ſur le brâſier d'un Autel; un Muſicien joue de la lyre; un autre, de deux flûtes: un homme à genoux tient le Taureau blanc qu'on doit immoler à Iou; & le Victimaire ſe diſpoſe à aſſommer la victime.

La VIe. Médaille offre le ſacrifice d'une brebis noire & d'une chévre de la même couleur, immolées aux Dieux infernaux.

PLANCHE III.

La Médaille marquée N°. VII. a pour objet le ſacrifice d'un cochon à la Terre. Au bas de l'Autel, eſt un homme à demi-nud, couché, & qui tient une corne d'abondance. C'eſt le Dieu du Tybre, ſur les bords duquel ſe faiſoit cette cérémonie.

On voit dans la VIIIe un Prêtre Salien, qui a ſur la tête ſon bonnet rond, terminé par deux longues pointes, & qui eſt vêtu, par-deſſus ſa tunique, de ſa cotte d'armes bordée d'une bande de pourpre attachée avec des boucles de cuivre. Il tient de la main droite une petite baguette; & de la gauche, un bouclier rond, dans le milieu duquel eſt une tête de Minerve, Déeſſe que Domitien avoit choiſie pour ſa Patrone.

Dans la IXe. eſt le Trépié ſacré dont les Saliens ſe ſervoient pour les ſacrifices.

La Xe. préſente les boucliers des Saliens, ſous une forme longue & échancrée dans le milieu, tels que les fit faire Numa, & qu'on appelloit ANCILIA, à cauſe de cette forme échancrée. Il paroît par la Médaille précédente que Domitien en fit employer d'une forme différente à l'imitation d'Auguſte. Celui-ci eſt tiré d'une Médaille d'Antonin le Pieux.

La XIe. paroît relative aux ſacrifices qui ſe faiſoient pendant les Fêtes auprès du Tybre & dans les Temples, puiſqu'on y voit & le Dieu du Tybre & deux Temples.

Dans la XIIe l'Empereur diſtribue les offrandes aux Officiers qui préſidoient à ces cérémonies, & par leſquelles elles ſe terminoient.

La XIIIe. & derniere contient la colonne ſur laquelle on grava que ces

Jeux

Jeux séculaires se célébrerent pendant le quatorziéme Consulat de Domitien, c'est-à-dire la huitiéme année de son regne.

N'omettons pas que SCALIGER dans sa Chronologie supposoit que les Jeux séculaires s'étoient constamment célébrés de 110 en 110 ans; & d'après ce principe, en remontant depuis l'année 737 d'Auguste, il arrivoit à l'année 188 où Servius Tullius avoit établi le Lustre, & il ne doutoit pas que ce ne fût aussi l'époque de l'établissement des Jeux séculaires. Malheureusement ce système est opposé à tous les faits.

PLANCHE IV.

Almanach de Bois.

Cette Planche représente un ALMANACH de bois, qu'on trouva en 1732 au Château de Coëdic en Bretagne, dans la démolition d'un de ses pignons. Ce morceau de bois avoit environ cinq pouces & demi de long sur trois de large & six lignes d'épaisseur. Il étoit chargé sur les deux faces, de points, de caractères & de figures si extraordinaires que ceux auxquels on le montra en conclurent qu'on ne pouvoit trop-tôt le jetter au feu. Le Seigneur du lieu, mieux avisé, l'envoya à M. de SAINTE-PALAYE, qui y vit un Almanach dont M. LANCELOT donna l'explication dans les Mémoires de l'Académie des Inscriptions (Tom. V. de l'Hist. Edit. in-12, ou Tom. IX. in-4°.).

Nous avons cru devoir en enrichir ce Volume, puisque ce monument est un exemple sensible de l'industrie humaine & de l'art avec lequel on avoit recours à des figures hiéroglyphiques pour parler aux yeux.

Cet Almanach a deux faces, qui ont chacune six divisions & répondent ainsi aux douze Mois de l'Année. Les six premiers remplissent la partie au-dessus de laquelle on voit deux têtes, l'une d'homme, l'autre de femme. » Les six dernieres sont au revers. Chaque ligne ou division a autant de points que le mois qu'elle renferme a de jours, & ces points sont quelquefois accompagnés de caractères ou de marques qui indiquent les principales Fêtes de l'Année, ou celles pour lesquelles celui qui l'a fait avoit plus de vénération. Toutes les Fêtes ainsi désignées sont des Fêtes fixes; il n'y en a aucune de mobiles; il auroit fallu renouveller l'Almanach tous les ans, & ce n'étoit pas l'intention de l'Auteur, qui d'ailleurs n'a employé à cette désignation ni noms ni portraits, en quoi son Calendrier differe des diptyques anciens, & de ces Calendriers Grecs & Russiens, que les Savans Auteurs des Actes des Saints

» qui s'impriment à Anvers, ont publiés à la tête du premier Volume du mois de Mai ; & a bien plus de rapport à ces anciens Calendriers de Norvége appellés *Prinſtaff*, qui ſervoient de Faſtes aux Peuples de ce Pays-là, & où les Fêtes principales n'étoient de même déſignées que par des traits & des points, qui ſouvent n'avoient entr'eux qu'une légere différence.

» Il n'y a de marques ou ſignes, qu'aux jours où l'Auteur a voulu déſigner des Saints ; & il s'en faut beaucoup que chaque point ou jour, ſoit accompagné d'un ſigne ; par exemple, il n'y en a aucun depuis le premier de Janvier, jour de la Circonciſion, juſqu'au 6 du même mois, Fête de l'Epiphanie.

» Dans le nombre des Fêtes indiquées par ces ſignes, l'Auteur a encore trouvé moyen d'en caractériſer quelques-unes, ſoit comme Fêtes chommées, ſoit comme Fêtes qu'il vouloit diſtinguer des autres. Il a mis à ces jours-là, une petite pointe de fer ou de cuivre : dans tout le mois de Janvier, il n'y en a que deux, le premier jour de l'An & celui des Rois : en Février, la Chandeleur & St. Mathias : en Mars, St. Joſeph & l'Annonciation : en Avril, le 5 St. Vincent Ferrier, le 16 St. Patern, & le 25 St. Marc : en Mai, le premier, St. Jacques, le 19 St. Yves, & le 21 la Tranſlation de St. Patern, &c.

» Toutes les figures ou ſignes de ce Calendrier ſont l'imagination de l'Auteur ; il les a faits les plus ſimples qu'il a pû, pour ménager l'eſpace ; & malgré cette attention, il s'eſt trouvé aſſez ſouvent contraint. Quelquefois, il n'a donné que la moitié de ces ſignes ; d'autres fois il les a tournés de différentes façons ; une partie qui dans un endroit eſt à droite, a été miſe à gauche dans un autre ; ce qui étoit en haut a été mis en bas, ſuivant que les ſignes voiſins l'ont exigé : il a auſſi été obligé de combiner ces ſignes, quand il s'eſt trouvé deux Saints dans un même jour.

» Ces figures ont ordinairement quelque fondement, ou réel ou allégorique; ainſi une croix repréſente les Myſtères de J. C. L'Auteur l'a variée dans les accompagnemens. On la trouve au premier Janvier, jour de la Circonciſion ; & au 6 du même mois, pour l'Epiphanie ; au 3 Mai, pour l'Invention de la Sainte Croix ; au 6 d'Août, pour la Transfiguration ; au 14 Septembre, pour l'Exaltation de la Sainte Croix ; & au 25 Décembre, pour le jour de Noël. L'Auteur l'a auſſi employée pour la Touſſaints, le premier Novembre ; il l'a miſe encore aux Fêtes de pluſieurs Apôtres, pour leſquels il n'a pas jugé à propos d'imaginer des marques particulieres ; ainſi elle eſt au 25 Janvier pour la Converſion de St. Paul ; au 24 Février, pour St. Mathias ; au 21 Septembre, pour St. Mathieu ; au 28 Octobre, pour St. Simon : elle lui a auſſi ſervi pour les Fêtes de St. Henry Empereur, au 14 de Juillet ; & de St. Louis, au 25

» d'Août; deux saints Monarques infiniment zélés pour la propagation de la Religion Chrétienne.

« Toutes les Fêtes de la Vierge sont désignées par une fleur de lys; ainsi il y en a une à la Chandeleur ou Purification, le 2 de Février; à l'Annonciation, le 25 Mars; à la Visitation, le 2 de Juillet; à Notre-Dame des Neiges, ou Dédicace de Ste Marie-Majeure, le 5 d'Août; à l'Assomption, le 15 du même mois; à la Nativité, le 8 de Septembre; à la Présentation, le 21 de Novembre; & à la Conception, le 8 de Décembre. Elle a été aussi employée pour marquer la Fête de Ste Marie-Magdelaine, 22 Juillet, parce qu'elle s'appelloit Marie; & celle de Ste Anne, 26 du même mois, parce qu'elle étoit Mere de la Ste Vierge. On en trouve aussi une au 17 Décembre, Fête de S. Lazare, sans doute comme frere de la Magdelaine, ou peut être pour indiquer une autre Fête de la Vierge, appellée l'Expectation, que les uns mettent au 16 de Décembre, les autres au 18, & que l'Auteur a voulu concilier, en la plaçant au 17.

» Toutes les Fêtes de S. Jean ont de même une marque uniforme. On sait que S. Jean l'Evangéliste est ordinairement représenté avec un calice; cela a suffi à l'Auteur du Calendrier pour marquer de ce signe tous les jours où l'on célèbre la fête d'un S. Jean; tels sont le 27 Janvier, pour S. Jean-Chrysostome; le 27 Mars, pour S. Jean-l'Hermite; le 6 Mai, pour S. Jean-Porte-Latine; le 24 Juin, pour S. Jean-Baptiste; le 29 Août, pour la Décolation du même Saint; & le 27 de Décembre, pour S. Jean-l'Evangéliste.

» On trouve de même une clef à toutes les Fêtes de S. Pierre à Rome & à Antioche, le 29 Juin, pour la Fête de ce St. Apôtre; & le 1er d'Août, pour S. Pierre-ès-Liens.

» Les deux Fêtes de S. Eloy, 25 de Juin & 1er de Décembre, ont un marteau d'Orfévre: S. Laurent, 10 d'Août, a un gril; S. Barthelemy, 24 d'Août, a un instrument tranchant d'un côté, & assez semblable à ceux dont on se sert pour la préparation des peaux. Il y a apparence que l'Auteur a voulu représenter des flêches au 20 de Janvier, Fête de S. Sébastien.

« Les Saintes Vierges & Martyres ont une espèce de hache, avec une couronne formée de trois traits ou pointes. On voit cette marque au 21 de Janvier, pour Ste Agnès; au 5 de Février, pour Ste Agathe; au 9 du même mois, pour Ste Apolline; au 16 du même mois, pour Ste Julienne; au 22 de Novembre, pour Ste Cécile; au 4 de Décembre, pour Ste Barbe; & au 13 du même mois, pour Ste Luce.

« Les Saints Papes & Evêques sont ordinairement désignés par une

» croſſe; on la voit au 12 de Mars, Fête de S. Paul, premier Evêque de Léon; au 16 d'Avril, Fête de S. Patern, premier Evêque de Vannes; au 30 du même mois pour S. Brieux, dont la Fête ſe célèbre ce jour-là en quelques Diocèſes de Bretagne, parce que le lendemain, qui eſt le jour de ſa mort, eſt rempli par S. Jacques & S. Philippe; au 21 de Mai, pour la Tranſlation de S. Patern; au 29 de Juillet, pour la Fête de S. Guillaume, Evêque de S. Brieux; au 1er de Septembre, pour S. Leu; au 10 d'Octobre, pour S. Clair, Evêque de Nantes; au 12 de Décembre, pour S. René; au 31 du même mois, pour S. Sylveſtre.

« Les Saints Prêtres & Abbés ont auſſi une Croſſe, mais le plus ſouvent différente de celle des Evêques, en ce qu'elle eſt plus ſimple & moins recourbée. Telle eſt celle du 21 Juin, pour St. Mem, Abbé du Diocèſe de St. Malo; celle du 16 du même mois, pour St. Babolin Abbé; du 22 Septembre, pour St. Florent, révéré dans le Diocèſe de Rennes; du 30 du même mois, pour St. Jérôme, & pour St. Lery Abbé du Diocèſe de Vannes, &c.

« M. Lancelot rapporte à la même eſpèce de marque, quelques autres qui en approchent beaucoup; telle eſt celle du 13 de Janvier, pour St. Hilaire de Poitiers; elle eſt recourbée à contre-ſens; celle du 4 d'Avril, qui indique apparemment St. Gonery, Prêtre du Diocèſe de Vannes; celle du 3 Novembre, pour St. Guenau, Abbé; & celle du 4 du même mois, pour St. Melaine, Evêque de Rennes, &c.

« Il y a cependant quelques Prélats à qui l'Auteur a donné d'autres marques qu'une Croſſe; les deux Fêtes de St. Martin, l'une le 4 de Juillet l'autre le 11 de Novembre, ſont déſignées par une croix épiſcopale. La même Croix ſe trouve au 24 d'Octobre pour la Fête de St. Magloire, Evêque ou Archevêque de Dol. Celles de S. Nicolas, du 9 Mai & du 6 Décembre, ont une figure qui reſſemble aſſez à un b ordinaire; celle de St. Germain de Paris, à un B. majuſcule.

« Il ſeroit difficile de rendre raiſon de ces figures; l'Auteur qui les avoit imaginées, en ſavoit ſeul l'application: il en eſt de même de celles dont il s'eſt ſervi pour déſigner les Saints Moines & Religieux; ceux des Ordres de St. François & de St. Dominique ont une figure qui reſſemble à un quatre en chiffre Arabe accompagné de deux traits, ſe terminant chacun par trois pointes. L'Auteur auroit-il voulu repréſenter un capuchon & des diſciplines ? Ces marques ſont au 9 de Mars, jour de Ste. Françoiſe, que les Franciſcains ont adoptée, quoiqu'elle ne fût pas de leur Ordre; au 5 d'Avril Fête de St. Vin-

DU CALENDRIER.

» cent Ferrier, Jacobin, pour lequel la Bretagne, & en particulier le Diocèse de Vannes où il est mort, a une très-grande dévotion; au 25 d'Avril, pour St. Pierre martyr, aussi Jacobin; au 20 Mai, pour St. Bernardin de Sienne, Franciscain; au 25 du même mois, pour la Translation de St. François; au 6 Septembre, pour la Translation de St. Vincent Ferrier; & au 4 d'Octobre, pour la Fête de St. François.

» Il y a au 4 Août, jour de St. Dominique, une marque approchant de celles que l'on vient d'observer; c'est le défaut de place qui a empêché de la mettre toute entiere.

» St. Maur Abbé, au 15 Janvier, & St. Bernard, au 20 Août, ont la même marque; avec cette différence, que l'espèce de capuchon n'a qu'un trait, aussi terminé par trois pointes.

» Pour les deux Sts. Antoines, l'Abbé au 17 de Janvier, & celui de Padoue au 13 de Juin, ils ont une marque qui leur est particuliere; c'est une espéce de *b* garni de pointes en dedans.

» Les deux Fêtes des Apparitions de St. Michel au Mont Gargan le 29 Septembre, & au Mont St. Michel le 16 Octobre, ont une figure encore plus singuliere; c'est un trait allongé, qui vers le sommet a deux autres traits pendants à droite & à gauche, terminés par deux petits cercles ou anneaux : c'étoit pour représenter des aîles, ou pour figurer une balance, en faisant allusion à la fonction que quelques Peintres & Sculpteurs ont attribuée à ce St. Archange, de péser les ames. On ne peut douter que l'Auteur n'ait souvent fait usage de ces sortes d'idées : au 18 d'Octobre, jour de St. Luc, il paroît qu'il a voulu mettre la figure d'un oiseau, pour répondre à la qualification d'oiseau de St. Luc, que le bas Peuple employe encore aujourd'hui en parlant des gens pesants & grossiers.

» Le 23 d'Avril, la Fête de St. George, fameux par la défaite du Dragon, a pour signe représentatif le bout d'une lance. St. Samson de Dol, 28 Août, à qui les Légendaires attribuent la gloire d'avoir aussi défait quatre Dragons, a la même figure.

» De ce que St. Vincent Ferrier, comme Jacobin, a sa marque affectée à son Ordre, St. Vincent martyr, 22 de Janvier, portant le même nom, a aussi cette espèce de capuchon, accompagné d'un seul trait, comme St. Maur & St. Bernard.

» Le même signe qui sert à marquer le jour des Morts, qui est une ligne à plusieurs pointes ou hachures, est aussi employé pour le jour des Innocents.

» St. Gildas, surnommé le Sage, Abbé de Ruiz, Diocèse de Vannes, dont

» la Fête est célébrée le 29 Janvier, & la Translation le 11 Mai, a pour caractère particulier une étoile en ces deux endroits.

» Il est inutile d'expliquer plusieurs autres figures de ce Calendrier; on voit, par exemple, au premier Mars, Fête de St. Aubin, Evêque d'Angers, une espéce d'instrument propre à remuer la terre, ou peut-être un outil de Charpentier ; ce même instrument est encore au 19 Mars, jour de St. Joseph ; & au 21 Décembre, jour de St. Thomas.

» La figure qui se trouve au 25 Avril, jour de St. Marc, ou de la Litanie Majeure, est très-composée; il semble qu'on ait voulu y rassembler la plus grande partie de ce qui concerne la culture des champs. L'outil dont on vient de parler en fait partie ; on y apperçoit encore un soc de charrue, un sep de vigne, &c. Au 15 Mai, autre figure approchante. Le 3 Juin, jour de St. Liphard, a une faulx. Au-dessus du 7 du même mois, Fête de St. Meriadec, Evêque de Vannes, est une marque qui ressemble à une fourche, & cette marque n'est appliquée à aucun jour. Au 13 Juillet, Fête de St. Thuriau Evêque de Dol, on voit une espéce de fléau à battre le bled. Au-dessus du 6 Octobre, Fête de St. Bruno, autre marque isolée n'appartenant à aucun jour, & ressemblant assez à un bonnet; il semble que ce bonnet soit répété au 10 Novembre, (jour de St. Gobrien, suivant le Bréviaire de Vannes.)

» Le peu de rapport de ces marques avec les Fêtes auxquelles elles sont appliquées, fait juger que l'Auteur les a mises pour désigner les saisons & les différents travaux des champs, ou pour marquer des Fêtes particulieres au lieu qu'il habitoit. Celle de la Dédicace de son Eglise, est vraisemblablement indiquée par la banniere qui se trouve au 11 Juin.

» Il résulte de tout cet examen, que le morceau de bois dont il s'agit n'est qu'un Calendrier, imaginé & exécuté avec plus de peine & de recherches que d'utilité.

» On ne peut méconnoître la Province de son Auteur. Quand même son ouvrage ne se seroit pas trouvé dans les fondemens du Château de Coëdic dans le Diocèse de Vannes, il y auroit assez d'autres preuves qu'il étoit Breton.

» 1°. L'attention qu'il a eue à n'oublier presque aucun des Saints révérés particulierement dans cette Province, ne permet pas d'en douter. Tels sont St. Samson de Dol, St. Patern de Vannes, St. Gildas de Ruiz, St. Paul de Léon, St. Mem, St. Melaine, St. Guenau, St. Clair de Nantes, St. Brieux, St. Vincent Ferrier, &c. St. Yves un des plus célébres parmi les Bretons, a sa Fête principale marquée le 19 de Mai, par une banniere accompagnée d'une croix.

DU CALENDRIER.

» St. Martin, Métropolitain de la même Province, en qualité d'Evêque ou Archevêque de Tours, & St. Magloire, en qualité d'Evêque ou d'Archevêque de Dol, ont une croix distinguée des autres par un double croisson, &c.

» 2°. Que ce Calendrier a été fait pour le Diocèse de Vannes, c'est ce que prouvent d'une maniere sensible certaines Fêtes particulieres à ce Diocèse, qui sont marquées avec la note caractéristique des Fêtes chommées, c'est-à-dire, avec la petite pointe de fer ; ainsi St. Vincent Ferrier, le 5 Avril, est pointé dans ce Calendrier; de même St. Patern, qui vient le 16 du même mois, & sa Translation le 21 Mai ; la Translation de St. Vincent Ferrier le 6 Septembre; St. Guenau, Abbé de Landevenec, & un des Patrons de la Cathédrale de Vannes, le 3 de Novembre ; or toutes ces Fêtes qui sont marquées doubles dans le Bréviaire de cet Evêché, sont les seules Fêtes particulieres de la Province, qui soient pointées dans ce Calendrier: les autres qui ont cette marque, sont des Fêtes chommées par-toute l'Eglise.

» Il ne paroît pas aussi aisé de déterminer le tems où cet ouvrage a été fait ; on croyoit l'avoir trouvé dans les chiffres qui sont au-dessus du mois de Février, dans un espace vuide depuis le 11 jusqu'au 22, où il semble qu'il y ait 1468, en supposant que le premier caractère est composé de deux chiffres, d'un 4 & d'un 1, qui le tranche : cette date paroissoit conforme au tems où les plus récents des Saints qui y sont désignés ont vécu, ou ont été canonisés. Les moins anciens sont St. Bernardin de Sienne, canonisé en 1450 ; St. Vincent Ferrier, canonisé cinq ans après: & à la difficulté que l'on auroit pû faire, sur ce que l'on trouvoit au 9 Mars Ste. Françoise, quoiqu'elle n'ait été canonisée qu'en 1608, date bien postérieure à celle de 1468, M. Lancelot répondit que cette Sainte veuve étant morte en 1440, l'Ordre de St. François auquel il soupçonne que l'Auteur du Calendrier étoit attaché, sollicita sa canonisation & qu'on travailla aux informations & procédures nécessaires pour cette cérémonie immédiatement après sa mort; que son culte fut même permis long-tems avant qu'elle fût canonisée : il y ajoutoit une remarque digne de quelque attention, c'est que quoique les deux derniers siécles ayent été féconds en Saints nouveaux, il n'en paroissoit dans ce Calendrier aucun, de quelqu'Ordre ou de quelque Société que ce fût ; ce qui lui faisoit conclure, avec une sorte de sécurité, qu'il devoit être du 15e siécle, & de l'année 1468. Les circonstances de sa découverte dans les débris d'un pignon du Château de Coëdic, qui tomboit, dit-on, par vétusté, sembloient appuyer encore sa conjecture ; mais la Translation de St. Vincent Ferrier la dérange fort : on ne peut méconnoître cette Translation aux deux caractères qui la distinguent. Au

6 Septembre, on trouve la marque affectée à l'Ordre de St. Dominique, & la même qui est au 5 Avril, Fête du même St. Vincent ; & ce 6 Septembre est pointé, comme dénotant une Fête chommée ; or la Translation de ce Saint, qui est une Fête des plus célèbres du Diocèse de Vannes, ne doit son origine qu'à la découverte que Messire Sebastien de Rosmadec, Evêque de Vannes, fit des Reliques de ce Saint le 6 Septembre 1637. Ainsi, si cette Fête n'a point été ajoutée au Calendrier, comme il n'y a guères d'apparence qu'elle l'ait été, il faut qu'il soit d'un tems bien postérieur. D'ailleurs, la sentence ou priere qui se lit dans le contour de son épaisseur, ne paroît point être du style ni de l'orthographe du 15e. siécle, non plus que les ornemens des têtes qui sont au-dessus.

PLANCHE V.

Les trois Saisons des Grecs.

Le Monument qu'offre cette Planche étoit un Terme de marbre de Paros, qu'*Etienne* PIGHIUS, Savant Antiquaire de Campen, ville des Pays-bas, publia dans le 16e siécle avec un Commentaire de sa façon sous le titre de *Themis Dea seu de Lege divina*, qu'il dédia à son Eléve le Cardinal de Granvelle, & qui a été réimprimé dans le IXe Vol. des Antiquités Grecques de GRONOVIUS.

Ce marbre a un pied & demi de hauteur : il représente un Terme quarré surmonté d'une tête de femme dont les cheveux sont noués derriere la tête avec un ruban, mais de maniere qu'il s'en échappe deux longues boucles. Au bas sont trois figures qui représentent des jeunes filles à la fleur de leur âge, en bas-relief & habillées de la même maniere ; l'une est en face ; les deux autres occupent chacune un des côtés.

Quelques personnes voyoient dans ces quatre personnages Vénus & les Graces. Pighius démontra qu'elles étoient THÉMIS & ses trois filles les Saisons, appellées en Grec les *Heures*, & distinguées par ces noms, EUNOMIE, DICÉ & IRÉNE. On trouve cette Généalogie dans Hésiode, qui fait naître ces trois sœurs de Jupiter & de Thémis. Diodore nous a transmis également (Liv. V.) ces noms comme étant ceux des Saisons, filles de Jupiter.

Cet Historien avoit très-bien vû aussi que ces noms étoient allégoriques, puisqu'ils signifient en Grec *Ordre, Justice & Paix* ; & qu'on vouloit désigner par-là, que ces vertus peuvent seules rendre nos jours heureux.

Nous avons vû d'ailleurs que Thémis est la même que Carmenta, & qu'elles représentoient la Lune qu'on peut regarder à bon droit comme la Mere des Saisons.

PLANCHE

DU CALENDRIER.

PLANCHE VI.

Les quatre Saisons des Latins.

Le même Savant fit graver des figures cizelées sur un vase d'argent qui représentoient les quatre Saisons des Latins, en les accompagnant également d'une explication, dans laquelle il répandit beaucoup d'érudition. Cette dissertation est contenue dans les mêmes ouvrages; c'est le monument qu'il y décrit, que nous redonnons ici au Public : le vase qui en fait l'objet avoit été trouvé dans un champ d'Arras ; ce qui fit soupçonner à Pighius qu'il avoit été destiné à servir d'urne pour les cendres de quelque jeune personne de distinction.

Les Saisons sont désignées sur ce vase par autant de Têtes de Divinités.

Vénus y désigne le Printems ; Pan, l'Eté ; Bacchus ou *Liber*, l'Automne ; & Proserpine ou *Libera*, l'Hyver.

Vénus se reconnoît au ruban qui ceint sa tête, à la rose qui termine son sceptre, au tambour de basque qui est au-dessous, & à la corne d'abondance qui est au-dessus.

Pan est caractérisé par son bâton recourbé, par ses cheveux en forme de corne, par sa flûte à sept tuyaux, & par la pomme de pin dont la verdure perpétuelle étoit un emblême du Soleil ; de même que sa figure en tourbillon étoit un symbole de la flâmme.

La couronne de lierre, le tyrse & le bouclier sont autant d'emblêmes auxquels on reconnoît Bacchus.

La quatriéme Tête, accompagnée aussi d'un tyrse, représente Proserpine, symbole de l'Hyver, pendant lequel cette Déesse est aux Enfers.

Les quatre animaux qui accompagnent ces quatre Divinités, sont relatifs à Diane chasseresse ou à la Lune.

Le premier est un jeune *Faon* ; il indique l'année naissante.

Le second est un *Cerf* ; il désigne la station du Soleil au Solstice d'Eté, qu'on peut comparer au Cerf qui aime à faire des stations dans sa course précipitée : d'ailleurs la vitesse du Cerf désigne la marche rapide du Soleil. Aussi une biche avoit-elle nourri Telephe pere d'Augée ; *Telephe* est le Soleil d'hyver qui brille de loin, τηλεφως ; & Augé, αυγη, est la splendeur du Soleil d'Eté.

Le troisiéme est une *Panthère*, animal consacré à Bacchus : les nuances de sa peau sont bien propres à désigner celles de l'Automne.

La *Chévre sauvage*, qui grimpe sur les rochers les plus escarpés, étoit l'emblême du Solstice d'hyver.

Les monstres qui se promenent dans la mer, qu'on voit au-dessous, & qui sont moitié animaux de terre, moitié poissons, sont relatifs à l'idée des Anciens, que l'eau étoit principe de tous les Etres. Les animaux que ces monstres représentent ont d'ailleurs un grand rapport avec les Saisons ou avec les Divinités qui y présidoient.

En effet, le Taureau étoit consacré à Isis ou Vénus; le Gryphon, à Apollon; la Panthère, à Bacchus; & le Cheval, à Neptune Dieu de l'hyver pluvieux & humide.

PLANCHE VII. N°. I.

Enlévement de Proserpine.

Le Monument de ce N°. est très-précieux; il montre de la maniere la plus sensible, le rapport que les Anciens mettoient entre l'enlévement de Proserpine & l'Agriculture. Nous le devons à Aléandre le jeune, le même qui publia la Table Héliaque: il fit graver celui-ci d'après les figures sculptées sur la ceinture d'une Statue dont la tête avoit été cassée, & qui sembloit être une Vénus.

Au milieu du Tableau est PLUTON dans son char à quatre chevaux; à côté de lui PROSERPINE, qu'il retient par force & qui donne les marques du plus grand désespoir. CUPIDON vole devant eux. Derriere le char est un vase renversé, d'où tombent des fleurs & des graines; c'est le vase dans lequel Proserpine mettoit les fleurs qu'elle cueilloit lorsqu'elle fut enlevée. Le char est suivi de MINERVE & de DIANE qui favoriserent l'enlévement de la fille de Cérès; & le Tableau se termine de ce côté-là par CÉRÈS dans son char attelé de deux dragons, & qui, un flambeau à chaque main, s'avance pour rejoindre sa fille.

Au-devant du char de Pluton est HERCULE avec sa peau de lion & sa massue; il précéde cette espéce singuliere de procession, & semble faire des représentations à ceux qu'il devance. En face est le Pere Jou sur une nuage, & c'est vers lui que paroissent se rendre tous ces personnages livrés à tant de passions différentes. Au-dessous du Tableau, sont les douze Signes du Zodiaque.

Ces douze Signes montrent que ce Monument est un Calendrier allégorique, & que l'Histoire de Proserpine est étroitement liée avec les révolutions de l'Année, ou pour mieux dire avec les travaux de l'Agriculture pour lesquels le Calendrier fut inventé. Ce n'est que par ce moyen qu'on peut expliquer la réunion singuliere de toutes ces Divinités.

Cérès est l'Agriculture, la Déesse des moissons; elle est armée de deux flam-

DU CALENDRIER.

beaux, emblême des deux flambeaux du Laboureur, *Men* & *Méné*, le Soleil & la Lune.

Le Pere Jou qui fait l'ouverture de cette marche harmonieuſe & ſymbolique, Jou plein de majeſté & de gloire & fils aîné de Saturne, eſt le Dieu du Printems, la premiere des Saiſons, Saiſon brillante où la terre ſe couvre de fleurs, où l'air exhale les parfums le plus doux, où le blé naiſſant remplit de joie & d'eſpérance le Laboureur & ſa famille.

Hercule ſuit; c'eſt l'Eté, le Soleil dans toute ſa force qui marche à la ſuite du Printems & qui réaliſe ſes eſpérances.

Proſerpine, nous l'avons vû, eſt le tems des ſemailles; elle déſigne donc nécéſſairement l'Automne.

Mais que ſera Pluton ? Ce Dieu qui ravit la fille de la Déeſſe de l'Agriculture, qui préſide à l'Empire des morts, qui regne ſur la ſtérilité, que pourſuit Cérès, ce Dieu, dis-je, eſt donc néceſſairement encore l'Hyver; cette Saiſon qui vient après l'Automne & qui la ravit, qui ne produit rien & qui conſume tout, où la Nature dépouillée de ſes graces ſemble expirer.

Minerve & Diane, Déeſſes des Arts & de la chaſſe, peuvent déſigner avec Cérès les divers moyens par leſquels les hommes pourvoyent à leur ſubſiſtance, la chaſſe, les arts & l'Agriculture. Elles peuvent auſſi déſigner les élémens néceſſaires à l'Agriculture : tels que le *feu* déſigné ici par Minerve, puiſque les Arts ne peuvent s'en paſſer ; & l'*Eau* déſignée par Diane, Déeſſe des Eaux & des Nymphes &, qui fait ſes délices des bains.

Ajoutons que les Anciens avoient déja reconnu que Pluton étoit le Dieu de l'hyver, le Soleil d'hyver. On voit par Eusebe (Prépar. Ev. Liv. III. Ch. 3) que, ſelon Porphyre, » Pluton eſt le Soleil d'hyver, parcourant l'Hémiſphère » inférieur & faiſant ſes révolutions *hyvernales* ; & que c'eſt par cette raiſon » qu'on a dit qu'il enlevoit Proſerpine. »

Il ajoutoit que » Proſerpine eſt la vertu des ſemences cachées dans la » Terre. »

N°. 2.

Ce Monument peint un trait des plus précieux pour l'humanité; la miſſion de Triptoléme, deſtiné à communiquer à l'Univers la découverte de l'Agriculture, ſource du ſalut phyſique & de la proſpérité des Nations. Il eſt tiré de l'*Antiquité expliquée* par le P. Montfaucon, Tom. I. & ſe trouve également dans le VIe Volume in-4°. des Mémoires de l'Académie des Inſcriptions & Belles-Lettres, où il fut expliqué par M. de Boze.

Les figures qui le compoſent étoient en-bas relief ſur un Tombeau de marbre blanc que des voyageurs découvrirent près d'Athènes, & qu'ils tranſporterent en France pour en faire présent au Cardinal de Richelieu ; mais ce Cardinal n'étant plus en vie à leur arrivée, ce monument antique resta entre les mains d'une personne de la Maison de Rostaing, d'où il passa dans celles de M. Foucault, Conseiller d'Etat. C'est là que le vit M. de Boze qui en admiroit la délicatesse, & la correction du dessein.

Ce Tombeau avoit six pieds quatre pouces de longueur, sur deux pieds de largeur & à peu près autant de hauteur, le couvercle compris.

Le dedans étoit uni & on y avoit ménagé une élévation d'un pouce pratiquée du côté de la tête, comme pour servir de chevet.

C'est un ouvrage Grec; le premier coup d'œil l'annonceroit, lors même qu'on n'y liroit pas cette inscription Grecque !

Θ. Κ. ΑΥΡΗΛΙΩ ΕΠΑΦΡΟΔΕΙΤΩ
ϹΥΜΒΙΩ ΑΝΤΩΝΙΑ ΒΑΛΕΡΙΑ ΕΘΗΚΕ.

» Aux Dieux Mânes, Antonia Valeria a élevé (*ce monument*) à son Mari
» Aurelius Epaphroditus. »

On reconnoit Cérès dans la femme assise, à son attitude, à sa coëffure, au serpent qui est à ses pieds, aux épis que tiennent les deux femmes qui sont devant elle. Si elle est représentée comme une femme déja en âge, c'est quelle en avoit pris la figure. Ses cheveux sont relevés & retenus sur le front par un bandeau en pointe qu'Ovide n'a pas oublié, *mitráque capillos presserat*, & qui étoit la coëffure ordinaire des Déesses & des Impératrices.

Elle est assise sur une pierre, sur celle qu'on appella la *pierre triste*. Le *serpent* qui est à ses pieds est un de ses principaux symboles : le *bâton recourbé* qu'elle tient de la main gauche, étoit chez les Grecs le sceptre des Dieux; on le retrouve chez les Egyptiens.

Triptoléme est, après Cérès, la figure la plus apparente. Couvert d'un simple manteau, à la façon des tems héroïques, il entre dans le char que Cérès lui a donné. A son air jeune & vigoureux, on reconnoit le nourrisson de la Déesse ; & le blé qu'il tient dans un repli de son manteau, est la marque de sa mission.

A côté du char paroît un laurier ; il désigne que la scène se passe dans l'Attique, contrée où le laurier croissoit en abondance.

Entre le Héros & Cérès, paroissent *Célée*, Roi d'Eleusis, Pere de Triptoléme ; *Métanire*, sa Mere, & une sœur du Héros. Celle-ci parle à Cérès & l'attendrit, en lui donnant le doux nom de Mere & lui rappellant ainsi le souvenir de sa fille.

Le personnage à gauche qui d'une main s'appuie négligemment sur Cérès, & qui de l'autre touche un sep chargé de raisin, est Bacchus. On le reconnoît à son embonpoint, à sa jeunesse, à sa couleur vermeille, à ses longs cheveux, à sa couronne de pampre.

Derriere lui est une Déesse dans un char, dont un autre personnage retient les chevaux qui ont déja culbuté une Bacchante : ce char paroît être celui de l'*Aurore* arrêté par la Nuit, afin qu'elle ne trouble point la cérémonie. On ne peut méconnoître la Nuit à son voile & à son habit de Diane.

Au de-là du char de Triptoléme, on voit deux femmes qui portent chacune, mais différemment, une torche ou un flambeau. Ce sont des initiées aux Mystères de Cérès, qui célébrent celui des jours de sa Fête qu'on appelloit par excellence le *jour des flambeaux*.

L'homme placé entre ces deux femmes est Eumolpe, l'un des quatre personnages que Cérès choisit pour la célébration de ses Mystères ; il en fut le premier Hiérophante, & ce Sacerdoce subsista dans sa famille douze cents ans, quoique celui de cette famille qui devenoit Hiérophante fût obligé de passer dans le célibat le reste de sa vie.

L'enfant qui porte deux épis marque, selon M. de Boze, qu'on initioit à ces Mystères les enfans même : peut-être aussi voulut-on désigner par-là que la population est la suite de l'Agriculture.

Enfin la derniere figure de ce côté représente une Athénienne vêtue comme la précédente & qui désigne par la faucille qu'elle tient, qu'on se croyoit redevable à Cérès de cet instrument même.

Quant aux personnes nommées dans l'inscription, M. de Boze soupçonna que Valerie étoit une Prêtresse de Cérès, ou du moins une initiée à ses Mystères : & que son mari pouvoit être le célébre Epaphrodite, affranchi de Modestus Préfet d'Egypte sous l'Empereur Neron, & qui fut Gouverneur du fils de Modestus. Il s'étoit formé une Bibliothéque de quarante mille volumes, collection immense pour ce tems-là où l'on n'avoit que des Manuscrits, & peu commune dans celui-ci ; mais formée, sans doute, par la réunion des Bibliothéques particulieres qui avoient appartenu à tous ces illustres Romain, qu'avoient fait périr coup sur coup les proscriptions & la tyrannie. Cet Epaphrodite avoit lui-même composé des ouvrages.

Nos. 3. & 4.

Ces deux Numéros offrent l'Enlévement de Proserpine, peint de diverses manieres & d'après des monumens antiques.

PLANCHE VIII.

Calendrier Grec & Egyptien.

Ce Calendrier se trouve dans les Mémoires de l'Académie Royale des

HISTOIRE ALLEGORIQUE

Sciences pour l'année 1708. Le deſſein en avoit été envoyé à cette Académie par le Savant BIANCHINI, d'après un fragment de marbre trouvé à Rome en 1705. Ce Monument étoit déplacé entre les mains de l'Illuſtre FONTENELLE, qui n'y vit qu'un Planiſphère Aſtrologique indigne d'occuper l'Académie. Voici comment il s'exprima à ce ſujet dans les Mémoires de cette Académie, dont il rempliſſoit avec tant de gloire & d'eſprit la qualité de Secrétaire perpétuel.

„ C'eſt un reſte de Planiſphère céleſte Egyptien & Grec ; il eſt diviſé par
„ des circonférences concentriques qui le partagent en diverſes bandes, toutes
„ diviſées en douze parties égales, par des lignes droites dirigées au centre.
„ Dans l'eſpace circulaire du milieu, on voit trois conſtellations, le Dragon
„ & les deux Ourſes. Dans la bande qui ſuit, ſont des figures d'animaux qui
„ devroient être au nombre de douze & dont il ne reſte que quatre d'entières.
„ Les deux bandes ſuivantes contiennent chacune les douze ſignes du Zo-
„ diaque : quelques-uns ſont encore entiers. La Balance eſt portée dans la main
„ d'une figure humaine, & par-là on peut conjecturer que ce Planiſphère a été
„ fait depuis Auguſte ; car il paroît par des paſſages de Virgile & d'Ovide, que
„ de leur tems le Scorpion tenoit encore la place de deux ſignes, ou que du
„ moins il n'étoit pas encore ſi nettement décidé qu'il n'en fût qu'un, & que
„ la Balance fût le ſigne ſuivant (*liſez précédent*). Au-deſſus de chaque ſigne
„ du Zodiaque, dans une autre bande, il y a trois figures humaines, dont
„ quelques-unes ont des têtes d'animaux & ſont des *Chimères Egyptiennes*. Le
„ reſte du Planiſphère eſt dans le même goût ; ce ſont par exemple, les figures
„ des Planettes qui répondent à certaines diviſions des ſignes du Zodiaque,
„ avec leſquelles il a plu aux anciens Aſtrologues de leur donner des rap-
„ ports imaginaires. En général *le Planiſphère eſt plus Aſtrologique* qu'Aſtro-
„ nomique : & par-là il n'eſt guères du reſſort de l'Académie. Ce n'eſt pas
„ que l'Hiſtoire des folies des hommes ne ſoit une grande partie du ſavoir ;
„ & que malheureuſement pluſieurs de nos connoiſſances ne ſe réduiſent-là ;
„ mais l'Académie a quelque choſe de mieux à faire. „

Ce Monument dédaigné, eſt unique, & des plus précieux, puiſqu'on y voit la manière dont les Egyptiens repréſentoient les jours de la ſemaine, & les douze ſignes du Zodiaque ; & qu'on y trouve leurs trente ſix Decans.

I. Le centre eſt occupé par les conſtellations du Pole Septentrional, les deux Ourſes & le Dragon.

II. Le cercle qui enveloppe ce centre renfermoit douze animaux, dont ſept ſont encore preſqu'entiers avec le commencement d'un huitième.

Ce nombre de douze, correſpondant d'ailleurs aux XII ſignes du Zodiaque

DU CALENDRIER. 599

Grec peints dans le cercle qui environne celui de ces douze animaux, ne permet pas de douter qu'on n'ait voulu représenter ici les douze signes du Zodiaque Egyptien, & que ces douze signes ne fussent les mêmes que les signes Chaldéens communs à toute l'Asie, dont nous avons mis les noms sous les yeux de nos Lecteurs à la page 69 de ce volume.

Le signe qui correspondoit au Bélier ou au mois de Mars, étoit le troisième ou le Tigre; précédé ainsi de la Souris & de la Vache qui manquent tous deux.

Le 4e. est le Liévre, on le voit ici sous le Taureau pour le mois d'Avril.

Le 5e. est le Dragon, on le voit ici sous les Gémeaux, pour le mois de Mai.

Le 6e. est le Serpent, mais ici on lui a substitué le Cancer comme dans le Zodiaque Grec, pour le mois de Juin.

Le 7e. est le Cheval, ici l'Hippopotame, ou Cheval marin du Nil, pour le mois de Juillet.

Dans les cinq derniers signes Chaldéens sont quatre animaux à quatre pieds; le mouton, le singe, le chien, le cochon, & ici on en voit trois après l'Hippopotame, qui ressemblent à ceux-là. Le dernier signe Chaldéen dont nous n'ayons pas parlé, est le 10e. ou le Coq : ici nous voyons pour le 11. signe une tête de Coq ou d'Oie.

III. Les deux cercles supérieurs à celui-là, offrent la répétition des douze signes du Zodiaque Grec. Il n'en existe que le Bélier, le Taureau, les Gémeaux, le Cancer, la Balance tenue par *Astrée* ou la Justice avec son manteau royal; & le Scorpion.

IV. Au-dessus de tous ces cercles, en vient un très-étroit à fond noir parsemé de lettres Grecques. Il y en a cinq pour chaque signe, ce qui formoit soixante lettres pour le cercle entier.

Ces lettres, certainement de la même nature que nos lettres Dominicales qui indiquent le Cycle de 17 ans, doivent désigner un Cycle & peut-être celui de soixante ans en usage dans l'Orient & qui est formé par le Cycle des douze signes, multiplié par cinq, ou répété cinq fois.

V. Les deux cercles supérieurs représentent les Dieux qui président aux sept jours de la semaine, peints à l'Egyptienne & à la Grecque. Vous voyez d'un côté.

Saturne avec sa faucille; Diane & son croissant; Mercure & son caducée; Vénus & son miroir; Apollon & ses rayons, Mars & sa lance.

Jou manque, mais on le retrouve au fragment inférieur; il y est peint en Souverain des Dieux avec son bâton de commandement & une couronne de laurier. On voit même qu'il étoit placé le dernier, car après lui le tour recommence par Saturne, Diane, &c.

Observons que ces Divinités sont placées de façon qu'il faut les prendre de quinte en quinte pour retrouver l'ordre des jours de la semaine. Saturne marque le Samedi: pour le Dimanche, il faut aller à Apollon qui est le cinquième; & pour le Lundi, à Diane qui est aussi la cinquième en commençant par Apollon; pour le Mardi, à Mars qui est à la même distance de Diane.

Quant à la maniere dont ces Divinités sont peintes à l'Egyptienne, on voit sous Mercure, le *Mercure* Egyptien à tête de chien. Au-dessous de Vénus, une *Pretresse* qui tient des cymbales, à ce qu'il paroît, une de chaque main. Au-dessous d'Apollon, un *Osiris* à tête d'Epervier, symbole de la Divinité suprême. Un *homme armé* de la hache à deux tranchans est au-dessous de Mars.

Au-dessous de Jou, est un personnage à tête de Taureau; tête du bœuf Apis: on le prendroit pour Moloch, il tient en main un bâton de commandement, à tête de huppe.

Au-dessous de Saturne & de Diane, sont deux figures qui tiennent chacune une espéce de globe, mais sans aucun caractère qui puisse faire découvrir leurs rapports avec ces deux Divinités.

VI. A la suite de ces deux personnages, en est un autre qui a un capuchon sur la tête; d'une main il tient un globe semblable à celui qu'on voit dans les mains de ces personnages, & de l'autre il s'appuie sur une branche d'arbre. Celui-ci n'est pas du nombre des sept Dieux Planetaires; ce qui doit nous conduire à découvrir ce qu'il est.

Nous avons dit que ce Calendrier offroit les 36 Decans, ces Génies qui présidoient aux 36 dizaines de jours qui composent l'année. Trois pour chaque signe; car douze multipliés par trois, sont en effet trente-six. Or sept Divinités de jours répétées cinq fois, font trente-cinq. Il falloit un trente-sixiéme; ce sera donc le personnage dont nous parlons actuellement; ce qui est d'autant plus probable qu'il répond au premier mois de l'année Egyptienne, au mois d'Août, puisqu'il précède le signe de la Balance, signe du mois de Septembre.

VII. A gauche du grand fragment est une tête ailée surmontée d'une espéce de clepsydre, de la bouche de laquelle on voit sortir le soufle, & qui est sur des ondes. Il y en avoit sans doute autant aux trois autres coins de ce Calendrier; on ne peut y méconnoître les quatre vents Cardinaux: ils servoient à remplir les vuides formés par la rondeur du Calendrier.

DU CALENDRIER.

Il est heureux que ce Calendrier, brisé dans sa longueur, l'ait été de manière qu'il ne se soit presque rien perdu d'essentiel, ou qu'on ne puisse aisément suppléer.

Peut-être découvrira-t-on dans la suite quelqu'autre Monument relatif à celui-ci, & capable de suppléer encore plus parfaitement à ses défectuosités. On peut l'espérer des recherches de ceux qui voyageront à l'avenir en Egypte. Pockocke, parle de quelque chose de fort approchant dans son Voyage d'Egypte (Tom. I. p. 77.).

« Je vis, dit-il, (à Akmin), quelques restes d'Antiquité qui sont près de
» la ville, & je trouvai au Nord des ruines d'un ancien Temple qui se ré-
» duisent, en quelque façon, à quatre grandes pierres qui sont près d'un fond
» d'où l'on a tiré sans doute les autres pierres du Temple. La plus remarquable
» a environ dix-huit pieds de long hors de terre, le reste étant engagé sous
» un bâtiment moderne: elle a huit pieds de large & trois d'épaisseur. On y
» voit une Inscription Grecque qui contient le nom de Tiberius Claudius &
» des restes du nom de la ville.

» De l'autre côté de la pierre, on voit une sculpture très-extraordinaire
» qui est peinte & dont j'ai conclu que ce Temple étoit dédié au Soleil.
» Entre quelques ornemens, sont quatre cercles, dont l'intérieur renferme
» une figure qui représente sans doute cet Astre. Les deux autres cercles
» sont divisés en douze parties, qui contiennent, dans le premier, douze
» oiseaux gravés en creux; dans le second, douze figures effacées, qui de-
» voient représenter les douze signes du Zodiaque. Le cercle extérieur qui
» n'est point divisé, renferme un nombre égal, à ce que je crois, de figures
» humaines. A chaque coin, entre le cercle extérieur & les ornemens quarrés,
» est une figure qui représente sans doute les quatre Saisons. Sur un des
» côtés s'étend une aîle qui sort d'une espèce de Globe tracé sur les bords,
» & qui avoit vraisemblablement une autre aîle qui s'étendoit de la même
» manière sur une autre piéce de sculpture. Ces pierres & quelques autres d'un
» Temple voisin, sont si grandes, qu'on ne peut les remuer, ni même les em-
» ployer à bâtir; aussi met-on en piéces ces beaux morceaux d'antiquités ornés
» d'hiéroglyphes, pour en faire de la chaux. »

On voit donc ici divers rapports entre ce Monument & notre Calendrier. Le milieu offre une figure: les cercles intérieurs sont divisés en 12 parties, & l'extérieur ne l'est pas: ceux-là sont composés de figures d'animaux,

& celui-ci de figures humaines : aux quatre coins font des figures relatives au Calendrier.

Et tout cela étoit gravé fur les murs d'un Temple.

Quant au Globe aîlé, il défigna toujours l'éternité ; la Divinité, *ronde* dans la Philofophie Pythagoricienne & dont les aîles protégent tout ce qui exifte. Idée fublime, qu'avoient confervée en partie les Architectes des derniers fiécles, dans les Edifices facrés.

TABLE
ETYMOLOGIQUE DE MOTS.

Mots Latins.

Aratrum, *Charrue*,	117.
Cælo, *ciseler*,	577
Forda, *vache pleine*,	381
Immanis, *cruel*,	78
Instaurare, *rétablir*,	380
Lar, *Seigneur*,	386
Luceo, *luire*,	49
Mane, *matin*,	77
Manus, *bon*,	78
Mina, *sorte de mesure*,	47
Moneo, *avertir*,	ibid.
Nundines,	88
Porca, *sillon*,	579
Vesper, *soir*,	78

Autres.

Εορτη, *Fête* en Grec,	219
Gherma, *chaud* en Persan, & en Allemand *Warm*,	371
Kart, *faire*,	577
Lord, *Seigneur*,	386
Lytierse, *nom d'une chanson*	353
Man, Mon, *flambeau*, & sa famille,	46
Merkedonius, *Mois Romain*,	157
Navazardi, *Mois Arménien*,	141
Scolie, *nom de Chanson*,	353

Mots François.

Clepsydre,	205
Etrennes,	273
Fête,	218
Fontaine,	404
Hemine,	47
Horloge,	208
Minot,	47
Monnoie,	ibid.
Phare,	48
Rhapsodies,	400
Roi,	42
Sabéisme,	44
Satyre,	522
Serin,	219. 522
Sieur, Sire,	515
Sirene,	219. 522
Terreur panique,	523

Mots relatifs au Calendrier.

Almanach,	7
Année & ses noms,	115
Bissextile,	164
Calendes,	6
Calendrier,	5
Heure,	80. 208
Ides,	167
Intercalation,	118

Jour,	76	Mois des Hébreux,	92
Jours de la semaine,	55	des Islandois,	114
Jours, leurs diverses parties,	77. 78	des Latins,	103
Lune, ses divers noms,	46	des Suédois,	113
Midi,	77	Nones,	167
Mois des Anglo-Saxons,	107	Planettes, leurs divers noms expliqués,	50
des Danois,	111	Soir,	78
des Egyptiens,	90	Soleil, ses divers noms expliqués,	42
des Flamands,	111	Solstice,	203
des François,	103	Vêpres,	78
des Grecs,	99		

TABLE
ETYMOLOGIQUE DE NOMS.

Adoneus, *nom du Soleil*,	568	Endymion,	473
Agonales, *Fête*,	174	Enée,	484
Amenophis,	358	Erichtonius,	469
Androgée,	502	Evandre,	413
Antée; *nom de Cerés*,	575	Evoé,	567
Antigone, *Géant*,	236	Gelanor,	478
Apollon,	177	Hecaerge,	500
Aréthuse,	578	Hélene,	43
Ascalaphe,	ibid.	Hyès, *nom de Bacchus*,	548
Aso, *Reine*,	527	Hypermnestre,	279
Atronius, *Géant*,	380	Janus & *ses noms*,	272
Bacchus,	569	Jasion,	576
Bassareus, *nom de Bacchus*,	567	Idas,	264
Baubo,	518	Jeux séculaires & leurs noms,	303
Belus,	43	Ino,	49
Bendis,	439	Inuus, *nom de Pan*,	418
Carmenta,	412	Junon,	49, 175
Carneus,	447	Juturne, *fontaine*,	413
Castor,	262	Labyrinthe,	499
Caucase,	526	Lares,	386
Cecrops & *ses Filles*,	468	Latium,	273
Celée *pere de Triptoleme*,	577	Lemures,	266
Cérès & *ses noms*,	ibid.	Liber, *nom de Bacchus*,	375
Chemmis, *ville*,	523	Linos, *chanson*,	531
Clytemnestre,	262	Louve *de Romulus*,	264, 346
Dahac,	235	Loxos,	500
Danaüs,	478	Lucia Volumnia,	374
Decans,	183, 184	Lycurgue,	520
Delphinius, *nom d'Apollon*,	434	Lycus,	477
Diane,	49	Macedo,	524

Mamurius,	373	Pataiques,	263
Maneros,	531	Pharnace,	47
Mania, *Déeſſe*,	47. 388	Philomele,	576
Manius,	303	Phtha,	252
Maron, *Cocher de Bacchus*,	565	Plutus,	576
Maronée,		Pollux,	262
Maronites,	520	Prométhée,	525
Marſes,		Python,	534
Matuta,	394	Quinquatres,	377
Mazones, *repas*,	567	Saboi,	568
Meros, *Cuiſſe & Montagne*,	564	Satan,	229
Mikias, *meſure du débordement du Nil*,	529	Sémelé,	564
		Sémiramis,	495
Mimallonides, *nom des Bacchantes*,	567	Serbon, *lac*,	237
		Seth, *nom de Typhon*,	229. 234
Minotaure,	47	Sethroïs,	234
Munykhia, *nom de Diane*,	99. 434	Soſanna, ou Suſanne,	495
Neera, *mere de Triptolême*,	577	Summanus,	395
Neria,	392	Tauri, *peuple*,	560
Nerienne,	377	Thémis,	184
Nicaiſe,	238	Triptoléme,	518
Nicolas,	ibid.	Tyndare,	262
Niſus,	502	Typhon,	237
Orgies,	567	Vesta,	218
Oſiris,	515	Veturius,	373
Oupis,	500	Vitula, *Déeſſe*,	397
Pasiphaé,	498	Zagreus, *nom de Bacchus*,	547

TABLE
SUR LES FÊTES
DONT IL EST FAIT MENTION DANS CE VOLUME.

DES FÊTES EN GÉNÉRAL.

Leurs causes, 209
Annoncées dans les Calendriers &
   pourquoi, 210
Savans qui ont travaillé sur cet objet,
   211
Peu connues & pourquoi, 212
Leurs motifs, 213
Voilées par l'allégorie, 215
Sentimens de M. de Voltaire, 216
Comment on les annonçoit, 219
Leurs rites, 220
Prix qu'on y diftribuoit, 223
Rituels & Liturgies qu'on y fuivoit,
   224
Leur multiplication exceffive, 225
Leur réduction, ibid.
Avantages de cette réduction, 226
Prifonniers qu'on y délivroit, 447
Leur rapport avec la vie champêtre,
   230

FÊTES PARTICULIERES.

Fête des Ancêtres, 265-283. 451.
   458
   en Perfe, 372
des Anciles, 373
de l'année finiffante, 229
Fête d'Anna Perenna, 274
   de l'Annonciation ou les Pamy-
     lies, 286. 357
de l'Automne en Perfe, 307
de Bacchus, (S. Martin) 407
   Triennales, 565
de Bellone, 392
du Bois de l'Azyle, 416
des Bornes & fes Cérémonies,
   424
des Boulangers, 393
de Carne, 390
de Cérès à Rome, 379. 407
des Chaffeurs, 398
du Clou facré (à la S. Cloud) 402
de la Concorde, 414
de Cybele, 407
de deuil, 393. 422
de Diane à Aricie, 398
de Diane Munykhia, 434
de l'Equinoxe, 448. 450
   en Perfe, 371
de l'Efpérance, 398
de Faune, 408. 416
des Femmes mariées, 393
de Feridoun, 367. 371
des Féries Latines, & leur origine, 427

TABLE DES FÊTES

Fête des Fiancées, 450
    des Flambeaux à Argos, 279
    de Flore, 388
    de la Fortune Féminine, 409
       Fortuite, 394. 395
       Publique, 390
    des Foux, 280. 422
    de la Déesse Furina, 397
    des Géans *en Phocide*, 430
       à Rome, 379
    d'Hecate ou de la Lune, 442
    d'Hercule, 392. 442
    des Ides de Janvier, 414
       de Novembre, 407
    d'Iou, 441
    d'Isis ou de sa grossesse, 355
    de Junon Lucine, 372
    de Juturne, 413
    des Lanternes, 279. 371
    de Mania, ou la Lune, 403
    des Marchands & de Mercure, 389
    de Mars, 405
    de Matuta, 393
    de Mens la bonne Conseillere, *ib.*
    de Mithra, ou de la bienveillance, 368
    de la Naissance du Monde, 397
    des Néoménies, 281
    des Noces, 450 454
    d'Osiris mort, 356
    de la Paix, 415
    des Pêcheurs, 393
    des Perses, 366
    des Pleines-Lunes, 284. 361
    du Printems ou de l'Hirondelle, 433

Fête de Proserpine, 407
    des Quinquatres, 394
    du Régifuge & son origine, 425
    de la retraite du Peuple, 397
    des Rois, en Perse, 366
    des Romains, 372
    de Romulus, 422
    de la Déesse Rubigo, 385
    de Saturne, 403
    des Féries Sementines, 414
    de la Déesse du silence, 423
    du Solstice d'hyver, 285. 368
    de Summanus, 395
    de Tlépoléme, 450
    de Vénus, 378
       Génitrice 403
    de Vesta, 392
    de la Victoire en Egypte, 360
       en Grèce, 240
       en Perse, 335. 371
       à Rome, 235. 237
       dans nos Calendriers, 238
    de Vulcain, 390

Autres Fêtes,

Avec leurs noms anciens.

Agonales, *de Janus*, 410
Alies, *du Soleil*, 449
Aloées, *de Cérès*, 347. 454
Ambarvales, *idem*, 397
Androgéonies, 443
Anthesphories *de Proserpine*, 350
Anthesteries, *de Bacchus*, 457
Apaturies, *de Cérès*, 348
Apollinaires, 397
            Armilustrium,

Armilustrium, ou purification des armes,	405
Asclepies,	431
Ascolies, *de Bacchus*,	453
Bendidies, *de Diane*,	438
Bisbées, *ou taille des vignes*,	432
Boédromies,	448
Bouphonies, *d'Iou*,	441
Callynteries, *d'Aglaure*,	438
Caprotines, *de Romulus*,	267. 268
Carmentales, *de la Lune*,	410
Carnées, *d'Apollon*,	447
Khalcées, *de Minerve*,	453
Charisteries, *des Parens*,	424. 429
Khelidonies, *ou de l'Hirondelle*,	432
Chloées,	437
Compitales,	388. 396
Consuales,	399
Cronies,	292
Delies,	437
Delphinies,	434
Démétries, *de Cérès*,	347. 436
Diasies, *d'Iou*,	435. 458
Dionysies, (*à la Saint-Denis*)	404
Autres,	431. 453
Elaphébolies,	430
Eleuthéries,	449. 451
Feralies, *des Morts*,	422
Fontinales, *des Fontaines*,	404
Fordicidies,	381
Hécatombées,	442
Hermées,	292
Hersephories,	441
Hydrophories, *du Déluge*,	456
Juvénales,	294
Lémurales,	264. 266
Lernées,	348. 453
Libéralia,	375. 406
Lupercales,	417. 421
Maimakteries,	450
Méditrinales,	403
Megaleséens,	378
Metagitnies,	447
Opales,	294
Palilies, *des Bergers*,	165. 382
Pamylies,	357
Panathenées,	444. 446
Pélories,	293
Plyntyries,	439
Portumnales,	399
Posidonies,	454
Proérosies,	348
Proskaireteries,	450
Proskharisteries,	451
Quinquatres,	149. 376
Robigales,	385
Sacées,	293
Saturnales, *à Rhodes*,	448
Séculaires, (*Jeux*)	295
Sigillaires,	294
Skirophories,	440
Terminales,	355. 424
Thalusies,	348
Thargelies,	436
Théoïnies,	453
Thesmophories,	349
Vertumnales,	404
Vinales,	385
Volcanales,	400
Vulpinales, *ou des Renards*,	381

TABLE

Des ALLÉGORIES *&* SYMBOLES *relatifs au* CALENDRIER.

Objets Allégorisés.	
Agriculture,	514
Année,	465
sa fin,	426
Automne,	471
Calendrier,	459
Éternité, son emblême,	602
Fécondité,	376, &c.
Globe ailé,	602
Jour,	461
Jours de l'année,	474
de la semaine,	ibid.
(dernier) de l'année,	475
Lumière,	464. 476
Lune,	486
Midi, (heure du)	384
(vent du)	527
Mois,	471
Moissons,	469
Nuit,	461. 495
Nord, (vent du)	502
Saisons,	467. 469
Semaines,	472
Soleil,	480
Tems,	465
Ténèbres,	464

Personnages Allégoriques.	
Argonautes, (les 52)	473
Argus,	493
Aso,	236. 527
Athyr,	462
Bacchus,	562
Castor,	289
Cérès,	574
Circé,	466
Copréus,	446
Creusa,	475
Dahac,	235
Endymion & ses 50 Filles,	472
Enée,	484
Eole,	466
Erichtonius,	469
Europe,	490
Geryon,	489
Goja,	113
Gorgones, (les)	486
Harpocrate,	471
Hercule & ses 50 Fils,	472
Iolas,	
Isis,	
Jasion,	576
Junon aux trois âges,	469
Latone,	463
Léda,	ibid.
Méduse,	486
Médée & ses deux Fils,	455
Man, Menès, Minos, Ménélas, Menon,	480, &c.

TABLE DES ALLÉGORIES, &c. RELATIFS AU CALENDRIER

Nébo,	48	ANIMAUX ALLÉGORIQUES.	
Ninus,	495	Ane,	229
Osiris,	514	Bélier,	284
Pallas & ses 50 Fils,	473	Cheval,	489
Pâris,	490	Chimère,	470
Parques,	488	Colombe,	496
Pasiphaé,	498	Crocodile,	229
Persée,	489 534	Epervier,	502
Pharnace,	485	Hippopotame,	230
Phéridoun,	235	Loup,	476
Philomele,	576	Minotaure,	498
Pluton,	578	Pégase, (le cheval)	489
Plutus,	576	Taureau,	367. 543
Pollux,	259	ETRES INANIMÉS ALLÉGORIQUES.	
Priam & ses 50 Fils,	473		
Principe, (bon)	464	Byblos,	530
(mauvais)	ibid.	Croix,	496
Sémiramis,	493	Fleuve,	378
Sérapis,	471	Grenades,	566. 579
Xiphée,	475	Pavots,	Ibid.

Hhhh ij

TABLE DES MATIERES.

A

Acmon, Roi de Phrygie, est un nom du Soleil, 480
Adonis est le même que le Soleil & Bacchus, 547
  Ses Fêtes, 229
Aglaure, fêtes à son honneur, 438.
Agricoles (*Nations*.), subjugueront toujours les commerçantes, 290
Agriculture, source des Mystères d'Eleusis, 306
  Et des Fêtes, 290
  Sa Fête en Perse, 241. 387
  Fait naître la propriété, 269
  Symbole du salut, 329
  Sacrifice d'Hercule à son honneur, 411
  (*Voy.* Fêtes des semailles & des moissons;.
Ahriman, mauvais Principe, 465
  Son nom est Hébreu, ib.
Alcibiades, service qu'il rend aux Athéniens, 328
  Arrive à Athènes en un jour de mauvais augure, 439
Almanach, sa définition, 1
  Son objet, ib.
  Son origine, 2. 9
  Comment on le multiplioit, ib.
  Ténébres sur son Histoire, 3
  Moyens de les dissiper, ib.
  Différence des anciens & des modernes, 4
  Son étymologie, 7
  Son antiquité, & *anciens* Almanachs, 9
  Ses noms, ib.
  Son inventeur, 10
  Ses diverses espèces, 10. 11
  D'Hésiode passe en Italie, ib.
  Rapport de ceux du Nord avec ceux d'Egypte, 11
  Sa division en jours différens, 13

Almanach de bois, expliqué, 583
Amour présida à la naissance du Monde, 256
Amyot, relevé sur deux époques, 356. 439.
Anciles, *voy.* Boucliers sacrés.
Ane d'or d'Apulée, son objet, 348
Ane, animal des Mystères, 329
Anna Perenna, explication de cetteFête, 276
  Fêtes relatives à celle-là, 278
Année, ses divers noms, 15
  Sa définition, 115
  Ses diverses longueurs, 117
  Du Déluge, 122
  Après le Déluge, 124
  De 360 jours, 125
  De 365 jours, 126
  Fêtes relatives à sa fin, 229
  Ses symboles, 465
  Arménienne & ses espéces, 140
Antonin le Philosophe supprime nombre de Fêtes, 225
Anthesterion, à quel mois repondoit, 455
Antres, servent à mesurer le tems, 102
  De Scyros, 103
  D'Eleusis, expliqué, 339
Anubis, fils d'Osiris, pourquoi revêtu d'une peau de chien, 524
  Son Histoire, 539
Aoust, Origine de son nom, 105
Apis, Roi d'Argos, est un nom du Soleil, 485
Apollon, compagnon d'Osiris, & pourquoi, 521
  A quel mois il préside, 177
  Le septiéme du mois lui est consacré, 443
  Jeux séculaires à son honneur, 300
  Pourquoi s'appelloit *Hecaerge*, 500
  Pourquoi appellé *Lyceus*, 477
  Arts qu'on lui attribuoit, 329
Arabes, leur ancienne Année, 152
  Leur Fête du nouvel An, 242

TABLE DES MATIERES.

Leurs mois autrefois irréguliers, 150
Noms qu'ils donnent aux Planettes, 53. 54
ARIADNE, explication de ses aventures, 501
    Changée en rocher, 563
    Sa Fête à Naxos, 448
ARVAUX (FRERES), leur Fête, 398
ARUBAH, nom de Vénus en Arabe, 53
Aso, Reine d'Ethiopie, ce qu'elle désigne, 236. 537
ASSEMBLÉE DES GÉANS, ce qu'on entendoit par-là, 237
ASTARTÉ, ses rapports avec Isis, 540
ASTROLOGIE, semble venir de la Tartarie, 196
    Chez quels Peuples elle fut le plus en honneur, 194
    Ses prédictions insérées dans les Calendriers, ib.
ASTRONOMIE, son antiquité, 142
ATHENÉ, voy. MINERVE,
ATHENÉE, observe le tems par le moyen de l'air, 206
ATHÉNIENS, leur tribut au Minotaure est allégorique, 499
    Envoyent leurs offrandes en Crète, ib.
    Puis à Delos, 501
ATHYR, voy. VE'NUS,
ATRONIUS MAXIMUS, son Histoire relative à celle des Géans, 379
AUBESPINE, usage qu'on en faisoit, 191
AUGUSTE, supprime nombre de Fêtes, 225
    Décret du Sénat en sa faveur, 105
    Sa famille anéantie comme par le feu du Ciel, 416
AUTOMNE, sa Fête en Perse, 367
AVENT, consacré aux Noces, 280
AVRIL, son étymologie, 105

B

BABYLONE, quel fut son circuit, 133
BACCHIQUES, secte de l'antiquité, 568
BACCHUS, son Histoire, 541
    Symbole du Soleil, 542
    Appellé Misès & pourquoi, ib.
    Appellé Taureau & pourquoi, 543
    Hymnes à son honneur, 544
    Appellé Zagreus, 547
    ——— Fils de la charrue, ib.
    ——— Hyes & pourquoi, 548

Pris pour Osiris, ib
Borné à être Dieu des vendanges, 550
Son Histoire selon les Grecs, 552
Analyse des Dionysiaques, poëme à son honneur, 553
Allégories qu'il contient, 561
Pourquoi né de la cuisse de Jupiter, 564. 565
Sa guerre des Indes & son Histoire sont des allégories, 569
Ses voyages représentés sur le Théâtre, 436
Fêté à Rome, 403. 407
Et d'une étrange maniere à Aléa, 441
Explication de plusieurs de ses noms, 567
BACTRIANE, est l'Empire de la nuit, 495
BARTOLI, (M.) son explication d'un Monument antique, 339
BASILÉE, symbole de la Lune, 490
BATTEUX, (M. l'ABBÉ) son sentiment sur la fable d'Osiris, 534
Et sur les trois maris de Rhéa, 538
BAUBO, vieille qui fait rire Cérès, 320
BÉLIER, symbole de Mercure, 284
    Sacrifié, 437. 443
BELISAMA, nom de la Lune, 483
BELLONE, même que Néria, 392
    Sa Fête, ib.
BELOS est le Soleil, 43. 482
BIBLIOTHEQUE d'Epaphrodite, 597
BISSEXTILE, (ANNÉE) en quoi consiste, 118
    Si elle fut connue des Egyptiens, 129
BOUC sacré, hommage que lui rendoient les femmes, 419
BOUCLIERS sacrés, de Numa, leur Histoire, 373. 374
BRUTUS, tems où il offrit son sacrifice pour l'expulsion des Rois, 391
BUDES, frere d'Erechtée & Prêtre de Minerve, 440
    Ses descendans & ses fonctions, ib.
BYBLOS, symbole de l'Egypte, 530

C

CADMUS, sa généalogie est allégorique, 483
CADRANS solaires, leur usage, 206
CALENDES, étymologie & signification de ce mot, 5. 6. 166
CALENDRIER, son étymologie & sa définition, 6

TABLE DES MATIERES.

Egyptiens & Grecs en peinture, 597
Rustiques, 8
Astronomiques, 11
Leurs Auteurs, ib.
Des Hébreux, Egyptiens, Grecs &
  Romains, 16-40
Calippe, Cycle qu'il établit, 173
Caliarhoé, pourquoi fut épouse d'Apol-
  lon, 489
Cantique à l'honneur de Bacchus, 543
Autre, 544
A la Nuit, 254
(Voy. Hymnes & Chansons).
Cappadociens, leur année ancienne, 139
Adoptent ensuite celle des Romains
  & quand, 140
Carmenta, son Histoire, 410
——— Est allégorique, 412
A deux visages, ib.
Ce qu'elle prédit à Ino, 394
Carna, (Déesse) femme de Janus, son
explication, 391
Castor, son Histoire, 257
——— Expliquée, 260
Cecrops, personnage allégorique ainsi
que ses trois filles, 468
Céculus, fils de Vulcain, son Histoire,
401
Cercueils, portés dans des Fêtes, 250
Cérès, son Histoire, 571
Est allégorique, ib.
Description de ses Etats, ib.
Pourquoi court le Monde avec deux
  flambeaux, 572
Arrive à Eleusis, ib.
Ses symboles, 573. 579
Ses fils, ib.
Est l'allégorie de l'Agriculture, 574
Allégories que renferme l'Histoire de
  ses fils, 576
Ses noms, ib.
A quel mois elle préside, 176
Son culte porté en Grèce par les filles
  de Danaüs, 347
Elle & sa fille, les mêmes que les
  grandes Déesses, 345
Fêtes à son honneur, 306. 347
——— Leur antiquité, 344
——— Où établies, ib.
Comment on y assistoit, 350. 379
Description de son Temple à Eleusis,
351

Cesar, (Jules) réforme le Calendrier, 162
Etablit l'Année Julienne & d'après
  Sozigene, ib.
Son nom donné au mois de Juillet
105
Chaldéens, leurs idées sur l'Astrologie,
194
Leurs Cycles, 171
Leur année, 133
Ere de Nabonassar, 136
Chandelles des Rois, leur Origine, 280
Chanson de la Corneille, 433
Pour les Etrennes, ib.
De l'Hirondelle, ib.
Appellée Linos, 531
Du Maneros, 530
Des Moissonneurs, leur nom, 351
(Une) des Moissonneurs, 352
Appellées Scolies, quelles, 353
Cheval, emblême du Soleil, 534
Et des Vaisseaux, 400
Appellé Octobre & pourquoi, 405
Chevelure, consacrée aux Dieux, 455
Chiens sacrifiés, 448
Chimere, symbole des saisons, 470
Chinois, leurs idées sur l'Astrologie, 196
Leurs Années, 141. 152
Observent les Solstices depuis Yao,
105
En quel tems commencent à prédire
  les Eclipses, 197
Observoient très-anciennement le sep-
  tiéme jour, 81
Leur Fête des Eaux, 278
Et des Lanternes, 280
Chiron, inventeur de la sphere, 30
Chrysaor est le Soleil, 438
Ciceron, préambule de ses loix, 332
Circé, symbole de l'Année, 466
Citoyens, (les vrais) sont ceux qui pos-
  sédent les terres, 289
Clepsydres, leur usage & Origine, 105
Clou Sacré, antiquité de cet usage, 401
Son but, 133. 142
Tems où on le plantoit, 133
Clytemnestre, pourquoi sœur de Castor,
260. 262
Cochon, consacré à Cérès & à la Terre,
297. 579
Et pourquoi, 579
S'il tint lieu de charrue aux Egyp-
  tiens, 579
Colombe, ce qu'elle désigna, 496

TABLE DES MATIERES.

COMÉDIES ou SPECTACLES qui représentent les voyages de Bacchus, 436
CONSTELLATIONS, leur lever & coucher observés avec soin, 71
Quelles on préféroit à cet égard, ib.
Dont il est parlé dans le V. T. 72
COPREUS, pourquoi on le pleuroit dans les Panathenées, 446
CORBEILLE des Mystères, 327
COULEUR blanche pour les Fêtes de Cérès, 575
Noire, étoit celle des sacrifices expiatoires, 499
Puce, en usage dans les Panathenées & pourquoi, 446
CRÉATION, comment les Orientaux la peignoient, 255
CREUSA, son Histoire est celle du dernier jour de l'An, 475
CROCODILE, ce qu'il désignoit, 229
CROIX, ce qu'elle désignoit, 496
CTESIBIUS, machines qu'il invente pour mesurer le tems, 206
CURETES, mêmes que les Saliens, 374
CYCEON, breuvage des Mystères, 319
CYCLE, sa définition, 119
Ses usages, 170
Ses diverses espèces, ib.
Caniculaire des Egyptiens, 127
CYLON, manque son entreprise sur Athènes, 435
Se plaint de l'Oracle de Delphes & pourquoi, ib.

D

DAHAC, tyran de Perse, désigne l'Hyver, 235
DAIS, porté en procession, 440
DANAIDES, portent en Grèce le culte de Cérès, 347
DANAUS, pourquoi désigné par le Loup vainqueur du Taureau, 478
DANSE allégorique, 521
DECANS, Dieux protecteurs de l'Année, 183
Leur Origine, ib.
Leurs influences, 184
Peints sur un Calendrier, 600
DECEMVIRS, changent l'année Romaine, 157
DÉESSES PROTECTRICES de l'année, 175
Leur physionomie assortie à leurs fonctions, 176

Symboles des classes de la société, 177
DÉESSES, (GRANDES) les mêmes que Cérès & Proserpine, 345
Leurs cérémonies gravées sur des lames de plomb, ib.
DÉLUGE, son année, 118
Opinions des Savans à ce sujet, 119
Son journal, 121
Source des erreurs à cet égard, 122
Ses rapports avec l'Histoire d'Osiris, 123
Sa Fête en divers lieux, 486
DEMETRIUS POLIOCERTE, comment se fait initier, 318
DEMONS de l'heure du midi, combien dangereux, 384
DESCENTE aux Enfers, voy. ENFERS.
DES-VIGNOLES, son erreur sur l'époque de l'Ere de Nabonassar, 136
Sur les intercalations des Grecs, 145. 161
DIANE est la Lune, 49
Mois auquel elle préside, 176
Et pourquoi, ib.
Le sixième du mois lui étoit consacré, 443
Jeux séculaires se célébroient à son honneur, 300
Ses noms expliqués, 299
Lycea, explication de ce surnom, 477
DIEU des Armées, sens de cette expression, 254
DIEUX descendent, un jour de l'Année, sur la Terre, 440
PROTECTEURS des mois, 175. 185
——— Leur Origine, 175
——— Leurs noms chez divers Peuples, 176
DIOGENES, sa réponse sur les Mystères, 313
DIONYSIAQUES, Poëme à l'honneur de Bacchus, analysé, 553
DIOSCURES, leur Origine, 256
Connus sous divers noms, 257
Sont allégoriques, 259
ou Castor & Pollux, communs à divers Peuples, 258
DIVINATION, (ART) son Antiquité & Origine, 194
DORIENS, proscrivent le culte de Cérès, 347

E

EAUX, Fête des Eaux, 278
ECLIPSES, ancienneté & Histoire de l'art de les prédire, 197. 200
　Terreur qu'elles causoient, 167
　Insérées dans les Calendriers, ib.
ÉCRITURE, preuve de son ancienneté chez les Grecs, 346
EGYPTE, désignée par le nom de Byblos, 530
　A 50 jours de tems épidémique, 528
EGYPTIENS, leur Calendrier, 16
　Leur année de 365 jours, 126
　S'ils ont connu l'année de 366 jours ou bissextile, 129
　Origine de leur Cycle Caniculaire, 127
　Noms qu'ils donnent aux XII signes, 68
　Aux XII mois avec leur explication, 90
　Et aux Planettes, 50. 57
　Leur division de l'année en 36 portions, ainsi que celle de l'Egypte, 183
　Leurs Fêtes, 354
　Explication de quelques-unes de leurs sentences, 355. 360
ELEUSIS, (Fêtes d') voy. MYSTERES.
ENDYMION & ses 50 fils, emblême de l'année, 472
ENÉE, son initiation, 334
　Est l'emblême du Soleil, 484
ENFERS, ce que désignoit la descente aux Enfers, 334
　Ses préliminaires, 335
ENNA, description de ses vallées, 571
EOLE, symbole de l'Année, 466
EONS, Protecteurs des jours du mois, 185
EPAGOMENES, ou cinq jours ajoutés à l'Année, 126
　Tems de cette augmentation, 127
　Portent les noms des cinq enfans de Rhéa, 538
　Fêtés, 360
EPAPHRODITE, sa belle Bibliothéque, 597
EPERVIER, symbole du vent du Nord, 592
EPULONES, fonctions de ces Magistrats, 407
EQUINOXE, ses Fêtes, 448. 450
ERICHTONIUS, désigne les moissons, 462

ESCULAPE, salut de l'Univers, 329
　Sa Fête, 431
ETRENNES, leur Origine, 271
　Etymologie de ce mot, 273
　Chansons pour en avoir, 433
EUROPE, doit ses lumieres à l'Asie, 143
EUROPE, (femme) sa généalogie est allégorique, 483
　Est la Lune, 490
EVANDRE, son Histoire, 410
　Explication de son nom, 413
　Est un personnage allégorique, 412
EXCOMMUNIÉS, quels chez les anciens, 424
EXPIATIONS en usage à Athènes, 436
　Des Hébreux, 242
　Toujours sur les bords des fleuves, 317. 420
EXPRESSIONS figurées, descente aux Enfers, 334
　Naissance du Messie, 287
　La perdue, 277
　La vieille du fauxbourg de Bouilles, ib.

F

FASTES, Origine de ce mot, 12
FAUNE, sa Fête, 408. 416
　Idées qu'on doit se former de ce Roi, ib.
　Même que Pan, 417
FEMMES auxquelles on donne la discipline, 441
　Leurs dévotions pour devenir fécondes, 419. 420
FERIDOUN Roi de Perse, ce qu'il désigne, 235
　Sa Fête, 367
FERIES Latines, 427
　Sémentines, 414
FÊTE pour la mort des deux fils de Médée, 455
Voy. Table des Fêtes.
FEU perpétuel à Cyrène, 437
　Feu du Ciel & son vol, expliqués, 525
FEVES, tems où l'on s'en régaloit, 391
FÉVRIER, pourquoi n'a que 28 jours, 153. 234
FIGUES, en usage dans les cérémonies sacrées, 271. 355. 436. 439
FILLES, en se mariant offroient leur chevelure à Minerve, 455
　De bonne volonté, leur Fête, 385

TABLE DES MATIERES.

Ce qu'elles demandoient à Vénus, *ib.*
FLAGELLATION, pendant les sacrifices, 361. 441
FLANDRE, Géans qu'on y proméne, 231. 236
FLATTERIE envers les Princes, avilit une Nation, 416
FLEUVES, symboles du tems, 378
FLORE, même que Chloris, 383
 Sa Fête, *ib.*
 Reine du mois de Mai, 389
FOIRES, leur antiquité, 458
 En usage pendant les Fêtes, 201. 221
 Insérées dans les Calendriers, 201
FONTAINE de la porte Capene, célébre par ses vertus, 389
 De Ferente, 427
 De Juturne, 413
 Fontaines, leur Fête, 404
FONTENELLE, (M. de) ce qu'il pensoit d'un Monument ancien, 598
FRÉ, Divinité & quelle, 55
FRERET, son sentiment sur l'Année bissextile des Egyptiens, 129
 Sur celle du Déluge, 119
 Sur les Fables mythologiques & celle de Bacchus, 568
FREY est le Soleil, 43
FURINA, quelle est cette Déesse, 397

G

GATEAUX appellés le *Cochon Julius*, 288
 Représentant divers animaux offerts en sacrifice, 286
 Offerts dans les Fêtes, 358
 —— A la Lune & ronds, 107
 Ronds flanqués de cierges, 435
 De safran, 398
GAULOIS, leur Cycle, 174
GÉANS, Histoire de leur guerre, 227
 Ce qu'elle désigne, 233
 Fêtes relatives à leur défaite, 231
 (Figures de) promenées en Flandres, *ib.*
 Et dans l'ancienne Rome, 235
 Ce qu'elles désignent, 236
 Qui représentent l'Année, 466
 Leur Fête à Rome, 379
GÉANTES, promenées en Sicile, 230
GERYON, personnage allégorique & son explication, 489
GOJA, fille de Thor ou la Lune, 113
GORGONES, emblême de la Lune, 485

GORGONION, nom de la Lune, 488
GOUVERNEMENS, font les Nations, 196
GRAISSE, consumée dans le feu sacré, 361
GRECS, leur Calendrier, 16
 Leur Année, 143. 147
 Celle d'Athènes, 147
 Leurs intercalations, *ib.*
 Noms qu'ils donnent aux Planettes, 56
 Et aux mois, avec leur explication, 100
 Durent les mesures du tems aux Orientaux, 207
GRENADES, ce qu'elles désignoient, 565. 579

H

HACHE du sacrifice, procès qu'on lui fait, 441
HARPOCRATE, ce qu'il désigne, 471. 541
 Sa Fête, 305
HÉBREUX, leur Calendrier, 16
 Noms qu'ils donnoient aux mois, expliqués, 92
 Au Zodiaque, 74
 Et à quelques Constellations, 72
 Leur Fête du nouvel An, 24
HECAERGE, surnom d'Apollon & de Diane, 500
HELENE, pourquoi sœur de Pollux, 260. 262
 Pourquoi représentée comme blanche, 463
 Est un personnage allégorique, 49
 Ses Fêtes relatives à la Lune, 489
HELIOTROPE, ou Cadran Solaire, 204
HERCULE, tems de sa naissance, 285
 Initié, explication de cette Fable, 313
 Offre un sacrifice sur l'Aventin & y invite les Laboureurs, 411
 Et ses 50 fils, emblêmes de l'Année, 472
 Délivre Prométhée, & pourquoi, 526
 Fêté, 392. 396. 442
HERODOTE, ses erreurs sur l'Année Grecque, 146
 Examen de ce qu'il attribue aux cochons d'Egypte, 579
HESIODE, ses préceptes sur les jours heureux & malheureux, 187
 Ses préceptes sur l'Agriculture sont

Iiii

TABLE DES MATIERES.

des lambeaux de l'Almanach de son tems, 10
HEURES, par qui inventées & leur étymologie, 79
Leurs figures allégoriques, sur un Monument Egyptien, 80
HIERAPOLIS, Fête qu'on y célébroit, 224
HIPPOPOTAME, ce qu'il désignoit, 230
HIRONDELLES, tems de leur départ en Italie, 402
HOMERE, ce qu'il dit sur les révolutions du Soleil dans l'Isle de Scyros discuté, 203
sur Circé, ib.
sur Eole, 466
sur Lycurgue, 562
HOMME combien infortuné selon Trimalcion, 531
Être social, 317
HORACE, son Poëme séculaire, 297
Son Ode à Bacchus, 566
Et à Faune, 408
HORLOGES, leur étymologie, 208
A qui les durent les Romains, 207
HORUS, fils & vengeur d'Osiris, 532
Est le Laboureur, ib.
Destructeur des Géans, 180
A quel mois présidoit, ib.
Tue le serpent, 533
Sa Fête, 360
HOSSEIN, sa Fête en Perse, 243
HYACINTHE, explication de son Hist. 230
Sa Fête, ib.
HYDROPHORIES, Fête du Déluge, 456
HYMNES, en usage pendant les Fêtes & quelles, 221
A Bacchus, 566
A Cérès, 350. 575
A Pluton, 578
Au Soleil, 544
Au Dieu Terme, 425
HYPERBORÉENNES, (Vierges) qui alloient à Delos, explication de leurs noms, 500
HYPERMNESTRE, son Histoire & son explication, 279
HYVER, représenté par Dahac, 235
Par les Géans, 234
De 1776, 430

I

IAKKHUS, honoré dans les Mystères, 327
IDES, partie du mois des anciens Romains, en quoi consistoient, 166
IDOLATRIE, une de ses causes, 460
ILE du Tybre à Rome, sanctuaire de la Divinité Nationale, 416
INDIENS, noms qu'ils donnent aux Planettes, 54
Leurs idées sur l'Astrologie, 195
INITIATIONS, leur spectacle effrayant, 321
Comment se faisoient, 322
Aux Mystères de Mythras, 369
INITIÉS, ce qu'on en exigeoit, 312
Leur bonheur, 313
INONDATION du Nil, Fêtes qui en étoient la suite, 359
INTERCALATION, ses usages, 118
INO, son Histoire, 393
IO, IOH, symbole de la Lune, 49. 492
IOLAS, ce qu'il désigne, 284
IOU ou Jupiter, à quel mois il présidoit, 178. 179
Et à quel jour, 84
IPHITUS, son Almanach, 10
ISIS, sa puissance, 323. 342
A quel mois elle présidoit, 179
Ce que désigne son casque à tête de Taureau, 540
Fêtes pour sa grossesse, &c. 355 357
IUL, Fête célèbre dans le Nord, 283. 288

J

JANA, nom de la Lune, 49
JANUS, son Histoire, 270
Est antérieur aux Romains, ib.
Ses noms, allégoriques, 270
Et expliqués, 272
Est le Soleil, ib.
Sa femme est la Déesse Carna, 391
Des Chaldéens, 482
JAPONNOIS, s'étrennent & se visitent chaque premier du mois, 283
JASION, amant de Cérès & pourquoi, 573
JESUS-CHRIST, tems de sa naissance, 286
JEUX célébrés pendant les Fêtes, 223
Pendant les Mystères & relatifs à l'Agriculture, 318
Célébrés par Bacchus, 558
A l'Oiseau, ib.
SÉCULAIRES, leur Origine, 301
——— Tems où on les célébroit, 304

TABLE DES MATIERES.

Oracle des Sibylles à leur égard, *ib.*
(*Voy.* Séculaires,)
Jour, ses diverses espèces, 75
Ses divers commencemens, *ib.*
Ses divisions, 77
Ses emblêmes, 461
De l'Année, personifiés, 474
De la Semaine, personifiés, *ib.*
Dernier de l'Année, personifié, 475
(Sixiéme) du mois consacré à Diane, 443
(Septiéme), du mois consacré à Apollon, *ib.*
(Septiéme) de la semaine observé par les anciens Chinois, 81
(Dix-septiéme) du mois, malheureux, 192
Et le vingt-huit, 153. 234
Jours heureux & malheureux, 186
Causes de cette distinction, *ib.*
Appellés Egyptiens, 190
— Quels pour chaque mois, 191
— Quand disparoissent des Calendriers, 192
— Conservés en Perse, 189
Juillet, Origine de son nom, 105
Juin, Origine de son nom, 103. 104
Julienne, (Année) sa longueur, 118
Junon, à quel mois elle présidoit & pourquoi, 175
Aux trois âges, symbole des Saisons, 469
Est la Lune, 46
Jugale, sa Fête en Décembre (jour de la Conception de la Vierge), *Calendrier.*
Juturne, sœur de Lara, 423
Aimée d'Iou, *ib.*
Sa Fête, 423

K

Kamtchatka, (Peuples du) leurs mois irréguliers & au nombre de Dix, 150
Kneph, Dieu suprême des Egyptiens, 254
Konnidas, Gouverneur de Thesée & sa Fête, 443

L

Laboureurs, invités par Hercule à un sacrifice sur le Mont-Aventin, 411

Lacedémoniens, exemple de leur superstition sur les jours malheureux, 188
Abandonnent les JeuxOlympiques & pourquoi, 200
Lanternes, (Fête des) 180
Lara, Déesse du silence, son Histoire, 423
Mere des Lares, *ib.*
Lares, leur mere Mania, 372
Ou Lara, 423
Mêmes que les Gémeaux, 387
Leur Fête, 386
Explication de leur nom, *ib.*
Latone, symbole de la Nuit, 463
Laurentins, ont une Année de 10 mois de 36 jours chacun, 151
Leda, explication de son Histoire, 261
Symbole de la Nuit, 463
Linos, sorte de chanson, 531
Liturgies en usage dans les Fêtes, 224
Loix anciennes, leur conformité avec les Mystères, 331
Agricoles, 310
Loup & Louve, symboles de la lumiere & du Soleil, 476
Et pourquoi, 477
Loxos, surnom d'Apollon & sa signification, 500
Lucrece, femme de Collatin, son Histoire paroit allégorique, 425. 426
Lumiere, ses symboles, 464. 476
Lunaire, (Année) sa longueur, 117
Lune, son étymologie, 49
Ses divers noms, 46. 49
Ses noms communs avec le Soleil, *ib.*
A quel jour elle présidoit, 84
Ses noms deviennent autant de Déesses, 46
Personnages allégoriques auxquels elle donna lieu, 486
Lune, ses phases divisées en heureuses & malheureuses, 186. 189
Voy. Neomenie & Planettes.
Luperques, pourquoi étoient nuds le jour de leur Fête, 421
Lycea, surnom de Diane & pourquoi, 477
Lyceus, surnom d'Apollon & pourquoi, *ib.*
Lycomedes Ministres de Cérès, 345
Ce que signifie ce nom, 346
Lycus, diverses significations de ce mot, *ib.*

Iiii ij

LYCUS établit le culte des Grandes Déesses en Messénie, 345
LYNCÉE, son Histoire & signification de son nom, 279
LYTIERSE, chanson des Moissonneurs, 351

M

MACEDO, fils d'Osiris, revêtu d'une peau de Loup & pourquoi, 524
MAI, Origine de son nom, 103. 104
Source de bonheur, 389
Antiquité de l'usage de planter le Mai, ib.
MAÏA, nom du mois de Mai dans le Nord, 114
Voy. FLORE.
MAÏENCES, ce qu'elles désignent, 389. 433
MAJEURS, cérémonies pour déclarer tels les enfans, 348
MAN est le Soleil, 480
MANEROS, chanson Egyptienne, 530
MANIA, mere des Lares, est la Lune, 372
MANIUS, nom du Soleil, 303
MARCHANDS, ce qu'en pensoit Ciceron, 289
MARCIEN CAPELLA, son Hymne au Soleil 544
MARIAGE, tems où il étoit défendu, 422 & ailleurs,
MARON, pourquoi compagnon d'Osiris, 519
Et Cocher de Bacchus, 521
Sa généalogie allégorique, 520
Sa danse allégorique, 521
MARS, (Dieu) à quel mois il présidoit, 178
Et à quel jour, 84
Pourquoi pere de Romulus, 264
Sa Fête en Octobre, 405
Pourquoi on lui offroit un cheval, ib.
(Mois) Origine de son nom, 105
MASQUES en usage dans les Fêtes, 223
MATUTA, voy. INO.
MAZZAROTH, nom du Zodiaque en Hébreu & sa signification, 74
MÉDAILLES, relatives aux Jeux séculaires expliquées, 583
MÉDÉE, le meurtre de ses deux fils est allégorique, 455
MÉDIE, preuve qu'elle fut conquise par Cyrus, 200
MÉDUSE, emblême de la Lune, 486

MEMNON, emblême du Printems, 357. 358
MENELAS est le Soleil d'hyver, 490
MENES est le Soleil, 47 480
MENON est le Soleil d'hyver, 495
MENTEL, (M.) cité sur Carseoles, 382
MERCURE, à quel mois présidoit, 178
Et à quel jour, 84
Le Bélier est son symbole, 284
Sa Fête en Egypte, 355
Et à Rome, 389
MERKEDONIUS, nom d'un mois Romain & son usage, 156
MESSENIENS, prétendent que Castor & Pollux sont nés chez eux, 31
Comment reçurent le culte de Cérès, 345
METHAPUS, régle les cérémonies de Cérès, ib.
Il institue à Thébes les Mystères des Grandes Déesses, ib.
METON, Cycle qu'il établit, 171
Gravé en lettres d'or, 11
Corrections qu'on y fit, 173
Ce Cycle plus ancien que lui, 172
MIDI, (heure) représenté sous l'emblême de Démons, 384
MINERVE, pourquoi compagne d'Osiris, 518
Pourquoi appellée Athéné, 519
A quel mois elle présidoit & pourquoi, 176
Fêtes à son honneur, 441 &c.
MINISTRES DES MYSTERES, 314
Ce qu'ils représentoient, 325
De CÉRÈS, 345
Mêmes que ceux d'Isis, 364
MINOS est le Soleil, 47. 481
MINOTAURE, son Histoire, 496
Est allégorique, 498
Pourquoi renfermé dans le Labyrinthe, ib.
Comment représenté, 499
MOIS, leurs noms toujours significatifs, 89
Ceux de plusieurs Peuples expliqués, 89, &c.
Irréguliers chez divers Peuples, 150
Leurs symboles, 471
Anthestérion, à quel répond, 455
MOISSON, quand commençoit en Gréce, 71
MOYSE, instrument à mesurer le Tems qu'on lui attribue, 204
MUSES, compagnes d'Osiris & pourquoi, 523

# TABLE DES MATIERES.

Pourquoi au nombre de neuf, *ib.*
Musique, compagne de l'Agriculture, *ib.*
Mysteres d'Eleusis, triomphe de l'Agri-
culture, 306
   Communs à plusieurs Peuples, 308
   Leur Origine, antique, 309
   Leur objet, 310. 330
   Leurs Initiés avoient des Parains, 314
   Eloge de ces Mystères, 315
   Formule qu'on y employoit, 323
   Hymne qu'on y chantoit, 324
   Ministres qui y présidoient, *ib.*
   Etablis avant Erechtée, 346
   (*Grands*) tems où ils se célébroient, 316
   Cérémonies qu'on y pratiquoit, *ib.*
   (*Petits*) leur Origine, 313
   Cérémonies qu'on y pratiquoit, 317

N

Nabonassar, son Ere, 133
   Son utilité, 136
Nations, sont tout ce qui plaît aux Gou-
vernemens, 196
Naxos, pourquoi séjour d'Ariadne, 501
Nauze, (M. de la) ses idées sur l'Année
Egyptienne, 129
Nebo, est le Soleil, 48
Néoménies, communes à tous les Peuples, 281. 283
   Transmises aux Chrétiens, 282
   Nations qui les célébrent, 283
   Et comment, 281
Nephtys, pourquoi femme de Typhon, 535
   A quel mois présidoit, 181
Neptune, à quel mois présidoit, 178
   Consus, Origine de ce nom, 400
   Sa Fête en Décembre (S. Nicolas)
Calendrier.
   Les Consuales, 399
Nere, période du Tems, 134
Neria, femme de Mars, 392
Nerienne, surnom de Minerve, 377
Ninus, Soleil du Printems, 495
Nisus, pourquoi changé en Epervier, 502
Noces, mois qui leur étoit consacré, 98
   d'Ion & de Junon, fêtées, 180
Nombre de 50, emblême de l'Année ou
des semaines, 472

D'or, son Origine; 171
72, expression figurée; 523
Nombres, distingués en heureux & mal-
heureux, 153. 188
Nones, en quoi consistent, 166
Nonnus, son Poëme à l'honneur de Bac-
chus, 521. 553
Nord, (Peuples du) noms de leurs mois
& leur explication, 107
   Noms qu'ils donnent aux Planettes, 55
Nouvel An, chez qui célébré, 240. 274
Nuit, ses emblêmes, 461
   Appellée Bactriane, 495,
   voy. jour,
Numa, appellé le *Chevelu*, 393
   Change l'Année, 153
   Erreur à ce sujet, 154

O

Octobre, désigné comme le mois de la
chasse & de la boucherie, 114
   Sacrifice d'un cheval à Mars dans ce
mois,
Oden, quelle est cette Divinité, 55
Odensdag ou Wednesday, quel est ce
jour, *ib.*
Œufs, antiquité & universalité de l'usage
d'en donner à Pâques, &c. 251
   Origine & motifs de cet usage, 253
   Fables qui en naquirent, 256
Olympiades, en quoi consistoient, 170
   Leur Origine, *ib.*
Oracle de Delphes, comment se tire
d'embarras, 435
Oromaze, bon Principe chez les Perses, 464
Orphée, sa Doctrine sur la Création, 254
   Hymnes à Bacchus, 567
   A Cérès, 576
   A Pluton, 578
Orphiques, Secte de l'Antiquité, 568
   Comment excusoient le Paganisme, 571
Osymandias, son cercle d'or est un alma-
nach, 9
Osiris, son Histoire, 503
   Est allégorique, 512
   Et économique, 514
   Tems de sa naissance, 285
   Sa généalogie, allégorique, 537
   Ses succès, 515
   Enseigne à cultiver la vigne, 516
   Ses compagnons, 517

TABLE DES MATIERES.

Ses malheurs, 523
Tué en Octobre & pourquoi, 535
Pourquoi coupé en 14 morceaux, 523
Ce que désigne la colonne où fut renfermée son arche, 529
Même que Bacchus, 548
Et le bon Principe, 464
Pourquoi attaqué par Typhon, 534
A quel mois présidoit, 179
Fête de sa perte, 238. 356
De sa recherche, &c. 357
Symbole de l'Eté, 471

OUPIS, surnom de Latone, 500

OVIDE, ses fastes cités & plusieurs morceaux traduits. 236. 265. 274. 372. 376. 378. 383. 385. 387. 391. 410. 414. 417. 419. 422. 425. 575.

P

PAIX, doit être conservée, 415
PALET d'Iphitus, almanach pour les Jeux Olympiques, 10
PALLAS, frere d'Egée, & ses 50 fils emblême de l'Année, 473
PAN, ce qu'il désignoit, 418
A quel mois il présidoit, 185
Pourquoi compagnon d'Osiris, 522
Pourquoi la ville de Chemmis lui étoit consacrée, 523
Même que Faune, 418
PANIS, nom de Cérès, 344
PARAINS, en usage dans les Mystères, 314
PARIS, fils de Priam, est le Soleil du Printems, 490
PARQUES, sont les quartiers de la Lune, 488
PASIPHAÉ, symbole de la Lune, 498
Comment est mere du Minotaure, ib.
PAUSANIAS, rejette l'Histoire des 50 fils d'Hercule, 472
Son opinion sur des figures antiques, réfutée, 462
PAVOTS, ce qu'ils désignent, 566. 579
PEGASE, (le Cheval) sa naissance & ce qu'il désigne, 489
PELERINAGES Egyptiens, 361
PENTECÔTE d'Egypte, 528
PERSÉE, ce que désigne ce personnage, 534
PEROSS, leur Année, 147

Mettent chaque mois & chaque jour du mois sous la protection d'un Génie, ib.
Ont les épagomènes, 126
Leur intercalation, 138
Leurs idées sur l'Astrologie, 189. 196
Noms qu'ils donnent aux Planettes, 54
Célébrent l'Equinoxe du Printems avec des œufs, 251
Leurs Fêtes, 241. 243. 366.
PHALLUS à ressorts, 361. 406
PHARNACE, un des noms de la Lune, 47
Symbole du Dieu Lunus, 485
PHERECYDE, Inventeur de l'Heliotrope, 204
PHERIDOUN, vainqueur de Dahac, est le Printems, 235
PHILOMELE, fils de Cérès, 574
Ce qu'il désigne, 576
PHRYGIE, nom d'un Poëme, 560
PHTA, voy. Vulcain.
PLANETTES, étymologie de ce nom, 50
Leurs noms chez divers Peuples, 52
Leurs caractères symboliques, 58
Leur peinture emblématique, 581
Emblêmes des métaux, ib.
Celle de Mercure appellée Vénus en Egypte, 87. 554
PLUTON, ravisseur de Proserpine, 572
Ce qu'il désigne, 578
PLUTUS, fils de Cérès, 574
Ce qu'il désigne, 576
POEMES à l'honneur de Bacchus, 553. 559. 560
POLLUX, son Histoire, 257
Expliquée, 260
PRENESTE fondée par Ceculus, 401
PRIAM & ses 50 enfans, emblême de l'Année, 473
PRIERE à Apollon, 299
A Bacchus, 543
A Cérès, 414
Sur le débordement du Nil, 529
A Diane, 299
A Faune, 408
A Mercure, 390
A Palès, 383
A la Déesse Rubigo, 385
A la Terre, 414
A Vénus, 385

TABLE DES MATIERES. 623

PRINCIPE; (Bon) symbole de la Lumiere, 464
  (Mauvais) symbole des Ténèbres, ib.
PRINTEMS, sa Fête en Perse, 371
PRIX distribués pendant les Fêtes, 223
  De musique, 438
  De Poësie, 445
PROCÈS fait à la hache du sacrifice, 441
PROCESSIONS en usage dans les Fêtes, 222
  Des Mystères, 328
  Isiaque, 363
  De Pénitens blancs souHenri III. 350
PROMETHÉE, son Histoire & son explication, 525
PROSERPINE, Histoire de son enlevement, 571
  Decret d'Iou à ce sujet, 572
  Ce que signifient ses deux vies, 579
  Antiquité de ses Fêtes, 344
  Fête de son enlevement & dans quelle saison, 347
  Son enlevement représenté, 594
PROTELÉES, Fête de Junon, 454
PSYCHÉ, ce que désigne son nom, & la fable de ses amours, 341
PURGATOIRE des Anciens, 337
PURIFICATIONS en Février, 415
PYANEPSIES ou Fête des Féves, 452
PYTHON, (Serpent) ce que signifie sa défaite, 534

Q

QUINQUATRES, Fête de Minerve, 376
  (Petits), 395
QUIRINUS, nom de Romulus & sa signification, 269

R

REGIFUGE, Fête de Rome, 155
  A l'honneur du Soleil, 156
  Méprises à ce sujet, 157
  Origine de cette Fête, 415
RELIGIEUSES, chez les Payens, 349
RELIGION, n'est pas une invention des Chefs des Sociétés, 308
  Rapports que les Traducteurs Catholiques des siécles précédens trouvoient entre la Religion Catholique & la Payenne, 323
REMUS, voy. ROMULUS & LEMURALES,

REPAS au Peuple dans les jours de Fête, 442. 443
RHAPSODIE, Origine de ce mot, 400
RHÉA pourquoi a trois Maris, 538
  Ses enfans président aux Epagomènes, ib.
RHODIENS, enfans du Soleil, 449
  Prononcent A pour E, ib.
  Fêtent Tlépoleme, 450
RITUELS des Anciens, Voy. Fêtes.
ROBES de Soie, leur ancienneté, 363
ROIS, (Fête des) 280. 366
ROMAINS, leur Calendrier, 17
  Leur ancienne année dut commencer au Solstice d'Eté, 149
  Eurent deux Fêtes d'Epagomènes, ib.
  Leur année au tems de Romulus, ib.
  Méprises à ce sujet, 150
  Année de Numa, 153
  Année des Decemvirs, 157
  Année de Jules César, 162
  Ne voyoient rien avant Numa, 12
  S'étoient occupés de l'Origine des Fastes, 13
  Leurs superstitions, 188
  Leur Fête du nouvel An, 270
  voy. Table des Fêtes.
  Noms qu'ils donnoient aux mois & leur explication, 103
ROME appellée la ville aux sept collines, 299
  Commence par l'Isle du Tybre, 416
  Fête de sa fondation, 384
ROMULUS, son Histoire & celle de son frere Rémus allégoriques, 264
  Sont les Dioscures Romains, 263
  Preuve qu'ils ne descendoient pas des Rois d'Albe, 427
  Pourquoi fils de Mars,
  Pourquoi appellé Quirinus, 269
  Caractère du jour de sa naissance, 403
  Son Apothéose, 267
  Sa Fête appellée Caprotines,
  Sa Fête appellée Quirinales, 396
  Autre Fête, 422

S

SABÉENS, d'où prirent leur nom, 44
SACRIFICES, en usage dans les Fêtes, 222
  Humains prétendus, 235. 359
  D'expiations à Athènes, 436
  Chez les Hébreux, 242

SAISONS, leurs symboles, 467
   Leurs noms personifiés, 469
   Leur représentation, 193
SALIENS, leurs danses allégoriques, 372
   Antérieurs à Numa, 374
   Employés dans les Jeux séculaires, 297
SARDANAPALE, vues sur son épitaphe, 531
SARE, Période Chaldéenne, 134
   Méprises à ce sujet, ib.
SATURNALES, leur Origine, 263. 289
   Leur durée, 289
   Leur description, 291
   Leurs divers noms, 293
SATURNE, à quel jour présidoit, 84
   En habit de Druide, 581
SATYRES, compagnons d'Osiris & pourquoi, 522
   Sont allégoriques, ib.
   (Genre de Poësie) leur Origine, 445
SAUMAISE, relevé, 207
SAXONS, leur année, 168
   Semblable à la Julienne, ib.
   Et pourquoi, 169
SÉCULAIRES, (JEUX) comment on les annonçoit, 295
   Leurs cérémonies, ib.
   Leurs Médailles expliquées, 583
   Voy. JEUX.
SEMAINES, Peuples qui s'en servent, 81
   Leur Origine, 83
   Et celle des noms de leurs jours, 84
   Causes de l'arrangement de ces jours, 85
   Leurs symboles, 472
SEMELÉ, pourquoi mere de Bacchus, 564
SEMIRAMIS, symbole de la Lune, 493
SEPTEMBRE, nom qu'il pourroit porter, 106
SERAPIS, symbole de l'Automne, 471
SERPENT vaincu par Horus, ce qu'il désigne, 533
SERVANTES, leur Fête, 268
SERVIUS TULLIUS, Roi de Rome, jour de sa naissance, 399
   Passe pour le fils du Feu sacré & d'une Captive, 394
SIAMOIS, noms qu'ils donnent aux Planettes, 54
SOCRATE, jour de sa condamnation, 437
SOLAIRE, (Année) les diverses espéces, 117

SOLEIL, ame du Calendrier, 42
   Ses divers noms, 45
   Féminin chez quelques Peuples, 48
   Roi des Cieux, 50
   L'œil droit du Monde, ib.
   Ses rayons appellés *flêches*, 534
   Personnages allégoriques qui en naquirent, vij. 479. 546
   A quel jour présidoit, 84
   Peint sous l'emblême de Bacchus, 542
   Et de Janus, 270
   d'Hyver, appellé Télephe, 593
   Appellé Misès ou Médiateur, 542
   Ses symboles, 476. 534
SOLSTICE d'Hyver, ou 25 Décembre, fêté & pourquoi, 185
   Est appellé Mythras en Perse, ib.
   Soleil invincible à Rome, ib.
   A Corinthe, sous le nom des deux fils de Jason mis à mort, 455
   Superstitions du Nord à son égard, 188
Solstices observés dans la Chine au tems d'Yao, 105
   Avant Salomon, 142
SOSSE, période Chaldéenne, 134
SOULIERS, on n'en pouvoit porter dans certaines Fêtes, 350
STATUES, distinctions chez les Latins entre les humaines & celles des Dieux, 296
SUMMANUS, ce que représente ce Dieu, 295
SYMBOLES Chaldéens répondant à Janus, 482
   De la fécondité, couronnés par la femme la plus vertueuse, 376
   De la fin de l'Année, 426
   Des Elémens, 583
   Des Saisons, ib.

T

TABLE HÉLIAQUE expliquée, 582
TABLES Astronomiques ou Almanachs des Prêtres Egyptiens, 9
   Eugubines, sont des rituels, 524
TARENTE, son nom primitif, 525
TAUREAU, symbole du Soleil, 367
   Et de Bacchus, 543
TEDA, arbre à résine du Mont Etna, 572
TEMPLE de Cérès à Eleusis, 321
   De Faune à Laurentum, 417
   d'Hierapolis, 224
   A Ubsolol, Capitale des Suéons, 55
   Description

TABLE DES MATIERES.

Description de ses statues, 56
De Vesta, antique, 392
Tems où on le nettoyoit, 393
TEMPLES, tems où on les nettoyoit aussi, 438. 439
Auguste en éléva une multitude, 416
TEMS, comparé à un fleuve, 378
Instrumens pour le mesurer, 202
Ses symboles, 465
TÉNEBRES, leurs symboles, 464
TERENCE, ses Comédies composées pour des Fêtes publiques, 223
TERRE, son mouvement doit s'être ralenti au Déluge, 125
TÊTE enchantée, 423
THALÈS, Almanach qu'il composa sur ses observations, 10
Eclipse qu'il prédit,
THÉBAÏDE, pourquoi appellée *Pa-thros*, 527
THEBES, ses Dieux tutélaires, 580
THESÉE, explication de sa guerre contre le Minotaure, 501
Et de ses amours avec Ariadne, ib.
Sa descente aux Enfers, allégorique, 338
Et les noms de ses fils, 502
Sa Fête, 443
THESMOPHORIES, Fête de Cérès, 452
THOR, premier Roi de Finlande, est le Dieu suprême, 113
THUERIS, concubine de Typhon, ce qu'elle désigne, 527
TIS ou TUES, quelle est cette Divinité, 55
Présidoit à un jour de la semaine, 56
TISDAG ou TUESDAY, jour de la semaine & qui doit être celui de Mercure, ib.
TOUR de Babel, son usage astronomique, 204
TRAVAIL défendu dans les Fêtes, 221
TRAVAUX d'Hercule, peints à Thébes, 580
TRÉVES pendant les Jeux Olympiques, 220
TRIBUS de la campagne, plus estimées que celles de la ville, 189
TRIPTOLEME, pourquoi compagnon d'Osiris, 518
Tableau à son sujet, 595
TURCS, leur Fête du nouvel An, 242

TYPHON, un des Géans, son Histoire, 228
Mauvais Principe chez les Egyptiens, 465
Présidoit au même mois que le Dieu Mars, 180
Conspire contre Osiris, 526
Et pourquoi, 534

V

VAISSEAU d'Isis, 365
Sacré des Athéniens, 499. 501
Composa les armes de Rome & pourquoi, 273
Pourquoi on appelloit tout vaisseau cheval, 400
WARBURTON relevé, 315
Son explication du VI Livre de l'Enéide, 334
VAUD (Pays de), on y voit encore un reste des Reines de Mai, 389
VEDNESDAY, voy. Odensdag.
VENDANGE, quand commence en Grèce, 71. 402
VENDREDI, son nom chez les Juifs, 53
VENT du midi, ses symboles, 527
Combien funeste à l'Egypte, 528
Du Nord, son symbole, 502
Brûlant, ou Typhons, 237
VÉNUS, à quel mois elle présidoit, 176. 179
A quel jour & pourquoi, 84
(Planette) appellée Mercure en Egypte, 87
Son nom chez les Arabes, 53
Erreur à son égard chez les Grecs, 56
Avantages qu'on lui doit, 378
VESTA, à quel mois préside & pourquoi, 176
Sa Fête, 392
Son Temple nettoyé, 393
VIERGE jettée chaque année dans le Nil, 359
Ce qu'il faut entendre par-là, ib.
VIERGES des Fêtes de Minerve, 441. 446
VIEILLE du fauxbourg de Bouilles, 279
VIGNE, Osiris enseigne la culture, 516
VIN appellé sang des Dieux & pourquoi, 517
Ses Fêtes, 402
WODEN, Dieu du Nord, jour auquel il présidoit, 56
VOLTAIRE (M. de) cité sur les Fêtes, 14

Kkkk

Vulcain, né d'un œuf, 254
  A quel mois présidoit, 178
  Est le bon Principe, 180
  Pere de Céculus, 400
  Sa Fête à Rome, 390
  —— Autre, 400

X

Xiphès emblême du dernier jour de l'Année, 475

Z

Zaleucus, préambule de ses Loix, 331

Zodiaque, ses XII signes, 59
  Quand il fut inventé, ib.
  Sentimens de divers Savans à ce sujet, 60
  Ses signes peints dans une Pagode, 67
  S'ils sont venus des XII fils de Jacob, ib.
  Leurs noms chez divers Peuples, expliqués, 69
  De leurs Caractères symboliques, 70

Fin de la Table des Matieres.

ERRATA.

Page 68. ligne 12. a rapporté, *lis.* a rapportées.
94. 33. présente, *lis.* présentent.
108. 5. que signifie, *lis.* qui signifie.
111. 5. à cause e, *lis.* à cause de.
156. 8. eussent, *lis.* eurent.
173. 6. soixante-six, *lis.* soixante-seize.
272. 23. de Soleil, *lis.* du Soleil.
350. 8. Ces cérémonies, *lis.* Les cérémonies.
377. 5. trompetets, *lis.* trompettes.
406. 14. une outre pleine, *lis.* un outre plein.
ibid. 23. lesquelles, *lis.* lesquels.
438. 30. celui du texte auquel, *lis.* celui auquel.
457. 1. remplis, *lis.* rempli.
461. 11. parsemée, *lis.* parsemé.
485. 18. aninaux, *lis.* maux.
ibid. infecté, *lis.* infesté.
486. 21. maritine, *lis.* maritime.
489. 8. mariage, *lis.* meurtre.
490. 7. appellé, *lis.* appellée.
505. 34. l'exposer, *lis.* s'exposer.
524. 24. Article III, *lis.* Article IV. & ainsi de suite pour les autres Articles.

De l'Imprimerie de Valleyre l'aîné, rue vieille Bouclerie, à l'Arbre de Jessé.

QUATRIÉME LISTE
DE MM^{rs}. LES SOUSCRIPTEURS.

LOUIS XVI. pour cent Exemplaires.

A.

M. le Chevalier d'ABZAC, à Versailles.
L'ACADÉMIE ROYALE des Sciences & Belles-Lettres de BERLIN.
L'ACADÉMIE ROYALE des Sciences & Arts de DIJON.
M. ALLARD, Dessinateur à Lyon.
M. le Comte des ANDROUINS, Chambellan de Sa Majesté Impériale d'Allemagne, à Bruxelles.
M. AUBERT, Garçon de la Chambre de *Madame VICTOIRE de France*.
M. AUDIBERT, Négociant à Marseille.

B.

M. BAILLOT, Avocat au Parlement, & Maître de Pension à Passy.
M. l'Abbé BARBET, Chanoine de S. Venant à Tours.
M. Van Den BERGEN, Libraire à Bruxelles.
M. de BEZKOI, Général en Chef de Russie, Directeur Général des Bâtimens & Jardins, Président de l'Académie des Arts, Chevalier des Ordres de Russie, &c.
La BIBLIOTHEQUE des RR. PP. BÉNÉDICTINS de S. Germain : Dom PATERT, Bibliothécaire.
La BIBLIOTHEQUE des RR. PP. DOMINICAINS de Casenate à Rome.
M. BLACHON, à Vernoux en Vivarais.
M. de BOIS-BERTRAND.
M. BROUWN, Pasteur de l'Eglise Angloise à Utrecht.

QUATRIÈME LISTE

C.

M. le Comte de CATUELLAN.
Madame la Comtesse de CATUELLAN.
M. CHAIS, Pasteur de l'Eglise Wallone, à la Haye.
La seconde CHAMBRE DE LECTURE DE LA FOSSE, à Nantes.
M. CHASSANIS.
M. de la CHAUSSÉE, Chevalier de S. Louis.
Madame la Duchesse de CHOISEUIL.
Madame la Duchesse de CIVRAC.
M. CLAPAREDE, Pasteur & Professeur en Théologie à Genève; 2^d Ex^{re}.
M. l'Abbé de CLERMONT.
M. l'Abbé COCHELIN.
M. de LA COLINIERE, Conseiller au Parlement de Bretagne.

D.

M. DESLANDES, Chevalier de S. Louis.
M. DESORMEAUX, Professeur en Chirurgie, au Collége Royal de Tours.
M. D'OIGNY.
M. DUGAD MOUTON, Curé de S. Pierre à Lyon.

E.

M. EMERY, Professeur en Théologie au Séminaire de Lyon.

F.

M. FABRONI, Chancelier de l'Université de Pise.
Le Docteur FORSTER, des Sociétés de Londres, & de la plûpart des Académies d'Europe.
Le R. P. FULGENCE de Lisieux, Gardien des Capucins de Bayeux.

G.

M. GALLIEN, Huissier-Priseur.
Dom GEORGEON, Procureur de l'Abbaye de Cercanceaux en Gâtinois.
M. GERARD, Syndic de la Ville de Strasbourg, Premier Commis des Affaires Etrangeres, &c.
M. GERBIER, Avocat au Parlement.

M. GILBERT, Président-à-Mortier.
M. GRAND, Banquier.
M. GRAPIN, Avocat au Parlement.

H.

M. HÉBERT, Tréforier Général des Menus.
S. A. S. Mgr le Landgrave de HESSE RHINFELDS.

I.

Le R. P. JOUBERT, de la Doctrine Chrétienne.

L.

M. LABBEY, Maître de Mathématiques à Caën.
M. Profper LOTTIN, Libraire.

M.

M. de MADOT, Lieutenant-Général de Gueret, Capitale de la Marche.
M. de MAROLLES, Secrétaire de la Police.
M. MARTINET, Curé de Soulaines en Champagne.
M. le Vicomte de MAULDE.
M. le Comte de MIER, à Varfovie.
M. le Comte de MONCHENU, Brigadier des Armées du Roi.
M. le Vicomte de LA MOTHE, Chevalier de S. Louis.

N.

M. NACHTEGAEL, à Bruxelles.
M. NAVIER, Docteur en Médecine.

P.

M. PAPION, à Tours.
M. PAULMIER, Curé de Beaumont-la-Ronce, près Tours.
M. PERROT, premier Commis de la Marine.
M. Pierre PREVOST, Avocat à Genève.
M. POUGIN.
M. PRUDHOMME, Libraire à S. Brieux.

R.

M. l'Abbé de RAYRAC, Prieur de S. Maclou, à Orléans, des Académies de Caën & Bordeaux, de la Société d'Agriculture d'Orléans.

M. l'Abbé RECVILLE, Aumônier de la Résidence de France à Genève.
MM. les Freres REYCENDS, Libraires, à Turin.
M. le Baron de ROOF, de Courlande.
M. ROSSAT, Négociant à S. Pétersbourg.
M. ROUSTIN de BAROLIERE, Expéditionnaire en Cour de Rome.
M. RUSH, Docteur en Médecine, Professeur du Collége & Membre de la Société de Philadelphie.

S.

M. SABATIER de la Bâtie, en Vivarais.
M. MEYRONNET de SAINT-MARC, Officier de la Marine.
M. l'Abbé de SAINT-JEAN.
M. SCHERER, de diverses Académies, attaché aux Affaires Etrangeres à Versailles.
La SOCIÉTÉ TYPOGRAPHIQUE de Berne.
M. Laurent-Pierre *Van der* SPIEGEL, Docteur en Droit, Avocat Consultant, Conseiller-Président, Bourgmestre de la Ville de Goes en Zélande, Membre de plusieurs Sociétés Littéraires.
M. SUHM, Conseiller de Conférence de Sa Majesté Danoise, à Copenhague.

T.

M. TAVERNOL, Seigneur de Barès, Gouverneur de Villeneuve de Berg.
M. TILLIARD, Libraire.
M. DE LA TOUR, Conseiller à la Cour des Aides.
Madame TRABLAYNE, à Versailles.
M. le Baron de TRAVERS.

V.

M. VERDMILLER, Négociant à Zurich.
Mgr le Comte de VERGENNES, Ministre & Secrétaire d'Etat pour les Affaires Etrangeres.
M. VINCENT, à Vauvert en Languedoc.
Madame VIOT, à Versailles.
M. l'Abbé VULOUS, Baron de S. Just, à Lyon.

Corrections pour la troisiéme Liste de MM. les Soufcripteurs.

M. PEYRELLOU, *lif.* M. PEYRELLON.
M. de SINEDORFF, *lif.* M. de ZINNENDORFF.

Hist. du Calendr. Pl. 1.

Hist. du Calend. Pl. 11.

Medailles des Jeux Seculaires.

Pl. 1.

MEDAILLES DES JEUX SECULAIRES.

Pl. II.

N.° 8.

N.° 7.

N.° 10.

N.° 9.

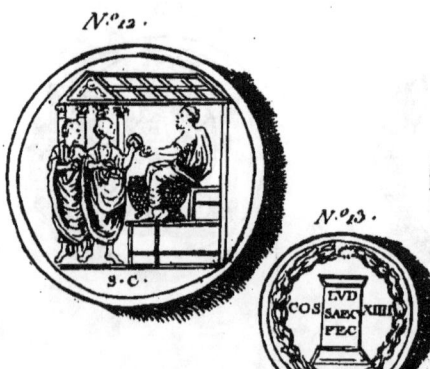
N.° 12.

N.° 11.

N.° 13.

ANCIEN ALMANACH DE BOIS.

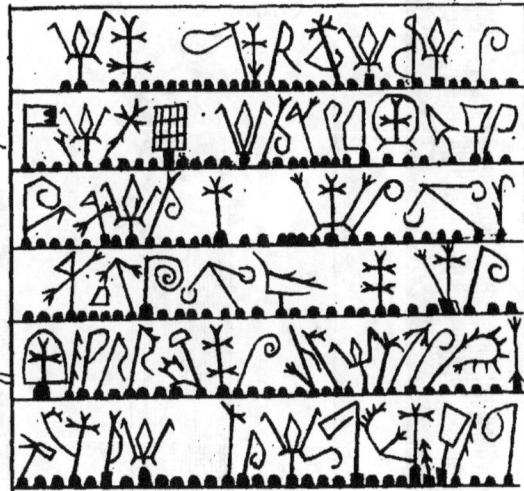

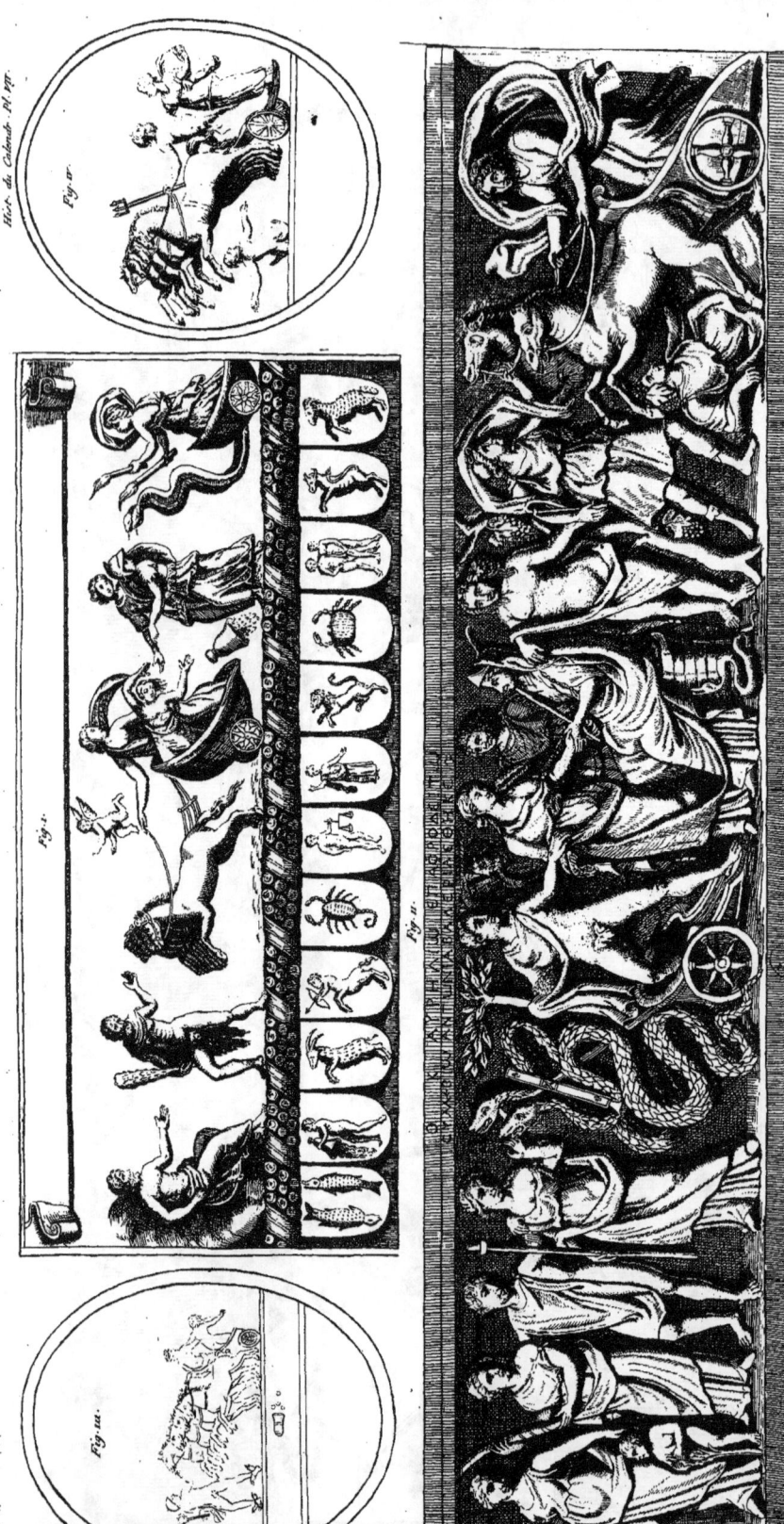

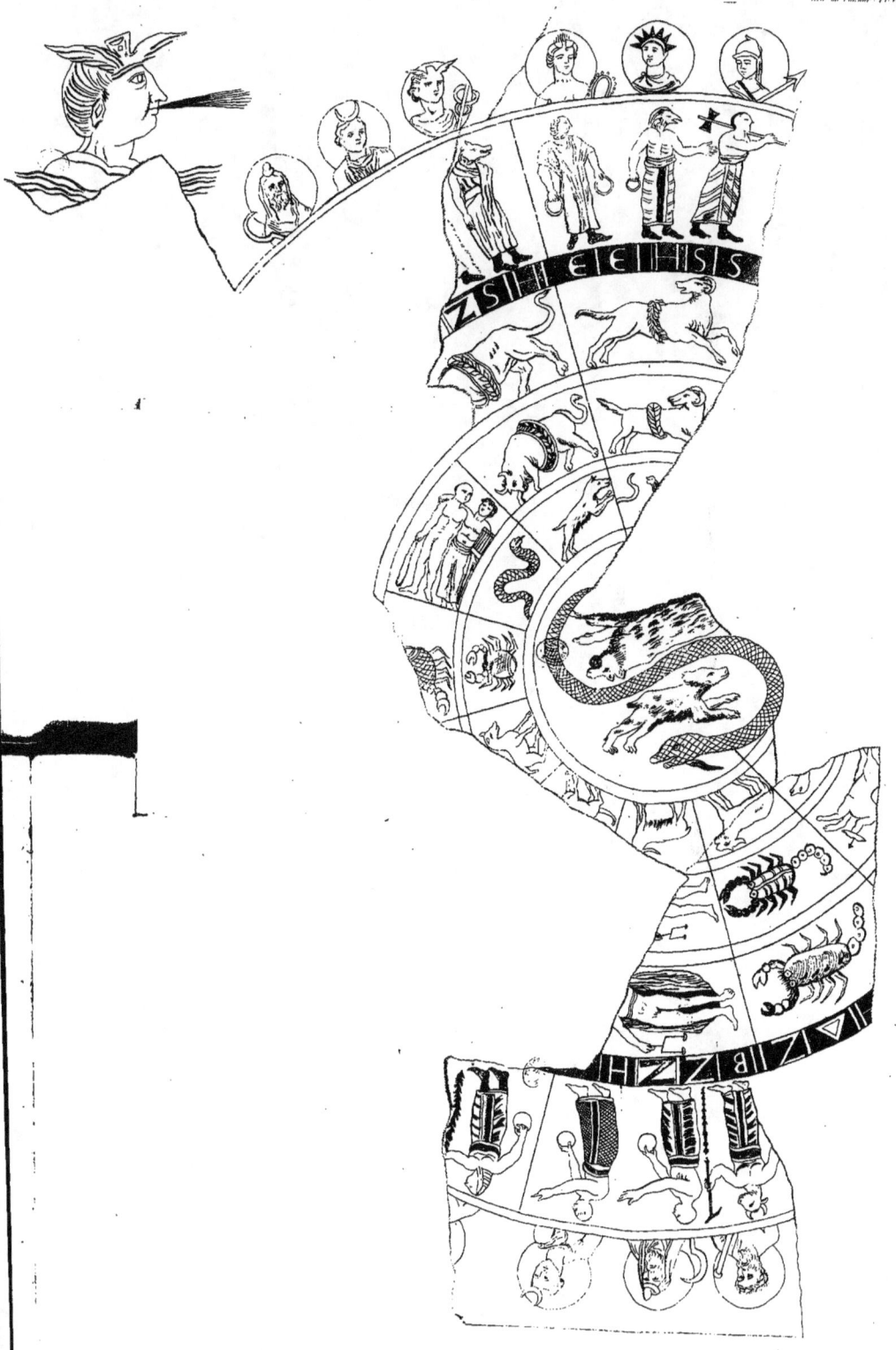

www.ingramcontent.com/pod-product-compliance
Lightning Source LLC
Chambersburg PA
CBHW060217230426
43664CB00011B/1460